D1701413

Klaus Konrad Weigele

Zur Geschichte
der Musikpädagogik
der Nachkriegszeit
in der Bundesrepublik Deutschland
am Beispiel des Landes
Nordrhein-Westfalen

Forum Musikpädagogik
Band 29

herausgegeben von
Rudolf-Dieter Kraemer

Klaus Konrad Weigele

Zur Geschichte der Musikpädagogik der Nachkriegszeit in der Bundesrepublik Deutschland am Beispiel des Landes Nordrhein-Westfalen

Verlegt bei Dr. Bernd Wißner
Augsburg 1998

Die Deutsche Bibliothek – CIP-Einheitsaufnahme

Weigele, Klaus Konrad.:
Zur Geschichte der Musikpädagogik der Nachkriegszeit in der Bundesrepublik Deutschland am Beispiel des Landes Nordrhein-Westfalen / Klaus Konrad Weigele. – Augsburg : Wißner, 1998
(Forum Musikpädagogik ; Bd. 29)
Zugl.: Köln, Hochsch. für Musik, Diss., 1997
ISBN 3-89639-093-7

ISSN 0946-543X (Forum Musikpädagogik)
ISBN 3-89639-093-7

© 1998 by Wißner / Dr. Bernd Wißner, 86159 Augsburg

Das Werk und seine Teile sind urheberrechtlich geschützt. Jede Verwertung in anderen als den gesetzlichen Fällen bedarf deshalb der vorherigen schriftlichen Einwilligung des Verlags.

Form und Inhalt des vorliegenden Bandes liegen in der Verantwortung des Autors.

Zur Geschichte der Musikpädagogik der Nachkriegszeit in der Bundesrepublik Deutschland am Beispiel des Landes Nordrhein-Westfalen

Inaugural-Dissertation
zur
Erlangung des Grades eines
Doktors der Philosophie (Dr. phil.)
an der Hochschule für Musik Köln
vorgelegt von
Klaus Konrad Weigele
aus
Weingarten (Württemberg)

Verlag Dr. Wißner, Augsburg
1998

Erstgutachter: Prof. Dr. Siegmund Helms, Hochschule für Musik, Köln
Zweitgutachter: Prof. Dr. Reinhard Schneider, Universität/GHS Siegen

Tag der mündlichen Prüfung: 27. Oktober 1997

INHALTSVERZEICHNIS

1 EINLEITUNG **1**

    1.1 Forschungsgegenstand 1

    1.2 Stand der Forschung 3

    1.3 Quellenlage 10

    1.4 Aufbau der Arbeit 11

2 MUSISCHE ERZIEHUNG IN DER NACHKRIEGSZEIT **14**

    2.1 Versuch einer Systematisierung 14

    2.2 Kritik an der Musischen Erziehung 27

    2.3 Zusammenfassung 45

3 WIEDERAUFBAU DES SCHULWESENS **48**

    3.1 Bildungspolitik der Alliierten (1942-1946) 48

        3.1.1 Vorstellungen 48

        3.1.2 Maßnahmen 52

    3.2 Übergangsphase 1946-1947 58

        3.2.1 Grundlagen und parteipolitische Vorstellungen 58

        3.2.2 Maßnahmen 64

    3.3 Stabilisierung der Verhältnisse 65

    3.4 Zusammenfassung 69

4 ADMINISTRATIVE VERORDNUNGEN IM FACH MUSIK **71**

    4.1 Positionierung des Faches Musik im Rahmen des gesamten Schulwesens 71

    4.2 Volksschule 74

    4.3 Hilfsschule 81

    4.4 Realschule 83

    4.5 Aufbauschule 88

    4.6 Höhere Schule 89

        4.6.1 Humanistisches, neusprachl. und naturwissenschaft. Gymnasium 89

    4. 6. 2 *Musisches Gymnasium* 101
   4. 7 ZUSAMMENFASSUNG 106

5 MUSIKUNTERRICHT AN SCHULEN 109

   5. 1 VORAUSSETZUNGEN 109
      5. 1. 1 *Zustand der Schulen und räumliche Voraussetzungen*
           für den Musikunterricht 109
      5. 1. 2 *Lehrer* 113
   5. 2 INHALTE 117
      5. 2. 1 *Stimmbildung und Sprecherziehung* 117
      5. 2. 2 *Lied und Singen* 119
      5. 2. 3 *Musiklehre und Gehörbildung* 125
      5. 2. 4 *Rhythmische Erziehung und Improvisation* 128
      5. 2. 5 *Musikalische Werkbetrachtung* 130
      5. 2. 6 *Neue Musik* 134
      5. 2. 7 *Jazz und Schlager* 136
   5. 3 CHOR UND ORCHESTER 141
   5. 4 MUSIKVERANSTALTUNGEN 144
      5. 4. 1 *Konzerte für Schüler* 144
      5. 4. 2 *Musisches Schulleben* 146
   5. 5 LEHR- UND LERNMITTEL 149
      5. 5. 1 *Musikbücher* 149
      5. 5. 2 *Technische Mittler* 154
   5. 6 ZUSAMMENFASSUNG 156

6 AUS- UND WEITERBILDUNG VON MUSIKLEHRERN 159

   6. 1 VOLKSSCHULLEHRERAUSBILDUNG IM FACH MUSIK 159
      6. 1. 1 *Wiederaufbau der Ausbildungsinstitute* 159
      6. 1. 2 *Studium* 165
      6. 1. 3 *Prüfungen* 173
   6. 2 AUSBILDUNG VON LEHRERN FÜR DEN MUSIKUNTERRICHT AN REALSCHULEN 177
      6. 2. 1 *Entwicklung der Realschullehrerausbildung* 177
      6. 2. 2 *Studium* 182
      6. 2. 3 *Prüfungen* 185

6. 3 AUSBILDUNG VON LEHRERN
FÜR DEN MUSIKUNTERRICHT AN HÖHEREN SCHULEN 187
   6. 3. 1 *Wiederaufbau der Ausbildungsinstitute* 187
   6. 3. 2 *Studium* 192
   6. 3. 3 *Prüfungen* 195
   6. 3. 4 *Kritik an der Ausbildung der Musiklehrer an Höheren Schulen* 199
6. 4 ZUSAMMENFASSUNG 204

7 AUßERSCHULISCHE MUSIKPÄDAGOGIK 208

7. 1 AUßERSCHULISCHE MUSIKALISCHE JUGENDARBEIT 208
   7. 1. 1 *Organisation* 208
   7. 1. 2 *Ausbildungs- und Fortbildungsstätten* 216
7. 2 ENTWICKLUNG DER JUGENDMUSIKSCHULEN NACH 1945 222
7. 3 PRIVATMUSIKERZIEHUNG 230
   7. 3. 1 *Ausbildung* 230
   7. 3. 2 *Berufliche Situation* 236
7. 4 ZUSAMMENFASSUNG 239

8 SCHLUßBETRACHTUNG 242

9 VERZEICHNIS DER GESPRÄCHSPARTNER 249

10 QUELLEN- UND LITERATURVERZEICHNIS 250

10. 1 ARCHIVALIEN 250
10. 2 ZEITSCHRIFTEN UND ZEITUNGEN 252
10. 3 AMTLICHE PUBLIKATIONEN UND PERIODIKA 253
10. 4 QUELLENSAMMLUNGEN 254
10. 5 MONOGRAPHIEN, AUFSÄTZE UND UNTERRICHTSMATERIALIEN 256

ANHANG: DOKUMENTE 279

DOKUMENT 1:   ENTSCHLIESSUNG VON RADEVORMWALD 279
DOKUMENT 2:   ORGANISATION DES SCHULWESENS 280
DOKUMENT 3:   ÜBERGANGSLEHRPLÄNE FÜR DIE HÖHERE SCHULE 289
DOKUMENT 4:   ERKLÄRUNG DER LEHRER IN DER BRITISCHEN BESATZUNGSZONE ... 292
DOKUMENT 5:   LISTE DER FÜR DEN UNTERRICHT ZUGELASSENEN LIEDER 293

DOKUMENT 6:	BRIEF AN OBERPRÄSIDENT DER NORD-RHEINPROVINZ BETRIFFT: GENEHMIGTE LIEDER	300
DOKUMENT 7:	DENKSCHRIFT BTR. DIE AUSBILDUNG DER MUSIKLEHRER AN HÖHEREN LEHRANSTALTEN	301
DOKUMENT 8:	DER BERICHT; NACHWUCHSSORGEN : SCHULMUSIK	307
DOKUMENT 9:	DIE JUGENDMUSIKARBEIT IM LANDE NORDRHEIN-WESTFALEN	310
DOKUMENT 10:	SCHULE UND JUGENDMUSIKPFLEGE IM LANDE NORDRHEIN-WESTFALEN	317
DOKUMENT 11:	DENKSCHRIFT ÜBER DIE NOTWENDIGKEIT DER ERRICHTUNG EINES *SEMINARS FÜR SOZIALE MUSIKPFLEGE*	321
DOKUMENT 12:	MEMORANDUM ÜBER DIE EINRICHTUNG EINES INSTITUTS FÜR MUSISCHE ERZIEHUNG	326

Vorwort

Die vorliegende Arbeit wurde durch Herrn Prof. Dr. Siegmund Helms angeregt und vielseitig gefördert. Ihm bin ich zu besonderem Dank verpflichtet, da er sich in allen Entstehungsphasen der Arbeit immer genügend Zeit zur Klärung der aufgetretenen Fragen genommen und mich durch vielfältige Ratschläge, Hilfestellungen und Anregungen unterstützt hat. Des Weiteren gilt der Dank Herrn Prof. Dr. Reinhard Schneider, der die Arbeit einer kritischen Durchsicht unterzog. Den Herren Prof. Dr. Ernst Heinen, Prof. Dr. Walter Gieseler und Prof. Gotthard Speer sei für die vielfältigen Hinweise während der Entstehung der Arbeit an dieser Stelle gedankt. Danken möchte ich auch meiner Kommilitonin Anna-Margarete Nonnemann und meinem Kommilitonen Thomas Greuel, die durch vielfältige Anregungen den Fortgang der Arbeit begleitet haben.

Für die Hilfsbereitschaft und für das Entgegenkommen der Leiter und Mitarbeiter der im Literaturverzeichnis aufgeführten Archive, ohne deren fachkundigen Rat die Materialsuche und -sichtung nicht möglich gewesen wäre, möchte ich mich von Herzen bedanken. Ebenso danke ich den aufgeführten Gesprächspartnern für ihre Bereitschaft und Geduld, mir in Gesprächen und in brieflicher Form in vielfältiger Weise zahllose neue Aufschlüsse innerhalb der verschiedenen Themenfelder zu ermöglichen.

Besonderen Dank schulde ich dem Institut für Begabtenförderung der Konrad-Adenauer-Stiftung e.V. für die Gewährung eines dreijährigen Graduiertenstipendiums und die zusätzlich erhaltene ideelle Förderung.

Den größten Dank schulde ich meiner Frau, die über die Jahre hinweg die tägliche Arbeit unterstützt hat, bei vielen inhaltlichen Fragen mit Rat zur Seite stand und mir in vielen Situationen den Rücken für die wissenschaftliche Arbeit freigehalten hat.

Köln, im Mai 1997   Klaus Konrad Weigele

Hinweise für den Leser

Die Vielzahl von ungedruckten Archivalien macht eine Systematik beim Zitieren notwendig:
Nach Nennung des Verfassers werden der Titel des jeweiligen Schriftstücks genannt – bei Briefen der Verfasser und der Adressat –, danach der Ausstellungsort und das Ausstellungsdatum. Schließlich werden – in genannter Reihenfolge – das jeweilige Archiv, in dem sich das Schriftstück befindet, sowie der jeweilige Aktenbestand mit entsprechender Faszikel-Nummer aufgeführt.

Diese Zitierweise wird auch bei bereits gedruckten Quellen beibehalten, jedoch erfolgt anstelle diverser Archiv- und Aktenangaben der Verweis auf das Werk, in dem die Quelle publiziert worden ist.

Bei Personen, die in den gängigen musikwissenschaftlichen und musikpädagogischen Lexika nicht aufgeführt sind, werden in der Fußnote die wichtigsten Lebensdaten angeben.

Der Dokumententeil enthält Abschriften von Dokumenten, die bis jetzt noch nicht veröffentlicht wurden. Jedes Dokument ist mit einer Kennung versehen, die über Titel, Fundort und Aktenbestand Auskunft gibt. Die Orthographie der Original-Akten wird in den Dokumenten beibehalten, sofern es sich nicht um eindeutige Schreibfehler handelt.

Abkürzungsverzeichnis

Abl. KM NW	Amtsblatt des Kultusministeriums Land Nordrhein-Westfalen
AdL	Archiv des Landtags
AG	Administration of Military Government
BDM	Bund Deutscher Mädchen
DAS	Deutscher Allgemeiner Sängerbund
DSB	Deutscher Sängerbund
Diss.	Dissertation
FAZ	Frankfurter Allgemeine Zeitung
GG	Grundgesetz
GV NW	Gesetz- und Verordnungsblatt für das Land Nordrhein-Westfalen
gymn.	gymnasial[e]
HAStK	Historisches Archiv der Stadt Köln
HJ	Hitlerjugend
HQ	Hauptquartier
HStAD	Nordrhein-Westfälisches Hauptstaatsarchiv Düsseldorf
JCS	Joint Chiefs of Staff
JM	Junge Musik
KM NW	Kultusministerium Land Nordrhein-Westfalen
KultA	Kulturausschuß
LABG	Lehrerausbildungsgesetz
LAG	Landesarbeitsgemeinschaft
LD	Landtagsdrucksache
Ltg. NW	Landtag Nordrhein-Westfalen
MGG	Die Musik in Geschichte und Gegenwart
MidS	Musik in der Schule
MiU	Musik im Unterricht
mschr.	maschinenschriftlich
MuB	Musik und Bildung
NKFD	Nationalkomitee "Freies Deutschland"
NL	Nachlaß
NSDAP	Nationalsozialistische Deutsche Arbeiterpartei
NSDStB	Nationalsozialistischer Deutscher Studentenbund
NWDR	Nordwestdeutscher Rundfunk (bis 1. Januar 1956)
o.Bl.	ohne Blattzählung
PA	Pädagogische Akademie

PB	Pädagogische Blätter
PH	Pädagogische Hochschule
PMP	Privatmusikerzieherprüfung
PO	Prüfungsordnung
PR	Pädagogische Rundschau
preuß.	preußisch
R	Rekto
RdErl.	Runderlaß
RDTM	Reichsverband Deutscher Tonkünstler und Musiklehrer
REM	Reichsminister(ium) für Wissenschaft, Erziehung und Volksbildung
SA	Sturmabteilung
SS	Schutzstaffel
V	Verso
VdM	Verband deutscher Musikschulen
VDOK	Verband Deutscher Oratorien- und Kammerchöre
VDS	Verband Deutscher Schulmusiker (ab 1956 Verband Deutscher Schulmusikerzieher)
VDTM	Verband Deutscher Tonkünstler und Musiklehrer
VfwP	Vierteljahresschrift für wissenschaftliche Pädagogik
VfZ	Vierteljahreshefte für Zeitgeschichte
Westf.	Westfalen
WP	Wahlperiode
WPB	Westermanns Pädagogische Beiträge
ZfM	Zeitschrift für Musik
ZfMP	Zeitschrift für Musikpädagogik
ZfMTH	Zeitschrift für Musiktheorie
ZfP	Zeitschrift für Pädagogik

1 Einleitung

1.1 Forschungsgegenstand

Veranstaltungen und Gedenkreden im Mai 1995 – fünfzig Jahre nach Ende des Zweiten Weltkrieges und des Dritten Reiches – haben das öffentliche Interesse an der historischen Aufarbeitung der direkten Nachkriegszeit wachsen lassen. Die Geschichtsschreibung im Allgemeinen und die musikpädagogische Fachgeschichtsschreibung im Besonderen leisten dabei einen Beitrag, sich mit den Erfahrungen einer anderen Generation auseinanderzusetzen. Böhme/Tenorth sehen in der Geschichte einen "Erfahrungsraum für den, der lebendige Erfahrung nicht hat sammeln können"[1]. Kanz vertritt die Auffassung, daß ein Verständnis der Struktur des heutigen Bildungswesens nur durch historische Reflexion "der bisherigen Stadien, Phasen und Entwicklungspositionen in ihrer gegenseitigen Verflechtung"[2] möglich sei. Somit bildet auch musikpädagogische Geschichtsschreibung eine wichtige Voraussetzung für die Beurteilung der gegenwärtigen Situation der Musikpädagogik.

Schon zu Beginn der 70er Jahre sieht Abel-Struth die "Anpassung der Musikdidaktik an eine gegenwärtige allgemeine Fetischisierung des Neuen"[3] hauptsächlich im Mangel einer strukturierten Geschichte der Musikpädagogik begründet. Damit fehle die Möglichkeit, so Abel-Struth, den aktuellen Musikunterricht zu beurteilen. Um so mehr verwundert, daß gerade die letzten fünfzig Jahre der Fachgeschichte in der historischen Musikpädagogik kaum ihren Niederschlag gefunden haben. Die vorliegende Arbeit soll einen Beitrag zur Aufarbeitung dieser bestehenden Lücke innerhalb der musikpädagogischen Geschichtsschreibung leisten.

Die spezifische historische Situation Deutschlands nach der Kapitulation im Jahr 1945 läßt eine gesamtstaatliche Betrachtung der musikpädagogischen Entwicklung nicht zu. Die Gründe hierfür liegen zum einen in den unterschiedlichen bildungspolitischen Zielen der Alliierten, zum anderen im unterschiedlichen Tempo der einzelnen Militärregierungen bei der sukzessiven Übertragung von Kompetenzen auf die sich langsam neu herausbildenden Länder. Darüber hinaus führen

---

[1] Vgl. Böhme, Günther/Tenorth, Heinz-Elmar: Einführung in die Historische Pädagogik, Darmstadt 1990, S. 6.

[2] Kanz, Heinrich (Hrsg.): Deutsche Erziehungsgeschichte 1945-1985 in Quellen und Dokumenten – Pädagogische Chancen der Pluralen Demokratie, in: Europäische Hochschulschriften, Reihe 11, Pädagogik, Bd. 290, Frankfurt am Main u.a. 1987, S. 5.

[3] Abel-Struth, Sigrid: Die didaktische Kategorie des 'Neuen' als Problem musikpädagogischen Geschichtsbewußtseins, in: Abel-Struth, Sigrid (Hrsg.): Aktualität und Geschichtsbewußtsein in der Musikpädagogik, in: Musikpädagogik – Forschung und Lehre, Bd. 9, Mainz 1973, S. 108.

divergierende parteipolitische Positionen innerhalb der Bildungspolitik zu unterschiedlicher Ausgestaltung des Schulwesens und bilden somit den Beginn eines ausgeprägten bildungspolitischen Föderalismus in der späteren Bundesrepublik Deutschland bzw. der westlichen Bundesländer.[4]

Die vorliegende Studie konzentriert sich auf das Land Nordrhein-Westfalen, da dieses als bevölkerungsreichstes Bundesland der Bundesrepublik eine wichtige Rolle innerhalb der Bildungspolitik der Nachkriegszeit spielt.

Der Zeitraum der Untersuchung beginnt mit der Einstellung der Kampfhandlungen und der Kapitulation des Deutschen Reiches.[5] Während dieser Zeitpunkt durch die militärischen Ereignisse klar abzustecken ist, wirft die Festlegung des Endes der Untersuchung Fragen auf. Die historische Forschung sieht das Ende der Nachkriegszeit meist im Inkrafttreten der Pariser Verträge (5. 5. 1955). Die Zeitspanne von 1945-1955 wäre aber zu begrenzt, um einen einheitlichen, soweit wie möglich abgeschlossenen Zeitabschnitt darzustellen. Eine Orientierung an historischen oder politischen Zäsuren der jungen bundesrepublikanischen oder nordrhein-westfälischen Geschichte erweist sich als nicht hilfreich, obwohl auch die Musikpädagogik von ökonomischen, politischen, gesellschaftlichen und kulturellen Veränderungen und Ereignissen betroffen ist. Als sinnvoll erscheint eine Anlehnung an die Epocheneinteilung von Ludwig Erhard, der seine Regierungserklärung vom 10. November 1965 mit der Feststellung einleitete: "Die Nachkriegszeit ist zu Ende"[6]. Wirkt diese Anlehnung zunächst willkürlich, so zeigt sich sehr rasch, daß auch innerhalb der Musikpädagogik ab Mitte der 60er Jahre ein pädagogischer Richtungswechsel vollzogen und damit das prägende pädagogische Leitbild in der Zeit des Wiederaufbaus durch neue Vorstellungen abgelöst wird.

In den herangezogenen Quellen wird überwiegend der Begriff Musikerziehung verwendet. Dieser Begriff greift jedoch nach heutigem Verständnis zu kurz. Kaiser weist darauf hin, daß der Begriff Musikerziehung eine Beschränkung darstelle, da er sich "auf einen biographisch gesehen begrenzten Zeitraum, eben jene Zeit *vor* dem Erwachsensein"[7] beschränke, zusätzlich auch den Bereich der Ausbildung ausklammere. Der hier verwendete Begriff Musikpädagogik versteht sich als Oberbegriff für alle Bereiche, die mit Musiklehren und -lernen zu tun haben. Obwohl er nach Abel-Struth "kein Sammelbegriff für alles musikalische Unterrichts-,

---

[4] Bei der Darstellung gesamtstaatlicher Entwicklungen wird der Bereich der ehemaligen sowjetischen Besatzungszone und der nachfolgenden Deutschen Demokratischen Republik nicht mit einbezogen.

[5] Bei verschiedenen Sachverhalten ist ein kleiner Rekurs auf die Vorgeschichte eingebaut.

[6] Erhard, Ludwig: Regierungserklärung vom 10. November 1965, in: Verhandlungen des Deutschen Bundestages, 5. Wahlperiode, Stenographische Berichte, Bd. 60, Bonn 1965, S. 17.

[7] Kaiser, Hermann J.: Musikerziehung/Musikpädagogik, in: Helms, Siegmund u.a. (Hrsg.): Kompendium der Musikpädagogik, Kassel 1995, S. 11. (Kursiv im Original)

Ausbildungs-, und Bildungsgeschehen, auch nicht Oberbegriff für alle Praxis und Theorie"[8] sein kann, wird er in Anlehnung an Kaiser in seiner umgangssprachlichen Bedeutung verstanden, als "undifferenzierte Einheit alle[r] nur denkbaren Verhältnisse von Musikvermittlung und Musikaneignung, aber auch deren Theorie"[9].

1.2 Stand der Forschung

Eine geschlossene geschichtliche Darstellung des Wiederaufbaus der schulischen und außerschulischen Musikpädagogik nach dem Zweiten Weltkrieg innerhalb der Bundesrepublik Deutschland liegt bisher nicht vor. Innerhalb historischer Gesamtdarstellungen der Musikpädagogik des 20. Jhs. und in systematischen Studien zu musikpädagogischen Einzelaspekten wird dieser Zeitraum jedoch bereits näher beleuchtet. Auch die allgemeine Erziehungswissenschaft liefert chronologische und systematische Beiträge zur Entwicklung des Erziehungswesens in der Nachkriegszeit.

Im Folgenden wird ein Überblick über bisher vorliegende Arbeiten zur Geschichte der Musikpädagogik der Nachkriegszeit geliefert, bei denen es sich jedoch nicht durchweg um Forschungsarbeiten handelt.

Den ersten Beitrag in diesem Rahmen liefert Moser 1955 mit seinem Referat[10] im Rahmen der ersten Bundesschulmusikwoche. Der episodenhafte Charakter des Textes mindert jedoch seinen historiographischen Wert. Oberborbeck folgt mit seinem 1961 veröffentlichten Beitrag[11] "Musikerziehung". Diesen gliedert er nach Themenschwerpunkten und arbeitet diese historisch auf. Die enzyklopädische Darstellungsart bleibt an der Oberfläche und räumt der Zeit nach dem Zweiten Weltkrieg sehr wenig Raum ein. Auch die Tatsache, daß die bis 1961 publizierten Reformansätze von Ehmann, Warner und Seidenfaden nicht erwähnt werden, der Name Adorno und die Diskussion um seine Thesen innerhalb des Textes verschwiegen werden, läßt tendenzielle Absichten des Autors vermuten. Riemer beschreibt 1970[12] einen großen historischen Bogen der Musikerziehung von der An-

---

[8] Abel-Struth, Sigrid: Materialien zur Entwicklung der Musikpädagogik als Wissenschaft – Zum Stand der deutschen Musikpädagogik und seiner Vorgeschichte, in: Musikpädagogik – Forschung und Lehre, Bd. 1, Mainz 1970, S. 10.

[9] Kaiser, Hermann J.: a.a.O., S. 10.

[10] Moser, Hans Joachim: Der Weg der deutschen Schulmusik in der ersten Hälfte des 20. Jahrhunderts, in: Kraus, Egon (Hrsg.): Musikerziehung in der Schule – Vorträge der ersten Bundesschulmusikwoche Mainz 1955, Mainz 1956, S. 11 ff.

[11] Oberborbeck, Felix: Geschichte der Schulmusik in Deutschland 1810-1960 (unter Stichwort 'Musikerziehung'), in: Blume, Friedrich (Hrsg.): MGG, Bd. 9, Kassel u.a., Sp. 1120 ff. (= 1961a)

[12] Riemer, Otto: Einführung in die Geschichte der Musikerziehung, in: Taschenbücher zur Musikwissenschaft, Bd. 4, Wilhelmshaven 1970.

tike bis hin zur Gegenwart, beschränkt sich aber bei der Darstellung der Nachkriegszeit fast ausschließlich auf die beiden Personen Jöde und Orff. Diese verengte Sichtweise macht die Schrift für eine historische Darstellung der Musikpädagogik in der Nachkriegszeit nur bedingt verwendungsfähig. 1973 stellt Paul seinen didaktischen Überlegungen[13] eine geschichtliche Darstellung voran. Er zeichnet den historischen Prozeß der Musikpädagogik anhand bedeutender Fachvertreter[14] und ihrer Aussagen nach, wobei diese nicht gegeneinander abgegrenzt, miteinander verglichen oder vernetzt werden. Deshalb fehlt der Arbeit eine argumentative Stringenz. Im Rahmen einer gesamtgeschichtlichen Darstellung[15] räumt 1993 erstmals Gruhn der Geschichte der bundesrepublikanischen Musikpädagogik nach dem Zweiten Weltkrieg mehr Platz ein. Es gelingt Gruhn, die Komplexität der historischen Ereignisse in der Nachkriegszeit, die sich durch den zeitgleichen Ablauf divergenter Entwicklungen auszeichnet, durch eine thematische Systematisierung darzustellen.

Neben den genannten Gesamtdarstellungen liegen mehrere Einzeluntersuchungen vor, die die Entwicklung der Musikpädagogik nach dem Zweiten Weltkrieg unter einem thematischen Schwerpunkt betrachten, wobei sich auch hier die Darstellung meist nicht nur auf die Zeit nach 1945 beschränkt. So beschreibt 1954 Jöde in seiner Schrift "Vom Wesen und Werden der Jugendmusik"[16] die Entwicklung der Jugendmusik von Beginn des 20 Jhs. bis zur Gegenwart. 1955 arbeitet Kraus[17] vollzogene Reformen innerhalb der Schulmusik des 20. Jhs. heraus, beschränkt sich bei seiner Darstellung jedoch vorwiegend auf reformpädagogische Elemente. In seiner 1957 eingereichten Dissertation[18] stellt Kraus Richtlinien und Lehrpläne, Schulliederbücher und Methodiken für den Musikunterricht in den Mittelpunkt seiner Untersuchung. Bei diesen drei Schriften, wie auch in der 1975

---

[13] Paul, Heinz Otto: Musikerziehung und Musikunterricht in Geschichte und Gegenwart, Saarbrücken 1973.

[14] Hier und im Folgenden wird bei der Verwendung von Begriffen, die Personengruppen umschreiben, auf die Nennung von geschlechtsspezifischen Formen verzichtet. Die im Text verwendeten Formen verstehen sich stets als geschlechtneutral.

[15] Gruhn, Wilfried: Geschichte der Musikerziehung – Eine Kultur- und Sozialgeschichte vom Gesangsunterricht der Aufklärungspädagogik zu ästhetisch-kultureller Bildung, Hofheim 1993.

[16] Jöde, Fritz: Vom Wesen und Werden der Jugendmusik, in: Bausteine für Musikerziehung und Musikpflege, Bd. 10, Mainz 1954.

[17] Kraus, Egon: Reform der Schulmusikerziehung, in: Kraus, Egon (Hrsg.): Musikerziehung in der Schule – Vorträge der ersten Bundesschulmusikwoche Mainz 1955, Mainz 1956, S. 20 ff.

[18] Kraus, Egon: Wege der Erneuerung der Schulmusikerziehung seit 1900, Diss. phil. Innsbruck 1957.

Einleitung 5

erschienenen Dissertation von Holtmeyer[19], liegt der Schwerpunkt der Betrachtung auf dem Beginn des 20. Jhs. Die Zeit nach 1945 wird nur punktuell berücksichtigt. Erst Antholz stellt 1970 seiner didaktischen Schrift[20] einen umfangreichen historischen Abriß der Geschichte der Musikpädagogik voran, in dem er die Entwicklung nach 1945 hinreichend beachtet. In einer systematischen Analyse beleuchtet er didaktische Fragestellungen des Musikunterrichts der Vor- und Nachkriegszeit. Er kommt zu dem Ergebnis, daß der Begriff Musikerziehung aufgrund seiner klaren Diktion zum "Musischen" hin[21] durch den Begriff Musikunterricht zu ersetzen sei und baut darauf seine didaktischen Vorstellungen auf. Ein ähnlich systematisierendes Verfahren wählt Lemmermann 1977 in seiner Didaktik[22], wobei er sich bei seiner historischen Darstellung fast ausschließlich auf den Begriff "Musische Erziehung" beschränkt.

Auf die allgemeine musikpädagogische Entwicklung in der Nachkriegszeit geht Günther am Ende seines Beitrags[23] "Musikerziehung im Dritten Reich" ein. Dabei beschreibt er die restaurativen Tendenzen beim Wiederaufbau des Schulwesens, die Etablierung der Musischen Erziehung als pädagogisches Leitbild der Nachkriegsjahre und deren Ablösung durch andere pädagogische Konzepte, die sich ab Mitte der 60er Jahre durchsetzen.[24]

Auf die spezifische Ausbildungssituation von Musiklehrern in der Nachkriegszeit gehen 1986 Ott[25] und 1988 Günther[26] ein.

---

[19] Holtmeyer, Gert: Schulmusik und Musiklehrer an der höheren Schule – Ein Beitrag zur Geschichte des Musikpädagogen in Preußen, Diss. phil. Köln 1975, gedruckt im Bernd Wißner-Verlag, Augsburg 1994.

[20] Antholz, Heinz: Unterricht in Musik – Ein historischer und systematischer Aufriß seiner Didaktik, in: Didaktik – Schriftenreihe für den Unterricht an der Grund- und Hauptschule, Düsseldorf 1970.

[21] Ebenda, S. 43 ff.

[22] Lemmermann, Heinz: Musikunterricht – Hinweise, Bemerkungen, Erfahrungen, Anregungen, in: Didaktische Grundrisse, Bad Heilbrunn ³1984.

[23] Günther, Ulrich: Musikerziehung im Dritten Reich – Ursachen und Folgen, in: Schmidt, Hans-Christian (Hrsg.): Handbuch der Musikpädagogik, Bd. 1, Kassel u.a. 1986, S. 85 ff.

[24] Der drei Jahre zuvor erschienene Aufsatz "Musikerziehung im Dritten Reich – Ursachen, Folgen, Folgerungen" behandelt dieselbe Thematik, geht trotz aller Kürze aber noch deutlich über die Zeit nach 1965 hinaus.
Vgl. Günther, Ulrich: Musikerziehung im Dritten Reich – Ursachen, Folgen, Folgerungen, in: MuB, H. 11, 1983, S. 11 ff.

[25] Ott, Thomas: Probleme der Musiklehrerausbildung damals und heute, in: Schmidt, Hans-Christian (Hrsg.): Handbuch der Musikpädagogik, Bd. 1, Kassel u.a. 1986, S. 461 ff.

[26] Günther, Ulrich: 65 Jahre Musiklehrerausbildung im Spiegel ihrer Prüfungsordnungen – am Beispiel Preußens, des Deutschen Reiches und Niedersachsens – Teil 1, in: ZfMP, H. 45, 1988, S. 22 ff.; Teil 2, in: ZfMP, H. 46, 1988, S. 23 ff.; Teil 3, in: ZfMP, H. 47, 1988, S. 26 ff.

Ott beschreibt in Kürze die unterschiedlichen Ausbildungskonzepte der einzelnen Bundesländer und beleuchtet sie kritisch anhand der aktuellen pädagogischen Anforderungen. Günther beschreibt in seiner Untersuchung – nach Schultypen gegliedert – sehr detailliert die Inhalte und Schwerpunkte der einzelnen Prüfungsordnungen für Musiklehrer. Er kommt zu dem Ergebnis, daß sich die Prüfungsordnungen des untersuchten Zeitraumes von 1922-1987 "keineswegs so radikal voneinander unterscheiden, wie es angesichts der politisch z.T. doch sehr gegensätzlichen Staatsformen hätte erwartet werden können"[27].

Allgemeine musikpädagogische Vorstellungen zu Beginn der 50er Jahre, Adornos neun Thesen gegen die "musikpädagogische" Musik und dessen Musikphilosophie, die durch Adorno verursachte Diskussion, deren Auswirkung auf Schulliederbücher und die Aktualität der Kritik von Adorno für die Musikpädagogik behandelt 1986 Gieseler.[28] Auf Einzelaspekte dieses thematischen Zusammenhangs gingen vorher bereits Sziborsky[29] und Wietusch[30] ein. Sziborsky zeigt 1979 die Wechselwirkung zwischen Adornos musikphilosophischen und –ästhetischen Aussagen und verschiedenen musikdidaktischen Modellen der späten 60er und frühen 70er Jahre auf. Wietusch analysiert neben einer detaillierten historischen Darstellung des Diskussionsverlaufs nach 1952 auch die spezifischen musikpädagogischen Äußerungen Adornos.

Die nachfolgend genannten Arbeiten untersuchen außerschulische musikpädagogische Aspekte der Nachkriegszeit. Waldmann[31] stellt 1973 die Entwicklung des Musikschulwesens dar. Hodek konzentriert sich 1977 in seiner Dissertation[32] fast ausschließlich auf die Zeit nach 1945. Im Zentrum seiner Untersuchung steht die von Adorno vorgebrachte Faschismus-Kritik an der Jugendmusikbewegung.

---

[27] Günther, Ulrich: 65 Jahre Musiklehrerausbildung im Spiegel ihrer Prüfungsordnungen – am Beispiel Preußens, des Deutschen Reiches und Niedersachsens – Teil 3, in: ZfMP, H. 47, 1988, S. 33.

[28] Gieseler, Walter: Orientierung am musikalischen Kunstwerk oder: Musik als Ernstfall – Adornos Thesen gegen 'musikpädagogische' Musik – eine Diskussion mit weitreichenden Folgen, in: Schmidt, Hans-Christian (Hrsg.): Handbuch der Musikpädagogik, Bd. 1, Kassel u.a. 1986, S. 174 ff.

[29] Sziborsky, Lucia: Adornos Musikphilosophie – Genese - Konstitution - Pädagogische Perspektiven, München 1979.

[30] Wietusch, Bernd: Die Zielbestimmung der Musikpädagogik bei Theodor W. Adorno – Darstellung und kritische Reflexion der Kritik an der musikpädagogischen Position Adornos. Ein Beitrag zur Adorno-Rezeption in der Musikpädagogik, in: Perspektiven zur Musikpädagogik und Musikwissenschaft, Bd. 7, Regensburg 1981.

[31] Waldmann, Guido: Zur Geschichte der Musikschulen in Deutschland, in: Müller-Bech, Werner/Stumme, Wolfgang (Hrsg.): Die Musikschule, Bd. 1 – Situation - Meinungen - Aspekte, in: Bausteine für Musikerziehung und Musikpflege, Bd. 23, Mainz u.a. 1973, S. 168 ff.

[32] Hodek, Johannes: Musikalisch-pädagogische Bewegungen zwischen Demokratie und Faschismus – Zur Konkretisierung der Faschismus-Kritik, Th. W. Adornos, Weinheim/Basel 1977.

Einleitung

"Aufgrund seiner Analyse gelingt es Hodek, die von Adorno zwar behaupteten, aber nicht konkret vermittelten Gemeinsamkeiten zwischen der Musikbewegung und dem Faschismus nachzuweisen."[33]

1993 gibt Roske[34] einen Überblick über die Geschichte der Privatmusikerziehung, wobei die Zeit nach 1945 nur ganz kurz behandelt wird. Die genannten Arbeiten über verschiedene Aspekte der Geschichte der Musikpädagogik nach 1945 beziehen sich meist auf die ganze Bundesrepublik oder stellen Entwicklungen im gesamten deutschsprachigen Raum dar. Hingegen gibt es nur eine Arbeit, die sich mit der spezifischen Entwicklung des Musikunterrichts auf Länderebene beschäftigt. Es handelt sich dabei um die Dissertation von Fenniger[35] aus dem Jahr 1993.

Für das Land Nordrhein-Westfalen fehlt eine entsprechende Untersuchung, jedoch gibt es mehrere lokalgeschichtliche Einzeluntersuchungen aus dem Rheinland. So hat bereits 1956 Oberborbeck in einem Aufsatz[36] vor allem die wichtigsten Personen der rheinischen und nordrhein-westfälischen Musikpädagogik genannt, wobei der Wert des Aufsatzes durch sachliche Ungenauigkeiten gemindert wird.[37] Der 1996 erschienene Berichtsband der Arbeitsgemeinschaft für rheinische

---

[33] Funk-Hennigs, Erika: Musikpädagogische Reflexionen auf die Musikpolitik des Dritten Reiches nach 1945, in: Kraemer, Rudolf-Dieter (Hrsg.): Musikpädagogik - Unterricht - Forschung - Ausbildung, Mainz u.a. 1991, S. 303.

[34] Roske, Michael: Umrisse einer Sozialgeschichte der Instrumentalpädagogik, in: Richter, Christoph (Hrsg.): Handbuch der Musikpädagogik, Bd. 2, Kassel u.a. 1993, S. 158 ff.

[35] Fenniger, Josef: Der Musikunterricht an den allgemeinbildenden Schulen Bayerns in der Zeit nach dem Zweiten Weltkrieg bis zur Curriculumreform 1970, Diss. phil. München 1993.
Nach Auskunft des Verfassers wird die Dissertation komplett überarbeitet unter dem Titel "Untersuchung zum schulischen Musikunterricht vom Ende des 2. Weltkrieg bis zum Beginn der 70er Jahre" (vorläufiger Arbeitstitel) dieses Jahr veröffentlicht werden. Aufgrund von Verlagsabsprachen konnte bisher kein Exemplar der Arbeit zur Einsicht zur Verfügung gestellt werden, so daß über den Inhalt der Arbeit keine Aussagen gemacht werden können.

[36] Oberborbeck, Felix: Grundzüge rheinischer Musikerziehung der vergangenen fünfzig Jahre, in: Kahl, Willi u.a. (Hrsg.): Studien zur Musikgeschichte des Rheinlandes – Festschrift zum 80. Geburtstag von Ludwig Schiedermair, in: Beiträge zur Rheinischen Musikgeschichte, H. 20, Köln 1956, S. 77 ff.

[37] So wird auf Seite 92 behauptet, daß Hans Mersmann nach dem Tode von Walter Braunfels, der bis zu seinem Tod an der Spitze der Musikhochschule Köln gestanden haben soll, aus der Position des stellvertretenden Direktors heraus die Nachfolge von Braunfels angetreten habe. Tatsächlich aber scheidet Braunfels bereits zum Ende des Sommersemesters 1950 aus dem Hochschuldienst aus und stirbt am 19. 3. 1954. Des Weiteren ist Mersmann nicht stellvertretender Direktor der Hochschule gewesen, sondern seit seiner Berufung im Wintersemester 1947 Direktor und damit letztendlich in entscheidender Position, während Braunfels in die Position des Präsidenten wechselte, dessen Hauptaufgabe die Wahrnehmung von repräsentativen Pflichten war.

Musikgeschichte über die Tagung *Musikpädagogik im Rheinland*[38] enthält mehrere historische Detailstudien, in denen die musikpädagogische Entwicklung der Nachkriegszeit im Rheinland und darüber hinaus auch in ganz Nordrhein-Westfalen behandelt wird. Für den Bereich der Lehrerausbildung arbeitet Eckart-Bäcker[39] detailliert die nach dem Zweiten Weltkrieg beginnende und ab Ende der 70er Jahre sich verstärkende wissenschaftliche Orientierung der Lehrerausbildung für die Gymnasien bzw. Sekundarstufen an der Kölner Musikhochschule heraus. Antholz[40] liefert einen umfassenden Überblick über die Veränderungen innerhalb der Volksschullehrerausbildung, die nach 1945 in den Pädagogischen Akademien beginnt und über mehrere Zwischenstufen 1980 in die Universität integriert wird. Parallel dazu zeigt er auch die Profiländerung des Musiklehrers in der Volksschule auf, der sich vom Allround- und Klassenlehrer zum Fachlehrer entwickelt. Rüdiger beschränkt sich in seiner Darstellung[41] ganz auf die Nachkriegszeit und stellt innerhalb der Entwicklung der gymnasialen Richtlinien die Veränderung der pädagogischen Leitlinien von der musischen Erziehung hin zur Wissenschafts- und Kunstwerkorientierung dar. Wucher stellt die Entwicklung des Musikschulwesens in Nordrhein-Westfalen[42] und Tetzner die Arbeit der Landesarbeitsgemeinschaft Musik[43] dar.

Während es im Bereich der historischen Musikpädagogik nur die hier erwähnten Einzelstudien gibt, liegen im Bereich Erziehungswissenschaft schon umfangreichere Forschungsergebnisse vor. Eine erste wissenschaftliche Arbeit über die Schulpolitik der Nachkriegszeit, abgesehen von der 1963 erschienenen Dissertation von Vogelsang über die juristische Stellung der nordrhein-westfälischen Schulkollegien nach dem 1958 verabschiedeten Schulverwaltungsgesetz[44], stellt 1978

Vgl. Weigele, Klaus Konrad: Die Staatliche Hochschule für Musik in Köln – Studien zur Nachkriegsgeschichte 1945-60 – Teil I, in: Arbeitsgemeinschaft für rheinische Musikgeschichte (Hrsg.): Mitteilungen Nr. 83, S. 27 ff.

[38] Noll, Günther (Hrsg.): Musikpädagogik im Rheinland – Beiträge zu ihrer Geschichte im 20. Jahrhundert, in: Beiträge zur Rheinischen Musikgeschichte, Bd. 155, Kassel 1996.

[39] Eckart-Bäcker, Ursula: Die 'Schulmusik' und ihr Weg zur Professionalisierung – Historisch-systematische Studie zur Entwicklung der Schulmusik in Zusammenhang mit der Hochschule für Musik in Köln, ebenda, S. 11 ff.

[40] Antholz, Heinz: Von der Bildnerhochschule zur Wissenschaftlichen Hochschule – Zur Entwicklung der Musiklehrerausbildung in Nordrhein-Westfalen, ebenda, S. 28 ff.

[41] Rüdiger, Karl: Zur Richtlinienentwicklung im Fach Musik am Gymnasium in Nordrhein-Westfalen, ebenda, S. 97 ff.

[42] Wucher, Diethard: Zur Geschichte der Musikschule im Rheinland (bzw. in Nordrhein-Westfalen), ebenda, S. 137 ff.

[43] Tetzner, Bruno: Zur Entwicklung der kulturellen außerschulischen Jugendbildung in Nordrhein-Westfalen, ebenda, S. 211 ff.

[44] Vgl. Vogelsang, Heinz: Die Schulkollegien nach dem Schulverwaltungsgesetz von Nordrhein-Westfalen und ihre Fortentwicklung aus den früheren Provinzial-Schulkollegien, Diss. jur. Köln 1963.

Einleitung

die Dissertation von Pakschies[45] dar. Pakschies Arbeit und die im selben Jahr erschienene Dissertation von Halbritter[46] sind die ersten umfassenden Arbeiten zur Erforschung der britischen Umerziehungspolitik und deren Auswirkungen auf die Schulpolitik. Während Pakschies und Halbritter den Aufbau des Schulwesens innerhalb der ganzen britischen Besatzungszone beleuchten, wählt Hege-Wilmschen 1984 für ihre Dissertation[47] einen lokalgeschichtlichen Ansatz und untersucht den Einfluß der Kölner Schulverwaltung auf den Aufbau des Schulwesens in der Nachkriegszeit. Auch Buchhaas fokussiert 1985 ihre Untersuchung[48] auf einen einzelnen Aspekt der Schulpolitik in Nordrhein-Westfalen und konzentriert sich ganz auf die Darstellung der Entstehung des Schulordnungsgesetzes aus dem Jahre 1952. Himmelstein[49] leistet 1986 die erste umfassende Aufarbeitung des Wiederaufbaus des Volksschulwesens in Nordrhein-Westfalen und arbeitet dabei vor allem den Einfluß des Katholizismus auf die Schulpolitik der Nachkriegszeit heraus. Eich[50] hingegen orientiert sich bei der Darstellung der schulpolitischen Entwicklung an der Biographie der Kultusministerin Teusch und setzt somit einen personenbezogenen Schwerpunkt.[51] Die letzte umfassende Arbeit über die schulgeschichtliche Entwicklung in Nordrhein-Westfalen stammt von Heumann[52], der die in den 50er Jahren getroffenen schulpolitischen Entscheidungen in einen kausalen

---

[45] Pakschies, Günter: Umerziehung in der Britischen Zone – Untersuchungen zur britischen Reeducation-Politik 1945-1949 unter besonderer Berücksichtigung des allgemeinbildenden Schulwesens, Diss. phil. Göttingen 1977, in: Studien und Dokumentationen zur deutschen Bildungsgeschichte, Bd. 9, Sonderdruck, Frankfurt am Main 1978.

[46] Halbritter, Maria: Schulreformpolitik in der britischen Zone von 1945 bis 1949, in: Studien und Dokumentation zur deutschen Bildungsgeschichte, Bd. 13, Weinheim/Basel 1979.

[47] Hege-Wilmschen, Ingrid: Die Entwicklung des Schulwesens in Köln 1945-1949, in: Pahl-Rugenstein Hochschulschriften Gesellschafts – und Naturwissenschaften 178, Perspektiven der Pädagogik, Bd. 6, Köln 1984.

[48] Buchhaas, Dorothee: Gesetzgebung im Wiederaufbau – Schulgesetz in Nordrhein-Westfalen und Betriebsverfassungsgesetz – Eine vergleichende Untersuchung zum Einfluß von Parteien, Kirchen und Verbänden in Land und Bund 1945-1952, in: Beiträge zur Geschichte des Parlamentarismus und der politischen Parteien, Bd. 92, Düsseldorf 1985.

[49] Himmelstein, Klaus: Kreuz statt Führerbild – Zur Volksschulentwicklung in Nordrhein-Westfalen 1945-1950, in: Studien zur Bildungsreform, Bd. 13, Frankfurt am Main u.a. 1986.

[50] Eich, Klaus-Peter: Schulpolitik in Nordrhein-Westfalen 1945-1954, in: Düsseldorfer Schriften zur Neueren Landesgeschichte und zur Geschichte Nordrhein-Westfalens, Bd. 20, Düsseldorf 1987.

[51] Die Grundlage zu Eichs Buch bildet seine Dissertation, die unter dem Titel *Christine Teusch und die Bildungspolitik in Nordrhein-Westfalen* von der Philosophischen Fakultät der Universität Düsseldorf angenommen wurde.
Vgl. ebenda, S. 11.

[52] Heumann, Günter: Die Entwicklung des allgemeinbildenden Schulwesens in Nordrhein-Westfalen (1945/46-1958) – Ein erziehungsgeschichtlicher Beitrag, in: Studien zur Pädagogik, Andragogik und Gerontagogik, Bd. 5, Frankfurt am Main u.a., 1989.

Zusammenhang mit administrativen und personellen Entscheidungen der alliierten Besatzungsmächte stellt.

Zwei weitere Arbeiten beschäftigen sich mit der Lehrerbildung[53] in Nordrhein-Westfalen. Die Dissertation von Wyndorps[54] von 1983 und die daran anschließende Dissertation von Peters[55] aus dem Jahr 1996.

1.3 Quellenlage

Die umfangreichsten und aufschlußreichsten Aktenbestände finden sich im nordrhein-westfälischen Hauptstaatsarchiv in Düsseldorf. Diese lassen sich in drei verschiedene Gruppen einteilen:

Am umfangreichsten sind die staatlichen Verwaltungsakten, die aus dem Bereich des Kultusministeriums und des Oberpräsidiums der Nord-Rheinprovinz stammen. Der Informationsgehalt dieser Akten ist sehr unterschiedlich, da der Bestand aus dem Zeitraum von 1945 bis 1947/48 sehr lückenhaft ist. Eine weitere Gruppe bilden die Nachlässe verschiedener Personen, die im Kultusministerium in führender Position tätig waren. Diese Bestände wurden in der vorliegenden Arbeit meist zur Klärung von Detailproblemen herangezogen. Die dritte Gruppe bilden die Verbandsakten des Landesverbandes des VDS in Nordrhein-Westfalen. Diese Aktenbestände sind für die Nachkriegszeit wenig ergiebig, da der zeitliche Schwerpunkt der Akten in den 70er Jahren liegt.

Die Aktenbestände des Büros des Kölner Oberbürgermeisters und des Kulturdezernates der Stadt Köln im Historischen Archiv der Stadt Köln enthalten wichtige Informationen über die Ausbildungssituation an der Hochschule für Musik in Köln. Eine notwendige Ergänzung der Recherche stellte das Archiv des Landtages in Düsseldorf dar, in dem die Protokolle der Kulturausschußsitzungen aufbewahrt sind.

Die Gespräche mit Zeitzeugen[56] dienten dazu, Anregungen für die weitere Archivrecherche zu erhalten, die gewonnenen Ergebnisse in ihrem Zusammenhang richtig zu gewichten und durch Beispiele aus der Praxis zu verdeutlichen.

Neben Fachliteratur, amtlichen Erlassen und Publikationen wurden auch Zeitschriften ausgewertet. Zeitschriftenbeiträge haben oft im Gegensatz zu Monogra-

---

[53] Der Begriff Lehrerbildung bezieht sich auf die Ausbildung der früheren Volksschullehrer, die den heutigen Grund- und Hauptschullehrern entsprechen. Dabei wird der Begriff Lehrerbildung und Lehrerausbildung synonym verwendet.

[54] Wyndorps, Heinz: Der Neuaufbau der Lehrerbildung in Nordrhein-Westfalen 1945-1954, in: Europäische Hochschulschriften, Reihe 3, Geschichte und ihre Hilfswissenschaften, Bd. 204, Frankfurt am Main u.a. 1983.

[55] Peters, Walter: Lehrerausbildung in Nordrhein-Westfalen 1955-1980 – Von der Pädagogischen Akademie über die Pädagogische Hochschule zum Aufbruch in die Universität, in: Studien zur Pädagogik, Andragogik und Gerontagogik, Bd. 32, Frankfurt am Main u.a. 1996.

[56] Ein Verzeichnis der Gesprächspartner findet sich in Kapitel 9.

phien mehr Bezug zu aktuellen Ereignissen und sind somit für die Darstellung eines historischen Sachverhaltes von großer Wichtigkeit.

1.4 Aufbau der Arbeit

Zentrales Anliegen der vorliegenden Arbeit ist die Darstellung von Momenten der Kontinuität und Diskontinuität innerhalb der musikpädagogischen Fachgeschichte in der Phase der Konsolidierung nach einem politischen, wirtschaftlichen und gesellschaftlichen Systemwechsel. Untersucht wird, in welcher Form Musikunterricht nach dem Krieg stattfindet, inwieweit ein Neuanfang realisiert oder bestehende Verhältnisse fortgeschrieben werden und welche Faktoren dies bedingen.

Zwei zentrale Gesichtspunkte bilden dabei einen äußeren inhaltlichen Rahmen: Zum einen das herrschende pädagogische Leitbild der Nachkriegszeit, die Musische Erziehung[57], zum anderen die allgemeine bildungspolitische Entwicklung des Landes Nordrhein-Westfalen[58].

Der Begriff "Musische Erziehung" wird erläutert und dem Versuch einer Systematisierung unterzogen. Zugleich wird auch der Prozeß der sukzessiven Ablösung dieses pädagogischen Leitbildes bis Mitte der 60er Jahre dargestellt. Die allgemeine bildungspolitische Entwicklung des Landes Nordrhein-Westfalens gibt den Rahmen für eine konkrete Umsetzung musikpädagogischer Ideen und Leitbilder vor. Darunter ist neben der Hochschulpolitik, die für die Ausbildung der Musiklehrer an den verschiedenen Schulen von Bedeutung ist, auch die allgemeine Schulpolitik zu verstehen, die ihren Niederschlag u.a. in administrativen Verordnungen, Richtlinien und Wiederaufbauprogrammen findet und sich damit direkt auf die musikpädagogische Arbeit der Schule auswirkt.

Innerhalb des beschriebenen Rahmens soll ein möglichst umfassender Überblick über die musikpädagogischen Entwicklungen der im folgenden beschriebenen Bereiche gegeben werden.

Untersucht wird die Aus- und Weiterbildung der Musiklehrer für allgemeinbildende Schulen[59], die nach Schultypen getrennt vorgestellt wird. Dabei zeigen sich sehr divergierende Entwicklungen. Während beispielsweise die Musikstudienratausbildung[60] kaum verändert wird, wird die Volksschullehrerausbildung[61] mehrmals modifiziert. Besonderes Augenmerk wird innerhalb dieses Kapitels auf die Analyse der Studieninhalte gerichtet, um Rückschlüsse auf die Gewichtung des Faches Musik im jeweiligen Schultyp ziehen zu können.

---

[57] Vgl. Kapitel 2.
[58] Vgl. Kapitel 3.
[59] Vgl. Kapitel 6.
[60] Vgl. Kapitel 6.3.
[61] Vgl. Kapitel 6.1.

Um die musikalischen Profile der einzelnen Schultypen darzustellen, werden die Inhalte der jeweiligen Unterrichtsrichtlinien analysiert und ihre verschiedenen Schwerpunkte herausgearbeitet.[62] Vor allem in der direkten Nachkriegszeit zeigt sich dabei sehr deutlich, welche Funktion dem schulischen Musikunterricht innerhalb der einzelnen Schultypen von der Ministerialbürokratie zugewiesen wird. Zusätzlich werden durch den Vergleich mit Richtlinien des Dritten Reiches und der Weimarer Republik auch kontinuierliche und diskontinuierliche Elemente innerhalb der Entwicklung deutlich.

Der Schwerpunkt der Darstellung des schulischen Musikunterrichts[63] liegt in der Beschreibung der Möglichkeiten zur Gestaltung des Unterrichts in der Nachkriegszeit. Obwohl der Unterricht, bedingt durch die Individualität des Lehrers, vielfältig gestaltet werden kann, lassen sich durch die Analyse insbesondere von Schulbüchern, Richtlinien und der Fachpresse allgemeine, die Gestaltung des Musikunterrichts betreffende Tendenzen aufzeigen. Im Zusammenhang mit der Differenzierung des Faches Musik in einzelne Themenbereiche werden musikpädagogische Traditionslinien herausgearbeitet.

Die außerschulische Musikpädagogik[64] wird in die Betrachtung mit einbezogen, weil der außerschulische Bereich personell vielfach eng mit dem schulischen verzahnt ist. Außerdem sind beide Bereiche von demselben pädagogischen Leitbild geprägt. Notwendig ist neben der Darstellung des Wiederaufbaus des Privatmusikwesens auch eine Beschreibung des sukzessiv erfolgenden Aufbaus der außerschulischen musikalischen Jugendarbeit. Besonderes Interesse verdienen dabei deren organisatorischer Aufbau, die Fortbildungsmöglichkeiten und die Entstehung der dazu neu geschaffenen Institutionen.[65] Das Musikschulwesen entwickelt sich zur wichtigsten außerschulischen musikpädagogischen Einrichtung in Nordrhein-Westfalen. Auf die Darstellung der sich abzeichnenden Veränderung des pädagogischen Leitbildes der Musischen Erziehung und ihrer Auswirkung auf die außerschulische Musikpädagogik wird besonderes Gewicht gelegt.

Die Abfolge der Kapitel innerhalb der Gesamtdarstellung richtet sich nach der Reihenfolge, in der sich Veränderungen innerhalb der Nachkriegszeit abzeichnen. Administrative Verordnungen wirken sich sofort innerhalb des schulischen Musikunterrichts aus, während Veränderungen im Rahmen der Lehrerausbildung erst zeitversetzt in der Schule ihre Wirkung zeigen. Das Kapitel *Musikunterricht an*

---

[62] Vgl. Kapitel 4.
[63] Vgl. Kapitel 5.
[64] Vgl. Kapitel 7.
[65] Der umfangreiche Bereich der landes- und bundesweiten Verbandsarbeit vieler musikalischer und musikpädagogischer Organisationen kann innerhalb dieser Arbeit nicht beachtet werden, ebenso der Bereich der Schulmusikerfortbildung durch Verbände oder staatliche Institutionen. Diese zusätzlichen Aspekte würden den Rahmen der Arbeit sprengen.

Einleitung

Schulen[66] orientiert sich teilweise an der Gliederung des fünften Kapitels *Musikunterricht in der Schule*[67] der Arbeit von Günther *Die Schulmusikerziehung von der Kestenberg-Reform bis zum Ende des Dritten Reiches*. Dies geschieht zum einen, weil die von Günther gewählte Form eine Strukturierung der Inhalte am deutlichsten ermöglicht. Zum anderen soll aufgrund der äußeren Übereinstimmung die Möglichkeit des Vergleiches erleichtert werden, um somit Kontinuitäten und Diskontinuitäten des schulischen Musikunterrichtes zu erkennen.

---

[66] Vgl. Kapitel 5.
[67] Vgl. Günther, Ulrich: Die Schulmusikerziehung von der Kestenberg-Reform bis zum Ende des Dritten Reiches, in: Forum Musikpädagogik, Bd. 5, Augsburg ²1992, S. 152 ff.

2 Musische Erziehung in der Nachkriegszeit

2.1 Versuch einer Systematisierung

Der Begriff "Musische Erziehung" und auch Kombinationen mit dem Wort "musisch" werden in der musikpädagogischen Literatur sowie innerhalb der Richtlinien und Studienordnungen der Nachkriegszeit vielfach verwendet, ohne daß man auf systematisch-theoretische Untersuchungen zu einer Theorie des Musischen hätte zurückgreifen können. Haase, ein Hauptvertreter der Musischen Erziehung in der Nachkriegszeit, hält es nicht für möglich, eine solche theoretische Untersuchung durchzuführen, da das Musische zu einer eigenen Denk- und Verhaltensstruktur führe, die einen eigenen Sinnhorizont erschließe.

"Im musischen Denken erfolgt das Denken nicht in Begriffen, nicht 'in Zahlen und Figuren', sondern in Bildern, in denen sich 'Licht und Schatten zu einer echten Klarheit vereinen'."[1]

Diese spezifische Denkform macht es tatsächlich schwierig, dem Musischen gedanklich und begrifflich beizukommen.[2] Aufgrund fehlender theoretischer Grundlagen wird der Begriff "musisch" sehr unterschiedlich verwendet, so daß unter ihm ein ganzes Begriffsfeld subsumiert wird. Bereits zu Beginn der 50er Jahre wird die fehlende begriffliche Exaktheit von mehreren Autoren aufgezeigt.

"Musische Bildung auf die knappe Formel einer 'Menschenbildung durch Musik' gebracht, mag auf den ersten Blick ein dahinterstehendes klares, detailliertes und in sich geschlossenes theoretisches Konzept vermuten lassen, zeigt sich jedoch bei der Fülle einschlägiger Literatur als äußerst vager Begriff."[3]

In seinem 1950 erschienenen Aufsatz *Vom Musischen in der Erziehung* stellt Hammelrath fest, daß dem Begriff "musisch" das Klare und Umgrenzte abgehe, das in anderen Begriffen wie Bildung, Erziehung etc. bei aller Weite und Dehnbarkeit zu finden sei.[4] 1951 beklagt Twittenhoff eine "gewisse Verschwommenheit"[5] bei der Behandlung der Begriffe Musische Bildung, Musische Erziehung und Mu-

---

[1] Haase, Otto: Musisches Leben, in: Pädagogische Bücherei, Bd. 19, Hannover/Darmstadt, ²1951, S. 39. (Kursiv im Original)

[2] Vgl. Kluge, Norbert (Hrsg.): Vom Geist musischer Erziehung – Grundlegende und kritische Beiträge zu einem Erziehungsprinzip, in: Wege der Forschung, Bd. 303, Darmstadt 1973, S. 5.

[3] Wietusch, Bernd: Die Zielbestimmung der Musikpädagogik bei Theodor W. Adorno – Darstellung und kritische Reflexion der Kritik an der musikpädagogischen Position Adornos. Ein Beitrag zur Adorno-Rezeption in der Musikpädagogik, in: Perspektiven zur Musikpädagogik und Musikwissenschaft, Bd. 7, Regensburg 1981, S. 15.

[4] Vgl. Hammelrath, Willi: Vom Musischen in der Erziehung, in: PR, H. 6, 1950, S. 385.

[5] Twittenhoff, Wilhelm: Die Erneuerung der Musikkultur durch musische Erziehung, in: ZfM, H. 9, 1951, S. 454. (= 1951a)

sische Erneuerung. Die Begriffe würden teilweise sogar synonym verwendet. Auch Haase verweist im Vorwort zu seiner Schrift *Musisches Leben* auf sprachliche Unklarheiten. Detaillierter geht Götsch 1953 auf dieses Phänomen ein: "Als Modewort muß es für verwirrende Fehldeutungen herhalten. Manche benutzen es einfach für 'musikalisch', andere betreiben unter seinem Schutze eine entstaltende Grenzverwischung der Künste. ... Diese empfehlen das Musische als pädagogisches Allheilmittel, jene gar als Religionsersatz. ... Ähnlich gesonnen sind Lehrer und Erzieher, die es als 'Entspannung, Ausgleich und Auflockerung' gelten lassen, auch als willkommene Dekoration und Repräsentation der Schule, ..."[6]

Götsch lehnt jedoch im dritten Band seiner *Musischen Bildung* eine Systematisierung des Gegenstandes kategorisch ab[7], da eine begriffliche Festlegung der Sache Gewalt antun würde.[8] Diese Inkonsequenz, gründend auf der theorie- und wissenschaftsfeindlichen Grundhaltung vieler Vertreter der musischen Bewegung, hat die begriffliche Indifferenz musischer Argumentation zur Folge.[9] Seidenfaden interpretiert diese Unbestimmbarkeit als Meinungspluralismus, da "die musische Erziehung heute keine einheitliche und geschlossene pädagogische Strömung bildet, sondern von einer Vielzahl in Teilfragen auseinandergehender Meinungen erfüllt ist"[10]. Hodek hingegen, der diesen Themenkomplex auch unter politischen Aspekten beurteilt, weist darauf hin, daß durch die Blockadehaltung gegenüber Theorie, Wissenschaft und politischer Aufklärung das konkrete politische Ziel verfolgt werde, den Zugang zu Sachzusammenhängen zu emotionalisieren.[11]

Dieser kurze Aufriß zeigt, daß eine theoretische Grundlegung der Begriffe "musisch" oder "Musische Erziehung" in der Nachkriegszeit nicht gelingt. Das Fehlen einer Theorie führt in der pädagogischen Diskussion zu einer begrifflichen Verschwommenheit. Pape sieht in dieser begrifflichen Indifferenz des Musischen einen Hauptgrund für die geringe Durchsetzungsfähigkeit der Idee der Musischen

---

[6] Götsch, Georg: Musische Bildung – Zeugnisse eines Weges – Bd. 2, Bericht, Wolfenbüttel 1953, S. 5.

[7] Vgl. Götsch, Georg: Musische Bildung – Zeugnisse eines Weges – Bd. 3, Aufgabe, Wolfenbüttel 1956, S. 5. (= 1956b)

[8] Vgl. Abel-Struth, Sigrid: Grundriß der Musikpädagogik, Mainz u.a. 1985, S. 32.

[9] Vgl. Antholz, Heinz: Unterricht in Musik – Ein historischer und systematischer Aufriß seiner Didaktik, in: Didaktik – Schriftenreihe für den Unterricht an der Grund- und Hauptschule, Düsseldorf 1970, S. 32.

[10] Seidenfaden, Fritz: Die musische Erziehung in der Gegenwart und ihre geschichtlichen Quellen und Voraussetzungen, Diss. phil. Münster, 1958, S. 82.

[11] Vgl. Hodek, Johannes: Musikalisch-pädagogische Bewegung zwischen Demokratie und Faschismus. Zur Konkretisierung der Faschismus-Kritik Th. W. Adornos, Weinheim/Basel 1977, S. 226.

Erziehung in der Nachkriegszeit.[12] Im Laufe der Zeit kommt es zur Bildung "z.T. recht unterschiedliche[r] Ansätze und Schwerpunkte"[13].
Diese verschiedenen Positionen der Musischen Erziehung sollen nachfolgend systematisiert werden. Dabei zeigt sich die Schwierigkeit, daß sich diese aufgrund ihrer ähnlichen Intentionen nicht immer präzise gegeneinander abgrenzen lassen. Die meisten Vertreter der verschiedenen Positionen der Musischen Erziehung gehen von einer kulturkritischen Gegenwartsanalyse aus und zeigen den vermeintlich negativen "Jetzt-Zustand" auf – für Seidenfaden der Beleg des reaktionären Charakters der Musischen Erziehung.[14] Dieser Zustand wird zugleich als Chance für einen Neuanfang betrachtet.[15]

"Die Literatur der musischen Bewegung ist voller Klagen über das Zeitalter und voller emphatischer Erneuerungssucht."[16]

Gesellschaftliche Erneuerung durch Musische Erziehung

Otto Haase folgert aus den Ergebnissen seiner kulturkritischen Gegenwartsanalyse, daß der Mensch sich von seiner eigenen Wesensart entfernt habe. Als letzten Beweis dafür sieht er die deutsche Katastrophe von 1945. Zum einen zeige sich diese Selbstentfremdung in der Unrast des Menschen und zum anderen in der Maßlosigkeit seines Verhaltens. Aus diesem Zustand erwachsen nach seiner Meinung Gefahren. Die Chance der Nachkriegszeit liegt für Haase darin, die Grundlagen des menschlichen Zusammenlebens neu zu gestalten. Neben der Aufgabe, die "physische Existenz vor dem Untergang zu retten", d.h. die materielle Grundlage des eigenen Lebens wiederherzustellen, gelte es, "aus dem aufgerissenen Urgrund des Seins eine neue geistige Ordnung zu stiften"[17]. Während die physische Existenz, so die Auffassung Haases, durch Leistung gerettet werden könne, bedürfe die neue geistige Ordnung einer Sinnesänderung, die den Kern menschlichen Lebens treffe. Diesen Kern sieht Haase in der "menschlichen Gesittung"[18], vermeidet jedoch eine

---

[12] Vgl. Pape, Heinrich: Musische Bildung – ein Auftrag ohne Erfüllung, in: MiU (Ausg. B), H. 11, 1962, S. 310.

[13] Groothoff, Hans-Hermann: Musische Erziehung: Entstehung und Untergang einer reformpädagogischen Bewegung (1920-1933 und 1945-1970), in: Kaiser, Hermann J. u. a. (Hrsg.): Vom pädagogischen Umgang mit Musik, Mainz u.a. 1993, S. 52.

[14] Vgl. Seidenfaden, Fritz: (1958) a.a.O., S. 83.

[15] Vgl. Messerschmid, Felix: Alte Wahrheit und neue Ordnung – Grundfragen der Erziehung und Bildung, in: Der Deutschenspiegel – Schriften zur Erkenntnis und Erneuerung, Bd. 2, Stuttgart 1946, S. 33.

[16] Abel-Struth, Sigrid: (1985) a.a.O., S. 33.

[17] Haase, Otto: (²1951) a.a.O., S. 13.

[18] Haase, Otto: (²1951) a.a.O., S. 14.

klare Definition dieses Begriffs und beschreibt ihn lediglich bildhaft.[19] Schon 1948 verwendet Haase den Begriff Gesittung, die vorhanden sei, "wo Menschen in ungeschriebenen, aber verbindlichen Lebensformen beieinander wohnen. ... Alles Leben kreist um einen unsichtbaren Mittelpunkt"[20]. Im allgemeinen pädagogischen Sprachgebrauch jener Zeit wird das Wort Gesittung mit Lebensart gleichgesetzt.[21]

"Lebensart gründet auf der Bindung an Gott und das von ihm Geschaffene, insbesondere auf der ehrfürchtigen Achtung vor dem Leben, dem Eigentum, der Familie und Gesellschaft. Sie ist vor allem persönliche Ausdrucksform der sozialen Tugenden wie Toleranz, Treue, Takt, Rücksicht, Gerechtigkeit, Hilfsbereitschaft ..."[22]

Aufgrund des gesellschaftlichen Verfalls durch die NS-Zeit und den Krieg gilt für die Nachkriegszeit die pädagogische Aufgabe, "daß alle verlorenen Wertzonen wieder aufgerichtet werden müssen ..."[23] Dabei spielt die Musische Erziehung eine wichtige Rolle, da nach Haase das Musische die Fähigkeit besitzt, den Kern menschlichen Lebens, die Gesittung zu treffen und zu gestalten. Auf der Grundlage dieser Vorstellung wird die Musische Erziehung zum "Kernstück der Menschenbildung heute"[24]. Das Musische wird gleichsam zum "'Quellgrund' der Gesittung"[25]. Die Denkschrift des VDS aus dem Jahr 1949 relativiert diesen Aspekt in Bezug auf die Möglichkeiten des Musikunterrichts und spricht nur noch von einer unterstützenden Funktion der Musischen Erziehung im Hinblick auf eine sittliche Erziehung. Durch eine "sorgfältige Auswahl wertvoller Musik", die "die sittlichen Kräfte im Menschen zu stärken vermag", so die Denkschrift, werde die "Heranbildung des jungen Menschen zu einer sittlich selbstverantwortlichen Person"[26] wirksam unterstützt. Nach Meinung der Verfasser der Denkschrift korrespondiert eine solche Musikauswahl mit dem Bildungsideal einer christlich-humanistischen Erziehung.

---

[19] Vgl. Maiwald, Renate: Der Begriff des Musischen und seine Verwendung in der Pädagogik – Zur Aktualisierung der pädagogischen Dimension des Musischen unter Berücksichtigung der historischen Determination, in: Pädagogik in der Blauen Eule, Bd. 6, Essen 1991, S. 180.

[20] Haase, Otto: Gesittung und Erziehung in England, in: PR, H. 1, 1948, S. 5.

[21] Noch 1965 verweist das *Lexikon der Pädagogik* bei dem Begriff Gesittung auf den Begriff Lebensart.
Vgl. Rombach, Heinrich (Hrsg.): Lexikon der Pädagogik, Bd. 2, Freiburg u.a. ⁴1965, Sp. 419.

[22] Schmücker, Else: Lebensart, in: ebenda, Bd. 3, Sp. 200.

[23] Schmücker, Else: Schule und Musisches Leben, in: Beiträge zur Musikerziehung, Bd. 1, Berlin/Darmstadt 1952, S. 12.

[24] Haase, Otto: (²1951) a.a.O., S. 54.

[25] Maiwald, Renate: a.a.O., S. 180.

[26] Verband Deutscher Schulmusiker: Denkschrift 'Zur gegenwärtigen Lage der Musikerziehung', in: MiU, H. 1, 1949, S. 3.

Musische Erziehung versus Intellektualisierung und Technisierung des Lebens

Der kulturkritische, reaktionäre Charakter der musischen Erziehung zeigt sich besonders im Hinblick auf Intellektualisierung und Rationalisierung des Lebens und in der latenten Technikfeindlichkeit. Dabei geht es nicht um eine generelle Ablehnung intellektueller Schulung oder rationalen Denkens, sondern um die Vermeidung einer Intellektualisierung der Schule, der Heranbildung von "Virtuosen des Intellekts"[27].

"'Intellektualisierung' meint die der Bildung so gefährliche Einseitigkeit, die überwiegende Ausbildung der rationalen Kräfte, die Bevorzugung des bloßen Wissens, dessen Stoffe unverwandelt bleiben, ... die Vernachlässigung der sittlichen und der religiösen Erziehung; der Bildung des Fühlens, ... des Schauens und Hörens, der gestaltenden Kräfte überhaupt; die Gleichgültigkeit gegenüber dem ganzen Bereich der Höflichkeit und Sitte."[28]

Noch zu Beginn der 60er Jahre wehrt sich Seidenfaden gegen die Vorstellung, Musische Erziehung sei mit Anti-Intellektualismus gleichzusetzen. In Bezug auf Pestalozzi stellt er fest, daß die Musische Erziehung reichlich Gelegenheit biete, "das harmonische Zusammenspiel der Handfertigkeit, der Empfindung und der intellektuellen Disziplinierung zu fördern"[29].

Die Kritik am Rationalismus ist ambivalent. Zum einen werden die Vorteile bei der Gestaltung des Lebens, die nur durch die analytischen Leistungen und die Rationalisierung in Technik und Wirtschaft möglich wurden, akzeptiert, auf der anderen Seite wird auf die Gefahr der Ausschließlichkeit des Zweckdenkens des Rationalismus hingewiesen. Eine andere Gefahr dieses Zweckdenkens wird besonders in den ersten Nachkriegsjahren deutlich. Das Scheitern der inneren Schulreform und die verheerenden Folgen des Krieges führen zu steigenden Leistungsanforderungen innerhalb der Schule. Der zunehmende Konkurrenzkampf der Nachkriegszeit, der nach Seidenfaden bereits in die Schule getragen wurde[30], verschärft eine Entwicklung, die dem Leistungsprinzip innerhalb der Schule eine dominierende Funktion zuweist.[31]

---

[27] Bartning, Otto: Ganzheit des Menschen – ein Begriff oder nur ein Wort?, in: Messerschmid, Felix u.a. (Hrsg.): Musische Bildung – Wesen und Grenzen, Würzburg 1954, S. 82.
[28] Messerschmid, Felix: Musische Bildung, in: Ebenda, S. 33.
[29] Seidenfaden, Fritz: Recht und Grenzen des Musischen in der Schule, in: Kontakte, H. 4, 1961, S. 158. (= 1961b)
[30] Vgl. Seidenfaden, Fritz: (1958) a.a.O., S. 83.
[31] Vgl. Haase, Otto: (²1951) a.a.O., S. 52.

"Der Wille zur Höchstleistung ist die Geißel unserer Zeit, weil sie mit der Unrast auch den Unfrieden unter die Menschen gebracht hat."[32]
Haase will damit nicht Leistung per se desavouieren, ist jedoch der Auffassung, sie müsse auf "dem Boden der Gesittung" wachsen, "sonst ist sie im Kern verfault und nichts wert"[33]. Rubarth argumentiert ähnlich, indem er schreibt, "daß der Mensch zu echter Leistung nur aus tiefer, innerlich geformter Persönlichkeit fähig"[34] sei. Hammelrath stellt dem Leistungsprinzip die Elemente des Musischen, das Spiel und die Entspannung gegenüber:

"Daß Entspannung nötig ist, gerade auch um der Leistung willen, weiß jeder wirklich ernsthaft Arbeitende. Sonst ist keine Leistung möglich."[35]

Entspannung bzw. "Kultur der Ruhe"[36] sollen nicht als passives Erleben oder Verhalten verstanden werden, sondern das eigene Tun einschließen.[37]

Während Haase die Technik als Widerpart des Musischen Lebens sieht, der "*die Muse als den Nährboden jeden höheren geistigen Lebens auszulaugen und zu vernichten trachtet*"[38], und Götsch in einer Rückkehr zu mittelalterlichen Handwerksstrukturen die Lösung des Problems sieht, gibt es andere Stimmen, die eine gemäßigtere Position vertreten.

Twittenhoff hält es für naiv, zu meinen, den Siegeszug der Technik aufhalten zu können und daß die "Musen in dieser Welt den gleichen Platz und Rang einnehmen könnten wie in der Welt vor 200 Jahren"[39]. Nicht die Technik, so Twittenhoff, sei das Gefährliche, "sondern das menschliche Unvermögen, ihrer wahrhaft Herr zu werden"[40]. Ebenso vertritt Thiel die Auffassung, daß der umgangsmäßige Gebrauch der Technik manchen Zweifel und Dogmatismus zurechtrücken würde.[41] Mit verstärkter Aufklärungsarbeit wird versucht, die allgemeine Antipathie der Musikpädagogen gegenüber Technik zu überwinden. So führt die Zeitschrift *Junge Musik* 1957 die Rubrik *Rundfunk/Fernsehen* ein, um ein Diskussionsforum für musisch-technische Grenzfragen zu bieten.

---

[32] Ebenda, S. 63. (Kursiv im Original)
[33] Bohne, Gerhard: Grundlagen der Erziehung – Die Pädagogik in der Verantwortung vor Gott, Bd. 2 – Aufgabe und Weg der Erziehung –, Hamburg 1953, S. 159.
[34] Rubarth, Hermann: Die gegenwärtige Situation der Schulmusik – Zur Diskussion über die Ziele im Unterricht, in: MiU, H. 1., 1952, S. 2.
[35] Hammelrath, Willi: (1950) a.a.O., S. 386.
[36] Ebenda, S. 389.
[37] Ebenda.
[38] Haase, Otto: (²1951) a.a.O., S. 46. (Kursiv im Original)
[39] Twittenhoff, Wilhelm: Technik und Muse II, in: JM, H. 3, 1956, S. 89. (= 1956b)
[40] Ebenda, S. 92.
[41] Vgl. Thiel, Jörn: Technik und Muse I, in: JM, H. 3, 1956, S. 88.

"Das musische Leben des Zeitgenossen erweist sich heute nicht im Tabuisieren der Technik, sondern gerade an seiner Kraft zur Anverwandlung technischer Möglichkeiten zu Medien des Musischen."[42]

Musische Erziehung als Ganzheitserziehung

Die voranschreitende Differenzierung der Welt und des Lebens, so Götsch[43], führt zu "Atomismus" und in seiner gesellschaftlichen Konsequenz zur "Vermassung"[44] des Menschen. Der vermeintliche Zusammenhang zwischen Atomismus und Vermassung basiert auf der in den späten 40er Jahren herrschenden Meinung, daß "die entscheidende Ursache der Vermassung ... in der sozialen und metaphysischen Entwurzelung des Menschen"[45] liege. Hingegen ignoriert Götsch in seiner Argumentation andere Ursachen der Vermassung, wie totalitäre Staatsformen oder Mißachtung des Individuums, völlig.[46]

Den Grund für die Entwicklung zum "Atomismus" sieht Götsch im Verlust der Einheit von Musik und Leben.[47] Erfülltes Menschsein ist seiner Meinung nach nur möglich, wenn diese Einheit wiederhergestellt wird, wobei die Restauration humaner Qualitäten nur in der bewußten Abkehr von der technisch-rational orientierten Gegenwart gelingen könne. Die Überbewertung des Technischen und Rationalen habe in der historischen Entwicklung zu einer Reduktion humaner Qualitäten geführt.[48] Götsch liegt nichts an der Versöhnung mit der modernen technischen Welt oder einer konkreten Verbesserung derselben, sondern er fordert die klare Abkehr von der technisch-rational orientierten Gegenwart und im politisch-ökonomischen Bereich die Wiederherstellung vorindustrieller Verhältnisse.[49]

---

[42] Thiel, Jörn: Muse und Technik in der Diskussion 1957, in: JM, H. 8, 1957, S. 245.

[43] Götschs Darstellungen zeichnen sich besonders durch ihre emotionalisierende Wirkung aus, die mit einer ausgeprägten Theorie- und Wissenschaftsfeindlichkeit gepaart ist. Sie entbehren einer argumentativen Stringenz. An dieser Art der Darstellung hält Götsch von der Weimarer Zeit über die NS-Zeit bis in die Nachkriegszeit fest. Hodek sieht darin eine antidemokratische Grundtendenz und wirft Götsch eine Konkretisierung der "militant aggressiv- nationalistischen Tendenzen der Volkstumpropaganda" vor. Vgl. Hodek, Johannes: a.a.O., S. 229.

[44] Götsch, Georg: Musische Bildung – Zeugnisse eines Weges – Bd. 1, Besinnung, Wolfenbüttel 1949, S. 21.

[45] Zinke, Franz: Das Problem der Vermassung und die Schulerziehung, in: PR, H. 11/12, 1947, S. 310.

[46] Vgl. ebenda.

[47] Vgl. Götsch, Georg: (1949) a.a.O., S. 130.

[48] Vgl. Maiwald, Renate: a.a.O., S. 119.

[49] Götsch, Georg: (1956b) a.a.O., S. 122 f.

"Diese Kulturkritik Georg Götschs mündet somit in ein utopisches Programm musikkultureller 'reformatio', von der allerdings niemand so recht wußte, wie sie zu bewerkstelligen sei und – ob es diesen Idealtypus einer Musikkultur je gegeben hat."[50]

Um die verlorene Einheit zwischen Leben und Kunst bzw. Musik und Leben wiederherzustellen, bedarf es einer verbindenden Kraft, die Götsch dem "Musischen" zuschreibt.

"Musisch nennt man all die Kräfte, die Getrenntes verbinden helfen."[51]

In der methodisch-didaktischen Konkretion führt dieser Ansatz zu einem ganzheitlichen Konzept, das sich gegen die wachsende Gefahr der Einseitigkeit der schulischen Ausbildung durch die Überbetonung des Intellektualismus und Rationalismus wendet. Nach Schmücker bedarf gerade die erzieherische Situation der Nachkriegszeit, die sich durch eine "gestörte, zusammenhangslose Welt" auszeichnet, "der Zusammenfassung durch das anmutig-liebevoll Einende, das in der musischen Erziehung gegeben ist"[52]. Zugleich wird davor gewarnt, so z.B. durch Messerschmid, in eine einseitige Konfrontation der Rationalität zu verfallen, da der Weg zur Erkenntnis durch "die Rationalität *hindurch*, nicht an ihr vorbei"[53] gehe. So geht es nicht um ein Zurückdrängen der rationalen Arbeit, sondern um eine Kombination der Elemente Körper, Geist und Seele. In dieser unter anderem auf Pestalozzi zurückgreifenden Vorstellung kommt der Musischen Erziehung besondere Bedeutung zu.

"Die besondere Eigenart des Musikunterrichts ruht in seiner Erziehung zur G a n z h e i t , in der harmonischen Pflege von Geist, Körper u n d Seele."[54]

Es geht dabei darum, das musikalische Werk durch Erlebnis und Erkenntnis gegenüber dem jungen Menschen wirksam werden zu lassen.

Musische Erziehung als Lebenshilfe

Neben der Bedrohung der Menschlichkeit durch technischen Fortschritt innerhalb der Arbeitswelt wird eine weitere Bedrohung in der Orientierungslosigkeit gegenüber gesellschaftlichen Werten gesehen, in der Gefahr für die Jugend, trostloser

---

[50] Ehrenforth, Karl Heinrich: Zur Neugewichtung der historischen und anthropologischen Perspektiven der Musikerziehung, in: Schmidt, Hans-Christian (Hrsg.): Handbuch der Musikpädagogik, Bd. 1, Kassel u.a. 1986, S. 281.
[51] Götsch, Georg: (1953) a.a.O., S. 10.
[52] Schmücker, Else: Bemerkungen über Musische Bildung in der Schule, in: PR, H. 2, 1949, S. 52.
[53] Messerschmid, Felix: (1954) a.a.O., S. 49.
[54] Vgl. Verband Deutscher Schulmusiker: (1949) a.a.O., S. 3. (Sperrung im Original)

Leere und dem Massenwahn zu verfallen.[55] Beim Aspekt Lebenshilfe denkt man besonders an die schulentlassene Jugend und an die außerschulische Jugendarbeit. "Lied und Bewegungspiel, lautere Geselligkeit ist notwendiger zur mitmenschlichen Begegnung als Leitfadenwissen bürgerkundlicher Belehrung. Vergessen wir nicht, daß neben den sozialen Maßnahmen – so notwendig sie sind – Jugend erst gesunden kann, wenn auch die schulentlassene Jugend wieder lernt, ein lebenswertes Leben zu leben."[56]

Um der drohenden Verwahrlosung der Jugendlichen in der Trümmerzeit[57] entgegenzuwirken, empfiehlt Kraus, "durch die Erschliessung der musischen Kräfte ... einen wesentlichen Beitrag zur sittlichen Erziehung und Gesundung der Jugend"[58] zu leisten.

"Muße ist ihrem Wesen nach immer erfüllte Zeit. Stille, Besinnlichkeit, Warten und Schweigen – die Elemente des Kontemplativen – heben den Menschen über das Bestimmtsein durch Sorgen und Nöte des Alltags hinaus und lösen ihn aus der Egozentrizität seines Denkens und Tuns zu einer freien Betrachtung der Welt."[59]

In diesem Zusammenhang ist nochmals auf Haases Forderung nach Gesittung zu verweisen, die durch Musische Erziehung erreicht werde und Wertorientierung in sozialen, religiösen und gesellschaftlichen Fragen biete. Bohne ist sogar der Überzeugung, daß das Musische zur göttlichen Offenbarung führe. Besonders die kathartische Qualität des Musischen führe durch seine Reinheit zu Gott. "Aber alles, was rein ist, ist Gottes voll."[60]

Hammelrath geht von der Vorstellung aus, daß das Musische die Qualität habe, Dinge bis in ihre Tiefe hinein auszuloten und ihnen bis auf den Urgrund nachzuspüren, den er mit Gott gleichsetzt.[61] Gegen den Vorwurf des Musischen als Religionsersatz argumentiert Pape, daß das Musische das Religiöse nicht ersetzen, hingegen aber "wohl Brücke oder Weg zum Göttlichen"[62] sein könne.

---

[55] Vgl. Sauerbier, Hildegard: Musische Erziehung, in: ZfM, H. 11, 1951, S. 575.
[56] Ebenda.
[57] Vgl. Glaser, Hermann: Die Kulturgeschichte der Bundesrepublik Deutschland, Bd. 1 – Zwischen Kapitulation und Währungsreform 1945-1948, Frankfurt 1990, S. 169 ff.
[58] Kraus, Egon: Die Jugendmusikarbeit im Lande Nordrhein-Westfalen, o.J., HStAD NW 60-864, S. 8.
[59] Seidenfaden, Fritz: (1958) a.a.O., S. 93.
[60] Bohne, Gerhard: (1953) a.a.O., S. 163.
[61] Vgl. Hammelrath, Willi: a.a.O., S. 391.
[62] Pape, Heinrich: a.a.O., S. 310.

Musische Erziehung als Gemeinschaftserziehung

Der gemeinschaftsbildende Aspekt des Musischen bzw. der Musischen Erziehung spielt schon während der Weimarer Republik eine zentrale Rolle[63] und bleibt auch in der Nachkriegszeit eine wesentliche Legitimationsgrundlage für den schulischen Musikunterricht. Fellerer sieht das Ziel jeder Musikerziehung in der Aufgabe, "die Gemeinschaft der Menschen im Kunsterleben Wirklichkeit werden zu lassen"[64]. Luserke führt aus, daß es durch das Erlebnis der musischen Gemeinschaftskultur zu einem Vertrauensgewinn in das gesellschaftliche Dasein komme.[65] Der VDS hebt hervor, daß in der musischen Gemeinschaft die Möglichkeit bestehe, gleichsam en miniature Sozialstrukturen zu erleben und soziales Verhalten in der Gemeinschaft zu trainieren.

"Wie kaum ein anderer Faktor in der Erziehung besitzt die Musik g e m e i n s c h a f t s b i l d e n d e Kraft. In der musikalischen Gemeinschaftsarbeit vom einfachen Volkslied bis zur Polyphonie, im Musizieren einer mehrstimmigen Fuge von Bach erlebt der singende Mensch die Unterordnung seines Eigenwillens unter den großen Plan des Ganzen, das Gefühl der Freiheit im Gesetz."[66]

Bei Götsch wird die gemeinschaftsbildende Wirkung des Musischen innerhalb der Schülerschaft auch auf das Verhältnis von Schülern und Lehrern erweitert. In seinen theoretischen Überlegungen über pädagogische Vorgänge entwickelt er ein Gebilde, das er als "Kraftfeld wahrer Bildung"[67] bezeichnet. Dieses Kraftfeld setze sich aus dem Ich (Schüler), Du (Lehrer) und Es (Gegenstand) zusammen. Alle Elemente dieses Kraftfeldes seien gebende und nehmende Aktiva des pädagogischen Prozesses.

"Nun schauen Lehrer und Schüler, statt zueinander, miteinander auf das verbindende Dritte, und dieses wiederum bleibt kein stummer Gegenstand, sondern antwortet auf den liebenden Blick und die Teilnahme der beiden mit unerwartet spendender Kraft: der Stoff entpuppt sich als ein Schatz, der sich vermehrt,

---

[63] Abel-Struth weist darauf hin, daß der Begriff "Musische Erziehung" erstmals 1928 von Krieck verwendet wurde und somit erst in der Endphase der Weimarer Republik Eingang in den Sprachgebrauch fand.
Vgl. Abel-Struth, Sigrid: (1985) a.a.O., S. 33 f.

[64] Fellerer, Karl Gustav: Musikerziehung und Musikleben, in: MiU, H. 2, 1954, S. 35.

[65] Vgl. Luserke, Martin: Akademiekurse für musische Elementarbildung? – Vorschlag eines Gesprächs am Runden Tisch, in: Die Sammlung, H. 1, 1952, S. 45.

[66] Verband Deutscher Schulmusiker: (1949) a.a.O., S. 3. (Sperrung im Original)

[67] Götsch, Georg: (1956b) a.a.O., S. 10.

indem er bereichert. Im gegenseitigen Schenken schließt sich der Stromkreis des Bildungsprozesses."[68]

Dieser Prozeß offenbare – so Götsch – zugleich auch das gemeinschaftsbildende Element, da durch gemeinsame Arbeit des Schülers und Lehrers am zu untersuchenden Gegenstand eine Gemeinschaft entstehe, die er als das Wir bezeichnet.[69]

Musische Erziehung als politische Bildung

Kurz nach dem Ende des Zweiten Weltkrieges wird die Bedeutung der Musischen Erziehung im Rahmen einer politischen Bildung vor allem in der völkerverbindenden Funktion des gemeinsamen Musizierens gesehen. Schon 1947 wird der Vorteil der Unmittelbarkeit von Musik, d.h. ohne Notwendigkeit sprachlich-begrifflicher Vermittlung Verständnis zwischen den Völkern zu schaffen, hervorgehoben.[70] Ähnlich argumentiert Sauerbier, die in der Musischen Bildung einen "Weg zu neuer Mitmenschlichkeit und damit zum Frieden"[71] sieht. Beide Argumentationen weisen aber nicht auf eine spezifische Bedeutung der Musischen Erziehung im Hinblick auf eine demokratisch orientierte politische Bildung hin, sondern übertragen vielmehr den gemeinschaftsbildenden Aspekt der Musischen Erziehung, der gerade in der totalitären NS-Zeit pervertiert wurde und somit seine antidemokratische Anfälligkeit unter Beweis gestellt hat, auf die politische Bildung.

Haase hingegen versucht die Bedeutung der Musischen Erziehung im Rahmen einer demokratisch orientierten politischen Bildung darzulegen. Dabei geht er davon aus, daß demokratische Staatsformen durch den richtigen Gebrauch von Freiheit Bestand haben. In Anlehnung an Bernhard Shaw setzt Haase Freiheit mit Muße gleich und schafft somit einen unmittelbaren Zusammenhang zwischen musischer und politischer Erziehung.[72]

Messerschmid bindet seine Argumentation konkret an die Erfahrungen aus der NS-Zeit, in der die Kunst "in den Dienst der Aktivierung und Vergiftung des Gefühls gestellt"[73] wurde. Während der Nationalsozialismus keinen gesellschaftlichen Bereich für seine ideologische Propaganda ausgelassen habe, könne die frei-

---

[68] Ebenda.
[69] Vgl. ebenda, S. 14.
[70] Kraus, Egon: Entschließung, Radevormwald 31. Juli 1947, HStAD NW 60-348, Bl. 49 f.
[71] Sauerbier, Hildegard: (1951) a.a.O., S. 576.
[72] Haase, Otto: Das Musische und die politische Erziehung, in: PB, H. 1/2, 1953, S. 9.
[73] Messerschmid, Felix: Musik, Musikerziehung und politische Bildung, in: Kraus, Egon (Hrsg.): Musik und Musikerziehung in der Reifezeit – Vorträge der dritten Bundesschulmusikwoche München 1959, Mainz 1959, S. 66.

heitlich-demokratische Grundordnung aufgrund der Respektierung der Freiheit des Einzelnen nicht auf diese Möglichkeiten zurückgreifen, die Menschen politisch zu beeinflussen. In diesem Zusammenhang propagiert er die "Wichtigkeit der Pflege des unpolitischen Grundes der Politik"[74]. Dieser "unpolitische Grund", ein von Messerschmid geprägter Terminus, bilde die Grundlage einer politischen Gemeinschaft, da hier die Maßstäbe des Zusammenlebens entwickelt würden, die die Politik zu schützen habe. Und hier ist nach Messerschmid auch die Aufgabe der Musischen Erziehung zu sehen. Sie stifte Gesittung, soziales Verhalten, sie präge ästhetische und ethische Wertmaßstäbe, biete im Spiel die Möglichkeit der realen Utopie, schaffe Möglichkeiten zur Erfahrung und wirke somit gegen die drohende "Entleerung vieler Bereiche des modernen Lebens"[75]. Dieses Vakuum ist nach Messerschmid eine politische Gefahr, da radikale politische Strömungen es schnell zu füllen verstehen. Musische Erziehung erhalte somit durch ihr unpolitisches Dasein politische Bedeutung für den Erhalt einer Demokratie, indem sie Leben sinnvoll erfülle und damit Widerstand gegen eine totalitäre Versuchung aufbaue, alle Bereiche des Lebens zu politisieren.

"Je kräftiger, je lebendiger, je menschlicher das kulturelle Leben, desto stärker die Gewähr, daß die Politik sich auf das beschränkt, war ihres Amtes ist."[76]

Musische Erziehung als sozialpädagogische und heilpädagogische Erziehung

Seidenfaden weist auf den sozialpädagogischen Aspekt der Musischen Erziehung innerhalb der Schule hin. Nach seiner Meinung führt die Veränderung des sozialen Umfeldes der Schüler zu neuen sozialpädagogischen Aufgaben in der Schule. Dabei komme der familienergänzenden Funktion der Schule besondere Bedeutung zu.[77] Um aufzuzeigen, wie Musische Erziehung innerhalb der Schule sozialpädagogische Funktionen übernehmen kann, schlüsselt Seidenfaden in Anlehung an Ruppert[78] das soziale Gefüge der Schule in zwei Grundtendenzen, die Sozifika-

---

[74] Messerschmid, Felix: Politische und Musische Bildung, in: ZfP, 3. Beiheft – Das Problem der Didaktik, 1963, S. 9.

[75] Ebenda, S. 10.

[76] Messerschmid, Felix: (1959) a.a.O., S. 67.

[77] In diesem Zusammenhang führt Seidenfaden die Landerziehungsheime sowie die Lebensgemeinschaftsschule Peter Petersens als historische Beispiele für eine familienergänzende Lebensform innerhalb der Schule auf.

[78] Vgl. Ruppert, Johann Peter: Seelische Grundlagen der sozialen Erziehung, Bd. 2, Die Schule als Sozialgebilde und Lebensform (Eine Sozialpsychologie im Raum der Schule), Weinheim/Berlin 1954, S. 104 ff.

tion und die Individualisierung, auf.[79] Im Spannungsfeld dieser beiden Grundtendenzen würden sich gruppenbildende und -strukturierende Prozesse vollziehen, auf die die Musische Erziehung Einfluß nehmen könne.

Die Bildung informeller Gruppen, pädagogisch bedeutsam als Gegengewicht zu "Tendenzen der Vermassung, Kollektivierung und Nivellierung"[80], würde durch Impulse aus der Musischen Erziehung gefördert. Auch im Rahmen der Rangbildung, die es unter Kindern immer gebe, leiste die Musische Erziehung einen wertvollen Beitrag. Die Musische Erziehung fördere andere Begabungen als rational-orientierte Fächer und ermögliche es durch diese neuen Ausdrucks- und Gestaltungsmöglichkeiten, eine starre Rangordnung durch eine Vielzahl von neuen Leistungsebenen zu ersetzen.

"Für viele Kinder wird damit die Frustration aller Geltungsbestrebungen verhindert, aus der nur schulische Apathie, wenn nicht sogar destruktives Verhalten folgen kann."[81]

Durch das integrative Element der Musischen Erziehung werde darüber hinaus die Isolation Einzelner erschwert und somit der "Zonenbildung"[82] vorgebeugt. Somit würden durch die Musische Erziehung die sozialen Beziehungen innerhalb einer Schule gefördert und inhaltlich bereichert.

Seidenfaden geht über diesen sozialpädagogischen und sozialpsychologischen Bereich hinaus, indem er der Musischen Erziehung auch eine heilpädagogische Funktion zuweist. Bereits 1955 weist Kraus auf die heilpädagogische Wirkung der Musischen Erziehung hin, die "vor allem in der Schweiz und in Amerika große Bedeutung gewonnen"[83] habe. Seidenfaden deutet innerhalb seiner Dissertation von 1958 die Aufgaben einer heilpädagogisch orientierten Musischen Erziehung nur an[84], während er in einem 1961 veröffentlichten Aufsatz unter dem Titel *Mu-*

---

[79] Seidenfaden geht hierbei noch auf den Teilaspekt der Identifikation als einen Teil des Ausgleichsprozesses zwischen den beiden erwähnten Grundtendenzen ein. Unter Identifikation versteht Seidenfaden die innere Bejahung des schulischen Lebens, die für die Entfaltung der kindlichen Persönlichkeit von großer Bedeutung sei. Dazu könne die musische Erziehung durch "Gestaltung des Schulklimas und des Lebensstils einer Klasse" einen wichtigen Beitrag leisten.
Vgl. Seidenfaden, Fritz: (1958) a.a.O., S. 156 f.

[80] Ebenda, S. 158.

[81] Ebenda, S. 160.

[82] Den Begriff Zonenbildung übernimmt Seidenfaden von Ruppert, der darunter die Gliederung einer Klasse in Kernständige, Mittelständige, Randständige und Außenständige versteht.
Vgl. Ebenda.

[83] Kraus, Egon: Reform der Schulmusikerziehung, in: Kraus, Egon (Hrsg.): Musikerziehung in der Schule – Vorträge der ersten Bundesschulmusikwoche Mainz 1955, Mainz 1956, S. 25.

[84] Seidenfaden hebt erstens das kontemplative Element als Ausgleich zur hektischen Betriebsamkeit der Zeit hervor, zweitens die lockernde und befreiende Wirkung musischen Tuns und drittens die Möglichkeit, kontaktgehemmte Kinder leichter zum gemeinsamen Tun zu motivieren.

sische Erziehung, Heilpädagogik und Psychotherapie[85] detaillierter auf diese Thematik eingeht. In seiner 1966 als Buch erscheinenden Dissertation baut Seidenfaden diesen Artikel in gekürzter Form als eigenes Kapitel ein. Grundlage bildet seine Feststellung, daß die Zahl von Kindern mit neurotischen Störungen, die er als Folge einer durch die großstädtische Welt um Spiel und kreativ-bildnerisches Tun geprellten Kindheit sieht, stetig steige. Er ist der Überzeugung, daß die Musische Erziehung "heilende Kräfte wachrufen"[86] kann und versucht dies an Beispielen aus vier Bereichen zu belegen. Innerhalb der Musiktherapie destilliert er harmonisierende und kathartische Wirkungen der Musik heraus, "die mit einer Auflösung von Ängsten, Bedrängungen, Verkrampfungen verbunden sein können"[87]. Die therapeutischen Möglichkeiten der Musik liegen nach Seidenfaden darin, seelisches Erleben und geistige Funktionen in Verbindung zu setzen. Im zweiten Bereich, der rhythmischen Erziehung, bestehe die Möglichkeit, gestörte Bewegungsabläufe und eine aus der Kontrolle geratene Motorik zu verbessern, darüber hinaus auch Verhaltensstörungen durch Funktionsförderung der subkortikalen Gehirnzentren zu entschärfen und harmonisierend auf Affektivität und Triebfunktionen zu wirken. Im bildnerischen Bereich sieht Seidenfaden die Möglichkeit heilsamer Auseinandersetzung mit Sachgrenzen aufgrund der unterschiedlichen Beschaffenheit von einsetzbaren Materialien. Der vierte Bereich, die Sprache und das Spiel, weise die Möglichkeit auf, eigene Probleme in andere Gebilde oder Personen zu projizieren und in dieser Objektivation besser zu bewältigen.[88] Diese Projektion erfolge in Handlungen, in der Erfindung von Geschichten und in der grafischen Projektion durch Zeichnungen. Dabei sei das szenische Spiel am wirksamsten, da das Kind "die Begegnungsfähigkeit mit sich selber und den Mitmenschen"[89] zurückgewinne, wobei auch ebenso die Gefahr der Flucht in irreale Abseitigkeiten bestehe und somit die Wirkung schwäche.

2. 2 Kritik an der Musischen Erziehung

Mit dem organisatorischen Wiederaufbau der schulischen und außerschulischen Musikpädagogik nach 1945 melden sich vereinzelt auch kritische Stimmen zur Idee der Musischen Erziehung, die eine gedankliche Inventur anmahnen und aus den gemachten Erfahrungen Konsequenzen für die Zukunft fordern. Bereits 1946

---

[85] Vgl. Seidenfaden, Fritz: (1958) a.a.O., S. 152 f.
Seidenfaden, Fritz: Musische Erziehung, Heilpädagogik und Psychotherapie, in: Neue Sammlung, H. 1, 1961, S. 38 ff. (= 1961a)
[86] Seidenfaden, Fritz: Die musische Erziehung in der Gegenwart und ihre geschichtlichen Quellen und Voraussetzungen, in: Beiträge zur Erziehungswissenschaft, Ratingen 1966, S. 82.
[87] Ebenda, S. 84.
[88] Vgl. ebenda, S. 88.
[89] Ebenda, S. 89.

stellt Felix Messerschmid fest, daß die Jugendbewegung aufgrund fehlender Werte – Messerschmid meint dabei die Bindung an die christliche Glaubenslehre – gegenüber nationalsozialistischen Gedanken im ideologischen und kultischen Bereich sehr anfällig gewesen sei. Zugleich sieht er im "sektiererische[n] Charakter mancher Singwochen"[90] der Nachkriegszeit ein Indiz für die weiterhin latent vorhandene ideologische Anfälligkeit der Jugendmusikbewegung. Jedoch führt diese Äußerung zu keinerlei Reaktionen. Auch Blumes *Offener Brief* von 1949, in dem er die Musikpflege an den Schulen als "ein Verbrechen an der deutschen Kultur"[91] bezeichnet, führt lediglich zu einer Zurückweisung der Vorwürfe durch verschiedene Leserzuschriften, bewirkt aber kein Nachdenken über eine Neubewertung der Erziehungsprinzipien.

Hingegen gelingt es Ehmann, selbst Mitglied der Singbewegung, mit seiner 1950 erschienenen Schrift *Erbe und Auftrag musikalischer Erneuerung*[92], die auf einen Vortrag bei einem Treffen von Führern der Singbewegung auf dem Jugendhof Vlotho im Jahr 1947[93] und dessen Veröffentlichung in der Zeitschrift *Hausmusik* im Jahr 1949 zurückgeht, den Prozeß einer Selbstkritik der Singbewegung an ihrer eigenen musikalischen und ideologischen Auffassung anzustoßen.[94] Der Schwerpunkt der Schrift, die sich durch ihre "immanent-konstruktive Absicht"[95] auszeichnet, liegt auf der Analyse der musikalischen Praktiken und Inhalte der Singbewegung, die in groben Zügen auch der schulischen Musikpraxis entsprechen. Durch diesen Ansatz unterscheidet sich Ehmann im wesentlichen von Messerschmid, der die äußeren Erfahrungen der Singbewegung im Nationalsozialismus zur Grundlage seiner Äußerungen macht.

Ehmann stellt fest, daß die Singbewegung ihr Stadium der romantisch geprägten Weltflucht, begründet durch die Negation der kulturell-gesellschaftlichen Verhältnisse, noch nicht überwunden habe. Einen zweiten Romantizismus sieht er auf musikalischem Gebiet in der Rezeption der im 19. Jahrhundert entwickelten Volkslied- und Singtradition. Dieses rückwärtsgewandte Verhalten hindere die Jugendmusikbewegung an der sich von ihr selbst aufgegebenen "musikalischen Welt-

---

[90] Messerschmid, Felix: (1954) a.a.O., S. 27.
[91] Blume, Friedrich: Schulmusik am Rande des Verderbens – Teil 1, in: Das Musikleben, H. 5/6, 1949, S. 140.
[92] Ehmann, Wilhelm: Erbe und Auftrag musikalischer Erneuerung, Kassel/Basel 1950.
[93] Ehmann schreibt in seinem Buch *Erbe und Auftrag musikalischer Erneuerung*, daß der Vortrag bereits 1944 auf dem Jugendhof gehalten worden sei. Hier handelt es sich vermutlich um einen Druckfehler, denn in der Zeitschrift *Hausmusik* spricht er von Pfingsten 1947.
Vgl. Ehmann, Wilhelm: Entromantisierung der Singbewegung, in: Hausmusik, H. 1, 1949, S. 5.
[94] Ehmann merkt an, daß bereits innerhalb der Singbewegung eine Diskussion um Inhalte und Begriffe in Gang gekommen sei, jedoch zeigt diese Diskussion keinerlei Breitenwirkung.
Vgl. Ehmann, Wilhelm: (1950) a.a.O., S. 25.
[95] Wietusch, Bernd: (1981) a.a.O., S. 33.

überwindung"[96] und manifestiere, so Ehmann, den Zwiespalt zwischen Wunsch und Wirklichkeit. Er fordert die Öffnung der Singbewegung zu aktuellen musikalischen Ereignissen und verurteilt die Flucht in die epigonenhafte Gebrauchsmusik.

"Auf Dauer können wir uns nicht aus dem Maschinengestampfe der Gegenwart in den Silberklang der Cembali und Gamben flüchten, ... und die leidige Gegenwart sich selbst überlassen."[97]

Ehmann tritt dafür ein, die fähigsten Komponisten der Zeit, auch die Künstler der Avantgarde, zu denen die Tür nicht zugeschlagen werden dürfe, anzuregen, Werke für die Singbewegung zu schreiben und sich nicht mit Klein- und Kleinstmeistern zu begnügen.[98]

Auch das traditionelle Verhältnis von Musik und Gemeinschaft innerhalb der Musischen Erziehung wird von Ehmann kritisiert. Musik könne die Funktion einer Förderung der Gemeinschaft haben, dürfe jedoch nicht im Sinne von gemeinschaftsstiftend verstanden werden.[99] Interessant ist in diesem Zusammenhang, daß Ehmann die Aufgabe des gemeinschaftlichen Musizierens darin sieht, zu lernen, mit Gegensätzen umgehen zu können.[100] Dieser Ansatz, der den Gemeinschaftsaspekt der Musischen Erziehung in einer pluralen Gesellschaft hätte neu beleben können, wird in der nachfolgenden Zeit völlig ignoriert. Ehmann wehrt sich ebenso gegen ein vordergründiges Erlebnis und brandmarkt die musische Erlebnishaftigkeit da, "wo sie von der eigentlichen Erscheinungsform des Kunstwerkes abzieht und das Schwergewicht in die subjektiven seelischen Vorgänge des Aufnehmenden verlegt, ..."[101]. Musik ist für ihn nicht der Spiegel menschlichen Seelenlebens, sondern ein Symbol göttlicher Ordnung.[102] Mit seiner Kritik am Musik- und Gemeinschaftsbegriff stellt er die Möglichkeit des Musischen in Frage, die gesellschaftlichen Probleme der Vermassung durch Musische Bildung zu beseitigen, und steht mit der Negation der "initiierenden Wirkung von Musik bez. musikalischem Tun auf die Maximen von Mensch, Gesellschaft und Bildung"[103] in direktem Gegensatz zu Haase. Innerhalb der Singbewegung wird Ehmanns Schrift aufgrund ihrer "ehrlichen Selbstkritik"[104] nicht ablehnend beurteilt, zugleich erfährt

---

[96] Ebenda, S. 19.
[97] Ebenda, S. 143.
[98] Vgl. ebenda, S. 87.
[99] Vgl. ebenda, S. 98 f.
[100] Vgl. ebenda, S. 80 f.
[101] Ebenda, S. 111.
[102] Wietusch weist in diesem Zusammenhang darauf hin, daß Ehmann mit dieser Kritik an die Tradition von Halm und Kurth anknüpft.
Vgl. ebenda, S. 35.
[103] Ebenda, S. 34.
[104] Erb, Jörg: "Erbe und Auftrag" – Ein Brief über Fragen, die uns alle angehen, in: Hausmusik, H. 5, 1951, S. 149.

sie trotz ihrer konstruktiven Kritik keine Umsetzung innerhalb der Musischen Erziehung.

Pöggeler beschränkt sich in seiner 1952 geäußerten Kritik ganz auf die musischen Praktiken im schulischen Bereich. Er weist auf die Gefahr hin, durch Freilegung der schöpferischen Kräfte des Kindes dem falschen Optimismus zu verfallen, "Künstler könne jeder sein, ganz gleich auf welcher Altersstufe"[105]. Durch ein klares Bekenntnis zum Dilettantismus gelinge es, so Pöggeler, diese Gefahr zu bannen und darüber hinaus Wertkategorien zu entwickeln.

"Wir müssen uns dazu bekennen, daß vieles, ja das meiste, was wir auf der Jugendstufe in der musischen Erziehung als Werk hervorbringen, 'Unkunst' oder 'Halbkunst', Unfertiges und Privates ist."[106]

Eine weitere Gefahr sieht er in der übertriebenen Spielgestaltung innerhalb der Musischen Erziehung, die der Jugend das Bewußtsein für die Wirklichkeit vernebeln würde, da alles in der Welt "Werk ist, Gewirktes, Erarbeitetes, Geschaffenes und Erschaffenes"[107]. Diesem Verhalten lastet Pöggeler eine weltanschaulich begründete Akzent- und Wert-Verdrehung an. Ebenso sieht er die "musischen Psychosen", die musische Vielgeschäftigkeit im Umfeld von Schulfeiern und -festen als Gefahr, da die musische Leistung dadurch die "Quintessenz von 'Betrieb'"[108] sei und nicht das Ergebnis eines zwecklosen Tuns, das die Qualität des Musischen ausmachen sollte. Schließlich kritisiert Pöggeler noch die teilweise zu beobachtende Praxis der musischen Erziehung, religiöse Elemente in die Erziehung hineinzunehmen und somit zum Religionsersatz selbst werden zu wollen. Pöggelers Anmerkungen, die sich vor allem um eine realitätsnahe Sicht der erzieherischen Wirklichkeit bemühen und in manchen Punkten bereits Positionen von Kamlah vorwegnehmen, finden keinerlei Niederschlag in Kreisen der Musischen Erziehung.

Mehr Aufsehen erregt Warner mit seiner 1954 veröffentlichten Schrift *Musische Erziehung zwischen Kult und Kunst*[109]. Warner, ehemals Anhänger der *Märkischen Spielgemeinde* und des *Deutschen Spielkreises* um Götsch und während des Nationalsozialismus durch zweifelhafte Kompositionen hervorgetreten[110], stellt, vergleichbar mit Ehmann, nach eigenen Angaben seine Kritik in den Dienst der Sache selbst, um die Arbeit der Musischen Erziehung zu vertiefen und nicht zu zerstö-

---

[105] Pöggeler, Franz: Musische Erziehung, ihre Geschichte, ihr Wirken, ihre Grenze, in: VfwP, H. 3, 1952, S. 217.
[106] Ebenda, S. 220.
[107] Ebenda, S. 222.
[108] Ebenda, S. 224.
[109] Warner, Theodor: Musische Erziehung zwischen Kult und Kunst, Berlin/Darmstadt 1954.
[110] Vgl. Hodek, Johannes: a.a.O., S. 362.

ren.[111] Im Zentrum seiner Kritik steht die Aussage, daß es der Musischen Erziehung nicht möglich sei, die Ganzheit des Menschen zu formen, weil sie wesentliche Elemente dieser Ganzheit ignoriere.
"Das Jetzt und Hier in seiner Totalität muß angeschaut, in Gestalt bezwungen oder als Sieger erklärt, aber nie gemieden werden."[112]
Zu Beginn seiner Ausführungen stellt Warner eine knappe Genese des humanistischen Ganzheitsideals dar[113] und zeigt auf, daß der Transfer von kindlichen Entwicklungsprozessen auf den Erwachsenen in der Musischen Erziehung zu Eklektizismus und Pseudokult führe. Während sich beim Kind im Spiel, der musischen Betätigung des Kindes, seine "kulturelle Gesamtform"[114] zeige, träten beim Erwachsenen die Erlebnisbereiche "Mythos und Eros" hinzu, die in der Pädagogik nicht berücksichtigt würden, was zu einer "bedenklichen Verengung und Verlagerung ... von der stofflichen Freiheit zur stofflichen Bindung"[115] führe. Hinzu träte das Mißachten der soziologischen Manifestation des Menschen, seines real existierenden konfliktreichen Lebens. Das Bild des harmonischen, musischen Menschen stelle eine Flucht dar, und die damit verbundene Pädagogisierung in der Musischen Erziehung führe zu kultureller Isolation, von Wietusch als ahistorisches Verhalten[116] bezeichnet. Dieses ahistorische Verhalten werde besonders deutlich, wenn man das Verhältnis der Musischen Erziehung zur Kunst betrachte. Die Distanz der Musischen Erziehung zur Kunst bedeute eine Entfernung vom "kulturellen Kontinuum"[117] und führe in der Folge zu Eklektizismus, "Nachahmung des Rückwärtigen"[118] und zur Flucht in eine scheinbare Gesundheit. Schon 1953 mahnt der Musikwissenschaftler Gurlitt an, daß im Zentrum "jeder Art Musikerziehung ... das heute lebendige musikalische Kunstwerk jeder bedeutsamen Richtung in Geschichte und Gegenwart"[119] zu stehen habe, und die "künstlerische Selbstbescheidung, wie sie leider in manchen Kreisen der musikalischen Jugendbewegung ... besteht"[120], zu überwinden. Warner weist nach, daß sich viele Reformansätze der Musischen Bewegung abgenutzt haben oder erst gar nicht erfüllt wurden. Im Bereich des Singens testiert er der Musikerziehung nach 1945 einen Qualitätsverfall,

---

[111] Vgl. Warner, Theodor: (1954) a.a.O., S. 5.
[112] Ebenda, S. 76.
[113] Vgl. Wietusch, Bernd: a.a.O., S. 36.
[114] Warner, Theodor: (1954) a.a.O., S. 9.
[115] Ebenda, S. 8.
[116] Vgl. Wietusch, Bernd: a.a.O., S. 39.
[117] Warner, Theodor: (1954) a.a.O., S. 9.
[118] Ebenda, S. 74.
[119] Gurlitt, Wilibald: Musikwissenschaftliche Forschung und Lehre in pädagogischer Sicht, in: Brennecke, Wilfried u.a. (Hrsg.): Bericht über den Internationalen Musikwissenschaftlichen Kongreß Bamberg 1953, Kassel/Basel 1954, S. 35.
[120] Fellerer, Karl Gustav: (1953) a.a.O., S. 34.

da die ausgewählten Volkslieder zu Schulliedern würden und damit die Beziehungslosigkeit der Lieder zum modernen Leben vorgezeichnet sei, eine Position, die sich Anfang der 60er Jahre zu einem zentralen Kritikpunkt des schulischen Volksliedsingens ausweitet.[121]

Der musikalische Eklektizismus, so Warner, sei eng mit einem anderen Phänomen der Musischen Erziehung, dem Pseudokult verbunden. Kultisches Gebahren sieht Warner in der Abstinenz, die sich zunächst durch Enthaltsamkeit gegenüber "bürgerlichen Attributen" wie Tabak, Alkohol und Erotik zeige, jedoch von der Jugendmusikbewegung auf musikalische und andere künstlerische Attribute ausgedehnt werde. Das führe zu beträchtlichem musikalischem Substanzverlust, der die sogenannte 'Junge Musik' mit ihren historischen Modellen zu "Gebrauchsmusik mit kultischer Färbung"[122] degradiere. Abstinenz führt nach Warner zur Reduktion der Lebensganzheit. Er fordert die Vertreter der Musischen Erziehung auf, nicht der Gegenwart auszuweichen, da die Flucht in die Welt des Musischen eine Flucht in eine Scheinwelt bedeute, sondern sich dem zuzuwenden, "was ist", und nicht dem, "was sein soll"[123]. Für Warner liegt die Lösung in der Öffnung der musischen Bewegung hin zur säkularen, fortschreitenden Kunst.

"Der Singular dieser Leitlinie muß zugunsten der Pluralität der Gegebenheiten verlassen werden."[124]

In seiner Reaktion auf Warners Schrift stellt Sydow fest, daß Warner nur Erscheinungsformen und Entwicklungswege der Musischen Erziehung, jedoch keine zentralen Werte oder das Wesen derselben kritisiert. Sydow sieht die Gefahr des Buches darin, daß die "einseitig negativen Begriffsetzungen ... den Gegnern Werkzeug in die Hand"[125] spielen. Während Sydows Kritik noch sachlich und kollegial orientiert ist, wird die Schrift in anderen Kreisen als "geistreiches Geschwätz" abgetan.[126] Vor allem die Reaktion von Götsch stellt den Tiefpunkt einer sachlichen Auseinandersetzung dar. Indirekt wirft er Warner Feigheit vor, da es leichter sei, "aus der Ferne zu plänkeln als in der Nähe standzuhalten"[127]. In seiner Reaktion auf Götsch unterstreicht Warner nochmals seine Forderung, "die musische Aufgabe schlicht zu sehen: zu tanzen, zu singen und zu spielen, ... und nicht in Megalomanie ... ein musisches Zeitalter heraufführen zu wollen"[128]. Mit zeitlichem

---

[121] Vgl. Antholz, Heinz: Der didaktische Stellenwert des Volksliedes – heute, in: MiU (Ausg. B), H. 7/8, 1965, S. 245.

[122] Warner, Theodor: (1954) a.a.O., S. 61.

[123] Vgl. ebenda, S. 74.

[124] Ebenda, S. 75.

[125] Sydow, Kurt: "Musische Erziehung zwischen Kult und Kunst" zu dem Buch gleichen Titels von Theodor Warner, in: JM, H. 6, 1954, S. 192. (= 1954b)

[126] Vgl. Hodek, Johannes: a.a.O., S. 362.

[127] Götsch, Georg: Bücher statt Begegnungen?, in: JM, H. 1, 1955, S. 5.

[128] Warner, Theodor: Zur Funktion der Kritik, in: JM, H. 2, 1955, S.54.

Abstand beurteilt Gieseler 1986 die Schrift Warners als "Ehrenrettung jener denkenden Vertreter der Sing- und Jugendmusikbewegung, die auch sich selbst in Frage stellen konnten"[129].

Während die bis dahin geäußerte Kritik nur eine mäßige Diskussion bewirkt, die obendrein kaum an die Öffentlichkeit dringt, führt Adornos Kritik zu einer wahrhaften Erschütterung der Musischen Erziehung der Nachkriegszeit.[130] Adorno hält im Juli 1952 auf Einladung von Erich Doflein während der fünften Arbeitstagung des *Instituts für Neue Musik und Musikerziehung* in Darmstadt ein Referat unter dem Titel *Musikpädagogik und Kunstwerk*. Seine Ausführungen werden zu einer Generalabrechnung mit den Ideen der Jugendmusikbewegung, wobei das Schlagwort von der "musikpädagogischen Musik" die Diskussion der nachfolgenden Zeit beherrscht.

"Die grundsätzlichen Ausführungen von Adorno waren bestechend. Man mußte ihnen zustimmen und war gleichzeitig betroffen. Der Beifall nach dem Vortrag war ungewöhnlich und für den Redner selbst überraschend."[131]

In einem Brief an Adorno spricht sich Doflein kurz nach der Tagung dafür aus, den "Dialog der Lager"[132] weiterzuführen. Der von Doflein bewußt oder unbewußt gewählte Begriff *Lager* beschreibt die nachfolgende Diskussion sehr treffend, in der es zu keiner Annäherung der Standpunkte, sondern vielmehr zu einer Verhärtung der sich unversöhnlich gegenüberstehenden Positionen kommt. Nachdem Adorno in Aussicht gestellt hat, 1953 nochmals auf der Tagung zu sprechen, jedoch durch einen Aufenthalt in Amerika verhindert ist, trägt er im Juni 1954 bei der siebten Arbeitstagung des Instituts seine neun *Thesen gegen die "musikpädagogische Musik"*[133] vor.[134]

---

[129] Gieseler, Walter: Orientierung am musikalischen Kunstwerk oder: Musik als Ernstfall – Adornos Thesen gegen 'musikpädagogische' Musik – eine Diskussion mit weitreichenden Folgen, in: Schmidt, Hans-Christian (Hrsg.): Handbuch der Musikpädagogik, Bd. 1, Kassel u.a. 1986, S. 187.

[130] Vgl. Günther, Ulrich: Musikerziehung im Dritten Reich – Ursachen und Folgen, in: Schmidt, Hans-Christian (Hrsg.): Handbuch der Musikpädagogik, Bd. 1, Kassel u.a. 1986, S. 155.

[131] Pfautz, Hermann: 'Musikpädagogische Musik', in: Hausmusik, H. 4, 1952, S. 102.

[132] Zit. nach Abraham, Lars Ulrich: Erich Dofleins Briefe an Theodor W. Adorno als musikpädagogische Zeitdokumente, in: Abraham, Lars Ulrich (Hrsg.): Erich Doflein – Festschrift zum 70. Geburtstag, Mainz 1972, S. 110.

[133] Adorno, Theodor W.: Thesen gegen die 'musikpädagogische Musik', in: JM, H. 4, 1954, S. 111 ff.

[134] Die Thesen sind bereits 1953 in aller Eile während seines Amerika-Aufenthaltes entstanden. Adorno war bereits als Redner für die Tagung im Programm angekündigt, konnte aber aufgrund einer Amerikareise an der Tagung nicht teilnehmen. Um Doflein aus der Notlage zu helfen, schickte Adorno ihm die Thesen. Doflein hatte in der Zwischenzeit bereits einen eigenen Vortrag vorbereitet, so daß er die Thesen nicht verwendete.
Vgl. Abraham, Lars Ulrich: (1972) a.a.O., S. 110 f.

Mit der Veröffentlichung der Thesen in der August-Ausgabe des Jahres 1954 der Zeitschrift *Junge Musik* durch Twittenhoff, die ohne Einverständnis Adornos erfolgt[135], beginnt eine nachhaltige öffentliche Diskussion.[136] Doflein verurteilt die Veröffentlichung mit der Begründung, daß diese Zeitschrift der falsche Platz für die Thesen sei und dadurch Verwirrung und Mißverständnis gestiftet werde.[137] Adorno stört weniger der Abdruck seiner Thesen selbst, als vielmehr die von Twittenhoff verfaßte wertende Einleitung, die dem Leser empfiehlt, Adornos Beurteilung der Jugendmusikbewegung nicht allzu ernst zu nehmen.[138] Zugleich zeigt die nachfolgende interne Diskussion innerhalb der Jugendmusikbewegung, daß die Verantwortlichen einer solchen massiven Kritik hilflos gegenüber stehen.[139]

Die öffentliche Entrüstung auf Seiten der Vertreter der Musischen Erziehung wird zum einen durch verbale Schärfe und polemische Form[140] der Kritik hervorgerufen[141], zum anderen auch dadurch, daß Adorno als Soziologe und Philosoph gleichsam von außen[142] Kritik an der Musischen Bewegung äußert. Darüber hinaus ist die Darmstädter Arbeitstagung noch deutlich durch den Geist der Jugendmusikbewegung geprägt; so leitet Wilhelm Ehmann das tägliche offene Chorsingen, Liselotte Pistor die rhythmische Erziehung, und für Fidel und Blockflöte werden Instrumentalkurse angeboten.[143]

Die Wucht der öffentlichen Empörung über Adornos Äußerungen darf nicht über die Tatsache hinweg täuschen, daß es durchaus auch Musiklehrer gab, die Adornos Thesen begrüßten.

"Denn, was die damals wirklich jungen Musiklehrer dachten, war angesichts dieser Thesen das Gefühl von Befreiung. Denn nun ging es endlich um Musik selbst und nicht mehr um den kunstfremden Überwurf von 'Lebenshilfe', von 'Gemeinschaft' und 'musischem Tun'."[144]

Die Erfahrungen aus der Diskussion mit den Vertretern der Jugendmusikbewegung, deren Argumentation sich meist durch Mißverständnis sei-

---

[135] Vgl. Adorno, Theodor W.: Vorrede zur dritten Ausgabe, in: Adorno, Theodor W.: Dissonanzen – Musik in der verwalteten Welt, Göttingen ⁷1991, S. 6.

[136] Bevor die eigentlichen Aussagen Adornos dargelegt werden, wird kurz der Diskussionsverlauf geschildert.

[137] Tatsächlich hatte Adorno vor, die Thesen in den Frankfurter Heften zu publizieren. Vgl. Abraham, Lars Ulrich: (1972) a.a.O., S. 114.

[138] Vgl. Adorno, Theodor W.: (⁷1991) a.a.O., S. 6.

[139] Vgl. Hodek, Johannes: a.a.O., S. 361.

[140] Vgl. Twittenhoff, Wilhelm: Bericht über 7. Arbeitstagung des Instituts für Neue Musik und Musikerziehung vom 7. bis 12. Juni in Darmstadt, in: JM, H. 4, 1954, S. 118. (= 1954a)

[141] Vgl. Wietusch, Bernd: a.a.O., S. 47.

[142] Vgl. Sydow, Kurt: (1954b) a.a.O., S. 190.

[143] Vgl. Twittenhoff, Wilhelm: (1954a) a.a.O., S. 119 f.

[144] Gieseler, Walter: (1986) a.a.O., S. 182.

ner Thesen auszeichnet – als Beispiele seien hier die auf der Darmstädter Tagung formulierten Anti-Thesen von Keller und die beiden Beiträge von Twittenhoff und Borris in der Zeitschrift Junge Musik genannt – veranlassen Adorno 1956, seine Thesen noch genauer zu formulieren und in seinem Aufsatz *Kritik des Musikanten*[145] zu veröffentlichen. Diesem folgt ein Jahr später eine Skizze seiner "recht dezidierten Ansichten über musikalische Erziehung"[146] in einem Artikel in der Zeitschrift *Junge Musik* unter dem Titel *Zur Musikpädagogik*[147], in dem er pädagogische Überlegungen strikt von ästhetischen und soziologischen Fragen trennt.[148]

Nach Sziborsky lassen sich Adornos Schriften bezüglich der Musikpädagogik[149] in zwei verschiedene Gruppen einteilen: eine, die sich in Form von Kritik an der Musikpädagogik mit deren ästhetischen und soziologischen Grundlagen auseinandersetzt, und eine zweite, die Anweisungen zur richtigen musikalischen Praxis enthält.[150]

Dabei lassen sich die kritischen Anmerkungen Adornos zur Musikpädagogik grob in einen gesellschaftlich-soziologischen Aspekt und einen musikalisch-ästhetischen differenzieren. Adorno stimmt den Vertretern der Jugendmusikbewegung dahingehend zu, daß die industrielle Revolution und der technisch-zivilisatorische Fortschritt zu einer Entfremdung der Menschen untereinander und von sich selbst und in der Konsequenz zu einer "Verdinglichung ihrer Beziehungen"[151] geführt hätten. Die Folgen seien Angst vor der Zukunft, Mißtrauen gegenüber der Dynamik der Geschichte und Sehnsucht nach einer vergangenen, guten Welt.[152] Jedoch hält er den Lösungsansatz der Jugendmusikbewegung, mit Musik oder musikalischem Tun soziologische Veränderungen herbeiführen zu wollen, für unpraktikabel, da soziologisch-ökonomische Begebenheiten ihre Ursache in ökonomischen Kausalitäten hätten. Ebenso folge auch die Musik ihren eigenen, autono-

---

[145] Zunächst als Rundfunkvortrag bekannt geworden.
Vgl. Hodek, Johannes: a.a.O., S. 9.

[146] Adorno, Theodor W.: (²1991) a.a.O., S. 7.

[147] Adorno, Theodor W.: Zur Musikpädagogik, in: JM, H. 8, 1957, S. 218 ff.

[148] In diesem Zusammenhang sei noch auf den 1963 publizierten Band *Der getreue Korrepetitor* hingewiesen, der nach Adornos eigenem Bekunden didaktischen Charakter besitzt. Aufsätze mit musikpädagogischem Bezug sind außerdem die beiden Schriften *Die gewürdigte Musik* und *Anweisungen zum Hören neuer Musik*.
Vgl. Sziborsky, Lucia: Adornos Musikphilosophie – Genese - Konstitution - Pädagogische Perspektiven, München 1979, S. 206.

[149] Die anhaltende Diskussion mit Erich Doflein führt 1961 zu einer weiteren Veröffentlichung unter dem Titel *Musik und Tradition*, die dann unter dem Titel *Tradition* in seinem Band *Dissonanzen* erscheint.
Vgl. Adorno, Theodor W.: Musik und Tradition, in: Musica, H. 1, 1961, S. 1 ff.

[150] Vgl. Sziborsky, Lucia: a.a.O., S. 204.

[151] Adorno, Theodor W.: (²1991) a.a.O., S. 62.

[152] Vgl. ebenda, S. 62.

men, "immanenten Bewegungsgesetzen"[153]. Beide Bereiche seien nicht kompatibel.

"Unmöglich, einen Zustand, der in den realen ökonomischen Bedingungen gründet, durch ästhetischen Gemeinschaftswillen zu beseitigen."[154]

Adorno räumt ein, daß in einem abgeschlossenen Rahmen die Isolation unter Menschen aufgehoben werden kann, indem speziell auf diesen Bereich zugeschnittene Praktiken angewendet werden. Diese hätten jedoch keine gesellschaftliche Konsequenz, und somit bliebe das Ergebnis dieses Prozesses in der Isolation selbst verhaftet.

"Mit isolierten Praktiken der Isolierung begegnen wollen läuft nach Adorno auf Flucht vor der Realität in das unwahre Residuum einer heilen Scheinwelt hinaus."[155]

Adorno verdeutlicht am Beispiel der Hitlerjugend, daß sich diese Scheinwelt auch im Geborgenheitsgefühl der Gemeinschaft zeigte. Er stellt fest, daß die Gemeinschaft ein Geborgenheitsgefühl erzeugte, um die individuelle Unfreiheit des Einzelnen zu kaschieren.[156] Darüber hinaus erhielt die Musik nach seiner Meinung innerhalb der jugendmusikalischen Gemeinschaft disziplinierenden Charakter.[157] Unfreiheit werde ebenso bei dem der Jugendmusikbewegung anhaftenden "Kultus der Gemeinschaft" besonders deutlich, dem Adorno wegen der Tendenz zur Unterdrückung des Einzelnen totalitären Charakter testiert und den er in direkte Verbindung zum "Nationalsozialismus und den Volksdemokratien russischen Stils" bringt.[158] Darüber hinaus diagnostiziert Adorno innerhalb der Singbewegung "latente Gemeinsamkeiten"[159] mit dem Faschismus. Diese zeigen sich für ihn in folgenden Punkten:
- Appell an die Jugend;
- Anbiederung an das Volk;
- Vorrang des Kollektivs;
- Diffamierung des Intellekts;

---

[153] Ebenda, S. 65.
[154] Adorno, Theodor W.: (1954) a.a.O., S. 111.
[155] Wietusch, Bernd: a.a.O., S. 48.
[156] "Das den Kollektiven zur Integration überantwortete Individuum verwirklicht heute in diesen nicht die eigene Freiheit, sondern unterwirft sich einem ihm selber fremden und meist undurchsichtigen Prinzip, selbst wenn es Einverständnis sich einredet. Das Glück, das die Kollektive bereiten, ist das verbogene, mit der eigenen Unterdrückung sich zu identifizieren." Aus: Adorno, Theodor W.: (⁷1991) a.a.O., S. 65.
[157] Vgl. Wietusch, Bernd: a.a.O., S. 50.
[158] Vgl. Adorno, Theodor W.: (1954) a.a.O., S. 111.
[159] Gruhn, Wilfried: Geschichte der Musikerziehung – Eine Kultur- und Sozialgeschichte vom Gesangsunterricht der Aufklärungspädagogik zu ästhetisch-kultureller Bildung, Hofheim 1993, S. 291.

- das bewährte "Verfahren, Rückbildungen als Ursprünglicheres und Echteres, ja als fortgeschrittener denn der Fortschritt auszuposaunen"[160].

Der Zweig der musikalisch-ästhetischen Argumentation läßt sich am Schlagwort "musikpädagogische Musik", das gleichsam als Stigma die ganze nachfolgende ästhetische Diskussion beherrscht, festmachen. Dabei läßt sich Adornos Kritik in drei Teilbereiche differenzieren: die Darstellung der "ästhetischen Regression", den "Pharisäismus der pädagogischen Musik" und das "Primat des Tuns" innerhalb der Singbewegung.[161] Ästhetische Regression zeigt sich für Adorno an der Reduktion der "künstlerischen Produktivkräfte"[162] bei der Jugend- und Gemeinschaftsmusik. Das Ergebnis sei naive Musik, die in Bezug auf Differenzierung, Verwendung von künstlerischen Gestaltungsmitteln und der subjektiven Aussagekraft durch primitive Werke repräsentiert werde.

"Die ästhetische Regression verrät wie die Gegenwart so die Vergangenheit. Spielmusik ist nicht nur Hohn auf große Musik heute, sondern ebenso auf den Bach, den man ohnmächtig beschwört."[163]

Dabei tritt deutlich der Historismus der Gemeinschaftsmusik oder Spielmusik zu Tage, der sich durch ein von "außen" aufgesetztes ästhetisches Ideal auszeichnet, das durch die Wissenschaft legitimiert wird.[164] Der autonome Charakter von Kunst wird innerhalb der musikalischen Literatur der Jugendmusikbewegung durch die Verquickung von pädagogischen und ästhetischen Prämissen mißachtet.

Für Antholz ergibt sich aus der strengen Autonomieästhetik Adornos notwendigerweise ein exklusiver artistischer Kunstbegriff, der die spielerischen Aspekte der Kunst außer acht läßt.[165] Zugleich wirft Adorno gerade der Jugendmusikbewegung vor, aus dem spielerischen Moment, meist aufgrund pädagogischer Rücksichtnahme, eine Tugend zu machen und sich somit dem musikalischen Urteil der Zeit nicht zu stellen.[166]

Twittenhoffs Reaktion auf Adornos Schrift zeigt – nach Gieseler ein Trauerspiel[167] – daß er und viele seiner Mitstreiter sich der Kritik Adornos nicht mehr gewachsen fühlen, denn im allgemeinen gehe man "einer Auseinandersetzung mit Adorno ... geflissentlich aus dem Wege"[168]. Zu Beginn seiner Stellungnahme wirft

---

[160] Adorno, Theodor W.: (⁷1991) a.a.O., S. 84.
[161] Vgl. Adorno, Theodor W.: (1954) a.a.O., S. 111 ff.
[162] Ebenda, S. 111.
[163] Ebenda, S. 112.
[164] Vgl. ebenda, S. 112.
[165] Vgl. Antholz, Heinz: Die Problematik pädagogischer Musik und die Einheit von Lehrwert und Kunstwert bei Bartók, in: MiU, H. 10, 1963, S. 306.
[166] Vgl. Adorno, Theodor W.: (⁷1991) a.a.O., S. 99.
[167] Vgl. Gieseler, Walter: (1986) a.a.O., S. 186.
[168] Twittenhoff, Wilhelm: Dissonanzen – Zur gleichnamigen Schrift von Theodor W. Adorno, in: JM, H. 1, 1957, S. 13.

Twittenhoff Autor und Verlag vor, mit der Schrift nur den finanziellen Erfolg zu wollen[169], eine Unterstellung, die beim posthumen Nachdruck des Textes in einem Gedächtnisband fortgelassen wurde.[170] Twittenhoff meint den Vorwürfen Adornos entgegenhalten zu können, daß "viele [der] von Adorno angeprangerten Grundsätze der deutschen Jugendmusik ... eine natürliche Reaktion des homo ludens gegen die Diktatur des homo faber und gelegentlich gegen die Diktatur des homo sapiens"[171] seien. Darüber hinaus wirft er Adorno Intoleranz gegenüber den Problemen der Pädagogik vor und spielt die Bedeutung der Schrift mit dem Hinweis herunter, daß es sich bei den Gedanken um eine Einstellung handele, die sich "nur ein Universitätsprofessor der Philosophie in Deutschland leisten"[172] könne.

Doflein hingegen versucht einen konstruktiven Dialog mit Adorno zu führen. Er wirft Adorno vor, die "Welt der Kinder, des Jugendlichen, des Laien"[173] mit ihren spezifischen Eigenheiten zu ignorieren und sieht in der vollzogenen Trennung von "Werkwelt und Spielwelt"[174] die Ursache des Konfliktes.

"Lassen wir doch denjenigen ihre Freude, die an ihren 'alten Meistern' oder an neubarocker Spielmusik hängen. Damit ist für viele das erreicht, was sie erreichen können, für andere der Weg zu künstlerischer Differenzierung nicht versperrt, sondern durch das Erwerben der Fähigkeiten zu eigenem musikalischen Tun gerade eben eingeleitet."[175]

Im Zentrum der Auseinandersetzung zwischen Doflein und Adorno steht die unterschiedliche Beurteilung von Musik. Während Doflein die Auffassung vertritt, daß verschiedene Kategorien und Seinsweisen von Musik in einer Musikkultur nebeneinander existieren können – Keller spricht dabei von "der 'Koexistenz' verschiedener Musikformen"[176] – ist Adorno der Meinung, daß "Kunst kein nützliches und angenehmes Spielwerk, sondern eine Erscheinung der Wahrheit"[177] sei, und somit auch nur eine Form von Musik existieren könne. 1973 äußert sich Doflein nochmals zu Adornos Begriff der Wahrheit und stellt fest, "daß es nicht die Realität, sondern eine geforderte Richtigkeit [sei], in der der Stand der Geschichte und der Stand des künstlerischen Fortschritts sich entsprechen. In der Realität aber

---

[169] Vgl. ebenda, S. 11.
[170] Vgl. Twittenhoff, Wilhelm: Musikalische Bildung – Gedanken aus zwanzig Jahren, in: Bausteine für Musikerziehung und Musikpflege, Bd. 20, Mainz u.a. 1972, S. 67 f. (= 1972b)
[171] Twittenhoff, Wilhelm: (1957) a.a.O., S. 12 f.
[172] Ebenda, S. 15.
[173] Abraham, Lars Ulrich: (1972) a.a.O., S. 112.
[174] Ebenda, S. 113.
[175] Ebenda, S. 112.
[176] Keller, Wilhelm: Progressive Musikpädagogik? Kritische Stellungnahme zu einer Rundfunkdiskussion mit Th. W. Adorno, in: MiU (Ausg. B), H. 1, 1959, S. 12.
[177] Zit. nach Gieseler, Walter: (1986) a.a.O., S. 190.

wirkt die Geschichte vielfältiger als in einem ideologischen Wahrheitsbegriff"[178].
Andere Autoren sehen es als Zeichen einer humanitären Musikerziehung, wenn diese "jedem Menschen sein individuelles Maß für die Beurteilung musikalischer Dinge"[179] zubilligt.

Adorno begegnet dem vielfachen Vorwurf aus dem Kreise der Musikpädagogik, er würde sich um pädagogische Probleme nicht kümmern, mit seiner Schrift *Zur Musikpädagogik*. Ziel der Musikpädagogik sei, "das adäquate, aber stumme Lesen von Musik, so wie das Lesen der Sprache selbstverständlich ist"[180], zu erreichen. Die Praktiker werfen daraufhin Adorno bezüglich dieser Idealvorstellung "pädagogischen Illusionismus"[181] vor.

Im Bereich der Instrumentalpädagogik spricht sich Adorno für die Hinwendung zum Klavier aus, da es als einziges Instrument das musikalische Ganze darstellen könne, ganz im Gegensatz zu Fidel und Blockflöte. Adorno äußert die Hoffnung, daß bei einer musikpädagogischen Trendwende zum Klavier hin die Massenproduktion das Instrument so verbilligen werde, daß ökonomische Gegenargumente nicht mehr zu halten seien.

Die Musikvermittlung ist nach Adorno mit ideologischen Leitbildern befrachtet, die diese erschweren. Die Vermittlung ist seiner Meinung nach im Werk selbst zu finden, in der "Manifestation eines Geistigen"[182]. Wahre Musikpädagogik ist nach Adorno die Umsetzung der Manifestation des Geistigen. Dies gelinge durch den Weg der Analyse, die ermögliche, die Musik, die man spielt, "aus ihrem konstruktiven Stellenwert heraus zu verstehen"[183]. Dieses Verständnis von Musikpädagogik setzt nach Adorno eine "verantwortliche Auswahl der *Werke* voraus"[184], das heißt eine Orientierung an großer Musik. In diesem Zusammenhang wirft er der musischen Erziehung vor, durch ihre Ideologie einen gesellschaftlichen Strukturwandel herbeiführen zu wollen, um damit eine Kartellisierung zu erreichen und somit handfeste materielle Interessen "bedrohter kunstpädagogischer Berufe"[185] zu verfolgen. Adorno warnt nochmals davor, das Primat des ganzen Menschen weiter zu verfolgen, da kulturelle Höchstleistungen nur von Spezialisten hervorgebracht worden seien. Kamlah vertritt bereits 1955 eine ähnliche Position. Er sieht die menschliche Entwicklung nicht in der Entfaltung aller schöpferischen Kräfte, son-

---

[178] Doflein, Erich: Zu Adornos Schriften über Musikpädagogik, in: ZfMTH, H. 1, 1973, S. 16.
[179] Keller, Wilhelm: Der Erzieher als Unterdrücker oder Befreier persönlicher Musikalität?, in: MiU, H. 1, 1955, S. 4.
[180] Adorno, Theodor W.: (⁷1991) a.a.O., S. 104.
[181] Antholz, Heinz: (1963) a.a.O., S. 309.
[182] Adorno, Theodor W.: (⁷1991) a.a.O., S. 108.
[183] Ebenda, S. 109.
[184] Ebenda.
[185] Ebenda, S. 111.

dern in der Spezialisierung, "indem der Weg immer schmaler wird"[186]. Diese Auffassung wird 1958 von Seidenfaden wieder aufgegriffen.[187] Im Gegensatz zu Adorno sehen beide Autoren jedoch in der musischen Erziehung eine Vorbereitung dieses Spezialisierungsprozesses.

Die Propagierung des Erlernens der Blockflöte oder gar der Ziehharmonika als Instrumente innerhalb der Musischen Erziehung bedeutet für Adorno, "das Bildungsideal auf dem geistigen Stande des noch nicht Gebildeten [zu] fixieren und damit wiederum auf[zu]lösen"[188]. Adorno erkennt im Schüler ein ambivalentes Verhältnis zur Leistung. Zum einen sei er bequem, zum anderen wolle er auch gefordert sein. Dies solle die Musikpädagogik aufgreifen, statt sich den momentanen Wünschen seiner Adepten hinzugeben. Neben der Pflege der Kammermusik, die auch hörend durchgeführt werden könne, empfiehlt Adorno, neue Lehrstücke zu schreiben, die "der Anbiederung an die Avantgarde" ebenso entsagen "wie aller Archaismen"[189]. Mit der Verwerfung einer kindgerechten Pädagogik handelt sich Adorno scharfen Protest ein und wird als Vertreter einer Dressurpädagogik gebrandmarkt, die im Kinde nur den unfertigen Erwachsenen sehe.

"Mit der Verweigerung der dem Lebensalter gemäßen geistigen Nahrung und der Fütterung mit unverdaulichen oder halbverdaulichen Dingen kann man bestenfalls frühreifen 'Wunderkindern' zu einem persönlichen Musikerlebnis verhelfen, normalen Kindern aber weder Freude bereiten noch ihnen den Zugang zur Kunst erleichtern. Das sind psychologische Binsenwahrheiten, die immer wieder zu sagen leider nötig ist."[190]

Neben der unmittelbaren Reaktion auf die kritischen Anmerkungen Adornos bewirkt seine Kritik auf längere Sicht eine Beschleunigung der Neuorientierung innerhalb der Musischen Erziehung, die bereits durch Ehmanns Schrift von 1950 angeregt wurde. Dabei setzt vor allem die Umorientierung dort ein, "wo Adorno seine Kritik gar nicht angesetzt hatte, nämlich bei der Schulmusikerziehung."[191] Dies zeigt sich besonders deutlich im Bereich der Volksschule, in der die Musische Erziehung weit verbreitet ist. Hier wird vor allem die Notwendigkeit gesehen, neue Antworten auf die Fragen zu finden, die sich durch die Veränderung der gesellschaftlichen Rahmenbedingungen ergeben. Hingegen zeigt sich das höhere Schulwesen von der Kritik Adornos weniger berührt, da es seinen Unterricht nicht

---

[186] Kamlah, Wilhelm: Die Singbewegung und die musische Bildung, in: Die Sammlung, H. 12, 1955, S. 612.
[187] Vgl. Seidenfaden, Fritz: (1958) a.a.O., S. 138 f.
[188] Adorno, Theodor W.: (?1991) a.a.O., S. 114.
[189] Ebenda, S. 119.
[190] Keller, Wilhelm: (1959) a.a.O., S. 12.
[191] Günther, Ulrich: (1986) a.a.O., S. 156.

musisch, sondern, aufgrund der künstlerischen Ausbildung seiner Musiklehrer an einer Musikhochschule, musikalisch-künstlerisch definiert.

Kamlah setzt die Demontage der Musischen Erziehung durch seinen 1955 veröffentlichten Artikel *Die Singbewegung und die musische Bildung* fort. Er weist nach, daß es sich bei der Tradition, auf die sich die Musische Bewegung berufe, um eine Fehlinterpretation von Platons "Staat" und der darin erwähnten musischen Paideia handele, und nimmt somit dem Musischen seine historische Grundlage, auf die sich seine Vertreter vielfach berufen haben. Zugleich stellt er das zentrale Ziel der Musischen Bewegung, den ganzen, natürlichen, musischen Menschen als Rettung der Menschheit in Frage. Diese "säkularisierte Heilserwartung"[192], die jeder Erneuerungsbewegung[193] seit der Romantik anhafte, müsse dem Bewußtsein weichen, "daß wir die Welt im ganzen niemals heilen werden"[194]. Zugleich stellt er klar, daß es sich beim musischen Selbertun, in dem sich angeblich die Enfaltung der schöpferischen Kräfte vollzieht, meist um "Nachvollzug, Reproduktion"[195] handelt und greift damit die bereits 1952 von Pöggeler ausgesprochene Kritik auf.

1958 faßt Seidenfaden, der sich selbst als ein Vertreter einer "verantwortungsbewußten musischen Erziehung"[196] sieht, die bis dahin geäußerte Kritik zusammen und plädiert für eine inhaltliche Entflechtung von Jugendmusik- bzw. Singbewegung auf der einen Seite und einer Musischen Erziehung, die vornehmlich in der Schule wirkt, auf der anderen Seite. Damit könne die geäußerte Kritik besser in Innovation umgesetzt werden, wobei er in Adornos Kritik neue Impulse für den Selbstklärungsprozeß der musischen Erziehung sieht. Seidenfaden konzentriert sich bei seinen Ausführungen hauptsächlich auf den Bereich der schulischen Musikerziehung. Er weist auf das Paradoxon hin, daß die Musische Erziehung zum einen die Erkenntnisfähigkeit der Sinne propagiere, auf der anderen Seite aber Sinnlichkeit ausschließe.[197] Auch wird für ihn innerhalb der Musischen Erziehung der Gemeinschaftsbegriff überbewertet. Aufgrund soziologischer Betrachtungen versteht er die Schulklasse nicht als "Gemeinschaft", sondern als Zweckgebilde. Zugleich spricht er dem "Musischen" in der Schule die gemeinschafts*bildende* Funktion ab, sieht jedoch im Vergleich zu Ehmann die Möglichkeit einer gemeinschafts*fördernden* Funktion. Die gemeinschaftsfördernde Funktion könne gruppenbildende Prozesse anregen und soziale Beziehungen bereichern und vertie-

---

[192] Kamlah, Wilhelm: a.a.O., S. 609.
[193] "Von der Jugendbewegung her geht es der Singbewegung noch immer um 'Erneuerung' – ein viel gebrauchtes Wort –, nämlich um rettende Erneuerung eines heilen, ganzen Menschentums mit den Mitteln der Musik und des spontanen musischen Lebens überhaupt." Aus: Ebenda, S. 608.
[194] Ebenda, S. 610.
[195] Ebenda, S. 612.
[196] Seidenfaden, Fritz: (1958) a.a.O., S. 166.
[197] Vgl. ebenda, S. 129 f.

fen.[198] Der von Ehmann eingeleitete, von Warner und Adorno beschleunigte Klärungsprozeß im Hinblick auf den Kunstwerkbegriff findet bei Seidenfaden seinen Niederschlag in der Vorstellung, daß die Musische Erziehung als Vorstufe bzw. Grundlage künstlerischer Erziehung oder eines Kunstverständnisses zu verstehen sei. Wie Warner empfindet er besonders bei Erwachsenen das Verharren im musischen Bereich als Regression und Flucht vor der Kunst.

"Musische Erziehung kann lediglich die Voraussetzungen schaffen zu einer späteren künstlerischen Bildung, indem sie die Erlebnishafigkeit weckt, Spannungen und Hemmungen löst, die Sinne schult und zum freien Spiel der gestaltenden Kräfte lockert."[199]

Seidenfaden stellt das Musische immer dann infrage, wenn es einen totalen Anspruch erhebt. "Die musische Erziehung hat ergänzende Bedeutung – nicht mehr und nicht weniger"[200].

Ein Jahr später kritisiert Gunter Otto die Realitätsferne und den Verlust des Lebenswirklichkeitsbezuges der Musischen Erziehung, den er an Haases Schrift *Musisches Leben* verdeutlicht.

"Was als spontaner Ausdruck vielleicht einmal auf Zeit möglich war, hat heute den Anschluß an die Realität verloren."[201]

Die von Haase geforderte Gesittung aus dem Denken der Jugendmusikbewegung heraus sei unzeitgemäß und führe dazu, daß "junge Menschen von der Welt ferngehalten werden"[202]. Gunter Otto spricht sich in Anlehnung an Warner dafür aus, die Realität mit ihrer differenzierten Ausgestaltung im erzieherischen Bereich zu akzeptieren. Die Musische Erziehung habe "ihre besondere Bedeutung darin, mitzuhelfen, diese ... Welt sinnlich und gefühlsmäßig so zu durchdringen, daß der Mensch neue Möglichkeiten des Zugriffes gewinnt"[203]. Zugleich weist der Kunstpädagoge Otto darauf hin, daß die "Problematik Junge Musik – Neue Musik" keinerlei Entsprechung im Bereich der Kunsterziehung habe und sieht darin eine besonders enge Sicht des jugendbewegten Ansatzes innerhalb der Musischen Erziehung.[204] In seiner Erwiderung hält Haase an seinem traditionellen Standpunkt fest und gibt somit der musikpädagogischen Auseinandersetzung keinerlei neue Impulse.[205]

---

[198] Vgl. ebenda, S. 167.
[199] Ebenda, S. 140.
[200] Ebenda, S. 168.
[201] Otto, Gunter: Die Theorie der musischen Bildung und ihr Verhältnis zur Realität, in: WPB, H. 11, 1959, S. 460.
[202] Ebenda.
[203] Ebenda, S. 462.
[204] Ebenda, S. 459.
[205] Vgl. Haase, Otto: Entgegnung, in: WPB, H. 11, 1959, S. 464.

Trotz aller Kritik an der Musischen Erziehung lassen verschiedene Äußerungen auch deutlich restaurative Tendenzen erkennen. So weist 1959 Kraus nach wie vor auf die positive Wirkung der Musischen Erziehung gegenüber den negativen Zeiterscheinungen hin und meint, daß die "Gefahr, den Bogen zu weit zu spannen, ... nicht so groß [sei], als die, durch Untätigkeit produktive Lösungen zu verhindern"[206]. Noch 1962 fordert Pape, nachdem er die bisherige musische Erziehung als gescheitert betrachtet, einen Neuanfang der musischen Erziehung, um mit Hilfe der musischen Kräfte die "Kulturkrise zu überwinden, den Kampf gegen die Gefahren eines zersetzenden Kollektivismus und einer Verzweckung des menschlichen Daseins zu führen ..."[207].

Als Anachronismus erweist sich auch die 1957 erscheinende Didaktik *Volksgesang und Volksschule*[208] von Hans Otto. Im zweiten Band stellt Otto auf der Grundlage wissenschaftlicher Volksliedforschung ca. 750 Lieder für den Musikunterricht der Volksschule zur Verfügung[209], mit denen er sein didaktisches Ziel, die "Wiederbelebung des Volksgesanges"[210] durch die schulische Volksliedpflege zu erreichen verfolgt.

"'Singendes Volk' ist ein Wunschbild und wird es immer bleiben. Wir müssen trotzdem nach Wegen suchen, diesem Wunschbild nahezukommen."[211]

Gieseler merkt zu diesem Buch an, daß es "das unbekannteste Buch im Bereich der Musikpädagogik geblieben" sei, da "der Zug längst schon in anderer Richtung abgefahren"[212] sei. Selbst Kraus, noch bis Anfang der 60er Jahre ein Protagonist des traditionellen musischen Standpunktes, bekennt 1963 anläßlich der fünften Bundesschulmusikwoche in Stuttgart:

"Der 'singende Mensch', der 'musische Mensch' – gutgemeinte idealisierte Leitbilder der Vergangenheit – haben es verhindert, den wirklichen Menschen, auch den Jugendlichen, wie er heute ist, richtig zu sehen."[213]

Besonders der Bereich Lied und Singen, vor allem innerhalb der Volksschule, erfährt aufgrund der Kritik an der Musischen Erziehung eine umfassende Neuorientierung. Abraham stellt 1963 die Frage, ob es nicht aufgrund der großen Anzahl

---

[206] Kraus, Egon: Musische Erziehung in der pädagogischen Situation der Gegenwart, in: MiU (Ausg. B), H. 5, 1959, S. 138.
[207] Pape, Heinrich: a.a.O., S. 310.
[208] Otto, Hans: Volksgesang und Volksschule – Eine Didaktik, Bd. 1, Celle 1957.
[209] Vgl. Otto, Hans: Volksgesang und Volksschule – Eine Didaktik, Bd. 2, Celle 1959.
[210] Otto, Hans: (1957) a.a.O., S. 114.
[211] Ebenda, S. 107.
[212] Gieseler, Walter: (1986) a.a.O. S. 199 f.
[213] Kraus, Egon: Quantität und Qualität – Breitenarbeit und Begabtenförderung in der deutschen Musikerziehung, in: Kraus, Egon (Hrsg.): Quantität und Qualität in der deutschen Musikerziehung – Vorträge der fünften Bundesschulmusikwoche Stuttgart 1963, Mainz 1963, S. 15.

von Personen, die Musik nur hörend gegenüberstehen, besser sei, "'musisches Tun', das Singen, stärker in den Dienst der Erziehung zum wachen Hören"[214] zu stellen. Zugleich fordert er, die Auswahl der verwendeten Schullieder an literarisch-künstlerischen, künstlerisch-musikalischen und stilgeschichtlichen Wertmaßstäben zu orientieren. Sowa fordert 1964, zehn Jahre nach Warner, endlich die erzieherische Wirklichkeit zu akzeptieren, d.h. aus der "Entwurzelung des Daseins aus natürlichen Lebensinhalten und Lebensformen und damit de[m] unwiederbringliche[n] Verlust des Substantiellen volkstümlicher Inhalte"[215] Konsequenzen zu ziehen. Diese Forderung erfüllt Antholz im Jahr 1965. Er moniert, daß es "der Volksschul-Pädagogik und ihrer Musikdidaktik noch immer nicht gelungen sei, den seit Jahrzehnten projektierten Schritt von 'Gesang' gleich musisch funktionierendem Volksgesang zu 'Musik' zu vollziehen"[216]. In Bezug auf die nach seiner Meinung nicht mehr vertretbare Dominanz des Volksliedes im Musikunterricht der Volksschule fordert er:

"Das Volkslied ist nicht monomateriales Ziel, sondern ein Weg der Musikerziehung und darf 'Musik' nicht im Wege stehen."[217]

Durch die Erweiterung der Musikdidaktik über das Musisch-Volkstümliche hinaus, so Antholz, habe das Volkslied zwar seinen Platz innerhalb der Volksschule, aber seine Wirkung dürfe nicht überschätzt werden.[218] Antholz verweist das Volkslied in die Grundschule, in der es als *pädagogische Musik*, gleichsam als Vorstufe, um mit Seidenfaden zu sprechen, zur Grundlage der Werkbetrachtung werde.[219] Günther vollzieht als einer der ersten Autoren den Paradigmenwechsel, indem er, beeinflußt von den Ideen der Kulturanthropologie, sich 1965 ganz vom Leitbild der Musischen Erziehung löst und die Strukturanalyse von Musik in den Mittelpunkt des Unterrichts stellt.[220] Mit der Veröffentlichung des Buches *Musik als Schulfach*[221] von Segler/Abraham im Jahr 1966 wird endgültig das bereits deformierte pädagogische Leitbild der Musischen Erziehung durch neue Anforderungen an den schulischen Musikunterricht abgelöst. Zugleich sehen beide Autoren in

---

[214] Abraham, Lars Ulrich: Lied und Liederbuch in der Schule, in: Frankfurter Hefte, H. 6, 1963, S. 413.

[215] Sowa, Georg: Zur Problematik der Musikdidaktik an der Volksschule, in: MiU (Ausg. B), H. 2, 1964, S. 53.

[216] Antholz, Heinz: (1965) a.a.O., S. 244.

[217] Ebenda.

[218] Vgl. Antholz, Heinz: Zur musikdidaktischen Problematik des Volksliedes in der Volksschule, in: PR, H. 8, 1966, S. 743.

[219] Vgl. Seidenfaden, Fritz: (1958) a.a.O., S. 140.

[220] Vgl. Günther, Ulrich: Die Sprache in der Musikerziehung, in: WPB, H. 11, 1965, S. 498 f.

[221] Segler, Helmut/Abraham, Lars Ulrich: Musik als Schulfach, in: Schriftenreihe der Pädagogischen Hochschule Braunschweig, H. 13, Braunschweig 1966.

den von ihnen formulierten "Generalzielen", der "Entwicklung der musikalischen Anlagen", der "Bekanntschaft mit den Erscheinungsformen der Musik" und der "musikalischen Betätigung"[222] eine Umsetzung der von Adorno in seinem Aufsatz *Zur Musikpädagogik* aufgestellten musikpädagogischen Forderungen.[223] Innerhalb dieses Prozesses wirkt der Abschnitt 'Musische Bildung' in der Folge 9 der *Empfehlungen und Gutachten des Deutschen Ausschusses für das Erziehungs- und Bildungswesen*[224] aus dem Jahr 1964, von Kerbs als letzte bedeutsame Manifestation der musischen Idee bezeichnet,[225] wie ein Anachronismus.

2.3 Zusammenfassung

Die Musische Erziehung steht im Mittelpunkt der Musikpädagogik der Nachkriegszeit. Obwohl fast alle musikpädagogischen Texte sie erwähnen, erfolgt keine theoretische Grundlegung der Musischen Erziehung selbst. So bleibt eine begriffliche Indifferenz zurück, durch die viele Beiträge "schemenhaft und blutleer, formelhaft und abstrakt, von oft beschwörendem Charakter ohne inhaltliche Substanz und argumentative Kraft ..."[226] erscheinen. Dennoch gibt es zwei Schriften, die als grundlegende Werke dieses pädagogischen Leitbildes der Nachkriegszeit gelten und zugleich auch für viele andere Autoren die argumentative Grundlage darstellen. Es handelt sich dabei um das Buch von Haase (*Musisches Leben*) und um die dreiteilige Schrift von Götsch (*Musische Bildung*).

"Diese beiden Werke spiegeln den Geist der musischen Erziehung wider, wie er sich vor und unmittelbar nach 1945 erziehungspraktisch zu erkennen gab oder sich nach Auffassung von Götsch und Haase in Zukunft manifestieren sollte."[227]

Man erhofft sich von der Musischen Erziehung, die ein ganzes "Ideen-Konglomerat"[228] darstellt, gleichsam "wie von einem Zauberwort, einer Beschwörungsformel"[229] vielfältige Auswirkungen im Bereich von Schule und Gesellschaft.

---

[222] Ebenda, S. 52.
[223] Vgl. ebenda, S. 130, Fußnote 1.
[224] Empfehlungen für Neuordnung der Höheren Schule vom 3. Oktober 1964, in: Bohnenkamp, Hans u. a. (Hrsg.): Empfehlungen und Gutachten des Deutschen Ausschusses für das Erziehungs- und Bildungswesen 1953-1965 – Gesamtausgabe, Stuttgart 1966, S. 627 ff.
[225] Vgl. Kerbs, Diethart: Historische Kunstpädagogik – Quellenlage, Forschungsstand, Dokumentation, in: Kerbs, Diethart (Hrsg.): Beiträge zur Sozialgeschichte der ästhetischen Erziehung, Bd. 1, Köln 1976, S. 102 f.
[226] Günther, Ulrich: (1986) a.a.O., S. 154.
[227] Kluge, Norbert (Hrsg.): a.a.O., S. 2.
[228] Hammel, Heide: Eberhard Preußner – Anwalt der Musikerziehung und Menschenbildung, in: Bedeutende Musikpädagogen, Bd. 3, Wolfenbüttel 1993, S. 91.
[229] Günther, Ulrich: (1986) a.a.O., S. 150.

So soll die Musische Erziehung ihre gemeinschaftsformende Wirkung in der Schule entfalten und ein Zurückdrängen des intellektuellen und rationalen Übergewichts der schulischen Fächer erzielen. Zugleich soll sie die "Gesittung" stärken und dadurch zu einer Erneuerung der Gesellschaft führen. Musische Erziehung wird als Lebenshilfe für die Orientierungslosigkeit der Jugendlichen verstanden und soll durch ihren ganzheitlichen Ansatz die Veredelung der im Menschen angelegten Charaktereigenschaften bewirken. Die meisten Autoren sind davon überzeugt, mit Hilfe der Musischen Erziehung die Kulturkrise, in der man sich zu befinden glaubt, zu überwinden und damit einen Beitrag zur Rettung der Menschheit zu leisten.

Mit Beginn der 50er Jahre werden erste Zweifel an dieser pädagogischen Leitlinie geäußert. Während Ehmann vor allem musikalische Inhalte kritisiert, greift Warner zentrale erzieherische Positionen an. Er stellt fest, daß sich die Reformansätze der 20er Jahre abgenutzt haben und fordert, den Blick nicht weiter vor der erzieherischen Wirklichkeit zu verschließen. Während Ehmann und Warner mit ihrer Kritik eine Erneuerung der Musischen Erziehung und deren Anpassung an die Gegebenheiten der Zeit bewirken wollen, lehnt Adorno das pädagogische Leitbild der Musischen Erziehung kategorisch ab. Seine kompromißlose Haltung in Bezug auf ästhetische und ideologische Inhalte der Musik und der Musikpädagogik führt zunächst zu Sprachlosigkeit und in der Folge der Diskussion zu einer Bildung von zwei sich gegenüberstehenden Lagern. Eine Annäherung der verschiedenen Standpunkte wird nicht erreicht. Jedoch bewirkt seine Kritik eine Dynamisierung der Reformbestrebungen innerhalb der schulischen Musikpädagogik. Wenn auch Abraham noch 1963 beklagt, daß "selbst so profilierte und unüberhörbare Äußerungen in dieser Sache wie die von Th. W. Adorno ('Dissonanzen') oder Th. Warner ('Musische Erziehung zwischen Kunst und Kult') bestenfalls Unbehagen, kaum aber eine Wandlung hervorzurufen imstande sind"[230], so leiten diese Äußerungen trotz aller Widerstände eine fachdidaktische Veränderung ein, die unumkehrbar ist. Vor allem im Bereich der Volksschule, in der die Musische Erziehung besonders verbreitet ist, beginnt die Diskussion um den Stellenwert des Volksliedes. Indirekt wirken sich Adornos ästhetische und ideologische Ausführungen dahingehend aus, daß die dominante Stellung des Volksliedes innerhalb des Unterrichts zurückgedrängt und zugleich der Blick über das Volkslied hinaus zum Kunstwerk erweitert wird. Zusätzlich wird das schulische Liedgut überprüft. Dabei werden faschistische Altlasten aufgezeigt und neue Wertmaßstäbe für die zukünftige Liedauswahl erarbeitet. Neben Kritik an der Musischen Erziehung fließen auch Ergebnisse aus ersten umfassenden soziologischen Untersuchungen über das Schülerverhalten[231] in die fachdidaktischen Überlegungen mit ein. Mit dem 1966 erscheinenden Buch

---
[230] Abraham, Lars Ulrich: (1963) a.a.O., S. 413.
[231] Vgl. Klausmeier, Friedrich: Jugend und Musik im technischen Zeitalter – Eine repräsentative Befragung in einer westdeutschen Großstadt, Bonn 1963.

Musik als Schulfach vollzieht sich endgültig der Paradigmenwechsel innerhalb der schulischen Musikpädagogik. Wenn Kluge behauptet, daß die Musische Bewegung durch "die enge Verknüpfung von Ästhetischem und Ethischem ... um den Lohn ihres Wirkens"[232] gebracht worden sei, so darf der fehlende Spürsinn für die sich verändernden Rahmenbedingungen der erzieherischen Arbeit nicht außer Acht gelassen werden. Maiwald weist darauf hin, daß nach diesem Zeitpunkt der Begriff "musisch" in adjektivischer oder substantivischer Verwendung bei erziehungswissenschaftlichen und allgemeinen pädagogischen Publikationen weitgehend vermieden wird, während im Bereich der bildungspolitischen Diskussion, in Richtlinien, Lehrplänen und Studienverlaufsplänen der Begriff nach wie vor und darüber hinaus sogar seit den 80er Jahren wieder in zunehmendem Maße verwendet wird.[233]

---

[232] Kluge, Norbert: a.a.O., S. 8.
[233] Vgl. Maiwald, Renate: a.a.O., S. 15 ff.

3 Wiederaufbau des Schulwesens

3.1 Bildungspolitik der Alliierten (1942-1946)

3.1.1 Vorstellungen

Bereits im Jahr 1942 macht sich ein Teil der deutschen Kriegsgegner über eine Gesellschaftsordnung und eventuelle bildungspolitische Maßnahmen in einem besetzten Deutschland Gedanken.[1] Zu diesem Zeitpunkt entbehren diese jedoch inhaltlich konkreter pädagogischer Ziele und sind als vage Absichtserklärungen zu verstehen. Die Priorität militärischer Fragen und die unsichere politische Lage in dieser Kriegsphase hat dilatorische Wirkung in Bezug auf die Konkretisierung gesellschaftlicher und pädagogischer Ziele in einem Nachkriegsdeutschland.

Hinzu kommt, daß sich das Bild der Deutschen bei den Alliierten im Laufe der Jahre durch den anhaltenden Krieg, die wachsende Brutalität der militärischen Auseinandersetzung, die Ausrufung des "totalen Krieges" durch Goebbels, die nationalsozialistische Propagandamaschinerie und das menschenverachtende und rassistische Verhalten von Staat und Gesellschaft stetig verschlechtert. Innerhalb der alliierten Kreise setzt sich die Vorstellung durch, daß sich das deutsche Volk vorbehaltlos mit Militarismus und Nationalsozialismus identifiziere. Infolgedessen festigt sich der Gedanke, daß nur eine Umerziehung des ganzen deutschen Volkes den Störenfried innerhalb der Völkergemeinschaft bändigen könne. Dazu gehört die Eliminierung aller militaristischen und nationalsozialistischen Ideen und Erziehungsmethoden. Gerade das Erziehungswesen und infolgedessen auch die deutsche Lehrerschaft, so die Vorstellung der Alliierten, sei besonders mit nationalsozialistischer und militaristischer Ideologie durchdrungen.[2] Angesichts dessen komme einer zukünftigen Bildungs- bzw. Schulpolitik besondere Bedeutung zu.

Zwei Schwerpunkte einer künftigen Bildungspolitik auf deutschem Boden bilden sich dabei heraus: die Umerziehung bzw. Re-education des deutschen Volkes

---

[1] Vgl. hierzu Rupieper, Hermann-Josef: Die Wurzeln der westdeutschen Nachkriegsdemokratie – Der amerikanische Beitrag, Opladen 1993, S. 8; Weniger, Erich: Die Epoche der Umerziehung 1945-1949, Teil I, in: WPB, H. 10, 1959, S. 403.
Günter Pakschies setzt den Beginn der Überlegungen für das Jahr 1940 an.
Vgl. Pakschies, Günter: Re-education und die Vorbereitung der britischen Bildungspolitik in Deutschland während des Zweiten Weltkrieges, in: Heinemann, Manfred (Hrsg.): Umerziehung und Wiederaufbau – Die Bildungspolitik der Besatzungsmächte in Deutschland und Österreich, Stuttgart 1981, S. 103.

[2] Vgl. Eich, Klaus-Peter: Schulpolitik in Nordrhein-Westfalen 1945-1954, in: Düsseldorfer Schriften zur Neueren Landesgeschichte und zur Geschichte Nordrhein-Westfalens, Bd. 20, Düsseldorf 1987, S. 12 f.

und die Durchführung einer inneren und äußeren Schulreform. Re-education versteht sich dabei nicht nur als Um-erziehung im Sinne einer schulischen Unterweisung, sondern vielmehr als "Vorgang der Um-Wertung der geistigen und kulturellen Werte des deutschen Volkes"[3]. Somit ist Re-education in ihrer Summe als ein weit über den Bereich des Erziehungswesens hinausgehender Vorgang zu verstehen, der das Ziel hat, Deutschland wieder in die Gemeinschaft der zivilisierten europäischen Kulturnationen zurückzuführen. Für die Durchführung der Re-education sowie der äußeren Schulreform entwickeln zuerst die USA und Großbritannien eigene Konzepte, die sich nur graduell unterscheiden.

Amerikanische Vorstellungen

Auf amerikanischer Seite läßt Finanzminister Henry Morgenthau Jr. im September 1944 ein Memorandum veröffentlichen, das als *Morgenthau-Plan* in die Geschichte eingeht. Darin werden die bis zu diesem Zeitpunkt angestellten Überlegungen, insbesondere bezüglich der Umerziehung, verschärft. Kurz darauf wird für den auf deutschem Gebiet operierenden US-Generalstab die bindende Direktive JCS 1067 erlassen, die Elemente des Morgenthau-Planes enthält.[4] Sie gibt den kommandierenden Generälen Richtlinien "für die in der ersten Zeit nach der Niederlage gegenüber Deutschland einzuschlagende Politik"[5].

Im Bereich der Erziehungspolitik wird innerhalb der Direktive die Schließung aller Schulen angeordnet. Abgesehen von den nationalsozialistischen Erziehungsanstalten wird die Wiedereröffnung der allgemeinbildenden Schulen nach Entlassung des ideologisch belasteten Personals in Aussicht gestellt. Parallel dazu soll ein Kontrollsystem im Erziehungswesen aufgebaut werden, das gewährleistet, daß nationalsozialistische und militaristische Lehren ausgeschaltet werden und demokratisches Gedankengut gefördert wird. Die Direktive JCS 1067 führt unter *I. 14. Erziehung* folgende Verhaltensregeln auf:

"a) Alle pädagogischen Einrichtungen in Ihrer Zone mit Ausnahme derjenigen, die schon vorher auf Grund einer Genehmigung alliierter Stellen wiedereingerichtet worden sind, sind zu schließen. Die Schließung von nazistischen Erziehungsanstalten, wie Adolf-Hitler-Schulen, Napolas und Ordensburgen

---

[3] Bungenstab, Karl-Ernst: Umerziehung zur Demokratie? Re-education-Politik im Bildungswesen der US-Zone 1945-1949, Düsseldorf 1970, S. 19.

[4] Vgl. Wuermeling, Henric L.: Die weiße Liste – Umbruch der politischen Kultur in Deutschland 1945, Berlin u.a. 1981, S. 18 ff; Steininger, Rolf: Deutsche Geschichte seit 1945 – Darstellung und Dokumente in vier Bänden – Band 1, Frankfurt am Main 1996, S. 41 ff.

[5] Ruhl, Klaus-Jörg (Hrsg.): Neubeginn und Restauration – Dokumente zur Vorgeschichte der Bundesrepublik Deutschland 1945-1949, München 1982, S. 58.

und von Naziorganisationen innerhalb anderer pädagogischer Einrichtungen soll für immer gelten.

b) Ein koordiniertes Kontrollsystem über die deutsche Erziehung und ein bejahendes Programm der Neuausrichtung sollen aufgestellt werden, um die nazistischen und militaristischen Lehren völlig auszurotten und die Entwicklung demokratischen Gedankengutes zu fördern.

c) Sie werden die Wiedereröffnung von Volksschulen, Mittelschulen und Berufsschulen so bald wie möglich nach Ausschaltung des Nazipersonals genehmigen. Lehrbücher und Lehrpläne, die nazistische und militaristische Lehren enthalten, sollen nicht benutzt werden. Der Kontrollrat soll Programme aufstellen, in denen die Wiedereröffnung der höheren Schulen, Universitäten und anderen Instituten für höhere Bildung in Aussicht genommen werden. [...]"[6]

Diese stark pragmatisch orientierten Vorstellungen der Amerikaner gehen in die entsprechenden Bestimmungen innerhalb des Potsdamer Abkommens vom 2. August 1945 ein.

Britische Vorstellungen

In Großbritannien führen die bildungspolitischen Vorstellungen für ein Nachkriegsdeutschland zu einer intensiven öffentlichen Diskussion, die durch nationale bildungspolitische Auseinandersetzungen beeinflußt wird.

Im Bereich der Re-education plädiert die britische Öffentlichkeit für eine Entnazifizierung der Massenmedien und des Erziehungswesens. Parallel dazu sollen gesellschaftliche Reformen zur Beseitigung des Militarismus durchgeführt werden, die durch einen notwendigen Umerziehungsprozeß und geeignete Re-educationsmaßnahmen ergänzt und begleitet werden. Die wachsenden Kriegsgreuel der Deutschen und der lang anhaltende Krieg leisten innerhalb der britischen Gesellschaft der vansittaristischen These[7] von der Kolletivschuld des deutschen Volkes Vorschub. Somit rücken die Briten innerhalb ihrer öffentlichen Diskussion immer mehr von der Idee ab, bei der Demokratisierung der deutschen Gesellschaft auf die aktive Teilnahme weiter Kreise des deutschen Volkes hoffen zu können.

Die nationale bildungspolitische Diskussion in Großbritannien in den Jahren 1940-44 mündet in ein Gesetz, den *Education-act* von 1944, der unter den Schlagwörtern "höhere Bildung für alle" und "Chancengleichheit" der Öffentlichkeit präsentiert wird. Er zeigt den Willen der britischen Regierung, einer breiten Bevölke-

---

[6] Ebenda, S. 61 f.

[7] Politische Strömung innerhalb der britischen Öffentlichkeit mit rigoros antideutscher Haltung.

rungsschicht den Zugang zu weiterführenden Schulen zu ermöglichen und somit "eine höhere soziale Entwicklung ... entstehen zu lassen"[8]. Zugleich stellt er den Höhepunkt der schulreformerischen Diskussion innerhalb der englischen Gesellschaft dar und hat insofern Auswirkungen auf die Re-education-Diskussion, als "große Teile der britischen Öffentlichkeit in der Erziehung ein entscheidendes Mittel gesellschaftlicher Veränderungen [sehen]"[9]. Es liegt nahe, daß im Zusammenhang mit diesen sozialreformerischen Überlegungen innerhalb der nationalen englischen Bildungspolitik Elemente dieser pädagogischen Ansätze auch in den Bereich der Re-education übernommen werden. Die Erziehung des Einzelnen zu demokratischen Lebensformen kann dabei als zentrales Anliegen angesehen werden. Zusätzlich dienen die strukturellen Veränderungen im Sekundarschulwesen im Rahmen des "Education-act" den englischen Erziehungsoffizieren als Argumentationsgrundlage in der Diskussion über eine äußere Schulreform im Nachkriegsdeutschland.[10]

"Das Beste, was die englischen Erziehungsoffiziere uns als Morgengaben mitbringen konnten, war aber der Hinweis auf die während des Krieges vollzogene Revolution des Erziehungswesens, wie sie unter einmütiger Zustimmung der Nation, vor allem sämtlicher politischer Richtungen, in der Education Act vom 3. August 1944 ... vollzogen wurde."[11]

Im Januar 1944 wird vom britischen *Minister of State* ein Memorandum über eine künftige Erziehungs- und Bildungspolitik einer britischen Militärregierung in Deutschland veröffentlicht. Darin werden unter anderem die Grundannahmen, die Ziele und die Methoden der Umerziehung behandelt.[12] Darüber hinaus billigt das britische Kriegskabinett im Juli 1944 einen umfassenden Entwurf, der sich mit der Organisation einer Umerziehung der deutschen Bevölkerung unmittelbar nach dem

---

[8] Dent, Harold Collett: Das Englische Erziehungsgesetz 1944, in: PR, H. 2, 1949, S. 60.

[9] Pakschies, Günter: Umerziehung in der Britischen Zone – Untersuchungen zur britischen Re-education-Politik 1945-1949 unter besonderer Berücksichtigung des allgemeinbildenden Schulwesens, Diss. phil. Göttingen 1977, in: Studien und Dokumentationen zur deutschen Bildungsgeschichte, Bd. 9, Köln 1984, S. 77.

[10] In England wird infolge des "Education-act" die sechsjährige Grundschule eingeführt. Diese Entscheidung erklärt die Sympathie für dieses Schulmodell bei der Beurteilung deutscher Schulreformbestrebungen durch die britische Militärregierung.

[11] Weniger, Erich: Die Epoche der Umerziehung 1945-1949, Teil III, in: WPB, H. 1, 1960, S. 11.

[12] So wird im Memorandum angenommen, daß die deutsche Bevölkerung nach dem Krieg demokratischen Ideen positiv gegenübersteht, allgemein die NS-Ideologie abgelehnt wird und im Erziehungswesen die Pädagogen neue, von NS-Ideologie befreite Bücher im Unterricht sehr gerne verwenden werden. Deshalb wird empfohlen, die Schulen und den Schulverwaltungsapparat so wenig wie möglich in seinem Betrieb zu stören.
Vgl. Pakschies, Günter: (1981) a.a.O., S. 109 f.

Waffenstillstand beschäftigt. In diesem Entwurf wird auch die Zusammenarbeit mit anderen Alliierten bezüglich der Umerziehungspläne festgelegt.[13]

3.1.2 Maßnahmen

Nach der geglückten Landung der Alliierten in der Normandie bereiten sich die Amerikaner systematisch auf die organisatorische und verwaltungstechnische Übernahme der deutschen Gebietskörperschaften in den von ihnen besetzten Teilen des Deutschen Reiches vor. Dazu werden die Offiziere der European Civil Affairs Division[14] seit Juni 1944 an verschiedenen amerikanischen Universitäten durch Unterricht in deutscher Geschichte, Verwaltung und Wirtschaft, Strukturen der NSDAP u.a. vorbereitet. Danach werden sie zur Spezialausbildung, die sich in vier Phasen unterteilt[15], nach Europa versetzt. Bereits in der zweiten Ausbildungsphase, der sogenannten Manchester-Phase, werden verschiedene Teams gebildet, die für ihre Einsatzgebiete, z.B. Bayern, Hessen oder Württemberg speziell geschult werden.[16]

Am 21. Oktober 1944 rücken amerikanische Truppen in Aachen ein, kurz darauf wird Krefeld erobert. Am 9. März 1945 übernehmen die Amerikaner die Verwaltung von Bonn und Köln, und am 17. April wird, als letzte Stadt im Westen, Düsseldorf eingenommen. Die materiellen Zerstörungen, die aufgelösten Verwaltungsstrukturen und die Verunsicherung innerhalb der Zivilbevölkerung sind umfangreicher, als in den Schulungskursen angenommen wurde. Die Kriegsfolgen, zerstörte Straßenzüge, zerbombte und leere Rathäuser, Flüchtlinge, Displaced persons und Kriegsdienstheimkehrer lassen eine intakte Verwaltung nicht mehr zu.

"Die wirkliche Lage, die wir antrafen, erforderte jedoch eine vollständig andere Art von Planung. Aber niemand sah voraus, und konnte voraussehen, daß die ganze Struktur des deutschen Systems und der Organisationsaufbau der Verwaltung und Wirtschaft so vollständig und durch und durch aufgelöst sein würde, wie sie es tatsächlich waren."[17]

---

[13] Vgl. Eich, Klaus-Peter: a.a.O., S. 12 ff.

[14] Die European Civil Affairs Division wurde am 12.02.1944 als spezielle Versorgungs- und Verwaltungseinheit für die Angelegenheiten der Zivilbevölkerung geschaffen.

[15] Walter L. Dorn, persönlicher Berater und Spezialist für Entnazifizierungsfragen der Militärregierung in der US-Zone, teilte die verschiedenen Ausbildungsphasen in seinen Erinnerungen in vier Phasen ein, die er nach den Orten der Stationierung benannte.
a) Shrivenham-Phase; b) Manchester-Phase; c) Le Mans-Phase; d) Rochefort-Phase.
Vgl. Dorn, Walter L.: Inspektionsreisen in der US-Zone – Notizen, Denkschriften und Erinnerungen, aus dem Nachlaß übersetzt und herausgegeben von Lutz Niethammer, in: Schriftenreihe der VfZ Nr. 26, Stuttgart 1973, S. 24 ff.

[16] Vgl. Dorn, Walter. L.: a.a.O., S. 26 f.

[17] Ebenda, S. 26.

Bevor eine umfassende Verwaltungsregelung aller Alliierten für ganz Deutschland getroffen werden kann, greifen die Amerikaner auf die bereits erwähnte Direktive JCS 1067[18] zurück, deren vorläufiger Charakter bis zu einer endgültigen Regelung in diesem Zusammenhang von den Amerikanern ausdrücklich hervorgehoben wird. Die inhaltliche Ausgestaltung und politische Gewichtung von Maßnahmen innerhalb der Direktive ist "geprägt durch den Geist der Begegnung von Siegern und Besiegten"[19].

Das Rheinland wird verwaltungstechnisch der amerikanischen Besatzungszone Mittelrhein-Saar zugeordnet, während Westfalen unter britische Verwaltung gestellt wird. Die Amerikaner und Briten beginnen sofort mit der Reorganisation und dem Neuaufbau der Schulverwaltung und drängen zu einer raschen Wiedereröffnung der Schulen. Bereits am 4. Juni 1945 werden in Aachen die ersten Volksschulen wiedereröffnet[20], am 27. Juli wird der Schulbetrieb im linksrheinischen Köln aufgenommen[21], und Mitte September sind nahezu alle Volks- und Mittelschulen im späteren Nordrhein-Westfalen wiedereröffnet. Parallel dazu beginnt der organisatorische Aufbau des höheren Schulwesens. Während in der Provinz Nordrhein bereits zum 15. Oktober 1945 nahezu alle höheren Schulen wiedereröffnet sind[22], dauert es in Westfalen fast ein Jahr länger, bis der Stand der Nord-Rheinprovinz erreicht wird. Neben dem Wiederaufbau der durch den Bombenkrieg zerstörten Schulgebäude und der Konfiszierung des ideologisierten Lehrmaterials stehen die Behörden vor der schwierigen Aufgabe, den unaufhörlichen Zustrom von Vertriebenen und Flüchtlingen aus den ehemals deutschen Ostgebieten zu integrieren und deren Kinder mit Unterricht zu versorgen. Die amerikanische und die britische Militärregierung sind nicht in der Lage, diese großen Herausforderungen aus eigener Kraft zu bestehen. Um die Probleme vor Ort schneller lösen zu können, greifen sie sofort nach ihrem Einmarsch auf deutsche Fachkräfte zurück, die beim Aufbau der Schulverwaltung und der schulischen Infrastruktur mitarbeiten. Die Amerikaner stützen sich bei der Auswahl der Deutschen auf eine seit Anfang September 1944 systematisch zusammengestellte Liste, die sogenannte *Weiße Liste*, auf der ca. 1.500 Personen aufgeführt sind, "die nicht in der NSDAP waren und die den Alliierten bei der Schaffung einer neuen Ordnung an die Hand gehen kön-

---

[18] Am 22. September 1944 wird die Direktive JCS 1067 vom amerikanischen Kabinett verabschiedet.

[19] Wuermeling, Henric L.: a.a.O., S. 19.

[20] Vgl. Heumann, Günter: Die Entwicklung des allgemeinbildenden Schulwesens in Nordrhein–Westfalen (1945/46–1958) – Ein erziehungsgeschichtlicher Beitrag, in: Studien zur Pädagogik, Andragogik und Gerontagogik, Bd. 5, Frankfurt am Main u.a. 1989, S. 53.

[21] Vgl. Schäfke, Werner von (Hrsg.): Das Neue Köln 1945-1995 – Eine Ausstellung des Kölnischen Stadtmuseums in der Josef-Haubrich-Kunsthalle Köln, Köln 1994, S. 122.

[22] Vgl. Schnippenkötter, Josef: Rede zur Wiedereröffnung der höheren Schulen in der Nord-Rheinprovinz, Bonn 1945, S. 3.

nen"[23]. Die meisten dieser Personen hatten innerhalb der Weimarer Republik führende Positionen des öffentlichen Lebens inne und wurden während der Nazi-Diktatur größtenteils wegen "Nichtanpassung und Verweigerung zwecks Identitätswahrung"[24] ihrer Ämter enthoben oder zogen sich freiwillig in die innere Emigration zurück.

Zusätzlich lassen sich die Amerikaner und Briten vor Ort durch die Kirchen bei ihrer Personalpolitik beraten, was im Falle der Nord-Rheinprovinz dazu führt, daß ausschließlich Katholiken und ehemalige Zentrumsanhänger den Wiederaufbau des Schulwesens in verantwortlichen Positionen gestalten.[25] Mit der Berufung des Bonner Honorarprofessors Dr. Hermann Platz[26] in die Leitung des Generalreferates Kultus der Nord-Rheinprovinz, sowie der Berufung von Prof. Dr. Josef Esterhues[27] zum Referatsleiter der Volks- und Mittelschulen, der Beauftragung von Prof. Joseph Antz[28] mit der Referatsleitung Lehrerbildung und der Ernennung Dr. Josef Schnippenkötters[29] zum Leiter der Abteilung höhere Schulen in der Schulabteilung

---

[23] Wuermeling, Henric L.: a.a.O., S. 17.

[24] Becker, Winfried: Politischer Katholizismus und Widerstand, in: Steinbach, Peter/Tuchel, Johannes (Hrsg.): Widerstand gegen den Nationalsozialismus, Bonn 1994, S. 242.

[25] Eine besondere Rolle spielt dabei Pater Willibald Lenz von der Abtei Maria Laach.

[26] Hermann Platz (*1880), Studium der Theologie, Germanistik, Englisch und Französisch, 1905 promoviert. Ab 1906 Studienrat in Düsseldorf und Bonn, 1920 Lehrbeauftragter für französische Geistesgeschichte an der Universität Bonn, 1924 zum Honorarprofessor ernannt. Öffentliches Eintreten für die Weimarer Republik. Er sah in Frankreich und Deutschland die Kernländer des Abendlandes, gründete 1930 eine Lehrervereinigung deutscher und französischer Lehrer und war stark vom Katholizismus geprägt. Platz starb 1946.
Quelle: Himmelstein, Klaus: Kreuz statt Führerbild – Zur Volksschulentwicklung in Nordrhein-Westfalen 1945-1950 in: Studien zur Bildungsreform, Frankfurt am Main u.a. 1986, S. 400 f.

[27] Josef Esterhues (*1885) war von 1906-1929 Volksschullehrer und wurde 1927 promoviert. Ab 1929 war er Schulrat und Dozent an der Pädagogischen Akademie Bonn. Er wurde 1937 in den Ruhestand versetzt und im Mai 1945 als Referent in das Oberpräsidium der Nord-Rheinprovinz berufen.
Quelle: Ebenda, S. 395.

[28] Joseph Antz (*1880): Lehrer, Seminaroberleiter und später Schulrat, wurde 1927 an die Pädagogische Akademie Bonn berufen und ein Jahr später zum Professor ernannt. 1933 aus politischen Gründen beurlaubt und 1934 in den Ruhestand versetzt, wird Antz 1945/46 Referent in der Kultusabteilung des Oberpräsidiums der Nord-Rheinprovinz und ab Herbst 1946 Ministerialrat im Kultusministerium. Bis zu seiner Pensionierung im Mai 1949 ist er verantwortlich für den Aufbau, die Planung und Organisation der zwölf Pädagogischen Akademien in NRW.
Quelle: Ebenda, S. 391 f.

[29] Josef Schnippenkötter (*1886): Studium der Mathematik und Physik, seit 1922 Studiendirektor in Essen. Gehörte vor seiner Entlassung durch die Nazis dem Generalvorstand des katholischen Akademikerverbandes in Köln an und war Mitglied im Kuratorium des Katholischen Lehrerverbandes. Er verfügte über eine reichhaltige Erfahrung als Lehrer und Schulbuchautor und zeichnete sich durch eine unerschrockene Haltung gegenüber den Nationalsozialisten aus.
Quelle: Heumann, Günter: a.a.O., S. 29 f.

des Oberpräsidiums Rheinland trifft die amerikanische Militärregierung zugleich auch eine bildungspolitische Entscheidung, die zu einer Restauration des Schulsystems der Weimarer Zeit auf christlich-humanistischer Grundlage führt und die Einflußmöglichkeiten der katholischen Kirche auf längere Zeit hinaus festigt.

Zusammen mit Hermann Platz wird Josef Schnippenkötter von der amerikanischen Militärregierung mit der Ausarbeitung einer Schulreform beauftragt, da beide "aufgrund ihrer Gesinnung" und "ihres beruflichen Ansehens und Könnens"[30] für diese Aufgabe geradezu prädestiniert erscheinen. Infolge des Abzuges der Amerikaner aus der Rheinprovinz durch die Berliner Erklärung vom 5. Juni 1945[31] und der Übernahme der Gebietsverwaltung durch die britische Militärregierung wird die Schulbehörde von Bonn nach Düsseldorf verlegt, wobei die von den Amerikanern eingestellten Mitarbeiter übernommen werden. Die Verlegung der Behörde scheint aber keinerlei Verzögerung bei der Entwicklung eines Konzeptes zur Schulreform bewirkt zu haben, denn bereits am 28./29. August 1945, während einer Schulreferententagung in Hamburg, werden die Grundzüge der Schnippenkötterschen Reform erläutert. Dabei zeigt sich, daß Schnippenkötter den erhaltenen Auftrag zur Konzipierung einer Schulreform ausschließlich auf das höhere Schulwesen beschränkt und gleichsam das Volks- und Mittelschulwesen außen vor läßt.

"Leitgedanke der Schulreform war es, eine Erneuerung der höheren Schule aus dem Geiste des Humanismus, des Christentums und der Demokratie herbeizuführen."[32]

Um dieses Ziel zu erreichen, will Schnippenkötter wieder Latein als erste Fremdsprache im Gymnasium einführen und damit das von ihm als bildungspolitisch verfehlt bezeichnete Konzept der Nationalsozialisten, mit Englisch als erster Fremdsprache zu beginnen, revidieren. Darüber hinaus zeichnet sich sein Entwurf durch eine bis ins Detail vorgegebene Stundentafel aus, bei der ein deutliches Übergewicht der klassischen Sprachen und der historischen Fächer auffällt. Schnippenkötter tritt ebenso für den Gedanken der Leistungsschule ein.

"Die Schüler der höheren Lehranstalten müssen wieder etwas wissen und können. ... Und dieses Wissen muß in Prüfungen abgefragt, daß Können muß

---

[30] Direktive AG 014.I-I (Germany) GE: Abschnitt VII, Teil I: Erziehungswesen, 9. Entlassung und Ernennung von Beamten im Erziehungswesen, 7. Juli 1945, in: Froese, Leonhard (Hrsg.): Bildungspolitik und Bildungsreform – Amtliche Texte und Dokumente zur Bildungspolitik im Deutschland der Besatzungszonen, der Bundesrepublik Deutschland und der Deutschen Demokratischen Republik, München 1969, S. 79.

[31] Bei der Berliner Erklärung vom 5. Juni 1945 handelt es sich um die erste gemeinsame Entscheidung aller Alliierten, der indirekt bildungspolitische Bedeutung zukommt, da durch die festgelegte Gebietsaufteilung Deutschlands in vier Besatzungszonen und Berlins in vier Sektoren die Grundlage für den späteren kulturpolitischen Föderalismus gelegt wird.

[32] Heumann, Günther: a.a.O., S. 31 f.

einwandfrei aufweisbar sein. Das gesunde, handfeste Lernen wird wieder in der höheren Schule Einzug halten und Nichtswisser und Nichtskönner werden in Zukunft nicht mehr versetzt werden. ... Ein Schüler, dem die Schule in seinem jugendlichen Leben nicht zum Lebensinhalt werden kann, muß sie verlassen. Leistungsfähigkeit in allen Klassen."[33]

Zur selben Zeit wie Schnippenkötter entwickelt der Sozialdemokrat Adolf Grimme, der im niedersächsischen Kultusministerium arbeitet, einen alternativen Vorschlag zur Schulreform in der britischen Besatzungszone. In seinen "Marienauer Plänen" legt Grimme den Schwerpunkt auf eine soziale und demokratische Erziehung. Um eine bessere Ordnung des gesamten Schulwesens zu erreichen und eine Durchlässigkeit zur Mittel- und Volksschule zu gewährleisten, sollen alle Gymnasien mit Englisch als erster Fremdsprache beginnen. Hinzu kommt eine einschneidende Veränderung im Aufbau der Mittel- und Oberstufe der Gymnasien. "Weil nach seiner [Grimmes; d. Verf.] Meinung Bildung nicht ein Prozeß der Breite, sondern der Tiefe war, wollte er die Pflichtstundenzahl reduzieren und den Wahlfächern einen größeren Spielraum geben. Damit entwickelte Grimme bereits einen Plan zur späteren Oberstufenreform."[34]

Die pädagogischen Diskussionen im Jahr 1945 und Anfang 1946 beschränken sich auf die Auseinandersetzung über diese beiden Entwürfe, den konservativen Entwurf Schnippenkötters, der von nun an auch als "nordwestdeutscher" Schulreformplan bezeichnet wird, und die sozial-reformerischen "Marienauer Lehrpläne" Adolf Grimmes.[35] Während Grimmes Vorschlag im nördlichen Teil der britischen Besatzungszone von den Erziehungsbehörden bevorzugt wird, gelingt es Schnippenkötter, sich mit seinem konservativen Vorschlag auch gegen reformerische Kräfte in Westfalen durchzusetzen.[36]

Diese Entwicklung macht zwei Grundtendenzen der frühen Schulpolitik in Nordrhein-Westfalen deutlich. Zum einen zeigt sie die konzeptionelle Dominanz der Nord-Rheinprovinz in ganz Nordrhein-Westfalen, die sich nicht nur im Bereich der höheren Schule zeigt, sondern ebenso im Volks- und Mittelschulbereich. Zum anderen zeigt sie die restaurativen Tendenzen in Bezug auf eine äußere Schulreform und die starken christlich-humanistischen Kräfte im Bereich der schulischen Inhalte.

---

[33] Schnippenkötter, Josef: a.a.O., S. 4.
[34] Eich, Klaus-Peter: a.a.O., S. 58.
[35] Diese Pläne sind beeinflußt durch Ideen des *Bundes Entschiedener Schulreformer*, dem Grimme bis 1925 angehört hat, und streben "eine schulorganisatorische Vereinfachung und Angleichung der verschiedenen Schularten an."
Vgl. Himmelstein, Klaus: a.a.O., S. 108.
[36] Vgl. ebenda, S. 103 ff.

Mitte 1946 ändern sich die Kräfteverhältnisse innerhalb der Kultusverwaltung in Nordrhein-Westfalen. Die von den Briten verfügte und am 17. Juli 1946 vollzogene Operation "marriage", der Zusammenschluß der beiden Provinzen Nordrheinland und Westfalen[37], bringt es mit sich, daß durch eine Neuorganisation innerhalb der Kultusbehörde eine grundlegend neue personelle Situation entsteht, die Kritik an den von Schnippenkötter verfaßten Vorschlägen laut werden läßt. Aber auch bei der britischen Militärregierung werden seine restaurativen Vorschläge mit Argwohn betrachtet.

Infolge der Ernennung der ersten Landesregierung unter Ministerpräsident Rudolf Amelunxen im August 1946 durch die britische Militärregierung[38] kommt es auch innerhalb des Kultusministeriums zu personellen Veränderungen. Die Spitze der *Abteilung IV. Höhere Schulen*, wird mit der Ministerialdirigentin Frau Oberschulrätin Dr. Luise Bardenhewer[39] neu besetzt.[40]

Innerhalb dieser Position bewirkt Luise Bardenhewer eine Modifizierung der Pläne Schnippenkötters, indem sie – von sozialen Gesichtspunkten geleitet – die Schulreform auf den Bereich der Volksschule ausweitet, um das Gymnasium für begabte Volksschüler zu öffnen. Ferner erlaubt sie, auch im Hinblick auf die Schulreformen verschiedener anderer deutscher Länder, an mathematisch-naturwissenschaftlichen und neusprachlichen Gymnasien Englisch als erste Fremdsprache. Zusätzlich unterstützt Luise Bardenhewer eine "behutsame Reform der gymnasialen Oberstufe"[41], da sich nach ihrer Auffassung der starre Kanon von wöchentlich 36 Pflichtstunden für die schulische Entwicklung Nordrhein-Westfalens kontraproduktiv im Vergleich zu anderen Bundesländern auswirken würde.[42] Damit kann sie sich für ihre Schulreformpläne das Wohlwollen der britischen Militärregierung sichern, die sich gegen die Dominanz von Latein als erster Fremdsprache ausspricht und sozialen Reformen im Bildungswesen im Sinne einer inneren Schulreform sehr aufgeschlossen gegenübersteht. Hingegen zieht sich Frau Bardenhewer, obwohl sie weiterhin an dem Bildungsideal des christlichen Hu-

---

[37] Vgl. Ribhegge, Wilhelm: 'Preußen im Westen' – Großbritannien, die Gründung des Landes Nordrhein-Westfalen 1946 und die Wiedergeburt der Demokratie in Deutschland, in: Aus Politik und Zeitgeschichte, B 28/95, Bonn 1995, S. 35 ff.

[38] Vgl. Engelbrecht, Jörg: Landesgeschichte Nordrhein-Westfalen, Stuttgart 1994, S. 241.

[39] Luise Bardenhewer (*1886): Studium der Geschichte, Germanistik und Geographie in Bonn, München und Straßburg, 1914 Promotion in Bonn, Studienrätin, 1926 Schulleiterin in Trier, seit 1927 im Provinzialschulkollegium Koblenz. Nach der Machtergreifung der Nazis Entlassung aus dem Schuldienst. 1945 Rückkehr in die Düsseldorfer Schulverwaltung. Quelle: Heumann, Günter: a.a.O., S. 41 f.

[40] Vgl. Militärregierung an das Kultusministerium der Landesregierung Nordrhein-Westfalen, Düsseldorf 13. 11. 1946, HStAD NW 53-462, Bl. 320.

[41] Heumann, Günter: a.a.O., S. 45.

[42] Während Bardenhewer das Problem der ersten Fremdsprache löst, gibt es bis zum Beginn der 50er Jahre keine Reform der gymnasialen Oberstufe.

manismus festhält, die ganze Mißgunst der konservativen Wortführer zu, allen voran Konrad Adenauers. Adenauer versucht als Vorsitzender der CDU-Landtagsfraktion die Ernennung Bardenhewers als Ministerialdirigentin mit allen Mitteln rückgängig zu machen, bezichtigt sie "sozialdemokratischer Absichten" und unterstellt ihr "zentralistische Tendenzen"[43].

Dennoch handelt es sich bei den Veränderungen nur um geringe Modifikationen eines Konzeptes, die das dreigliedrige Schulsystem zementieren und zu einer Restauration bildungspolitischer Positionen aus der Weimarer Republik im christlich-humanistischen Geiste führen.

3. 2 Übergangsphase 1946-1947

3.2.1 Grundlagen und parteipolitische Vorstellungen

Der Restaurationsprozeß wird durch die Diskussion um die Konfessionalisierung des Volksschulwesens beschleunigt. Dabei greifen nun auch zunehmend die Parteien in den Prozeß ein. Durch die Zulassung von Parteien und die Durchführung von Wahlen wachsen die Parteien in politische Verantwortung hinein, während die Militärregierung im Gegenzug immer mehr Verwaltungsaufgaben an deutsche Behörden abgibt. Dieser Prozeß der Ablösung, der sich bildungspolitisch in einem gleitenden Übergang von restriktiven Maßnahmen einer Militärregierung hin zu Entscheidungen eines demokratisch legitimierten Landtages niederschlägt, läßt die Frage nach den bildungspolitischen Vorstellungen und Normen der Parteien aufkommen, die durch ihre beginnende parlamentarische Arbeit die Bildungspolitik aktiv gestalten und durch Regierungsbeteiligung sukzessiv die Aufsicht über das gesamte Schulwesen erlangen.[44] Meist handelt es sich dabei noch nicht um detaillierte bildungspolitische Programme, sondern um Grundeinstellungen, die sich infolge der parlamentarischen Arbeit gleichsam als Folie über die Bildungspolitik des Landes legen.

Christlich-Demokratische Union (Deutschlands)

Als politische Neugründung nach dem Zweiten Weltkrieg entwickelt sich die CDU sehr rasch zu einem politischen Sammelbecken verschiedener gesellschaftlicher Kräfte unterschiedlicher Konfessionen und Interessen. Das Fundament der politi-

---

[43] Vgl. Heumann, Günter: a.a.O., S. 40 + S. 42.
[44] Vgl. Grundgesetz für die Bundesrepublik Deutschland vom 23. Mai 1949 mit der Änderung vom 12. Mai 1969, Artikel 7 [Schulwesen] (1), in: Anweiler, Oskar u.a. (Hrsg.): Bildungspolitik in Deutschland 1945-1990 – Ein historisch-vergleichender Quellenband, Bonn 1992, S. 80.

schen Arbeit der Volkspartei bildet die "abendländisch-christliche Kultur", wobei kein Unterschied zwischen katholischen und evangelischen Christen gemacht wird, um eine Bündelung der nichtsozialistischen Kräfte zu erreichen und die parteipolitische Zersplitterung, ein Fehler der Weimarer Zeit, zu vermeiden. Aufgrund der Interessenpluralität und des heterogenen Meinungsbildes innerhalb der Partei ist die CDU anfangs nicht in der Lage, ein umfassendes schul- und bildungspolitsches Konzept zu entwickeln. Um die Integration der Mitglieder zu beschleunigen und dem politischen Entscheidungsdruck standzuhalten, werden bildungspolitische Themen auf einer ideologischen Ebene diskutiert, in deren Mittelpunkt das christliche Weltbild steht. Die CDU sieht in der christlichen Ordnung einen "überzeitlichen Wertkosmos"[45] und ist der Überzeugung, daß der Ausgangspunkt bzw. das Fundament für die Neuordnung menschlichen Zusammenlebens in "der verpflichtenden Besinnung des Menschen auf die göttliche Ordnung"[46] liege. Ohne diese gemeinsame Bindung an letzte Normen sei staatliche Gemeinschaft nicht möglich.[47]

Aus dieser Grundhaltung heraus erklärt sich die Dominanz des weltanschaulichen Prinzips der christlichen Erziehung, die soziale Fragen der Bildungspolitik in den Hintergrund drängt. Damit legt die CDU ihren bildungspolitischen Schwerpunkt auf eine innere Schulreform. Dabei hat die sittliche, d.h. in diesem Zusammenhang die christliche Erziehung, absoluten Vorrang vor der Steigerung des Wissens oder technischer Fertigkeiten. Darüber hinaus verwahrt sich die CDU gegen die nach ihrer Meinung weithin verbreiteten nihilistischen Tendenzen der Zeit und sieht in der Pflege der Traditionen, des Heimatgedankens, des Volkstümlichen, Bodenständigen und Einfachen, oder – wie Hoffmann resümiert – in der "Vorliebe für die gesunde Kultur"[48], wichtige Elemente künftiger Bildungspolitik, wobei in der Diktion meist völkisches Vokabular vorherrscht.

Ein weiterer Faktor ist die Gemeinschaftserziehung. Erziehung soll erreichen, daß der Mensch die rechte Mitte zwischen den Extremen des Individualismus einerseits und des Kollektivismus andererseits einnimmt. Dabei spielt die Familie und deren Struktur eine entscheidende Rolle, da die CDU in der Familie die Keimzelle der Gesellschaft und des Staates sieht. Aufgrund dessen attackiert die CDU immer wieder das staatliche Schulmonopol zugunsten des Elternrechtes, um die Macht des Staates in der Erziehung zugunsten der pluralen gesellschaftlichen

---

[45] Ebenda, S. 50.
[46] Gerstenmaier, Eugen: Freiheit – wozu? in: Bundesgeschäftsstelle der Christlich Demokratischen Union Deutschlands, Bonn (Hrsg.): Erziehung - Bildung - Ausbildung, Bonn 1961, S. 26.
[47] Christine Teusch, die spätere Kultusministerin von Nordrhein-Westfalen sah darin den "missionarischen" Auftrag der CDU.
[48] Hoffmann, Alfred: Die bildungspolitischen Vorstellungen der CDU und SPD – Eine pädagogische Analyse ihrer Entwicklung von 1945-1965, Diss. phil. Erlangen-Nürnberg 1968, S. 61.

Gruppen einzuschränken und somit den Konfessionsschulen Entfaltungsmöglichkeiten zu geben. Hierbei ist die CDU ein wichtiger Partner der katholischen Kirche, die in der Staatsschule die Gefahr der "herdenmäßigen Beeinflussung, wie es die Zeit des Nationalsozialismus allen dargetan hat"[49], sieht. "Der Staat", so die Auffassung der Kirche, "kann allgemein zur Schule verpflichten, er darf aber keine verpflichtende allgemeine Schule schaffen."[50]

Deutsche Zentrumspartei

Zentrales politisches Ziel des Zentrums ist es, "auf der Grundlage von Moral und Recht die Lehren des Christentums in Staat und Gesellschaft nach bestem Wissen und Gewissen zu verwirklichen"[51]. Das religiös-konservative Gesellschaftsverständnis wird nach dem Zweiten Weltkrieg dadurch verstärkt, daß man im Nationalsozialismus "das letzte und furchtbare Ereignis der Säkularisation"[52] sieht. Gegenüber der CDU grenzt sich das Zentrum dahingehend ab, daß es sich mehr der christlichen Sozialehre verbunden fühlt und klarere Wertmaßstäbe vertritt als es in der großen Sammelbewegung der CDU möglich ist. Das prägende Element des Katholizismus stellt in bildungspolitischen Fragen das klare Bekenntnis zur christlichen Sozialehre in den Vordergrund[53], vergleichbar mit der CDU, da man ebenfalls in der christlichen Erneuerung die Grundlage einer gesellschaftlichen Erneuerung sieht. Als logische Konsequenz folgt daraus ein massives Eintreten für "die Bekenntnisschule und die bekenntnismäßige Lehrerausbildung"[54] innerhalb Nordrhein-Westfalens. Ebenso ist für das Zentrum der Wille der Eltern allein "maßgebend für den Charakter der Schule, die ihre Kinder besuchen. Diesem Charakter muß der Lehrkörper entsprechen"[55]. Das Elternrecht wird dabei naturrechtlich begründet. Die programmatische Übereinstimmung mit der CDU in bildungspolitischen Fragen macht beide Parteien zu bildungspolitischen Verbündeten in Nord-

---

[49] Becher, Hubert: Bildungsbestrebungen der Gegenwart, Bonn 1947, S. 37.
[50] Ebenda, S. 34.
[51] Hamacher, Wilhelm: Zum Wiederaufbau des Zentrums, Troisdorf im Oktober 1945, HStAD RWN 48-10, Bl. 21.
[52] Ebenda, Bl. 15.
[53] Vgl. Deutsche Zentrumspartei: Kultur-, Wirtschafts- und Sozialprogramm von 1946, in: Flechtheim, Ossip K. (Hrsg.): Dokumente zur parteipolitischen Entwicklung in Deutschland seit 1945, Bd. 2/1, Berlin 1963, S. 245 f.
[54] Hamacher, Wilhelm (verantwortlich): Erklärung zum Charakter der Zentrumspartei, HStAD RWN 48-10, Bl. 10ᵛ.
[55] Deutsche Zentrumspartei: Kultur-, Wirtschafts- und Sozialprogramm von 1946, in: Flechtheim, Ossip K. (Hrsg.): a.a.O., S. 252.

rhein-Westfalen, wobei es in erster Linie um eine innere Reform des Schulwesens, eine Ausrichtung der Erziehung und Bildung an christlichen Werten geht.

Freie Demokratische Partei (Deutschlands)

Ähnlich wie die CDU ist auch die FDP durch eine starke Interessenpluralität der Mitglieder geprägt, die durch die starke Zersplitterung der Partei in Regionalparteien zu Beginn der Nachkriegszeit verstärkt wird. Trotz dieser heterogenen Interessenlage lassen sich ebenfalls verschiedene Grundkonstanten herausarbeiten, die zu den zentralen bildungspolitischen Forderungen der FDP gehören. An erster Stelle ist dabei die Beschneidung des Kircheneinflusses innerhalb der Bildungspolitik zu nennen, der in aller Schärfe abgelehnt wird.

"Die FDP bekämpft die demagogisch überspannte Auslegung des Elternrechts, mit der die Forderung nach der Bekenntnisschule begründet werden soll, zugleich aber die Forderung nach der weltlichen Schule mitbegründet wird. Die Bekenntnisschule ist abzulehnen, weil sie dem konfessionellen Hader Vorschub leistet und damit das Zusammenleben zwischen Heimatvertriebenen und einheimischer Bevölkerung erschwert."[56]

In diesem Zusammenhang wird auch das Elternrecht, das in der bildungspolitischen Diskussion immer wieder als Argument für die Konfessionalisierung des Schulwesens eingebracht wird, mit dem Argument entkräftet, daß die Erziehungsberechtigung nur ein temporärer Zustand ist und somit nicht dazu berechtigt, solch weitreichende bildungspolitische Entscheidungen zu treffen. Deshalb kann die Frage nach der Schulform "nur vom ganzen Volke gestellt und beantwortet werden"[57].

Die Frage nach der Rolle des Menschen in der Gemeinschaft ist eine Grundsatzfrage liberaler Politik. Deshalb spielt dieser Bereich auch innerhalb der Bildungspolitik eine große Rolle. Die FDP ist der Überzeugung, daß es "keine Freiheit ohne Bindung" gebe und somit jener Liberalismus abzulehnen sei, "der dem Individuum eine schrankenlose Selbstentfaltung gestattet"[58]. Absolute Freiheit gebe es nur innerhalb der Kunst, wobei diese auf einer geistigen Grundlage ruhe, die sich in der ganzen humanistischen Tradition des Abendlandes gründe und nicht nur im Christentum allein.

---

[56] Haferfeld, Hans: Erneuerung Deutschlands aus dem Geist der Freiheit – Manifest der Freien Demokratischen Partei, in: Gerhardt, Wolfgang: Die bildungspolitische Diskussion in der FDP von 1945-1951, Diss. phil. Marburg 1971, S. 375.
[57] Middelhauve, Friedrich: 40 Thesen zur christlichen Gemeinschaftsschule, in: ebenda, S. 269.
[58] Luchtenberg, Paul: Kulturprogramm der Freien Demokratischen Partei, in: ebenda, S. 293.

"Der 'Heimatboden des Abendlandes' liegt nach Auffassung von Heuss nicht nur in Galiläa, sondern auch auf der Akropolis und im Kapitol."[59] Somit kommt nach Meinung der FDP der Vermittlung der gesamten humanistischen Tradition bildungspolitisch große Bedeutung zu.

Sozialdemokratische Partei Deutschland

Die SPD greift nach dem Zweiten Weltkrieg mangels neuer Konzeptionen auf ihre klassischen bildungspolitischen Forderungen der Weimarer Republik zurück, wobei sich eine zunehmende Entfernung von marxistischen Positionen und eine entsprechende Anpassung an bürgerliche Forderungen in der Bildungspolitik abzeichnen. Traditionell nimmt die SPD eine ablehnende Haltung gegenüber einer Konfessionalisierung der Schulen und der Lehrerbildung ein und fordert die Einführung von Simultan- und Staatsschule, um einen Mißbrauch des Elternrechts zu verhindern.[60] Im Rahmen einer äußeren Schulreform denkt man an eine gründliche Neuorientierung des gesamten Schulaufbaus im Sinne einer organisch gegliederten Gesamtschule[61], um eine neue demokratische Erziehung zu ermöglichen. Das Konzept dieser Gesamtschule geht im Kern auf die bildungspolitischen Vorstellungen des *Bundes Entschiedener Schulreformer* in der Weimarer Zeit zurück, deren "elastische Einheitsschule" nach Meinung der SPD als einzige Schulform die "Prinzipien von Chancengleichheit, Erziehung zur sozialen Verantwortung und optimaler individueller Förderung gleichermaßen"[62] ermöglicht.[63] Ideologisch sieht

---

[59] Gerhardt, Wolfgang: a.a.O., S. 138.
[60] Vgl. Hoffmann, Alfred: a.a.O., S. 380.
[61] In diesem Schultyp sind die Kinder aller Schularten vereinigt. Nach dem Kindergarten schließt sich die Einheitsschule an, in der die Kinder teilweise nach Begabungen differenziert werden. Nach dem siebten Schuljahr erfolgt die endgültige Trennung, wobei Turnen, Singen bzw. Musik und Zeichnen, und vielleicht auch noch ein paar Kernfächer gemeinsam unterrichtet werden sollen. Danach folgt eine dreijährige Oberschule, die auf ein Hochschulstudium vorbereitet. Innerhalb der Einheitsschule werden die Schüler sogenannten "Bahnen" zugeteilt, die sich in Bahnen für Begabte, Normale und Schwachbegabte unterteilen. Wichtig dabei ist, daß die Schüler je nach Leistungsvermögen zwischen den Bahnen wechseln können.
[62] Neuner, Ingrid: Der Bund Entschiedener Schulreformer 1919-1933 – Programmatik und Realisation, in: Würzburger Arbeiten zur Erziehungswissenschaft, Bad Heilbrunn 1980, S. 58.
[63] Auf das ambivalente Verhältnis zwischen SPD und dem Bund Entschiedener Schulreformer gehen Eierdanz und Kremer in ihrem Aufsatz "Der Bund Entschiedener Schulreformer – Eine soziale Bewegung der Weimarer Republik?" näher ein.
Vgl. Eierdanz, Jürgen/Kremer, Armin: Der Bund Entschiedener Schulreformer – Eine soziale Bewegung der Weimarer Republik?, in: Bernhard, Armin/Eierdanz, Jürgen (Hrsg.): Der Bund der entschiedenen Schulreformer – Eine verdrängte Tradition demokratischer Pädagogik und Bildungspolitik, in: Sozialhistorische Untersuchungen zur Reformpädagogik und Erwachsenenbildung, Bd. 10, Frankfurt am Main 1990.

man in einer "völligen Umstrukturierung bürgerlicher Pädagogik und in der institutionellen Verankerung innovativer pädagogischer Prinzipien, die radikale Humanisierung der Lebensverhältnisse garantieren, den Weg aus der fundamentalen Krise des industriellen Zeitalters"[64]. Kernforderung ist dabei ebenfalls die Einführung einer sechsjährigen Grundschule, wie sie in den nördlichen Bundesländern der britischen Besatzungszone unter Federführung des sozialdemokratischen Kultusministers Grimme praktiziert wird. Daneben fordert die SPD Schulgeld- und Lehrmittelfreiheit und die Gewährung von Erziehungsbeihilfen, damit eine soziale Mobilität entsteht, die "eine neue, auf Begabung und Leistung beruhende Führungsschicht"[65] entstehen läßt. Zusätzlich tritt die SPD noch für eine Versuchsschule oder Laborschule ein, bei der im kleinen Rahmen neue pädagogische Konzepte erprobt werden können.

Kommunistische Partei Deutschlands

Die KPD sieht für die demokratische Erneuerung Deutschlands die Notwendigkeit einer umfassenden und grundlegenden Reform des Bildungssystems, in dessen Mittelpunkt die Einheitsschule steht. Ebenso gilt es, durch Schulgeldfreiheit das "Bildungsprivileg der besitzenden Schichten"[66] zu brechen.
"Wir fordern volle Lehr- und Lernmittelfreiheit. Arbeiter- und Bauernkinder sind bei der Aufnahme zu bevorzugen, ihnen ist vor allem ein ausreichendes Stipendium zu gewähren."[67]
Die strikte Trennung von Kirche und Staat ist eine Forderung der KPD, die damit die Möglichkeit zur Bildung von Konfessionsschulen ablehnt. Das Öffentliche Schulwesen wird als Aufgabe des Staates gesehen und entbindet hiernach die Eltern vom Gebrauch eines individuellen Elternrechts. Das Volk als ganzes entscheidet über die Form und Struktur des Schulwesens. Somit soll der drohenden Konfessionalisierung des Schulwesens Einhalt geboten und eine eventuelle Privilegierung bestimmter Schichten durch die Errichtung von Privatschulen verhindert werden. Ebenso tritt die KPD für die Simultanschule ein, die Jungen und Mädchen gleiche Erziehung und Bildung ermöglicht.
Die ablehnende Haltung der KPD und SPD in Fragen der Konfessionalisierung des Schulwesens, der Errichtung von Privatschulen und der Gewährung des Eltern-

---

[64] Bernhard, Armin: Erziehungsreform zwischen Opposition und Innovation – Der Bund Entschiedener Schulreformer. Zur kritischen Bewertung einer pädagogischen Tradition 1919-1933, in: Neue Sammlung, H. 4, 1993, S. 560.
[65] Hoffmann, Alfred: a.a.O., S. 393.
[66] Zit. nach Himmelstein, Klaus: a.a.O., S. 218.
[67] Zit. nach ebenda S. 219.

rechts, bzw. die Übereinstimmung dieser beiden Parteien in puncto Gliederung des Schulwesens und der Einführung von Schulgeld- und Lernmittelfreiheit machen beide Parteien zu bildungspolitischen Verbündeten und zugleich zu den entschiedenen Kontrahenten des christlich-humanistischen Lagers aus den bürgerlichen Parteien Zentrum und CDU.

3.2.2 Maßnahmen

Mit dem Beginn des Schulbetriebes stellt sich auch zugleich im Volksschulwesen die Frage nach dem weltanschaulichen Charakter der Unterrichtsanstalten. Die katholische Kirche und – als deren Vertreter – besonders der Kölner Erzbischof Kardinal Frings beginnen schon im Juni 1945, diese Frage öffentlich zu diskutieren. Aber auch die Schulbehörden drängen nach einer Entscheidung. In einem Brief fordert der Oberpräsident der Nord-Rheinprovinz die Militärregierung auf, im Interesse des "inneren Friedens in der Bevölkerung ... eine Entscheidung in der Frage der Einrichtung der öffentlichen Volksschulen in konfessioneller Hinsicht baldmöglichst zu treffen"[68]. Dabei plädiert er für eine Wiederherstellung des Volksschulwesens nach dem preußischen Elementarschulgesetz von 1906, was eine Konfessionalisierung der Volksschulen bedeuten würde.

Die britische Seite möchte sich jedoch nicht festlegen und vertritt die Auffassung, daß das deutsche Volk über diese Frage selbst entscheiden muß, "wenn es wieder in der Lage ist, seine Wünsche durch eine auf demokratischer Grundlage erwählte Regierung, die durch die alliierten Mächte anerkannt ist, zum Ausdruck zu bringen"[69].

Am 1. Februar 1946 veröffentlicht die britische Militärregierung die Erziehungsanordnung Nr. 1, die den Elternwillen bezüglich des konfessionellen Charakters der Volksschule feststellen soll. Mit dieser Entscheidung bricht der parteipolitische Wettstreit innerhalb der Bildungspolitik aus und gewinnt zunehmend an Schärfe, da diese Abstimmung die "schwerwiegendste und folgenreichste schulpolitische Entscheidung"[70] der frühen Nachkriegszeit darstellt, hingegen sich die Positionen der einzelnen Parteien unversöhnlich gegenüberstehen.

Die SPD spricht dieser Entscheidung ihre demokratische Grundlage ab, "da der echte Wille der Bevölkerung wegen der Beeinflussung durch die 'Kanzel-Propaganda' nicht festgestellt werden könne"[71]. Die CDU hingegen verweist darauf, daß sie das Ergebnis der Volksabstimmung akzeptieren wird. Das eindeutige

---

[68] Oberpräsident der Nord-Rheinprovinz an die Militärregierung der Nord-Rheinprovinz, Düsseldorf 10.1.1946, HStAD NW 53-381, Bl. 16 f.
[69] Britische Militärregierung: Appendix A zur Erziehungs-Kontroll-Verordnung Nr. 31, HStAD NW 53-381, Bl. 40.
[70] Himmelstein, Klaus: a.a.O., S. 76.
[71] Heumann, Günter: a.a.O., S. 54.

Votum der Bevölkerung, die mit 73 % für eine konfessionelle Bindung der Volksschule stimmt, bedeutet ein Anknüpfen an eine pädagogische Tradition der Weimarer Republik und zugleich ein entscheidendes Hindernis für eine grundlegende Volksschulreform auf Jahrzehnte hinaus. Das Urteil des späteren Leiters der Volksschulabteilung im nordrhein-westfälischen Kultusministerium, Bernhard Bergmanns, der infolge der Erziehungsanordnung Nr. 1 von einer "ersten Konsolidierung"[72] spricht, offenbart, daß für eine solche Reform zu diesem Zeitpunkt keine Möglichkeit besteht und ist ein Beleg für die restaurativen Kräfte innerhalb der obersten Kultusverwaltung. Aber auch die Kirchen, besonders die katholische Kirche, sehen sich durch den Entscheid der Eltern in der Frage der konfessionellen Bindung der Volksschule in ihrem bildungspolitischen Engagement bestärkt und haben zugleich, auch durch die Gewährung einer umfangreichen finanziellen Unterstützung ihrer Privatschulen seitens der Landesregierung, bedeutendes bildungspolitisches Terrain zurückgewonnen. Während es die Briten bei der Frage nach der weltanschaulichen Orientierung des Volksschulwesens zu einer heftigen Auseinandersetzung zwischen den verschiedenen gesellschaftlichen Kräften, allen voran den Parteien, kommen lassen, akzeptieren sie die konfessionelle Ausrichtung der Volksschullehrerausbildung nach dem Konzept von Joseph Antz ohne nennenswerte Diskussion.[73]

Mit der Übertragung der Kulturhoheit auf das Land Nordrhein-Westfalen am 1. Dezember 1946 ziehen sich die britischen Besatzer ganz aus ihrer aktiven Rolle innerhalb der Bildungspolitik zurück.

"Seit dem 1. 12. 1946 haben die britischen Education Officers nicht mehr den Charakter von Aufsichtsorganen über die deutsche Schulverwaltung oder über die von ihr angestellten Lehrer. Ihre Rolle ist vielmehr die von Ratgebern, und es ist ihre Aufgabe, beim Wiederaufbau des Erziehungs- und Unterrichtswesens unseres Landes zu helfen."[74]

3.3 Stabilisierung der Verhältnisse

Die ersten demokratischen Wahlen nach dem Kriege werden in Nordrhein-Westfalen am 20. April 1947 abgehalten und führen zur Bildung einer Großen Koalition aus CDU, SPD, KPD und Zentrum.[75] Der Grund für diese Koalition liegt in dem Bemühen, möglichst alle gesellschaftlichen Kräfte an der Lösung der enormen

---

[72] Bergmann, Bernhard: Geschichte des Kultusministeriums, HStAD RWN 46-27 II, Bl. 79.
[73] Vgl. Wyndorps, Heinz: Der Neuaufbau der Lehrerbildung in Nordrhein-Westfalen 1945-1954, in: Europäische Hochschulschriften, Reihe III, Geschichte und ihre Hilfswissenschaften, Bd. 204, Frankfurt am Main u.a. 1983, S. 58 f.
[74] Kultusministerin des Landes Nordrhein-Westfalen an Erziehungsoffizier Oberst Walker, Düsseldorf 5. 1. 1948, HStAD RWN 46-30, Bl. 91.
[75] Vgl. Engelbrecht, Jörg: a.a.O., S. 241.

wirtschaftlichen, sozialen, politischen und kulturellen Probleme der Nachkriegszeit zu beteiligen, um so den demokratischen Neuanfang innerhalb der Bevölkerung zu festigen. Da die genannten politischen Gruppierungen in bildungspolitischen Fragen divergierende Ansichten vertreten, führt diese politische Konstellation zu einer Phase, die mehr durch taktische Momente als durch inhaltliche Problemlösungen gekennzeichnet ist. Die Ernennung Christine Teuschs zur Kultusministerin im Kabinett Arnold am 18. 12. 1947[76], der ersten Frau in Regierungsverantwortung in Deutschland überhaupt, führt zu keiner wesentlichen Verbesserung der bildungspolitischen Situation. Zum einen ist Teusch in der eigenen Partei, besonders bei Konrad Adenauer, als Kultusministerin sehr umstritten, zum anderen muß sie, um politisch in diesem Amt zu überleben, erst einmal Zeit gewinnen, um bei dem breiten bildungspolitischen Meinungsbild der Koalitionspartner nach Kompromissen zu suchen und ihre Behördenmitarbeiter durch eine straffe Amtsführung auf ihre bildungspolitische Linie einzuschwören.

In Anlehnung an die Reichsschulkonferenz von 1920 ruft sie eine Landesschulkonferenz ein, die am 16. März 1948 in Düsseldorf eröffnet wird.

"Im Kulturausschuß des Landtages vertrat sie [Frau Teusch; d. Verf.] den Standpunkt, daß die Schulreform niemals behördlich dekretiert werden, sondern nur als Ergebnis einer echten Volksberatung unter Mitwirkung aller urteilsfähigen und pädagogischen Kreise zustande kommen dürfe."[77]

Der Abschlußbericht wird am 22. September 1949 der Öffentlichkeit vorgestellt, nachdem in drei Gutachterausschüssen 18 Monate lang beraten wurde. Die parlamentarische Bedeutung des Gutachtens ist gering, da es als Ganzes weder im Kulturausschuß noch im Parlament beraten wird. Hingegen bedeutet die Landesschulkonferenz für Christine Teusch zum einen Zeitgewinn, um ihre Person als Kultusministerin zu konsolidieren[78], zum anderen bieten ihr die unterschiedlichen Positionen im Gutachten die Möglichkeit, je nach Bedarf auf die eine oder andere Auffassung zu verweisen. Dies gibt ihr die Möglichkeit, das Gutachten für die eigenen bildungspolitischen Vorstellungen zu instrumentalisieren.[79]

Im Vergleich zu anderen Bundesländern kommt es in Nordrhein-Westfalen relativ spät zur Verabschiedung einer Landesverfassung. Dabei sind im Rahmen der parlamentarischen Beratungen ebenfalls Artikel mit großer bildungspolitischer Tragweite zu beraten. So werden das Elternrecht, die Regelung des Verhältnisses zwischen Privat- und Konfessionsschule, die Frage nach Lehr- und Lernmittelfreiheit sowie die Konfessionalisierung der Volksschule und der Volksschullehrer-

---

[76] Im Gespräch war ebenfalls Eduard Spranger.
[77] Vgl. Eich, Klaus-Peter: a.a.O., S. 88 ff.
ebenda, S. 135.
[78] Vgl. Heumann, Günter: a.a.O., S. 191.
[79] Vgl. Eich, Klaus-Peter: a.a.O., S. 139.

ausbildung diskutiert und in verschiedenen Verfassungsartikeln eingearbeitet. Innerhalb der beratenden Gremien, im Verfassungs- und Kulturausschuß sowie im Landtagsplenum kommt es dabei zu keiner Annäherung der Standpunkte zwischen der CSU und dem Zentrum auf der einen und der SPD, KPD und FDP auf der anderen Seite. Infolgedessen kommt es während der abschließenden Beratung zu einer Kampfabstimmung im Landtag. Am 6. Juni 1950 votieren die Abgeordneten der CDU und des Zentrums mit ihrer knappen Mehrheit für ihren Verfassungsvorschlag und kodifizieren somit die bildungspolitischen Verhältnisse, die seit 1946 in Nordrhein-Westfalen bestehen. Die Orientierung der Verfassung an einem christlichen Staatsbild bedeutet den Höhepunkt des seit 1945 eingeleiteten Prozesses einer "Rechristianisierung des Schulwesens"[80]. Nach Artikel 7 der Landesverfassung ist von nun an verbindliches Ziel jeder Erziehung in Nordrhein-Westfalen, die "Ehrfurcht vor Gott ... zu wecken"[81]. Mit 57% billigt die nordrhein-westfälische Bevölkerung durch einen Volksentscheid am 18. Juni 1950 die Landesverfassung. Mit diesem Votum ist die entscheidende Phase der christlich-humanistischen Grundlegung der Schulpolitik in Nordrhein-Westfalen abgeschlossen. Zugleich zeigt diese Entscheidung deutlich, daß die meisten Schulgesetze, die in den ersten Nachkriegsjahren verabschiedet werden, "mehr eine Fortsetzung deutscher Schultraditionen sind als den alliierten Plänen"[82] entsprechen.

Die nachfolgenden Beschlüsse und Erlasse stellen im Verhältnis dazu nur noch eine Politik der kleinen Schritte dar, die – meist bedingt durch Koalitionsräson – zur Modifizierung oder Konkretisierung der restaurativen Bildungspolitik führen.

Parallel zur Beratung der bildungspolitischen Artikel innerhalb der Landesverfassung setzt auch die Diskussion über die Reform der gymnasialen Oberstufe ein. "Die Reform von 1945 soll also nicht abgeschafft, sondern organisch weiterentwickelt werden, entsprechend den Erfahrungen, die sich in der schulischen Arbeit von über vier Jahren ergeben haben."[83]

Mit dem Erlaß vom 25. März 1950 gibt die Ministerin bereits die neue Stundentafel bekannt, die im wesentlichen in der gymnasialen Oberstufe zu einen Abbau der hohen Stundenzahlen, die teilweise bis zu vierzig Stunden pro Woche betrugen, führen und eine Differenzierung in Kern- und Wahlfächer vorsieht, bei der der Schüler je nach Neigung und Leistungsfähigkeit neben einer Anzahl von 28 Stunden in Kernfächern noch 6 Stunden aus verschiedenen Wahlfächern wählen kann. Mit dieser Entscheidung werden die Überreste lokaler Unterschiede inner-

---

[80] Heumann, Günter: a.a.O., S. 331.
[81] Himmelstein, Klaus: a.a.O., S. 242.
[82] Zymek, Bernd: Historische Voraussetzungen und strukturelle Gemeinsamkeiten der Schulentwicklung in Ost- und Westdeutschland nach dem zweiten Weltkrieg, in: ZfP, H. 6, 1992, S. 948.
[83] Teusch, Christine: Reform im höheren Schulwesen? Düsseldorf 2. 3. 1950, HStAD RWN 48-71, Bl. 101.

halb des höheren Schulwesens, die in der Anfangsphase existierten, beseitigt. Darüber hinaus paßt Nordrhein-Westfalen sein höheres Schulwesen mit der Reform der gymnasialen Oberstufe an die Gegebenheiten der umliegenden Bundesländer an. Schließlich darf das politische Signal an den Koalitionspartner SPD nicht unterschätzt werden, dem dadurch bildungspolitische Kompromißbereitschaft signalisiert wird. Vor allem die sozialdemokratischen Kultusminister anderer Bundesländer traten schon seit Ende des Krieges für eine Lockerung der Bedingungen innerhalb der gymnasialen Oberstufe ein.

Mit der Verabschiedung des Gesetzes zur Ordnung des Schulwesens im Jahr 1952 werden die noch offenen Fragen bezüglich des Schulbetriebes geregelt, auf die in der Verfassung nicht eingegangen wurde, z.B. die Frage nach dem Religionsunterricht oder der Finanzierung des Privatschulwesens, wobei es wiederum zu einer Allianz von CDU und Zentrum kommt, damit die CDU ihre christlich-humanistisch geprägten Vorstellungen durchsetzen kann. Mit der Verabschiedung dieses Gesetzes bricht abermals die Diskussion über die Klassenfrequenz im Volksschulwesen aus, die mit der 1953 eingebrachten Novelle des Volksschulfinanzgesetzes vorläufig abgeschlossen wird. Mit der Novelle wird eine Senkung der Klassenfrequenz auf 40 Schüler vorgeschrieben, nachdem bis dahin in vielen Schulen 60 bis 70 Kinder in einer Klasse unterrichtet worden waren.[84] Ebenfalls mehr finanzpolitisch als weltanschaulich bedingt gestaltet sich die Diskussion über die Abschaffung des Schulgeldes, die zwar bereits seit April 1946[85] geführt wird, aber immer aus finanzpolitischen Gründen vertagt werden mußte. Da die britische Education-act von 1944 eine Abschaffung des Schulgeldes vorsieht, drängt neben der SPD und der KPD vor allem auch die britische Militärregierung, bestärkt durch die Erfolge im eigenen Land, zur Einführung der Schulgeldfreiheit, "um die exklusive Stellung der deutschen höheren Schulen und Universitäten, die in der Vergangenheit allzu oft als Reservat der oberen und mittleren Schichten angesehen wurden, zu durchbrechen"[86]. Diese Forderung nach Schulgeld- und Lernmittelfreiheit wird durch die Direktive Nr. 54 des Alliierten Kontrolrates vom 25. Juni 1947 von allen Alliierten unterstützt.[87] Nach langer finanzpolitischer Diskussion kommt es 1956 zur Verabschiedung des Gesetzes zur Schulgeldfreiheit, das am 1. April 1956 in Kraft tritt.[88] Das Jahr 1956 leitet begünstigt durch den Regierungswechsel in

---

[84] Vgl. Eich, Klaus-Peter: a.a.O., S. 218.

[85] Vgl. Hauptquartier der britischen Militärregierung an den Ministerpräsidenten des Landes Nordrhein-Westfalen, Düsseldorf 18. 3. 1947, HStAD NW 53-463, Bl. 125.

[86] Ebenda.

[87] Vgl. Grundlegende Richtlinien für die Demokratisierung des Bildungswesens in Deutschland. Direktive Nr. 54 des Alliierten Kontrollrats vom 25. Juni 1947, in: Froese, Leonhard (Hrsg.): a.a.O., S. 102 f.

[88] Vgl. Gesetz über die Einführung und Durchführung der Schulgeldfreiheit im Land Nordrhein-Westfalen vom 31. 01. 1956, in: GV NW – Ausgabe A, 10. Jg., Düsseldorf 16. 2. 1956, S. 95 f.

Nordrhein-Westfalen, der erstmals in der Geschichte des Landes eine sozialdemokratisch geführte Landesregierung an die Macht bringt, eine Übergangsphase ein, die 1966 mit dem Wahlsieg der SPD als stärkster Partei und der Bildung einer sozial-liberalen Koalition abgeschlossen wird. Die Verabschiedung zweier großer Gesetze, des Schulverwaltungs- und des Schulfinanzgesetzes, die zu einer Entflechtung von staatlicher und kommunaler Aufsicht, der Übernahme aller Lehrpersonen in den Staatsdienst und zu einer finanziellen Entlastung der Kommunen im Bildungsbereich führen, stellt dabei einen wichtigen Schritt dar.

3. 4 Zusammenfassung

Während der nur wenige Wochen dauernden Besatzung des Rheinlandes durch die Amerikaner werden grundlegende konzeptionelle und personelle Entscheidungen mit weitreichender bildungspolitischer Bedeutung getroffen. Der Einfluß der katholischen Kirche und die zentrumsnahe Orientierung der obersten Verwaltungsspitze führt zum Wiederaufbau des Schulwesens auf der Basis eines christlichen Humanismus und zu einer Restauration preußischer Verhältnisse in der höheren Schule und im Volksschulwesen. Dabei ist der These von Heumann zuzustimmen, daß die Verwaltung keineswegs mit Hilfe der Schul-Elite der Weimarer Republik aufgebaut worden ist.[89] Hingegen läßt sich feststellen, daß sich die aus "der mittelinstanzlichen Verwaltungsebene oder aus der Gymnasiallehrerschaft"[90] rekrutierten Schulfachleute an den Ideen und Maßnahmen eben dieser Schul-Elite der Weimarer Zeit orientieren.[91]

Mit der Übernahme der Provinz Rheinland durch die britische Militärregierung wird dieser Zustand keineswegs verändert, wie aufgrund der bildungspolitischen Vorstellungen der britischen Regierung zu vermuten wäre. Es gelingt den Schulbeamten der Nordprovinz, ihre konservativen Vorstellungen auch im Landesteil Westfalen durchzusetzen. Zymek spricht dabei von 'offenem oder verdecktem Widerstand' gegenüber der "Umsetzung der alliierten Schulreformpläne – nicht gegen die inhaltliche Neuorientierung, aber gegen deren schulstrukturelle Vorstellun-

---

[89] Vgl. Heumann, Günter: a.a.O., S. 435.
[90] Ebenda.
[91] Grams stellt fest, daß die Alliierten beim Wiederaufbau der Schulverwaltung nur eine relativ kleine Gruppe aus dem aktiven deutschen Widerstand gegen das Hitler-Regime eingesetzt haben. Vergleicht man jedoch die bildungspolitischen Ideen des bürgerlich-konservativen Widerstandes um den Kreisauer Kreis mit der Entwicklung in Nordrhein-Westfalen, so zeigen sich deutliche Parallelen.
Vgl. Grams, Wolfram: Kontinuität und Diskontinuität der bildungspolitischen und pädagogischen Planungen aus Widerstand und Exil im Bildungswesen der BRD und DDR – Eine vergleichende Studie, in: Europäische Hochschulschriften, Reihe 11, Pädagogik, Bd. 456, Frankfurt am Main u.a. 1990, S. 92 ff. + S. 157 ff.

gen"[92] – bei den von den Besatzungsbehörden eingesetzten Beamten. Ein weiterer Grund für die restaurativen Tendenzen innerhalb der frühen Bildungspolitik liegt in der konzeptionellen Schwäche der Schulverwaltung im Landesteil Westfalen, da die britische Militärverwaltung zu Beginn ihrer Besatzungszeit den deutschen Behörden weniger Spielraum eingeräumt hat als die amerikanischen Besatzer.

Diese Entwicklung wird durch die wachsende Einflußnahme der politischen Parteien begleitet, bei der die konservativen Kräfte aus CDU und Zentrum, allen voran Konrad Adenauer und Christine Teusch, unterstützt durch den großen Einfluß der katholischen Kirche im Rheinland, eine führende Rolle spielen. Innerhalb dieser machtpolitischen Konstellation wird die Konfessionalisierung des Volksschulwesens sowohl im Bereich des Schulwesens als auch in der Lehrerausbildung durchgesetzt und den kirchlichen Privatschulen großzügige finanzielle Unterstützung gewährt. Als Schlußpunkt dieser Phase der christlich-humanistischen Grundlegung ist die Verabschiedung der Landesverfassung im Jahr 1950 zu bewerten, die das konfessionelle Volksschulwesen verfassungsrechtlich manifestiert. Innerhalb dieses konfessionell geprägten, konservativ ausgerichteten Schulsystems gilt es nun, die Rolle des Musikunterrichts näher zu beleuchten.

---

[92] Zymek, Bernd: a.a.O., S. 948.

4 Administrative Verordnungen im Fach Musik

4.1 Positionierung des Faches Musik im Rahmen des gesamten Schulwesens

Der Wiederaufbau des Schulwesens nach dem Zweiten Weltkrieg führt neben der Neuordnung der äußeren schulischen Bedingungen zu einer verstärkten Leistungsanforderung an die Schüler. Die Gründe hierfür sind vielseitig. Zum einen soll durch Leistungssteigerung das alte Renommee der höheren Schule wiederhergestellt werden, nachdem seine Leistungsfähigkeit im Dritten Reich reduziert wurde. "Mit Trommeln und Trompeteblasen[1] kommt man von jetzt ab auf einer höheren Schule ebensowenig weiter wie mit geschwätzigem Pathos, mag es nun im militaristischen Drill oder im Ton aufgeblasener junger, sogenannter Führer erfolgen."[2]

Weitere Gründe liegen in der notwendigen Beseitigung von Wissenslücken, die durch die Kriegsereignisse entstanden sind. So wurden mit Beginn des Krieges verstärkt vorzeitige Reifevermerke, Vorsemestervermerke und Reifebescheinigungen ausgestellt, die alle in ihrer Summe dem Zweck dienten, die Schulzeit zu verkürzen und möglichst schnell junge Soldaten für die Wehrmacht zu rekrutieren. Zunehmender Schulausfall aufgrund des Bombenkrieges in den letzten Kriegsjahren, Kinderlandverschickung, Vertreibung und Flucht, wachsende soziale und wirtschaftliche Probleme führten bei allen Schülern zu erheblichen Wissensdefiziten. Durch die Kriegswirren bedingt kommt hinzu, daß mehrere Geburtsjahrgänge in einer Klasse zusammengefaßt werden müssen, zusätzlich die Zahl der Schüler in einer Klasse durch die ständig wachsende Anzahl von Flüchtlingen erhöht wird und gleichzeitig die beruflichen Aussichten im zerstörten Nachkriegsdeutschland denkbar ungünstig sind. In der Summe führen diese Faktoren zu einer Erhöhung der Anforderungen innerhalb der Schule[3], die in wachsenden Wochenstundenzahlen und dem "Ruf der Öffentlichkeit und oft genug auch der Lehrerzimmer nach Leistungssteigerung"[4] konkretisiert werden. Auf der anderen Seite wird in dieser Entwicklung die Gefahr einer wachsenden Intellektualisierung des Schulwesens gesehen.

---

[1] Hierbei ist nicht der schulische Musikunterricht gemeint, sondern vielmehr die außerschulischen HJ-Aktivitäten, die für das schulische Fortkommen von Bedeutung waren.
[2] Schnippenkötter, Josef: Rede zu der Wiedereröffnung der höheren Schulen in der Nord-Rheinprovinz, Bonn 1945, S. 4.
[3] Vgl. Haase, Otto: Musisches Leben, in: Pädagogische Bücherei, Bd. 19, Hannover/Darmstadt ²1951, S. 52.
[4] Messerschmid, Felix: Musische Erziehung heute, in: PR, H. 4, 1949/50, S. 167.

In diesem Zusammenhang versteht sich der Musikunterricht aufgrund seines reformpädagogischen und neuhumanistischen Selbstverständnisses als eine "notwendige Ergänzung zu jenen zahlreichen Fächern, die vorwiegend geistig-intellektuell begründet sind"[5], eine Argumentation, die bis in die 60er Jahre ein wesentlicher Legitimationsaspekt des Musikunterrichts innerhalb des schulischen Fächerkanons bleibt. Eine erste Manifestation dieses Gedankens nach dem Zweiten Weltkrieg und infolgedessen ein Plädoyer für die Notwendigkeit des Musikunterrichtes im allgemeinbildenden Schulwesen des Landes Nordrhein-Westfalen stellt die *Entschließung von Radevormwald*[6] dar, die von Musiklehrern der höheren Schule während einer Singwoche verfaßt wurde.[7] Ausgehend von der Überzeugung, daß Schule die Aufgabe hat, zu einer umfassenden Persönlichkeitsbildung des ganzen Menschen beizutragen, d.h. den Schüler zu einer selbstbestimmten, individuellen Person zu erziehen, die sich an den tradierten Werten des christlich-humanistischen Abendlandes orientiert, weist man dem Musikunterricht die Aufgabe zu, Begabungen und Fähigkeiten, die die wissenschaftlichen Fächer nicht erschließen, die aber Bestandteil der gesamten Persönlichkeit sind, zu wecken und auszubilden.

"Die Übermacht der intellektuellen Fächer und ihrer Methodik läßt nicht Interessen wachsen, sondern verkümmern, schließt nicht Begabungen auf, sondern läßt sie brachliegen."[8]

Die seit Kestenberg herausgehobene Doppelfunktion des Musikunterrichts, zum einen Freude und Verständnis für Musik und zum anderen auch die im Menschen angelegten schöpferischen Kräfte zu wecken[9], wird auf die Vorstellung verkürzt, der Musikunterricht habe im wesentlichen zur Persönlichkeitsbildung beizutragen. In diesem Kontext hebt die *Entschließung von Radevormwald* besonders hervor, daß der Musikunterricht die "Kräfte des Gemüts, der Seele und des Willens" forme, einen Beitrag für den inneren Aufbau des Menschen leiste und damit gegen die

---

[5] Kraus, Egon u.a.: Entschließung, Radevormwald 31. 7. 1947, HstAD NW 60-348, Bl. 49. (Vgl. Dokument 1 im Anhang)

[6] Ebd., Bl. 49 f. (Vgl. Dokument 1 im Anhang)

[7] Gieseler sieht u.a. in dieser Singwoche den Versuch von Egon Kraus und Felix Oberborbeck, einen verbandsähnlichen Zusammenschluß zu initiieren, der später im VDS mündet. So gesehen kann die Erklärung von Radevormwald zugleich auch als die erste Stellungnahme des VDS angesehen werden.
Vgl. Gieseler, Walter: Gegen die Vergesslichkeit – Zur Geschichte und Vorgeschichte der Bundesfachgruppe Musikpädagogik, in: MPZ Quellen-Schriften, Bd. 20, Frankfurt am Main 1989, S. 3 f.

[8] Kraus, Egon: Der Musiklehrer als Erzieher, in: MiU, H. 2, 1951, S. 34. (= 1951b)

[9] Vgl. Nolte, Eckhard: Lehrpläne und Richtlinien für den schulischen Musikunterricht in Deutschland vom Beginn des 19. Jahrhunderts bis in die Gegenwart – eine Dokumentation, in: Musikpädagogik – Forschung und Lehre, Bd. 3, Mainz 1975, S. 22.

"zersetzenden Kräfte des Materialismus und des mißverstandenen Fortschritts"[10] wirke. Dadurch leiste der Musikunterricht einen wesentlichen Beitrag zur Erziehung von Persönlichkeiten, "die sich – fern aller politischen Demagogie – der wahren Gemeinschaft des Volkes und der Völker persönlich verantwortlich fühlen"[11]. Um die umfassenden Aufgaben des Musikunterrichts erfüllen zu können, so die Forderung der Unterzeichner, müsse Musik auf allen Klassenstufen mit einer "hinreichenden Anzahl verbindlicher Stunden" unterrichtet werden und dürfe nicht als Nebenfach oder technisches Fach angesehen werden.

Auf einer Tagung, die im Frühjahr 1949 unter dem Titel *Musische Erziehung* in Calw stattfindet[12], beurteilt Messerschmid die Aufgabe der Musikerziehung bzw. der gesamten musischen Erziehung vor dem Hintergrund einer sich immer weiter arbeitsteilig organisierenden Welt, in der eine hohe Leistungsfähigkeit und ein ebenso hoher Grad an Spezialisierung erwartet werde. Die daraus erwachsende Gefahr der Einseitigkeit solle durch den ganzheitlichen Ansatz der musischen Erziehung gebannt werden, ohne dabei die Notwendigkeit einer spezialisierten Berufsausbildung zu negieren. Ebenso warnt Messerschmid vor der ausschließlichen Berücksichtigung der Ratio einerseits und der Kräfte der Seele andererseits, da man aufgrund der Erfahrung des Nationalsozialismus, der fortwährend an das Irrationale appelliert habe, geheilt sei.[13] Vielmehr plädiert er für die Pflege der zweckfreien Tätigkeit, "die von der Frage nach einem wie immer gearteten Nutzen"[14], wie ihn die Berufswelt fordert, befreit sei. Diese zweckfreie, aber sinnerfüllte Tätigkeit setze Gestaltungs- und Phantasiekräfte frei[15] und wirke somit gegen die Einseitigkeit des beruflichen Alltags.[16]

---

[10] Kraus, Egon u.a.: Entschließung, Radevormwald 31. 7. 1947, HstAD NW 60-348, Bl. 49. (Vgl. Dokument 1 im Anhang)

[11] Ebenda.

[12] Es sei hier auf die inhaltliche Vielfalt der Referate hingewiesen, die den allgemeinen Bildungswert der musischen Erziehung herausstellen. Darüber hinaus gibt die Zusammensetzung der Referentenliste einen Einblick in den Umgang mit der NS-Vergangenheit im Bereich der musischen Erziehung. Carl Diem, der als Organisator der Olympischen Spiele 1936 und durch andere Aktivitäten stark zur Stabilisierung des NS-Staates beigetragen hat, hält ebenso ein Referat wie Inge Scholl, deren Geschwister als Widerstandskämpfer der Weißen Rose in München hingerichtet wurden.
Vgl. Württembergische Akademie für Erziehung und Unterricht Calw: Plan der Tagung 'Musische Erziehung', o.J., HStAD NW 60-344, Bl. 20.

[13] Vgl. Messerschmid, Felix: (1949/50) a.a.O., S. 167.

[14] Ebenda.

[15] Vgl. Berekoven, Hanns: Musikerziehung in der Grundschule aus neuer Sicht, in: Fischer, Hans (Hrsg.): Musikerziehung in der Grundschule, Berlin 1958, S. 14.

[16] Ziel der Tagung war es, "zu praktischen Vorschlägen für die Verwirklichung der gewonnenen Erkenntnisse" im Rahmen der schulischen Möglichkeiten, der Unterrichtspraxis und des Schullebens sowie der Erwachsenenbildung zu gelangen und somit noch auf die in anderen Bundesländern geplanten Schulreformen Einfluß zu nehmen.

Während Messerschmid die Notwendigkeit einer musischen Erziehung in Bezug zur Arbeitswelt setzt, richtet Maack auf der Fredeburger Tagung im Herbst 1949, die sich im wesentlichen auf die Lage der Musikerziehung in Schule, Jugendpflege und Erwachsenenbildung in Nordrhein-Westfalen konzentriert[17], den Blick auf einen weiteren Aspekt der musischen Erziehung. Nach seiner Meinung sollte die Schule sich weniger der Wissenschaft als vielmehr der Problemlösung der heranwachsenden jungen Menschen verschreiben, die aufgrund der erfahrenen Enttäuschung durch das Nazi-Deutschland den Glauben an die Vernunft des Menschen und die "Harmonie seiner Anlagen"[18] verloren hätten. Diese Sinnkrise und tiefe Zerrissenheit könne durch die Hinwendung zu den musischen Fächern überwunden werden, da diese aufgrund ihrer ethischen Absichten zu einer inneren Befriedung des Menschen führten.

"Die Befriedung des Inneren, ohne die es keine Befriedung der Welt gibt, ist das erste und letzte Ziel."[19]

Die Argumentation zeigt, daß die Aufgabe der musischen Erziehung, als notwendige Ergänzung zu der wachsenden Intellektualisierung der Schule zu wirken, vielseitig gesehen wird. Kraus konkretisiert diese Positionen im Hinblick auf den schulischen Alltag. Dabei stellt er das Stoffliche hinter die formenden Kräfte der Musik und reduziert die zentralen Inhalte des Musikunterrichts auf das gestaltende Tun.[20] Zusätzlich fordert er, daß fächerhafte Denken zwischen den Schulfächern sowie die Grenzen zwischen den Schultypen zu überwinden und tritt für eine einheitliche Musikausbildung ein, die "vom Kindergarten bis zur Hochschule im Sinne der heutigen Jugendmusikbewegung und im Geiste eines neuen Singens und Musizierens"[21] reicht.

4.2 Volksschule

Mit der Schließung der Schulen durch die britische Besatzungsarmee werden zugleich auch die existierenden Lehrpläne außer Kraft gesetzt. Damit soll die weitere Vermittlung von nationalsozialistischen und militaristischen Inhalten und Erzie-

---

[17] Vgl. Dr. Felix Messerschmid an Dr. Marie-Therese Schmücker, Calw 7. 2. 1949, HStAD NW 60-344, Bl. 19.

[18] Vgl. Kraus, Egon: Bericht über die Arbeitstagung der Musikerziehung in Fredeburg, Köln 1. 11. 1949, HStAD NW 60-344, Bl. 24.

[19] Maack, Rudolf: Vom Zusammenhang der musischen Fächer in der Schule, in: Koch, Otto (Hrsg.): Fredeburger Schriftenreihe – Musik in der deutschen Bildung, Ratingen 1950, S. 16.

[20] Ebenda, S. 24.

Vgl. Kraus, Egon: Vorwort, in: Koch, Otto (Hrsg.): Fredeburger Schriftenreihe – Musik in der deutschen Bildung, Ratingen 1950, S. 5. (= 1950c)

[21] Eberth, Friedrich: Bericht über die Arbeitswoche "Musik in der deutschen Bildung" in der Bildungsstätte Fredeburg des Kultusministeriums vom 11.-18. Oktober 1949, Detmold o.J., HStAD NW 60-344, Bl. 32.

hungsmethoden in den Schulen verhindert werden. Die Alliierten beauftragen die von ihnen eingesetzte Schulverwaltung, bis zur Wiedereröffnung der Schulen neue Lehrpläne zu erstellen. Das Verfahren der Lehrplanzulassung wird dabei durch zwei Anordnungen der britischen Militärregierung genau reglementiert.[22] Verantwortlich für die Lehrplankonzeption sind zu diesem Zeitpunkt die Schulabteilungen der einzelnen Regierungspräsidenten. Die herausgegebenen Verordnungen zeigen dabei eine starke Orientierung der Erziehungsarbeit am christlichen Glauben, der als letzte Grundlage der "abendländischen Sittlichkeit und Lebenshaltung"[23] angesehen wird. Die Autorität des Lehrers[24] wird durch die Verordnungen gestärkt und das Unterrichtsgeschehen methodisch auf restriktive Erziehungsgrundsätze reduziert. Eine zentrale Rolle spielt dabei das vielfache Wiederholen von Lehrstoffen und die Forderung, daß "wertvolle Stoffe aus allen Unterrichtsfächern .... dem Gedächtnis fest und unverlierbar einzuprägen"[25] sind.

Im Zuge der Bildung des Landes Nordrhein-Westfalen im Juli 1946 werden die Lehrplankompetenzen auf das neugebildete Kultusministerium übertragen. Als "pragmatische Rahmenlösung des Kultusministers"[26] kommt es 1946 offiziell zur Aufhebung der Richtlinien für das Volksschulwesen vom 15. 12. 1939 und zur gleichzeitigen Inkraftsetzung der *Richtlinien zur Aufstellung von Lehrplänen für die Grundschule vom 16. März 1921* und der *Richtlinien zur Aufstellung von Lehrplänen für die oberen Jahrgänge der Volksschule vom 15. Oktober 1922.*[27] Für den

---

[22] Vgl. Pakschies, Günter: Umerziehung in der Britischen Zone – Untersuchungen zur britischen Re-education-Politik 1945-1949 unter besonderer Berücksichtigung des allgemeinbildenden Schulwesens, Diss. phil. Göttingen 1977, in: Studien und Dokumentationen zur deutschen Bildungsgeschichte, Bd. 9, Sonderdruck, Frankfurt am Main 1978, S. 170 ff.

[23] Vgl. Oberpräsident der Nord-Rheinprovinz: Gedanken und Richtlinien für die Erziehungsarbeit der Schule, in: Mitteilungs- und Verordnungsblatt des Oberpräsidenten der Nord-Rheinprovinz, 1. Jg. Düsseldorf 1945, S. 34.

[24] "Die Persönlichkeit des Lehrers muß als eine neue, große Wirklichkeit neben der gewohnten Wirklichkeit von Vater und Mutter, von Straße und Umgebung vor dem Kinde stehen." Vgl. Oberpräsident der Nord Rheinprovinz: Gedanken und Richtlinien für die Erziehungsarbeit der Schule, in: Mitteilungs- und Verordnungsblatt des Oberpräsidenten der Nord Rheinprovinz, 1. Jg. Düsseldorf 1945, S. 34.

[25] Zwei Erlasse zur Neuordnung des Schulwesens in der Nord-Rheinprovinz, in: PR, H. 1/2, 1947, S. 69.

[26] Himmelstein, Klaus: Kreuz statt Führerbild – Zur Volksschulentwicklung in Nordrhein-Westfalen 1945-1950, in: Studien zur Bildungsreform, Bd. 13, Frankfurt am Main u.a. 1986, S. 68.

[27] Vgl. Kultusministerium an Land Education Department, Düsseldorf 10. 1. 1948, NW 19-66, Bl. 105 f.
Prof. Hanns Berekoven spricht in einem am 1. April 1949 gehaltenen Referat davon, daß die Richtlinien von 1927 gelten würden. Dieser Sachverhalt kann aufgrund der geschilderten juristischen Gegebenheiten nicht stimmen.
Vgl. Berekoven, Hanns: Kurze Inhaltsangabe des Referates "Neue Richtlinien für den Musikunterricht in den Volksschulen", o.J., HStAD NW 20-190, Bl. 83.

Fachbereich Musik bedeutet dies einen Rückschritt in die Tradition des schulischen Gesangsunterrichtes wilhelminischer Prägung, da die Richtlinien von 1921 und 1922 nur eine Bestätigung des Volksschullehrplanes von 1914 beinhalten.[28] Wird diese Entscheidung in Zusammenhang mit den restaurativen pädagogischen Ansätzen der methodischen Ausführungen zum Schulunterricht der oben erwähnten Verordnungen betrachtet, so scheint sich die Aufgabe des Musik- bzw. Gesangsunterrichts in der direkten Nachkriegszeit auf die Forderung des Lehrplanes von 1914 zu beschränken, einen "Schatz wertvoller geistlicher und weltlicher Lieder sicher einzuprägen und die Kinder zu gesanglicher Betätigung im späteren kirchlichen und bürgerlichen Leben vorzubereiten"[29]. Damit tritt der Musikunterricht inhaltlich noch hinter die Reformansätze Kestenbergs zurück, der die erzieherische Funktion des Musikunterrichts sehr viel stärker betonte als es die Lehrpläne von 1914 forderten. Die durch Kestenberg erfolgte Aufwertung des Musikunterrichts, nicht zuletzt durch die Umbenennung von Gesangsunterricht in Musikunterricht nach außen sichtbar gemacht, wird durch diesen Erlaß des Kultusministers von 1946 zunichte gemacht. So ist es nicht verwunderlich, daß das Kultusministerium in seinem Schriftverkehr wieder auf den alten Terminus Gesang anstelle von Musik zurückgreift[30] und dies von einigen Kommunen bei der Erarbeitung der Anstaltslehrpläne sofort übernommen wird.[31]

Im Mai 1948 tritt der Leiter der Gruppe Volks- und Mittelschulen, Ministerialrat Bernhard Bergmann an einige Musikfachberater heran, um mit ihnen "die Herausgabe neuer amtlicher Richtlinien für den Musikunterricht in ... Volks- und Mittelschulen"[32] zu besprechen. Bei der Besprechung[33] wird von Seiten des Kultusmi-

---

[28] Vgl. Nolte, Eckhard: (1975) a.a.O., S. 19.

[29] Lehrplan für den Gesangsunterricht in den Volksschulen vom 16. Januar 1914, in: Ebenda, S. 101.

[30] Vgl. KM NW an Land Education Department, Düsseldorf 10. 1. 1948, NW 19-66, Bl. 105 f. (Vgl. Dokument 2 im Anhang)

[31] Vgl. Himmelstein. Klaus: a.a.O., S. 67.

[32] Vgl. Ministerialrat Bernhard Bergmann an Regierungsrätin Dr. Schmücker, Düsseldorf 8. 5. 1948, HStAD NW 20-190, Bl. 21.

[33] Die Sitzung findet nach mehrmaliger Terminverschiebung am 1. April 1949 in Düsseldorf statt. Die Anwesenheitsliste führt folgende Teilnehmer auf:
Musikdirektor Carl Holtschneider, Dortmund; Dozent Herbert Wilhelmi, Päd. Akademie Wuppertal; Dozent Rudolf Hagelstange, Päd. Akademie Aachen; Dozent Dr. Hermann Lorenzen, Päd. Akademie Bielefeld; Schulrat May, Wanne-Eickel; Prof. Dr. Paul Mies, Musikhochschule Köln; Studienrat Egon Kraus, Köln; von Kaven, Regierungspräsidium Detmold; Studienrat Dr. Ernst Klusen, Viersen; Akademiedirektor Prof. Berekoven, Päd. Akademie Oberhausen; Lehrer Johannes Hans Oster, Berg. Gladbach; Singschulleiter Leo Niehsen, Aachen; Oberschullehrer Josef Domann, Recklinghausen; Markus Konder, Recklinghausen; Ernst Suter, Düsseldorf; Toni Heykamp, Düsseldorf; Mittelschullehrer Josef Kemper, Hamm Westf.; Dozent Hans Kromp, Päd. Akademie Essen; Dozent Mahr, Musikakademie Detmold; Prof. Dietrich Sto-

nisteriums eingeräumt, "dass es bisher noch nicht gelungen sei, der musischen Erziehung den Platz in der Schule zu sichern, auf den sie Anspruch hat."[34] Neben einer allgemeinen Aussprache über den Stand der Musikpädagogik in der Volksschule und die Aus- und Fortbildung der Volksschullehrer im Fach Musik spricht Prof. Hanns Berekoven über "Neue Richtlinien für den Musikunterricht in den Volksschulen"[35] und stellt Teile seines Richtlinienentwurfes zur Diskussion.

Berekovens Entwurf ist ganz aus dem Geiste der musischen Bewegung heraus gestaltet. Danach hilft Musikerziehung, "Gemüt, Charakter und Sitte [zu] veredeln"[36]. Zusätzlich würden sich die gemeinschaftsbildenden Kräfte des Musikunterrichts positiv auf das Innen- und Außenverhältnis von Schule und Elternhaus auswirken. Ausgehend von der anthropologischen Auffassung, daß Singen ein ursprüngliches Bedürfnis des Kindes sei, soll sich nach Berekoven der Musikunterricht an den entwicklungspsychologischen Bedingungen des Kindes orientieren.[37] Während zu Anfang der spielerische Umgang mit den Elementen der Musik im Mittelpunkt des Unterrichtsgeschehens stehen und "der Weckung und der Aktivierung der im Kinde vorhandenen ursprünglichen Kräfte"[38] dienen soll, wird dieser bei voranschreitendem Alter auch mit erlerntem Wissen, "dem sicheren Boden einer musikalischen Werklehre"[39] verbunden. Zentrum des Unterrichts bildet dabei das Lied[40], das auch die Grundlage aller musiktheoretischen Unterweisung ist.

"Singend werden alle Elemente der Musik und der Musiklehre gewonnen, ausgehend von der kleinen musikalischen Phrase, der erfundenen oder vorgeprägten Melodie oder dem Lied."[41]

Nach kurzer Diskussion wird für die weitere Erarbeitung neuer Richtlinien eine Kommission gebildet, der Prof. Dr. Hans Mersmann (Köln), Prof. Hanns Berekoven (Oberhausen), Dozent Herbert Wilhelmi (Wuppertal), Dozent Dr. Hermann

---

verock, Musikakademie Detmold; Karl Heinrich Hodes, Köln; Lehrer Adolf Lohmann, Goch; Prof. Esterhues, Päd. Akademie Köln; dazu acht Personen aus der Kultusverwaltung. Quelle: Anwesenheitsliste der Besprechung am 1. April 1949 betr. Fragen der Musikerziehung in der Volksschule, HStAD NW 20-190, Bl. 71f.

[34] Niederschrift über Besprechung betr. Fragen der Musikerziehung in der Volksschule am 1. 4. 1949, HStAD NW 20-190, Bl. 72.

[35] Vgl. ebenda, Bl. 72v.

[36] Berekoven, Hanns: Entwurf Richtlinien für den Musikunterricht an Volksschulen in Nordrhein-Westfalen, HStAD NW 60-348, Bl. 20.

[37] Hierbei orientiert er sich an den entwicklungspsychologischen Thesen Eduard Sprangers, die er in diesem Zusammenhang mehrfach zitiert.

[38] Berekoven, Hanns: Entwurf Richtlinien für den Musikunterricht an Volksschulen in Nordrhein-Westfalen, HStAD NW 60-348, Bl. 24.

[39] Ebenda, Bl. 22.

[40] Berekoven führt dabei eine Reihe von Liedtypen auf, die er für den Unterricht geeignet hält. Vgl. ebenda, Bl. 23 f.

[41] Ebenda, Bl. 27

Lorenzen (Bielefeld) und Lehrer Adolf Lohmann (Düsseldorf) angehören. Der rasche Abschluß der Arbeit wird durch den Wunsch des Kultusministeriums, die Richtlinien inhaltlich mit denen der Mittel- und höheren Schule abzustimmen[42], verzögert. Während die allgemeinen Richtlinien für die gesamte Volksschule erst im Frühjahr 1955 in Kraft treten, werden die Richtlinien für die Musikerziehung schon zum September 1951 verbindlich.[43] Dabei ist der Unterricht auf der Grundlage christlicher Bildungs- und Kulturwerte zu gestalten[44], innerhalb derer der musischen Erziehung "grundlegende Bedeutung .... für eine echte Menschenbildung"[45] zugesprochen wird.[46] Menschenbildung bedeutet hier zum einen die "volle Entfaltung der kindlichen Eigenart", also der individuellen Persönlichkeit, zum anderen auch die Einführung in "die übergreifenden religiösen und geistigen, sittlichen und sozialen, politischen und wirtschaftlichen Ordnungen"[47]. Darüber hinaus wird die musische Erziehung als Schutz gegen einen "rationalisierten und mechanisierten Lernbetrieb"[48] und als Maßnahme gegen das Grundübel der Zeit, die Vermassung und Verkopfung angesehen.[49] Der Terminus "Musische Erziehung" erhält somit eine umfassende Programmatik, die durch den Aspekt der Gemeinschaftserziehung, in diesem Zusammenhang immer in der Kopula "Familien- und Gemeinschaftserziehung"[50] zu verstehen, ergänzt wird. Das gemeinschaftliche Schulleben, gepflegt durch "Feste und Feiern, Musik, Laienspiel, Sport und Wanderungen, Aufenthalt in Jugendherbergen und Schullandheimen"[51], spielt dabei eine besondere Rolle. Da nach Auffassung des Kultusministeriums Schule und Elternhaus eine

---

[42] Abteilung II E 2 des Kultusministeriums an Abteilung II E 3, Düsseldorf im Dezember 1949, HStAD NW 20-190, Bl. 132.

[43] Richtlinien für die Musikerziehung in der Volksschule, RdErl. des Kultusministers vom 19. 7. 1951, in: Abl. KM NW, 3. Jg., Düsseldorf 1951, S. 91 ff.

[44] Vgl. Richtlinien für die Volksschulen des Landes Nordrhein-Westfalen, RdErl. des Kultusministers vom 8. 3. 1955, in: Abl. KM NW, 7. Jg., Düsseldorf 1955, S. 60.

[45] Richtlinien für die Musikerziehung in der Volksschule, RdErl. des Kultusministers vom 19. 7. 1951, in: Abl. KM NW, 3. Jg., Düsseldorf 1951, S. 91.

[46] Die starke Orientierung der Richtlinien am pädagogischen Leitbild der musischen Erziehung wird im allgemeinen sehr begrüßt.
Vgl. Heer, Josef: Zu den neuen Richtlinien für Musikerziehung an den Volksschulen in Nordrhein-Westfalen, in: PR, H. 3, 1951/52, S. 97.

[47] Richtlinien für die Volksschulen des Landes Nordrhein-Westfalen, in: Abl. KM NW, 7. Jg., Düsseldorf 1955, Beilage zu Nr. 4, S. 3.

[48] Ebenda, S. 18.

[49] Vgl. Niederschrift über die Besprechung betr. Fragen der Musikerziehung in der Volksschule am 1. 4. 1949, HStAD NW 20-190, Bl. 72.

[50] Ebenda.

[51] Richtlinien für die Volksschulen des Landes Nordrhein-Westfalen, in: Abl. KM NW, 7. Jg., Düsseldorf 1955, Beilage zu Nr. 4, S. 5.

Bildungsgemeinschaft darstellen[52], ist die Mitwirkung des Elternhauses immer mit eingeschlossen.

Im Zentrum der Richtlinien steht die seit Kestenberg formulierte Doppelaufgabe der Musikerziehung, die "Freude der Kinder am Singen und Musizieren"[53] zu pflegen und zu fördern sowie die schöpferischen Kräfte des Kindes zu wecken. Letztere Aufgabe formulieren die Richtlinien von 1951 im Gegensatz zu den Richtlinien von 1927 weniger pointiert. Hingegen stellt die Forderung, den Geschmack der Kinder zu bilden[54], ein Novum dar, das die ethischen Ziele der musischen Erziehung um einen ästhetischen Aspekt ergänzt. Grundsätzlich zeichnet die Richtlinien von 1951 das "Theorem von der Vorrangigkeit alles Praktischen vor dem Theoretischen"[55] aus, das Nolte bereits den Richtlinien aus der Weimarer Republik zuschreibt. Dabei steht im Zentrum der musikalischen Erziehung das Tun des Kindes, dessen Aktivität sowohl das Spiel, die Improvisation, als auch die Bewegung zur körperlichen Darstellung umfaßt. Den inhaltlichen Mittelpunkt bildet dabei "das alte und das neue Lied"[56]. Es gilt, der "Jugend einen reichen, mit Lust ersungenen Liederschatz zu vermitteln"[57] und der Stimmbildung besondere Aufmerksamkeit zu schenken.[58] Vor allem für die unteren Klassen der Volksschule gilt dabei, weniger die Fähigkeit des Singens nach Noten zu vermitteln als vielmehr den Umgang mit Tönen zu erlernen.

"Das Sichtbarmachen des Klingenden im üblichen Notenbild kann erst dann erfolgen, wenn das Klingende dem Kinde ein durchhörbarer Raum geworden ist."[59]

Die Geschichte des schulischen Musikunterrichts zeigt, daß mit der Auswahl der Lieder für den "ersungenen Liedschatz" immer zugleich bildungspolitische Ziele verfolgt werden und weltanschauliche Beeinflussung praktiziert wird. Während die Richtlinien von 1939 ausdrücklich das Singen von Liedern der nationalsozialistischen Bewegung, von Heimat-, Marsch-, Fahrten- und Soldatenliedern unter Auslassung des Kirchenliedes fordern und dieser Forderung mit der Einfüh-

---

[52] Vgl. Schule und Elternhaus als Erziehungsgemeinschaft. Richtlinien für Elternvertretungen an allgemeinbildenden Schulen, RdErl. des Kultusministers vom 9. 3. 1949, in: Abl. KM NW, 1. Jg., Düsseldorf 1949, S. 43 f.
[53] Richtlinien für die Musikerziehung in der Volksschule, RdErl. des Kultusministers vom 19. 7. 1951, in: Abl. KM NW, 3. Jg., Düsseldorf 1951, S. 91.
[54] Vgl. ebenda.
[55] Nolte, Eckhard: (1975) a.a.O., S. 23.
[56] Richtlinien für die Musikerziehung in der Volksschule, RdErl. des Kultusministers vom 19. 7. 1951, in: Abl. KM NW, 3. Jg., Düsseldorf 1951, S. 91.
[57] Ebenda.
[58] Vgl. ebenda.
[59] Berekoven, Hanns: (1958) a.a.O., S. 20.

rung von 50 verpflichtenden Kernliedern Nachdruck verleihen[60], kehrt mit den Richtlinien von 1951 das Kirchenlied in den Schulunterricht zurück, wobei die aufgeführten Liedbeispiele nicht verpflichtend, sondern als Orientierungshilfe gedacht sind. Ebenso ist unter den Beispielen eine stattliche Anzahl von Liedern der Jugendmusikbewegung. Auch wenn es im eigentlichen Sinne keine Kernlieder mehr gibt, so ist häufig von einem "Schatz von Liedern und Kanons" die Rede, der festes Eigentum der Klassen sein soll, "damit bei allen festlichen Anlässen in Familie, Schule, Jugend und Leben ein Lied erklingen kann, an dem alle Anteil haben"[61].

Das Instrumentalspiel im Unterricht wird im Vergleich zu den vorangegangenen Richtlinien nicht neu bewertet und die musiktheoretischen Anforderungen nehmen sich im Vergleich zu 1927 weniger differenziert aus. Musikgeschichtliche Betrachtungen erfolgen immer im Zusammenhang mit der musikalischen Erarbeitung von Werken, wobei die Richtlinien von 1927 und 1951 auf die Möglichkeit von Querverbindungen mit anderen Fächern hinweisen.[62]

Als Neuerung gegenüber allen älteren Richtlinien empfehlen die Richtlinien von 1951 den Aufbau eines schulischen "Musikwerkes", einer Jugendmusikgemeinde, die "die musikalische Arbeit über das Anliegen der Schule hinaus"[63] fortführen soll. Hierbei steht das gemeinsame Singen, meist in Form eines Offenen Singens, im Mittelpunkt der Arbeit. Dabei sollen die Schüler den Ansingchor bilden, während die Eltern und Musikfreunde auf diese Weise neue Lieder kennenlernen.[64] Ferner sollen befähigte Schüler in Geige, Blockflöte und Klavier im Gruppenunterricht ausgebildet werden.

Stundentafel

Die Grundlage für die Aufstellung der Stundentafel bilden die Richtlinien von 1921 und 1922. Obwohl der Schulunterricht nach Geschlechtern getrennt wird, ist die Stundenzahl für Jungen und Mädchen bis auf das dritte Schuljahr in allen Jahr-

---

[60] Vgl. Günther, Ulrich: Die Schulmusikerziehung von der Kestenberg-Reform bis zum Ende des Dritten Reiches, in: Forum Musikpädagogik, Bd. 5, Augsburg ²1992, S. 255.

[61] Oberborbeck, Felix: Musik in der Volksschule, in: MiU (Ausg. B), H. 2, 1959, S. 45.

[62] Vgl. Richtlinien für den Musikunterricht an Volksschulen – Ministerialerlaß vom 26. März 1927, in: Nolte, Eckhard: (1975) a.a.O., S. 150; Richtlinien für die Musikerziehung in der Volksschule, RdErl. des Kultusministers vom 19. 7. 1951, in: Abl. KM NW, 3. Jg., Düsseldorf 1951, S. 91.

[63] Vgl. Richtlinien für die Musikerziehung in der Volksschule, RdErl. des Kultusministers vom 19. 7. 1951, in: Abl. KM NW, 3. Jg., Düsseldorf 1951, S. 92.

[63] Ebenda.

[64] Vgl. Schoch, Rudolf: Musikerziehung in der Volksschule, in: MiU, H. 6, 1954, S. 173.

gangsstufen gleich. Innerhalb des ersten Schuljahres ist der Musikunterricht, die genaue Bezeichnung lautet "Gesang"[65], in den Gesamtunterricht eingebunden. Im zweiten Schuljahr ist eine Stunde Gesang vorgesehen, im dritten und vierten Schuljahr jeweils zwei Stunden für Jungen, während die Mädchen im dritten Schuljahr nur eine Stunde, im vierten jedoch zwei Stunden Gesang erhalten. Hingegen ist die Stundentafel ab Klasse fünf der Volksschule für beide Geschlechter mit jeweils zwei Stunden Gesang in allen Klassenstufen identisch.[66] Der Vergleich mit der Stundentafel im Dritten Reich zeigt, daß das quantitative Niveau des Musikunterrichts in der Volksschule beibehalten wird. Die Stundentafel von 1923 überließ es den einzelnen Schulen in Anpassung an die personellen und räumlichen Verhältnisse, in welcher Stärke der Musikunterricht erteilt wurde.[67] Somit stellt die Stundentafel der Nachkriegszeit im Gegensatz zur Stundentafel von 1923 eine Stabilisierung des Musikunterrichts innerhalb des Fächerkanons dar.

Im Jahr 1955 wird aufgrund der Einführung des Unterrichtsfaches Englisch als obligatorischem Lehrfach und der Erhöhung der Stundenzahl für den Geschichtsunterricht (einschließlich Gemeinschaftskunde) in den oberen Jahrgängen eine Modifikation der Stundentafel notwendig.[68] Dabei wird das jetzt als "Musik" bezeichnete Fach in der gesamten Grundschulzeit in den Gesamtunterricht eingegliedert. Hierbei wird auf die Angabe einer Richtgröße verzichtet, die über den prozentualen Anteil des Musikunterrichtes am Gesamtunterricht Auskunft gibt. Somit hängt der Musikunterricht in der Grundschule ganz von der individuellen Neigung des Lehrers ab, wodurch die erreichte Anzahl verbindlicher Musikstunden gefährdet ist. In den oberen Jahrgängen der Volksschule wird für beide Geschlechter an zwei Wochenstunden Musik festgehalten.

4.3 Hilfsschule

Das Ende des SS-Staates bedeutet für das Hilfsschulwesen einen Neuanfang, da die Aufgabe der Hilfsschule umfassend neu bewertet wird. In einem Staatswesen, in dem es galt, aufgrund der Rassenideologie alles Schwache, Kranke und Gehemmte auszumerzen, wurde die Hilfsschule zu einer "Entlastung der Volksschule"[69] degradiert, in die diejenigen Kinder geschickt wurden, die dem allgemeinen Bildungsgang der Volksschule nicht folgen konnten. Zusätzlich wurde die Hilfsschule mit dem Ministerialerlaß vom 27. April 1938 für die Rassenpolitik des

---

[65] Vgl. KM NW an Land Education Department, Düsseldorf 10. 1. 1948, HStAD NW 19-66, Bl. 105 f. (Vgl. Dokument 2 im Anhang)
[66] Vgl. Himmelstein, Klaus: a.a.O., S. 293.
[67] Vgl. Günther, Ulrich. (²1992) a.a.O., S. 130 f.
[68] Vgl. Richtlinien für die Volksschulen des Landes Nordrhein-Westfalen, RdErl. des Kultusministers vom 8. 3. 1955, in: Abl. KM NW, 7. Jg., Beilage zu Nr. 4, S. 20.
[69] Günther, Ulrich: (²1992) a.a.O., S. 131.

Staates instrumentalisiert, indem sie dem Staat durch Beobachtung der Kinder Daten für die Durchführung rassenpolitischer Maßnahmen bereitzustellen hatte.[70]
Der pädagogische Ansatz der sechsstufigen Hilfsschule in der Nachkriegszeit basiert auf der Vorstellung, daß die Kinder "in der Volksschule nicht die nötige und mögliche Förderung erfahren"[71] und deshalb in einer Sonderschulform erzogen werden müssen, die ihrer individuellen Wesensart entspricht. Um dies zu gewährleisten, dürfen nicht mehr als 25 Kinder in einer Klasse sein. Noch deutlicher formulieren die Richtlinien von 1962 das Eigenverständnis des Hilfsschulwesens.

"Das Hilfsschulkind kann in der Normalform der Volksschule nicht ausreichend gefördert werden. Gleichwohl ist es sicher bildungsfähig und, wenn es eine seiner Eigenart gemäße Schulausbildung erhält, in der Lage, seine Lebensaufgaben zu erfüllen."[72]

Aufgrund dieser Vorstellung hat die Hilfsschule nicht den Charakter einer Restschule für Kinder, die durch das Selektionsnetz der Schulformen durchgefallen sind, sondern vielmehr den Charakter einer Schule mit individuellen heilpädagogischen Ansätzen, um den Schülern die Möglichkeit zu geben, ihrer gesetzlichen Schulpflicht nachzukommen. Somit unterscheidet sich das Hilfsschulwesen mehr in der Verwendung heilpädagogischer Erziehungs- und Unterrichtsmethoden vom Volksschulwesen als in der Verkürzung der Lerninhalte. Aufgrund dessen wird 1949 explizit darauf hingewiesen, daß für die Hilfsschule "grundsätzlich und sinngemäß alle für die Volksschule im allgemeinen maßgeblichen Bestimmungen"[73] gelten und damit auf einen speziellen Hilfsschullehrplan verzichtet werden kann. Die Lerninhalte des Faches Musik orientieren sich an den Volksschulrichtlinien, wobei der Primat des Tuns sicherlich den heilpädagogischen Anforderungen entgegenkommt. Dabei steht im Zentrum das gemeinschaftliche Singen von Liedern, dessen gemütsbildende und gemeinschaftsbildende Funktion therapeutisch eingesetzt werden soll. Auch die Richtlinien von 1962 beziehen sich auf die Bildungsarbeit der allgemeinen Volksschule und definieren die Hilfsschule als Sonderform des Volksschulwesens.[74] Gegenüber den vorangegangenen Richtlinien zeichnen sich diese neuen Richtlinien durch eine Stärkung des heilpädagogischen Aspektes aus. Musikerziehung ist dabei ein Teil des Bereiches *Musische Erziehung*, dem ebenfalls die Fächer Darstellendes Spiel, Rhythmische Erziehung, Leibeserzie-

---

[70] Vgl. Richtlinien für die Hilfsschulen des Landes Nordrhein-Westfalen, RdErl. des Kultusministers vom 31. 3. 1949, in: Abl. KM NW, 1. Jg., Düsseldorf 1949, S. 59.
[71] Ebenda.
[72] Richtlinien für die Hilfsschulen im Lande Nordrhein-Westfalen, RdErl. des Kultusministers vom 15. 3. 1962, in: Abl. KM NW, 14. Jg., Düsseldorf 1962, S. 72.
[73] Richtlinien für die Hilfsschulen des Landes Nordrhein-Westfalen, RdErl. des Kultusministers vom 31. 3. 1949, in: Abl. KM NW, 1. Jg., Düsseldorf 1949, S. 59.
[74] Vgl. Richtlinien für die Hilfsschulen im Lande Nordrhein-Westfalen, RdErl. des Kultusministers vom 15. 3. 1962, in: Abl. KM NW, 14. Jg., Düsseldorf 1962, S. 72.

hung, Schreiben und Bildnerisches Gestalten angehören. Aufgrund "seiner lösenden und heilenden Wirkung muß dem Musischen ein breiter Raum"[75] innerhalb des schulischen Alltags der Hilfsschule gewährt werden. Konkret wird wiederum inhaltlich auf die Richtlinien für die Musikerziehung in der Volksschule von 1951 verwiesen. Dabei wird aber in einigen Bereichen auf die speziellen Bedürfnisse der Hilfsschule Rücksicht genommen. Lied und Spiel bilden die zentrale Rolle im Musikunterricht. Es wird empfohlen, daß sich die Kinder eine kleinere "Zahl von Liedern (Kernliedern) und Kanons" fest aneignen, um häufiges Singen, auch außerhalb des Musikunterrichtes zu ermöglichen. Wenn es die Voraussetzungen in der Klasse ermöglichen, so die Richtlinien, kann "in der Oberstufe auch der zweistimmige Gesang gepflegt werden"[76]. Während die Rhythmische Erziehung, sei es durch rhythmische Körperbewegung oder mit Hilfe des Orff'schen Schulwerkes als Instrumentarium besonders aufgrund therapeutischer und heilpädagogischer Vorteile empfohlen wird, sind musiktheoretische Unterweisungen auf ein Mindestmaß zu beschränken.[77]

Stundentafel

Die Anlehnung der Hilfsschule an die Richtlinien für die Volksschule führt dazu, daß der Musikunterricht zunächst in nahezu allen Klassen zweistündig erteilt werden. Mit den Richtlinien von 1962 wird der Musikunterricht reduziert. Während in den ersten zwei Klassen Musik im Rahmen des Gesamtunterrichtes erteilt wird, wird in den verbleibenden vier Klassen nur noch jeweils eine Stunde Musik gegeben. Setzt man damit jedoch die Forderung der Richtlinien in Beziehung, daß möglichst täglich gesungen werden soll, da das Lied der seelischen Auflockerung des Kindes diene[78], so kann man davon ausgehen, daß auch in anderen Fächern gesungen wird.

4. 4 Realschule

Die sechsklassige Mittel- bzw. Realschule[79] erhält mit dem Zusammenbruch des Dritten Reiches ihre alte Position zwischen der Volksschule und der Höheren

---

[75] Ebenda, S. 73.
[76] Ebenda, S. 76.
[77] Vgl. ebenda.
[78] Vgl. ebenda.
[79] Mit der Wiederaufnahme des Schulbetriebes nach dem Zweiten Weltkrieg werden zunächst die Mittelschulen eröffnet. Bereits im Jahr 1947 wird in Köln eine Realschule versuchsweise eingerichtet, die sich im wesentlichen an der sechsstufigen, grundständigen Mittelschule orientiert. Die Umbenennung der Mittelschule in Realschule erfolgt im Jahr 1951.

Schule innerhalb des Bildungssystems zurück, nachdem ihre Existenz mit der Einführung der Hauptschule im Jahr 1940 zeitweise gefährdet schien. Jedoch hat die Vorstellung der NSDAP, die Hauptschule "als Ausleseschule und als Kernstück künftiger Volksbildung im Sinne der nationalsozialistischen Weltanschauung"[80] anzusehen, diesen Schultyp vor den Alliierten diskreditiert und zu seiner Schließung geführt. Zugleich werden die *Bestimmungen über Erziehung und Unterricht in der Mittelschule vom 15. Dezember 1939* außer Kraft gesetzt, in denen dem gemeinsamen Singen – "Ziel ist das mit allen Strophen auswendig gesungene Lied"[81] – eine herausragende Position einnahm. Alle anderen Aktivitäten, seien es musiktheoretische Unterweisungen, rhythmische Erziehung, Ansätze einer Werkbetrachtung oder improvisatorische Übungen, wurden damit an den Rand des unterrichtlichen Geschehens gedrängt. Mit dem Wiederbeginn des Schulunterrichts im mittleren Schulwesen im Herbst 1945 werden zugleich die Richtlinien von 1925 für den Musikunterricht verbindlich, die durch lokale Übergangslehrpläne ergänzt werden. Danach hat der Musikunterricht drei zentrale Aufgaben zu erfüllen. Er soll die musikalischen Kräfte der Schüler entwickeln, ihnen die Bedeutung der Musik innerhalb des kulturellen Lebens nahebringen und zu ihrer Persönlichkeitsbildung beitragen.[82] Dabei werden die Richtlinien von einer Dichotomie geprägt, nach der sich der Musikunterricht zum einen an den "im Kinde lebenden musikalischen Kräften" und zum anderen an den "Forderungen des musikalischen Kunstwerkes"[83] zu orientieren hat. Im Gegensatz zu den Richtlinien der Volksschule und der höheren Schule wird hier nicht das Singen, sondern der musikalische Werkunterricht hervorgehoben.[84] Explizit wird dabei ausgeführt, daß die Beschränkung auf das Singen innerhalb des unterrichtlichen Geschehens zu dürftig sei und zu "musikalischer Unterernährung"[85] führe. Nur der musikalische Werkunterricht[86], so die

---

Vgl. Umbenennung der Mittelschule, RdErl. des Kultusministers vom 21. 3. 1951, in: Abl. KM NW, 3. Jg., Düsseldorf 1951, S. 38.

[80] Günther, Ulrich. (²1992) a.a.O., S. 133.

[81] Bestimmungen über Erziehung und Unterricht in der Mittelschule vom 15. Dezember 1939, in: Nolte, Eckhard: (1975) a.a.O., S. 158.

[82] Vgl. Bestimmungen über den Religions- und den Musikunterricht an Mittelschulen vom 1. Dezember 1925, in: Nolte, Eckhard: (1975) a.a.O., S. 133 f.

[83] Bestimmungen über den Religions- und den Musikunterricht an Mittelschulen vom 1. Dezember 1925, in: Nolte, Eckhard: (1975) a.a.O., S. 140.

[84] Vgl. Braun, Gerhard: Die Schulmusikerziehung in Preußen von den Falkschen Bestimmungen bis zur Kestenberg-Reform, Kassel/Basel 1957, S. 94.

[85] Bestimmungen über den Religions- und den Musikunterricht an Mittelschulen vom 1. Dezember 1925, in: Nolte, Eckhard: (1975) a.a.O., S. 140.

[86] "Der musikalische W e r k u n t e r r i c h t hat das Kräftespiel der musikalischen Anlagen, vor allem das unentbehrliche musikalische Vorstellungsvermögen zu entwickeln. Hier werden die metrischen, dynamischen, agogischen und harmonischen Vorgänge des Musikschaffens erlebt ..."

Richtlinien, leiste in Verbindung mit dem musikalischen Anschauungsunterricht[87] die erforderliche gegenseitige Durchdringung von "Kräften des Gefühls und des Intellekts"[88] und führe somit zu einer umfassenden Ausbildung der musikalischen Anlagen des Schülers.

Mit den im Dezember 1954 veröffentlichten *Richtlinien für die Bildungsarbeit der Realschule* wird die seit 1945 bestehende Interimszeit beendet.[89] Diese Richtlinien sind als Orientierungshilfe gedacht, auf deren Grundlage die einzelnen Schulen Anstaltspläne entwickeln sollen, in denen die landschaftlichen, wirtschaftlichen und sozialen Gegebenheiten der einzelnen Schulen und ihrer Umgebung Berücksichtigung finden sollen.[90] Die Richtlinien weisen in formaler Struktur, sprachlicher Gestaltung und Lerninhalten eine starke inhaltliche Nähe zu den Richtlinien der höheren Schule von 1952 auf. Im Zentrum der schulischen Erziehung steht eine religiös-sittlich geprägte ganzheitliche Bildung der Schüler, die durch die "Auseinandersetzung mit der wirtschaftlichen und sozialen Lebenswirklichkeit"[91] und den überlieferten Gütern der christlich-abendländischen Kultur[92] erzielt werden soll. Der Musikunterricht ist dabei besonders geeignet, den Schüler in seiner Ganzheitlichkeit anzusprechen und zu formen, um damit der später drohenden "Gefahr der Einengung und der verflachenden Gewöhnung durch ein auf möglichst glatten Ablauf der dienstlichen Verrichtung zielendes Streben"[93] entgegenzuwirken. Diese komplexe Aufgabe soll der Musikunterricht durch drei verschiedene Themenfelder

---

[87] Aus: Ebenda, S. 141. (Sperrung im Original).
Unter musikalischem Anschauungsunterricht wird der Vortrag eines meist kurzen musikalischen Werkes verstanden, das durch einige Bemerkungen eingeleitet wird. Danach haben die Schüler Gelegenheit, sich zu dem Werk zu äußern. Die Erkenntnis der Schüler, mit Worten nur sehr unvollkommen das Gehörte wiedergeben zu können, führt zur "Ehrfurcht des Schülers von der Kunst".
Vgl. ebenda, S. 141 f.

[88] Ebenda, S. 142.

[89] Josef Heer veröffentlichte 1954 einen umfangreichen Artikel über die Musikerziehung an mittleren Schulen im Handbuch für Musikerziehung (Hrsg. Hans Fischer). In den Passagen des Artikels, in denen es um Fragen der Richtlinien geht, treten häufig wörtliche Übernahmen aus den Musikrichtlinien vom Dezember 1954 auf. Aus dieser Übereinstimmung läßt sich ableiten, daß Heer an der Erarbeitung der Richtlinien von 1954 maßgeblich beteiligt war. Diese These wird dadurch gestützt, daß Heer als Institutsleiter in Detmold für die Realschullehrerausbildung im Fach Musik verantwortlich und aufgrund dieser Position für das Ministerium ein wichtiger Ansprechpartner war.

[90] Vgl. Richtlinien für die Bildungsarbeit der Realschule, RdErl. des Kultusministers vom 9. 12. 1954, in: Abl. KM NW, 7. Jg. Düsseldorf 1955, S. 6.

[91] Umbenennung der Mittelschule, RdErl. des Kultusministers vom 21. 3. 1951, in: Abl. KM NW, 3. Jg., Düsseldorf 1951, S. 38.

[92] Vgl. Richtlinien für die Bildungsarbeit der Realschulen, RdErl. des Kultusministers vom 9. 12. 1954, in: Abl. KM NW, 7. Jg., Düsseldorf 1955, Beilage zu Nr. 1, S. 1.

[93] Ebenda.

erfüllen, das Singen und Musizieren, die Einführung in die Elementarlehre und die Einführung in musikalische Kunstwerke und in die Musikgeschichte, wobei das Singen und Musizieren den Schwerpunkt der Arbeit bilden soll.[94]

"Getrost kann man für die Schule sagen: Ohne Singen und Musizieren keine Musiklehre. Ohne Musiklehre keine wirkliche Werkbetrachtung, kein echtes Verständnis von Werken der hohen Kunst."[95]

Singen soll das "alte und neue Lied, einstimmig, im Kanon und im mehrstimmigen Satz"[96] umfassen und durch Stimmbildung und Sprecherziehung ergänzt werden. Interessant ist dabei, daß innerhalb des als Orientierung gedachten Stoffplanes viele Komponisten vertreten sind, die neue Sing- und Spielmusik im Sinne der Jugendmusikbewegung geschrieben haben (Bartók, Bresgen, Distler, Hindemith, Jarnach, Knab, Maler, Marx, Pepping, Schroeder). Heer führt dazu aus, daß die Lehre und Pflege dieser auf erweiterter Tonalität basierenden Musik eine vordringliche pädagogische Aufgabe der Schule sei, während die Musik der Avantgarde nicht in die Schule gehöre.[97] Auch bei der musiktheoretischen Unterweisung soll das eigene Tun im Zentrum stehen. Zugleich soll diese direkten Bezug zum Singen und Musizieren innerhalb der Klasse haben. Die Kunstwerkeinführung soll auf einen systematischen Überblick über den gesamten zeitlichen Ablauf der Musikgeschichte verzichten, wie er früher gefordert wurde[98], und – entsprechend den Richtlinien der höheren Schule von 1952 – thematische Schwerpunkte setzen. Dabei ist von besonderem Interesse, daß der Gebrauchsmusik im Rahmen einer musikgeschichtlichen Erörterung erstmals Beachtung geschenkt werden soll.

"Der heutigen Gebrauchsmusik (Schlager, Jazz) sollte man wegen ihres Einflusses auf die Jugend erhöhte erzieherisch-kritische Aufmerksamkeit schenken."[99]

---

[94] Vgl. Berekoven, Hanns: Musikerziehung in der Mittelschule, in: MiU (Ausg. B), H. 10, 1957, S. 280.

[95] Heer, Josef: Musikerziehung an den mittleren Schulen, in: Fischer, Hans (Hrsg.): Handbuch der Musikerziehung, Berlin 1954, S. 235.

[96] Richtlinien für die Bildungsarbeit der Realschulen, RdErl. des Kultusministers vom 9. 12. 1954, in: Abl. KM NW, 7. Jg., Düsseldorf 1955, Beilage zu Nr. 1, S. 28.

[97] Vgl. Heer, Josef: (1954) a.a.O., S. 251.

[98] Vgl. Kraus, Egon: Wege der Erneuerung der Schulmusikerziehung seit 1900, Diss. phil. Innsbruck 1957, S. 13.

[99] Richtlinien für die Bildungsarbeit der Realschulen, RdErl. des Kultusministers vom 9. 12. 1954, in: Abl. KM NW, 7. Jg., Düsseldorf 1955, Beilage zu Nr. 1, S. 29.

Stundentafel

Die Stundentafel der sechsklassigen Mittel- bzw. Realschule ist für die Jungen- und Mädchenschule unterschiedlich. Durch die Wiedereinführung der Richtlinien von 1925 werden die geringfügigen Veränderungen der Stundentafeln von 1939[100] rückgängig gemacht. Danach erhalten die Mädchen durchgehend zwei Wochenstunden Musik, während für die Jungen abweichend in den Klassen 8-10 jeweils nur eine Stunde Musik verpflichtend ist. Neben diesen Pflichtstunden besteht die Möglichkeit zur freiwilligen Teilnahme an Chorarbeit, instrumentalen Spielgruppen oder anderen musikalischen Arbeitsgemeinschaften.

Musikunterricht an Mittelschulen für Mädchen und Jungen

Klassenstufe	5	6	7	8	9	10
Mädchenschule (Anzahl der Wochenstunden)	2	2	2	2	2	2
Jungenschule (Anzahl der Wochenstunden)	2	2	2	1	1	1

Quelle: Kultusminister NRW an Land Education Department, Düsseldorf 10. 1. 1948, HStAD NW 19-66, Bl. 107 f.

Mit der Einführung der neuen Richtlinien im Dezember 1954 kommt es für die Jungen zwar nicht zu einer Reduzierung der Wochenstundenzahl insgesamt, wohl aber zu einer Verschiebung innerhalb der Jahrgangsstufen. Während in der 7. Jahrgangsstufe das Fach Musik um eine Stunde reduziert wird, wird es in der 10. Jahrgangsstufe von einer Wochenstunde auf zwei angehoben. Der Musikunterricht an den Mädchenschulen bleibt mit durchgehend zwei Stunden Musik unverändert. Der Unterschied resultiert aus der stärkeren Gewichtung der naturwissenschaftlichen Fächer (Mathematik, Physik, Chemie, Biologie, Gartenbau) und der handwerklichen Fächer (Werken, Zeichnen) in der Stundentafel der Jungenschulen. Zwar weisen die Stundentafeln der Mädchenschulen auch spezifische Fächer wie Nadelarbeit, Heimpflege, Haushalten, Kurz- und Maschinenschreiben auf, jedoch wird bei der Mädchenerziehung der musikalischen Unterweisung besondere

---

[100] In den Jungenschulen wurde die Wochenstundenzahl in der 8. Klasse um eine Stunde auf zwei Musikstunden angehoben, so daß in den Klassen 5-8 jeweils zwei Stunden Musikunterricht erteilt wurden und in den übrigen beiden Jahrgängen jeweils eine Stunde Musik verbindlich war. Hingegen wurde den Mädchenschulen, für die durchgehend zwei Stunden Musik vorgesehen waren, für die Oberklassen (9. und 10. Schuljahr) die Möglichkeit gegeben, eine oder zwei Stunden Musik zu erteilen.
Vgl. Günther, Ulrich: (²1992) a.a.O., S. 132.

Bedeutung zugemessen, da innerhalb der Richtlinien die Auffassung vertreten wird, daß "die singende Mutter ... die musikalischen Anlagen im Kinde"[101] wecke.

4.5 Aufbauschule

Direkt nach dem Krieg richten die Schulverwaltungen ihr Hauptaugenmerk zunächst auf den Aufbau und die Neuorganisation der grundständigen Schulformen.[102] So ist es nicht verwunderlich, daß es 1951 erst 20 Aufbauschulen in Nordrhein-Westfalen gibt. Die Aufbauschule soll "begabten Dorf- und Kleinstadtkindern eine höhere Schulbildung"[103] ermöglichen. Nach Abschluß der 7. Volksschulklasse wechseln die dafür geeigneten Schüler an die Aufbauschule, die mit sechs Jahrgangsstufen zur Hochschulreife führt.[104] Aufgrund der bescheidenen Rolle der Aufbauschule innerhalb des gesamten Bildungswesens wird 1945 kein Übergangslehrplan erlassen, vergleichbar mit dem der höheren Schule, sondern auf die Richtlinien von 1925 zurückgegriffen. Danach hat der Musikunterricht die im "Kinde sich regenden musischen Kräfte" zu entwickeln und somit zur Persönlichkeitsbildung beizutragen. Im Mittelpunkt des Unterrichts steht der Gesang, nicht zuletzt im Hinblick auf die gründliche Vorbereitung der Schüler auf die spätere aktive Teilnahme in Chören und anderen musikalischen Ensembles. Die musiktheoretischen Unterweisungen sind auf den Dur/Moll-tonalen Raum beschränkt, innerhalb der Kunstwerkbetrachtung herrscht eine starke Konzentration auf Liedkompositionen und die deutsche Musiktradition. Die Richtlinien für die höhere Schule von 1952 beenden diese Übergangszeit und bilden nun auch die Grundlage für den Musikunterricht an den Aufbauschulen.[105] Mit Beginn der 60er Jahre wird das Aufbauschulwesen ausgebaut und differenziert, indem neben den Aufbaugymnasien auch Aufbaurealschulen eingerichtet werden. Darüber hinaus wird auch Realschulabsolventen ermöglicht, durch Besuch einer speziellen Aufbaustufe die Hochschulreife zu erlangen. Dennoch bleibt das Aufbaugymnasium eine eigen-

---

[101] Richtlinien für die Bildungsarbeit der Realschulen, RdErl. des Kultusministers vom 9.12.1954, in: Abl. KM NW, 7. Jg., Düsseldorf 1955, Beilage zu Nr. 1, S. 28.

[102] Vgl. Oberpräsident der Nord-Rheinprovinz an die Leiter und Leiterinnen aller höheren Schulen und Patronate, Düsseldorf 12.9.1945, HStAD RWN 12-90, Bl. 14ᵛ.

[103] Aufbauschulen, RdErl. des Kultusministers vom 13.3.1951, in: Abl. KM NW, 3. Jg., Düsseldorf 1951, S. 32.

[104] Die durch die Kriegsereignisse lückenhaft gewordene Vorbildung der Schüler hat die Schulverwaltung im Rheinland dazu veranlaßt, 1945 die Dauer der Aufbauschule vorübergehend auf sieben Jahre zu erhöhen, während im westfälischen und lippischen Landesteil nur sechsjährige Aufbauschulen eingerichtet wurden. Mit dem Runderlaß von 1951 werden diese regionalen Unterschiede aufgehoben. Vgl. ebenda.

[105] Vgl. Kapitel 4.6.

ständige Schule im höheren Schulwesen[106] und hat sich an den Richtlinien der höheren Schule zu orientieren. Dabei sehen die neuen Richtlinien für den Musikunterricht von 1963 vor, den Stoff der Klassen 5 bis 8 des grundständigen Gymnasiums in den ersten beiden Klassen des Aufbaugymnasiums zu behandeln, da "die Schwierigkeiten des späteren Beginns ... durch die größere Arbeitswilligkeit und das höhere Lebensalter der Schüler ausgeglichen"[107] wird. In der Oberstufe sollen sich die Lerninhalte mit denen eines grundständigen Gymnasiums decken. Jedoch soll, „da erfahrungsgemäß viele Absolventen der Aufbaugymnasien den Beruf des Volksschullehrers erstreben", im Musikunterricht diesem Aspekt Rechnung getragen werden.[108] Ebenso orientiert sich der Musiklehrplan der dreijährigen Aufbaurealschule an den *Richtlinien für die Bildungsarbeit der Realschulen* vom Dezember 1954.

Stundentafel

In allen Aufbauschulformen haben Jungen und Mädchen durchgehend zwei Stunden Musikunterricht.

4. 6 Höhere Schule

4. 6. 1 Humanistisches, neusprachliches und naturwissenschaftliches Gymnasium

Der Wiederaufbau des höheren Schulwesens in Nordrhein-Westfalen wird durch die Reformbemühungen der Schulverwaltung innerhalb der Nordrhein Provinz geprägt. Dabei kommt es zur Wiedereinführung des grundständigen neunjährigen Gymnasiums, womit die Reduzierung der Schulzeit auf acht Jahre während des Dritten Reiches rückgängig gemacht wird.[109] Ebenfalls sollen "die meisten von der NS-Regierung vernichteten Gymnasien ... wiederhergestellt werden"[110]. Für Jun-

---

[106] Aufbaugymnasien und Aufbaustufen für Mittel- (Real-) schulabsolventen, RdErl. des Kultusministers vom 29. 8. 1962, in: Abl. KM NW, 14. Jg., Düsseldorf 1962, S. 206.

[107] Richtlinien für den Unterricht in Musik, in: Richtlinien für den Unterricht in der Höheren Schule – Teile s und t – Kunst und Musik, in: Die Schule in Nordrhein-Westfalen, H. 8., Ratingen 1964, S. 36.

[108] Vgl. ebenda.

[109] Reble weist darauf hin, daß einige Länder innerhalb der Westzone vorerst am achtjährigen Gymnasium festhalten.
Vgl. Reble, Albert: Geschichte der Pädagogik, Stuttgart ^{18}1995, S. 332.

[110] Oberpräsident der Nord-Rheinprovinz an die Leiter und Leiterinnen aller höheren Schulen und Patronate, Düsseldorf 12. 9. 1945, HStAD RWN 12-90, Bl. 14^v.

gen besteht dabei die Wahlmöglichkeit zwischen zwei Grundformen, dem humanistischen oder naturwissenschaftlichen Gymnasium. Beide Gymnasialtypen beginnen mit der Anfangssprache Latein, wobei sich der humanistische Typ von der achten Klasse an in einen altsprachlichen Zweig mit Griechisch und einen neusprachlichen Zweig mit Französisch teilt.[111] Im Gegensatz dazu ist die höhere Mädchenschule nicht so eindeutig auf die Hochschulreife ausgerichtet.[112] Die Mädchen beginnen mit Englisch als erster Fremdsprache und können ebenfalls zwischen zwei Schultypen wählen, wobei nur die sogenannte Studienanstalt[113] zur Hochschulreife führt. Wird das sechsjährige Lyzeum[114] besucht, so schließt sich nach Abschluß der zehnten Klasse die dreijährige Frauenoberschule[115] an. "Ihr Abschluß berechtigt nicht zum Universitätsstudium"[116], aber zur Aufnahme in die Pädagogische Akademie oder zur Ausbildung für das künstlerische Lehramt an höheren Schulen mit der Fachrichtung Kunsterziehung oder Musik, wenn als zweites Unterrichtsfach Nadelarbeit oder Leibesübungen gewählt wird.[117] Ebenso ist es möglich, nach dreijährigem Besuch des Lyzeums in die Studienanstalt zu wechseln und auf diese Weise zur Hochschulreife zu gelangen.[118]

Um das Unterrichtswesen möglichst rasch wieder in Gang zu bringen, werden im August 1945 Übergangsbestimmungen erlassen, die zwar als Übergangslehrpläne ausgewiesen werden, jedoch mehr den "Charakter allgemeiner Ratschläge für die Angleichung des Lernniveaus der Schüler"[119] haben. In speziellen Gruppenkursen soll den Schülern das fehlende Wissen, das aufgrund der Störungen und Unterbrechungen des Unterrichts innerhalb der letzten Kriegsjahre nicht vorhanden ist, vermittelt werden. Dabei ist eine "Einschränkung der gesamten Lehr- und Lerntätigkeit auf wenige, aber wichtige Fächer, ... gestattet"[120]. Die Musikstunden, insbesondere der Gesang, soll dieser Regelung nicht zum Opfer fallen, da sie "et-

---

[111] Vgl. ebenda, S. 14.

[112] Vgl. Schnippenkötter, Josef: a.a.O., S. 5.

[113] Alte Bezeichnung für eine grundständige Höhere Mädchenschule, die bis zur Abitur führt.

[114] Alte Bezeichnung für eine grundständige Höhere Mädchenschule, die meist nur bis Klasse 10 führt.

[115] Dreijährige Aufbauschule, die mit einem fachgebundenen Abitur abschließt.

[116] Oberpräsident der Nord-Rheinprovinz an die Leiter und Leiterinnen aller höheren Schulen und Patronate, Düsseldorf 12. 9. 1945, HStAD RWN 12-90, S. 14.

[117] Vgl. Frauenoberschule, RdErl. des Kultusministers vom 12. 12. 1953, in: Abl. KM Nordrhein-Westfalen, 6. Jg., Düsseldorf 1954, S. 10.

[118] KM NW an Land Education Department, Düsseldorf 10. 1. 1948, HStAD NW 19-66, Bl. 109. (Vgl. Dokument 2 im Anhang)

[119] Heumann, Günter: Die Entwicklung des allgemeinbildenden Schulwesens in Nordrhein-Westfalen (1945/46-1958) – Ein erziehungsgeschichtlicher Beitrag, in: Studien zur Pädagogik, Andragogik und Gerontagogik, Bd. 5, Frankfurt am Main u.a. 1986, S. 70.

[120] Oberpräsident der Nord-Rheinprovinz an die Leiter und Leiterinnen der höheren Schulen, Düsseldorf 27. 8. 1945, HStAD RWN 12-90, Bl. 13.

Administrative Verordnungen im Fach Musik 91

was Freude in die Herzen der Schüler bringen"[121]. Im Oktober 1945 wird ein Übergangslehrplan für das Fach Musik erlassen. Singen und Musizieren stehen dabei nach wie vor im Mittelpunkt des Unterrichts, denen sich "jede Erörterung theoretischer, ästhetischer und kulturgeschichtlicher Probleme"[122] unterzuordnen hat. Der geforderte Primat des Tuns, die Konzentration auf die musikpraktische Seite des Musikunterrichts wird durch die einstündige Chor- bzw. Orchesterpflicht ab der siebten Klasse unterstützt.[123]

"Jugend lebt im Tun und nicht im Betrachten."[124]

Getragen von der Vorstellung, daß die Jugend durch die NS-Propaganda verhetzt und irregeleitet worden sei, sollen die "ewigen Werte" deutscher Kultur, allen voran das Volkslied, gemäß dem vermeintlich neuhumanistischen Ideal[125], zu einer Veredelung des Charakters der Jugendlichen beitragen.[126] Der Lehrplan beschränkt sich in der Konzentration auf das deutsche Volkslied wie auch in der Kunstwerkbetrachtung nahezu ausschließlich auf die deutsche Musikkultur. Außer Werken von Berlioz werden nur Musikwerke deutscher Komponisten behandelt. Darüber hinaus wird, im Gegensatz zu den Richtlinien von 1938, die Kirchenmusik in Form von Kirchenliedern und größeren Sakralwerken wieder Bestandteil des Musikunterrichts.[127] Jedoch schimmert aus der verwendeten Formulierung "Bachs Schöpfungen, Ausdruck der Synthese germanischen Wesens mit dem Christentum"[128] der pangermanische Geist der soeben beendet geglaubten Epoche deutlich durch. Kraus kritisiert an diesem Lehrplan die Konzentration der Inhalte auf ein Musikideal des 19. Jahrhunderts und sieht in der Dominanz des Sololiedes und der Ballade die Gefahr eines Historismus.[129]

Die wachsende Konsolidierung des Schulbetriebes in den ersten Nachkriegsjahren zeigt immer deutlicher Mängel des Schulreformwerkes von 1945 auf. Beson-

---

[121] Ebenda.
[122] Übergangslehrpläne für die höheren Schulen in der Nord-Rheinprovinz, in: Kraus, Egon: (1957) a.a.O., S. 145. (Vgl. Dokument 3 im Anhang)
[123] Vgl. KM NW an Land Education Department, Düsseldorf 10. 1. 1948, HStAD NW 19-66, Bl. 110. (Vgl. Dokument 2 im Anhang)
[124] Übergangslehrpläne für die höheren Schulen in der Nord-Rheinprovinz, in: Kraus, Egon: (1957) a.a.O., S. 145. (Vgl. Dokument 3 im Anhang)
[125] Vgl. Sowa, Georg: Traum und Wirklichkeit der neuhumanistischen musikalischen Bildungskonzeption, in: Kraus, Egon (Hrsg.): Forschung in der Musikerziehung 1974, Mainz 1974, S. 106 ff.
[126] Übergangslehrpläne für die höheren Schulen in der Nord-Rheinprovinz, in: Kraus, Egon: (1957) a.a.O., S. 145. (Vgl. Dokument 3 im Anhang)
[127] Vgl. Günther, Ulrich: (²1992), a.a.O., S. 268 ff.
[128] Übergangslehrpläne für die höheren Schulen in der Nord-Rheinprovinz, in: Kraus, Egon: (1957) a.a.O., S. 147. (Vgl. Dokument 3 im Anhang)
[129] Vgl. Kraus, Egon: (1957) a.a.O., S. 9 f.

ders gravierend erscheint die Vielzahl an Unterrichtsfächern und Unterrichtsstunden, die zu einer so großen Beanspruchung der Schüler führt, daß innerhalb der Lehrer- und Elternschaft die Sorge über die "Gesundheit der ihnen anvertrauten Jugend"[130] wächst. Mit den zu Ostern 1950 eingeleiteten Veränderungen beendet Kultusministerin Teusch die seit "1946 latent gebliebene, jedoch nie coram publico geführten Kontroversen um eine innere Reform der höheren Schulen"[131]. In diesem Zusammenhang sei darauf hingewiesen, daß Teusch expressis verbis nicht von einer erneuten Schulreform, sondern von der Notwendigkeit einer dringenden Beseitigung von erkannten Mängeln spricht.[132] Neben einer Modifizierung der Fremdsprachenfolge in den neusprachlichen und mathematisch-naturwissenschaflichen Gymnasien stehen die folgenden beiden Punkte im Zentrum der Maßnahmen.[133] Zum einen soll die Wochenstundenzahl aller Klassenstufen vermindert werden, "um den Schülern bei der vielfältigen schulischen und außerschulischen Beanspruchung noch Zeit zu wirklicher Aneignung und geistiger Verarbeitung des erlernten Stoffes zu bieten"[134]. Zum anderen soll eine Auflockerung des Unterrichts in den Klassen 12 und 13 durch die Einführung von Kern- und Wahlfächern erreicht werden. Diese Maßnahme soll jedoch nicht zu einer Senkung des gymnasialen Oberstufenniveaus führen, sondern im Gegenteil eine Vertiefung des Unterrichts in den Fächern ermöglichen, "in denen die besondere Leistungsfähigkeit eines jeden einzelnen Schülers liegt"[135]. Geplant ist die "Herabsetzung der Stundenzahlen von 37 auf 33 bis 34" Stunden und eine "stärkere Betonung der musischen Erziehung (Kunst, Musik) und auch des Sportes"[136].

Während die Reduzierung der Wochenstundenzahlen in den einzelnen Jahrgangsstufen gelingt, wird eine generelle Stärkung der musischen Fächer nicht erreicht. Zwar kommt es im Rahmen der weiteren Differenzierung der gymnasialen Schultypen zur Einführung der Frauenoberschule mit musisch-werklicher Richtung, in der die Fächer Musik, Kunst und Werkarbeit mit insgesamt vier bis sieben

---

[130] Teusch, Christine: Reform im höheren Schulwesen?, Düsseldorf 2. 3. 1950, HStAD RWN 48-71, Bl. 101.

[131] Heumann, Günter: a.a.O., S. 302.

[132] Vgl. Teusch, Christine: Reform im höheren Schulwesen?, Düsseldorf 2. 3. 1950, HStAD RWN 48-71, Bl. 101.

[133] Vgl. Landtag Nordrhein-Westfalen – Erste Wahlperiode: Kurzprotokoll über die 44. Sitzung des KultA am 8. März 1950 in Düsseldorf, S. 3. (AdL)

[134] Teusch, Christine: Reform im höheren Schulwesen?, Düsseldorf 2. 3. 1950, HStAD RWN 48-71, Bl. 101.

[135] Ebenda, Bl. 101^v.

[136] Landtag Nordrhein-Westfalen – Erste Wahlperiode: Kurzprotokoll über die 44. Sitzung des KultA am 8. März 1950 in Düsseldorf, S. 3. (AdL)

Stunden deutlich an Gewicht gewinnen, hingegen werden in anderen Gymnasialformen Wochenstunden im Fach Musik gestrichen.[137]

All diese Entwicklungen drängen zu einer Neukonzeption der Richtlinien, um die offensichtlichen Mängel der Übergangsrichtlinien von 1945 zu beheben. Das Gutachten der Landesschulkonferenz von 1948/49 bildet die Grundlage für die Richtlinien und Lehrpläne für die Musikerziehung an höheren Schulen, die am 1. September 1952 in Kraft treten.[138] Im Zentrum steht die an christlichen Werten orientierte Erziehung eines ganzheitlichen Menschen.

"Diese Bildung umfaßt den ganzen Menschen: Verstand und Willen, Gemüt und Phantasie sowie Kräfte und Fähigkeiten des Leibes."[139]

Eine zentrale Forderung des Gutachtens liegt in der Aufgabe, "die im Menschen angelegte Wesensform durch die Entwicklung und Förderung seiner Kräfte und Begabungen zu verwirklichen"[140]. Der Musikunterricht soll diese Aufgabe erfüllen, indem er "auf den Wegen eines intuitiven Erlebens und Erkennens die musischen Kräfte im jungen Menschen zu wecken" versucht und so an der "Formung der Persönlichkeit wesentlichen Anteil"[141] nimmt. Dies gelingt nach Meinung der Richtlinienautoren vor allem durch Singen, Spielen und Improvisieren. Daneben soll der Musikunterricht ebenso die "geistige Auseinandersetzung mit dem Kunstwerk, welche sich um Einsicht in die Ordnungen, seine stilistische Eigenart und seine menschlichen Bezogenheiten bemüht"[142], fördern. Beide Bereiche, Singen und Betrachten, werden unter dem Schlagwort "aktives Tun und aktives Hören" subsumiert.[143] Kraus bewertet dies als Kompromiß zwischen der unterschiedlichen "Meinung über den Wert einer Erziehung durch Musik und zur Musik"[144]. Die Richtlinien wurden durch die Zusammenarbeit zwischen dem "Verband Deutscher Schulmusiker, Landesverband Nordrhein-Westfalen, der Leitung der Staatlichen Hochschule für Musik in Köln und dem Institut für Schulmusik an dieser Hoch-

---

[137] Vgl. Stundentafeln der höheren Schulen, RdErl. des Kultusministers vom 25. 3. 1950, in: Abl. KM NW, 2. Jg., Düsseldorf 1950, S. 75 ff.

[138] Vgl. Richtlinien für den Unterricht an Gymnasien, RdErl. des Kultusministers vom 1. 9. 1952, in: Amtsblatt des Kultusministeriums Land Nordrhein-Westfalen, 4. Jg., Düsseldorf 1952, S. 130.

[139] Ebenda.

[140] Ebenda.

[141] Richtlinien für Musik- und Kunsterziehung an Gymnasien im Lande Nordrhein-Westfalen (1952), Düsseldorf 1954, S. 5.

[142] Ebenda.

[143] Vgl. ebenda.
Es sei darauf hingewiesen, daß die Richtlinien für das höhere Schulwesen von 1938 bereits ebenfalls den Begriff "aktives Hören" verwenden.
Vgl. Günther, Ulrich: (²1992), a.a.O., S. 269.

[144] Kraus, Egon: Neue Richtlinien und Lehrpläne für die Musikerziehung in der Schule, in: MiU, H. 12, 43. Jg., Mainz 1952, S. 357.

schule"[145] entwickelt. Rüdiger geht sogar soweit, die verantwortlichen Personen explizit zu benennen; "für den Verband der Schulmusikerzieher: Egon Kraus, für die Staatliche Hochschule für Musik: Hans Mersmann und Paul Mies für das Institut für Schulmusik"[146]. Bereits 1950 werden im VDS "eingehend Vorschläge für die zukünftigen Richtlinien, Stundentafeln und Lehrpläne für die Musikerziehung an höheren Schulen beraten"[147] und anschließend an das Ministerium weitergeleitet. Kraus sieht in den Richtlinien das Ergebnis eines intensiven Gedankenaustausches, der "viel zur Klärung unserer gegenwärtigen Erziehungsaufgabe beitrug, Mißverständnisse und Rückstände aus dem Weg räumen half ..."[148]. Danach stellen diese Richtlinien nicht einen Minimalkonsens der Beteiligten dar, sondern bedeuten die Realisierung aktueller musikpädagogischer Standpunkte.

Inhaltlich überwinden die Richtlinien von 1952 die rückwärtsgewandte Musikauffassung der Übergangslehrpläne von 1945 und fordern explizit die Hinwendung zur Neuen Musik.

"Alle Musikerziehung muß zum Musikbilde unserer Zeit führen."[149]

Bereits 1949 fordert Kraus, es müsse in der musikalischen Jugenderziehung das Ziel vorherrschen, den "Anschluß an das Schaffen der Gegenwart zu finden"[150]. Dabei beschränkt sich dies in der Praxis meist auf die Pflege von neuer Sing- und Spielmusik aus dem Umfeld der Jugendmusikbewegung.[151] In diesem Sinne ist auch die Erweiterung der Dur- und Moll- Tonalität durch Kirchentonarten, Pentatonik und "andere tonale Ordnungen der neuen Musik"[152] im Bereich der musikalischen Handwerkslehre zu verstehen. Lediglich im Bereich der Kunstwerkbetrachtung stellen die Richtlinien von 1952 gegenüber 1945 im Hinblick auf didaktisch – methodische Anweisungen (z.B. Querverbindungen zu anderen kulturkundlichen Fächern) und Auswahl der Komponisten bzw. Werke einen Schritt nach vorne dar. In ihrer Fülle sind die Anweisungen jedoch weniger als Vorschrift,

---

[145] Richtlinien für Musik- und Kunsterziehung an Gymnasien im Lande Nordrhein-Westfalen (1952), Düsseldorf 1954, S. 3.

[146] Rüdiger, Karl: Zur Richtlinienentwicklung im Fach Musik am Gymnasium in Nordrhein-Westfalen, in: Noll, Günther (Hrsg.): Musikpädagogik im Rheinland – Beiträge zu ihrer Geschichte im 20. Jahrhundert, in: Beiträge zur rheinischen Musikgeschichte, Kassel 1996, S. 99.

[147] Verband Deutscher Schulmusiker – Landesverband NRW: Pressemitteilung 'Richtlinien für den Musikunterricht', in: MiU, H. 4, 1950, S. 125.

[148] Kraus, Egon: (1952) a.a.O., S. 357.

[149] Richtlinien für Musik- und Kunsterziehung an Gymnasien im Lande Nordrhein-Westfalen (1952), Düsseldorf 1954, S. 5.

[150] Kraus, Egon: Neue Musik in der Schule – Teil 2, in: MiU, H. 8, 40. Jg., Mainz 1949, S. 153.

[151] Vgl. Kapitel 5. 2. 6.

[152] Richtlinien für Musik- und Kunsterziehung an Gymnasien im Lande Nordrhein-Westfalen (1952), Düsseldorf 1954, S. 6.

sondern vielmehr als Anregung gedacht.[153] Auf der Grundlage dieser Richtlinien sollen die einzelnen Schulen einen eigenen Anstaltslehrplan entwickeln, der auf ihre jeweiligen Möglichkeiten und Bedürfnisse zugeschnitten ist.[154]

Obwohl mit Inkrafttreten der gymnasialen Richtlinien die bildungspolitische Übergangsphase beendet ist, hält die Diskussion über die Qualität der Ausbildung im Bereich des höheren Schulwesens in den 50er Jahren an. Besonders die Frage nach der Studierfähigkeit der Abiturienten wird immer wieder neu gestellt. Mit der sogenannten Saarbrücker Rahmenvereinbarung hoffen die Kultusminister aller westdeutschen Bundesländer das Problem zu lösen. Ziel der Saarbrücker Rahmenvereinbarung ist es, die Studierfähigkeit der Abiturienten "durch stärkere Erziehung zu selbständiger, vertiefter Arbeit in wissenschafts-propädeutischem Sinn"[155] zu steigern. Diese Aufgabe soll durch Reduzierung der Unterrichtsinhalte und -fächer, Änderung von Pflichtfächern in Wahlpflichtfächer und Umwandlung bisheriger Pflichtfächer in freiwillige Unterrichtsveranstaltungen erreicht werden.[156] Im Zuge dieser Veränderungen, die eigentlich für die Oberstufe der höheren Schule konzipiert waren, kommt es zu einer grundlegenden Veränderung des höheren Schulwesens in Nordrhein-Westfalen. So werden die bestehenden unterschiedlichen Sprachenfolgen bei Jungen- und Mädchengymnasien einander angeglichen, die naturwissenschaftlichen Fächer innerhalb des Fächerkanons gestärkt, die Stundentafeln innerhalb der Unter- und Mittelstufe modifiziert und zwischen den verschiedenen gymnasialen Typen angeglichen sowie die Wochenstundenzahl für die Oberstufe auf 30 Stunden herabgesetzt.[157] Für das Fach Musik bedeutet dies nicht nur eine Reduzierung der Stundenzahl in der Oberstufe, da die Schüler nun zwischen Kunst und Musik wählen können[158], sondern das ersatzlose Streichen des

---

[153] Kraus, Egon: Neue Richtlinien und Lehrpläne für die Musikerziehung in der Schule, in: MiU, H. 12, 1952, S. 357.

[154] 1956 und 1960 werden vom VDS Nordrhein-Westfalen und dem Kultusministerium zwei Richtlinientagungen durchgeführt, die den Austausch über die Möglichkeiten und Grenzen der Richtlinien von 1952 anregen sollen. Dabei führt vor allem die Tagung von 1960 zur Erarbeitung von ergänzenden Vorlagen der bestehenden Richtlinien und Entwürfen für neue Richtlinien.
Vgl. Stoffels, Hermann: Richtlinientagung für Musikerziehung in Nordrhein-Westfalen, in: MiU (Ausg. B), H. 11, 1960, S. 334 f.

[155] Die gymnasialpädagogische Konzeption der Saarbrücker Rahmenvereinbarung, in: Neugestaltung der Höheren Schule nach der Saarbrücker Rahmenvereinbarung, in: Die Schule in Nordrhein-Westfalen, H. 5, Ratingen 1963, S. 1.

[156] Vgl. Rahmenvereinbarung zur Ordnung des Unterrichts auf der Oberstufe der Gymnasien, in: Ebenda, S. 3.

[157] Vgl. Kultusminister des Landes Nordrhein-Westfalen: Bericht über die Gestaltung des Schulwesens im Lande Nordrhein-Westfalen – Landtagsdrucksache 696, 4. Wahlperiode, S. 50 f.

[158] Durchführung der Rahmenvereinbarung zur Ordnung des Unterrichts auf der Oberstufe der Gymnasien, hier: Neufassung der Stundentafeln der höheren Schulen im Lande Nordrhein-

Faches in der 9. Klasse führt auch in der Mittelstufe zu einer weiteren Stundenreduzierung. Mit dieser Regelung, die zu Ostern 1961 in Kraft tritt, verliert das Unterrichtsfach Musik den Charakter eines durchgehenden obligatorischen Faches innerhalb des Fächerkanons der höheren Schule, den es seit 1945 besessen hat.

"Gegenüber der kontinuierlichen Entwicklung der Musik- und Kunsterziehung seit 1900 müssen die die musischen Fächer betreffenden Bestimmungen der Saarbrücker Rahmenvereinbarung als großer Rückschritt bezeichnet werden."[159]

In diesem Zusammenhang wird darauf hingewiesen, daß den zukünftigen Abiturienten epochale Werke der abendländischen Kulturgeschichte durch den Wegfall des obligatorischen Musikunterrichts in den Klassen 12 und 13 nicht mehr vermittelt werden können. Da entsprechende Themen aufgrund des Entwicklungsstandes der Schüler nicht in der Mittelstufe unterrichtet werden können, "werden Marksteine und Kernfragen selbst der deutschen, geschweige denn außerdeutschen Musikkultur für unzählige künftige deutsche Akademiker *auf immer* mehr oder weniger 'böhmische Dörfer' sein"[160].

Infolge dieser Neuordnung des Unterrichts bedarf es einer Revision der Richtlinien, die zunächst durch zahlreiche Übergangsregelungen provisorisch eingeleitet wird und die mit den *Richtlinien für den Unterricht in der Höheren Schule*[161] von 1963, die zum Schuljahr 1963/64 in Kraft treten, seine endgültige Form erhalten. Diese Richtlinien werden in Richtlinienausschüssen erarbeitet, deren Mitglieder vom Kultusminister ernannt werden und unter Vorsitz eines Fachdezernenten tagen. Rüdiger weist darauf hin, daß "das Fach Musik keinen Fachdezernenten mit der Fakultas Musik hatte, sondern, wie Kunst und Religion oder auch Sport, fachfremd betreut wurde"[162].

In den Richtlinien wird die Aufgabe des Gymnasiums neu bewertet. Die Ausbildung wird weit mehr als früher als direkte Vorbereitung auf das Hochschulstudium betrachtet, als eine "wissenschaftliche Grundbildung", in der grundlegende

---

Westfalen, RdErl. des Kultusministers vom 6. 3. 1961, in: Abl. KM NW, 13. Jg., Düsseldorf 1961, S. 73.

[159] Kraus, Egon: Musik als integrierender Bestandteil grundlegender Menschenbildung – Gedanken zur Saarbrücker Rahmenvereinbarung der Kultusminister, in: MiU (Ausg. B), H. 1, 1961, S. 2.

[160] Vgl. Pfaff, Herbert: Saarbrücker Rahmenvereinbarung – 'Die Zukunft der Musik entscheidet sich in der Schule', in: MiU (Ausg. B), H. 12, 1960, S. 368 f. (Kursiv im Original)

[161] Richtlinien für den Unterricht in der Höheren Schule, RdErl. des Kultusministers vom 22. 3. 1963, in: Amtsblatt des Kultusministeriums Land Nordrhein-Westfalen, 15. Jg., Düsseldorf 1963, S. 53.

[162] Rüdiger, Karl: a.a.O., S. 99.

Inhalte und elementare Methoden der einzelnen Wissenschaften propädeutisch erschlossen werden sollen.[163]

Somit wird von der christlich-humanistisch intendierten Bildungsorientierung abgerückt und einer wissenschaftsorientierten gymnasialen Ausbildung der Boden bereitet. Diese Entwicklung zeigt sich auch im äußeren Aufbau der Richtlinien. Neben einer grundsätzlichen Vorbemerkung werden allgemeine didaktische und methodische Fragen ausführlich erörtert.

Die Richtlinien für das Fach Musik erfüllen den wissenschafts-propädeutischen Charakter der neuen gymnasialen Richtlinien nicht. Sie beharren auf der Doppelaufgabe des Musikunterrichtes, neben der Erziehung zur Freude an der Musik auch die Erschließung von schöpferischen, seelischen Kräften anzustreben. Der restaurative Charakter der Musikrichtlinien wird durch die teilweise wörtliche Übernahme wesentlicher Passagen aus den Richtlinien von 1952 noch bekräftigt.[164] Im Zentrum des Unterrichts steht nach wie vor das aktive Tun und das aktive Hören. Im Gegensatz zu 1952 werden die Richtlinien von 1963 klarer gegliedert. So soll in den Klassenstufen 5 bis 8 ein Grundlehrgang durchgeführt werden, der "die Schüler vornehmlich mit den Elementen der Musik vertraut"[165] machen soll. In einem sogenannten weiteren Lehrgang, der die Klassenstufen 10 und 11 umfaßt, "tritt das musikalische Kunstwerk in seiner vielfältigen Gestalt in den Vordergrund"[166] des Unterrichtsgeschehens. Der abschließende Oberstufenlehrgang in den Klassen 12 und 13, nicht mehr obligatorisch für alle Schüler, soll "Einsichten in größere und allgemeine geistige Zusammenhänge"[167] vermitteln. Aber auch der eigentliche Lehrplan zeichnet sich durch eine klare Gliederung in Unterrichtsziele, Unterrichtsgegenstände und methodische Empfehlungen aus.[168]

Stundentafel

Der Wiederbeginn des gymnasialen Schulbetriebes im Oktober 1945 führt sowohl im sprachlichen als auch im naturwissenschaftlichen Gymnasium für Jungen zu einer Stundentafel von "je 2 Stunden in der Unterstufe, 1 Stunde in Mittel- und Oberstufe, zuzüglich Chor, Orchester oder Spielschar"[169]. Während die Chor- bzw.

---

[163] Vgl. Grundsätzliche Vorbemerkungen zu den Richtlinien, in: Richtlinien für den Unterricht in der Höheren Schule – Teile s und t – Kunst und Musik, in: Die Schule in Nordrhein-Westfalen, H. 8., Ratingen 1964, S. I.

[164] Vgl. Richtlinien für den Unterricht in Musik, in: Ebenda, S. 23.

[165] Ebenda.

[166] Ebenda.

[167] Ebenda, S. 24.

[168] Vgl. ebenda, S. 24 ff.

[169] Kraus, Egon: Neue Musik in der Schule – Teil I, in: MiU, H. 7, 1949, S. 118. (= 1949a)

Orchesterteilnahme in den Jungengymnasien Pflicht ist, haben diese Musikgemeinschaften im neusprachlichen Mädchengymasium, zu dieser Zeit noch Studienanstalt genannt, fakultativen Charakter.

Musikunterricht an Jungengymnasien

Klassenstufe	5	6	7	8	9	10	11	12	13
Musikunterricht	2	2	2	1	1	1	1	1	1
Chor/Orchester	-	-	-	1	1	1	1	1	1

Quelle: Kultusminister NRW an Land Education Department, Düsseldorf 10. 1. 1948, HStAD NW 19-66, Bl. 110 ff.

Das Lyzeum und die Frauenoberschule bieten durchgehend zwei Wochenstunden Musik an. Im Vergleich zu den Stundentafeln von 1924/25 bedeuten diese Stundentafeln in allen Schultypen eine Steigerung der Wochenstundenanzahl im Fach Musik. Wird die Teilnahme am Chor bzw. Orchester nicht als Musikunterricht gerechnet, so besteht dennoch eine bis zu fünfzigprozentige Steigerung des Unterrichtsumfanges im Fach Musik.[170] Der Vergleich mit den Stundentafeln von 1938 erweist sich insofern als problematisch, als im Dritten Reich das Lyzeum für Mädchen abgeschafft und das Gymnasium auf acht Jahrgangsstufen reduziert wurde und so die verschiedenen Schultypen aufgrund ihrer unterschiedlichen Differenzierung nicht einfach zu vergleichen sind. Dennoch kann man feststellen, daß der im Dritten Reich erheblich gesteigerte Anteil des Faches Musik an den Stundentafeln mit durchgehend zwei Stunden[171] auch noch nach 1945 Bestand hat.

1950 kommt es zu einer ersten Revision der Stundentafel. Ziel ist die "Auflockerung des Unterrichts der Primen durch Aufteilung in etwa 18 Pflichtkernstunden und einige Stunden für Pflichtwahlfächer entsprechend der besonderen Anlage der Schüler"[172]. Im Zuge dieses Vorhabens kommt es auch zu einer Modifikation der Stundentafeln in der Unter- und Mittelstufe. Für das Fach Musik bedeutet dies eine allgemeine Reduzierung der bis dahin gültigen zwei Stunden Musikunterricht in allen Klassenstufen.

---

[170] Vergleichsgrundlage für alle Zahlenauswertungen: Anlage 7; Erziehung und Unterricht in der Höheren Schule – Musikunterricht an Höheren Schulen, Vergleich der Stundentafeln von 1924/25 (Preußen) und 1938 (Reich) in: Günther, Ulrich: (²1992) a.a.O., S. 273.

[171] Günther weist darauf hin, daß zwar in den Klassen 9 und 10 nur eine Stunde Musikunterricht erteilt wurde, die fehlende Stunde jedoch durch Sing- und Spielschararbeit ausgeglichen werden sollte.
Vgl. Günther, Ulrich: (²1992) a.a.O., S. 135.

[172] Landtag Nordrhein-Westfalen – Erste Wahlperiode: Kurzprotokoll über die 44. Sitzung des Kulturausschusses am 8. März 1950 in Düsseldorf, S. 3. (AdL)

Während der letzten beiden Jahrgangsstufen des Gymnasiums können die Schüler nun neben den obligatorischen Kernfächern (Religion, Deutsch, Geschichte, Erdkunde, Mathematik, Physik, Musik und Kunst) und den charakteristischen Kernfächern der einzelnen Gymnasialtypen (altsprachlich: Latein und Griechisch; neusprachlich: Englisch, Französisch und Latein; mathematisch-naturwissenschaftlich: Mathematik, Physik, Chemie, Biologie, Latein oder Englisch und Philosophie) ihre Stundentafel durch zwei Gruppen von Wahlfächern ergänzen. Der ersten Gruppe gehören die Fächer Deutsch, Latein, Englisch, Mathematik, Physik und Philosophie an. An altsprachlichen Gymnasien tritt das Fach Griechisch, an neusprachlichen Gymnasien das Fach Französisch und an mathematisch-naturwissenschaftlichen Gymnasien treten die Fächer Chemie und Biologie hinzu. Die zweite Gruppe umfaßt Religion, Geschichte, Gegenwartskunde, Erdkunde, Musik, Kunst, Sport und Werkunterricht. Jeder Schüler muß nun zusätzlich zu den Kernfächern aus der Gruppe I zwei Fächer wählen und kann sich, ganz nach seinem freien Ermessen, für ein drittes Wahlfach entscheiden, das entweder zu Gruppe I oder Gruppe II gehört. Die Wochenstundenzahl der frei gewählten Fächer soll aber sechs Stunden nicht unterschreiten.[173] "Somit wird eine Gesamtstundenzahl von 28:6, also 34 Stunden erzielt"[174] und das ministerielle Ziel von 18 Pflichtkernstunden und einigen zusätzlichen Wahlstunden bei weitem übertroffen.

Die Stellung des Faches Musik in der Gruppe der obligatorischen Kernfächer zeigt, daß die von Kestenberg initiierte Aufwertung des Faches, die erst im Dritten Reich, als "Musik in die Gruppe der deutschkundlichen Fächer aufrückte"[175], vollzogen war, nach wie vor Bestand hat. Die Behauptung, daß die Zahl der Musikstunden nach dem Aspekt der Nützlichkeit bestimmt würde, und aufgrund dessen der Musikunterricht an letzter Stelle innerhalb des Fächerkanons rangiere[176], ist damit widerlegt. Jedoch bedeuten die neuen Stundentafeln eine Reduzierung des Musikunterrichts für die meisten Schüler in der Oberstufe. Wird Musik zusätzlich als zweistündiges Wahlfach gewählt, so wird dieser Unterricht meist zur Vertiefung der Bereiche der elementaren Musiklehre und der Musikkunde als notwendige musikalische Vorbildung für das Studium an Pädagogischen Akademien oder an Musikhochschulen verwendet.[177] "Da die Gesamtwochenstundenzahl für alle Klassen herabgesetzt wurde, um mehr Raum für das Gemeinschaftsleben der Schule zu gewinnen", so folgert Kraus, "werden zweifellos die bisher üblichen

---

[173] Vgl. Stundentafeln der höheren Schulen, RdErl. des Kultusministers vom 25. 3. 1950, in: Amtsblatt des Kultusministeriums Land Nordrhein-Westfalen, 2. Jg. Düsseldorf 1950, S. 76.
[174] Heumann, Günter: a.a.O., S. 307.
[175] Günther, Ulrich: (²1992) a.a.O., S. 134.
[176] Vgl. Schneider, Norbert: Die Situation der Musikerziehung an höheren Schulen, in: MiU (Ausg. B), H. 3, 1957, S. 66.
[177] Vgl. Kraus, Egon: Musikerziehung in der höheren Schule, in: Fischer, Hans (Hrsg.): Handbuch der Musikerziehung, Berlin 1954, S. 273. (= 1954b)

Übungsstunden für Chor und Orchester (je zwei Wochenstunden) vermehrt werden können"[178].

Mit der Revision der Stundentafeln kommt es zu einer weiteren Differenzierung der Schultypen, um der unterschiedlichen Aufnahme- und Leistungsfähigkeit der Schüler besser entsprechen zu können. In der Mittelstufe wird für die sprachlich orientierten Gymnasien und für die mathematisch-naturwissenschaftlichen Mädchengymnasien der Musikunterricht in den Klassen 8 und 9 um eine Stunde reduziert[179], während die mathematisch-naturwissenschaftlichen Jungengymnasien in diesen Klassen zwei Stunden Musik beibehalten.

Sprachl. Jungen- und Mädchengymnasium und math.-nat. Mädchengymnasium

Klassenstufe	5	6	7	8	9	10	11	12	13
Musikunterricht	2	2	2	1	1	2	2	1	1

Quelle: Amtsblatt des Kultusministeriums Land Nordrhein-Westfalen, 2. Jg. S. 75 f.

Math.-nat. Jungengymnasium

Klassenstufe	5	6	7	8	9	10	11	12	13
Musikunterricht	2	2	2	2	2	2	2	1	1

Quelle: Amtsblatt des Kultusministeriums Land Nordrhein-Westfalen, 2. Jg., S. 76.

Die Frauenoberschule beginnt nunmehr ab der 8. Klasse und wird mit einer musisch-werklichen Richtung und einer naturwissenschaftlich-hauswirtschaftlichen Richtung eingerichtet. Alle Stufen haben zwei Stunden Musik und die musischwerkliche Richtung in der Oberstufe mindestens drei Stunden.[180]

Im Zuge der Umsetzung der Saarbrücker Rahmenvereinbarung kommt es 1961 zu einer erneuten Veränderung der Stundentafel. Um die Gesamtstundenzahl auf 30 Wochenstunden zu senken, wird in den Klassen 12 und 13 die bestehende Pflichtstunde Musik abgeschafft. Dafür können die Schüler zwischen 2 Stunden Kunst oder Musik wählen. In der Mittelstufe kommt es zur ersatzlosen Streichung

---

[178] Kraus, Egon: Die neuen Stundentafeln für den Musikunterricht, in: MiU, H. 6, 1950, S. 163. (= 1950b).

[179] Im neusprachlichen Mädchengymnasium wird auch in Klasse 11 eine Stunde Musik gestrichen. Vgl. Stundentafeln der höheren Schulen, RdErl. des Kultusministers vom 25. 3. 1950, in: Abl. KM NW, 2. Jg. Düsseldorf 1950, S. 76.

[180] Vgl. ebenda, S. 77.

des einstündigen Musikunterrichts in der Klasse 9.[181] Dafür wird aber (außer im altsprachlichen Gymnasium) der Musikunterricht der Klasse 8 wieder auf zwei Wochenstunden angehoben.[182] Lediglich das Aufbaugymnasium behält durchgehend zwei Wochenstunden Musik bei.

Aufbaugymnasium

Klassenstufe	8	9	10	11	12	13
Musikunterricht	2	2	2	2	2	2

Quelle: Amtsblatt des Kultusministeriums Land Nordrhein-Westfalen, 13. Jg., S. 76.

Zusätzlich wird die seit 1945 bestehende Chor- bzw. Orchesterpflicht abgeschafft.[183]

4. 6. 2   Musisches Gymnasium

Bereits zu Beginn des Jahres 1949[184] tritt Prof. Kurt Thomas von der Nordwestdeutschen Musikakademie Detmold an das Kultusministerium Nordrhein-Westfalen heran, um die Sorge um den künstlerischen Nachwuchs Deutschlands auszudrücken und für den Aufbau eines Musischen Gymnasiums zu werben.[185] Als ehemaliger Direktor des am 1. September 1939 eröffneten Musischen Gymnasiums in Frankfurt am Main schildert er die Möglichkeiten einer solchen Ausbildungsstätte. Dabei nimmt er auf Leo Kestenberg als angeblichen Urheber dieses gymnasialen Schultypes Bezug. Zwar widmet Kestenberg in seiner Schrift *Musikerziehung und Musikpflege* ein ganzes Kapitel der Konzeption eines Musikgymnasiums[186], das Frankfurter Musische Gymnasium unterscheidet sich jedoch

---

[181] Das sozialwissenschaftliche Mädchengymnasium bildet hierbei eine Ausnahme. Hier werden in Klasse 9 zwei Musikstunden erteilt.
Vgl. Durchführung der Rahmenvereinbarung zur Ordnung des Unterrichts auf der Oberstufe der Gymnasien: hier: Neufassung der Studentafeln der höheren Schulen im Land Nordrhein-Westfalen, RdErl. des Kultusministers vom 6. 3. 1961, in: Abl. KM NW, 13. Jg., Düsseldorf 1961, S. 76.

[182] Vgl. ebenda, S. 75 f.

[183] Vgl. Kraus, Egon: (1961) a.a.O., S. 2.

[184] Die Datierung läßt sich nicht mehr exakt nachweisen, da die Quelle keinerlei Datierung aufweist. Jedoch führt ein Vermerk Mersmanns, der auf dieses Schreiben Bezug nimmt, das Datum 25. 2. 1949, so daß davon auszugehen ist, daß Thomas das Schreiben um die Jahreswende 1948/49 verfaßt hat. Thomas hat seit Wintersemester 1947/48 eine Professur für Chorleitung an der Nordwestdeutschen Musikakademie Detmold inne.

[185] Vgl. Thomas, Kurt: Das Musische Gymnasium, o.J., HStAD NW 60-340, Bl. 4ᵛ.

[186] Vgl. Kestenberg, Leo: Musikerziehung und Musikpflege, Leipzig 1921. S. 64 ff.

konzeptionell in zwei wesentlichen Punkten von dem Kestenbergschen Typ.[187] Darüber hinaus entwickelte der damals verantwortliche Musikreferent im REM, Martin Miederer sein Konzept des Musikgymnasiums ohne Kenntnis der Kestenbergschen Schrift.[188]

Thomas richtet sein Augenmerk ausschließlich auf die berufsvorbereitenden Aspekte einer solchen Anstalt im Bereich der intensiven instrumentaltechnischen, musiktheoretischen und musikgeschichtlichen Arbeit. Als notwendige Bedingungen für die Effizienz einer solchen Ausbildungsstätte nennt er die Notwendigkeit des Internatscharakters des Musischen Gymnasiums, die hervorragende Qualität der Instrumentallehrkräfte, das ausreichende Angebot an Räumen und Instrumenten für Übezwecke, das Verständnis der wissenschaftlichen Lehrer für die Belange einer Musikausbildung und die räumliche Nähe zu einer Großstadt als künstlerisch anregende Umgebung. Für Thomas hat die Konzeption des Musischen Gymnasiums in Frankfurt am Main "seine Daseinsberechtigung voll erwiesen: Sein Chor und sein Orchester haben sich auf vielen Konzertreisen hervorragend bewährt und brauchen nachweislich den Vergleich mit den berühmten Institutionen ähnlicher Art nicht zu scheuen"[189]. Diese Sicht zeigt, daß sich Thomas mit der Instrumentalisierung des Musischen Gymnasiums im Gesamtrahmen der nationalsozialistischen Bildungspolitik nicht auseinandergesetzt hat. Gerade das Musische Gymnasium wurde bewußt als Gegenstück zu den ideologisch ausgerichteten Adolf-Hilter-Schulen und den paramilitärisch geprägten Nationalpolitischen Erziehungsanstalten zur Wahrung des Bildes eines kunstsinnigen NS-Deutschland im Bildungssystem positioniert. Dabei spielten die Konzertreisen eine besondere Rolle im Kalkül der Propagandamaschinerie. Ebenso verliert er kein Wort darüber, daß auf das Musische Gymnasium nur Jungen – Mädchen wurde eine solche Begabungsförderung verwehrt – aufgenommen wurden, die "erbgesund, frei von ansteckenden Krankheiten und charakterlich einwandfrei [d.h., die sich in den Jugendorganisationen der HJ bereits bewährt hatten; d. Verf.]"[190] und deren Eltern oder Erziehungsberechtigte politisch zuverlässig waren. Für Thomas zählen nur die nicht zu leugnenden positiven musikpädagogischen Möglichkeiten einer solchen Institution für die Begabtenförderung, ohne deren Rolle im gesamtstaatlichen Geschehen zu beleuchten. In einem auf Thomas' Schrift bezugnehmenden Vermerk tendiert Mersmann zur Stärkung der allgemeinen Schulmusik bzw. einer Reform

---

[187] Kestenberg sah keine Internatsschule vor und konzipierte das Musikgymnasium nur sechsstufig (8.-13. Schuljahr).

[188] Vgl. Holtmeyer, Gert: Schulmusik und Musiklehrer an der höheren Schule – Ein Beitrag zur Geschichte des Musikpädagogen in Preußen, in: Forum Musikpädagogik, Bd. 9, Augsburg ²1994, S. 161.

[189] Thomas, Kurt: Das Musische Gymnasium, o.J., HStAD NW 60-340, Bl. 4ᵛ.

[190] Günther, Ulrich: (²1992) a.a.O., S. 274.

derselben auf breitester Grundlage und sieht "die Schaffung einzelner bevorzugter Musikpflegestätten"[191] vorerst nicht als dringende musikpädagogische Aufgabe an. Während es bereits 1955 in Berlin zur Einführung eines musischen Zweiges (ab Klasse 9) als gesetzlich festgelegten Schultypus kommt[192], errichtet das Land Nordrhein-Westfalen erst 1958 am staatlichen Aufbaugymnasium in Detmold – 1965 in *Christian-Dietrich-Grabbe-Gymnasium* umbenannt – den ersten musischen Zweig mit den Fächern Musik und Kunst. Gemäß der Struktur der Aufbauschule beginnt dieser musische Zweig mit der Klasse 7. In modifizierter Form wird dieses Modell 1965 durch zwei weitere Schulen übernommen, das Collegium Augustinianum Gaesdonck in Goch und das Gymnasium Essen-Werden. Während das Collegium Augustinianum ab der 8. Jahrgangsstufe (ab Ostern 1966 ab der 9. Klasse) einen altsprachlichen Zweig mit Griechisch und einen musischen Zweig mit verstärktem Deutsch-, Musik- oder Kunstunterricht anstelle der dritten Fremdsprache anbietet[193], kann am Gymnasium Essen-Werden ab der 9. Jahrgangsstufe zwischen einem neusprachlichen Zweig (mit Französisch als dritter Fremdsprache) und dem musischen Zweig gewählt werden.[194] Alle drei musischen Gymnasien entsprechen ihrem Aufbau nach der Empfehlung des Deutschen Ausschusses für das Erziehungs- und Bildungswesen aus dem Jahr 1954, sei es in Form einer grundständigen Schule oder in Form einer Aufbauschule.[195] Im Jahr 1966 wird das Humboldt-Gymnasium in Köln mit seinem grundständigen Musikzweig (Beginn 5. Jahrgangsstufe) als letztes "musisches Gymnasium" in Nordrhein-Westfalen eröffnet.[196] Zwar sind noch weitere musische Gymnasien in Wuppertal und Neuss sowie eine musische Realschule im Raum Essen geplant, zu deren Realisierung kommt es jedoch nicht.[197] Ausgangspunkt für das musische Gymnasium in Köln bildet eine 1964 von der Kölner Schulverwaltung vorgelegte *Denkschrift zur Errichtung eines*

---

[191] Mersmann, Hans: Vermerk, Düsseldorf 25. 2. 1949, HStAD NW 60-340, Bl. 3.

[192] Vgl. Kemnitz, Helmut: Musische Schule, in: Fischer, Hans (Hrsg.): Handbuch der Musikerziehung, Berlin 1954, S. 82.

[193] Vgl. Linde, Laurenz van der: Zur Einrichtung des musischen Gymnasialzweiges in Gaesdonck zu Ostern 1965, in: Gaesdoncker Blätter, H. 18, Gaesdonck 1965, S. 4.

[194] Vgl. Beckmann, Paul: Aus der Geschichte des Gymnasiums Essen-Werden, in: 80 Jahre Gymnasium Essen-Werden, o.J., S. 26.

[195] Vgl. Empfehlung zur Errichtung von Musischen Höheren Schulen mit Heim als Versuchsschulen, in: Empfehlungen und Gutachten des Deutschen Ausschusses für das Erziehungs- und Bildungswesen 1953-1956, Stuttgart 1966, S. 523 f.

[196] Die anderen drei Schulen führen im Laufe der Jahre ebenfalls einen grundständigen musischen Zug ein.

[197] Vgl. Landtag Nordrhein-Westfalen, Sechste Wahlperiode, Bd. 10 – Drucksache 1469, Düsseldorf 4. 9. 1969, S. 3.

Musikgymnasiums der Stadt Köln.[198] Das Ziel der Ausbildung ist die Erlangung der allgemeinen Hochschulreife mit einer zusätzlichen qualifizierten musikalischen Fachausbildung. Während die Planung noch eine selbständige Schule mit eigenem Internat in einem dafür eigens errichteten Gebäude vorsieht, zwingt die wirtschaftliche Situation der Stadt Köln zu einer Modifikation der Planung, so daß das eigenständige Musikgymnasium zum musischen Zweig, zu sogenannten M-Klassen wird.

"Den wissenschaftlichen Unterricht erteilten Lehrkräfte des Humboldtgymnasiums, den künstlerischen [Unterricht; d. Verf.] Dozenten der Rheinischen Musikschule im Gebäude des Humboldtgymnasiums."[199]

Die Schule wird als Ganztagsschule eingerichtet, so daß nach dem regulären Schulunterricht und der Einnahme einer Mahlzeit die musikalische Ausbildung als Unterricht der Rheinischen Musikschule durchgeführt werden kann. Das Musikgymnasium steht von Anfang an Jungen und Mädchen gleichermaßen offen, der Zugang wird durch einen Eignungstest geregelt, und der gymnasiale Fremdsprachenunterricht beginnt mit Englisch als erster Fremdsprache. Innerhalb der Abiturprüfung können die Schüler "einen Teil des wissenschaftlichen Unterrichts oder die Prüfung in Musik als wissenschaftlichem Fach ... durch künstlerische Leistungen auch instrumentaler Art"[200] ersetzen. Das 'Kölner Modell' unterscheidet sich von den anderen drei Schulen in der getrennten Wahrnehmung der wissenschaftlichen und künstlerischen Aufgaben durch unterschiedliche Institutionen, des Humboldt-Gymnasiums auf der einen und der Rheinischen Musikschule auf der anderen Seite sowie einer speziellen Stundentafel. Damit wird zwar eine besondere instrumentaltechnische Förderung erreicht, vergleichbar mit Kolneders neuer Konzeption des musischen Gymnasiums[201], jedoch entfernt sich dieses Modell von der Intention der Kestenbergschen Konzeption, indem es die instrumentaltechnische Förderung gegenüber der allgemein-musikalischen Bildung stärker betont.[202] Hin-

---

[198] Vgl. Bach, Hans Elmar: Geschichte des Musikgymnasiums in Köln, in: Noll, Günther (Hrsg.): Musikpädagogik im Rheinland – Beiträge zu ihrer Geschichte im 20. Jahrhundert, in: Beiträge zur rheinischen Musikgeschichte, Bd. 155, Kassel 1996, S. 242.

[199] Kappert, Theo: Das Musikgymnasium Köln, in: Lindlar, Heinrich (Hrsg.): 130 Jahre Rheinische Musikschule Köln – Erbe und Auftrag 1975, Köln 1975, S. 65.

[200] Ebenda, S. 67.

[201] Vgl. Kolneder, Walter: Musisches Gymnasium in neuer Form, in: MiU (Ausg. B.), H. 11, 1964, S. 343.

[202] Schon zu Beginn der 50er Jahre, ausgelöst durch das schlechte Abschneiden deutscher Teilnehmer bei internationalen Musikwettbewerben, wird von Seiten der Nordwestdeutschen Musikakademie Detmold versucht, eine spezielle Schule zu initiieren, die sich nur um die künstlerischen Hochbegabungen und deren instrumentaltechnische Ausbildung kümmert. So schlägt der damalige Rektor der Musikakademie vor, ein "musisches Kolleg" einzurichten. Der Plan sieht vor, die Kinder in Kleingruppen zu je sieben Schülern zu unterrichten und die schulischen Belange den spezifischen Interessen der intensiven musikalischen Ausbildung anzupassen. Eben-

gegen verstehen sich die übrigen drei musischen Gymnasien nicht ausschließlich als Förderungseinrichtungen für künstlerische Hochbegabungen, auch wenn z.T. ebenfalls die Möglichkeit besteht, wissenschaftliche Leistungen durch künstlerische Leistungen im Abitur zu ersetzen oder zu ergänzen, sondern vielmehr als gymnasiale Normalform, in der künstlerisch begabte Schüler gefördert werden. "Ein musisches Gymnasium im Sinne des Frankfurter Musischen Gymnasiums ist in NRW nicht gewollt."[203]

Im Zentrum des schulischen Unterrichts steht dabei die Ausbildung der musikalischen Hör- und Lesefähigkeit des Schülers, die Vermittlung und Aneignung einer musikalischen Fachsprache und die damit verbundene Interpretation musikalischer Kunstwerke und die Vermittlung der Fähigkeit zum vokalen und instrumentalen Musizieren. Diese Ziele werden durch die Unterrichtsgebiete Gehörbildung (Solfège und Musikdiktat), Allgemeine Musiklehre, Werkbetrachtung und Musikpraxis (Gesang und Instrumentalpraxis) vermittelt.[204]

Stundentafel

Die Stundentafeln der einzelnen musischen Gymnasien fallen aufgrund ihres unterschiedlichen Profils sehr unterschiedlich aus. Zunächst erfolgt die Wahl zwischen dem musischen und dem sprachlichen Zweig mit Beginn der 9. Jahrgangsstufe. Somit orientiert sich der Aufbau an Kestenberg, der das musische Gymnasium nach der achtjährigen Volksschule als sechsjährige Aufbauschule konzipierte.[205] Danach werden in den Klassen 5 bis 8 in der Regel zwei Wochenstunden[206] Musik gegeben. Ab Klasse 9 werden die sechs Stunden, die für die dritte Fremdsprache vorgesehen sind, auf die Fächer Deutsch, Musik und Kunst verteilt, wobei eine davon für den obligatorischen Instrumentalunterricht vorgesehen ist. Nachmittags besteht zusätzlich "Gelegenheit zur Teilnahme an musischen Neigungsgruppen"[207].

---

so ist der schulische Lehrplan auf die speziellen Belange des späteren Berufsmusikers auszurichten.
Vgl. Prof. Maler an die Kultusministerin des Landes Nordrhein-Westfalen Christine Teusch, Detmold Oktober 1951, HStAD NW 60-362, Bl. 22 f.

[203] Zit. nach Kranemann, Niels: Anmerkungen zum Musikunterricht am Musischen Gymnasium Gaesdonck, in: Gaesdoncker Blätter, H. 23, 1970, S. 9.

[204] Kranemann, Niels: Anmerkungen zum Musikunterricht am Musischen Gymnasium Gaesdonck, in: Gaesdoncker Blätter, H. 23, 1970, S. 10.

[205] Vgl. Kestenberg, Leo: (1921) a.a.O., S. 65.

[206] Eine Ausnahme bildet dabei das humanistische Gymnasium mit einer Wochenstunde Musik in der 8. Klasse.

[207] Landtag Nordrhein-Westfalen, Sechste Wahlperiode, Bd. 10 – Drucksache 1469, Düsseldorf 4. 9. 1969, S. 3.

Beim 'Kölner Modell' kommt aufgrund seines berufsvorbereitenden Profils auf die Schüler eine zusätzliche Stundenbelastung von fünf bis sieben Stunden je Jahrgangsstufe zum regulären gymnasialen Schulbetrieb zu, die sich aufgrund des Unterrichts im instrumentalen Hauptfach und Nebenfach, in Stimmbildung, Chor/Orchester, Gehörbildung und Tonsatz, Werkanalyse, Komposition, Dirigieren und Italienisch zu dieser Zahl addieren.[208]

4.7 Zusammenfassung

Mit der Übernahme der Kultusverwaltung durch die alliierten Besatzungsmächte werden die geltenden Richtlinien, Lehrpläne und Stundentafeln des Dritten Reiches außer Kraft gesetzt. Um im Herbst 1945 den Schulbetrieb aufnehmen zu können, werden entweder Übergangsrichtlinien (z.B. für das Gymnasium) erarbeitet oder es wird auf Richtlinien aus der Weimarer Republik zurückgegriffen, denen teilweise Ergänzungen hinzugefügt werden. 1948 werden innerhalb der Kultusverwaltung die ersten Überlegungen bezüglich einer Neugestaltung der Richtlinien, Lehrpläne und Stundentafeln angestellt. Diese Phase der Neukonzeption von Richtlinien in Nordrhein-Westfalen ist mit der Veröffentlichung der Realschulrichtlinien im Dezember 1954 abgeschlossen. Infolge der Neuordnung der gymnasialen Oberstufe auf der Grundlage der Saarbrücker Rahmenvereinbarungen von 1960 kommt es 1963 zur Veröffentlichung neuer Richtlinien für das Höhere Schulwesen. Die Richtlinien und Lehrpläne halten sich mit der Formulierung konkreter Lehrziele zurück, da aufgrund der Kriegsfolgen die "Verhältnisse an den einzelnen Schulen sehr verschieden liegen"[209] und nur durch individuelle Anstaltslehrpläne konkret auf die Möglichkeiten der einzelnen Schulen eingegangen werden kann.

Die im Zeitraum von 1945-1965 entstandenen Richtlinien orientieren sich formal und inhaltlich in wesentlichen Teilen an ihren Vorgängern aus der Weimarer Zeit. Demgemäß läßt sich der von Antholz festgestellte Modellcharakter der Volksschulrichtlinien von 1927, der bis zu Beginn der 70er Jahre Bestand hat, auch auf den Bereich der Realschule und der Höheren Schule übertragen.[210] Die Meinungsführerschaft der Kirchen und bürgerlich-konservativer Kreise im Bereich der Bildungspolitik der Nachkriegszeit fordert eine an christlich-humanistischen Werten orientierte Erziehung, in deren Mittelpunkt die umfassende Persönlichkeitsbildung des ganzen Menschen steht. In diesem Kontext verstehen die

---

[208] Vgl. Bach, Hans Elmar: a.a.O., S. 255.
[209] Richtlinien für die Musikerziehung in der Volksschule, RdErl. des Kultusministers vom 19. 7. 1951, in: Abl. KM NW, 3. Jg., Düsseldorf 1951, S. 92.
[210] Vgl. Antholz, Heinz: Unterricht in Musik – Ein historischer und systematischer Aufriß seiner Didaktik, in: Didaktik – Schriftenreihe für den Unterricht an der Grund- und Hauptschule, Düsseldorf 1970, S. 29.

neu ausgearbeiteten Richtlinien das Fach Musik als Teilbereich der Musischen Erziehung und sehen die Musikerziehung in erster Linie als "Gegengewicht zu den mehr auf die Entwicklung des Verstandes gerichteten Fächern"[211]. Die zentrale Stellung des Singens und Musizierens, die inhaltliche Dominanz des Liedes, der gemeinschaftsbildende Aspekt der Musikerziehung und die Forderung, daß auch musiktheoretische bzw. musikgeschichtliche Unterweisungen stets vom eigenen Tun auszugehen haben, weisen auf die Vorstellungen Kestenbergs zurück und untermauern die Kontinuität der Richtliniengestaltung seit der Weimarer Republik. Ebenso ist eine latent wissenschaftsfeindliche Grundhaltung in allen Musikrichtlinien von 1922 bis 1963 enthalten, ein Traditionsmoment, das auch andere Fächer und sogar ganze Schulformen prägt und als Bestandteil des Bildungskanons der Weimarer Zeit wie des Faschismus kritiklos in die Neufassungen nach 1945 einfließt.[212] Kraus stellt 1954 fest, daß die "Formen des wissenschaftlichen Arbeitsunterrichts ... für uns [gemeint ist die Höhere Schule; d. Verf.] nicht vorbildlich sein"[213] können, und Berekoven fordert für die Realschule, daß sie sich noch weniger als die Höhere Schule der Gefahr aussetzen dürfe, "an Stelle des Selbstmusizierens zu sehr das Musikhistorische oder das Musiktheoretische in den Vordergrund zu rücken"[214]. Dennoch ist festzuhalten, daß die Realschule trotz ihrer Mittelstellung zwischen Volksschule und Höherer Schule in den Inhalten der Musikrichtlinien mehr in Richtung Höhere Schule als in Richtung Volksschule tendiert.[215]

Auch im Zusammenhang mit der neuen, wissenschaftsorientierten Grundlegung des Gymnasiums infolge der Saarbrücker Rahmenvereinbarung von 1960 und der Stuttgarter Empfehlungen von 1961 lassen die Musikrichtlinien von 1963 die latent vorhandene wissenschaftsfeindliche Grundtendenz weiterhin erkennen. Sie unterscheiden sich von den Richtlinien von 1952 lediglich im formalen Aufbau und schreiben mehr oder weniger die alten Inhalte fort.[216] Somit ist die Behauptung von Günther, daß sich die Schulmusikerziehung von der Kestenberg-Reform bis zur Gegenwart[217] wie ein durchlaufender roter Faden darstellt[218], auch für den bundesrepublikanischen Zeitraum verifiziert.

---

[211] Nolte, Eckhard: (1975) a.a.O., S. 25.
[212] Vgl. Himmelstein, Klaus: a.a.O., S. 71.
[213] Kraus, Egon: (1954b) a.a.O., S. 270.
[214] Berekoven, Hanns: (1957) a.a.O., S. 280.
[215] Diese inhaltliche Tendenz in Richtung Höhere Schule zeigt sich ebenso in der späteren Ausbildungskonzeption der Musiklehrer für die Realschule.
Vgl. Kapitel 6. 2.
[216] Vgl. Rüdiger, Karl: (1996) a.a.O., S.99.
[217] Gegenwart hier Ende der 60er Jahre.
[218] Vgl. Günther, Ulrich: (²1992), a.a.O., S. 203.

Bei aller Kontinuität stellt die starke Position der Musik der Gegenwart innerhalb der Nachkriegsrichtlinien, unter der konkret die neue Sing- und Spielmusik der Jugendmusikbewegung verstanden wird, eine Neuerung in Bezug auf die vorangegangenen Richtlinien dar. Ebenso betreten die Verfasser der Realschulrichtlinien mit der Forderung, "der heutigen Gebrauchsmusik (Schlager, Jazz) ... erhöhte kritische Aufmerksamkeit"[219] zu schenken, pädagogisches Neuland. Damit wird eine Entwicklung eingeleitet, die in den 70er Jahren zur vollständigen Etablierung der Popularmusik in den Richtlinien und Lehrplänen führt.

Die Steigerung der Stundenzahl für das Fach Musik, die im Dritten Reich erreicht wurde, wird im allgemeinen nach der Kapitulation auf ihrem quantitativ hohen Niveau beibehalten. Absolventen der Aufbaugymnasien und männliche Abiturienten[220] erhalten danach während ihrer ganzen Schulzeit in fast allen Klassen (außer den ersten beiden Grundschulklassen) kontinuierlich zweistündigen Musikunterricht. Auch geringfügige Modifikationen der Stundentafeln im Jahr 1950 lassen Egon Kraus zu dem Urteil kommen, daß "mit den vorliegenden Stundentafeln eine ersprießliche musikerzieherische Arbeit in den Schulen geleistet werden kann"[221]. Dieses quantitative Niveau bleibt bis zu Beginn der 60er Jahre, abgesehen von geringfügigen Veränderungen im Bereich der Volks- und Realschule, erhalten und erfährt erst infolge der Saarbrücker Rahmenvereinbarungen eine gravierende Beschneidung. Damit wird ein Prozeß eingeleitet, der durch die bildungspolitischen Reformen der 60er und 70er Jahre zu weiteren Reduzierungen der Stunden für das Fach Musik führt, der bis heute nicht abgeschlossen ist.

---

[219] Richtlinien für die Bildungsarbeit der Realschulen, RdErl. des Kultusministers vom 9. 12. 1954, in: Abl. KM NW, 7. Jg., Düsseldorf 1955, Beilage zu Nr. 1, S. 29.
[220] Die seit 1945 bestehende einstündige Chor- bzw. Orchesterpflicht ab Klasse 7 wird dabei als Musikunterricht gerechnet.
Vgl. Kultusminister des Landes Nordrhein-Westfalen an Land Education Department, Düsseldorf 10. 1. 1948, HStAD NW 19-66, Bl. 110 f.
[221] Kraus, Egon: (1950b) a.a.O., S. 164.

5 Musikunterricht an Schulen

5.1 Voraussetzungen

5.1.1 Zustand der Schulen und räumliche Voraussetzungen für den Musikunterricht

Mit dem Ende des Zweiten Weltkrieges sind die Schulen in der britischen Besatzungszone bis zu 80% zerstört.[1] Dabei ist der Grad der Zerstörung regional sehr unterschiedlich; die Ballungszentren sind aufgrund des verstärkten Bombardements durch die alliierten Truppen in der letzten Kriegsphase im allgemeinen von Zerstörungen weitaus stärker betroffen als der ländliche Raum. So sind z.B. die Volksschulgebäude in der Stadt Bocholt zu 83,3% total zerstört, während der Kreis Moers nur 9,4% Totalverlust beklagen muß.[2] Die Weigerung vieler Baufirmen, leicht oder teilweise beschädigte Schulgebäude zu festgelegten und regulären Preisen wiederherzustellen, und der Mangel an Baumaterialien verschärfen die Raumnot.[3] Darüber hinaus werden die noch intakten Schulgebäude zu Beginn der Besatzungszeit teilweise durch Behörden der Militärverwaltung fremdgenutzt.[4] Die Zweckentfremdung von Schulen für die vorübergehende Unterbringung der zunehmenden Zahl von Flüchtlingen bedeutet eine zusätzliche Raumbelastung.[5] Die beiden strengen Winter 1945/46 und 1946/47 bewirken, daß viele Gebäude, die im Sommer Unterkunft geboten haben, ohne Dach, Fenster und Türen nicht mehr be-

---

[1] Vgl. Davies, Edith Siems: Der britische Beitrag zum Wiederaufbau des deutschen Schulwesens von 1945 bis 1950, in: Heinemann, Manfred (Hrsg.): Umerziehung und Wiederaufbau – Die Bildungspolitik der Besatzungsmächte in Deutschland und Österreich, in: Veröffentlichungen der Historischen Kommission der Deutschen Gesellschaft für Erziehungswissenschaft, Bd. 5, Stuttgart 1981, S. 141.

[2] Eine detaillierte Auflistung der zerstörten Schulgebäude von Volksschulen in Nordrhein-Westfalen findet sich in Himmelstein, Klaus: Kreuz statt Führerbild – Zur Volksschulentwicklung in Nordrhein-Westfalen 1945-1950, in: Studien zur Bildungsreform, Bd. 13, Frankfurt am Main u.a. 1986, S. 278.

[3] Bis zur Währungsreform gelingt es den Gemeinden nicht, ihre Reparaturmaßnahmen durchführen zu lassen, da die Baufirmen auf dem Schwarzmarkt wesentlich mehr verdienen. Vgl. Statistisches Amt der Stadt Köln (Hrsg.): Verwaltungsbericht der Stadt Köln 1947/48, HAStK Ce 21-1947/48, S. 38.

[4] Vgl. Jahresbericht der Militärregierung Nürnberg über 1945/46 vom 28. Juni 1946, in: Rossmeissl, Dieter (Hrsg.): Demokratie von außen – Amerikanische Militärregierung in Nürnberg 1945-1949, München 1988, S. 187.

[5] Vgl. Beschlagnahme von Schulen und sonstigen Erziehungsanstalten für vorübergehende Wohnunterkunft, Zonen-Executivanweisung Nr. 51 vom 14.11.1946, HStAD NW 53-462, Bl. 104 ff.

nutzt werden können und somit die ohnehin prekäre Raumnotsituation noch weiter verschlechtert wird, ganz zu schweigen von dem Schulausfall aufgrund mangelnder Heizmaterialien. In der Summe ergeben diese Faktoren im Bereich der Volksschule einen Fehlbestand von rd. 12.000 Klassenräumen, was einem Drittel aller Klassenräume entspricht.[6] Trotz dieser Raumnot forcieren die Alliierten den Wiederbeginn des Schulunterrichtes, obwohl es 1945 nicht möglich ist, den Unterricht in vollem Umfang aufzunehmen. Himmelstein stellt in seiner Untersuchung fest, daß alle untersuchten Kommunen in Nordrhein-Westfalen im Bereich der Volksschule 1945 verkürzten Schulunterricht oder sogenannten Schichtunterricht durchführen.[7] Auch im höheren Schulwesen ist Kurzunterricht unvermeidbar. Im Monatsbericht des Kultusministers wird aus der Provinz Nordrhein gemeldet, daß an 195 Schulen 78.715 Schüler unterrichtet werden. Davon erhalten 44.928 Vollunterricht und 33.187 – also 42% – Kurzunterricht.[8]

Durch die notwendige Integration von ca. 1,4 Millionen Flüchtlingen und Vertriebenen (bis 1948)[9] und die Beschulung von deren Kindern wird die Lage zusätzlich verschärft, was in der Summe zu einem Fehlbestand von 10.388 Volks- und Hilfsschulen, 342 Mittelschulen und 1.782 Höheren Schulen führt.[10] In den ersten Jahren wird versucht, die Schulraumnot durch Aufstellen von Baracken, Anmieten von ehemaligen Luftschutzräumen, Nebenzimmern in Gasthäusern u.a. zu mindern. Darüber hinaus wird der Schulunterricht einer Schule auf mehrere Gebäude in der Stadt verteilt. Jedoch führen auch diese Maßnahmen zu keiner wesentlichen Entspannung der Situation. Dadurch sind manche Kommunen gezwungen, "bis in die fünfziger Jahre durch Schichtunterricht die fehlenden Klassenräume auszugleichen"[11]. Für den Musikunterricht hat dies verheerende Auswirkungen. Der Schichtunterricht führt zu einer Reduzierung des Musikunterrichts auf weniger als die Hälfte der vorgesehenen Stunden. Ist der Schulunterricht über mehrere Gebäude verteilt, entfällt meist der Musikunterricht ganz.[12] Verfügt die Schule über keinen Musikraum, so wird aufgrund des Fachlehrermangels erst gar kein

---

[6] Vgl. Kultusminister des Landes Nordrhein-Westfalen an die Mitglieder des KultA im Lande Nordrhein-Westfalen, Düsseldorf 31. 1. 1949, HStAD NW 383-219, o.Bl.
[7] Vgl. Himmelstein, Klaus: a.a.O., S. 50 f.
[8] Vgl. Kultusminister des Landes Nordrhein-Westfalen an das Hauptquartier der Militärregierung der Nordrhein-Region, Düsseldorf 25. 10. 1946, HStAD NW 53-464, Bl. 63 ff.
[9] Vgl. Engelbrecht, Jörg: Landesgeschichte Nordrhein-Westfalen, Stuttgart 1994, S. 321.
[10] Vgl. Kultusminister des Landes Nordrhein-Westfalen an die Mitglieder des KultA im Lande Nordrhein-Westfalen, Düsseldorf 31. 1. 1949, HStAD NW 383-219, o.Bl.
[11] Himmelstein, Klaus: a.a.O., S. 51.
[12] Vgl. Laaff, Ernst: Musik in der Schule, in: Das Musikleben, H. 10, 1948, S. 227.

Musiklehrer an diese Schule versetzt[13], so daß der noch verbleibende, schon gekürzte Musikunterricht von Kollegen fachfremd erteilt wird. In Schulen, in denen Fenster fehlen oder die über keine Heizung verfügen, ist der Unterricht während der kalten Jahreszeit auf drei Stunden beschränkt.[14] In diesem Fall erschöpft sich der Musikunterricht auf das Liedersingen als Abwechslung zwischen den verschiedenen Aufwärmübungen.[15] Das Singen von Marschliedern wird dabei explizit anempfohlen.[16] Verfügt eine Schule über einen intakten Musiksaal, so wird dieser, "weil er in der Regel ein größerer Raum ist, fast ständig zum Unterricht in anderen Fächern benötigt"[17]. Aber auch das Inventar der Schulen ist im Krieg zerstört oder gestohlen worden, so daß ein großer Teil der Schulbänke und Tische, Stühle, Wandtafeln, ganz zu schweigen von Notentafeln, Klavieren und anderen Musikinstrumenten fehlt.[18]

Drei Jahre später können im Bereich der Volks- und Hilfsschule bereits wieder 73% des Vorkriegsbestandes der Klassenräume benutzt werden, hingegen im höheren Schulwesen nur 50%. Im Bereich der höheren Schule ist besonders auffällig, daß das Ausmaß der Totalzerstörung von Unterrichtsräumen – 33% des Vorkriegsbestandes – nahezu doppelt so groß ist wie bei der Volks- und Hilfsschule mit 18%.[19]

---

[13] Vgl. Abteilung für höheres Schulwesen in Münster an die Leiter und Leiterinnen sämtlicher höheren Schulen des Amtsbereiches, Münster 13. 12. 1947, HStAD NW 53-488, Bl. 299.

[14] Vgl. Hauptquartier der britischen Militärregierung der Nord-Rheinprovinz an den Oberpräsidenten der Nord-Rheinprovinz, Düsseldorf 15. 11. 1945, HStAD NW 53-381, Bl. 22.

[15] Anlage A zum Entwurf der Erziehungs-Kontroll-Anweisung über die Wiedergesundung bedürftiger Kinder, Düsseldorf 26. 11. 1945, HStAD NW 53-381, Bl. 25^v.

[16] Der mangelnde Musikunterricht führt in diesem Fall zwangsweise zur Pflege des alten Liedrepertoires aus HJ, BDM und Musikunterricht des Dritten Reiches.

[17] Laaff, Ernst: (1948) a.a.O., S. 227.

[18] Vgl. Statistisches Amt der Stadt Köln (Hrsg.): Verwaltungsbericht der Stadt Köln 1948/49, HAStK Ce 21-1948/49, S. 47.

[19] Der Grund hierfür liegt in der größeren Ansammlung von Höheren Schulen in Ballungsräumen, die durch den Bombenkrieg weitaus mehr in Mitleidenschaft gezogen wurden als ländliche Regionen.

Bestandsübersicht der Schulen in Nordrhein-Westfalen, Dez. 1948

Schulart	1939	Klassenräume in Benutzung	Klassenräume zweckentfremdet	Klassenräume instandsetzungsfähig	Klassenräume total zerstört
Volks-, Hauptschule	31.653	23.126	1.228	3.016	4.283
Mittelschule	1.499	1.157	124	124	94
Höhere Schule	5.918	3.003	155	790	1.970

Quelle: Bestandsübersicht der Schulen, Düsseldorf 14. 4. 1949, HStAD NW 383-219, o.Bl.

Um die Schulraumnot zu beseitigen, beschränkt sich die Regierung aufgrund der schlechten Finanzlage des Landes zunächst auf die "Wiederinstandsetzung der Schulräume und Wetterfestmachung und ... Freistellung der zweckentfremdeten Räume"[20]. Der schleppende Neubau von Schulen wird ab 1954 durch das Schulaufbauprogramm für allgemeinbildende Schulen ergänzt.[21] Danach soll das Schulgebäude so gestaltet sein, daß ein "gemeinschaftsbetonter und gemeinschaftsformender Unterricht"[22] durch die räumlichen Voraussetzungen ermöglicht werden kann. Für den Fachbereich Musik fordert Egon Kraus in diesem Zusammenhang:

"Jede Schule braucht einen Musikklassenraum und einen Feierraum; jede größere Schule einen Musikklassenraum, einen Probenraum für Chor und Orchester (evtl. in Verbindung mit dem Feierraum)."[23]

Der Erlaß des Kultusministeriums schreibt jedoch aufgrund der angespannten Haushaltslage vor, die Raumforderungen auf das Notwendigste zu beschränken. "Alle noch so wünschenswerten Spezialräume und Ausstattungen sollen zunächst zurückgestellt werden, bis die Klassenraumnot beseitigt ist."[24]

---

[20] Kultusminister des Landes Nordrhein-Westfalen an die Mitglieder des Kulturausschusses im Lande Nordrhein-Westfalen, Düsseldorf 31. 1. 1949, HStAD NW 383-219, o.Bl.

[21] Vgl. Schulraumprogramm für die allgemeinbildenden Schulen, RdErl. des Kultusministers vom 9. 12. 1954, in: Abl. KM NW, 7. Jg., Düsseldorf 1955, S. 15.

[22] Schulraumprogramm für die allgemeinbildenden Schulen, RdErl. des Kultusministers vom 9. 12. 1954, in: Abl. KM NW, 7. Jg., Düsseldorf 1955, Beilage zu Nr. 2, S. 3.

[23] Kraus, Egon: Musikerziehung in der höheren Schule, in: Fischer, Hans (Hrsg.): Handbuch der Musikerziehung, Berlin 1954, S. 275. (= 1954b)

[24] Schulraumprogramm für die allgemeinbildenden Schulen, RdErl. des Kultusministers vom 9. 12. 1954, in: Amtsblatt des Kultusministeriums Land Nordrhein-Westfalen, 7. Jg., Düsseldorf 1955, Beilage zu Nr. 2, S. 3.

Tatsächlich sieht das Bauprogramm weder für die Volksschule noch für die Realschule den Bau eines Musikraumes vor. Im Gegensatz dazu ist ein Nadelarbeitsraum für beide Schulformen im Raumbedarf eingeplant sowie ein Festraum, der mit einer Bühne versehen sein soll, die sich für Singübungen eignet. Aber auch für das Gymnasium sehen die Baurichtlinien vor, den Musikraum und einen zusätzlichen Nebenraum für Instrumente, Noten und Pulte erst für den zweiten Bauabschnitt einzuplanen. Unter diesen räumlichen Voraussetzungen sind die Möglichkeiten des Musikunterrichts sehr eingeschränkt. Der normale Klassenraum ist wegen seiner festen Bestuhlung nicht für den Musikunterricht geeignet. Darüber hinaus kann man keineswegs davon ausgehen, daß jede Schule über ein Tasteninstrument verfügt, ganz zu schweigen von Notentafeln, Orff-Instrumentarium oder Hilfsmittel wie Radiogerät, Plattenspieler und Filmprojektor. Dieser Mangel leistet einem ausschließlich auf das Singen fixierten Musikunterricht Vorschub.

5.1.2 Lehrer

Der Totalitätsanspruch des Nationalsozialismus forderte eine völlige Kontrolle des Staates über das Erziehungswesen. Um den Erfolg der Indoktrination durch nationalsozialistisches Gedankengut zu sichern, bemühte sich die NSDAP um eine weitreichende Anbindung der Lehrerschaft an die Partei.[25] Dies führte dazu, daß am Ende des Krieges die Mehrzahl der Lehrer NSDAP-Parteimitglieder waren.[26] Die Vorstellungen der britischen Militärregierung, nach 1945 alle Parteimitglieder aus dem Schuldienst zu entlassen, um somit eine ideologische Säuberung des Erziehungswesens zu erzielen, werden sehr bald zugunsten pragmatischer Lösungen aufgegeben, weil die britische Militärregierung auf eine rasche Wiedereröffnung der Schulen drängt. Alle Lehrer erhalten zunächst nur eine vorläufige Unterrichtserlaubnis, bis eine endgültige politische Überprüfung erfolgt ist.[27] Um ein Wiederaufleben nationalsozialistischer Ideen zu verhindern, fordert die britische Militärregierung innerhalb ihres Kontrollgebietes von den wiedereingesetzten Lehrern eine unterschriebene Erklärung, in der diese versichern, daß sie keine militaristischen, nationalsozialistischen, rassistischen Lehren verbreiten oder die na-

---

[25] Diese Entwicklung wurde besonders durch das Berufsbeamtengesetz vom 1. Mai 1937 gefördert.

[26] Bungenstab weist darauf hin, daß innerhalb der US-Zone der Anteil der Parteimitglieder innerhalb der Lehrerschaft je nach Stadt oder Region zwischen 50% und 90% betragen hat. Es kann davon ausgegangen werden, daß diese Zahlen auch für die britische Besatzungszone gelten.
Vgl. Bungenstab, Karl-Ernst: Umerziehung zur Demokratie? Re-education-Politik im Bildungswesen der US-Zone 1945-1949, Düsseldorf 1970, S. 74.

[27] Eine kurze Darstellung des Entnazifizierungsverfahrens gibt Himmelstein.
Vgl. Himmelstein, Klaus: a.a.O., S. 38 ff.

tionalsozialistische Weltanschauung innerhalb des Unterrichts zu rechtfertigen versuchen.[28] Trotz dieser wohlwollenden Praxis, die es vielen Lehrern ermöglicht weiterzuarbeiten, herrscht im Bereich Musik ein akuter Lehrermangel. "Sowohl musikalisch vorgebildete Volksschullehrer wie spezielle Musiklehrer an den Höheren Schulen gibt es zu wenige."[29]

Im Bereich des Höheren Schulwesens führt der Lehrermangel zu Einschränkungen im Unterrichtsbetrieb. 1949 wird in der Nord-Rheinprovinz an 43% der Schulen kein planmäßiger oder sogar überhaupt kein Musikunterricht erteilt.[30] Da es sich dabei um den Landesteil Nordrhein-Westfalens handelt, in dem besonders günstige Verhältnisse herrschen[31], kann davon ausgegangen werden, daß nach dem Kriege sogar an über 50% der Höheren Schulen des Landes der Musikunterricht nicht die Stundenzahl erreicht, die laut Stundentafel dafür vorgesehen ist. Um die prekäre Situation zu entschärfen, werden Pensionäre und die von den Nazis 1933 entlassenen Lehrkräfte wiedereingestellt. Im Bereich der Volksschule werden zusätzlich geeignete Personen in besonderen Kursen in kürzester Zeit auf den Lehrerberuf vorbereitet.[32] Damit erreicht die Militärregierung zwar wieder einen mehr oder minder funktionierenden Schulbetrieb, zugleich aber verfestigt sie eine Überalterung der Lehrerschaft. 1946 sind 44,5% der Lehrer der Nord-Rheinprovinz 60 Jahre und älter.[33] Aufgrund dieser demographischen Daten[34] und in Anbetracht der gescheiterten Entnazifizierung der Lehrerschaft verfestigt sich das traditionelle pädagogische Profil des Schulmusikunterrichts der Vorkriegszeit in der unmittelbaren Nachkriegszeit.

Der akute Nachwuchsmangel bei Musikstudienräten führt zu einer weiteren Verschärfung des Lehrermangels. Um den bestehenden Stand an Musiklehrern sichern zu können, bedarf es jährlich der Neueinstellung von ca. 9 Studienassessoren mit dem Fach Musik pro Schulkollegium. Tatsächlich bewerben sich im Durch-

---

[28] Vgl. Geforderte Erklärung der Lehrer in der britischen Besatzungszone, HStAD NW 53-381, Bl. 59. (Vgl. Dokument 4 im Anhang)

[29] Laaff, Ernst: (1948) a.a.O., S. 229.

[30] Vgl. Kraus, Egon: Neue Musik in der Schule – Teil 1, in: MiU, H. 7, 1949, S. 120. (= 1949a)

[31] Vgl. ebenda.

[32] Vgl. Steininger, Rolf: Deutsche Geschichte seit 1945 – Darstellung und Dokumentation in vier Bänden, Band 1, Frankfurt am Main 1996, S. 139.

[33] Vgl. Antz, Joseph: Organisation und Studienplan der Lehrer-Sonderkurse, Düsseldorf im September 1946, HStAD NW 26-163, Bd. I, Bl. 190.

[34] Auch innerhalb der amerikanischen Zone herrschen ähnliche Verhältnisse. So sind nach Bungenstab noch 1947 ca. 50% aller Lehrer über 60 Jahre alt.
Vgl. Bungenstab, Karl-Ernst: a.a.O., S. 75.

schnitt aber nur 3 Assessoren.[35] Während zu Beginn der 50er Jahre im Landesteil Westfalen ca. 35% und im Landesteil Rheinland ca. 56% der Musiklehrer an Schulen Musikstudienräte sind[36], kann der Anteil der Musikstudienräte trotz der Nachwuchsprobleme durch das altersbedingte Ausscheiden der alten Gesangslehrergeneration aus Wilhelminischer Zeit auf 70% zu Beginn der 60er Jahre gesteigert werden.[37] Die restlichen Lehrkräfte für das Fach Musik sind teils Oberschullehrer mit Musikausbildung, Privatmusiklehrer, Musikwissenschaftler und Lehrkräfte ohne Musikausbildung. Während die Musikstudienräte und Oberschullehrer durchweg vollbeschäftigt sind, erteilen die übrigen Musiklehrer jeweils nur wenige Stunden Musik. Infolgedessen ist der Anteil der Musikstunden, "die von pädagogisch ausgebildeten Fachlehrern erteilt werden, größer als der Prozentsatz der voll ausgebildeten Fachlehrer"[38].

Obwohl seit Einführung der neuen Prüfungsordnung im Jahr 1922 eine ganze Lehrergeneration ausgewechselt wurde, ist es nicht gelungen, den Musikstudienrat flächendeckend zu etablieren. Im Zuge dieser Entwicklung kann der qualitative Anspruch des Musikunterrichts, den Kestenberg durch ein umfassendes künstlerisches, wissenschaftliches und pädagogisches Ausbildungsprofil des Musikstudienrates in der Höheren Schule gewährleistet sehen wollte, nicht in vollem Umfang erreicht werden.

Auch die Qualität des Musikunterrichts in der Volksschule wird kritisiert. Ein wesentlicher Grund dafür liegt im Prinzip des Klassenlehrers, der neben nahezu allen Fächern in einer Klasse auch Musik zu unterrichten hat.

"Der durchschnittliche Volksschullehrer weiß nicht einmal um die Registerteilung der Jugendstimme, um den Übungswert der deutschen Sprachlaute für den Gesang und singt größtenteils noch heute brav und bieder sein la-la-la."[39]

---

[35] Die Vergleichszahlen ergeben sich aus einer Befragung vom 30. 12. 1953 des Schulkollegiums Münster.
Vgl. Schulkollegium Münster an die Kultusministerin des Landes Nordrhein-Westfalen, Münster 15. 4. 1954, HStAD NW 60-364, S. 108.

[36] Es gibt keine vergleichende Untersuchung, jedoch läßt sich vergleichendes Zahlenmaterial anhand von verschiedenen Quellen zusammenstellen. So stellt Kraus in seinem Artikel "Neue Musik in der Schule" die Situation 1949 im Landesteil Nordrhein dar, während ein Bericht des Schulkollegiums Münster die Situation des Landesteils Westfalen im Jahr 1953 beschreibt.
Vgl. Kraus, Egon: (1949a) a.a.O., S. 120; vgl. Schulkollegium Münster an die Kultusministerin des Landes Nordrhein-Westfalen, Münster 15. 4. 1954, HStAD NW 60-364, S. 107 ff.

[37] Vgl. Kraus, Egon: Musik in Schule und Lehrerbildung – Gedanken zu den Statistischen Erhebungen des Deutschen Musikrates, in: MiU (Ausg. B), H. 1, 1963, S. 5. (= 1963a)

[38] Schulkollegium Münster an die Kultusministerin des Landes Nordrhein-Westfalen, Münster 15. 4. 1954, HStAD NW 60-364, S. 107ᵛ.

[39] Warner, Theodor: Kreislauf des Nichts, in: MiU, H. 12, 1951, S. 350.

Obwohl das Fach Musik als Pflichtfach zur Ausbildung der Volksschullehrer gehört, verläßt ein nicht geringer Teil der zukünftigen Lehrerschaft die Ausbildung ohne ausreichendes musikalisches Rüstzeug für die Praxis, da die Pädagogische Akademie die durch mangelnde musikalische Ausbildung auf der Höheren Schule entstandenen Wissenslücken nicht schließen kann. Nach einer Erhebung an den Pädagogischen Bildungsanstalten sind 80% der Studenten mangelhaft auf das Studium vorbereitet.[40] Diese schlechten musikalischen Kenntnisse der Volksschullehrerschaft insgesamt werden durch die neue Prüfungsordnung von 1957, in der Musik mehr oder minder zum Wahlfach innerhalb der Volksschullehrerausbildung wird[41], begünstigt. Zwar sieht der Studienplan[42] in einem bestimmten Rahmen eine obligatorische Beschäftigung der Studenten mit musikpädagogischen Themen vor, jedoch lassen sich nur 10-20% der Studenten im Fach Musik prüfen.[43] Während diese im Vergleich zur früheren Ausbildungsform eine intensivere musikalische Ausbildung erhalten, gehen die restlichen 80% der Studenten gleichsam ohne musikalische Ausbildung in den Lehrerberuf.[44] Da aber am Klassenlehrerprinzip innerhalb der Schule festgehalten wird, müssen alle Volksschullehrer, ob an der Pädagogischen Akademie musikalisch vorbereitet oder nicht, Musik in der Schule unterrichten. Somit müssen die meisten Volksschullehrer auf ihre lückenhaften musikalischen Kenntnisse aus der Höheren Schule zurückgreifen, wodurch die Qualität des Musikunterrichts leidet.

"Die musikalische Situation an den Volksschulen war teilweise verheerend, der Slogan vom 'Eigengeist der Volksschule' verschleierte beschönigend das Defizit der 'pauschalen' Musiklehrerausbildung an den Pädagogischen Akademien und Hochschulen der 50er Jahre ... und damit zusammenhängend das Defizit

---

[40] Vgl. Oberborbeck, Felix: Der Lehrer als Musikerzieher – Musik in Schule und Lehrerbildung, in: ZfM, H. 12, 1954, S. 723. (=1954b)

[41] Vgl. Ordnung der Ersten Prüfung für das Lehramt an Volksschulen in Nordrhein-Westfalen vom 20. 7. 1957, in: Klein, August (Hrsg.): Prüfungsordnung und Studienordnung an den Pädagogischen Akademien des Landes Nordrhein-Westfalen mit erläuternden Erlassen, Ratingen ³1962, S. 17 ff.

[42] Vgl. Kapitel 6. 1. 2.

[43] Vgl. Speer, Gotthard: Grundbildung und Wahlfreiheit – Zur Problematik der gegenwärtigen musikalischen Lehrerbildung, in: Kraus, Egon (Hrsg.): Quantität und Qualität in der deutschen Musikerziehung – Vorträge der fünften Bundesschulmusikwoche Stuttgart 1963, Mainz 1963, S. 167.

[44] Vgl. Oberborbeck, Felix: Zur Organisation in der Lehrerbildung, in: Sydow, Kurt: Musik in Volksschule und Lehrerbildung, in: Musikalische Zeitfragen, Bd. 11, Kassel/Basel 1961, S. 90. (= 1961b)

des Musikunterrichts an Volksschulen, der in 'Volkstümlichkeit' sein Auslangen fand..."[45]

5. 2 Inhalte

5. 2. 1 Stimmbildung und Sprecherziehung

Die dominante Stellung des Singens innerhalb der Richtlinien und der schulischen Praxis führt zu einer erhöhten Gewichtung der schulischen Stimmbildung, deren Bedeutung innerhalb der Richtlinien und Lehrpläne aller Schulgattungen und Schulstufen immer wieder hervorgehoben wird. Bereits die Übergangsrichtlinien von 1945 sprechen von einer "erhöhten Bedeutung" der Stimmbildung, da es aufgrund des kriegsbedingten Unterrichtsausfalles und des unkontrollierten Singens in den staatspolitischen Jugendformationen zu einer "Entartung des Gesanges"[46] gekommen sei. Um dieser Fehlentwicklung entgegenzuwirken, wird explizit die stimmbildnerische Arbeit des Musiklehrers durchgehend bis zur 13. Jahrgangsstufe gefordert. Innerhalb der Volksschule stellt die Bildung der Stimme sogar das "Kernstück des Musikunterrichts"[47] dar. Diese Bedeutung der Stimmbildung liegt zum einen in der Auffassung begründet, daß die Kinderstimme durch prophylaktische Maßnahmen im Grundschulalter vor extremen Schädigungen zu bewahren ist[48], und zum anderen in der seit den Richtlinien von 1914 tradierten Auffassung der Musikerziehung im Bereich der Volksschule, daß es notwendig sei, die Schüler so zu schulen, daß sie sich nach der Schulzeit im Laienchorwesen engagieren und somit zur Pflege des kulturellen Erbes beitragen können.

Die schulische Stimmbildung findet in der Regel als chorische Stimmbildung statt[49], wobei sie nie in reine Theorie abgleiten darf[50] und sich dem stimmphysio-

---

[45] Gieseler, Walter: Gegen die Vergesslichkeit – Zur Geschichte und Vorgeschichte der Bundesfachgruppe Musikpädagogik, in: MPZ Quellen-Schriften, Bd. 20, Frankfurt am Main 1989, S. 5.

[46] Übergangslehrpläne für die höheren Schulen in der Nord-Rheinprovinz, in: Kraus, Egon: Wege der Erneuerung der Schulmusikerziehung seit 1900, Diss. phil. Innsbruck 1957, S. 145. (Vgl. Dokument 3 im Anhang)

[47] Richtlinien für die Musikerziehung in der Volksschule, RdErl. des Kultusministers vom 19. 7. 1951, in: Abl. KM NW, 3. Jg., Düsseldorf 1951, S. 91.

[48] Vgl. Nitsche, Paul: Stimmbildung und Stimmpflege in der Schule, in: Fischer, Hans (Hrsg.): Handbuch der Musikerziehung, Berlin 1954, S. 332.

[49] Erst in den Richtlinien von 1963 wird auf die Möglichkeit aufmerksam gemacht, auch die Einzelstimmen in ihrer Struktur und ihrem Klang zu erkennen und ihre Entwicklung zu fördern. Vgl. Richtlinien für den Unterricht in Musik, in: Richtlinien für den Unterricht in der Höheren Schule – Teile s und t – Kunst und Musik, in: Die Schule in Nordrhein-Westfalen, H. 8, Ratingen 1964, S. 26.

gnomischen und entwicklungspsychologischen Stand der Schüler anzupassen hat. Sie erfolgt dabei am zweckmäßigsten in Verbindung mit dem Lied, "sei es, daß die Liedmelodie als Vokalise geübt wird, sei es, daß besonders geeignete Melodieteile losgelöst und vokalisenartig behandelt werden"[51]. Dabei ist das methodische Prinzip der *imitatio* vorherrschend, da diese aufgrund der knappen Zeit als "unmittelbarste, wirksamste und schnellste"[52] Methode angesehen wird. Da es auf dem Gebiet der Stimmbildung kaum die Möglichkeit einer optischen Darstellung gibt, vergleichbar dem Violin- oder Klavierunterricht, weil der Stimmapparat nicht zu beobachten ist, ist der Schüler ganz auf das hörende Vergleichen und das stimmliche Nachahmen beschränkt.[53]

"Das Vorbild des sprechenden und singenden Lehrers ist bei dieser Arbeit von entscheidender Bedeutung."[54]

Zugleich richtet dieser methodische Ansatz den Blick auf die Ausbildungssituation der Lehrer. Dabei ist festzustellen, daß vor allem im Volksschulbereich große Ausbildungsmängel vorherrschen und nur ein verschwindend kleiner Teil der Studierenden im Fach Musik geprüft wird. Aber auch die Ausbildungsinstitutionen für die Höheren Schulen geben aufgrund ihrer künstlerischen Ausrichtung stimmbildnerischen Fragen wenig Raum, so daß in den 50er Jahren auf diesem Gebiet ein großer Fortbildungsbedarf besteht. Inhaltlich wird dabei das Hauptaugenmerk auf die stimmtherapeutische und künstlerisch-musikalische Doppelfunktion des Stimmbildners gerichtet, "Heilkünstler und Musiker in einer Person zu sein"[55]. Die wachsende Anzahl von Publikationen auf diesem Gebiet zeigt die intensive methodische Auseinandersetzung mit der schulischen Stimmbildung in den 50er Jahren[56], die sich inhaltlich durch die Mischung von systematischen, grundständigen Elementen aus der Augsburger Singschultradition und dem mehr emotional, am spontanen Erlebnis der Musik orientierten Zugang der norddeutschen Jugendmusikbewegung auszeichnet. Die intensive Auseinandersetzung mit den Möglichkei-

---

[50] Vgl. Richtlinien für Musik- und Kunsterziehung an Gymnasien im Lande Nordrhein-Westfalen (1952), Düsseldorf 1954, S. 6.
[51] Nitsche, Paul: (1954) a.a.O., S. 348.
[52] Ebenda, S. 330.
[53] Laaff, Ernst: Sprech-Erziehung, in: MiU (Ausg. B), H. 6, 1958, S. 164 f.
[54] Richtlinien für die Musikerziehung in der Volksschule, RdErl. des Kultusministers vom 19. 7. 1951, in: Abl. KM NW, 3. Jg., Düsseldorf 1951, S. 91.
[55] Nitsche, Paul: Der Schulmusikerzieher als Stimmbildner, in: MiU (Ausg. B), H. 4, 1956, S. 111.
[56] Vgl. Eberth, Friedrich: Singen mit der Jugend, in: MiU, H. 10, 1954, S. 287 f.

ten der schulischen Stimmbildung führt zu einer qualitativen Verbesserung gegenüber den stimmbildnerischen Methoden während des Dritten Reiches.[57]

Hingegen hat die eigentliche Sprecherziehung im Vergleich zum Dritten Reich nur noch eine verschwindend geringe Bedeutung.[58] Zwar wird "reine und deutliche Artikulation, tragender Stimmklang und sinngemäßer Vortrag von Texten"[59] als notwendige Voraussetzung für das Singen angesehen, jedoch gilt die Sprecherziehung nicht als ausschließliche Aufgabe des Musikunterrichts. Daher wird in diesem Fach die Zusammenarbeit mit dem Deutschunterricht empfohlen.

5. 2. 2   Lied und Singen

Der schulische Musikunterricht während der britischen Besatzungszeit ist nahezu ausschließlich durch Lied und Singen geprägt.

"Der Unterricht in Biologie, Zeichnen, Leibesübungen, Erdkunde, Nadelarbeit kann unter Umständen ganz fortfallen. Nicht empfiehlt es sich, die Musikstunden, insbesondere Gesang, ausfallen zu lassen. Sie können etwas Freude in die Herzen der Schüler bringen."[60]

Da das Singen von Liedern unabhängig von vorhandenen Musikräumen oder Klassenräumen durchzuführen ist, darüber hinaus dafür auch nicht notwendigerweise ein Fachlehrer zur Verfügung stehen muß, kommt dieser Unterricht aufgrund seiner Flexibilität dem wiederbeginnenden Schulbetrieb mit seinen räumlichen und personellen Problemen sehr entgegen. Für diesen Zweck erarbeitet die britische Erziehungsbehörde in Zusammenarbeit mit deutschen Lehrern eine Liste mit genehmigten Liedern, die den Entmilitarisierungs- und Entnazifizierungsforderungen des Potsdamer Abkommens entspricht und zugleich einen Beitrag zur britischen Re-education-Politik leisten soll. Die britischen Behörden bestehen dabei darauf, die eingereichten Lieder und Choräle mit Quellenangaben zu versehen, damit die Überprüfung nach nationalsozialistischen Inhalten erleichtert wird.

"Bestand irgendein Zweifel hinsichtlich der Materie, die der jungen Generation übermittelt werden sollte, mußten wir [die britische Erziehungsbehörde, d.

---

[57] Vgl. Günther, Ulrich: Die Schulmusikerziehung von der Kestenberg-Reform bis zum Ende des Dritten Reiches, in: Forum Musikpädagogik, Bd. 5, Augsburg ²1992, S. 157 f.
[58] Das Plädoyer von Laaff für die Sprecherziehung als Schulfach bleibt ein singuläres Gegenbeispiel.
Vgl. Laaff, Ernst: (1958) a.a.O., S. 164.
[59] Richtlinien für Musik- und Kunsterziehung an Gymnasien im Lande Nordrhein-Westfalen (1952), Düsseldorf 1954, S. 6.
[60] Oberpräsident der Nord-Rheinprovinz an die Leiter und Leiterinnen der höheren Schulen, Düsseldorf 27. 8. 1945, HStAD RWN 12-90, Bl. 13.

Verf.] restlos und rücksichtslos alles untersuchen und – wo wir es für nötig hielten – streichen."[61]

Die Liste[62] der für den Unterricht mit dem Erlaß vom 24. Mai 1946 genehmigten Lieder zeigt, daß dieser radikale Ansatz in der Realität nicht seinen gewünschten Niederschlag gefunden hat, da hier der Kontrollkommission gravierende Fehler unterlaufen. So enthält die Liste Lieder, die speziell für die HJ oder den BDM komponiert oder von beiden NSDAP-Jugendorganisationen adaptiert wurden, wie "Der Himmel grau und die Erde braun"(Text u. Melodie: Werner Altendorf), "Hohe Nacht der klaren Sterne"(Text u. Melodie: Hans Baumann), "Erde schafft das Neue"(Text u. Melodie: Heinrich Spitta), "Lasset im Winde die Fahnen wehn"(Text u. Melodie: Herbert Napiersky), "Es geht eine helle Flöte"(Text u. Melodie: Hans Baumann), "Es dröhnet der Marsch der Kolonnen"[63]. Am 6. Juli 1946 weist die britische Militärregierung die Schulbehörden an, diese Lieder, die "irrtümlicherweise in dem Verzeichnis der genehmigten Lieder"[64] aufgenommen sind, sofort als nicht genehmigt von der Liste zu streichen.[65] Ebenso werden sieben weitere Lieder mit ausgeprägten nationalen oder militaristischen Inhalten von der Liste entfernt. Dennoch ist die vorgenommene Reinigung nur sehr oberflächlich, denn in der verbleibenden Liste verbergen sich noch ca. 50% der ehemaligen Kernlieder der Grundschule und ca. 40% der Kernlieder der oberen vier Jahrgänge der Volksschule aus den 12 Jahren NS-Diktatur.[66] Da aber gerade die staatlich verordneten Kernlieder als wichtigstes Mittel der ideologischen Beeinflussung gegolten haben[67], erhält diese scheinbare Nachlässigkeit bildungspolitisches Gewicht.

---

[61] Davies, Edith Siems: a.a.O., S. 146 f.

[62] Vgl. Britische Militärregierung der Nord-Rheinprovinz: Liste der im Unterricht zugelassenen Lieder, o.J., HStAD NW 53-488, Bl. 397 ff. (Vgl. Dokument 5 im Anhang)

[63] Als Quelle wurde hierfür der Dokumentenanhang aus Ulrich Günthers *Die Schulmusikerziehung von der Kestenberg-Reform bis zum Ende des Dritten Reiches* (Augsburg ²1992, S. 312 f.) verwendet, ebenso der Aufsatz von Thomas Phleps "'Es geht eine helle Flöte ...' – Einiges zur Aufarbeitung der Vergangenheit in der Musikpädagogik heute, in: MuB, H. 6, 1995, S. 64 ff.

[64] Hauptquartier der Militärregierung in der Nord-Rheinprovinz an den Oberpräsidenten der Nord-Rheinprovinz, Düsseldorf 6. 7. 1946, HStAD NW 53-461, Bl. 247. (Vgl. Dokument 6 im Anhang)

[65] Diese Anweisung wird am 19. Juli an die Schulen weitergeleitet.
Vgl. Oberpräsidenten der Nord-Rheinprovinz an die Leiter und Leiterinnen der höheren Schulen, Düsseldorf 19. 7. 1946, HStAD NW 53-488, S. 359.

[66] Vergleichsquelle ist hier der Dokumentenanhang aus Ulrich Günthers Buch *Die Schulmusikerziehung von der Kestenberg-Reform bis zum Ende des Dritten Reiches* (Augsburg ²1992, S. 312 f.).

[67] Vgl. Segler, Helmut/Abraham, Lars Ulrich: Musik als Schulfach, in: Schriftenreihe der Pädagogischen Hochschule Braunschweig, H. 13, Braunschweig 1966, S. 39.

So ist das Lied von Heinrich Spitta "Wie mir deine Freuden winken", eine Ode an das tausendjährige Reich, weiter für die Verwendung im Unterricht zugelassen. Durch die thematische Zuordnung der Lieder während des Dritten Reiches, z.B. von Spittas Lied in die Gruppe *Das neue Reich/30. Januar*, des Liedes "Unser liebe Fraue vom kalten Bronne" in die Gruppe *Heldengedenktag* und des alten Kriegslied "Ich habe Lust im weiten Feld" in die Gruppe *Von Kriegsleuten und Kampfeszeiten* werden beim Singen dieser Lieder nach 1945 die alten Konnotationen mitgetragen. Antholz resümiert seine Liedrezeption während des Dritten Reiches in Anlehnung an Thomas Mann: "Wir sind, was wir an Musik gehört haben"[68].

Unter dieser Prämisse führt die Genehmigung von 40% bzw. 50% der ehemaligen NS-Kernlieder durch die britische Besatzungsbehörde zu einem Fortbestehen an Emotionen und Ideologien aus der NS-Zeit, die den Beginn des demokratischen Neuanfangs in Deutschland prägen. Es zeigt sich zugleich, daß die britische Besatzungsbehörde selbst nicht in der Lage ist, ihren eigenen Ansprüchen in punkto Reeducation, Entmilitarisierung und Entnazifizierung gerecht zu werden.

Auch die neuen Richtlinien aller Schultypen aus den Jahren 1951-1954 und die gymnasialen Richtlinien von 1963 weisen dem Lied und dem Singen eine zentrale Stellung innerhalb des Musikunterrichts zu. Für die Volksschule liegt dabei die Hauptaufgabe in der Vermittlung eines "reichen, mit Lust ersungenen Liedschatzes"[69]. Dabei werden die Lieder nahezu ausschließlich aus dem Bereich des Volksliedes ausgewählt und somit der seit dem Dritten Reich bestehenden Verbindung[70] zwischen Volksschule und Volkstümlichkeit Vorschub geleistet.[71] Innerhalb der Realschule wird die Liedpflege im Vergleich zur Volksschule durch mehrstimmiges Singen ergänzt. Obwohl der Musikunterricht der Realschule auch musikgeschichtliche Betrachtungen und die Vermittlung theoretischer Kenntnisse vorsieht, ist das Liedersingen das Zentrum des Unterrichts, da es die Grundlage aller musikalischen Arbeit darstellt.

---

[68] Antholz, Heinz: Zur (Musik-)Erziehung im Dritten Reich – Erinnerungen, Erfahrungen und Erkenntnisse eines Betroffenen, in: Forum Musikpädagogik, Bd. 8, Augsburg 1993, S. 74.
[69] Richtlinien für die Musikerziehung in der Volksschule, RdErl. des Kultusministers vom 19. 7. 1951, in: Abl. KM NW, 3. Jg., Düsseldorf 1951, S. 91.
[70] Vgl. Günther, Ulrich: (²1992) a.a.O., S. 152.
[71] Vgl. Gieseler, Walter: (1989) a.a.O., S. 5.

"Aber nur ein Lied, das eigentätig erfaßt ist, wird zum wirklichen Besitz, dient der Entwicklung der Musikalität, des Geschmackes und trägt so zur musikalischen Bildung bei."[72]

Auch auf der Hoheren Schule bildet das "Lied die Grundlage jedes eigenen Musizierens"[73]. Jedoch tritt der Primat des Singens in den höheren Klassen gegenüber der Musikbetrachtung zurück. Somit knüpft die bundesrepublikanische Musikerziehung an die zentralen Inhalte der Richtlinien der 20er und 30er Jahre nahtlos an. Hingegen ergeben sich bei der Auswahl und den Auswahlkriterien der Lieder gewisse Modifikationen. Das Verbot des Kirchenliedes innerhalb des Musikunterrichts zur Zeit des Dritten Reiches wird aufgehoben und ihm zugleich, ganz im Sinne der bildungspolitischen Bestrebungen der Landespolitik, der entsprechende Raum innerhalb des Musikunterrichtes zugewiesen.[74] Zugleich wird in allen Richtlinien auf eine Liste mit obligatorischen Pflichtliedern verzichtet. Lediglich für den Bereich der Volksschule werden innerhalb der Richtlinien konkrete Liedvorschläge gemacht. Dabei werden bis auf das dritte Schuljahr in jeder Jahrgangsstufe Lieder genannt[75], die bereits 1938 als Kernlieder verwendet wurden.[76]

Das vorgesehene Liedgut der Schule besteht im allgemeinen aus dem "alten und neuen Lied", die bezüglich "Echtheit und Brauchbarkeit"[77] für den Unterricht ausgewählt werden. Während unter "altem Lied" das "vorromantische Volkslied, vor allem das aus der Blütezeit des 16. Jahrhunderts"[78] verstanden wird, meint man mit "neuem Lied" die im Zuge der Jugendmusikbewegung entstandenen Liedkompositionen. Kraus fordert in Bezug auf die Authentizität der in der Schule verwendeten

---

[72] Richtlinien für die Bildungsarbeit der Realschulen, RdErl. des Kultusministers vom 9. 12. 1954, in: Abl. KM NW, 7. Jg., Düsseldorf 1955, Beilage zu Nr. 1, S. 28.

[73] Richtlinien für Musik- und Kunsterziehung an Gymnasien im Lande Nordrhein-Westfalen (1952), Düsseldorf 1954, S. 5.

[74] Vgl. Richtlinien für die Musikerziehung in der Volksschule, RdErl. des Kultusministers vom 19. 7. 1951, in: Abl. KM NW, 3. Jg., Düsseldorf 1951, S. 91.

[75] Es handelt sich um folgende Lieder: *Hört ihr Herrn und lasst euch sagen – Traniro, der Sommer ist do – Wohlauf, ihr Wandersleut* (3. Schuljahr); *Woll'n heimgehen – Nun will der Lenz uns grüßen* (4. Schuljahr); *Nach grüner Farb' mein Herz verlangt* (4.-5. Schuljahr); *Es ist ein Schnitter, heißt der Tod – Die güldene Sonne* (7.-9. Schuljahr).

[76] Vgl. Günther, Ulrich: (²1992) a.a.O., S. 153.

[77] Richtlinien für Musik- und Kunsterziehung an Gymnasien im Lande Nordrhein-Westfalen (1952), Düsseldorf 1954, S. 5.

[78] Heer, Josef: Das neue Schulmusikbuch, in: Heer, Josef (Hrsg.): Führung zur Musik – Beiträge zu musikpädagogischen und musikwissenschaftlichen Fragen, Ratingen 1966, S. 351. (= 1966a)

Lieder, daß das sogenannte Schullied[79] "endgültig durch das echte Kinderlied und Volkslied ersetzt werden"[80] müsse. Dieser Echtheitsanspruch geht auf Walther Hensel zurück[81], der alle Lieder ablehnte, die geschaffen wurden, um einen bestimmten pädagogischen oder belehrenden Zweck zu erfüllen und somit der Echtheit der Empfindung als schöpferischer Grundlage entbehren. Aber gerade die Echtheit und Reinheit der Empfindung, die sich in diesen Liedern manifestiert, bildet das Zentrum der pädagogischen Arbeit mit Liedern innerhalb der Schule. Dabei geht die neuhumanistische Vorstellung davon aus, daß der Umgang mit "guter Musik" selbst zu einer Veredelung des Charakters der Schüler führe. Deshalb darf alles "Platte, Sentimentale, alles Kraftlose ... in der Erziehung des jungen Menschen keinen Raum haben"[82]. Betrachtet man jedoch das verwendete Liedgut der Nachkriegszeit, indem man sich an den Schulliederbüchern orientiert, so treten einige Widersprüchlichkeiten zu den genannten Erziehungszielen auf. Zum einen werden sehr rasch ehemalige Kernlieder des Dritten Reiches in die Schulbücher aufgenommen. So findet sich z.B. im 1950 veröffentlichen Schulbuch *Musik in der Schule* neben anderen ehemaligen Kernliedern das von den Engländern 1946 verbotene HJ-Lied "Es geht eine helle Flöte" wieder. Zum anderen weisen Segler und Abraham nach, daß sehr viele Komponisten neuer Lieder aus der Zeit vor und nach dem Zweiten Weltkrieg sich einer Entlehnungstechnik bedienen, indem sie bestehende Melodieteile anderer Lieder übernehmen und somit die Authentizität dieser Lieder fragwürdig erscheint.[83]

Die Frage nach der Brauchbarkeit der Lieder innerhalb des Unterrichts lenkt den Blick auf die soziologische Ebene. Die Diskussion um das schulische Liedersingen der Nachkriegszeit ist geprägt von der Auseinandersetzung mit Schlager und Jazz. Egon Kraus vertritt dabei die Auffassung, daß gerade der Erfolg des Schlagers und der Jazzmusik darin liege, daß diese Gattungen das Lebensgefühl der Jugend widerspiegeln. Die Aufgabe der Musikerziehung müsse sein, in den von ihr ausgewählten Liedern genau dieses Lebensgefühl aufzugreifen, um somit auch eine Identifikation des Schülers mit dem in der Schule gesungenen Lied zu

---

[79] Darunter versteht man im allgemeinen Lieder, die schulisches Lernen unterstützen sollen oder mit moralisierenden Texten versehen sind. Beispiele finden sich in: Kraus, Egon: (1957) a.a.O., S. 34 ff.
[80] Kraus, Egon: (1954b) a.a.O., S. 283.
[81] Vgl. Paul, Heinz Otto: Musikerziehung und Musikunterricht in Geschichte und Gegenwart, Saarbrücken 1973, S. 38.
[82] Kraus, Egon: Welche Musik braucht unsere Jugend?, in: MiU, H. 3/4, 1949, S. 26. (= 1949b)
[83] Vgl. Segler, Helmut/Abraham, Lars Ulrich: a.a.O., S. 61 ff.

erreichen.[84] Vor allem im sogenannten neuen Liedgut, entstanden als Ausdruck jugendlichen Lebensgefühls in der Begegnung mit der Volksliedpflege der Jugendmusikbewegung[85], wird die Möglichkeit gesehen, das Lebensgefühl der Jugendlichen zu treffen und eine Alternative zu den modernen Stilformen wie Schlager und Jazz zu finden. Doch die soziologischen Bedingungen der schulischen Realität lassen diese Bemühungen scheitern. Die wachsende Pluralität der Gesellschaft bedingt inhomogene Gruppen Jugendlicher und damit verbunden auch eine diversifizierte Musikrezeption, so daß man bei einer realistischen Standortbestimmung erkennen muß, daß es "*das* Lied der Jugend nicht gibt, schon gar nicht das neue zeitgemäße deutsche Lied"[86]. Der Versuch, durch spezielles schulisches Liedgut die Musikrezeption der Jugendlichen zu beeinflussen und somit das schulische Liedgut zum Inhalt der Musikrezeption Jugendlicher zu transformieren, scheitert. Ebenso verliert auch das traditionelle Volkslied an Aussagekraft, da für die Jugendlichen der Bezug zum Lebensgehalt, der im Lied zum Ausdruck kommt, nicht mehr nachvollziehbar ist. Somit verkommt das Lied zu einem musealen Bestandteil einer allgemeinen Musikrezeption.[87]

"Die Lieder der Wandervogel- und Jugendbewegung und ebenso noch die Soldatenlieder des ersten Weltkriegs – von wenigen Ausnahmen abgesehen – sind zweifellos nicht mehr das Liedgut heutiger Jugend."[88]

Somit muß die schulische Liedrezeption, die nahezu ausschließlich von außermusikalischen Leitbildern her begründet wurde,[89] Mitte der 60er Jahre in ihrer Funktion innerhalb des Musikunterrichts neu überdacht werden.

---

[84] Vgl. Kraus, Egon: (1949b) a.a.O., S. 27.
[85] Pfannenstiel, Ekkehart: Lied und Erziehung, Wolfenbüttel 1953, S. 181.
[86] Antholz, Heinz: Musiklehren und Musiklernen – Vorlesungen und Abhandlungen zur Musikpädagogik aus drei Jahrzehnten, Mainz u.a. 1992, S. 39 f.
[87] Vgl. Wiora, Walter: Der Untergang des Volkslieds und sein zweites Dasein, in: Wiora, Walter (Hrsg.): Das Volkslied heute, in: Musikalische Zeitfragen, Bd. 7, Kassel/Basel, 1959, S. 9 ff.
[88] Röhrich, Lutz: Vorwort, in: Brednich, Rolf Wilhelm u.a. (Hrsg.): Handbuch des Volksliedes, Bd. 1, München 1973, S. 18.
[89] Eine rein musikalisch begründete Bedeutung erhält das Lied in seiner kulturkundlichen Funktion, hier vor allem das Volkslied, als Schulungs- und Bildungselement. An ihm können melodische und rhythmische Strukturen, Harmonik, Dynamik, Agogik und Klangfarben erläutert werden.
"Das Volkslied darf geradezu als eines der einfachsten Kunstwerke angesprochen werden, das Menschen zu schaffen vermochten. Es ist seine verdichtetste Klanggebärde."
Vgl. Sambeth, Heinrich M.: Die schriftliche Darstellung der Liedgestalt, in: Wiora, Walter (Hrsg.): Das Volkslied heute, in: Musikalische Zeitfragen, Bd. 7, Kassel/Basel 1959, S. 49.

"Das 'Lied', wie es vieldeutig heißt, aber auch das wirkliche Volkslied, muß zuvörderst seines Fetischcharakters entkleidet, nicht etwa verdrängt, aber auf den ihm gebührenden Platz gestellt werden."[90]

5.2.3 Musiklehre und Gehörbildung

Der Begriff Musiklehre ist zunächst als Sammelbegriff aller Termini zu verstehen, unter denen sich in den Richtlinien eine musiktheoretische Beschäftigung verbirgt.[91] Die Verbindung mit der Gehörbildung erscheint deshalb sinnvoll, da sie, obwohl in allen Richtlinien extra erwähnt, meist in Verbindung mit der Musiklehre steht. Grundsätzlich stellt die Musiklehre keine losgelöste Disziplin innerhalb des unterrichtlichen Geschehens dar, sondern soll lediglich den Schülern eine Hilfestellung beim eigenen Musizieren bieten. Um der Gefahr zu begegnen, daß sich die Musiktheorie zum Selbstzweck entwickelt, wird explizit gefordert, auf systematische Unterweisungen zu verzichten.[92] Während die Volksschule die betreffenden Ausbildungsziele sehr pragmatisch definiert – es geht um die Kenntnis des chromatischen Tonraumes, der gebräuchlichen Tonarten und die Fähigkeit des Vom-Blatt-Singens – sehen die Realschulrichtlinien in der musiktheoretischen Auseinandersetzung auch eine Grundlage für das Verständnis des musikalischen Kunstwerkes.[93] Im Rahmen der Höheren Schule dient die Musiklehre zusätzlich einer Stärkung der individuellen musikalischen Ausdrucksfähigkeit der Schüler im Bereich der Improvisation[94] und soll zu einer Vertiefung und Ergänzung des durch das Singen gewonnenen Musikbildes beitragen.[95] In der Summe jedoch steht die musiktheoretische Arbeit innerhalb der Schule in erster Linie im Dienste des Singens und weniger in der Vermittlung von Grundlagen, die zu einem umfassenden und vertieften Verständnis von Musik führen soll.

Die starke Hinwendung der Richtlinien zum sogenannten neuen Liedgut findet ihren Niederschlag auch in der Musiklehre. Die Verbindung zum neuen Liedgut stellt zugleich auch die Legitimation der Erweiterung des musiktheoretischen Stof-

---

[90] Segler, Helmut/Abraham, Lars Ulrich: a.a.O., S. 54.
[91] Die gymnasialen Richtlinien von 1952 sprechen dabei von "musikalischer Handwerkslehre", die 1954 erschienenen Realschulrichtlinien von "Elementarlehre", und die gymnasialen Richtlinien von 1963 verwenden den Begriff "elementare Grundbildung".
[92] Vgl. Richtlinien für die Musikerziehung in der Volksschule, RdErl. des Kultusministers vom 19.7.1951, in: Abl. KM NW, 3. Jg., Düsseldorf 1951, S. 91.
[93] Vgl. Richtlinien für die Bildungsarbeit der Realschulen, RdErl. des Kultusministers vom 9.12.1954, in: Abl. KM NW, 7. Jg., Düsseldorf 1955, Beilage zu Nr. 1, S. 28.
[94] Vgl. Richtlinien für Musik- und Kunsterziehung an Gymnasien im Lande Nordrhein-Westfalen (1952), Düsseldorf 1954, S. 6.
[95] Vgl. Kraus, Egon/Oberborbeck, Felix (Hrsg.): Musik in der Schule, Bd. 5, Wolfenbüttel 1953, S. 2. (= 1951d)

fes dar. Während die Übergangsrichtlinien von 1945 bezüglich der Musiklehre noch die Erarbeitung der traditionellen Dur-/Moll-Tonalität vorsehen, legen die neuen Richtlinien ab 1951 besonderen Wert auf die Behandlung von Tonraumordnungen und Werklehre zeitgenössischer Musik.[96]

"In Hinblick auf die unbedingt notwendige Einbeziehung der zeitgenössischen Musik ist eine Einführung in neue Tonraumordnung und Werklehre dringend erforderlich."[97]

Diese soll durch Erweiterung der Dur-/Moll-Tonalität mit Kirchentonarten, Pentatonik und "anderen tonalen Ordnungen der neuen Musik"[98] geschehen. Dabei ist hervorzuheben, daß diese Unterweisung bereits in der zweiten Grundschulklasse beginnt[99] und, ergänzt durch das praktische Musizieren, bis in die Oberstufe der Höheren Schule fortgesetzt werden soll.

Methodisch ist die Musiklehre an das Lied geknüpft, das eigene Tun des Schülers steht dabei im Vordergrund. Der spielerische Umgang mit musikalischen Elementen soll dabei möglichst lange für die Arbeit in der Musiklehre erhalten bleiben. Dabei werden schon unbewußt "musikalische Ereignisse wie laut und leise, Frage und Antwort, Solo und Chor, Refrain, Vorsänger, Echo, Kanoneinsätze, usw."[100] wahrgenommen. Jedoch werden bei methodischen Fragen bezüglich einer weiterführenden Elementarlehre unterschiedliche Positionen vertreten. So lehnt die eine Seite die Verwendung von sogenannten Schulliedern, die speziell für die Vermittlung von stofflich-fachlichen Inhalten erfunden worden sind, aufgrund des Authentizitätsanspruches des schulischen Liedgutes ab[101], während die andere Seite für ein spezielles Musiziergut im Zusammenhang mit der Darstellung musiktheoretischer Inhalte plädiert, damit das vorhandene Liedmaterial nicht seziert und für Demonstrationszwecke mißbraucht wird.[102] Richtlinien und Schulbücher vertreten bei der Vermittlung von musiktheoretischen Aspekten einen ganz-

---

[96] Unter dem Begriff *Zeitgenössische Musik* oder *Neue Musik* versteht man im Zusammenhang mit schulischen Anweisungen bis in die 60er Jahre hinein Formen der neuen Sing- und Spielmusik aus dem Umfeld der Jugendmusikbewegung.

[97] Richtlinien für Musik- und Kunsterziehung an Gymnasien im Lande Nordrhein-Westfalen (1952), Düsseldorf 1954, S. 6.

[98] Ebenda, S. 6.

[99] Vgl. Richtlinien für die Musikerziehung in der Volksschule, RdErl. des Kultusministers vom 19. 7. 1951, in: Abl. KM NW, 3. Jg., Düsseldorf 1951, S. 92.

[100] Borris, Siegfried: Musiktheorie in der Schule, in: Fischer, Hans (Hrsg.): Handbuch der Musikerziehung, Berlin 1954, S. 195.

[101] Vgl. Sydow, Alexander: Das Lied in der Schule, in: Fischer, Hans (Hrsg.): Handbuch der Musikerziehung, Berlin 1954, S. 297. (= 1954a)

[102] Vgl. Borris, Siegfried: (1954) a.a.O., S. 195.

heitlichen methodischen Ansatz, der sich zum Ziel setzt, nicht Einzelphänomene zu isolieren, sondern in der Betrachtung der Gesamtheit der miteinander zu verbindenden Elemente Wissensvermittlung zu betreiben.[103]

"Die musikalische Handwerkslehre muß von den ersten Anfängen an das Zusammenwirken aller Kräfte im musikalischen Organismus umspannen; denn Musik ist organisches Wachstum und nicht ein Zusammenfügen einzelner Töne, Klänge, Formteile."[104]

Dabei soll bei der Auswahl der Inhalte auf den entwicklungspsychologischen Stand der Schüler Rücksicht genommen werden.

Die Gehörbildung spielt neben ihrer Funktion bezüglich der musiktheoretischen Unterweisung auch eine wichtige Rolle im Rahmen der musikalischen Werkbetrachtung. Es wird dabei die Auffassung vertreten, daß die Aufnahmefähigkeit eines Kunstwerkes durch das geschulte Erfassen musikalischer Eindrücke gesteigert werden kann.

"Diese Schulung beginnt auf der Unterstufe mit dem Erfassen rhythmischer, melodischer, harmonischer und formaler Gestaltungen und dringt dann weiter vor zu den Zusammenhängen, die zwischen den Elementen des musikalischen Ausdrucks und den bewegenden seelischen Gehalten bestehen."[105]

Dennoch spielt die schulische Gehörbildung innerhalb der Fachliteratur keine Rolle[106], obwohl die Beschäftigung mit Neuer Musik innerhalb des Unterrichts eine konstruktiv-methodische Auseinandersetzung fordern würde.[107]

In den letzten beiden Jahrgängen der Höheren Schule wird eine Arbeitsgemeinschaft angeboten, die zur Vertiefung der musikalischen Kenntnisse dienen soll.[108]

---

[103] Es sei in diesem Zusammenhang auf Hans Mersmann verwiesen, der in seinem 1931 erschienenen Buch *Das Musikseminar* das Verfahren einer ganzheitlich-betrachtenden Musiklehre für einen viersemestrigen Lehrgang an einem Konservatorium detailliert erläutert. Dabei stellen für ihn die vier Elemente Melodik, Harmonik, Rhythmik und Form eine unlösbare Einheit dar. Somit wird für Mersmann die Frage nach dem Ausgangspunkt lediglich zu einer Angelegenheit der Perspektive. Wenngleich Mersmanns Entwurf einen hochschuldidaktischen Beitrag darstellt, so ist die Übereinstimmung mit den schuldidaktischen Ausführungen in Richtlinien und Schulbüchern nicht zu leugnen.
Vgl. Mersmann, Hans: Das Musikseminar, in: Musikpädagogische Bibliothek, H. 11, Berlin 1931, S. 11 ff.

[104] Kraus, Egon/Oberborbeck, Felix (Hrsg.): (1951d) a.a.O., Bd. 3, S. 89.

[105] Richtlinien für die Bildungsarbeit der Realschulen, RdErl. des Kultusministers vom 9. 12. 1954, in: Abl. KM NW, 7. Jg., Düsseldorf 1955, Beilage zu Nr. 1, S. 29.

[106] Der Artikel *Die Bildung des Gehörs ist das wichtigste* (MiU, H. 2, 1955) von Heinrich Jacobs bildet dabei eine Ausnahme.

[107] Vgl. Borris, Siegfried: Neue Aufgaben der Hörerziehung, in: MiU (Ausg. B), H.11, 1962, S. 318 ff.

Sie soll inhaltlich auf das Studium des Volksschullehrers an Pädagogischen Akademien oder des Musikstudienrats an den Musikhochschulen in der BRD vorbereiten. Neben Musiklehre sind Werkbetrachtung und Analyse musikalischen Schrifttums (z.B. *Unterweisung im Tonsatz* von Paul Hindemith) Inhalte der Arbeit. Dennoch scheint die Intensität dieser Arbeit nicht den allgemeinen Erwartungen zu entsprechen, denn die Klagen über mangelndes Vorwissen der Studenten verstummen nicht und geben zugleich "ein erschütterndes Bild von den geringen Hilfen, die seitens der Schule gegeben werden"[109].

5. 2. 4 Rhythmische Erziehung und Improvisation

Durch die Dominanz des Liedes und des Singens spielt die Rhythmische Erziehung innerhalb der schulischen Musikerziehung eine geringe Rolle. Innerhalb der Volks- und Realschulrichtlinien findet sie keinerlei Erwähnung, obwohl sie gerade für jüngere Kinder besonders wichtig wäre.

"Das jüngere Kind ist noch nicht in der Lage, seine Eindrücke reflektierend zu verarbeiten. Es muß ihm Gelegenheit zur Reaktion gegeben werden. Geschieht dies nicht, kommt es zu Aggressionen oder zur völligen Abschaltung."[110]

In den 20er Jahren war die Rhythmische Erziehung vermehrt in den Richtlinien, Unterrichtsplänen und der musikpädagogischen Fachliteratur zu finden. Allgemein verwundert die schwache Stellung der Rhythmischen Erziehung innerhalb der Schule der Nachkriegszeit, da sie ebenfalls einem ganzheitlichen Denken entspringt und ganz die Ziele der Musischen Erziehung teilt. Darüber hinaus bietet sie vielfältige Möglichkeiten, bei den Jugendlichen, die durch Krieg, Flucht und Vertreibung gezeichnet sind, Ängste und Verkrampfungen zu lösen.[111] Lediglich die Richtlinien der Höheren Schule von 1952 weisen auf diese Disziplin hin.

Emil Jacques-Dalcroze versteht unter dem Begriff *Rhythmische Gymnastik* die körperliche Darstellung musikalischer Vorgänge und betont damit den Aspekt der Bewegungslehre.

"Erlebnisfähigkeit in bezug auf Musik wird weitgehend durch den Bewegungssinn vermittelt. Bewegungsvorgänge außerhalb des eigenen Körpers können

---

[108] Vgl. Richtlinien für Musik- und Kunsterziehung an Gymnasien im Lande Nordrhein-Westfalen (1952), Düsseldorf 1954, S. 8.

[109] Prof. Dr. Joseph Neyses an den Regierungspräsidenten in Düsseldorf, Düsseldorf 4. 3. 1954, HStAD NW 256-984, o.Bl.

[110] Tauscher, Hildegard: Die rhythmisch-musikalische Entwicklung in der Schule, in: MiU (Ausg. B), H. 9, 1960, S. 250.

[111] Vgl. Feudel, Elfriede: Musik und Körper, in: MiU, H. 3/4, 1949, S. 34.

aber erst dann voll aufgenommen werden, wenn die Bewegungsvorgänge innerhalb des eigenen Körpers erlebt sind."[112] Elfriede Feudel entwickelt die *Rhythmische Gymnastik* zu einer selbständigen musikerzieherischen Disziplin, der *Rhythmischen Erziehung* weiter.[113] Im Gegensatz dazu verkürzen die Richtlinien dieses umfassende musikerzieherische Verständnis der *Rhythmischen Erziehung* auf die körperliche Darstellung von Metren und Rhythmen, die sich durch "Klatschen, Klopfen, Taktieren, Schreiten, Laufen und Hüpfen"[114] artikulieren lassen. Damit wird die musikpädagogische Disziplin *Rhythmische Erziehung* auf das Element der Rhythmuserziehung beschränkt und werden weiterreichende Möglichkeiten, wie z.B. die körperliche Ausführung polyphoner Werke, ausgeschlossen. Auch tänzerische Bewegung, z.B. zum Volkslied oder zu historischen Tanzformen findet im allgemeinen keinen Niederschlag innerhalb des schulischen Musikunterrichts. Alle Hinweise bezüglich der *Rhythmischen Erziehung* beschränken sich auf die Arbeit in der Unterstufe, die in Mädchenschulen durch die Zusammenarbeit mit dem Fach Leibesübung intensiviert werden kann, wobei hier der Akzent auf der Rhythmischen Gymnastik liegt.

Auch die Richtlinien von 1963 empfehlen dieses methodische Verfahren und raten darüber hinaus zur Verwendung von Schlaginstrumenten in Verbindung mit rhythmischer Improvisation.[115] Hierdurch soll die Arbeit mit dem Orff-Instrumentarium angeregt werden, ein in den 30er Jahren entwickeltes Instrumentarium, "das für die Bewegungsbegleitung geeignet, für Bewegungsschülerinnen spielbar und als Basis einer 'elementaren Musikerziehung' verwendbar war"[116]. Jedoch setzt es sich, ebenso wie das von Orff dazu entwickelte *Schulwerk* innerhalb der schulischen Praxis nicht durch, da es zu ungewohnt und zu teuer ist. Darüber hinaus werden auch an den Pädagogischen Akademien und Musikhochschulen keine praktischen Lehrangebote mit dem Orff-Instrumentarium gemacht, so daß es für die jungen Lehrer nahezu unbekannt bleibt. Dieser Mangel führt unter anderem zu einer stiefmütterlichen Behandlung der instrumentalen und vokalen Improvisation innerhalb des schulischen Musikunterrichts, obwohl gerade diese

---

[112] Görschen, Roselinde-Marie von: Rhythmische Musikerziehung – Einwände und Erfahrungen, in: MiU, H. 3, 1953, S. 73.
[113] Vgl. Günther, Ulrich: (²1992) a.a.O., S. 162.
[114] Richtlinien für Musik- und Kunsterziehung an Gymnasien im Lande Nordrhein-Westfalen (1952), Düsseldorf 1954, S. 6.
[115] Vgl. Richtlinien für den Unterricht in Musik, in: Richtlinien für den Unterricht in der Höheren Schule – Teile s und t – Kunst und Musik, in: Die Schule in Nordrhein–Westfalen, H. 8, Ratingen 1964, S. 26.
[116] Zit. nach Günther, Ulrich: (²1992) a.a.O., S. 163.

einen wesentlichen Beitrag zur Weckung der schöpferischen Kräfte des Kindes darstellen würde. Mit dem Versuch, das schulische Singen attraktiver zu gestalten, kommen jedoch neue Formen der Improvisation auf. So werden zu Kanons ostinate Begleitungen als Bordunbässe improvisiert, einzelne Liedzeilen als Kanon verarbeitet, zu zweistimmigen Liedern eine dritte Begleitstimme improvisiert.[117]

5. 2. 5   Musikalische Werkbetrachtung

Die musikalische Werkbetrachtung[118] erfährt innerhalb der verschiedenen Schulformen eine unterschiedliche Gewichtung. Während die Volksschulrichtlinien von 1951 lediglich biographische Hinweise auf Leben und Wirken der bekannten Komponisten vorsehen[119], was in der Praxis meist in Form von Anekdoten geschieht, spielt die Werkbetrachtung in den Richtlinien der Realschule und der Höheren Schule eine nicht zu unterschätzende Rolle. Dabei ist sie in der Oberstufe der Höheren Schule besonders ausgeprägt. Im Vergleich zu den 30er und 40er Jahren wird der musikalischen Kunstwerkbetrachtung innerhalb des schulischen Musikunterrichtes der Mittel- bzw. Realschule und der Höheren Schule mehr Bedeutung zugesprochen.[120] Zwar sprechen auch die Richtlinien von 1924 bereits von der Aufgabe, die Schüler neben "den eigentlichen Sing- und Treffübungen auch zum Verständnis des Musikinhaltes vokaler und instrumentaler Werke"[121] anzuleiten, jedoch wird in den 50er Jahren die Auseinandersetzung mit dem Kunstwerk erweitert[122]. Grundsätzlich gilt bei der Kunstwerkbetrachtung, "daß der Schüler zu ei-

---

[117] Vgl. Eberth, Friedrich: (1954) a.a.O., S. 287 f.

[118] Der Begriff Werkbetrachtung wird in der Literatur unterschiedlich definiert. Während Uhde ihn mit Interpretation gleichsetzt, versteht Fischer darunter allgemein die Beschäftigung mit einem Werk in emotionaler und intellektueller Hinsicht. Für die vorliegende Untersuchung ist musikalische Werkbetrachtung ein Sammelbegriff für alle unterrichtlichen Aktivitäten, bei denen über Musikwerke und das Leben ihrer Komponisten gesprochen wird.
Vgl. Uhde, Jürgen: Werkbetrachtung, in: MiU (Ausg. B), H. 10, 1957, S. 280; vgl. Fischer, Hans: Zur Werkbetrachtung in der Schule, in: Fischer, Hans (Hrsg.): Handbuch der Musikerziehung, Berlin 1954, S. 407.

[119] Vgl. Richtlinien für die Musikerziehung in der Volksschule, RdErl. des Kultusministers vom 19. 7. 1951, in: Abl. KM NW, 3. Jg., Düsseldorf 1951, S. 91.

[120] Schneider, Norbert: Die Situation der Musikerziehung an höheren Schulen, in: MiU (Ausg. B), H. 3, 1957, S. 67.

[121] Reform des Musikunterrichts in den höheren Lehranstalten, Ministerialerlaß vom 14. April 1924, in: Nolte, Eckhard: Lehrpläne und Richtlinien für den schulischen Musikunterricht in Deutschland vom Beginn des 19. Jahrhunderts bis in die Gegenwart – Eine Dokumentation, in: Musikpädagogik – Forschung und Lehre, Bd. 3, Mainz 1975, S. 107.

[122] Vgl. Mies, Paul: Musikgeschichte in der höheren Schule, in: MiU, H. 6, 1953, S. 162.

nem ganzheitlichen Erlebnis des Kunstwerkes geführt werde"[123]. Eine Schlüsselstellung erhält dabei der Begriff *aktives Hören*, unter dem die "geistige Auseinandersetzung mit dem Kunstwerk"[124] verstanden wird. Die Voraussetzung dafür bildet das eigene Musizieren und die "Erziehung zum bewußten Hören"[125]. Die Aufnahmefähigkeit von Musik und die Fähigkeit zum Erfassen von musikalischen Eindrücken stehen dabei in einem Wechselverhältnis. Somit verstehen sich musikalische Handwerks- und Elementarlehre und die parallel damit geforderte Ausbildung des Gehörs nicht als didaktischer Selbstzweck und Lerninhalt, sondern sie sollen in ihrer gegenseitigen Durchdringung, Beeinflussung und Ergänzung zum besseren Verständnis des musikalischen Kunstwerkes dienen. Einen weiteren Aspekt stellt der emotionale Zugang zu einem Werk dar.[126] In ihrer Summe schaffen diese Faktoren, ergänzt durch das eigene Musizieren, die Voraussetzung, "den Schüler zu einem ganzheitlichen Erlebnis des musikalischen Kunstwerkes hinzuführen"[127]. Obwohl dieser ganzheitliche Ansatz bereits mehrfach in den 30er Jahren artikuliert wurde, erfährt er seine Konkretion erst in den Musikrichtlinien für die Höhere Schule im Jahr 1952.[128] Jedoch führt die Forderung, die Werkbetrachtung durch das eigene Musizieren zu unterstützen, zur Ausgrenzung eines beachtlichen Teils des Kulturgutes, da dem Schülermusizieren durch die begrenzten instrumentalen Fertigkeiten der Schüler natürliche Grenzen gesetzt sind.[129] Um dies zu vermeiden, sollen Tonband und Schallplatte im Unterricht für diejenigen Werke eingesetzt werden, die von Schülern nicht vorgetragen werden können.

Zur Vertiefung der musikalischen Werkbetrachtung werden Querverbindungen zu anderen kulturkundlichen Fächern empfohlen.[130] Dabei geht es nicht darum, den Inhalten des Musikunterrichts weitere Einzelheiten aus anderen Fächern hinzuzufügen, sondern um den Versuch, ein Gesamtbild der kulturellen Zusammenhänge

---

[123] Kraus, Egon: Musikalische Werkbetrachtung in der Schule, in: MiU (Ausg. B), H. 3, 1958, S. 69.

[124] Richtlinien für Musik- und Kunsterziehung an Gymnasien im Lande Nordrhein-Westfalen (1952), Düsseldorf 1954, S. 5.

[125] Ebenda, S. 6.

[126] Vgl. Fischer, Hans: a.a.O., S. 407.

[127] Richtlinien für Musik- und Kunsterziehung an Gymnasien im Lande Nordrhein-Westfalen (1952), Düsseldorf 1954, S. 7.

[128] Für Nordrhein-Westfalen sind dabei vor allem die Konzeptionen von Mersmann und Mies zu Beginn der 30er Jahre von Interesse, die beide Elemente dieses ganzheitlichen Ansatzes aufweisen.
Vgl. Mersmann, Hans: (1931) a.a.O., S. 23; vgl. Mies, Paul: Der Sinn der Musikgeschichte, in: Die Musik, H. 1, 1930, S. 17.

[129] Vgl. Mies, Paul: (1953) a.a.O., S. 162.

[130] Richtlinien für Musik- und Kunsterziehung an Gymnasien im Lande Nordrhein-Westfalen (1952), Düsseldorf 1954, S. 7.

zu vermitteln.[131] Wichtig dabei ist der Hinweis, daß nicht nur das Fach Musik diese Querverbindungen anstreben soll, sondern auch von anderen kulturkundlichen Fächern dieses Prinzip betrieben werden sollte.

Die Auswahl der musikalischen Kunstwerke innerhalb der Lehrpläne erfolgt nach exemplarischen Gesichtspunkten, um die Masse des Lehrstoffes einzuschränken. Dabei wird bewußt auf die Darstellung der Vielfältigkeit musikalischer Stilepochen verzichtet.[132] Diesem Auswahlprinzip kommt mit der beginnenden Stundenreduzierung im Fach Musik zu Beginn der 60er Jahre wachsende Bedeutung zu.

"Während früher ein systematischer Überblick über den gesamten zeitlichen Ablauf der Musikgeschichte gefordert wurde, sehen wir heute in der Herausarbeitung wesentlicher Epochen das Ziel der Musikerziehung in der höheren Schule."[133]

Allgemein wird von einem "Kanon gültiger Werke, die zum Grundbestand deutscher Bildung gehören"[134], ausgegangen, der im Rahmen der musikalischen Werkbetrachtung unterrichtet werden soll. Ebenso soll auch die Neue Musik berücksichtigt werden.[135] Dabei gibt es keine festgelegten oder vorgeschriebenen methodischen Verfahren der Werkbetrachtung, jedoch geschieht die Auswahl der Beispiele nach dem Prinzip "Vom Einfachen zum Schweren" und löst sich somit von einer gattungsgeschichtlichen Sichtweise. Zugleich soll auch der entwicklungspsychologische Stand der Schüler in die Werkauswahl mit einfließen.

"Der musikerzieherische Weg wird also über die einfachsten melodischen Gebilde führen und allmählich zu immer höheren Stufen fortschreiten."[136]

Eine von Mies durchgeführte Analyse von Schulliederbüchern und Musikkunden aus dem Jahr 1953 zeigt, daß das zur Verfügung stehende Material für die musikpädagogische Praxis nicht geeignet ist. "Sie [die Beispiele; d. Verf.] müssen typisch sein, kurz, zur Analyse und Synthese innerhalb einer Unterrichtsstunde geeignet und wertvoll."[137]

Innerhalb der Grundschule wird keine musikalische Werkbetrachtung durchgeführt, innerhalb der Oberstufe der Volksschule ist ihr Anteil innerhalb des Musik-

---

[131] Vgl. Mies, Paul: Musik im Unterricht der höheren Lehranstalten, Bd. 1, Köln 1925, S. 2.
[132] Vgl. Münnich, Richard: Ziel des Schulmusikunterrichts, in: Fischer, Hans (Hrsg.): Handbuch der Musikerziehung, Berlin 1954, S. 74.
[133] Kraus, Egon: (1957) a.a.O., S. 13.
[134] Kraus, Egon: Musik in der Bildung unserer Zeit, MiU, H. 2, 1962, S. 35. (= 1962b)
[135] Vgl. Kapitel 5. 2. 6.
[136] Fischer, Hans: a.a.O., S. 412.
[137] Mies, Paul: (1953) a.a.O., S. 164.

unterrichts sehr gering. In der Realschule und am Gymnasium beginnt mit der 5. Jahrgangsstufe je nach Begabungssituation der Klasse das zweistimmige Singen. Dabei bildet der Kanon die "natürliche Brücke zur Mehrstimmigkeit"[138], die in der 6. Jahrgangsstufe durch das Kennenlernen von einfacher Liedpolyphonie (Rhaw, Praetorius, Lassus, Marx, Distler, Hindemith) ergänzt wird. Zugleich wird im 6. Schuljahr das Vorspielen einfacher Stücke vom Barock bis zu zeitgenössischen Stilen empfohlen, wobei diese durch "Anekdoten und Episoden aus dem Leben großer Musiker"[139] ergänzt werden sollen. Ferner sollen einfache Kunstlieder und Balladen vorgetragen werden. Innerhalb der Mittelstufe wird die Kunstwerkbetrachtung auf erste Formstrukturen der Musik gerichtet sowie auf Präludien, Inventionen, Bicinien, Suiten-Sätze, Variationen, erweiterte Lied- und Rondoformen (8. Schuljahr). Der Stoff des darauffolgenden Schuljahres besteht hauptsächlich aus der Analyse polyphoner Formen, während im 10. Schuljahr die Sonatenform in den Mittelpunkt der Betrachtung rückt. Parallel dazu sollen bereits Oratorien (z.B. Die Schöpfung) und Spielopern (z.B. Bastien und Bastienne) behandelt werden. Mit dem Beginn der Oberstufe fokussiert sich die Kunstwerkbetrachtung auf das Musikdrama (z.B. Meistersinger, Boris Godunow, Palestrina) und das Kunstlied.[140] Die 12. Jahrgangsstufe dient nochmals der Vertiefung des polyphonen und konzertanten Musikschaffens, während im letzten Schuljahr "Höhepunkte der abendländischen Musik"[141] behandelt werden sollen und man sich mit den Gegenwartsfragen der Musik auseinandersetzen soll. Daß man bei der Werkauswahl nicht den absoluten, sondern den erzieherischen Wert der Werke beachten soll, verweist auf die musikalische Richtung, die hier eingeschlagen werden soll.[142] Von der Erarbeitung des einstimmig gesungenen Volksliedes ausgehend, sollen alle Formen und Gattungen des musikalischen Kunstwerkes kaleidoskopartig, abgesehen von manchen Rückgriffen zwecks vertiefender Absicht, aufgefächert werden.[143] Dabei ist der Ausgangspunkt, das einstimmige Volkslied, nicht nur auf-

---

[138] Richtlinien für die Bildungsarbeit der Realschulen, RdErl. des Kultusministers vom 9. 12. 1954, in: Abl. KM NW, 7. Jg., Düsseldorf 1955, Beilage zu Nr. 1, S. 29.
[139] Richtlinien für Musik- und Kunsterziehung an Gymnasien im Lande Nordrhein-Westfalen (1952), Düsseldorf 1954, S. 10.
[140] Innerhalb der Realschule werden Teile dieser Inhalte bereits in Klasse 9 und 10 behandelt.
[141] Richtlinien für Musik- und Kunsterziehung an Gymnasien im Lande Nordrhein-Westfalen (1952), Düsseldorf 1954, S. 12.
[142] Vgl. ebenda, S. 12.
[143] Der Inhalt der Richtlinien für den Musikunterricht von 1952 bezüglich der musikalischen Werkbetrachtung ist nahezu kongruent mit dem Aufbau des Buches *Musikhören* von Hans Mersmann. Dieses Buch stammt aus dem Jahre 1938 und wurde 1952 erneut aufgelegt. Vgl. Mersmann, Hans: Musikhören, Frankfurt am Main ²1952.

grund seiner einfachen Musizierfähigkeit gewählt, sondern auch aufgrund seines elementaren Charakters. Ausgehend vom Volkslied erschließt sich innerhalb des Musikunterrichts sukzessive der Raum des Kunstwerks, gemäß dem Grundsatz "Vom Volksliede zur Kunstmusik"[144].

Die wissenschaftliche Grundlegung des gymnasialen Unterrichts durch die Saarbrücker Rahmenvereinbarung findet in der Werkbetrachtung keinen unmittelbaren Niederschlag. Es kommt weder zur Einführung propädeutischer Studien in Richtung Musikwissenschaft, noch zu einer inhaltlichen Erweiterung der Werkbetrachtung im Sinne der systematischen Musikwissenschaft. Lediglich eine Modifikation der Unterrichtsform, d.h. "eine Abkehr vom geschlossenen, frontalen Unterricht und eine Hinwendung zu freieren Unterrichtsformen"[145] destilliert Kraus für den Musikunterricht aus den Empfehlungen zur didaktischen und methodischen Gestaltung der Oberstufe der Gymnasien heraus.

5. 2. 6 Neue Musik[146]

Die schulische Musikerziehung kann zu Beginn der Nachkriegszeit auf nahezu keine methodisch-didaktische Erfahrung mit avancierter Neuer Musik zurückblicken. Zum einen hat die Musikpolitik des Dritten Reiches diese Musik verboten und als entartet stigmatisiert, zum anderen fand auch vor 1933 keine schulische Rezeption dieser Musik statt, da die meisten Musiklehrer noch Gesangsmethodiker alten Stils waren und sich bei dieser Materie überfordert fühlten. Zugleich waren kaum Materialien und Tonträger vorhanden, die einen schulischen Einsatz möglich gemacht hätten. Jedoch entwickelt sich im Zuge der Jugendmusikbewegung eine Musikrichtung, die sich als neue Sing- und Spielmusik zu etablieren beginnt. Diese Musik wird von jungen Komponisten für Kinder und Laien geschrieben. Der reformpädagogische Primat der Selbsttätigkeit und Aktivität des Kindes bedingt einfache musikalische Formen. Im Bereich der Instrumentalmusik entstehen Kompositionen mit geringen spieltechnischen Anforderungen, die sich in ihrer Anlage meist an Kompositionen des Barocks orientieren. Gerade unbekannte Werke des Früh- und Hochbarocks gehören zum häufig gespielten Repertoire der Spielkreise im Umfeld der Jugendmusikbewegung. Die Lied- und Chorkompositionen orien-

---

[144] Vgl. Sydow, Alexander: Das Lied - Ursprung, Wesen und Wandel, Göttingen 1962, S. 27.
[145] Kraus, Egon: Didaktische und methodische Gestaltung der Oberstufe der Gymnasien, in: MiU (Ausg. B), H. 1, 1962, S. 8.
[146] Der Begriff "Neue Musik" ist als Sammelbegriff für alle nicht populären Musikformen zu verstehen, die die spätromantische Musiktradition ablösen. Dabei sei darauf hingewiesen, daß die Termini innerhalb der musikpädagogischen Aufsätze und Stellungnahmen zu diesem Thema sehr uneinheitlich verwendet werden. Am häufigsten werden die Begriffe "Neue Musik" oder "Zeitgenössische Musik" verwendet.

tieren sich vor allem an den verschiedenen Formen des Volksliedes und an Madrigalen alter Meister. Es werden keine neuen musikalischen Formen geschaffen. Die Neuerungen bestehen lediglich in der Erweiterung der Tonalität, in neuen rhythmischen Wendungen und "in der Überwindung symmetrischer Periodik"[147].

"Schon mehrfach ist darauf hingewiesen worden, daß seit 1900 eigentlich nur noch Stilkopien in der Liederproduktion möglich sind, ..."[148]

Die Richtlinien der Nachkriegszeit fordern explizit den Umgang mit Neuer Musik. Am weitesten gehen dabei die gymnasialen Richtlinien 1952 mit der Forderung, daß alle Musikerziehung zum Musikbilde der Zeit führen müsse[149]. Dieser scheinbar progressive Ansatz, nach dem die mannigfaltigen stilistischen Formen der Neuen Musik zum Bestandteil des schulischen Musikunterrichts werden können, wird in der pädagogischen Praxis auf neue Sing- und Spielmusiken der Jugendmusikbewegung reduziert. In Anlehnung an eine Untersuchung von Fritz Reusch begründet Kraus diese inhaltliche Verkürzung. Dabei werden die vielfältigen Stile innerhalb der Neuen Musik durch drei Kreise dargestellt. Im Zentrum dieser Kreise steht der diatonische Klangraum, dessen sich die neue Gemeinschaftsmusik bedient (Pepping, Marx, Distler, Rohwer). Dieses Zentrum wird von dem chromatischen Tonraum umschlossen, dessen sich vor allem die Konzert- und Solomusik bedient (Hindemith, Fortner) und der "nur in vorsichtiger Auswahl für die Erziehung des jungen Menschen brauchbar"[150] ist. Dieser Kreis wird wiederum von den Protagonisten der Zwölftonmusik (Schönberg, Webern, Berg) umschlossen. Diese Musik scheidet für die Erziehung aus, weil durch sie die "Gefahr des Abgleitens ins Gesetzlose, ins Chaotische"[151] droht.

"Neue Musik ist also im wesentlichen nur soweit einzubeziehen, wie sie die naturgegebene Ordnung wahrt."[152]

Dieser Position liegt das allgemein verbreitete Erziehungsverständnis musischer Prägung zugrunde, demzufolge die Musik wesentlich zur Bildung der Persönlichkeit beiträgt. Im Hinblick auf die harmonische Entwicklung des Schülers soll deshalb alles Chaotische, Unnatürliche und Störende keinen Platz innerhalb der Erzie-

---

[147] Träder, Willi: Neues Liedgut und neue Chormusik für die Schule, in: MiU (Ausg. B), H. 10, 1963, S. 315.
[148] Segler, Helmut: Das 'Volkslied' im Musikunterricht, in: Brednich, Rolf Wilhelm u.a. (Hrsg.): Handbuch der Volksliedes, Bd. 2, München 1975, S. 682.
[149] Richtlinien für Musik- und Kunsterziehung an Gymnasien im Lande Nordrhein-Westfalen (1952), Düsseldorf 1954, S. 5.
[150] Kraus, Egon: (1949a) a.a.O., S. 153.
[151] Ebenda.
[152] Ebenda.

hung haben. Für die Schule bedeutet diese Vorstellung jedoch Musikerziehung durch Musikentzug.[153] Zugleich macht diese Position Kraus' mangelnde Sachkenntnis der Neuen Musik deutlich, da gerade die Zwölftonmusik aufgrund ihrer Reihentechnik das Gegenteil von Gesetzlosigkeit und Chaos darstellt und diese Gesetzmäßigkeit in seriellen Kompositionen der 50er Jahre noch gesteigert wird.

Die Rezeption Neuer Musik wird durch ein weiteres Moment des schulischen Musikunterrichts behindert. Bis Ende der 60er Jahre ist der Musikunterricht von dem Bemühen geprägt, den Lernenden selbst musizieren zu lassen. Jedoch weisen die avancierten Werke Neuer Musik solche spiel- und singtechnischen Schwierigkeiten auf, die selbst der ausgebildete Schulmusiker in den meisten Fällen nicht mehr meistern kann, so daß auf diese Musik im Unterricht verzichtet wird.

"Will die Schule es vermeiden, daß Musizieren und Musikkunde sich im Wesen neuer Gehalte allzu weit voneinander lösen, muß sie nach Werken von Zeitgenossen suchen, die der Praxis des Dilettanten zugänglich sind und parallel zu den Richtungen laufen, in denen sich die moderne Musik seit der Jahrhundertwende bewegt."[154]

In der unterrichtlichen Konsequenz bedeutet diese Forderung eine Hinwendung zur Sing- und Spielmusik der Jugendmusikbewegung. Ein weiteres Hindernis bezüglich der Rezeption Neuer Musik im Unterricht liegt in der Ablehnung Technischer Mittler durch die meisten Musiklehrer. Da die klangliche Realisierung durch Reduktion auf einen Klavierauszug meist nicht mehr möglich ist, finden die Werke keine Verwendung innerhalb des Unterrichts.

5. 2. 7   Jazz und Schlager

Die fachdidaktische Diskussion um die Behandlung von Jazz und Schlager innerhalb des schulischen Musikunterrichts gewinnt in der Nachkriegszeit an Intensität, nachdem von den Musikpädagogen erkannt worden ist, daß diese Musikstile innerhalb der Musikrezeption der Jugendlichen zunehmend an Bedeutung gewinnen.[155] Durch die Realschulrichtlinien vom Dezember 1954 erfahren diese Musikstile eine weitere Bedeutungssteigerung. Die Richtlinien sehen vor, im Musikunterricht der

---

[153] Antholz bezeichnet die durch die "Säuberung und Entjudung des deutschen Musiklebens" versäumten Hörerfahrungen während des Dritten Reiches ebenfalls als Musikerziehung durch Musikentzug.
Vgl. Antholz, Heinz: (1993) a.a.O., S. 74.
[154] Warner, Theodor: Neue Musik im Unterricht, in: Beiträge zur Schulmusik, Bd. 16, Wolfenbüttel/Zürich 1964, S. 4.
[155] Die beiden Begriffe "Jazz" und "Schlager" werden aufgrund der historischen Ausrichtung der Untersuchung beibehalten, obwohl sie nur unzureichend die Vielfalt der damals populären Musikformen andeuten.

"heutigen Gebrauchsmusik (Schlager, Jazz) ... wegen ihres Einflusses auf die Jugend erhöhte erzieherisch kritische Aufmerksamkeit"[156] zu schenken. Ab diesem Zeitpunkt ist die Lehrerschaft gleichsam von offizieller Seite aus aufgefordert, sich diesem Themenkomplex zu stellen, und nicht in die "noch sehr übliche[n] 'Vogel-Strauß-Manier', die oft nur aus Unkenntnis und Ratlosigkeit ihre Berechtigung herleitet"[157], zu verfallen. Je nach pädagogischer Intention des Autors wird zwischen Jazz- und Schlagerrezeption differenziert oder beide Musikformen zusammen als Ausdruck einer Form von Musikrezeption genannt, wie es auch aus der Diktion der Richtlinien hervorgeht. Aber auch innerhalb der Schülerschaft gehen die Begriffe oftmals durcheinander.[158]

Bis zum Beginn einer verstärkten Beat- und Rockrezeption in den 70er Jahren ist die Auseinandersetzung mit Jazz und Schlagern nahezu ausschließlich musikpädagogisches Terrain. Schon 1953 beklagt Twittenhoff die mangelnde wissenschaftliche Aufarbeitung des Thema Jazz[159], was innerhalb der musikpädagogischen Rezeption zu "einer naiven Grundhaltung dem vermittelten Sujet gegenüber"[160] führt. Eine differenzierte didaktische Aufarbeitung der vielfältigen Erscheinungen des Jazz und Schlagers besteht nicht. Dennoch gibt es zwei unterschiedliche Grundströmungen bezüglich beider Musikformen in dieser Zeit. Die ersten Veröffentlichungen lassen eine grundsätzliche Ablehnung des Jazz und des Schlagers innerhalb des Musikunterrichts erkennen. Beide Musikformen erfahren dabei eine Stigmatisierung. Während der Jazz, obwohl bereits eine Binnendifferenzierung bezüglich verschiedener Stile nach Qualität und Authentizität stattfindet, als "Durchbruch des Magischen, des Dionysischen, ja des Untergründig-Chaotischen"[161] dargestellt wird, wird der Schlager aufgrund seiner Plattheit und Sentimentalität abgelehnt.[162] Zugleich wird der Schlager für den "Aufbau einer höchst fragwürdigen Scheinwelt, in der *Pseudo*ideale an die Stelle sittlicher Werte

---

[156] Richtlinien für die Bildungsarbeit der Realschulen, RdErl. des Kultusministers vom 9. 12. 1954, in: Abl. KM NW, 7. Jg., Düsseldorf 1955, Beilage zu Nr. 1, S. 29.

[157] Gieseler, Walter: Praktische Ratschläge für die Behandlung des Jazz in der Schule, in: MiU, H. 4, 1954, S. 100.

[158] Vgl. Gericke, Hermann Peter: Jazz und Schlager als Grundlage einer neuzeitlichen Schulmusikerziehung?, in: Hausmusik 1957, H. 2, S. 34.

[159] Vgl. Twittenhoff, Wilhelm: Jugend und Jazz – Ein Beitrag zur Klärung, in: Bausteine für Musikerziehung und Musikpflege, Bd. 8, Mainz 1953, S. 7. (= 1953a)

[160] Vgl. Hoffmann, Bernd: From Mozart to No Art – Zur Ideologisierung von Bearbeitungen, in: Fuchs, Ingrid (Hrsg.): Internationaler Musikwissenschaftlicher Kongreß zum Mozartjahr 1991 in Baden bei Wien – Bericht, Tutzing 1993, S. 401.

[161] Twittenhoff, Wilhelm: (1953a) a.a.O., S. 111.

[162] Vgl. Kraus, Egon: (1949b) a.a.O., S. 26.

treten"[163], verantwortlich gemacht. Damit stehen beide Musikstile im Gegensatz zu den Erziehungsidealen der Nachkriegszeit, in deren Rahmen die Musikerziehung zur Veredelung des Charakters beizutragen hat. Die kontraproduktive Wirkung von Jazz und Schlager wird dabei mit einem Vokabular deutlich gemacht, das an Schärfe der nationalsozialistischen Propaganda in nichts nachsteht. Die Gründe der starken Rezeption dieser Musik durch Jugendliche wird zum einen in der "mangelnden sittlichen Kraft" der Jugendlichen selbst gesehen und "in ihrer Unfähigkeit, negative Elemente der Unterhaltungsmusik zu erkennen"[164], zum anderen im "unheilvollen Einfluß der Technik, des 'Apparates' auf den Menschen"[165]. Das Stigma des technischen Massenproduktes und des unheilvollen Einflusses der Technischen Mittler bildet bei vielen musisch bewegten Autoren die Grundlage ihrer Argumentation, die in ihrer Verkürzung zu einer Gegenüberstellung von Technik und dem Kunstwerk bzw. dem Volkslied wird.[166]

"Das ekstatische oder sentimentale Geheul schwarzer oder weißer Schlagersänger und -sängerinnen ist von einer Beethovensymphonie oder einem Händelschen Concerto grosso nur mehr einen Skalenstrich entfernt, ..."[167]

Zugleich wird die ständig wachsende Schlager- und Jazzrezeption auch auf die mangelnde Attraktivität des bestehenden Angebotes des Musikunterrichts zurückgeführt.

"Nicht durch Verbote von schlechter Tanzmusik ist unserer Jugend geholfen, sondern durch das Schaffen einer sauberen, in Technik und Haltung einwandfreien Tanzmusik."[168]

Twittenhoff empfiehlt, das rhythmische Element, für ihn die suggestivste Kraft des Jazz, innerhalb der Musikerziehung zu stärken und sie somit aus alten ausgefahrenen Pfaden zu befreien.[169] Dabei muß es gelingen, mit der Musikauswahl das Lebensgefühl der Jugendlichen zu treffen. Ein probates Mittel hierfür sehen die

---

[163] Schneider, Norbert: Untersuchungen zum Wertproblem im Bereich der Musik, aufgezeigt am Beispiel: Volkslied und Schlager, in: Kraus, Egon (Hrsg.): Musikerziehung in der Schule – Vorträge der ersten Bundesschulmusikwoche Mainz 1955, Mainz 1956, S. 248. (kursiv im Original)
[164] Kraus, Egon: (1949b) a.a.O., S. 26.
[165] Twittenhoff, Wilhelm: Jugend und Jazz – Teil 2, in: MiU, H. 4, 1950, S. 105. (= 1950a)
[166] Vgl. Knolle, Niels: Populäre Musik als Problem des Musikunterrichts, in: Behne, Klaus-Ernst (Hrsg.): Musikpädagogische Forschung, Bd. 1, Einzeluntersuchungen, Laaber 1980, S. 267.
[167] Schneider, Norbert: (1957) a.a.O., S. 68.
[168] Kraus, Egon: (1949b) a.a.O., S. 27.
[169] Vgl. Twittenhoff, Wilhelm: (1950a) a.a.O., S. 104 f.

Vertreter der musischen Erziehung in der Hinwendung zur sogenannten 'Jungen Musik'.[170]

Mitte der 50er Jahre wandelt sich die offene Ablehnung von Jazz und Schlager innerhalb des Musikunterrichts in eine versteckte Ablehnung, die sich durch eine Pseudooffenheit gegenüber diesen Themenbereichen nach außen hin zeigt.[171] Aufgrund der breiten Akzeptanz dieser Musikformen will der schulische Musikunterricht, bei aller Kritik insbesondere am Schlager, nicht totschweigen, "was nun einmal Lebenswirklichkeit ist"[172].

"Der Jazz ist eine musikalische Erscheinung, an der man heute auch in der Schule nicht mehr vorbeigehen kann. ... Die Jazzmusik ... ist seit ihrer Verbreitung in Europa (also seit fast 40 Jahren) immer eine Musik der Jugend gewesen, oft viel ursprünglicher und lebendiger als eine Musik, die sich gern selbst als 'jung' bezeichnet."[173]

Dabei wird das Interesse der Jugendlichen an Schlager und Jazz methodisch ausgenutzt, um so Aufmerksamkeit für die Inhalte des Musikunterrichtes zu erzielen. Zugleich werden mit dieser Rattenfängermethode (Hermann Rauhe) divergente Ziele verfolgt. Zum einen wird versucht, Jazz und Schlager durch musiktheoretische Analysen in ihrer Wirkung zu entzaubern, indem ihre Funktion und ihre kompositorische Form aufgezeigt wird und man ihre Schwächen im Vergleich zu Kunstwerken der abendländischen Musiktradition offenlegt. Gieseler bezeichnet dabei den Jazz als Nebenfluß der abendländischen Musik.

"In der abendländischen Musik sind die hochentwickelten Formen das Entscheidende. Es leuchtet ein, daß diese ohne genaue Notation nicht zu verwirklichen sind. Ein Zurückgehen zur Improvisation im allgemeinen, wie sich das manche Jazzfreunde sehr leichtfertig vorstellen, würde ein Rückschritt für uns in jeder Hinsicht bedeuten."[174]

Der Vergleich von Jazz bzw. Schlager mit Kunstmusik oder Volkslied wird dabei oft von der pädagogischen Intention getragen, "die primitive Begeisterung für das Minderwertige in eine solche für das Hoch-Wertige zu wandeln"[175]. Gerade die Schlagerrezeption der 50er Jahre ist von diesem pädagogisch missionarischen Auf-

---

[170] Vgl. Kraus, Egon: (1949b) a.a.O., S. 27.
[171] Vgl. Gieseler, Walter: (1954) a.a.O., S. 100.
[172] Schneider, Norbert: (1956) a.a.O., S. 253.
[173] Schulz-Köhn, Dietrich/Gieseler, Walter: Jazz in der Schule, in: Beiträge zur Schulmusik, H. 6, Wolfenbüttel 1959, S. 3.
[174] Gieseler, Walter: Jazz und abendländische Musik, in: MiU (Ausg. B), H. 4, 1961, S. 117.
[175] Sydow, Alexander: Jazz und Schule – Ein Beitrag zur grundsätzlichen Haltung des Musikerziehers, in: MiU, H. 1, 1956, S. 10.

trag geleitet. Dabei geht es meist in der Gegenüberstellung mit dem Volkslied darum, die dichterische und kompositorische Überlegenheit des Volksliedes herauszustellen, "den Schlager zu desillusionieren, den Jugendlichen damit vom Schlager zu befreien und das Tor für echte Werte zu öffnen"[176].

Einen weiteren Aspekt bildet die Gegenüberstellung von Schlager und Jazz.[177] Dabei geht man davon aus, den "Jazz als ein Gebiet der Gegenwartsmusik genauso konsequent im Unterricht zu behandeln wie die anderen Gebiete"[178]. Dafür werden systematische Musikkunden über die verschiedenen Bereiche des Jazz entworfen, die ausführlich über seine Vorstufen, Formen und Stilarten Auskunft geben. Man erhofft sich mit der Durchführung eines guten Jazzunterrichts die Schüler gegenüber dem Schlager zu immunisieren.

"Wo jedenfalls das Thema 'Jazz' weiterhin das heiße Eisen bleibt, das es bisher gewesen ist, geschieht nicht die wünschenswerte Entwicklung vom Schlager zum Jazz, sondern umgekehrt vom Jazz zum Schlager."[179]

Die aufgezeigte Polarität zwischen Schlager/Jazz und Kunstmusik/Volkslied wird in diesem Fall zwischen Schlager und Jazz aufgezeigt. Dabei wird der Schlager als fabriziertes Kitschprodukt einer international agierenden Unterhaltungsindustrie dem Jazz als Ausdruck einer echten Gefühlswelt gegenübergestellt. Der Schwerpunkt dieser Arbeit liegt weniger in der formalen Analyse als vielmehr in einer bewußten Hörerziehung, die sich von der Rezeption klassischer Musik unterscheidet.[180]

Zusätzlich soll die musikpädagogische Jazzrezeption auch der brachliegenden Improvisation im schulischen Musikunterricht neue Impulse geben. Die im Zuge der Jugendmusikbewegung eigens für die Schulmusik erdachten kindertümlichen Improvisationsübungen erscheinen im Vergleich zum Jazz als eingeengt und fade.

"Ein Schuß Lebensfreude und Vehemenz, die der Jazz mit sich bringt, täte unserer sogenannten Jugendmusik sehr gut."[181]

---

[176] Abel-Struth, Sigrid: Volkslied contra Schlager, in: MiU (Ausg. B), H. 11, 1957, S. 318. (= 1957b)

[177] Aufgrund seiner Stigmatisierung als entartete Kunst während des Dritten Reiches steht der Jazz gegenüber dem Schlager in solchen Vergleichen automatisch auf einer moralisch höheren Stufe.

[178] Stutte, Willy: Jazz in der Schulpraxis, ein Kapitel moderner Musikkunde, in: MiU (Ausg. B), H. 7/8, 1959, S. 235.

[179] Berendt, Joachim Ernst: Was man als Lehrer vom Jazz wissen sollte, in: MiU, H. 4, 1954, S. 98.

[180] Vgl. Stutte, Willy: a.a.O., S. 238.

[181] Schulz-Köhn, Dietrich/Gieseler, Walter: a.a.O., S. 82.

5.3 Chor und Orchester

Die traditionelle Stellung des Schulchores und -orchesters innerhalb des Schulalltages der Höheren Schule wird durch die teilweise bestehende Teilnahmepflicht beibehalten.[182] Aber auch in der Volks- und Realschule soll die Arbeit mit Chor und Orchester dazu beitragen, gemeinschaftsbildende Kräfte zu entfalten bzw. zu stärken. Allgemein läßt sich die schulische Chor- und Orchesterarbeit der Nachkriegszeit als Ergebnis eines Wandels beschreiben. Ausschlaggebend hierfür ist die Tatsache, "daß die Musiklehrer an Volks- und höheren Schulen gleichzeitig als Aktivisten in der musikalischen Jugendarbeit standen"[183]. Während es in den 20er Jahren durchaus üblich war, große Meisterwerke des klassisch-romantischen Konzertrepertoires in reduzierten Besetzungen und fragwürdigen Bearbeitungen im Schulchor und -orchester zu musizieren, lehnen die Richtlinien der 50er Jahre diese Praxis ab.[184] Zugleich wird auf "die Fülle guter Originalmusik"[185] verwiesen, die im Schwierigkeitsgrad und bezüglich der Besetzung den Möglichkeiten eines Schulchores und -orchesters entsprechen. Dabei wird auf die editorische Arbeit, die sich im Umfeld der Jugendmusikbewegung vollzogen hat, zurückgegriffen.

Ein wesentliches Problem der schulischen Chorarbeit liegt in dem Fehlen vollentwickelter Männerstimmen. Die Folge davon ist, daß meist eine Trennung der männlichen Sänger in Tenor- bzw. Baßstimme nicht möglich ist und somit nur eine männliche Singstimme in baritonaler Mittellage sinnvoll erscheint.[186] Aus diesem Grund führen die meisten Schulliederbücher aus den 50er Jahren neben polyphonen vier- und fünfstimmigen Werken eine Vielzahl zwei- und dreistimmiger Chorsätze des 16./17. und 20. Jahrhunderts auf, um so die "Begeisterung zum Musizieren zu wecken"[187]. Zusätzlich soll der Hinweis, bei kleinen Chorgruppen die Unter- und Mittelstimmen ab libitum von Instrumenten spielen zu lassen, die Chorarbeit anregen. Wichtig jedoch ist, daß die Auswahl der Chorwerke nach dem Auffassungsvermögen der Schüler erfolgt. In der Summe sollen diese Bemühungen dazu beitragen, die Schüler zu einem ganzheitlichen Musikerlebnis zu führen. Darüber hinaus soll die Chorarbeit denjenigen Schülern, die kein Instrument spielen, eine lebendige und eindringliche Begegnung mit dem musikalischen Kunstwerk er-

---

[182] Vgl. Kapitel 4. 6.
[183] Oberborbeck, Felix: Chorerziehung, in: Fischer, Hans (Hrsg.): Handbuch der Musikerziehung, Berlin 1954, S. 353. (= 1954a)
[184] Vgl. Richtlinien für Musik- und Kunsterziehung an Gymnasien im Lande Nordrhein-Westfalen (1952), Düsseldorf 1954, S. 7.
[185] Vgl. Richtlinien für die Bildungsarbeit der Realschulen, RdErl. des Kultusministers vom 9. 12. 1954, in: Abl. KM NW, 7. Jg, Düsseldorf 1955, Beilage zu Nr. 1, S. 28.
[186] Träder, Willi: a.a.O., S. 316.
[187] Kraus, Egon/Oberborbeck, Felix (Hrsg.): (1951d) a.a.O., Bd. 3, S. 3.

möglichen, die durch Werkbetrachtung und Schallplatte zwar vorbereitet, aber nicht ersetzt werden kann[188].

"Der Chorsänger hat durch die Arbeit an dem Werke das Glück, bis in dessen Tiefen einzudringen, stilistische Gesetze und formale Probleme zu erleben und an diesen Erkenntnissen selbst zu wachsen."[189]

Der Anforderung nach leichter Singbarkeit kommen junge Komponisten durch das Schaffen einer Vielzahl leichter neuer Chorwerke nach, die sich in ihrer Form meist an die homophonen und polyphonen Liedkompositionen alter Meister anlehnen. Für die Pflege des Kanons als leichtester mehrstimmiger Form wird eine Fülle neuer Stücke geschrieben. Das Volkslied wird in neuen homophonen und polyphonen Sätzen verarbeitet, wobei vermehrt auch ausländische Volkslieder berücksichtigt werden. Zusätzlich wird die Schulchorliteratur durch die Übernahme von Volksliedbearbeitungen aus osteuropäischen Ländern sowie Spirituals zunehmend diversifiziert. Der direkte Bezug zur Praxis führt zu neuen Formstrukturen, in denen die Besetzungen nicht festgeschrieben sind, bei denen aus verschiedenen vokalen Begleitformen ausgewählt werden kann. Das Lied wird in seiner Gestalt zum Liedrondo, zur Liedkantate (Marx, Maaß, Bresgen), zum Oratorium (Orff), zur Jugendoper (Werdin, Bergese, von Beckerath) und zum Tanzspiel (Schmolke, Keetman) erweitert.[190] Zugleich soll durch diese spezifischen Kompositionen auch eine Erweiterung des Klassensingens durch die Einbeziehung von Instrumenten erreicht werden, die sich wiederum werbend auf die Chorarbeit an der Schule auswirkt. Addiert man zu dieser neuen Chorliteratur das klassische Schulchorrepertoire, das von Schütz-Motetten über Bach-Kantaten bis hin zu großen Oratorien reicht, so zeigt sich ein überaus vielfältiges Erscheinungsbild der Schulchöre in der Nachkriegszeit.[191]

Auch im Bereich des Schulorchesters werden die spieltechnischen Fähigkeiten der Schüler zum Maßstab der Werkauswahl. Während im Chorbereich das Fehlen der vollentwickelten Männerstimme ein zentrales Problem ist, verliert das Schulorchester ständig durch den jährlichen Abgang der Abiturienten seine instrumentalen Leistungsträger. Somit muß ein relativ niedriger Schwierigkeitsgrad bei der Werkauswahl angesetzt werden. Aufgrund dieser Bedingungen kam es bereits in den 20er Jahren zur Veröffentlichung zahlreicher Reihen mit neu herausgegebener Ba-

---

[188] Vgl. Nitsche, Paul: Schulmusik und Chorgesang, in: MiU (Ausg. B), H. 12, 1965, S. 405.
[189] Thomas, Kurt: Die erzieherische Wirkung des Chorsingens, in: MiU, H. 11, 1953, S. 317.
[190] Vgl. Oberborbeck, Felix: (1954a) a.a.O., S. 358 f.
[191] Vgl. Binkowski, Bernhard: Neue Chormusik in unseren Schulen, in: MiU (Ausg. B), H. 1, 1965, S. 11.

rockmusik, die nach dem Zweiten Weltkrieg die Literaturgrundlage der Schulorchester darstellen.
"Die alte Orchestermusik aus der Zeit des Früh- und Hochbarocks ist spieltechnisch gesehen wesentlich einfacher als die spätere (auch schon klassische) Musik für großes Orchester; sie kann außerdem von einem Schulorchester in originaler (d.h. zugleich "vollständiger") Gestalt gespielt werden."[192]
Auch für den Bereich des Schulorchesters wird das Barockrepertoire durch sogenannte Neue Spielmusik, meist in Anlehnung an barocke Kompositionsformen, von jungen Komponisten ergänzt.

Die instrumentaltechnischen Anforderungen beschränken sich im Streicherbereich im allgemeinen auf die erste Lage. Höckner weist in diesem Zusammenhang darauf hin, daß bei einem überdurchschnittlichen Orchester die erste Violine das Spiel in den ersten drei Lagen beherrscht, die übrigen Stimmen jedoch nur die erste Lage beherrschen.[193] Neben Streichorchestern oder gemischten Orchestern verfügen manche Schulen auch über Blasorchester. Hier ist der Lehrer aufgrund der geringen Anzahl gedruckter Werke gezwungen, selbst für die jeweils bestehende Besetzung zu schreiben und zu arrangieren. Eine Erhebung des Deutschen Musikrates aus den Jahren 1960/61 ergibt, daß die Durchschnittsstärke eines vollbesetzten Schulorchesters (Streicher und Bläser) 27 Schüler, bei Streichorchestern 16 und bei Blasorchestern 13 Schüler beträgt.[194] Zugleich wird ein Rückgang des Instrumentalspiels in der Schule festgestellt, der sich für die weitere Arbeit der Schulorchester negativ auswirkt.

Trotz aller Priorität der Bildungsarbeit innerhalb der Schulensembles sollen diese ebenso in die Öffentlichkeitsarbeit der Schule eingebunden werden.[195] Sie sollen entscheidend zum Gemeinschaftsleben der Schule beitragen, indem sie die Höhepunkte des Jahres in Feiern festlich gestalten und nach Möglichkeit eine Keimzelle einer größeren "Sing- und Spielgemeinschaft mit Lehrern und Freunden der Schule"[196] bilden.

---

[192] Höckner, Hilmar: Grundprobleme des Schülermusizierens aufgezeigt am Entwicklungsgang einer praktischen Schulorchesterarbeit, in: Fischer, Hans (Hrsg.): Handbuch der Musikerziehung, Berlin 1954, S. 379.
[193] Vgl. ebenda, S. 395.
[194] Vgl. Kraus, Egon: (1963a) a.a.O., S. 7.
[195] Vgl. Richtlinien für Musik- und Kunsterziehung an Gymnasien im Lande Nordrhein-Westfalen (1952), Düsseldorf 1954, S. 7.
[196] Ebenda, S. 7.

5.4 Musikveranstaltungen

5.4.1 Konzerte für Schüler

Die Ausrichtung der NS-Lehrpläne auf ausschließlich deutsche Musik führt die britischen Erziehungsbehörden im Rahmen ihrer Re-education-Maßnahmen zu dem Plan, Kinder mit den künstlerischen Leistungen anderer Nationen bekannt zu machen[197], "um in diesen Kindern die Achtung vor den kulturellen Leistungen dieser Nationen zu fördern"[198]. Zugleich sollen Lücken, die durch die staatlich gelenkte, restriktive Musikrezeption während des Dritten Reiches entstanden sind, allmählich wieder aufgefüllt werden. Innerhalb der britischen Zone veranstaltet die Education Branch 1948 in Anlehnung an englische Kinderkonzerte, die dort seit Jahren wegen ihres hohen pädagogischen Wertes durchgeführt werden, in Kiel, Hannover, Hamburg, Braunschweig, Recklinghausen, Gelsenkirchen und im britischen Sektor von Berlin jeweils ein Konzert. Dafür stellen sich die Mitglieder der ortsansässigen Orchester unentgeltlich zur Verfügung. Ebenso werden die Konzerträume kostenfrei den Veranstaltern überlassen.[199] Für den pädagogischen Erfolg ist es wichtig, so die Überzeugung der britischen Behörden, daß die im Konzert erklingenden Werke im Unterricht zuvor erarbeitet und besprochen werden. Während des Konzertes gibt der Dirigent eine kleine Einführung.

"Es hat keinen Zweck, sagte Sir Robert Mayer, dass man den Kindern etwa ein schweres oder ein leichtes Orchesterkonzert bietet. Man müsse ihnen zunächst einmal zeigen, was denn überhaupt ein Orchester ist, wie die Instrumente zueinander stehen, wie sie heissen, wie sie aussehen, welchen Part sie in einem Stück vertreten können, wie sie tönen. Musik in dieser Form an die Kinder gebracht, hat nicht mehr die Form von dem langweiligen Musikunterricht, sondern wird zu einer interessanten Sache, die schließlich zu einem Musikerlebnis wird."[200]

Die Kinder sollen mit Hilfe von Grammophonplatten mit den gespielten Werken vertraut gemacht werden und nach Meinung der Education Branch auch "den Film über 'Instrumente des Orchesters' gesehen haben"[201]. Diese Vorbereitung ist

---

[197] Vgl. Davies, Edith Siems: a.a.O., S. 150.

[198] Davies, Edith Siems: Bericht über drei Konzerte für Kinder, die im Juni 1948 von der Education Branch organisiert worden waren, o.J., HStAD NW 60-346, Bl. 59.

[199] Diese Kinderkonzerte wurden auch in Deutschland bis 1933 durchgeführt, dann aber durch andere Maßnahmen der NS-Kulturpolitik ersetzt. Im Ausland, allen voran England und hier speziell durch das Engagement von Sir Robert Mayer, der fast 2.000 Kinderkonzerte veranstaltet hat, wird diese Praxis weiter gepflegt.

[200] Davies, Edith Siems: Bericht über drei Konzerte für Kinder, die im Juni 1948 von der Education Branch organisiert worden waren, o.J., HStAD NW 60-346, Bl. 29.

[201] Ebenda, Bl. 59.

aufgrund der schweren Zerstörung der Schulen und des Lehrmittelmangels aber nicht möglich. Den Veranstaltern kommt es bei diesen Konzerten ebenso darauf an, daß neben deutschen Kindern auch amerikanische und britische Kinder diese Konzerte besuchen, darüber hinaus in jedem Konzert Werke britischer (Benjamin Britten: Führer durch das Orchester für die Jugend; Edward Elgar: Variationen über ein Originalthema – Enigma), französischer (Maurice Ravel: Pavane auf den Tod einer Infantin), russischer (Alexander Borodin: Ouvertüre zu Fürst Igor) und deutscher Komponisten (Carl Maria von Weber: Ouvertüre zu Oberon) gespielt werden sollen.[202] Der Dirigent dieser Konzerte, Trevor Harvey, führt wegen der unterschiedlichen Nationalitäten der Kinder zu Beginn des Konzertes in die jeweiligen Kompositionen sowohl in deutscher als auch in englischer Sprache ein.

"Er besaß die göttliche Gabe in einer Art zu den Kindern zu sprechen, die ihre Achtung und Zuneigung gewinnt. In der Nachkriegszeit haben deutsche Kinder selten so viel Begeisterung gezeigt."[203]

Der große Erfolg dieser Konzerte veranlaßt das Kultusministerium des Landes Nordrhein-Westfalen dazu, die kommunalen Spitzenverbände und Schulverwaltungen aufzufordern, ebenfalls solche Schülerkonzerte zur Förderung der musischen Erziehung durchzuführen.[204] Diese Anregung wird meist von den Städten Nordrhein-Westfalens aufgenommen, die über einen eigenen Klangkörper verfügen. Dabei führen einige Städte regelmäßige abendliche Abonnementreihen für Jugendliche durch, andere wiederum gestalten Stadtteilkonzerte (z.B. Düsseldorf), die während der Schulzeit stattfinden.[205] Das Kultusministerium legt jedoch Wert darauf, daß die dargebotenen Werke von den Musiklehrern im Unterricht einzeln eingehend besprochen werden und zu Beginn der Konzerte für alle Teilnehmer ein kurze und zusammenfassende Einführung in das Konzertprogramm gegeben wird.[206] Ein Modell aus Bayern, die sogenannte Musikhörstunde, bei der die Musiker innerhalb des allgemeinen schulischen Musikunterrichts in allen Schularten ein spezifisches musikalisches Phänomen anhand eines exemplarischen Werkes darstellen, wird vom Kultusministerium abgelehnt. Allgemein jedoch ist ausschlagge-

---

[202] Vgl. ebenda, Bl. 60.
[203] Ebenda, Bl. 60.
[204] Vgl. Konzerte für Schüler, RdErl. des Kultusministers vom 14. 12. 1948, in: Abl. KM NW, 1. Jg., Düsseldorf 1949, S. 30 f.
[205] Alf, Julius: Das Schulkonzert in der musischen Erziehung – Düsseldorfer Erfahrungen, in: MiU, H. 7/8, 1952, S. 193 f.
[206] Vgl. Konzerte für Schüler, RdErl. des Kultusministers vom 14. 12. 1948, in: Abl. KM NW, 1. Jg., Düsseldorf 1949, S. 30 f.

bend, daß die Werke, die in den Schülerkonzerten erklingen, innerhalb des Musikunterrichts vorbereitet werden müssen.

5. 4. 2 Musisches Schulleben

Während die Konzerte für Schüler meist nur in Städten mit eigenem Orchester veranstaltet werden können, bieten sich darüber hinaus für alle Schulen reichhaltige Möglichkeiten, über den eigentlichen schulischen Musikunterricht hinausgehend aktiv zu sein. Vor allem Fest und Feier stellen dabei einen Höhepunkt des musischen Lebens einer Schule dar.[207] Die nationalsozialistische Bildungspolitik nutzte diesen Sachverhalt für ihre ideologischen Belange und räumte der Feier innerhalb der Schule einen breiten Raum ein. Sie galt als "wirksamstes Mittel weltanschaulicher 'Ausrichtung' und 'Festigung'"[208]. Dies führte zu einer regelrechten Inflation an schulischen Feiern. Dabei bemühten sich die Partei und ihre entsprechenden Organisationen durch vielfältige Anweisungen um einen einheitlichen Aufbau und eine kongruente Gestaltung der Feiern über das ganze Reichsgebiet. Zugleich schaffte die Betonung der Feier im Rahmen der nationalsozialistischen Bildungspolitik eine unübersehbare "Zahl von 'Feiermusiken' in einem einheitlichen Stil, der sich als Neobarock bezeichnen läßt und vor allem an die Sing- und Spielmusik (insbesondere Hindemiths) sowie an die neue evangelische Kirchenmusik seit Mitte der 20er Jahre anknüpft"[209]. Dabei kam dem Musikunterricht und den Musikarbeitsgemeinschaften die Aufgabe zu, diese Feiern musikalisch vorzubereiten und zu gestalten.

Auch in der Nachkriegszeit spielt die Schulfeier eine große Rolle für die schulische Musikarbeit. Im Gegensatz zum Dritten Reich überläßt der Staat die Gestaltung den einzelnen Schulen. Die Schulen selbst bestimmen nun Zeitpunkt und Form der Feste und Feiern. Dabei richtet sich die Schule nach lokalen Gegebenheiten, individuellen schulischen Ereignissen und Höhepunkten des Kirchenjahres. Mit der Einbindung kirchlicher Feste in das Schulleben wird das Bemühen der Nationalsozialisten rückgängig gemacht, die Verbindung von Schule und Kirche aufzuheben, indem man die christlichen Feste durch die Wiederbelebung von germanisch-heidnischen Bräuchen ersetzte.

"Eine Schule, die sich bemüht, mehr zu sein als 'Anstalt', nämlich lebendige Gemeinschaft, läuft nicht einfach zum Unterricht zusammen und nach Schulschluß wieder auseinander. Sie findet sich zu bestimmten Zeiten und Stunden

---

[207] Vgl. Seidenfaden, Fritz: Die musische Erziehung in der Gegenwart und ihre geschichtlichen Quellen und Voraussetzungen, Diss. phil. Münster, 1958, S. 17.
[208] Günther, Ulrich: (²1992) a.a.O., S. 183 f.
[209] Günther, Ulrich: Musikerziehung im Dritten Reich – Ursachen und Folgen, in: Schmidt, Hans-Christian (Hrsg.): Handbuch der Musikpädagogik, Kassel u.a. 1986, S. 117.

im Festkreis des Kalenderjahres und des Schuljahres zusammen im Spielen, Gestalten und Feiern, im Schauen und Bekennen."[210]

Alle Veranstaltungen dienen dazu, "das Gemeinschaftsleben der Schule"[211] zu stärken und die Erziehungsgemeinschaft zwischen Elternhaus und Schule zu vertiefen. Neben der eigentlichen Schulfeier, z. B. Feiern zum Schuljahresanfang und -ende, Sommerfeste u.a., die meist mit Eltern und Freunden der Schule begangen werden, gibt es noch zahlreiche andere Gelegenheiten, sich außerhalb des Musikunterrichts musikalisch zu betätigen. So bieten z.b. interne Schulausstellungen, der Besuch des Nikolaus, morgendliches Singen zum Advent, Quempassingen am letzten Tag vor den Weihnachtsferien und morgendliches Singen am Tag der Reifeprüfungen die Möglichkeit zur musikalischen Gestaltung. Dabei wird allgemein Wert darauf gelegt, daß die einzelnen musikalischen Beiträge nicht gedrillte Glanzleistungen darstellen sollen[212], sondern den Abschluß einer in den einzelnen Klassenstufen im Musikunterricht durchgeführten Liederarbeitung.[213]

Darüber hinaus tragen auch die Musikarbeitsgemeinschaften durch spezielle Vorführungen zum musischen Leben innerhalb der Schule bei. Vor allem im Bereich der Höheren und Mittleren Schule bildet das Chor- bzw. Orchesterkonzert der beiden Schulensembles, eventuell unter Mithilfe des Lehrerkollegiums und der Elternschaft, einen musikalischen Höhepunkt.

"So werden Orchester und Chor zu einem Mittelpunkt der Schule und zu einem Symbol des Zusammenwirkens von Lehrern, Schülern und Eltern."[214]

Aber auch die Pflege der Hausmusik, explizit in den Richtlinien für das Höhere Schulwesen erwähnt[215], wird durch die Schule unterstützt. Hierzu wird im November jeden Jahres durch Erlaß des Kultusministeriums der "Tag der Hausmusik" in den Schulen begangen.

---

[210] Antholz, Heinz: Musisches Leben in einem Mädchengymnasium, in: MiU (Ausg. B), H. 3, 1959, S. 80.
[211] Richtlinien für Musik- und Kunsterziehung an Gymnasien im Lande Nordrhein-Westfalen (1952), Düsseldorf 1954, S. 7.
[212] Vgl. Richtlinien für die Musikerziehung in der Volksschule, RdErl. des Kultusministers vom 19. 7. 1951, in: Abl. KM NW, 3. Jg., Düsseldorf 1951, S. 92.
[213] Für musisches Leben in der Schule finden sich vielfältige Beispiele in: Antholz, Heinz: (1959) a.a.O., S. 80 ff.
[214] Schweizer, Wilhelm: Die Musikerziehung im Bildungsplan der höheren Schulen, in: Kraus, Egon (Hrsg.): Musik und Musikerziehung in der Reifezeit – Vorträge der dritten Bundesschulmusikwoche in München 1959, Mainz 1959, S. 194.
[215] Richtlinien für Musik- und Kunsterziehung an Gymnasien im Lande Nordrhein-Westfalen (1952), Düsseldorf 1954, S. 8.

Innerhalb der außerunterrichtlichen musischen Aktivitäten spielt das musikalische Jugendspiel[216], das bereits Mitte der 20er Jahre verstärkte Aufmerksamkeit erfahren hat, eine besondere Rolle, seine Entwicklung und Pflege stagnierte jedoch während des Dritten Reiches.[217] Nach dem Zweiten Weltkrieg wird wiederum an die Tradition der 20er Jahre angeknüpft. Brock ermittelt, daß im Zeitraum 1949-59 175 deutschsprachige musikalische Jugendspiele im Druck erschienen sind, während sich die Zahl während der Weimarer Republik auf 117 Werke beschränkt.[218] Allein dieser quantitative Zahlenvergleich zeigt die Bedeutung des musikalischen Jugendspiels in der Nachkriegszeit. Inhaltlich bietet es "eine begrüßenswerte Gelegenheit, einmal in Gemeinschaft mit den Erziehern für Bildende Kunst, Deutsch und Leibeserziehung ein musisches Gesamtwerk zu gestalten"[219]. Die Anforderungen sind dabei auf die Belange der Schule zugeschnitten.

"Der Begriff der sogenannten Werktreue muß im musikalischen Jugendspiel zugunsten praktischer Gegebenheiten und einer Aktivierung der eigenen Phantasie zurücktreten."[220]

So können die vorgeschriebenen instrumentalen Besetzungen je nach Möglichkeiten der Schule verändert werden, wobei bereits oft schon die Komponisten selbst verschiedene alternative Fassungen von der einfachen Klavierbegleitung über Blockflöten mit Orff-Instrumentarium ad libitum bis hin zu einem Orchester mit Streichern und Blasinstrumenten anbieten. Darüber hinaus ist das Sujet des musikalischen Jugendspiels für eine bestimmte Altersgruppe konzipiert, nach der sich auch die instrumentalen und stimmlichen Schwierigkeiten richten.

Eine weitere Intensivierung des musischen Lebens einer Schule, vor allem im Bereich der Volksschule, regen die Richtlinien durch die Bildung von sogenannten Jugendmusikgemeinden an.[221] Sie haben die Aufgabe, die musikerzieherischen

---

[216] Bezeichnungen wie *Spiel für Kinder, musikalisches Stegreifspiel, musikalisches Schul-, Kinder-, Jugend- oder Märchenspiel, Schuloper, Kinder- oder Jugendoper, Märchenoper für Kinder, Tanzspiel* oder *Szenische Kantate* zeigen die Vielfalt an möglichen Formen, die unter dem Begriff musikalisches Jugendspiel subsumiert werden.

[217] Brock, Hella: Musiktheater in der Schule – Eine Dramaturgie der Schuloper, in: Musikwissenschaftliche Einzeldarstellungen, H. 1, Leipzig 1960, S. 27.

[218] Vgl. ebenda, S. 193 ff. (Die bibliographische Aufstellung von Brock enthält keine christlichen Weihnachtsspiele).

[219] Teuscher, Hans: Von der Schuloper zum musikalischen Spiel, in: MiU, H. 9, 44. Jg., Mainz 1953, S. 250.

[220] Werdin, Eberhard: Das musikalische Jugendspiel – Betrachtungen und Erfahrungen, in: MiU (Ausg. B), H. 9, 1963, S. 272.

[221] Vgl. Richtlinien für die Musikerziehung in der Volksschule, RdErl. des Kultusministers vom 19. 7. 1951, in: Abl. KM NW, 3. Jg., Düsseldorf 1951, S. 92.

Aufgaben der Schule auf die Bevölkerung der Gemeinde oder Stadt auszuweiten. Dabei sollen die Schüler und Jugendlichen zum gemeinsamen Singen außerhalb der Schule zusammengeführt und Eltern und Musikfreunde durch regelmäßiges Offenes Singen in die musikalische Arbeit der Schule integriert werden. Zusätzlich sollen die Schüler im Instrumentalspiel, "vor allem in Geige und Blockflöte, aber auch im Klavier in Form von Gruppenunterricht"[222] ausgebildet und zu einer weiterführenden Musizierarbeit, die über den Unterricht hinausgeht, angeregt werden.

5.5 Lehr- und Lernmittel

5.5.1 Musikbücher

Um den Lehrbetrieb aufnehmen zu können, müssen die Schulen ihre Lehrmittel durch die englischen Erziehungsbehörden genehmigen lassen.[223] Dabei gehen diese weitaus rigoroser vor als bei der Entnazifizierung des Lehrpersonals. Schon 1944 werden durch die westlichen Alliierten die Lehrmittel auf nationalsozialistische und militaristische Indoktrination überprüft und indiziert.[224] Die britische Armee verbietet im Zuge ihrer Besetzung von Nordrhein-Westfalen die Verwendung von Lehr- und Lernmitteln mit nationalsozialistischen oder militaristischen Inhalten. Am 13. Mai 1946 wird mit dem Befehl Nr. 4 der Alliierten Kontrollbehörde eine flächendeckende Konfiszierung "von Literatur und Werken nationalsozialistischen und militaristischen Charakters"[225] angeordnet. Darin werden "alle Inhaber von Leihbüchereien, Buchhandlungen, Buchniederlagen und Verlagshäusern" aufgefordert, den Militärbehörden binnen zweier Monate "alle Bücher, ... Gesang- und Musikbücher ..., welche nationalsozialistische Propaganda, Rassenlehre und Aufreizung zu Gewalttätigkeiten oder gegen die Vereinten Nationen gerichtete Propaganda enthalten"[226], auszuliefern. Auch die Schulbüchereien werden aufgefordert, die Bücher an einem verschließbaren und versiegelbaren Aufbewahrungsort zu sammeln. Durch diese Maßnahmen steht zu Anfang des Schulbetriebes während der Nachkriegszeit praktisch kein Schulbuch mehr zur Verfügung.[227] Während für die Fächer Deutsch, Mathematik, Geschichte und Naturkunde bereits im Winter

---

[222] Vgl. ebenda.
[223] Vgl. Davies, Edith Siems: a.a.O., S. 144.
[224] Vgl. Bungenstab, Karl-Ernst: a.a.O., S. 99.
[225] Alliierte Kontrollbehörde – Kontrollrat: Befehl Nr. 4 – Einziehung von Literatur und Werken nationalsozialistischen und militaristischen Charakters, 13. Mai 1946 – Abschrift, HStAD NW 53-488, Bl. 348.
[226] Ebenda, Bl. 348.
[227] Vgl. Genehmigung und Einführung von Lehrbüchern, RdErl. des Kultusministers vom 8.10.1948, in: Abl. KM NW, 1. Jg., Düsseldorf 1948, S. 15.

1944/45 von der britischen Besatzungsarmee Notschulbücher auf der Grundlage von Schulbüchern aus der Weimarer Zeit hergestellt werden[228], verfügt das Fach Musik über keine Schulliederbücher mehr. Die starke Ideologisierung des Musikunterrichts durch die obligatorischen Lieder der nationalsozialistischen Bewegung hätte gerade ein Liederbuch mit neuen Liedern, die inhaltlich der britischen Re-education-Politik entsprochen hätten, notwendig gemacht. Jedoch behindern materielle Gegebenheiten die Produktion neuer Schulbücher.

"Die Herstellung neuer Schulbücher war anfänglich von Zufälligkeiten abhängig und gelang nur Verlegern, die noch im Besitz von Druckmaschinen und Papier waren und schnell arbeitende Autoren fanden, wenn sie nicht schon in der Kriegszeit das Wagnis unternommen hatten, neue, nichtnationalsozialistische Bücher vorzubereiten."[229]

Mit Aufhebung der Papierbewirtschaftung kommt es zur Öffnung des Marktes und zu einer Liberalisierung des Schulbuchmarktes. Während der NS-Zeit forderte die Regierung der Bezirke die Verlage auf, Schulbuchvorschläge einzureichen, die anschließend vom Ministerium und von ausgewählten Fachleuten geprüft wurden. Je nach Gutachten erhielt das Schulbuch dann ein entsprechendes Absatzgebiet innerhalb des Reichsgebietes zum Vertrieb zugewiesen.[230] In der Nachkriegszeit soll der freie Wettbewerb zwischen Verlegern, Schriftstellern und Lehrern die Qualität der Schulbücher steigern. Für die Zulassung der Bücher für den Schulgebrauch müssen diese durch den Landeslehrbuchausschuß geprüft und genehmigt werden[231] und bis 1950 noch durch die Textbook Section in Bünde, ein Organ der britischen Kontrollkommission, endgenehmigt werden.[232]

Die verschiedenen Musikbücher unterscheiden sich prinzipiell durch zwei Konzeptionen. Die eine faßt Musikkunde, Musiklehre und Singbuch in einem Band zusammen, der meist für mehrere aufeinanderfolgende Schuljahre angelegt ist, z.B. *Singt und Spielt* (Dietrich Stoverock) und *Musik*, später *Musik im Leben* (Edgar Rabsch). Heer verweist in diesem Zusammenhang darauf, daß diese Schulbuchkonzeption seit den "Tagen der Richterschen Reform ... vom Standpunkt einer

---

[228] Vgl. Bungenstab, Karl-Ernst: a.a.O., S. 101.
[229] Genehmigung und Einführung von Lehrbüchern, RdErl. des Kultusministers vom 8. 10. 1948, in: Abl. KM NW, 1. Jg., Düsseldorf 1948, S. 15.
[230] Vgl. Günther, Ulrich: (²1992) a.a.O., S. 176.
[231] Vgl. Genehmigung und Einführung von Lehrbüchern, RdErl. des Kultusministers vom 8. 10. 1948, in: Abl. KM NW, 1. Jg., Düsseldorf 1948, S. 15.
[232] Vgl. Davis, Kathleen Southwell: Das Schulbuchwesen als Spiegel der Bildungspolitik von 1945 bis 1950, in: Heinemann, Manfred (Hrsg.): Umerziehung und Wiederaufbau – Die Bildungspolitik der Besatzungsmächte in Deutschland und Österreich, in: Veröffentlichungen der Historischen Kommission der Deutschen Gesellschaft für Erziehungswissenschaft, Bd. 5, Stuttgart 1981, S. 153.

Musikunterricht an Schulen

ganzheitlichen Unterrichtsführung als vorbildlich"[233] gilt. Um so mehr verwundert, daß die Mehrzahl der Neuerscheinungen als zwei separate Bände (Liederbuch bzw. Singbuch und Musikkunde) veröffentlicht wird, so z.b. *Musik in der Schule* (Egon Kraus/Felix Oberborbeck), *Musica* (Josef Esser), *Deutsche Lieder* (Karl Aichele) oder *Die Garbe* (Hugo Wolfram Schmidt/Aloys Weber).[234] Dabei nehmen die Lieder- bzw. Singbücher gegenüber den anderen Bänden eine bevorzugte Stellung ein. Sie "erscheinen beispielsweise lange vor den übrigen Bänden oder kommen sogleich in einer höheren Auflage heraus."[235] Alle Schulbücher verfügen neben einstimmigen Liedern auch über zwei- und mehrstimmige Liedsätze, zu denen manche Ausgaben (z.B. *Singt und Spielt*) einfache Instrumentalbegleitungen beifügen, um so das Klassenmusizieren zu fördern. Zusätzlich werden von manchen Schulbuchreihen auch spezielle Chorbücher für gleiche und gemischte Stimmen herausgegeben.[236]

Zur Einführung in das Notenlesen und -singen gibt es teilweise spezielle Singfibeln mit methodisch unterschiedlichem Ansatz. Während sich die Singfibel von *Musik in der Schule* an der traditionellen Tonika-Do-Methode in Aufbau und Gestaltung der Fibel orientiert und auf die Verwendung von Stabspielen lediglich verweist[237], baut die Singfibel der Schulbuchreihe *Musik* das Glockenspiel, mit dessen "Hilfe die Kinder von Anfang an 'spielend' Noten schreiben und lesen"[238] lernen, mit in den Notenlehrgang ein. Dabei gibt es neben Liedern und Kanons auch kleinere Musizierstücke, ebenso "Angaben für Begleitformen, die zur *Mehrstimmigkeit* führen und durch Singen, Klopfen, Stampfen oder mit verschiedenartigen (meist selbst zu bastelnden) Instrumenten dargestellt werden können."[239]

---

[233] Heer, Josef: Das neue Schulmusikbuch, in: Heer, Josef: Führung zur Musik, Ratingen 1966, S. 356.

[234] Das Musikbuch *Die Garbe* wurde Anfang der 40er Jahre für das höhere Schulwesen entwickelt und auch nach dem Krieg ausschließlich als Musikbuch für die Höhere Schule verwendet. Es sei in diesem Zusammenhang darauf hingewiesen, daß einer der Autoren dieses Lehrbuches, Hugo Wolfram Schmidt, während des Dritten Reiches auch ein HJ-Liederbuch herausgegeben hat. Dennoch wird *Die Garbe* bereits 1950 als eines der ersten Musik-Schulbücher für die Höhere Schule genehmigt, ohne daß wenigstens von den Genehmigungsbehörden ein neuer Buchtitel gefordert worden wäre. Dabei wird auch das Layout des Buchtitels aus der NS-Zeit, abgesehen von der Verwendung eines neuen Schriftzuges, beibehalten. Das vorangestellte Hitler-Zitat wird in der Nachkriegsausgabe durch ein Goethe-Zitat ersetzt.

[235] Segler, Helmut/Abraham, Lars Ulrich: a.a.O., S. 28.

[236] Vgl. Kraus, Egon/Oberborbeck, Felix (Hrsg.): (1951d), Bd. 3 und Bd. 4.

[237] Vgl. Kraus, Egon/Oberborbeck, Felix (Hrsg.): (1951e), S. 57 f.

[238] Rabsch, Edgar (Hrsg.): Musik – Ein Schulwerk für die Musikerziehung, Ausgabe A, Teil 1, Musik zum Anfang – Eine Musikfibel, Frankfurt am Main u.a., ⁵1961, S. III.

[239] Rabsch, Edgar (Hrsg.): a.a.O., S. IV.

Die Liedauswahl umfaßt neben dem traditionellen Volkslied, dem geistlichen Lied und Chorälen auch neues Liedgut aus dem Umfeld der Jugendmusikbewegung, das sich durch neue Diatonik, freischwebende Melodik und freien Rhythmus auszeichnet. Zusätzlich treten das eigentliche Schullied und das sentimentale Volkslied des 19. Jahrhunderts in den Hintergrund, so daß die Liedauswahl im allgemeinen den Lehrplananforderungen aller Schularten in Nordrhein-Westfalen entspricht.[240] Heer sieht darin einen erfolgreichen Abschluß der Bemühungen der Jugendmusikbewegung bezüglich der kritischen Prüfung des vorhandenen Liedmaterials.[241] Zugleich werden auch ausländische Lieder aufgenommen, unter denen sich auch Spirituals befinden.[242] Zwar hat sich das ausländische Lied auch schon bis zum Beginn des Zweiten Weltkrieges in den verschiedenen Gruppen der Jugendmusikbewegung etabliert, jedoch wird seine Verbreitung erst nach 1945 quantitativ gesteigert. So zeigen die ersten Schulbücher von 1950, die sich im wesentlichen noch auf das schon etablierte Liedmaterial beschränken, *Bruder Singer* und *Musik in der Schule*, einen Anteil von 4% bzw. 6% ausländischer Volkslieder. Dieser Anteil beträgt bei dem 1953 erscheinenden Schulbuch *Musik im Leben* bereits 11% und wird bei dem 1956 veröffentlichten Schulbuch *Drum laßt uns singen* auf 17% gesteigert.[243]

Die Liedersammlungen der Schulbuchreihen gliedern sich im allgemeinen nach dem Jahreslauf oder folgen der Einteilung nach Tag – Jahr – Leben.[244]

"Als Begründung pflegt man das Generalargument anzugeben: der Schüler soll das Schulbuch als ein Buch fürs Leben behalten und lieben lernen."[245]

Andere Schulbücher ordnen wiederum ihren Liederbestand historisch oder nach Sachgruppen, wobei diese Gliederungen meist nicht in ihrer letzten Konsequenz durchgeführt werden.

---

[240] Vgl. Richtlinien für Musik- und Kunsterziehung an Gymnasien im Lande Nordrhein-Westfalen (1952), Düsseldorf 1954, S. 5.
[241] Vgl. Heer, Josef: (1966a) a.a.O., S. 351.
[242] Vgl. Stoverock, Dietrich: Singt und Spielt – Musikbuch für die Schulen, 3. Bd. A, Berlin u.a. ³1959, S. 66 f.
[243] Diese Entwicklung wird von den Puristen der Jugendmusikbewegung sehr kritisch gesehen. Vgl. Wolters, Gottfried: Das Eindringen ausländischer Lieder, in: Wiora, Walter: (Hrsg.): Das Volkslied heute, in: Musikalische Zeitfragen, Bd. 7, Kassel/Basel 1959, S. 39 f.
[244] Während des Dritten Reiches wurde diese Gliederung der Liedersammlung ganz auf die ideologischen Belange des Nationalsozialismus zugeschnitten. So führt *Die Garbe* die Gruppen *Das neue Reich/30. Januar, Heldengedenktag, Führer und Gefolgschaft, Maienzeit, Sommersonnwende, Herbst, Opfergang/9. November, Lichtwende* auf. Vgl. Schmidt, Hugo Wolfram/Weber, Aloys (Hrsg.): Die Garbe – Aus der Ernte deutscher Volkslieder, Köln 1943, S. 297 ff.
[245] Vgl. Heer, Josef: (1966a) a.a.O., S. 355.

Eine methodische Gliederung der Lieder wird, von wenigen Ausnahmen abgesehen[246], nicht vorgenommen, damit das Schulbuch nicht den Charakter eines Lehrganges erhält, jedoch bieten die Bücher *Musik in der Schule* und *Musik* ein kleines methodisches Inhaltsverzeichnis am Ende des Buches an, in dem die Lieder nach Tonarten, Intervallen, Takt und Rhythmus geordnet sind. Mitte der 60er Jahre geraten die traditionellen Schulbuchgliederungen ins Kreuzfeuer der Kritik. Segler und Abraham fordern, die Anordnung der Lieder neu zu überdenken. Dabei soll sich die Auswahl und Anordnung an musikalischen und historisch-chronologischen Fakten, sprachlich-poetischen Elementen, entwicklungspsychologischen und musikwissenschaftlichen Forschungsergebnissen orientieren.[247]

Unter dem Primat des Singens führen musikkundliche Ausführungen innerhalb der Musikbücher ein Schattendasein. Die abgedruckten Werke sind meist methodisch nicht aufgearbeitet und lassen teilweise, z.B. in *Musik in der Schule* nicht einmal einen Zusammenhang mit den biographischen Angaben erkennen, da beides voneinander getrennt dargestellt wird. Die Richtlinienforderung der Höheren Schule, daß alle Musikerziehung zum Musikbilde der Zeit führen soll[248], glaubt man mit Werken von Hindemith, Bartók und Strawinsky zu erfüllen.[249] Für Kraus, einen Hauptfunktionär der schulischen Musikerziehung, ist selbst diese Entwicklung problematisch:

"Bei den Musikbüchern für die höhere Schule und Mittelschule wird die Gefahr der Stoffüberbürdung und einer Pseudowissenschaftlichkeit erneut beschworen, der wir zuerst in den Veröffentlichungen unmittelbar nach dem Kestenberg-Erlass von 1925 begegneten. ... Der Klassenunterricht der Oberstufe wird mit einem musikwissenschaftlichen Seminar verwechselt."[250]

Die Gestaltung der Musikbücher läßt nur bedingt auf die Unterrichtswirklichkeit schließen, da zum einen der Lehrer eine Auswahl aus den Schulbuchinhalten trifft, zum anderen die Ausstattung der Schulen mit Büchern lange Zeit mangelhaft ist. So beklagt 1954 Oberborbeck, daß "90% aller Volksschulen des Bundesgebietes ... kein Liederbuch für alle Schüler"[251] besitzen.

---

[246] Vgl. Kraus, Egon: (1957) a.a.O., S. 46.
[247] Vgl. Segler, Helmut/Abraham, Lars Ulrich: a.a.O., S. 43 ff.
[248] Vgl. Richtlinien für Musik- und Kunsterziehung an Gymnasien im Lande Nordrhein-Westfalen (1952), Düsseldorf 1954, S. 5.
[249] Vgl. Kapitel 5. 2. 6.
[250] Kraus, Egon: (1957) a.a.O., S. 47.
[251] Oberborbeck, Felix: (1954b) a.a.O., S. 722.

5.5.2 Technische Mittler

Schallplatte und Rundfunk haben bereits seit den 20er Jahren eine Übertragungsqualität erreicht, die deren Einsatz im Musikunterricht ohne Bedenken ermöglicht.[252] Jedoch ist ihre Bedeutung innerhalb des Musikunterrichts bis zum Ende des Dritten Reiches relativ gering.[253] Infolge des Krieges wird der ohnehin niedrige Ausstattungsstand an technischen Geräten, die im Musikunterricht verwendet werden können, weiter gesenkt.[254] Neben dem Problem der mangelnden Ausstattung der Schulen, die in der Nachkriegszeit durch die finanziell angespannte Situation der Kommunen nicht wesentlich verbessert wird, besteht zusätzlich innerhalb der Lehrerschaft eine latente Abneigung gegenüber technischen Geräten. Man sieht in der technischen Musikübertragung das unmittelbare künstlerische Erlebnis nicht gewährleistet und greift deshalb auf den Klaviervortrag des pianistisch ausgebildeten Schulmusikers zurück. Jedoch bestehen in der Volksschule aufgrund der mangelnden instrumentaltechnischen Ausbildung an den Pädagogischen Akademien solche Möglichkeiten ohnehin nicht. Aber auch innerhalb der Richtlinien ist kein Hinweis auf die Verwendung von Technischen Mittlern zu finden.

Allgemein wird die Schallplatte oder das nach dem Krieg bekanntwerdende Tonband als technisches Hilfsmittel gesehen, das das Musizieren der Schüler oder des Lehrers nicht gefährden oder ersetzen darf.

"Die richtige Anwendung setzt auch voraus, daß wir nur solche Beispiele durch Tonträger zum Klingen bringen, die wir als Musiklehrer selbst nicht künstlerisch einwandfrei wiedergeben können."[255]

Jedoch erfordert die Werkbetrachtung im allgemeinen und die Behandlung von Neuer Musik im besonderen eine klangliche Realisierung, bei der durch die Verkürzung auf Klavierauszüge "wesentliche Eindrücke nicht zustande kommen können. Ein Streichquartett oder gar ein Orchesterwerk würde uns damit für eine wirkliche fruchtbare Werkbetrachtung verloren gehen"[256].

Für den Musikunterricht stellt das Münchner *Institut für Film, Bild und Ton in Wissenschaft und Unterricht* Anfang der 50er Jahre Schallplatten und Schallbänder einer "Tönenden Musikgeschichte" zur Verfügung, auf denen über 120 Beispiele aus allen Epochen der abendländischen Musik vorgestellt werden.[257] Ab Mitte der

---

[252] Vgl. Heise, Walter: Musiktechnik als Mittel und Gegenstand des Unterrichts, in: Valentin, Erich/Hopf, Helmuth (Hrsg.): Neues Handbuch der Schulmusik, Regensburg 1975, S. 144.
[253] Vgl. Günther, Ulrich: (²1992) a.a.O., S. 181.
[254] Vgl. Laaff, Ernst: (1948) a.a.O., S. 229.
[255] Kraus, Egon: Audio-visuelle Hilfsmittel im Musikunterricht – Ein Gespräch zwischen Egon Kraus und Alfons Walter, in: MiU, H. 4, 1954, S. 102. (= 1954a)
[256] Fischer, Hans: a.a.O., S. 417.
[257] Vgl. Kraus, Egon: (1954a) a.a.O., S. 103.

50er Jahre[258] setzt eine verstärkte Diskussion über die Probleme der Technischen Mittler ein, in der sich auch der VDS um eine verstärkte Aufklärung der Musiklehrerschaft in Bezug auf Anwendungsmöglichkeiten von Technischen Mittlern im Unterricht bemüht. So wird erwogen, eine *Beratungsstelle für audiovisuelle Hilfsmittel im Musikunterricht* einzurichten.[259] Es werden zunächst die Einsatzmöglichkeiten von Schallplatte, Schulfunk und Film innerhalb des Musikunterrichts erörtert und ab den 60er Jahren Hinweise auf die Verwendung des Tonbandgerätes gegeben.[260] Für die schulische Verwendung der Schallplatte entwickelt der VDS eine spezielle Schallplattenreihe mit dem Namen *Schulproduktion Musik*, die das technische Medium Schallplatte für die spezifischen didaktisch-methodischen Belange einer Kunstwerkbetrachtung im Rahmen des schulischen Musikunterrichts einsetzt. Dabei werden die einzelnen Themeneinsätze, Formabschnitte und programmusikalischen Schwerpunkte eines zu behandelnden musikalischen Werkes durch Erweiterung des Rillenabstandes auf der Platte kenntlich gemacht, so daß der Lehrer einen direkten Zugriff auf die jeweils wichtige Stelle hat.[261]

Ebenso gibt es spezielle Lichtbildreihen, die als Ergänzung zum Musikunterricht gedacht sind und darüber hinaus auch die in den Richtlinien empfohlenen Querverbindungen zur Bildenden Kunst erleichtern sollen. Jedoch stehen dem Lehrer nur sehr wenige Lehrfilme über Musik zur Verfügung.[262] Allgemein wird von diesen Möglichkeiten im Unterricht wenig Gebrauch gemacht. So ergibt eine Umfrage gegen Ende der 60er Jahre, "daß an den meisten Schulen kein didaktisch begründeter Einsatz der Schallplatte erfolgt (von anderen Technischen Mittlern ganz zu schweigen)"[263].

Auch der Einbau des Schulfunks innerhalb des Musikunterrichts setzt sich nicht durch. Zwar besitzen Ende 1955 83% der Schulen im Sendegebiet des NWDR[264] wie auch in Nordrhein-Westfalen die Möglichkeit, den Schulfunk zu empfangen,

---

[258] Heise nennt dabei das Jahr 1957. Jedoch erscheinen bereits 1954 erste Artikel zu diesem Thema.
Vgl. Heise, Walter: a.a.O., S. 147.

[259] Vgl. Kraus, Egon: (1954a) a.a.O., S. 103.

[260] Vgl. Heise, Walter: a.a.O., S. 148.

[261] Vgl. Thiel, Jörg: Technische Mittler und Pädagogik in Musik, Spiel und Tanz, in: MiU (Ausg. B), H. 10, 1960, S. 292.

[262] Vgl. ebenda.

[263] Kraus, Egon: Geleitwort zur 7. Bundesschulmusikwoche, in: Kraus, Egon (Hrsg.): Der Einfluß der Technischen Mittler auf die Musikerziehung unserer Zeit – Vorträge der siebten Bundesschulmusikwoche Hannover 1968, Mainz 1968, S. 12. (= 1968b)

[264] Vgl. Abel-Struth, Sigrid: Die fruchtbare Fehde: Hie Schule – hie Funk, in: MiU (Ausg. B), H. 5, 1957, S. 132. (= 1957a)

jedoch sprechen zahlreiche Argumente gegen die Einbindung in den schulischen Musikunterricht. So ist zu allererst die Scheu vieler Pädagogen vor technischen Apparaten zu nennen. Um diese Einstellung zu verändern, fordert Thiel, innerhalb der Ausbildung des Schulmusikers "die vielfältigen Aufgaben der audiovisuellen Hilfsmittel sorgfältig aufzugreifen."[265] Ein weiteres Problem liegt in der fehlenden Übereinstimmung von Sendezeit und Unterrichtszeit, so daß das Abhören im Klassenverband meist nur durch einen komplizierten Stundentausch möglich ist. Ebenso stellt die Dauer der Schulfunksendung eine Überforderung der Konzentrationsfähigkeit der Schüler dar. Zugleich hat der Lehrer keine Möglichkeit, aufkommende Fragen der Schüler während der Sendung zu beantworten. Hinzu kommen die Stofffülle der Sendungen und die schlechte Abstimmung auf die einzelnen Lehrpläne, die sich zusammen mit dem statischen Sendungsablauf des Schulfunks kontraproduktiv auf die Unterrichtspraxis auswirken.[266] Die Möglichkeit, die Schulfunksendungen aufzunehmen und in Teilen im Unterricht zu verwenden, scheitert meist an den fehlenden Aufnahmemöglichkeiten innerhalb der Schule.

Die katastrophale Ausstattung der Schulen mit technischen Einrichtungen führt zum Abschluß der 7. Bundesschulmusikwoche in Hannover zu einer Empfehlung, in der eine angemessene Mindestausstattung an Geräten für jede Schule gefordert wird. Dazu "gehören eine Schuldiskothek mit pädagogisch brauchbaren Schallplatten und Tonbändern, ein Plattenspieler, ein Tonbandgerät und ein Bildwerfer."[267] Zugleich zeichnet sich mit dieser Bundesschulmusikwoche der Beginn eines Paradigmenwechsels der Musikpädagogik in Bezug auf Technische Mittler ab, da "die Massenmedien nicht länger von der Schule vorgehalten werden können"[268]. Die Technischen Mittler sollen nicht mehr als Hilfsmittel, sondern vielmehr als Bildungsmittel didaktisch eingesetzt werden, ohne dabei schöpferische Aktivität zu ersetzen.

5.6 Zusammenfassung

Die äußeren Umstände des Schulmusikunterrichts der Nachkriegszeit sind durch zahlreiche Mangelerscheinungen geprägt. So verfügt Anfang der 50er Jahre ein

---

[265] Thiel, Jörg: (1960) a.a.O., S. 291.
[266] Vgl. Marbach, Gertrud: Musikerzieher und Schulfunk, in: MiU (Ausg. B), H. 11, 55. Jg., Mainz 1964, S. 386.
[267] Kraus, Egon: Empfehlungen, in: Kraus, Egon (Hrsg.): Der Einfluß der Technischen Mittler auf die Musikerziehung unserer Zeit – Vorträge der siebten Bundesschulmusikwoche Hannover 1968, Mainz 1968, S. 320. (= 1968a)
[268] Kraus, Egon: (1968b) a.a.O., S. 10.

Großteil der Schulen nicht über die allernotwendigsten Lehr- und Lernmittel (Musikbücher, Noten, Schallplatten, Technische Mittler), Instrumente und geeignete Musikräume.[269] Auch innerhalb der verschiedenen Schulaufbauprogramme der direkten Nachkriegszeit werden die Belange der Musikerziehung gar nicht oder erst in einem späteren zweiten Bauabschnitt berücksichtigt, so daß sich die Situation bis Mitte der 60er Jahre nicht wesentlich verbessert. Ein weiterer Mangel herrscht bezüglich der Anzahl qualifizierter Lehrer. Im Bereich des Volksschulwesens wird aufgrund einer neuen Studienordnung im Jahr 1958 die ohnehin schon bescheidene Musikausbildung an den Pädagogischen Akademien, abgesehen von Wahlfachstudenten, noch mehr reduziert. Zugleich wird aber am Klassenlehrerprinzip festgehalten, so daß die Mehrzahl der Volksschullehrer auf die zur Gymnasialzeit vermittelten Musikkenntnisse bei der Gestaltung ihres Musikunterrichts zurückgreifen muß. Aber auch im gymnasialen Bereich gelingt es nicht, innerhalb einer Lehrergeneration den Musikstudienrat, von Kestenberg als Garant einer Qualifizierung des schulischen Musikunterrichts konzipiert, flächendeckend in Nordrhein-Westfalen zu etablieren.

Im Zentrum des Unterrichts stehen Lied und Singen. Dabei wird weitgehend, abgesehen von Liedern der nationalsozialistischen Bewegung, auf das Liedgut zurückgegriffen, das auch während des Dritten Reiches Bestandteil des schulischen Singens war. Selbst verbotene Lieder, die explizit von der ohnehin sehr großzügig ausgelegten Liederliste der britischen Militärregierung gestrichen wurden, werden in die neuen Schulliederbücher aufgenommen. Diese Entwicklung wird dadurch begünstigt, daß die bundesrepublikanische Musikpädagogik bezüglich dieser Entwicklung keinen Handlungsbedarf sieht. Kraus faßt diese Haltung pointiert zusammen:

"Eine andere offene Frage berührt die *politisch unbedenklichen* Lieder, die bereits in der NS-Zeit Verwendung fanden oder deren Autoren durch ihre Stellung im 'Dritten Reich' politisch belastet sind. Die Frage kann m.E. in einem demokratischen Bildungswesen nicht generell beantwortet werden, sondern muß in die Verantwortung und Entscheidung des einzelnen Erziehers und Herausgebers gestellt werden."[270]

Auch in der Rezeption Neuer Musik führt die Schulmusik in der Nachkriegszeit die Tradition des Dritten Reiches fort. Zwar gewährt die freiheitlich-demokratische Verfassung im Gegensatz zum Dritten Reich die Freiheit der Künste, jedoch erfolgt im Musikunterricht keinerlei Umsetzung. Die avantgardistische Musik des

---

[269] Kraus beziffert im Jahr 1954 die Zahl auf 90% aller Schulen.
Vgl. Kraus, Egon: (1954b) a.a.O., S. 274.

[270] Kraus, Egon: Das deutsche Schulliederbuch seit 1900, in: MiU (Ausg. B), H. 5, 1965, S. 155 f. (Kursiv im Original)

20. Jhs. bleibt bis zu Beginn der 70er Jahre innerhalb des Schulmusikunterrichts nahezu unbehandelt, sei es aus geschmacklichen und ideologischen Gründen von seiten der Lehrerschaft, sei es aufgrund fehlender didaktisch-methodischer Hilfen oder mangelnder technischer Ausstattung der Schulen. Jedoch findet die musikpädagogische Musik (Adorno)[271] – gemeint ist dabei neue Spiel- und Singmusik aus dem Umfeld der Jugendmusikbewegung – ihren Niederschlag innerhalb des schulischen Musikunterrichts, sei es im musikalischen Jugendspiel, in einfachen Chorsätzen oder Spielmusiken. So glaubt man der Forderung der Richtlinien, das musikalische Schaffen der Gegenwart in den Musikunterricht zu integrieren, nachzukommen. Der gemeinschaftsbildende Aspekt der Musik spielt auch in der Nachkriegszeit eine wichtige Rolle innerhalb des schulischen Lebens. Zwar besitzt die Schulfeier nicht mehr das Gewicht, das sie während des Dritten Reiches für die ideologische Festigung der Schüler, Lehrer und Eltern hatte, jedoch legt auch das nordrhein-westfälische Kultusministerium Wert darauf, Möglichkeiten zu nutzen, um den Gedanken der Erziehungsgemeinschaft zwischen Elternhaus und Schule zu stärken. Dabei wird der Musikerziehung die Aufgabe der Umrahmung von Feiern zugewiesen oder die Durchführung eigener Veranstaltungen, wie Schulkonzerte und Offenes Singen mit Eltern ermöglicht.

Der schulische Umgang mit neuen Musikstilen populärer Musik, allen voran Schlager und Jazz, ist durch eine negative Grundeinstellung geprägt. Von den drei Positionen, die Knolle in der Analyse von musikpädagogischen Texten bezüglich der Einbeziehung von Populärer Musik in den Musikunterricht herausarbeitet[272], kann für den untersuchten Zeitraum nur die erste Position, die "Abwehr Populärer Musik vom Musikunterricht"[273] festgestellt werden. Zwar gibt es auch Versuche, Populäre Musik als methodisches Mittel innerhalb des Musikunterrichtes einzubeziehen, – die zweite Position bei Knolle[274] – jedoch meist mit der Intention, den Schülern die scheinbare Primitivität dieser Musik darzulegen und damit eine Ablehnung dieser Musikformen bei ihnen zu erreichen.

---

[271] Vgl. Kapitel 2. 2.
[272] Er wählte den Zeitraum 1945 bis 1974. Untersucht wurden dabei Aufsätze, Monographien, Lehrwerke und Handreichungen, wobei rein musikwissenschaftliche oder freizeitsoziologische Untersuchungen sowie Richtlinien und Lehrpläne nicht berücksichtigt wurden.
Vgl. Knolle, Niels: a.a.O., S. 258.
[273] Ebenda.
[274] Ebenda.

6 Aus- und Weiterbildung von Musiklehrern

6.1 Volksschullehrerausbildung im Fach Musik

6.1.1 Wiederaufbau der Ausbildungsinstitute

Die Lehrerbildung[1] unterliegt seit Beginn des 20. Jahrhunderts ständigen macht- und bildungspolitisch motivierten Veränderungen, die mit der Umwandlung der Lehrerseminare in Pädagogische Akademien in der Weimarer Zeit beginnen. Die Existenz der Pädagogischen Akademien in Preußen endet nach nur sieben Jahren mit deren Umbenennung in *Hochschulen für Lehrerbildung* am 6. Mai 1933.[2] Mit diesem Datum wird die Lehrerausbildung reichseinheitlich nach preußischem Vorbild gestaltet, wobei eine schleichende Ideologisierung, Reseminarisierung und Unterhöhlung der akademischen Lehrerausbildung einsetzt, die in den 1941[3] geschaffenen *Lehrerbildungsanstalten*, zu denen der Zugang ohne Reifezeugnis möglich ist, gipfelt.[4] Die Folge ist ein rapider Verfall des Ausbildungsniveaus, den "sogar das Hauptschulungsamt der NSDAP besorgniserregend fand"[5]. Ottweiler

---

[1] Unter dem Begriff "Lehrerbildung" wird im allgemeinen die Volksschullehrerausbildung verstanden.

[2] Im Rahmen der historischen Musikpädagogik sei auf folgende Arbeiten verwiesen:
Ott, Thomas: Probleme der Musiklehrerausbildung damals und heute, in: Schmidt, Hans-Christian (Hrsg.): Handbuch der Musikpädagogik, Bd. 1, Kassel u.a. 1986, S. 488 ff; Günther, Ulrich: Die Schulmusikerziehung von der Kestenberg-Reform bis zum Ende des Dritten Reiches, in: Forum Musikpädagogik, Bd. 5, Augsburg ²1992, S. 74 ff; Antholz, Heinz: Zur (Musik-)Erziehung im Dritten Reich – Erinnerungen, Erfahrungen und Erkenntnisse eines Betroffenen, in: Forum Musikpädagogik, Bd. 8, Augsburg 1993, S. 102 ff.
Aus dem Bereich der historischen Pädagogik sei exemplarisch auf folgende Untersuchungen verwiesen:
Ottweiler, Ottwilm: Die Volksschule im Nationalsozialismus, Weinheim 1979, S. 199 ff; Scholtz, Harald/Stranz, Elmar: Nationalsozialistische Einflußnahmen auf die Lehrerbildung, in: Heinemann, Manfred (Hrsg.): Erziehung und Schulung im Dritten Reich – Teil 2: Hochschule, Erwachsenenbildung, in: Veröffentlichungen der Historischen Kommission der Deutschen Gesellschaft für Erziehungswissenschaft, Band 4/2, Stuttgart 1980, S. 110 ff.

[3] Am 8. Februar 1941 verfügte Kultusminister Rust die Errichtung der sogenannten Lehrerbildungsanstalten, und im April desselben Jahres wurden die Hochschulen für Lehrerbildung in Lehrerbildungsanstalten umbenannt.

[4] Vgl. Wyndorps, Heinz: Der Neuaufbau der Lehrerbildung in Nordrhein-Westfalen 1945-1954, in: Europäische Hochschulschriften, Reihe III, Geschichte und ihre Hilfswissenschaften, Bd. 204, Frankfurt am Main u.a. 1983, S. 27 ff.

[5] Ott, Thomas: a.a.O., S. 489.

spricht deshalb zurecht von einer der düstersten und beschämendsten Epochen deutscher Schulgeschichte.[6] Das Kriegsende bedeutet in Nordrhein-Westfalen eine Reorganisation der Lehrerbildung nach dem Beckerschen Modell der Pädagogischen Akademie, für die in der Anfangsphase vor allem Joseph Antz[7] verantwortlich zeichnet. Antz wird im Juni 1945 aufgefordert, seine Vorstellungen zum Neuaufbau der Lehrerbildung darzulegen[8], und es gelingt ihm, sowohl die britische Militärregierung als auch die nachgeordneten deutschen Erziehungsbehörden für die Konzeption der Pädagogischen Akademie im Sinne der *Bildnerhochschule* (Spranger), die Studierende für den Beruf des Volksschullehrers ausbildet, zu gewinnen.[9] Am 29. 1. 1946 kommt es zur ersten Nachkriegseröffnung einer Pädagogischen Akademie in Essen-Kupferdreh. Der große Mangel an Volksschullehrern führt zu einer raschen Neugründung von weiteren Pädagogischen Akademien, die alle als nicht rechtsfähige, weisungsgebundene Anstalten des Kultusministeriums, gleichsam als nachgeordnete Behörden verwaltet werden. Die meisten Pädagogischen Akademien sind konfessionell gebunden.[10] Diese konfessionelle Bindung wird durch die 1950 verabschiedete Landesverfassung in Artikel 15 verfassungsrechtlich abgesichert.[11]

---

[6] Ottweiler, Ottwilm: a.a.O., S. 265.

[7] Vita von Joseph Antz in Kapitel 3. 1. 2.

[8] Vgl. Antz, Joseph: Denkschrift über die Pädagogischen Akademien, in: Heinen, Ernst/Lückerath, Carl August (Hrsg.): Akademische Lehrerbildung in Köln – Eine Quellensammlung zur Geschichte der Pädagogischen Akademie Köln, der Pädagogischen Hochschule Köln und der Pädagogischen Hochschule Rheinland, Abteilung Köln, in: Schriften zur Rheinischen Geschichte, Heft 5, Köln 1985, S. 21.

[9] Vgl. Antz, Joseph: Vom Wesen der Pädagogischen Akademie und ihren besonderen Aufgaben in dieser Zeit, in: PR, Heft 4/5, 1947, S. 153. (= 1947b)

[10] Für katholische Studenten: Aachen, Emsdetten, Essen-Kupferdreh, Köln-Bickendorf, Oberhausen, Paderborn;
Für evangelische Studenten: Bielefeld, Kettwig, Lüdenscheid, Wuppertal-Barmen;
Für beide Konfessionen oder Bewerber ohne christliches Bekenntnis: Bonn und Lünen.

[11] Heinen weist in diesem Zusammenhang darauf hin, daß die konfessionelle Gliederung der Lehrerausbildung nach dem Zweiten Weltkrieg ein konstitutives Element der Erziehergemeinschaft war und hierbei ein gradueller Unterschied zur PA der Weimarer Republik zu sehen ist, deren Konfessionalität auf dem bloßen politischen Kompromiß zwischen Sozialdemokratie und Zentrum beruhte.
Vgl. Heinen, Ernst: Aspekte der Geschichte der Erziehungswissenschaftlichen Fakultät der Universität zu Köln, in: Lückerath, Carl August (Hrsg.): Von den Generalstudien zur spezialisierten Universität – Vier Kolloquiumsvorträge zur deutschen Bildungs- und Wissenschaftsgeschichte, Köln 1990, S. 75.

"Die Ausbildung der Lehrkräfte für die Volksschule erfolgt in der Regel auf bekenntnismäßiger Grundlage."[12]

Erst 1969 wird die konfessionelle Bindung der in der Zwischenzeit zu Pädagogischen Hochschulen gewordenen Ausbildungsinstitute durch eine Verfassungsänderung aufgehoben.[13]

In den Jahren 1946/47 bieten die Pädagogischen Akademien zwei unterschiedliche Studiengänge an. Ein Teil der Ausbildungsinstitute richtet den viersemestrigen Normallehrgang ein, der in seiner Struktur dem normierten Ausbildungsprogramm in der Weimarer Zeit gleicht. Ebenso verordnet die britische Militärregierung den sogenannten Dreijahresplan, der für die Jahre 1946-49 Sondernotlehrgänge (emergency-courses) vorsieht, in denen "hinreichend theoretische und vor allem praktische Berufsausbildung vermittelt"[14] werden soll.[15] Das Konzept sieht vor, 28-40jährige Frauen und Männer in Einjahreskursen zum Volksschullehrer auszubilden[16], um somit den Fehlbetrag von mehr als 15.000 Lehrern innerhalb der britischen Zone zu minimieren[17], ferner der schleichenden Überalterung der Kollegien entgegenzuwirken. So unterrichten 1946 in der Nord-Rheinprovinz 1.200 Lehrer im Alter von 60 und mehr Jahren, während nur 1.501 Lehrer zwischen 20 und 40 Jahren alt sind.[18] Um eine möglichst hohe Zahl an neuen Volksschullehrern ausbilden zu können, werden neben den bereits bestehenden Pädagogischen Akademien

---

[12] Verfassung für das Land Nordrhein-Westfalen, Fassung 1950, Anlage zum Gesetz- und Verordnungsblatt für das Land Nordrhein-Westfalen, in: Gesetz- und Verordnungsblatt für das Land Nordrhein-Westfalen – Ausgabe A, 4. Jg., Düsseldorf 1950, S. 2.

[13] Vgl. Peters, Walter: Lehrerausbildung in Nordrhein-Westfalen 1955-1980 – Von der Pädagogischen Akademie über die Pädagogische Hochschule zum Aufbruch in die Universität, in: Studien zur Pädagogik, Andragogik und Gerontagogik, Bd. 32, Frankfurt am Main u.a. 1996, S. 200 ff.

[14] Antz, Joseph: Neue Lehrerbildung im Land Nordrhein-Westfalen, in: PR, Heft 4/5, 1947, S. 195. (= 1947a)

[15] In diesem Zusammenhang sei erwähnt, daß zur selben Zeit in Großbritannien vergleichbare Kurzlehrgänge durchgeführt werden, um dem Lehrermangel entgegenzuwirken.
Vgl. Dent, Harold Collett: Das Englische Erziehungsgesetz 1944, in: PR, Heft 2, 1949, S. 62.

[16] Vgl. Antz, Joseph: Denkschrift über die Pädagogischen Akademien, in: Heinen, Ernst/Lückerath, Carl August (Hrsg.): (1985) a.a.O., S. 23.

[17] Nach Meinung der britischen Behörden wird die hohe Anzahl fehlender Lehrer zwar durch die Beendigung der restlichen Entnazifizierungsverfahren verringert werden, jedoch wird bei weitem nicht der hohe Fehlbetrag an Lehrern gedeckt werden können, so daß dringend neue Lehrer ausgebildet werden müssen.
Vgl. Britische Militärregierung Nord-Rheinprovinz an den Oberpräsidenten der Nord-Rheinprovinz, Düsseldorf 8. 2. 1946, HStAD NW 53-380, Bl. 47.

[18] Antz, Joseph: Organisation und Studienplan der Lehrer-Sonderkurse, Düsseldorf im September 1946, HStAD NW 26-163 Bd. I, Bl. 190.

noch im Laufe des Jahres 1947 und im Frühjahr 1948 sieben weitere Sondernotlehrgänge eingerichtet, die alle nach einjähriger Dauer ihre Arbeit wieder einstellen.[19] In einem Brief an den Deutschen Städtetag teilt das Kultusministerium im Februar 1948 mit, daß die Ausbildung von Junglehrern in Sondernotlehrgängen nach Abschluß der bereits begonnenen Kurse beendet ist und die Lehrerbildung in Zukunft nur noch in viersemestrigen Lehrgängen vorgenommen wird.[20]

Im Jahr 1946 kommt es aufgrund des akuten Lehrermangels einmalig zur Ernennung von 858[21] Schulhelfern[22], die in einem nur einmonatigen Lehrgang, der von einem Schulrat geleitet wird, auf den Schuldienst vorbereitet werden.

"Ziel der Ausbildung ist, daß der Teilnehmer nach 4 Wochen imstande ist, eine Schulklasse selbständig, allerdings unter Führung eines erfahrenen Lehrers (einer erfahrenen Lehrerin) zu verwalten."[23]

Diese Entscheidung wird von der britischen Militärregierung dahingehend korrigiert, daß die Schulhelfer nach einjährigem Schuldienst an einer Pädagogischen Akademie die Lehrerausbildung nachholen müssen. Somit wird der mühsam erreichte Stand der akademischen Lehrerbildung durch temporär bedingte Lehrerengpässe nicht gefährdet.[24]

Im Januar 1954 erläßt Kultusministerin Christine Teusch für die Pädagogischen Akademien eine vorläufige Satzung[25], die "als Kernaussagen die Rektoratsverfassung und ein eingeschränktes Selbstergänzungsrecht des Lehrkörpers"[26] enthält,

---

[19] Aus einer Übersicht des Kultusministeriums geht hervor, daß die letzten beiden Sondernotlehrgänge in Dortmund-Mengede und Unna-Königsborn am 15. 1. 1949 bez. 15. 4. 1949 beendet werden.
Vgl. Kultusminister des Landes Nordrhein-Westfalen: Übersicht über die Sondernotlehrgänge des Landes Nordrhein-Westfalen, Düsseldorf 6. 8. 1948, HStAD NW 143-19, Bl. 34.

[20] Vgl. Kultusministerium des Landes Nordrhein-Westfalen an den Deutschen Städtetag, Düsseldorf 2. 2. 1948, HStAD NW 26-132, Bl. 76.

[21] Von ca. 1500 Bewerbern wurden 858 Kandidaten ausgewählt.
Vgl. Wyndorps, Heinz: a.a.O., S. 116.

[22] Der Begriff des Schulhelfers und die Form seiner Ausbildung gehen auf einen Erlaß von 1940 zurück. Um den damals herrschenden Lehrermangel zu beseitigen, wurde ein dreimonatiger Kurzlehrgang für Bewerber mit Mittelschul- oder einem guten Volksschulabschluß eingerichtet, der auf eine zweijährige Unterrichtspraxis vorbereiten sollte, der dann ein einjähriges Studium an einer Hochschule für Lehrerbildung folgen sollte.
Vgl. Scholtz, Harald/Stranz, Elmar: a.a.O., S. 117.

[23] Oberpräsident der Nord-Rheinprovinz: Rahmenplan für die Ausbildung der Schulhelfer, Düsseldorf 8. 5. 1946, HStAD NW 26-163 Bd. II, Bl. 57.

[24] Vgl. Wyndorps, Heinz: a.a.O., S. 127.

[25] Vorläufige Satzung der Pädagogischen Akademien des Landes Nordrhein-Westfalen, RdErl. des Kultusministers vom 29. 1. 1954, in: Abl. KM NW, 6. Jg., Düsseldorf 1954, S. 46.

[26] Heinen, Ernst/Lückerath, Carl August (Hrsg.): a.a.O., S. 2.

wobei sich das Ministerium letzte Entscheidungsbefugnisse vorbehält. Zwar bedeutet die Aufgabenstellung der Pädagogischen Akademie, "Lehrer durch Lehre und Forschung, Theorie und Praxis im Bereich der Erziehung und des Unterrichts heranzubilden"[27], einen entscheidenden Schritt in Richtung wissenschaftliche Hochschule, doch werden die Pädagogischen Akademien weiterhin organisatorisch als nachgeordnete Behörden, die keine eigene Rechtspersönlichkeit besitzen, behandelt.[28] Die Bildung des Pädagogischen Hochschulsenates im Jahr 1958 bedeutet einen weiteren wichtigen Schritt auf dem Wege zur wissenschaftlichen Hochschule[29], der die Aufgabe hat, Forschungsarbeiten anzuregen, die Beziehungen zwischen Pädagogischer Akademie und Universität zu pflegen, bei Personalentscheidungen zu beraten und für die Lehrerfortbildung Vorschläge zu entwickeln.[30] Der Hochschulsenat wird allgemein positiv beurteilt[31], da er zu einer wissenschaftlichen Qualifizierung des Dozentenstammes beiträgt und somit für die personelle Grundlage einer späteren Wissenschaftlichkeit der Pädagogischen Hochschule sorgt. Damit rückt die Pädagogische Akademie näher an die Universität. Mit dem Beschluß der Landesregierung vom 20. Februar 1962 erhalten die Pädagogischen Akademien des Landes Nordrhein-Westfalen die Bezeichnung *Pädagogische Hochschulen*.[32]

"Hinter dieser Umbenennung standen der Auftrag und die Form einer neuen Lehrerausbildung unter dem Gesichtspunkt der Wissenschaftlichkeit. Man entfernte sich von der Bildnerhochschule im Sinne Beckers und Sprangers und wollte mit einen neuen Programm zur wissenschaftlichen Hochschule im Sinne der Universität.[sic!]"[33]

In der Amtszeit von Kultusminister Paul Mikat[34] kommt es zu einer weiteren grundlegenden Veränderung innerhalb der Lehrerausbildung. Zu Beginn seiner

---

[27] Vorläufige Satzung der Pädagogischen Akademien des Landes Nordrhein-Westfalen, RdErl. des Kultusministers vom 29. 1. 1954, in: Abl. KM NW, 6. Jg., Düsseldorf 1954, S. 46.

[28] Vgl. Peters, Walter: a.a.O., S. 28.

[29] Vgl. Bildung des Pädagogischen Hochschulsenats, RdErl. des Kultusministers vom 5. 5. 1958, in: Abl. KM NW, 10. Jg., Düsseldorf 1958, S. 102.

[30] Vgl. ebenda.

[31] Der Hochschulsenat besteht bis 1965 und wird auf Grund des Statusgesetzes überflüssig.

[32] Vgl. Umbenennung der Pädagogischen Akademien in 'Pädagogische Hochschulen', RdErl. des Kultusministers vom 15. 3. 1962, in: Abl. KM NW, 14. Jg., Düsseldorf 1962, S. 67.

[33] Peters, Walter: a.a.O., S. 125.

[34] Paul Mikat (*1924), 1945-1949 Studium der kath. Theologie, Philosophie, Germanistik und Geschichte in Bonn, 1950-1953 Studium der Rechtswissenschaften in Bonn, 1954 Promotion zum Dr. jur., 1957 Ernennung zum Professor in Würzburg, 1960/61 Dekan, 1962-1966 Kultusminister des Landes Nordrhein-Westfalen.
Quelle: Peters, Walter: a.a.O., S. 131.

Amtszeit bemüht sich Mikat um eine Neugliederung der Pädagogischen Hochschulen. Nach intensiven Beratungen verfügt er mit dem Erlaß vom 31. März 1964 die Errichtung von Seminaren an Pädagogischen Hochschulen, die in ihrer Struktur den Universitäten ähneln.[35] Die Zuordnung des Faches Musik erfolgt zum *Seminar für Musikerziehung und Leibeserziehung*[36], wobei auf der gemeinsamen Sitzung der Dozenten für musische Fächer an den Pädagogischen Hochschulen des Landes Nordrhein-Westfalen im Dezember 1964 die Entflechtung des Seminars für besonders wichtig erachtet wird, "da gerade diese beiden Fächer [Musikerziehung und Leibeserziehung; d. Verf.] noch weitgehend einer fachdidaktischen Grundlegung bedürfen"[37]. Am 26. Mai 1965 erfolgt die Verabschiedung des Statusgesetzes[38], wodurch eine "Rangerhöhung zur eigenständigen wissenschaftlichen Hochschule"[39] bewirkt wird. Es kommt zur Bildung von drei Pädagogischen Hochschulen mit insgesamt 15 Abteilungen.[40] In derselben Landtagssitzung kommt es ebenfalls zur Verabschiedung des Lehrerausbildungsgesetzes (LABG)[41]. Dieses Gesetz regelt die Ausbildung aller Lehrer in Nordrhein-Westfalen und führt nun überall einen vom Studium getrennten Vorbereitungsdienst ein, der aber für die Grund- und Hauptschullehrer wegen des enormen Lehrermangels erst drei Jahre nach Gesetzesverkündigung in Kraft tritt.

---

[35] Vgl. Errichtung von Seminaren an den Pädagogischen Hochschulen, RdErl. des Kultusministers vom 31. 3. 1964, in: Abl. KM NW, 18. Jg., Düsseldorf 1964, S. 52.

[36] In Köln besteht das Seminar für Musikerziehung und Leibeserziehung bis 1980. Während das Seminar für Leibeserziehung an die Sporthochschule wechselt, bleibt das Seminar für Musikerziehung bestehen, das ab 1984 als Seminar für Musik und ihrer Didaktik firmiert.
Vgl. Heinen, Ernst: Erziehungswissenschaftliche Fakultät, in: Meuten, Erich (Hrsg.): Die neue Universität – Daten und Fakten, in: Kölner Universitätsgeschichte Bd. 3, Köln/Wien 1988, S. 245 ff.

[37] Alt, Michael: Niederschrift über die gemeinsame Sitzung der Dozenten für musische Fächer an den Pädagogischen Hochschulen des Landes Nordrhein-Westfalen am 12. 12. 1964 in Wuppertal, Dortmund 4. 1. 1965, HStAD NW 143-181, Bl. 180.

[38] Gesetz über die Errichtung von Pädagogischen Hochschulen im Lande Nordrhein-Westfalen vom 9. Juni 1965, in: GV NW – Ausgabe A, 19. Jg., Düsseldorf 1965, S. 156 f.

[39] Peters, Walter: a.a.O., S. 131.

[40] Pädagogische Hochschule Rheinland mit den Abteilungen Aachen, Bonn, Neuss, Köln, Wuppertal und der Abteilung für Heilpädagogik in Köln;
Pädagogische Hochschule Ruhr mit den Abteilungen Dortmund, Duisburg (Kettwig), Essen, Hagen, Hamm und der Abteilung für Heilpädagogik in Dortmund;
Pädagogische Hochschule Westfalen-Lippe mit den Abteilungen Bielefeld, Münster I, Münster II, Paderborn und Siegerland.
Quelle: Peters, Walter: a.a.O., S. 148.

[41] Gesetz über die Ausbildung für die Lehrämter an öffentlichen Schulen (Lehrerausbildungsgesetz – LABG) vom 9. Juni 1965, in: GV NW – Ausgabe A, 19. Jg., Düsseldorf 1965, S. 157 ff.

"Dabei ging die enge Verzahnung zwischen Theorie und Praxis an der ehemaligen Pädagogischen Akademie mit wöchentlichem Praxisvormittag, begleitet von Dozenten und Mentoren, verloren. Dieser Verzicht, der sich aber nicht auf die fachpraktischen Unterrichtsstunden und auch nicht auf das Blockpraktikum in der Schule bezog, hat nach rückblickender Beurteilung einiger Professoren der Pädagogischen Hochschulen 'nicht zu einer Erweiterung der Handlungskompetenzen der angehenden Lehrer geführt, sondern vielleicht eher zu einer Einbuße.'"[42]

6. 1. 2 Studium

"Ziel und Aufgabe der Pädagogischen Akademie ist es, volks- und lebensnahe, aufgeschlossene, mit dem für ihren Beruf erforderlichen sachlichen und methodischen Wissen und Können ausgestattete Lehrer und Erzieher heranzubilden, die von christlichem Ethos und sozialem Verantwortungsbewußtsein durchdrungen sind."[43]

Der Umfang des zu vermittelnden fachdidaktischen und methodischen Wissens und Könnens innerhalb der Pädagogischen Akademie orientiert sich unter anderem an dem Faktum, daß der Volksschullehrer als Klassenlehrer und nicht als Fachlehrer eingesetzt wird und aufgrund dessen in nahezu allen Schulfächern ausgebildet werden muß. Die Tatsache, daß 1956 in Nordrhein-Westfalen noch 54% des Volksschulunterrichtes an ein-, zwei- und dreiklassigen Schulen[44], 1961 immer noch ca. 30% des Unterrichts in solchen Schulen vor allem in ländlichen Gebieten erteilt wird[45], unterstreicht die Notwendigkeit einer breiten Ausbildung.

Voraussetzung für die Zulassung zum Studium an der Pädagogischen Akademie ist das Reifezeugnis.[46] Somit wird der Lehrerbildung wieder akademischer Rang zugesprochen, und die Veränderungen während der NS-Zeit werden revidiert. Zusätzlich muß sich der Bewerber einem Aufnahmeverfahren unterziehen, in dem

---

[42] Peters, Walter: a.a.O., S. 134.
[43] Antz, Joseph: Denkschrift über die Pädagogischen Akademien, in: Heinen, Ernst/Lückerath, Carl August (Hrsg.): a.a.O., S. 21.
[44] Vgl. Antholz, Heinz: Von der Bildnerhochschule zur Wissenschaftlichen Hochschule – Zur Entwicklung der Musiklehrerausbildung in Nordrhein-Westfalen, in: Noll, Günther (Hrsg.): Musikpädagogik im Rheinland – Beiträge zu ihrer Geschichte im 20. Jahrhundert, in: Beiträge zur Rheinischen Musikgeschichte, Bd. 155, Kassel 1996, S. 37.
[45] Reble, Albert: Geschichte der Pädagogik, Stuttgart [18]1995, S. 342.
[46] In Ausnahmefällen können auch Bewerber ohne Reifezeugnis aufgenommen werden, wenn sie sich einer Sonderprüfung unterziehen, mit der sie nachweisen, daß sie über die für das Studium erforderlichen Fähigkeiten und Kenntnisse verfügen.
Vgl. Merkblatt über die Ausbildung zum Volksschullehrer 1948, in: Heinen, Ernst/Lückerath, Carl August (Hrsg.): a.a.O., S. 36.

neben anderem Wissen auch musikalische Fähigkeiten und Kenntnisse, die für die Zulassung zum Studium notwendig sind, überprüft werden. Die Notwendigkeit eines Aufnahmeverfahrens ergibt sich u.a. auch aus dem krassen Mißverhältnis zwischen der Zahl der angebotenen Studienplätze und der Zahl der Bewerber. So melden sich auf 70 Studienplätze der Pädagogischen Akademie Paderborn ca. 1.000 Bewerber. Prüfungsgegenstände im Fach Musik sind: "Grundlegende Kenntnisse in der allgemeinen Musiklehre; Kennen und Singenkönnen einer Anzahl von Volksliedern, Absingen einfacher Melodien und Spielen eines Instrumentes"[47], wobei unter Instrumenten offiziell die traditionellen Volksschullehrerinstrumente Violine, Klavier oder Orgel zu verstehen sind[48], jedoch auch Blockflöte und Gitarre akzeptiert werden. Das Aufnahmeverfahren wird in jeder Pädagogischen Akademie unterschiedlich durchgeführt. Die instrumentalen Fertigkeiten werden durch Vortrag eines vom Bewerber selbstgewählten Werkes überprüft; Musiklehre, Singen und Volksliedkenntnis entweder durch mündliche Einzelprüfung oder aufgrund eines vom Bewerber ausgefüllten Fragebogens, der einen Überblick über das musikalische Vorwissen gibt, in einer einstündigen Gruppenprüfung.[49] Klagen über mangelnde musikalische Vorbildung und fehlende elementare musikalische Fähigkeiten[50], ebenso Berichte, daß "seit Bestehen der Akademien im Jahre 1946 ... die Ansprüche an das musikalische Können sehr herabgesetzt"[51] wurden, sind nicht pauschal auf alle Pädagogischen Akademien zu übertragen. Jedoch wird die Forderung an die Höhere Schule, eine "stärkere musikalische Aufbauarbeit und besondere Vorbereitung der künftigen PA.-Anwärter"[52] durchzuführen, von allen Verantwortlichen unterstützt. Die Aufnahme in die Pädagogische Akademie ist nicht allein von einer bestandenen Aufnahmeprüfung im Fach Musik abhängig[53];

---

[47] Merkblatt über die Ausbildung zum Volksschullehrer 1948, in: Heinen, Ernst/Lückerath, Carl August (Hrsg.): a.a.O., S. 37.

[48] Vgl. Aufnahmen an den Pädagogischen Akademien zum Herbst 1949, RdErl. des Kultusministers vom 30. 6. 1949, in: Abl. KM NW, 1. Jg., Düsseldorf 1949, S. 79.

[49] Vgl. Sydow, Kurt: Circulus vitiosus? – Der musikalische Bildungsstand von Bewerbern für den Lehrerberuf, in: Musica, H. 2, 1952, S. 54 f.

[50] Vgl. Sozialminister des Landes Nordrhein-Westfalen an die Kultusministerin des Landes Nordrhein-Westfalen, Düsseldorf 18. 8. 1950, HStAD NW 41-574, Bl. 31; vgl. Sydow, Kurt: (1952) a.a.O., S. 58.

[51] Wilhelmi, Herbert: Musik im Entwurf des Studienplans für die Pädagogischen Akademien, HStAD NW 41-574, Bl. 30ᵛ.

[52] Bericht über eine Besprechung der musikalischen Fachberater bei den Regierungspräsidenten, den Musikdozenten der Pädagogischen Akademien und führenden Persönlichkeiten auf dem Gebiete der Musikpflege am 6. 7. 1951 im Kultusministerium, Düsseldorf 6. 8. 1951, HStAD NW 60-355, Bl. 17.

[53] Vgl. Sydow, Kurt: (1952) a.a.O., S. 57 f.

dennoch gibt es Beispiele sehr guter Abiturienten, die mangels instrumentaler Kenntnisse nicht zum Studium zugelassen wurden.[54]

Im Laufe einer 1954 stattfindenden Direktorenkonferenz der Pädagogischen Akademien mit Kultusministerin Teusch kommt man überein, die bestehenden Aufnahmeverfahren abzuschaffen, da "auch bei der Universität ... eine solche Prüfung nicht verlangt"[55] werde. Außerdem, so Ministerin Teusch, verkenne sie nicht, "dass in der Vergangenheit eine solche Prüfung notwendig gewesen sein möge. Nachdem die Verhältnisse im Höheren Schulwesen sich jedoch stabilisiert hätten, sei nach ihrer Ansicht eine weitere Prüfung unnötig. Besser sei eine unbeschränkte Zulassung, um später eine Auslese im ersten oder zweiten Semester zu treffen"[56]. Die Musikdozenten plädieren für die Einführung einer Zwischenprüfung, in der der Student den Nachweis der elementaren Grundkenntnisse und Fertigkeiten in Musik erbringen soll, wie sie bisher in der Aufnahmeprüfung verlangt wurden. Eine entsprechende Marginalie des zuständigen Referenten zeigt juristische Bedenken bezüglich einer Zwischenprüfung, da diese in der Prüfungsordnung verankert sein müßte.[57] Somit wird die Überprüfung musikalischer Kenntnisse und instrumentaltechnischer Fertigkeiten der Studenten gegen die Bedenken seitens der Musikdozenten, die in der fehlenden Aufnahmeprüfung eine Gefahr für die musikalische Ausbildung an den Pädagogischen Akademien sehen, abgeschafft.[58] In der Praxis bedeutet dies meist, daß die Studenten ohne instrumentale Vorkenntnisse während des Studiums instrumentalen Gruppenunterricht mit 10-15 Personen, meist im Fach Blockflöte erhalten und – um die Zulassung zur Prüfung zu erhalten – ihre instrumentalen Fertigkeiten durch das Vorspiel eines Stückes nachweisen. Diese Interimslösung endet mit der neuen Prüfungsordnung von 1957.[59]

Im Zentrum der "viersemestrigen Berufsausbildung"[60] stehen eine allgemeine pädagogische Ausbildung und in fachlicher Hinsicht das Bildungsgut der Volksschule. Dabei nimmt die Auseinandersetzung mit der Erziehungswissenschaft und ihren Hilfswissenschaften, die "allgemeine Erziehungs- und Unterrichtslehre, die

---

[54] Vgl. Peters, Walter: a.a.O., S. 29, Fußnote 9.
[55] Niederschrift über die Tagung der erweiterten Direktorenkonferenz der Pädagogischen Akademien im Kultusministerium am 22. 1. 1954, HStAD NW 417-394, o. Bl.
[56] Ebenda.
[57] Berekoven, Hanns: Bericht über die Fachtagung der Musikdozenten am 16. 2. 1954 in Dortmund, Oberhausen 3. 3. 1954, HStAD NW 143-170, Bl. 239^v.
[58] Niederschrift über die Tagung der erweiterten Direktorenkonferenz der Pädagogischen Akademien im Kultusministerium am 22. 1. 1954, HStAD NW 417-394, o. Bl.
[59] Eignungsprüfungen werden erst wieder 1983 verbindlich.
[60] Vorläufige Ordnung der ersten Prüfung für das Lehramt an Volksschulen in Nordrhein-Westfalen, in: Amtliches Schulblatt für den Regierungsbezirk Köln, 39. Jg., Köln 1948, S. 152.

historische Pädagogik ..., ferner die Psychologie, und zwar die allgemeine wie die differentielle, die Kinderpsychologie wie die Jugendkunde, sodann die Ethik und die philosophische Anthropologie"[61] eine zentrale Rolle ein. Wichtig für die Ausbildung ist die enge Verzahnung von Theorie und Praxis, die zum einen die Praxis durch theoretische Betrachtungen kontrolliert und vergeistigt, zum anderen die Theorie durch Beobachtungen des praktischen Tuns bestätigt oder falsifiziert. Neben diesem Schwerpunkt besteht für den Studenten im Wahlfach die Möglichkeit, "ohne jeden Seitenblick auf die praktische Verwertbarkeit der Ergebnisse"[62] Methoden wissenschaftlichen Arbeitens kennenzulernen. Die Rolle des Faches Musik innerhalb der Pädagogischen Akademie ist in der Anfangsphase nach 1945 mit dessen Bedeutung in der Weimarer Zeit vergleichbar. Nach Meinung des damaligen Ministerialrates Dr. Johannes von den Driesch, eines engen Vertrauten des preußischen Kultusministers Becker, kommt der Musik nahezu dieselbe Bedeutung wie im alten Lehrerseminar zu.

"Die Musik hat in der PA eine Ausnahmestellung von Anfang an: sie ist nicht nur Unterrichtsgegenstand, sondern wesentliche Lebensäußerung der Akademie und gibt ihrem Gemeinschaftsleben das Gepräge. Daher muß die PA die musikalische Tradition der alten Lehrerbildung zu neuer Entfaltung führen."[63]

Musik als Unterrichtsgegenstand bedeutet zu Beginn der 1946 neu eingerichteten Pädagogischen Akademien für jeden Studenten in jedem Semester jeweils 2 Stunden Pflichtvorlesungen[64], wobei die Planung aus dem Jahr 1945 für das erste Ausbildungsjahr noch 3 Stunden und für das zweite Jahr sogar 4 Stunden Musik vorsah.[65] Hinzu kommen fakultative Übungen und Seminare im Bereich Musikerziehung und musikpraktische Vokal- oder Instrumentalensembles. Das Kultusministerium stellt sich im Fach Musik die "Vermittlung des Liedgutes in beschränktem Umfange, die Möglichkeit instrumentaler Weiterbildung und methodi-

---

[61] Antz, Joseph: (1947b) a.a.O., S. 153.
[62] Ebenda, S. 154.
[63] Zit. nach Heer, Josef: Musikerziehung in Volksschule und Lehrerbildung, in: Sydow, Kurt (Hrsg.): Musik in Volksschule und Lehrerbildung, in: Musikalische Zeitfragen, Bd. 11, Kassel/Basel 1961, S. 23.
[64] Wilhelmi, Herbert: Musik im Entwurf des Studienplans für die Pädagogischen Akademien, HStAD NW 41-574, Bl. 30.
Speer spricht hingegen von einer Pflichtstundenzahl von 3 Semesterwochenstunden.
Vgl. Speer, Gotthard: Erlebte Musikpädagogik. Von der Pädagogischen Akademie Köln bis zur Erziehungswissenschaftlichen Fakultät der Universität zu Köln, in: Klinkhammer, Rudolf (Hrsg.): Schnittpunkte Mensch Musik – Beiträge zur Erkenntnis und Vermittlung von Musik, Regensburg 1985, S. 237.
[65] Vgl. Oberpräsident der Nord-Rheinprovinz: Merkblatt über neue Lehrerbildung in der nördlichen Rheinprovinz 1945, HStAD RWN 46-37, Bl. 6 f.

scher Schulung"[66] vor. Durch das Ausbildungskonzept, das eine starke Verzahnung von praktischer und theoretischer Ausbildung durch einen wöchentlichen Praxisvormittag an einer Stadtschule und ein mehrwöchiges Landschulpraktikum in den Ferien vorsieht, sind die Pflichtvorlesungen im Fach Musik inhaltlich auf die Praxis abgestimmt.[67]

Im Rahmen des Sondernotlehrganges, der nur ein Jahr dauert, ist insgesamt im Fach Musik nur eine Pflichtvorlesung im Umfang von einer Semesterwochenstunde vorgeschrieben, die durch eine zweistündige fakultative Übung ergänzt werden kann.[68] Die einmonatige Ausbildung der Schulhelfer sieht überhaupt keine spezifische fachdidaktische Ausbildung vor, sondern Vorträge über Richtlinien von 1921/22 und allgemeine pädagogische Themen sowie Besprechungen des gemeinsam besuchten Unterrichts.[69]

Die Instrumentalausbildung im Rahmen des Normallehrganges wird von den Pädagogischen Akademien unterschiedlich geregelt, da von Seiten des Ministeriums keine eindeutigen Anordnungen gegeben werden. Die Forderung der Musikdozenten nach Einrichtung von Instrumentalunterricht "für Geige, Blockflöte, aber auch für Klavier"[70] zeigt, daß die vom Ministerium vorgesehene "Möglichkeit instrumentaler Weiterbildung"[71] aufgrund des fehlenden Raumangebotes und kaum vorhandenen Instrumentariums faktisch noch gar nicht besteht. Noch in den 60er Jahren fordern die Musikdozenten in Nordrhein-Westfalen, "eine entsprechende Mindestausbildung an einem Musikinstrument vor oder während des Studiums für

---

[66] Bericht über eine Besprechung der musikalischen Fachberater bei den Regierungspräsidenten, der Musikdozenten der Pädagogischen Akademien und führender Persönlichkeiten auf dem Gebiete der Musikpflege am 6. 7. 1951 im Kultusministerium, Düsseldorf 6. 8. 1951, HStAD NW 60-355, Bl. 17.

[67] Das Vorlesungsverzeichnis der Pädagogischen Akademie Köln führt im WS 1951/52 folgende Pflichtvorlesungen auf: II. Semester; Fragen der Schulmusikmethodik unter Berücksichtigung der Grundschule (mit Lehrproben) – IV. Semester; Methodik der Schulmusik, Ausgewählte Fragen mit besonderer Berücksichtigung der Oberstufe.

[68] Vgl. Antz, Joseph: Organisation und Studienplan der Lehrer-Sonderkurse, Düsseldorf im September 1946, HStAD NW 26-163 Bd. I, Bl. 194 ff.

[69] Vgl. Oberpräsident der Nord-Rheinprovinz: Rahmenplan für die Ausbildung der Schulhelfer, Düsseldorf 8. 5. 1946, HStAD NW 26-163 Bd. II, Bl. 57 ff.

[70] Bericht über eine Besprechung der musikalischen Fachberater bei den Regierungspräsidenten, der Musikdozenten der Pädagogischen Akademien und führender Persönlichkeiten auf dem Gebiete der Musikpflege am 6. 7. 1951 im Kultusministerium, Düsseldorf 6. 8. 1951, HStAD NW 60-355, Bl. 17.

[71] Ebenda.

alle Studenten der PH verbindlich zu machen"[72]. Wenn überhaupt Instrumentalunterricht erteilt wird, entscheidet der Musikdozent darüber, welcher der Studenten bei einem der nebenamtlichen Instrumentallehrer Unterricht, meist in Form von Gruppenunterricht, erhält.

Neben dem pädagogischen und wissenschaftlichen Profil der Pädagogischen Akademie spielt der Aspekt der "Schule der Gemeinschaft"[73] im Nachkriegskonzept der Pädagogischen Akademien besonders in der Anfangsphase dieselbe Rolle wie in der Weimarer Zeit. Die Intention ist, das Leben und Arbeiten innerhalb der Pädagogischen Akademie so zu gestalten, daß es gleichsam als Abbild dessen, "wie es für die Schule zu wünschen wäre"[74], gestaltet werden soll. Dabei erhält der Begriff *Gemeinschaft*, schon in Weimarer Tagen ein "Zauberwort"[75], unter dem man je nach gesellschaftlicher Gruppierung verschiedenste Inhalte subsumierte, nach 1945 dieselbe magische Aura. Die Erfahrung mit der staatlich reglementierten, zwanghaften Volksgemeinschaft im Dritten Reich bewirkt die Forderung nach einer *neuen Gemeinschaft* oder *echten Gemeinschaft*, wobei diese Begriffe dieselben irrationalen Konnotationen wie in der Weimarer Republik hervorrufen. In diesem Zusammenhang kommt den musikalischen Aktivitäten innerhalb der Pädagogischen Akademien eine zentrale Bedeutung zu. Das Collegium musicum, der Akademiechor sowie andere Musiziergruppen sollen durch gemeinsame künstlerische Betätigung und das gemeinsame künstlerische Erlebnis "eine gemeinschaftsbildende Kraft ausstrahlen"[76]. Der fakultative Charakter dieser musikalischen Arbeitsgemeinschaften führt aber zu einer unterschiedlichen Teilnahmebereitschaft der Studenten, so daß die Musikdozenten sehr bald über geringe Anteilnahme an der freiwilligen Musikarbeit (1951 ca. ein Drittel der Studenten), klagen.[77] Aufgrund dessen wird gefordert, die Arbeit in musikalischen Arbeitsgemeinschaften innerhalb des Lehrplans der Pädagogischen Akademie in "straffer,

---

[72] Protokoll der Fachschaftssitzung der Musikerzieher an den Pädagogischen Hochschulen des Landes Nordrhein-Westfalen in Münster am 12. 2. 1962, Aachen 16. 2. 1962, HStAD NW 143-170, Bl. 303 f.

[73] Antz, Joseph: (1947b) a.a.O., S. 154.

[74] Becker, Carl Heinrich: Die Pädagogische Akademie im Aufbau unseres nationalen Bildungswesens, Leipzig 1926, S. 67.

[75] Ott, Thomas: a.a.O., S. 487.

[76] Vgl. Antz, Joseph: (1947b) a.a.O., S. 154.

[77] Vgl. Bericht über eine Besprechung der musikalischen Fachberater bei den Regierungspräsidenten, der Musikdozenten der Pädagogischen Akademien und führender Persönlichkeiten auf dem Gebiete der Musikpflege am 6. 7. 1951 im Kultusministerium, Düsseldorf 6. 8. 1951, HStAD NW 60-355, Bl. 17.

kontrollierbarer Form"[78] einzubauen. Da dieser Ansatz jedoch dem Grundsatz akademischer Freiheiten entgegensteht, müssen sich die Musikdozenten, noch häufig vom Ideal der alten seminaristischen Lehrerausbildung geleitet, von dem Gedanken eines festen Lehrplanes, innerhalb dessen die Musikarbeitsgemeinschaften einen obligatorischen Platz einnehmen, trennen.

Volkslied und Gemeinschaftsmusik bilden dabei einen inhaltlichen Schwerpunkt, da sich die Ausbildung an der Pflege von kulturellen Werten in Natur und Volkstum der Heimat orientieren soll.[79] Das Primat des Volksliedes, unterstützt durch parallel gestaltete Forderungen innerhalb der Volksschulrichtlinien, führt zu einer eingeengten Sicht von Musik, die sich auch in den Themen der schriftlichen Abschlußarbeiten zeigt. Themen wie *Reste lebendigen Volksliedes im Heimatraum Kempen am Niederrhein*, *Das neue Liedgut des Altenberger Singebuchs und seine Bewährung in der Jugendarbeit* oder *Stimmerziehung im Musikunterricht der Volksschule*, alle aus dem Abschlußjahrgang 1952 an der Pädagogischen Akademie Köln, zeigen den Einfluß des Gedankengutes der Jugendmusikbewegung.[80]

Schon zu Beginn der 50er Jahre beginnt die Vorbereitung einer Reform der Studienordnungen mit dem Ziel, die Pflichtstundenzahl der Studierenden herabzusetzen. Im Bereich Musik ist eine Reduzierung der Pflichtstunden auf eine Stunde Unterweisung in der musikalischen Unterrichtslehre vorgesehen. Dieser Plan löst scharfen Protest aus.[81]

"In dieser einen Stunde, die also rd. 16 Übungsstunden umfaßt, sollen die Studierenden in die Lage versetzt werden, den Musikunterricht in der Volksschule zu erteilen. Das ist aber unmöglich, denn die musikalische Ausbildung der Abiturienten, die zur Akademie kommen, ist so unzureichend, daß häufig die elementaren Grundlagen fehlen, die Voraussetzung für jede methodische Unterweisung sind."[82]

Das Ministerium begründet die Planung damit, daß es sich bei der Pädagogischen Akademie um eine Hochschule und nicht um eine Höhere Schule mit fester

---

[78] Ebenda.
[79] Vgl. Antz, Joseph: (1947b) a.a.O., S. 154.
[80] Die anderen Themen lauten: "Die aktuelle Bedeutung der Jugendmusikschule für die Musikerziehung der Volksschule und den Volksschullehrer"; "Möglichkeiten und Grenzen in der Auswertung des Orff'schen Schulwerkes für den Musikunterricht in der Volksschule"; "Die Musikerziehung in der Volksschule als Grundlage und Ausgangspunkt dörflicher Musikpflege" Vgl. Prüfungsarbeiten 1952, in: Heinen, Ernst/Lückerath, Carl August (Hrsg.): (1985) a.a.O., S. 46.
[81] Vgl. Wilhelmi, Herbert: Musik im Entwurf des Studienplans für die Pädagogischen Akademien, HStAD NW 41-574, Bl. 30.
[82] Ebenda, Bl. 30 + 30ᵛ.

Stundentafel handele. So stellen die Forderungen zwar Minimalanforderungen für die Zulassung zur Prüfung dar, jedoch haben die Studenten die Möglichkeit, sich über die Minimalanforderungen hinaus intensiver mit einem Gegenstand auseinanderzusetzen.[83] In der Praxis, so meint Wilhelmi, bedeute dies aber, daß sich nur die Begabten dem freiwilligen Unterricht zuwenden, während infolge der minimalen musikalischen Ausbildung an der Pädagogischen Akademie "ein Großteil der Lehrer die musikalische Erziehung in der Volksschule völlig unzureichend nur am Rande liegend betreibe"[84]. Mersmann sieht darin die Gefahr, "daß durch diese Maßnahme [Reduzierung der Pflichtstunden; d. Verf.] der Musikunterricht in der Volksschule nicht nur gefährdet, sondern eigentlich schlechthin zugrundegerichtet wird"[85].

Die neue Landesregierung unter Ministerpräsident Steinhoff kündigt bereits in ihrer ersten Regierungserklärung vom 29.2.1956 grundlegende Veränderungen innerhalb der Lehrerausbildung an. Durch die im Sommersemester 1958 in Kraft tretende vorläufige Rahmenstudienordnung wird das Studium von vier auf sechs Semester verlängert, was zu einer Vertiefung der bisherigen Lehrinhalte und keineswegs zu einer Vermehrung der Disziplinen beitragen soll.[86] Die durch die neue Studienordnung geforderte "S c h w e r p u n k t b i l d u n g in bezug [sic!] eines der Fächer der Realiengruppe bzw. der musischen Gruppe"[87] bedeutet den Abbau eines verpflichtenden musikalischen Grundstudiums für alle Studierenden.[88] Es bestehen drei Möglichkeiten, sich mit dem Fach Musik auseinanderzusetzen. Prinzipiell hat jeder Student vier Semesterwochenstunden musikalische Grundübungen zu besuchen. Darüber hinaus hat er erstens die Möglichkeit, Musik als Wahlfach oder Zusatzfach zu belegen, wofür acht Semesterwochenstunden Musik vorgesehen sind. Im Vergleich zur alten Studienordnung, nach der sich der Student für Musik als Wahlfach lediglich durch eine musikalische Themenstellung der schriftlichen Abschlußarbeit entschied, wahrlich eine inhaltliche Vertiefung und Stärkung wissenschaftlichen Arbeitens. Die zweite Möglichkeit besteht für die Studenten

---

[83] Vgl. Kultusministerin des Landes Nordrhein-Westfalen an den Sozialminister des Landes Nordrhein-Westfalen, Düsseldorf 28. 8. 1950, HStAD NW 41-574, Bl. 32.

[84] Wilhelmi, Herbert: Musik im Entwurf des Studienplans für die Pädagogischen Akademien, HStAD NW 41-574, Bl. 30^v.

[85] Gruppe III/K 3 des Kultusministeriums: Aktenvermerk, Düsseldorf 31. 3. 1950, HStAD NW 60-348, Bl. 28.

[86] Vgl. Vorläufige Rahmenstudienordnung vom 29. 3. 1958, in: Klein, August (Hrsg.): Prüfungsordnung und Studienordnung an den Pädagogischen Akademien des Landes Nordrhein-Westfalen mit erläuternden Erlassen, Ratingen ³1962, S. 67.

[87] Ebenda, S. 68. (Sperrung im Original)

[88] Vgl. Speer, Gotthard: (1985) a.a.O., S. 240.

darin, in Musik einen Übungsschein zu erwerben, "der nach mindestens zwei Übungen und einer Prüfung ausgestellt wird"[89]. Wählt der Student ein anderes Fach zum Erwerb des Übungsscheines, so muß er als dritte Form eine Teilnahmebescheinigung im Fach Musik erwerben. Dieser *T-Schein* wird erteilt, wenn der Student eine "in gedrängter Form von drei Doppelstunden zusammengefaßte Übersicht über die besonderen sachlichen Anliegen, die wichtigsten facheigenen Arbeitsweisen und die Hilfsmittel für das betreffende Unterrichtsfach"[90] erhalten hat, wobei von Klausuren oder sonstigen Benotungen der studentischen Leistungen abzusehen ist. Instrumentaltechnisches Können ist keine Grundvoraussetzung für die Erteilung eines *T-Scheines*, jedoch wird an anderer Stelle im Fach Musik gefordert, daß "jeder Student anstreben solle, sich auf einem Instrument auszubilden, weil er sonst seiner Arbeit als Lehrer an Volksschulen nicht voll gewachsen sein wird"[91]. Mit dem Erwerb des *T-Scheines* erhält ein Großteil der künftigen Volksschullehrer die Berechtigung, in allen Klassenstufen der Volksschule das Fach Musik zu unterrichten.[92] Auch eine Entschließung des Deutschen Musikrates von 1959, die für alle Studierenden zwei Semesterwochenstunden Pflichtvorlesungen, separate Stimmbildung und eine halbe Stunde Instrumentalunterricht in allen Semestern fordert, um einen qualitativen Musikunterricht in der Volksschule zu gewährleisten, ändert die Situation nicht.[93] Somit sind die Befürchtungen, die Mersmann bereits 1950 formulierte, bei weitem übertroffen worden.

6. 1. 3 Prüfungen

Erste Lehrerprüfung

Die 1. Lehrerprüfung wird bis zur Veröffentlichung der *Vorläufigen Ordnung der ersten Prüfung für das Lehramt an Volksschulen in Nordrhein-Westfalen* am 11. Mai 1948 nach den Bestimmungen der Becker'schen Ordnung vom 10. April 1928

---

[89] Antholz, Heinz: Was können künftige Lehrer musikalisch? – Untersuchung an einer Pädagogischen Hochschule als Beitrag zur Problematik der Musikerziehung in der Lehrerbildung, in: MiU (Ausg. B), H. 6, 1964, S. 192.

[90] Vorläufige Rahmenstudienordnung vom 29. 3. 1958, in: Klein, August (Hrsg.): a.a.O., S. 68 f.

[91] Zit. nach Antholz, Heinz: (1964) a.a.O., S. 193.

[92] Man kann davon ausgehen, daß ca. 80% der Studenten diese Form der Ausbildung wählen. Vgl. Oberborbeck, Felix: Musik in der Lehrerbildung, in: MiU (Ausg. B), H. 10, 1958, S. 278.

[93] Vgl. Deutscher Musikrat: Musikerziehung in der Lehrerbildung – Entschließung und Denkschrift 1959, in: Kraus, Egon (Hrsg.): Musik in der Reifezeit – Vorträge der Dritten Bundesschulmusikwoche München 1959, Mainz 1959, S. 292 f.

durchgeführt, wobei auch die vorläufige Prüfungsordnung von 1948, abgesehen von einigen geringfügigen Änderungen, mit der Becker'schen Ordnung identisch ist.[94] Mit der Meldung zur Prüfung haben die Kandidaten ein Dozentengutachten einzureichen, das "über die Mitarbeit der Prüflinge bei den Lehrveranstaltungen, ihre erzieherische und unterrichtliche Tätigkeit und ihr einwandfreies 'sittliches Verhalten', wobei objektiv überprüfbare Kriterien nicht mitgeliefert waren"[95], Auskunft gibt und für die Zulassung von Gewicht ist. Nach erfolgter Zulassung erstellen die Kandidaten eine schriftliche Hausarbeit über ein Thema aus den Erziehungswissenschaften oder ihres jeweiligen Wahlfaches, das auch Musik sein kann. Die mündlichen Prüfungen finden "am Schluß des vierten Ausbildungshalbjahres bzw. unmittelbar in Anschluß daran"[96] statt. Einzelne Prüfungsfächer sind dabei Systematische Pädagogik, Geschichte der Pädagogik, Psychologie, Philosophie, Deutsch, Rechnen oder Raumlehre und meist Religion. Zusätzlich muß der Prüfling noch ein Fach aus der Gruppe Geschichte, Erdkunde, Biologie und Naturlehre, ebenso aus der Gruppe Musik, Kunsterziehung, Sport und Werkunterricht, Nadelarbeit und Hauswirtschaft (letztere nur für Frauen) wählen.[97] Im Fach Musik orientiert sich die Prüfung am Bildungsgut der Volksschule. Ferner soll der Nachweis der Kenntnis der wichtigsten Lehrformen und ihrer bedeutsamsten Vertreter[98] in der Prüfung erbracht werden.

Die neue Prüfungsordnung von 1957 soll die Erste Lehrerprüfung in ihrer Form von 1948 entlasten[99], die auf Grund der großen Anzahl von mündlichen Prüfungen auch gelegentlich *Zehnkämpferprogramm* genannt wird. Als Ersatz für die mündlichen Prüfungen in den Fächern Deutsch, Mathematik (Rechnen oder Raumlehre) und den zwei Fächern aus den zwei oben genannten Gruppen können innerhalb des Studiums Übungsscheine erworben werden, die benotet werden und "später in das Gesamtprotokoll der Prüfung eingetragen"[100] werden. In den verbleibenden Fächern sind Teilnahmescheine nachzuweisen. Wird Musik als Wahlfach gewählt, so wird der Prüfling darin 20 Minuten mündlich geprüft. Religion bleibt mündliches Prüfungsfach, ebenso wird bei der obligatorischen schriftlichen Hausarbeit der

---

[94] Vgl. Kultusminister des Landes Nordrhein-Westfalen an die Herren Direktoren bzw. Rektoren der Pädagogischen Akademien, Düsseldorf 11. 5. 1948, HStAD NW 383-218, o.Bl.
[95] Heinen, Ernst: (1990) a.a.O., S. 78.
[96] Vorläufige Ordnung der ersten Prüfung für das Lehramt an Volksschulen in Nordrhein-Westfalen, in: Amtliches Schulblatt für den Regierungsbezirk Köln, 39. Jg., Köln 1948, S. 153.
[97] Vgl. ebenda, S. 154.
[98] Vgl. ebenda, S. 155.
[99] Vgl. Ordnung der Ersten Prüfung für das Lehramt an Volksschulen in Nordrhein-Westfalen vom 20. 7. 1957, in: Klein, August (Hrsg.): a.a.O., S. 21.
[100] Ordnung der Ersten Prüfung für das Lehramt an Volksschulen in Nordrhein-Westfalen vom 20. 7. 1957, in: Klein, August (Hrsg.): a.a.O., S. 19.

Zeitrahmen von acht Wochen beibehalten. Trotz der Konzentration der Prüfung auf weniger Fächer wird am Prinzip des Allroundlehrers in der Volksschule festgehalten, obwohl die Prüfungsordnung bereits vorsieht, verschiedene Fächer in der Volksschuloberstufe denjenigen Lehrern zu übertragen, die sich dafür besonders eignen.[101]

Zweite Lehramtsprüfung

Am 1. Juli 1947 tritt die Prüfungsordnung für die Zweite Prüfung für das Lehramt an Volksschulen in Kraft. Die Regelung schreibt vor, daß der Kandidat "mindestens zwei und nicht mehr als vier Jahre im öffentlichen Volksschuldienst"[102] tätig ist, bevor er sich der Prüfung unterziehen kann. Voraussetzung ist die "regelmäßige und erfolgreiche Teilnahme"[103] an der Arbeitsgemeinschaft. Die Prüfung erfolgt in drei Unterrichtsfächern, wobei die Wahl derselben durch den Prüfungsvorsitzenden erfolgt. Danach findet ein Kolloquium statt, in dem "der Lehrer nachweisen soll, daß er seine unterrichtlichen und erzieherischen Maßnahmen wissenschaftlich zu begründen vermag, und daß er mit den für die Verwaltung des Schulamtes in seinem Bezirk geltenden Bestimmungen vertraut ist"[104].

Die Gründe zur Schaffung von Arbeitsgemeinschaften für Lehrerfortbildung liegen im schlechten Ausbildungsstand der Junglehrer und Schulhelfer, da diese Gruppe durch die Kriegswirren "samt und sonders kaum noch ein gediegenes Studium oder einer ernsten Bildungsarbeit oblagen"[105]. Erschwerend kommt hinzu, daß die jungen Lehrer durch die Propaganda im BDM, in der HJ und beim Militär kaum in Besitz eines pädagogischen Wertesystems sind. Um diese Mißstände zu beheben, werden mit Wirkung vom 1. März 1948 die *Richtlinien der Arbeitsgemeinschaften für Lehrerfortbildung* in Kraft gesetzt. Aufgabe dieser Arbeitsgemeinschaften ist es, das pädagogische Wissen der Junglehrer zu vertiefen, "die Berufsgesinnung zu pflegen"[106] und somit auf die Zweite Lehrerprüfung vorzubereiten. In jedem Schulaufsichtsbezirk wird eine Arbeitsgemeinschaft gegründet, die

---

[101] Vgl. ebenda, S. 17.
[102] Ordnung zur zweiten Prüfung für das Lehramt an Volksschulen, RdErl. des Kultusministers vom 1. 7. 1947, in: Amtliches Schulblatt für den Regierungsbezirk Düsseldorf, 38. Jg., Düsseldorf 1947, S. 14.
[103] Ebenda.
[104] Ebenda.
[105] Gathen, David: Gedanken über die 'Richtlinien der Arbeitsgemeinschaften für Lehrerfortbildung', HStAD NW 20-248, Bl. 19.
[106] Richtlinien der Arbeitsgemeinschaften für Lehrerfortbildung, HStAD NW 20-248, Bl. 70.

ein- oder zweimal im Monat tagen. Die Leitung obliegt dem jeweiligen Schulrat. Im Zentrum der Arbeit stehen reale Probleme der Schulwirklichkeit.
"Bloßes Vortragen und Hören fallen fort. Berichte, Besprechungen und gemeinsame Lösungen von Unterrichtsaufgaben wechseln mit praktischen Darbietungen in der Klasse und ihrer Begründung."[107]
Pro Halbjahr sollen die Junglehrer eine größere schriftliche Arbeit erstellen, die zusammen mit dem Tätigkeitsbericht des Leiters der Arbeitsgemeinschaft über den betreffenden Junglehrer bei der zweiten Lehramtsprüfung Berücksichtigung findet. Inhaltlich sollen vor allem Gebiete der pädagogischen Psychologie, "Heimatkunde und Heimaterziehung als Grundlegung und Erneuerung unserer Heimat – und Volkskultur"[108] und die wichtigsten schulrelevanten Gesetze und Verordnungen in der Arbeitsgemeinschaft behandelt werden, ebenso historische Pädagogik und grundlegende Erziehungsfragen. Eine kritische Auseinandersetzung mit der Pädagogik des Nationalsozialismus wird ausgeklammert, nachdem von den Driesch in seiner Stellungnahme zu den Richtlinien die Pädagogik des Nationalsozialismus als "pädagogisch unfruchtbar"[109] bezeichnet und deshalb nicht für wert befunden hat, sich damit zu beschäftigen.

Musikerziehung spielt innerhalb der Arbeitsgemeinschaften kaum oder überhaupt keine Rolle.[110] Hingegen wird die allgemeine Arbeit durch gemeinsame Ausflüge, Fahrten und thematische Werkwochen mit musischen Elementen, meist dem gemeinsam gesungenen Lied, gestaltet. Diese Form der Ausbildung wird durch das Lehrerausbildungsgesetz von 1965, welches aber erst am 1. September 1968 in Kraft tritt, aufgegeben. Mit der neuen Regelung wurde die "Zeit zwischen erster und zweiter Prüfung von drei bis vier Jahren auf ein Jahr verkürzt, die Ausbildung aber intensiviert, da der junge Lehrer nicht mehr mit der vollen Unterrichtszahl belastet war, sondern sich auf die praktische Berufsvorbereitung konzentrieren konnte"[111]. Somit vollzieht sich auch beim Volksschullehrer eine schärfere Trennung zwischen Ausbildung und Berufspraxis, wie sie in der Tradition der Ausbildung des Studienrates bereits seit Jahrzehnten üblich ist.

---

[107] Ebenda, Bl. 71.
[108] Ebenda, Bl. 70.
[109] Driesch, Johannes von den: Bemerkungen zum Entwurf der 'Richtlinien für Arbeitsgemeinschaften', Aachen 4. 7. 1947, HStAD NW 20-248, Bl. 53.
[110] Vgl. Oberborbeck, Felix: Der Lehrer als Musikerzieher – Musik in Schule und Lehrerbildung, in: ZfM, H. 12, 1954, S. 723 f. (= 1954b)
[111] Peters, Walter: a.a.O., S. 134.

Aus- und Weiterbildung von Musiklehrern 177

6.2 Ausbildung von Lehrern für den Musikunterricht an Realschulen

6.2.1 Entwicklung der Realschullehrerausbildung

Der enorme Auftrieb, den das Realschulwesen nach 1945 erfährt, führt zu einer großen Nachfrage an Lehrkräften. In Nordrhein-Westfalen steigt die Anzahl der Realschulen im Zeitraum von 1950 bis 1966 um 118%.[112] Die Realschule, seit 1951 in Nordrhein-Westfalen[113] und seit 1964 bundeseinheitliche Bezeichnung für die Mittelschule[114], ist "so wie sie heute in der Bundesrepublik existiert, ... in ihren Grundstrukturen durch die 'Allgemeinen Bestimmungen' von 1872 festgelegt worden"[115]. Der sechsjährige Schultyp als weiterführende Schule einer vierjährigen Grundschule geht auf Gesetze der Weimarer Republik zurück. Eine systematische, grundständige Ausbildung der Mittelschullehrer gibt es nicht, vielmehr haben Volksschullehrer die Möglichkeit, sich nach einer mehr oder weniger autodidaktischen Vorbereitung der Mittelschullehrerprüfung zu unterziehen. Die Grundlage bildet dabei die *Ordnung der Prüfung der Lehrer an Mittelschulen* aus dem Jahre 1901 mit ergänzenden Erlassen von 1912, 1917 und 1919, die nur wissenschaftliche Fächer, Musik hingegen nicht berücksichtigen.[116] Die Bildungspolitik der Nationalsozialisten führt zu einer Auflösung der Mittelschule im Jahr 1942, so daß nach 1945 das Mittelschul- bzw. Realschulwesen neu aufgebaut werden muß. Im Mai 1949 besteht erstmals nach dem Kriege die Möglichkeit, die Realschullehrerprüfung abzulegen, wobei die Vorbereitungskurse einmal pro Woche von Dozenten der Pädagogischen Akademien im Nebenamt durchgeführt werden. Dabei führt die Prüfungsordnung das Fach Musik nicht auf.[117] Die Folge ist, daß der Musikunterricht an der Realschule von "einem musikfreudigen, gelegentlich auch einem privat vorgebildeten Realschullehrer"[118] durchgeführt wird und daß systematisch ausgebildete Lehrer für den Musikunterricht an Realschulen weitestgehend fehlen.

---

[112] Vgl. Statistisches Bundesamt: Statistisches Jahrbuch für die Bundesrepublik Deutschland 1952, Stuttgart/Köln 1952, S. 64; vgl. Statistisches Bundesamt: Statistisches Jahrbuch für die Bundesrepublik Deutschland 1967, Stuttgart/Mainz 1967, S. 83.

[113] Umbenennung der Mittelschule, RdErl. des Kultusministers vom 21. 3. 1951, in: Abl. KM NW, 3. Jg., Düsseldorf 1951, S. 38.

[114] Vgl. Reble, Albert: a.a.O., S. 341.

[115] Maskus, Rudi: Die Entwicklung der Mittel- und Realschulen seit 1945 und die gegenwärtige Konzeption, in: Die Deutsche Schule, H. 4, 1969, S. 207.

[116] Vgl. Stoverock, Dietrich: Die Ausbildung von Musikerziehern an Mittelschulen, in: MiU (Ausg. B), H. 12, 1957, S. 354.

[117] Vgl. Ordnung der Prüfung zur Erlangung der Lehrbefähigung an Mittelschulen (Realschulen), RdErl. des Kultusministers vom 20. 4. 1948, in: Amtliches Schulblatt für den Regierungsbezirk Köln, 39. Jg., Köln 1948, S. 117 ff.

[118] Berekoven, Hanns: Musikerziehung in der Mittelschule, in: MiU (Ausg. B), H. 10, 1957, S. 279.

Als erstes Bundesland steuert das Land Nordrhein-Westfalen dieser schlechten Ausbildungssituation "mit einer neuen grundständigen Ausbildung"[119] entgegen. Zunächst spielt dabei das Institut für Schul- und Volksmusik an der Nordwestdeutschen Musikakademie in Detmold eine zentrale Rolle. Schon kurz nach Gründung der Musikakademie führt Prof. Dietrich Stoverock, bereits 1946 als Leiter des Seminars für Privatmusikerziehung und stellvertretender Direktor an die Nordwestdeutsche Musikakademie berufen, Verhandlungen mit dem Kultusministerium bezüglich der Gründung dieses Institutes durch. Der Besuch des Kulturausschusses des Landtages im Jahr 1948, bei dem der Aufbau und die Konzeption eines solchen Institutes beraten wird, sowie die "tatkräftige Hilfe"[120] des damaligen Ministerialdirigenten Bernhard Bergmann führen zur Gründung des Instituts, das zu Beginn des Wintersemesters 1949/50 seine Arbeit aufnimmt. Organisatorisch ist es selbständig und somit kein Bestandteil der Akademie, partizipiert aber an deren personellen, räumlichen und inhaltlichen Möglichkeiten und Angeboten.[121]

"Das Institut dient der musikpädagogischen Fortbildung von Volksschullehrern und der Ausbildung von Musikerziehern an Mittelschulen."[122]

Prof. Dietrich Stoverock wird zum ersten Leiter des Instituts berufen und orientiert das Profil der Ausbildung an den späteren Aufgaben der Seminaristen. Diese sieht er darin, als künstlerische Persönlichkeiten Impulse im Musikleben innerhalb und außerhalb der Schule zu geben und Kollegen in der Schule wie auch im außerschulischen Bereich als kompetente Berater zur Seite zu stehen.[123]

"Der wahrhafte Musikerzieher muss von der Musik so erfüllt und geistig so gewandt sein, dass man aus jeder seiner Bewegung unmittelbar Musik spürt; ... er muss musikalisch viel können, instrumentaliter und vokaliter, um in der Gestaltung zu überzeugen und – nicht zuletzt – er muss eine unbändige Liebe zur Jugend haben und um die Berücksichtigung ihrer Eigenart wissen."[124]

---

[119] Heer, Josef: Musikerziehung an den mittleren Schulen, in: Fischer, Hans (Hrsg.): Handbuch der Musikerziehung, Berlin 1954, S. 233.
[120] Stoverock, Dietrich: (1957) a.a.O., S. 353.
[121] "Das Schulmusikinstitut war von vornherein an die Akademie nur angegliedert, also niemals Bestandteil der Akademie selbst, ..."
Aus: Abteilungsleiter der Gruppe III K 3 an die Gruppe II E 1 des Kultusministeriums des Landes Nordrhein-Westfalen, Düsseldorf 26. 7. 1954, HStAD NW 60-389, Bl. 231.
[122] Institut für Schul- und Volksmusik in Detmold, RdErl. des Kultusministers vom 24. 12. 1949, in: Abl. KM NW, 2. Jg., Düsseldorf, 1950, S. 54.
[123] Vgl. Vermerk über die Sitzung des Kulturausschusses am 18. 10. 1949 in Detmold, Düsseldorf 19. 10. 1949, HStAD NW 60-370, Bl. 19ᵛ.
[124] Stoverock, Dietrich: Musikerzieher an Volksschulen, HStAD NW 20-190, Bl. 88ᵛ.

1950 wird Dr. Josef Heer als Nachfolger von Dietrich Stoverock berufen.[125] Heer, der bereits mehrere Jahre bei der Ausbildung von Musiklehrern Erfahrungen gesammelt hat, wird zunächst als kommissarischer Leiter, 1951 als Professor und hauptamtlicher Leiter des Instituts für Schul- und Volksmusik berufen.[126] Zu Beginn orientiert sich Heer am Ausbildungslehrplan von Stoverock[127], tritt aber für eine Erneuerung und Modifikation der Idee der musischen Erziehung ein.

"Es ist heute zu Ende mit dem etwas weltfernen, zur Absonderung neigenden, bündischen Jugendbewegtenstil der zwanziger Jahre, wo auf 'Nest'abenden 'Singrädlein' gesungen wurden. Zwischen Flüchtlingen, Trümmern und Not sind andere Formen gewachsen."[128]

Heer legt starkes Gewicht auf eine praxisorientierte Ausbildung, die "eine Einheit darstellen müsse, in der die künstlerische Erziehung unter- und eingeordnet sein müsse"[129]. Die Einheitlichkeit der Ausbildung subsumiert er unter dem Begriff *musischer Lehrstil*[130], der zur Persönlichkeitsbildung des angehenden Lehrers aktiv beitragen soll.

---

[125] Nachdem Stoverock einen Ruf an die Hochschule der Künste Berlin annimmt, schlägt die Kultusverwaltung in Düsseldorf Frau Oberregierungsrätin Dr. Marie-Therese Schmücker für die Position der kommissarischen Leiterin des Instituts für Schul- und Volksmusik vor. Der Direktor der Nordwestdeutschen Musikakademie, der auf Grund seiner Position das Vorschlagsrecht für die Besetzung der Position innehat, wehrt sich gegen diesen Vorschlag und schlägt Dr. Josef Heer als hauptamtlichen Leiter vor. Die kommissarische Besetzung einer leitenden Stelle ist nach Meinung der Verantwortlichen für das Institut für Schul- und Volksmusik außerordentlich abträglich. Ferner fürchtet auch die Nordwestdeutsche Musikakademie negative Auswirkungen auf ihr eigenes Image.

[126] Vgl. Kemper, Martin: Josef Heer, in: Kämper, Dietrich (Hrsg.): Rheinische Musiker, 6. Folge, in: Beiträge zur Rheinischen Musikgeschichte, H. 80, Köln 1969, S. 76 ff.

[127] Vgl. Bericht über eine Besprechung über die Staatliche Musikakademie in Detmold am 2. 7. 1953 im Gebäude des Regierungspräsidenten in Detmold, Düsseldorf 17. 7. 1953, HStAD NW 60-389, Bl. 183.

[128] Heer, Josef: Musikerziehung – heute – Zwei Vorträge zur Schulmusik, in: ZfM, H. 2, 1951, S. 61.

[129] Bericht über eine Besprechung über die Staatliche Musikakademie in Detmold am 2. 7. 1953 im Gebäude des Regierungspräsidenten in Detmold, Düsseldorf 17. 7. 1953, HStAD NW 60-389, Bl. 183.

[130] "Diese Arbeit des Musikdozenten vollzieht sich in einem eigenen, zeitnahen, dem Musischen gemäßen Lehrstil, in einer ebenso gelockerten wie intensiven Arbeitsweise, die weit aus der seelischen Indifferenzlage herausschwingt und die Atmosphäre schafft, in der sich die Seele frei und gelöst fühlt. Für diese Lehr- und Unterrichtsform ist der traditionelle Name 'Vorlesung' fehl am Platz. Singen, Musizieren, sich Bewegen, Veranschaulichen, geistiges Durchdringen formen sich hier zu einer Einheit besonderer Art. Dieser 'musische' Lehrstil – notwendiger Faktor des gesamtpädagogischen Könnens – sollte jeden Erzieher mitformen."

Diese stark pädagogisch, schulpraktisch orientierte Ausrichtung des Institutes reibt sich mit dem Streben der Nordwestdeutschen Musikakademie nach eigenständigem künstlerischem Profil. Unterschiedliche inhaltliche Positionen werden durch zusätzliche Kompetenzstreitigkeiten auf Grund der unterschiedlichen Auslegung des Verwaltungsstatuts der Musikakademie weiter verschärft. Erschwerend wirkt sich ebenso die mißliche pädagogische Situation in Detmold aus. Das Fehlen einer pädagogischen Akademie in Detmold führt dazu, daß nur Deutsch als zweites Fach für die Realschullehrerausbildung angeboten werden kann. Ferner fehlen am Ort selbst genügend Schulen, um die praxisnahe Ausbildung zu optimieren. Die Situation spitzt sich im Frühjahr 1953 derartig zu, daß der Direktor der Musikakademie zu dem Schluß kommt:

"Wenn entgegen meiner [sic!] wiederholten sachlichen Darlegungen die von mir als notwendig betonte Eingliederung des Instituts in die Akademie verneint werden sollte, muss ich darum bitten, das Schulmusikinstitut ganz aus der Akademie herauszulösen, ..."[131]

Im September 1953 bittet Maler um seine Beurlaubung, weil die Situation innerhalb seines Hauses so schwierig wird, daß er sich nicht mehr in der Lage sieht, seine Führungsaufgabe zu erfüllen.[132] Mit dem Erlaß vom 28. November 1953 vollzieht das Kultusministerium die Trennung der beiden Institute.

Ungeachtet dieser Probleme gelingt es Heer, ein spezielles Anforderungsprofil für Musiklehrkräfte im Realschulbereich zu entwickeln; er leistet damit zugleich einen Beitrag zur inhaltlichen Ausgestaltung des Faches Musik an der Realschule. Heer teilt die Aufgabengebiete der Musikerziehung in eine klare Rangordnung ein, bei der Singen und Musizieren ganz im Vordergrund stehen, gefolgt von Musiklehre und – gegen Ende – der Kulturkunde bzw. Werkbetrachtung.

"Unter dieser Voraussetzung kann man die Aufgabe der Musikerziehung in der Realschule so umschreiben, daß sie auf den Wegen intuitiven Erlebens und geschulten Erkennens die musischen Kräfte im jungen Menschen wecken, seine Ganzheit unmittelbar ansprechen, seinen Geschmack bilden, sein Wesen veredeln und so auch zu einer Wiedergeburt der Gesittung beitragen soll, ..."[133]

Aus: Heer, Josef: Die Musikerziehung in der Lehrerausbildung, in: Heer, Josef: Führung zur Musik – Beiträge zu musikpädagogischen und musikwissenschaftlichen Fragen, Ratingen 1966, S. 132 f.

[131] Professor Wilhelm Maler an Ministerialrat Dr. Bursley im Kultusministerium des Landes Nordrhein-Westfalen, Detmold 15. 4. 1953, HStAD NW 60-389, Bl. 146ᵛ. (Unterstreichungen im Original)

[132] Vgl. Professor Wilhelm Maler an die Kultusministerin des Landes Nordrhein-Westfalen Frau Christine Teusch, Detmold 27. 9. 1953, HStAD NW 60-387, Bl. 27 f.

[133] Heer, Josef: (1954) a.a.O., S. 235 f.

In einem Aktenvermerk des Kultusministeriums werden die Verdienste Heers auf dem Gebiet der Ausbildung von Musiklehrern für die Realschule hervorgehoben. Besonders wird herausgestellt, daß "alle dort ausgebildeten Realschullehrer ... sich vorzüglich bewährt"[134] haben.

Ein halbes Jahr später bittet der Institutsleiter Prof. Dr. Josef Heer um seine Versetzung an die Pädagogische Akademie Köln. Sein Nachfolger Prof. Hanns Berekoven[135] wird am 1. Juni 1954 in sein Amt eingeführt. Auch Berekoven orientiert sich an der 3-Schritt-Konzeption von Heer, der zentralen Stellung von Singen und Musizieren innerhalb des Unterrichts, die Berekoven als die "Wesenseigenart der Realschule" versteht, gefolgt von der "Ableitung der musikalischen Elementarerkenntnisse vom praktischen Musizieren her" und der "Anleitung zum Verständnis musikalischer Kunstwerke"[136]. Friedrich Eberth, der durch die Übertragung der Realschullehrerausbildung an das Institut für Schulmusik der Nordwestdeutschen Musikakademie die Aufgabe von Berekoven übernimmt[137], gewichtet diese drei Aufgabenfelder nicht mehr unterschiedlich, sondern mißt jedem der drei Bereiche dieselbe Bedeutung zu, die in Form von "konzentrischen Kreisen" sich gegenseitig durchdringen und ergänzen, sich aber auch immer differenzierten Formen öffnen.[138]

Das Seminar für Volks- und Jugendmusik in Köln unter Leitung von Fritz Schieri erhält im Jahr 1952 die Berechtigung, Volksschullehrer in einem viersemestrigen, berufsbegleitenden Lehrgang zu Musiklehrern an Realschulen auszubilden,[139] die sechs Jahre später durch den Erlaß vom 28. Februar 1958 an das Institut

---

[134] Bericht über die Einführung des Herrn Prof. B e r e k o v e n am 1. 6. 1954 in Detmold von Dr. Marie-Therese Schmücker, HStAD NW 60-396, Bl. 220. (Unterstreichung im Original)

[135] Hanns Berekoven, geboren 1893, aktive Teilnahme an der musikalischen Jugendbewegung. 1945 Professor für Musikerziehung an der Pädagogischen Akademie Aachen, 1946 Direktor der neugegründeten Pädagogischen Akademie Oberhausen; nach der Schließung 1954 Leiter des Instituts für Schul- und Volksmusik in Detmold.
Quelle: Jakoby, Richard: Professor Hanns Berekoven (Oberhausen) 70 Jahre alt, in: MiU (Ausg. B), H. 10, 1963, S. 329.

[136] Berekoven, Hanns: (1957) a.a.O., S. 280.

[137] Mit der Bestimmung vom 30. 10. 1962 ist die Realschullehrerausbildung im Fach Musik endgültig an die beiden Institute für Schulmusik übertragen worden.
Vgl. Ergänzende Bestimmungen zur Ausbildungs- und Prüfungsordnung für das Lehramt an Realschulen, RdErl. des Kultusministers vom 30. 10. 1962, in: Abl. KM NW, 14. Jg., Düsseldorf 1962, S. 220.

[138] Eberth, Friedrich: Die Musikerziehung in der Real- und Mittelschule, in: MiU (Ausg. B), H. 5, 1963, S. 145 f.

[139] Vgl. Realschullehrerausbildung im Rahmen der Staatlichen Musikhochschule Köln, RdErl. des Kultusministers vom 28. 4. 1952, in: Abl. KM NW, 4. Jg., Düsseldorf 1952, S. 83.

für Schulmusik der Staatlichen Hochschule für Musik Köln unter Leitung von Prof. Norbert Schneider verlegt wird.[140]

6.2.2 Studium

Mit der Eröffnung des Institutes für Schul- und Volksmusik in Detmold besteht für Volksschullehrer mit bestandener 2. Lehramtsprüfung die Weiterbildungsmöglichkeit, eine viersemestrige, berufsbegleitende Ausbildung zum Musiklehrer an Realschulen zu erhalten. Ebenso können sich Studenten im Anschluß an ihr sechssemestriges Hochschulstudium durch eine einjährige, grundständige pädagogische Ausbildung an diesem Institut auf die Realschullehrerprüfung vorbereiten.

Das berufsbegleitende, kursorische Konzept für Volksschullehrer wird 1952 auch vom Seminar für Jugend- und Volksmusik in Köln übernommen. Stoverock weist 1957 darauf hin, daß damals diese Aufstiegsmöglichkeit für Volksschullehrer politisch gewollt war.[141] Der Ministerialerlaß sieht vor, den Volksschullehrer, "soweit es nötig und möglich ist, für zwei Nachmittage in der Woche"[142] zu beurlauben. Der Bewerber benötigt zur Zulassung die allgemeine Hochschulreife und muß eine Aufnahmeprüfung bestehen, in der er ein gutes und bildungsfähiges Gehör, eine natürliche Sing- und Sprechstimme, Kenntnisse in allgemeiner Musiklehre, instrumentale Fertigkeiten auf mindestens einem Instrument und eine gewisse Fähigkeit im Vom-Blatt-Spiel nachzuweisen hat.[143] Der Unterricht erfolgt im instrumentalen Haupt- und Nebenfach, in Sprech- und Stimmbildung (bzw. Gesang), in Chorleitung und Spielkreisleitung, in Tonsatz, Gehörbildung, Feier- und Freizeitgestaltung, Musikgeschichte, Volksliedkunde und in methodischen Fragen der Musikerziehung.[144] Dieser umfangreiche Ausbildungsplan führt zu einer starken zeitlichen Belastung der Studenten, die neben den laufenden schulischen Dienstverpflichtungen die einzelnen Lehrveranstaltungen an den beiden Ausbildungstagen im Seminar vorbereiten müssen. Dies hat zur Folge, daß "etwa ein Drittel der Studierenden nicht bis zum Examen durchhält; ... in den meisten Fällen handelt es

---

[140] Vgl. Erwerb der Lehrbefähigung für das Fach Musik an Realschulen (Mittelschulen) an der Staatlichen Musikhochschule in Köln, RdErl. des Kultusministers vom 28. 2. 1958, in: Abl. KM NW, 10. Jg., Düsseldorf 1958, S. 35 f.
[141] Vgl. Stoverock, Dietrich: (1957) a.a.O., S. 354.
[142] Realschullehrerausbildung im Rahmen der Staatlichen Musikhochschule Köln, RdErl. des Kultusministers vom 28. 4. 1952, in: Abl. KM NW, 4. Jg., Düsseldorf 1952, S. 83.
[143] Vgl. Informationen des Seminars für Volks- und Jugendmusik an der Staatlichen Hochschule für Musik Köln, ohne Datum, HStAD NW 60-722, Bl. 7.
[144] Vgl. Bericht über Tätigkeit des Seminars für Volks- und Jugendmusik bis zum Sommer 1954, Köln 27. 7. 1954, HStAD NW 60-736, Bl. 31ᵛ.

sich um zwingende äußere Gründe, die das Studium aufgeben lassen.[sic!]"[145] Das Ausbildungskonzept erfüllt aber nicht die erhofften Erwartungen. Der Bedarf an ausgebildeten Musiklehrern wird durch die Ausbildung bei weitem nicht gedeckt. 1957 veröffentlicht Berekoven eine Untersuchung aus Nordrhein-Westfalen, in der festgestellt wird, daß in 130 überprüften Realschulen nur 20% der Lehrkräfte, die Musik unterrichten, geprüfte Musiklehrkräfte sind. 26% sind Realschullehrer mit musikalischer Neigung oder Vorbildung, 50% sind Realschullehrer ohne musikalische Vorbildung und 4% Privatmusikerzieher.[146] Die Gründe dafür liegen in der Form des berufsbegleitenden Konzeptes, dem Mangel an qualifizierten Volksschullehrern und an dem Umstand, daß bis zu 50% der Absolventen gar nicht in den Realschuldienst treten, sondern sich beruflich anders orientieren.[147] Bereits im Jahr 1952 wird durch das Institut für Schul- und Volksmusik in Detmold angeregt, ein sechssemestriges Vollzeitstudium für Abiturienten anzubieten.[148] Die rasche Einführung dieser Ausbildungsform führt ebenfalls zu einer Verlängerung der berufsbegleitenden Ausbildung auf sechs Semester, wobei diese Ausbildungsform immer mehr durch das Vollzeitstudium von Abiturienten abgelöst wird.

In Köln besteht für das Studium des obligatorischen zweiten Schulfaches zunächst nur die Möglichkeit, das Schulfach Leibesübungen zu studieren, während Detmold nur die Kombination mit Deutsch anbietet. Zu Beginn der 60er Jahre wird diese Beschränkung aufgehoben, so daß nun nahezu alle Schulfächer als zweites Fach studiert werden können.

"Als zweites Fach kann gewählt werden: Religionslehre, Deutsch, Englisch, Französisch, Geschichte, Erdkunde, Mathematik, Biologie, Physik, Chemie, Leibeserziehung, Nadelarbeit, Hauswirtschaft. Die Fachprüfung in Lateinisch kann nur in Verbindung mit den Fächern Religionslehre, Deutsch oder Englisch oder nur in Verbindung mit zwei weiteren Realschulfächern abgelegt werden. Andere Fächerverbindungen mit Lateinisch bedürfen einer besonderen ministeriellen Genehmigung."[149]

Während in Köln für das Zweitfachstudium, für das ein dreisemestriges Studium an einer Wissenschaftlichen Hochschule notwendig ist, die Pädagogische

---

[145] Ebenda, Bl. 30^v.
[146] Vgl. Berekoven, Hanns: (1957) a.a.O., S. 279.
[147] Vgl. Schieri, Fritz: Denkschrift zur Ausbildung der Musiklehrer an den Realschulen des Landes Nordrhein-Westfalen, Köln 20. 6. 1956, HAStK Acc. 2/1599, Bl. 21^v.
[148] Vgl. Aktenvermerk über die Besprechung betr. das Institut für Volks- und Schulmusik in Detmold, Düsseldorf 29. 1. 1952, HStAD NW 60-389, Bl. 57.
[149] Nordwestdeutsche Musikakademie Detmold: 2. Anlage zum Studienführer, Detmold 1964, HStAD NW 271-29, o. Bl.

Hochschule oder die Universität zur Verfügung steht, können die Studenten in Detmold "auf Antrag an Lehrgängen teilnehmen, die für Volksschullehrer zur Vorbereitung auf die Fachprüfung für das Lehramt an Realschulen eingerichtet sind"[150].

Mit dieser Entwicklung geht auch eine stärkere Strukturierung des Studiums einher, dessen künstlerische Ausrichtung durch die Eingliederung des Studienganges in die Staatliche Hochschule für Musik Köln und die Nordwestdeutsche Musikakademie verstärkt wird. Die Anforderungen für die Aufnahmeprüfung werden konkretisiert. "In der Aufnahmeprüfung wird der technisch und künstlerisch befriedigende Vortrag dreier einfacherer Beispiele aus den Stilepochen: Barock, Klassik, Romantik o d e r Neuzeit gefordert"[151]. So erwartet man z.B. im Hauptfach Violine folgende instrumentaltechnischen Fähigkeiten:

"Bei Violine etwa J. S. Bach, Sonate G-Dur für Violine und b.c.; G. F. Händel, eine der Violinsonaten; Viotti, Violinkonzert G-Dur; Schubert, eine der Sonatinen; B. Martinu, Sonatina; K. Marx, Sonatine G-Dur op. 48/2."[152]

Wählt der Student als Hauptfach ein Melodieinstrument, so ist Klavier Pflichtfach, in dem auch eine Aufnahmeprüfung stattfindet. Weiterer Bestandteil der Aufnahmeprüfung ist der Bereich Volkslied, in dem "genügende Kenntnis des Volksliedgutes aus dem Tages-, Jahres- und Lebenskreis"[153] gefordert wird, darüber hinaus die Fähigkeit, "bekannte Volksliedmelodien in verschiedenen Tonarten auf dem Klavier zu spielen (ohne Begleitung)"[154]. Sprechen und Singen sind ebenfalls Bestandteile der Aufnahmeprüfung sowie eine schriftliche und mündliche Prüfung in Musiklehre und Gehörbildung. Betrachtet man den Studienverlaufsplan, so stellt sich heraus, daß starke Parallelen zur Musikstudienratausbildung bestehen, in denen jedoch die musikgeschichtlichen Unterweisungen zugunsten von mehr Unterricht in Rhythmischer Erziehung, Orff'schem Schulwerk und verstärkter methodisch-didaktischer Unterweisung zurücktreten.[155] Dennoch herrscht eine deutliche künstlerische Ausrichtung des Studiums vor. Das Studium dauert sechs Semester, wobei die Prüfung am Ende des 6. Semesters abgelegt wird. Innerhalb des 6.

---

[150] Ebenda.
[151] Staatliche Hochschule für Musik Köln: Gliederung der Hochschule – Anlage 2, Institut für Schulmusik, Köln 1960, S. 9. (Sperrung im Original)
[152] Nordwestdeutsche Musikakademie Detmold: 2. Anlage zum Studienführer, Detmold 1964, HStAD NW 271-29, o.Bl.
[153] Staatliche Hochschule für Musik Köln: a.a.O., S. 9.
[154] Ebenda.
[155] Vgl. Nordwestdeutsche Musikakademie Detmold: 2. Anlage zum Studienführer, Detmold 1964, HStAD NW 271-29, o.Bl.

Semesters wird eine "schriftliche Arbeit über ein ... gestelltes Thema aus dem Gebiete der Musikerziehung"[156], für die man sechs Wochen Zeit erhält, geschrieben. Zunächst müssen die Studenten keine allgemeinen pädagogischen Vorlesungen besuchen, da es keine vergleichbare Prüfung zum Philosophikum der Studienräte gibt. Jedoch wird eine entsprechende Regelung zu Beginn der 60er Jahre eingeführt.

6.2.3 Prüfungen

Fachprüfung für das Lehramt an Realschulen

Die Prüfungsordnung von 1948 sieht allgemein vor, daß die gesamte Prüfung in Form einer schriftlichen Klausur in beiden Unterrichtsfächern, einer mündlichen Prüfung, die im Fach Musik von Ausbildungsinstituten in Form einer mündlich-künstlerischen Prüfung abgehalten wird und einer Lehrprobe in einem der zwei Fächer durchgeführt werden soll. Bei Bewerbern, die die 1. und 2. Lehrerprüfung noch nicht abgelegt haben, erfolgt zusätzlich noch eine pädagogische Zusatzprüfung.[157] Die umfangreiche Ausbildung im Fach Musik führt dazu, daß beide Fächer nicht parallel studiert werden können, so daß auch die Prüfungen sukzessive durchgeführt werden. In der Regel wird die Musikprüfung in einem Zeitraum von zwei Tagen durchgeführt.[158] Zusätzlich muß der Kandidat eine schriftliche Hausarbeit mit einer musikerzieherischen Thematik erstellen, für die er acht Wochen Arbeitszeit eingeräumt bekommt. Die Themen sind dabei meist aus dem Umfeld der Jugendmusik gestellt, z. B. *Das neue Lied in der Schule* oder *Das Orff-Instrumentarium im Dienste einer modernen Musikerziehung*.[159] Die Lehrprobe wird an einer Mittel- bez. Realschule durchgeführt, "für welche der Gedankengang schriftlich zu skizzieren ist. Das Thema der Lehrprobe wird mindestens zwei Tage vorher gegeben"[160]. Die Themen der Lehrproben orientieren sich an der zentralen Stellung des praktischen Musizierens. So handelt es sich bei den meisten Lehrpro-

---

[156] Staatliche Hochschule für Musik Köln: a.a.O., S. 9.
[157] Vgl. Ordnung der Prüfung zur Erlangung der Lehrbefähigung an Mittelschulen (Realschulen), RdErl. des Kultusministers vom 20. 4. 1948, in: Amtliches Schulblatt für den Regierungsbezirk Köln, 39. Jg., Köln 1948, S. 119 f.
[158] Vgl. Bericht über Tätigkeit des Seminars für Volks- und Jugendmusik bis zum Sommer 1954, Köln 27. 7. 1954, HStAD NW 60-736, Bl. 33.
[159] Vgl. ebenda, Bl. 31 ff.
[160] Ordnung der Prüfung zur Erlangung der Lehrbefähigung an Mittelschulen (Realschulen), RdErl. des Kultusministers vom 20. 4. 1948, in: Amtliches Schulblatt für den Regierungsbezirk Köln, 39. Jg., Köln 1948, S. 120.

ben um die Erarbeitung von Liedern, z.B. *Wir tragen den Sommerbaum* in der Sexta (5. Klasse) oder *Das Laub fällt von den Bäumen* in der Untersekunda (10. Klasse), selten um eine Einführung in die Musikkunde oder in ein musikalisches Werk.[161] Die schriftliche Prüfung erfolgt in den Fächern Gehörbildung und Tonsatz, die mündliche Prüfung in den Fächern Musikgeschichte, Volksliedkunde, über methodische Fragen der Musikerziehung und teilweise Feier- und Freizeitgestaltung. Die künstlerischen Prüfungsfächer umfassen Haupt- und Nebeninstrument, Chor- und Orchesterleitung, Sprech- und Stimmbildung sowie Musiklehre. Mit der Einführung des sechssemestrigen Vollzeitstudiums wird die Fachprüfung in Musik terminologisch an die Musikstudienratausbildung angeglichen und ebenfalls künstlerische Prüfung genannt. Damit wird aber auch die Prüfung inhaltlich verändert, indem die künstlerischen Fächer durch die Pflichtfachprüfung Klavier und Improvisation hervortreten, hingegen die Fächer Volksliedkunde sowie Feier- und Freizeitgestaltung aus der Prüfung herausgenommen werden.

Zweite Lehramtsprüfung

In der Anfangsphase der Realschullehrerausbildung kann der Kandidat nach bestandener Fachprüfung bereits in den Schuldienst eintreten, so daß die Referendarzeit entfällt. "Sie [Die Kandidaten; d. Verf.] haben dann die Möglichkeit, sich neben ihrer beruflichen Tätigkeit auf ein zweites Realschulfach vorzubereiten."[162] Die Unterrichtstätigkeit wird in dieser Zeit im Angestelltenverhältnis ausgeübt. Wenn die Prüfung im zweiten Realschulfach bestanden ist, folgt ein Unterrichtsbesuch des zuständigen Realschuldezernenten der Bezirksregierung in beiden Unterrichtsfächern. Verläuft dieser Besuch zufriedenstellend, kann eine Verbeamtung erfolgen. Anfang der 60er Jahre wird für die Lehramtsbewerber ein achtzehn Monate dauernder Vorbereitungsdienst eingerichtet. Diese Form der Ausbildung wird dann mit einer Pädagogischen Prüfung abgeschlossen.[163]

---

[161] Vgl. Bericht über Tätigkeit des Seminars für Volks- und Jugendmusik bis zum Sommer 1954, Köln 27. 7. 1954, HStAD NW 60-736, Bl. 32 ff.

[162] Erwerb der Lehrbefähigung für das Fach Musik an Realschulen (Mittelschulen) an der Staatlichen Musikhochschule in Köln, RdErl. des Kultusministers vom 28. 2. 1958, in: Abl. KM NW, 10. Jg., Düsseldorf 1958, S. 35 f.

[163] Vgl. Nordwestdeutsche Musikakademie Detmold: 2. Anlage zum Studienführer, Detmold 1964, HStAD NW 271-29, o.Bl.

6.3 Ausbildung von Lehrern für den Musikunterricht an Höheren Schulen

6.3.1 Wiederaufbau der Ausbildungsinstitute

Bis zu den großen Reformen im Hochschulwesen zu Beginn der 70er Jahre verfügt das Land Nordrhein-Westfalen in Köln und Detmold über zwei Ausbildungsinstitute für das Studium des künstlerischen Lehramtes an höheren Schulen. Während die Staatliche Hochschule für Musik Köln bereits an eine Tradition, die in die Weimarer Zeit zurückreicht, anknüpfen kann, handelt es sich bei der Nordwestdeutschen Musikakademie Detmold um eine Neugründung aus dem Jahre 1955.

Trotz enormer wirtschaftlicher und räumlicher Schwierigkeiten mißt die Stadt Köln bereits in der ersten Planungsphase zum Wiederaufbau der Staatlichen Hochschule für Musik Köln, die nach langwierigen Verhandlungen mit der britischen Militärregierung am 9. Mai 1946 wiedereröffnet wird[164], der Schulmusikausbildung höchste Priorität zu.[165] So kommt es bereits im September 1945 zur Berufung des Studienrates Dr. Paul Mies zum Leiter des Instituts für Schulmusik[166], obwohl der offizielle Antrag zur Wiedereinrichtung der Staatlichen Hochschule für Musik Köln erst im November 1945 bei der britischen Militärregierung eingereicht wird.[167] Paul Mies, Anfang September 1945 aus amerikanischer Gefangenschaft entlassen[168], tritt die Nachfolge von Dietrich Stoverock an, der seit Oktober 1936 die Leitung des Instituts für Schulmusik innehat.[169] Ob Stoverock selbst die Institutsleitung aufgibt oder im Rahmen der beginnenden Entnazifizierung durch die britische Militärregierung im Sommersemester 1945 entlassen wird[170], ist nicht

---

[164] Diese Entwicklung wird dargestellt in: Weigele, Klaus Konrad: Die Staatliche Hochschule für Musik in Köln – Studien zur Nachkriegsgeschichte 1945-1960 (Erster Teil), in: Arbeitsgemeinschaft für rheinische Musikgeschichte e.V. (Hrsg.): Mitteilungen Nr. 83, Köln 1996, S. 15 ff.

[165] Walter Braunfels an den Oberbürgermeister der Stadt Köln Dr. Konrad Adenauer, 28. 8. 1945, HAStK Acc. 109/2, Bl. 592^v.

[166] Vgl. Politischer Fragebogen der britischen Militärregierung von Paul Mies, HStAD NW 60-724, Bl. 108^v.

[167] Vgl. Hauptquartier der britischen Militärregierung Nord-Rheinprovinz an den Oberpräsidenten der Nord-Rheinprovinz, Düsseldorf 21.11.1945, HStAD NW 53-379, Bl. 305.

[168] Vgl. Politischer Fragebogen der britischen Militärregierung von Paul Mies, HStAD NW 60-724, Bl. 108^v.

[169] Vgl. Günther, Ulrich: (^{2}1992) a.a.O., S. 102.

[170] Pingel berichtet, daß im Rahmen dieser Entnazifizierungsverfahren ca. ¼ aller Hochschullehrer der britischen Besatzungszone entlassen wird.
Vgl. Pingel, Falk: Wissenschaft, Bildung und Demokratie – der gescheiterte Versuch einer Universitätsreform, in: Foschepoth, Josef/Steiniger, Rolf (Hrsg.): Britische Deutschland- und Besatzungspolitik 1945-1949, Paderborn 1985, S. 192.

aktenkundig. Sein Mitarbeiter hingegen, Studienrat Norbert Schneider, seit Herbst 1938 mit einem nebenamtlichen Lehrauftrag für methodisch-didaktische Seminare betraut, wird schon im Mai 1945 hauptamtlich an der Hochschule angestellt. Dieser Sachverhalt zeigt symptomatisch den geringen Willen der Stadt Köln zum personellen Neuanfang, die laut Staatsvertrag für die Einstellung der Dozenten verantwortlich ist. Zwar wird mit Paul Mies die Institutsspitze erneuert und somit eine augenscheinliche Entschlossenheit gegenüber der britischen Kontrollbehörde dokumentiert, jedoch zeigen die übrigen Stellenbesetzungen innerhalb der Hochschule eine Restauration alter pädagogischer Verhältnisse, da "der größte und wichtigste Teil der alten Hochschuldozenten .... auf alten Posten das Werk beginnt"[171]. Solch eine Personalpolitik wird damit dem umfassenden Verständnis von Re-education der britischen Militärregierung nicht gerecht, da personelle Kontinuität auch zugleich inhaltliche Kontinuität bedeutet.[172]

Die ursprüngliche Planung der britischen Besatzungsbehörde sieht vor, innerhalb ihres Kontrollgebietes nur eine Musikhochschule zuzulassen, da sie zum einen der Meinung ist, "daß die Beschäftigungsmöglichkeiten für Musiker künftig beschränkter sein würden als in früheren Zeiten und man deshalb kein Musikerproletariat heranziehen sollte, zum anderen, daß durch eine zu hohe Studentenzahl der Industrie, dem Handwerk und der Landwirtschaft notwendige Kräfte entzogen würden"[173]. Desweiteren ist die Zahl der Lehrgebäude und Unterbringungsmöglichkeiten für Studierende durch die verheerenden Zerstörungen im Krieg in den Universitätsstädten sehr gering. Infolgedessen muß, so die Erziehungs-Kontroll-Anordnung Nr. 78, der Zugang zu Universitäten und Hochschulen durch die Einführung eines numerus clausus restriktiv gesteuert werden.[174] Der numerus

---

[171] Pünder, Hermann: Rede zur Wiedereröffnung der Staatlichen Hochschule für Musik Köln, Köln 9. 5. 1946, HAStK Acc. 2/614, Bl. 21.

[172] Das Entnazifizierungsverfahren an der Hochschule zeigt ebenfalls die Halbherzigkeit des Neuanfangs. Ein Ausschuß von drei Personen, bestehend aus Prof. Dr. Heinrich Lemacher (Leiter des Privatmusiklehrerseminars), Prof. Philipp Jarnach (Leiter Hochschulklasse Komposition und Theorie) und Otto Siegel, Musikdirektor in Solingen-Ohligs führt die Überprüfung durch, deren Ergebnisse wiederum vom Rektor der Hochschule Walter Braunfels, Jarnach und dem Universitätsdirektor und Kulturdezernenten der Stadt Köln, Prof. Dr. Kroll überprüft werden, wobei die endgültige politische Überprüfung der britischen Militärregierung vorbehalten bleibt. Bei dieser engen Verflechtung von Überprüfenden und Überprüften wird eine personelle Neustrukturierung oder inhaltliche Neuorientierung nicht erreicht.

[173] Zahn, Robert von: 'Erziehung durch die Musik, nicht zur Musik' – Walter Braunfels und die Staatliche Hochschule für Musik Köln, in: Ohnesorg, Franz Xaver (Hrsg.): Zeitlos zeitgemäß, Köln 1992, S. 40.

[174] Vgl. Erziehungs-Kontroll-Anordnung Nr. 78, Düsseldorf 16. 10. 1946, HStAD NW 53-462, Bl. 291^v.

clausus beschränkt die Zahl der Studienplätze im Institut für Schulmusik auf 20 Studenten pro Semester. Die Regulierung führt immer wieder zu scharfen Protesten[175], da auf Grund der Monopolstellung der Kölner Musikhochschule auf dem Gebiet der Ausbildung von Musikstudienräten innerhalb der britischen Besatzungszone die Zahl der Absolventen den Bedarf bei weitem nicht deckt. Jedoch verteidigt die Musikhochschule das Festhalten am numerus clausus damit, ein Instrument zur Regulierung des Verhältnisses zwischen Ausbildung und Stellenangebot in der Hand zu haben.[176]

In den ersten beiden Semestern, dem Wintersemester 1945/46 und Sommersemester 1946, spielt neben dem numerus clausus und der obligatorischen Aufnahmeprüfung[177] auch die politische Vergangenheit der Studienbewerber für die Zulassung an der Musikhochschule eine Rolle. Obwohl diese in der Regel meist sehr flüchtig überprüft wird[178], ergibt sich dennoch bei vielen Musikstudenten ein Problem bei der Vergabe des Studienplatzes, da sie "oft als Zeichen der Anerkennung ihrer künstlerischen Leistung, also nicht aus politischen Gründen, Beförderungen zum Scharführer etc. erhielten, ohne daß damit nachher eine politische Leitung und politische Erziehungsgewalt verbunden gewesen wäre"[179]. Die allgemeine Jugendamnestie zum Wintersemester 1946/47 führt dazu, daß politische Kriterien beim Zulassungsverfahren für Studenten faktisch kein Gewicht mehr haben.

Innerhalb des Instituts für Schulmusik wird der musikwissenschaftliche und musikpädagogische Unterricht von Paul Mies[180] und Norbert Schneider[181] betreut. Neben methodischen Vorlesungen werden dabei auch methodisch-praktische Übungen durchgeführt, die die Studenten auf die von der Prüfungsordnung vorgeschriebenen Lehrproben vorbereiten. Im Wintersemester 1954/55 tritt Norbert Schneider die Nachfolge von Paul Mies als Leiter des Instituts für Schulmusik an. Die Tatsache, daß sich Mies für Hermann Schroeder als Nachfolger ausspricht,

---

[175] Vgl. Oberborbeck, Felix: Der Musikstudienrat – Versuche einer Diagnose seiner Stellung in der höheren Schule, in: ZfM, H. 11, 1952, S. 628. (= 1952a)

[176] Vgl. Lemacher, Heinrich: Schulmusik der Gegenwart, in: Das Musikleben, H. 4, 1948, S. 109.

[177] Vgl. Mies, Paul: Das Institut für Schulmusik an der Staatlichen Hochschule für Musik Köln, in: Festschrift zur Feier der Gründung des Kölner Konservatoriums im Jahre 1850 und der Staatlichen Hochschule für Musik im Jahre 1925, Köln 1950, S. 35. (= 1950a)

[178] Vgl. Bird, Geoffrey: Wiedereröffnung der Universität Göttingen, in: Heinemann, Manfred (Hrsg.): Umerziehung und Wiederaufbau – Die Bildungspolitik der Besatzungsmächte in Deutschland und Österreich, Stuttgart 1981, S. 169.

[179] Braunfels an die Militärregierung der Nord-Rheinprovinz, Köln 28. 3. 1946, HStAD NW 60-734, Bl. 2.

[180] Paul Mies wird im Sommersemester 1948 zum Professor ernannt.

[181] Norbert Schneider wird im Sommersemester 1950 zum Professor ernannt.

zeigt, wie er die Arbeit von Schneider beurteilt. Jedoch setzt sich die Hochschulleitung für Schneider ein, da sie dessen "enge Verbundenheit mit den Problemen der Schulmusik gerade angesichts bevorstehender, vielleicht entscheidender Umwandlungen des schulmusikalischen Studiums"[182], für die Besetzung der Position als ausschlaggebend beurteilt.

Um das Lehrangebot im Bereich Musikpädagogik aufrechtzuerhalten und auszubauen, erhält Emil Kemper, Studienrat i.R., unter Mies noch als Lehrer für Sprecherziehung zuständig[183], Lehraufgaben im Bereich Methodik und praktische Pädagogik und wird kurze Zeit später zum Professor ernannt.[184] Um das methodisch-didaktische Profil der Ausbildung zu stärken, wird 1959 zusätzlich Hermannjosef Rübben als Dozent und Professor für Methodik und schulpraktische Pädagogik in die musikpädagogische Arbeit miteingebunden.[185]

Ein Jahr nach dem Leitungswechsel am Kölner Institut eröffnet die Nordwestdeutsche Musikakademie Detmold ebenso eine Ausbildungsstätte für das künstlerische Lehramt an höheren Schulen. Angeregt durch einen Brief der Kultusministerin Christine Teusch konzipiert der Leiter der Musikakademie, Wilhelm Maler ein Institut, das gewisse Modifikationen bezüglich der bisher üblichen Ausbildung aufweist. Zum einen plädiert er dafür, kein eigenes Schulmusikinstitut zu errichten, sondern die Ausbildung in die Musikakademie zu integrieren. Zum zweiten sieht sein Konzept vor, die Inhalte des ersten Referendarjahres, das wegen der langen Studiendauer für Schulmusiker abgeschafft worden war[186], in vollem Umfang in die Hochschulausbildung mit einzubeziehen und damit der Ausbildung mehr schulpraktisches Profil zu geben.[187] Weiter schlägt er eine "Umklammerung des Musikstudiums durch das wissenschaftliche"[188] Studium vor, um eine stärkere

---

[182] Niederschrift über die Sitzung des Kuratoriums der Staatlichen Hochschule für Musik am 25. 6. 1954 vom 29. 6. 1954, HAStK Acc. 2/1599, S. 145ᵛ-146.

[183] Vgl. Bericht der Staatlichen Hochschule für Musik Köln und der Rheinischen Musikschule der Stadt Köln über die Jahre 1950-1953, Köln 1953, S. 5.

[184] Vgl. Bericht der Staatlichen Hochschule für Musik Köln und der Rheinischen Musikschule der Stadt Köln über die Jahre 1953-1956, Köln 1957, S. 4.

[185] Vgl. Eckart-Bäcker, Ursula: Die "Schulmusik" und ihr Weg zur Professionalisierung – Historisch-systematische Studie zur Entwicklung der Schulmusik im Zusammenhang mit der Hochschule für Musik in Köln, in: Noll, Günther (Hrsg.): Musikpädagogik im Rheinland – Beiträge zu ihrer Geschichte im 20. Jahrhundert, in: Beiträge zur Rheinischen Musikgeschichte, Bd. 155, Kassel 1996, S. 23.

[186] Vgl. Kapitel 6. 3. 3.

[187] Vgl. Professor Wilhelm Maler an Kultusministerin Christine Teusch, Detmold 12. 1. 1954, HStAD NW 60-364, Bl. 29.

[188] Ebenda, Bl. 31.

Konzentration auf die jeweiligen Ausbildungsgebiete zu erreichen.[189] Eine "getrennte Wahrnehmung der musikalischen und wissenschaftlichen Ausbildung"[190] lehnt das Kultusministerium ab, obwohl der sukzessive Studienverlauf von künstlerischem und wissenschaftlichem Studium nach einem Bericht von Mies bereits in Köln Usus ist.[191] Aber auch die anderen Reformvorschläge werden nicht realisiert, so daß am 1. Oktober 1955 die Ausbildung im Studiengang Künstlerisches Lehramt für die höhere Schule an der Nordwestdeutschen Musikakademie Detmold, vergleichbar mit der Kölner Ausbildung, beginnt. Die Leitung des Ausbildungszweiges wird Studienrat Dr. Eberth übertragen, nachdem Prof. Natermann diese Aufgabe kurzfristig aus gesundheitlichen Gründen am 21. September 1955 abgelehnt hat.[192]

Die Eröffnung des Instituts ist mit der Angst verbunden, durch die zusätzlich in Detmold ausgebildeten Musikstudienräte könnte es zu einer Überflutung des Arbeitsmarktes kommen, da es bereits seit Kriegsende in mehreren Bundesländern zu Neugründungen von Schulmusik-Instituten gekommen ist.[193] Grundlage dafür bildet eine interne Studie des Kultusministeriums, die belegt, daß trotz des akuten Bedarfs an Schulmusikern im Raum Ost-Westfalen/Lippe innerhalb der nächsten fünf Jahre der Bedarf an Musiklehrern an Gymnasien in Nordrhein-Westfalen durch die Absolventen der Kölner Musikhochschule gedeckt wird.[194] Die tatsäch-

---

[189] Der eigentliche Grund für diesen Vorschlag liegt aber darin, daß Detmold über keine Universität für das Studium des wissenschaftlichen Beifaches verfügt, so daß die Studierenden das wissenschaftliche Zweitfach an der Universität Münster studieren müssen und dies aus praktischen Gründen nicht parallel zum Musikstudium möglich ist.

[190] Professor Wilhelm Maler an Kultusministerin Christine Teusch, Detmold 12. 1. 1954, HStAD NW 60-364, Bl. 31.

[191] Vgl. Mies, Paul: Musikunterricht an höheren Schulen, in: MiU, H. 1, 1950, S. 12. (= 1950b)

[192] Professor Wilhelm Maler an den Kultusminister des Landes Nordrhein-Westfalen vom 29. 9. 1955, HStAD NW 60-364, Bl. 113.

[193] Vgl. Fachgruppenleiter Kunst des Verbandes Deutscher Studentenschaften Leo Wolters an den Kultusminister des Landes Nordrhein-Westfalen Dr. Schütz, Köln 11. 11. 1955, HStAD NW 60-364, Bl. 116 f.

[194] Dabei geht man von einem Bedarf von etwa 10.000 Musikstunden aus, die im Land Nordrhein-Westfalen an Höheren Schulen zu erteilen sind. Wenn man annimmt, daß die Musiklehrer nur im Fach Musik eingesetzt werden, so ergibt sich daraus ein Bedarf von etwa 500 Musiklehrern in NRW. Um diese Zahl zu erzielen, so das Kultusministerium, müssen jährlich 15-20 Musiklehrer ausgebildet werden. Die Musikhochschule in Köln bildet jährlich ca. 40 Kandidaten aus, wovon im Jahr 1951: 12; 1952: 20; 1953: 30; 1954: 22 Kandidaten das Zeugnis über die bestandene Erste Staatsprüfung (künstl. Fach, wissensch. Beifach und Philosophikum) erworben haben. Wenn in der Folgezeit die Abgängerzahl auf 30 Kandidaten gesteigert wird, wird der Bedarf durch die Ausbildung in Köln voll und ganz gedeckt.

liche Entwicklung zeigt aber, daß selbst beide Ausbildungsinstitute zusammen keine Bedarfsdeckung erreichen.

6.3.2 Studium

Der Lehrbetrieb an den Instituten für Schulmusik in Köln und Detmold orientiert sich an der vorläufigen Prüfungsordnung für das künstlerische Lehramt an höheren Schulen aus dem Frühjahr 1946, die in weiten Teilen mit der Prüfungsordnung von 1940 kongruent ist. Mies verweist darauf, daß sich diese wiederum auf zentrale Positionen der Kestenberg-Richterschen Schulreform von 1925 stützt[195], so daß die Ausbildung nach 1945 "ein engagiertes Anknüpfen an die Ziele und Inhalte von Schulmusik, wie sie in den 20er Jahren gefordert waren"[196] darstellt. Organisatorisch und administrativ hingegen wird auf Entwicklungen während des Dritten Reiches zurückgegriffen.

Um zum Studium zugelassen zu werden, muß der Bewerber eine Aufnahmeprüfung bestehen, in der er die musikalische Befähigung im Instrumentalspiel, in Gesang, in Hörfähigkeit und Harmonielehre nachweisen muß. Das Studium dauert in der Regel sechs Semester[197] – Stoverock spricht von acht Semestern[198] –, an die sich meist ein weiteres Vorbereitungssemester für das Staatsexamen anschließt, in dem der Student nur noch Unterricht im Instrument und in Gesang erhält.[199] Das Studium setzt sich aus den künstlerischen Pflichtfächern, einem Wahlpflichtfach und einem wissenschaftlichen oder technischen Beifach, "in erster Linie Deutsch, Geschichte, Erdkunde, aber auch Englisch, Lateinisch, Griechisch, Französisch,

---

Vgl. Vermerk Dr. Gedigk: Besprechung am 21. 5. 1954 über die Frage, ob an der Nordwestdeutschen Musik-Akademie in Detmold eine Ausbildungsmöglichkeit für Kunsterzieher an Höheren Schulen geschaffen werden soll, Düsseldorf 26. 5. 1954, HStAD NW 60-364, Bl. 43.

[195] Vgl. Mies, Paul: (1950b) a.a.O., S. 11.

[196] Eckart-Bäcker, Ursula: a.a.O., S. 19.

[197] Vgl. Mies, Paul: (1950a) a.a.O., S. 35.

In einem 1968 erschienenen Artikel weist Binkowski darauf hin, daß die Studiendauer "in Nordrhein-Westfalen und in Baden-Württemberg nach den augenblicklich gültigen Prüfungsordnungen mindestens sechs, in den übrigen Bundesländern mindestens acht Semester" beträgt.

Vgl. Binkowski, Bernhard: Musikerzieher an Höheren Schulen, in: MiU (Ausg. B), H. 2, 1968, S. 49.

[198] Stoverock, Dietrich: Die Ausbildung des Musikerziehers für die Höhere Schule, in: ZfM, H. 2, 1951, S. 79.

[199] Staatliche Hochschule für Musik Köln: Anlage 2 – Institut für Schulmusik, Köln 1960, S. 5.

reine und angewandte Mathematik, Biologie, Chemie, Leibeserziehung und für Bewerberinnen auch Nadelarbeit"[200] zusammen.

Im Rahmen der künstlerischen Pflichtfächer erhält jeder Studierende Gesangsunterricht, um die "Fähigkeit zu einwandfreiem, stilentsprechendem und lebendigem Vortrag von Volksliedern, Kunstliedern oder Arien mit müheloser, fehlerfreier Tongebung"[201] zu erwerben. Sprecherziehung dient der Schulung "einer gepflegten Gemeinsprache (Hochsprache)"[202], Unterricht in Stimmkunde soll den Studierenden über Wirkungsweise der Stimm- und Hörorgane, über häufige Sprech- und Singfehler und deren Therapie, sowie die sachgerechte Behandlung von Mutanten informieren.[203] Die Instrumentalausbildung durchzieht das ganze Studium. Dabei wird eine umfassende Ausbildung erwartet, die neben der exakten musikalischen Arbeit auch gewisse Fertigkeiten im Vom-Blatt-Spiel und einen Überblick über die "Literatur des gewählten Instruments einschliesslich des Schaffens der Gegenwart"[204] vermitteln soll. Die geforderte "Vertrautheit mit den für die Jugendmusikerziehung geeigneten Stücken"[205] ist ein Hinweis auf die institutionelle Absicht, eine starke Verzahnung von schulischer und außerschulischer Musikerziehung zu erwirken. Die Ausbildung im Nebenfach Klavier legt einen besonderen Schwerpunkt auf schulpraktische Belange und schließt in Detmold mit einer Teilprüfung ab, während Köln diesen Bereich im Abschlußexamen prüft.[206] Auch der Ausbildungsbereich Theorie und Gehörbildung, in der Prüfungsordnung unter *Gehörbildung und Musiklehre* aufgeführt, subsumiert neben der Erarbeitung von Harmonielehre, Kontrapunkt und Formenlehre eine Vielzahl von schulpraktischen Bereichen, so das "Vomblattspielen vierstimmiger A-cappella-Partituren ... und ausgewählter symphonischer Sätze, Transponieren eines einfachen Chorsatzes, Improvisieren von Liedbegleitungen mit Vor-, Zwischen- und Nachspielen am Klavier"[207]. Zusätzlich erfolgt eine Ausbildung in Chor- und Orchesterleitung, wobei neben der Vermittlung von probetechnischen und dirigiertechnischen Fähig-

---

[200] Ordnung der Prüfung für das künstlerische Lehramt an Höheren Schulen, o.J., HStAD NW 60-740, Bl. 5.
[201] Ebenda, Bl. 7.
[202] Ebenda.
[203] Vgl. ebenda, Bl. 7.
[204] Ebenda, Bl. 8.
[205] Ebenda.
[206] Vgl. Überblick über Lehrplan und durchschnittliche Wochenstundenzahlen zur Ausbildung für das künstlerische Lehramt an Höheren Schulen – Fach Musik – an der Nordwestdeutschen Musik-Akademie Detmold, o.J., HStAD NW 60-364, Bl. 94.
[207] Ordnung der Prüfung für das künstlerische Lehramt an Höheren Schulen, o.J., HStAD NW 60-740, Bl. 8.

keiten auch die Auswahl von geeigneter Literatur für Jugendliche eine Rolle spielt. Hier setzt die Ausbildung in Detmold durch die Arbeit mit einem Schülerchor in den letzten beiden Studiensemestern vor dem Examen einen besonderen Schwerpunkt.[208]

Neben der künstlerisch-praktischen Ausbildung umfaßt die wissenschaftliche Ausbildung, "eine wissenschaftlich-exakte Schulung des Bewerbers"[209], einen weiteren Aspekt des Studiums. Dabei geht es um die Vermittlung eines enzyklopädischen Überblicks in den Bereichen musikalische Volkskunde und Volksliedkunde, Geschichte der Schulmusik, Musikgeschichte.[210] Hinzu treten methodische Unterweisungen im Bereich der Musikerziehung – in Detmold wird dieses Fach *Musikunterrichtslehre* genannt und in einer Teilprüfung abgeschlossen[211] – und deren praktische Anwendung in Lehrsituationen. Dem Fach Rhythmische Erziehung wird in Detmold mit sechs Semesterwochenstunden weitaus mehr Bedeutung zugemessen als in Köln. Beide Ausbildungsinstitute bieten Vorlesungen in den Fächern allgemeine Pädagogik und Philosophie an, um den Studenten während des künstlerischen Studiums die Möglichkeit zu geben, sich auf die Pflichtprüfung in Philosophie vorzubereiten, die zusätzlich zur Prüfung im wissenschaftlichen Beifach abzulegen ist. Mit dem Erlaß vom 21. November 1952 wird es den Studeten möglich, zwischen großer und kleiner Fakultas für das wissenschaftliche Fach zu wählen, wobei die Fächerkombination bei kleiner Fakultas deutlich eingeschränkt wird. So kann der Student nur noch zwischen den Fächern Religion, Deutsch, Geschichte, Erdkunde, Englisch, Latein, Biologie und Mathematik wählen, während für die große Fakultas alle Schulfächer, außer Leibeserziehung, zur Wahl stehen.[212]

Mit dem Wechsel von Mies zu Schneider in der Leitung des Instituts für Schulmusik in Köln vollzieht sich auch eine inhaltliche Neuorientierung, "welche

---

[208] Vgl. Überblick über Lehrplan und durchschnittliche Wochenstundenzahlen zur Ausbildung für das künstlerische Lehramt an Höheren Schulen – Fach Musik – an der Nordwestdeutschen Musik-Akademie Detmold, in HStAD NW 60-364, Bl. 94.

[209] Dies veranlaßt Stoverock zu der These, daß aufgrund dieses wissenschaftlichen Teils der Ausbildung das Studium eines nicht künstlerischen Beifaches entfallen könne.
Vgl. Stoverock, Dietrich: (1951) a.a.O., S. 80.

[210] Wird der Bereich Musikwissenschaft als "künstlerisches Wahlpflichtfach" gewählt, so wird die Ausbildung durch Einblicke in die Systematische Musikwissenschaft und methodologische Fragen der Musikwissenschaft vertieft.

[211] Vgl. Überblick über Lehrplan und durchschnittliche Wochenstundenzahlen zur Ausbildung für das künstlerische Lehramt an Höheren Schulen – Fach Musik – an der Nordwestdeutschen Musik-Akademie Detmold, in HStAD NW 60-364, Bl. 94.

[212] Vgl. Vorprüfung in Philosophie und Pädagogik und Prüfung im Wissenschaftlichen Unterrichtsfach für Bewerber um das Künstlerische Lehramt an höheren Schulen, RdErl. des Kultusministers vom 21. 11. 1952, in: Abl. KM NW, 5. Jg., Düsseldorf 1953, S. 5.

eine noch stärkere Ausrichtung auf die Notwendigkeiten der späteren Berufspraxis zum Ziele"[213] hat. Während Mies der wissenschaftlichen Ausbildung breiten Raum gab, da er der Überzeugung war, daß vom Schulmusiker neben "vielseitigen praktischen Fähigkeiten ein starkes Maß wissenschaftlichen Denkvermögens verlangt werden"[214] muß[215], versucht Schneider "einen möglichst hohen Grad von Zweckmäßigkeit"[216] in der Ausbildung zu erreichen, indem er durch Modifikation der Ausbildungsordnung das Studium mehr auf die spätere berufliche Praxis abstimmt.[217] So wird z.B. ein dreisemestriger Gruppenunterricht im Pflichtfach Geige eingeführt, um die Studierenden auf eine erfolgreiche Arbeit mit Schulensembles vorzubereiten und "für Pianisten das Vom-Blatt Spiel stärker in den Vordergrund gerückt, um sie zu befähigen, spontan im Unterricht musikalische Sachverhalte zu demonstrieren"[218]. Die wissenschaftliche Arbeit und pädagogisch-theoretische Überlegungen treten hinter praktische Erprobungen zurück.

"So erscheinen bei Schneider die von Paul Mies gesetzten Standards, vor allem, was die wissenschaftliche Fundierung und Ausbildung im Studium angeht, eindeutig rückläufig."[219]

6. 3. 3   Prüfungen

Künstlerische Prüfung

§ 1 (1) der vorläufigen Prüfungsordnung von 1946[220] legt fest, daß sich die Prüfung für das Künstlerische Lehramt an Höheren Schulen in eine künstlerische und eine

---

[213] Schneider, Norbert: Schulmusik, in: Bericht der Staatlichen Hochschule für Musik Köln und der Rheinischen Musikschule der Stadt Köln über die Jahre 1953-1956, Köln 1957, S. 37. (= 1957b)

[214] Mies, Paul: (1950b) a.a.O., S. 12.

[215] Es sei in diesem Zusammenhang auf die schulpraktischen Unterrichtswerke von Paul Mies aus der Weimarer Zeit hingewiesen, denen Karl Rehberg "stark szientistischen Charakter" attestiert. Auch nach dem Zweiten Weltkrieg veröffentlichte Mies eine Vielzahl methodischer Unterrichtshilfen, die ebenfalls durch seine musikwissenschaftliche Neigung geprägt sind.
Vgl. Rehberg, Karl: Erleben und Verstehen – Der pädagogisch-psychologische Gedankenkreis Eduard Sprangers und das Problem der musikalischen Werkbetrachtung, in: MPZ Quellen-Schriften, Bd. 21, bibliographisch überarbeitet, ergänzt und mit einer Einführung versehen von Ursula Eckart-Bäcker, Köln o.J., S. 89.

[216] Schneider, Norbert: (1957b) a.a.O., S. 37.

[217] Vgl. Schneider, Albert: Ein neuer Studienplan am Kölner Institut für Schulmusik, in: ZfM, H. 5, 1955, S. 302.

[218] Eckart-Bäcker, Ursula: a.a.O., S. 21.

[219] Ebenda, S. 22.

pädagogische Prüfung teilt.[221] Ein Vermerk des Kultusministeriums weist daraufhin, daß "die staatliche Prüfung für das künstlerische Lehramt in Musik zu den umfassendsten und schwersten Prüfung gehört, welche es auf diesem Gebiet heute gibt"[222]. Die künstlerische Prüfung, die meist im 7. Studiensemester abgelegt wird[223], besteht aus einer schriftlichen und einer mündlich-praktischen Prüfung. Die Prüfungen umfassen je nach Ausbildungsinstitut 13-15 Fächer, die in der Regel innerhalb einer Prüfungswoche zu absolvieren sind.[224] Vor dieser Prüfung hat der Student eine schriftliche Hausarbeit "aus dem Gesamtgebiet der Musikerziehung"[225] anzufertigen. Gegenüber der Prüfungsordnung von 1940 wird der Zeitraum für die Erstellung der Hausarbeit von zwei auf drei Monate erhöht[226], nach der Prüfungsordnung von 1962 sogar auf 4 Monate.[227] Mies schränkt während seiner Amtszeit als Institutsleiter die Themen der Arbeiten auf mehr oder weniger musikwissenschaftliche Fragestellungen ein[228], bei denen "für ein besonderes Gebiet nachzuweisen ist, daß musikwissenschaftliche Methoden in Verbindung mit der praktischen Musik bekannt sind. Die Themen werden allen Gebieten entnommen ... Bekanntwerden mit wichtigen Teilen der Musikliteratur, Anwendung wissenschaftlicher Arbeitsformen, klare sprachliche Darstellung sollen geschult und erzielt werden"[229]. Zusätzlich hat der Bewerber nach der PO von 1962 bei der Meldung zur Prüfung "Arbeiten aus den Gebieten der Musiklehre, Kompositionen, aus denen hervorgeht, wie weit der Bewerber in die Aufgaben der musikalischen

---

[220] Im Jahr 1951 wird diese Prüfungsordnung nochmals bestätigt.
Vgl. Ordnung der Prüfung für das Künstlerische Lehramt an höheren Schulen, RdErl. des Kultusministers vom 6. 6. 1951, in: Abl. KM NW, 3. Jg., Düsseldorf 1951, S. 69.
[221] Vgl. Ordnung der Prüfung für das künstlerische Lehramt an Höheren Schulen, o.J., HStAD NW 60-740, Bl. 2.
Die Prüfungsordnung von 1962 benutzt dafür den Terminus der Ersten und Zweiten Philologischen Staatsprüfung.
Vgl. Ausbildungs- und Prüfungsordnung für das Lehramt an Höheren Schulen, RdErl. des Kultusministers vom 29. 5. 1962, in: Abl. KM NW, 14. Jg., Düsseldorf 1962, S. 113 f.
[222] Gruppe III/K 3 des Kultusministeriums: Vermerk, Düsseldorf 4. 11. 1949, HStAD NW 60-348, Bl. 33.
[223] Vgl. Mies, Paul: (1950a) a.a.O., S. 35.
[224] Vgl. Hermann Rubarth an den Leiter des Bildungsausschusses des Philologenverbandes, Wuppertal-Elberfeld 22. 1. 1966, HStAD RW 271-30, o. Bl..
[225] Ordnung der Prüfung für das künstlerische Lehramt an Höheren Schulen, o.J., HStAD NW 60-740, Bl. 10.
[226] Mies spricht von einem Zeitraum von 3-4 Monaten Dauer für die Arbeit.
Vgl. Mies, Paul: (1950a) a.a.O., S. 35.
[227] Vgl. Ausbildungs- und Prüfungsordnung für das Lehramt an Höheren Schulen, RdErl. des Kultusministers vom 29. 5. 1962, in: Abl. KM NW, 14. Jg., Düsseldorf 1962, S. 117.
[228] Diese Beschränkung zeigt, daß sich Mies mehr als Musikwissenschaftler sieht und musikpädagogischen Fragestellungen weniger Bedeutung zumißt.
[229] Mies, Paul: (1950a) a.a.O., S. 35 f.

Satzlehre eingedrungen ist oder schöpferische Begabung und freies Können entwickelt hat"[230], einzureichen.

Die schriftliche Prüfung erfolgt im Fach Gehörbildung mit einem einstündigen, schwierigen Musikdiktat von ein- und mehrstimmigen Sätzen und einer 4½-stündigen Klausur in Musiklehre, die eine Aufgabe aus den Bereichen "Volksliedbearbeitungen, ... Liedkantaten mit instrumentalen Vor-, Zwischen- und Nachspielen, Chorsätzen nach gegebenen Sätzen, kleinen Instrumentalformen ..."[231] enthält. Wird Komposition als Wahlfach gewählt, folgt eine weitere 4½-stündige Klausur in diesem Bereich. 1962 kommt es zur Einführung einer zusätzlichen 4-stündigen Klausur im Bereich Musikwissenschaft, bei der der Bewerber die "Behandlung einer von drei zur Wahl gestellten Interpretationsaufgaben aus verschiedenen Gebieten der Musik"[232] durchführen muß. Ebenfalls wird im Bereich Musiklehre die Erstellung einer Fugenexposition oder eines anderen Beispieles polyphoner Satztechnik zusätzlich zu den oben aufgeführten Wahlbereichen obligatorisch, wobei die Arbeitszeit auf 5 Stunden erhöht wird.[233]

Die mündlich-praktische Prüfung wiederum teilt sich in die Bereiche *Kunstübung* und *Musikpflege und Musikgeschichte* auf. Die Kunstübung sieht eine 30-minütige Prüfung im Bereich Sprechen und Singen vor, eine instrumentale Hauptfachprüfung von ebenfalls 30 Minuten Dauer und eine Prüfung im instrumentalen Nebenfach von 15 Minuten. Zusätzlich erfolgt eine Prüfung in den Fächern Gehörbildung und Musiklehre (20 Minuten) sowie Chor- und Orchesterleitung von jeweils 20 Minuten.[234]

Die mündlich-praktische Prüfung im Bereich *Musikpflege und Musikgeschichte* beinhaltet eine 10-minütige Prüfung im Bereich musikalische Volkskunde, eine jeweils 20-minütige Prüfung im Fach Musikerziehung und Musikgeschichte und eine "praktische Lehrprobe vor Schülern"[235] von 30 Minuten. Hinzu kommt noch eine 30-minütige Prüfung im jeweiligen künstlerischen Wahlfach, bei dem zwischen "Musikwissenschaft, Instrumentalspiel oder Gesang (künstlerisch und virtuos gesteigert gegenüber dem Pflichtfach), Komposition und Rhythmische Erzie-

---

[230] Ausbildungs- und Prüfungsordnung für das Lehramt an Höheren Schulen, RdErl. des Kultusministers vom 29. 5. 1962, in: Abl. KM NW, 14. Jg., Düsseldorf 1962, S. 117.

[231] Ordnung der Prüfung für das künstlerische Lehramt an Höheren Schulen, HStAD NW 60-740, Bl. 11.

[232] Ausbildungs- und Prüfungsordnung für das Lehramt an Höheren Schulen, RdErl. des Kultusministers vom 29. 5. 1962, in: Abl. KM NW, 14. Jg., Düsseldorf 1962, S. 118.

[233] Vgl. ebenda.

[234] Vgl. Ordnung der Prüfung für das künstlerische Lehramt an Höheren Schulen, o.J., HStAD NW 60-740, Bl. 12.

[235] Mies, Paul: (1950a) a.a.O., S. 36.

hung gewählt werden kann"[236]. Während hiermit die praktische Seite des späteren Anforderungsprofils abgeprüft wird, ist zusätzlich noch "das Studium eines wissenschaftlichen Beifaches an einer Universität nebst einer Prüfung in Philosophie verbindlich"[237]. Die Prüfung in Philosophie, das sogenannte Philosophikum, kann als Vorprüfung schon im sechsten Studiensemester abgelegt werden, wobei neben philosophischen auch pädagogische Fragestellungen erörtert werden. Innerhalb des philosophischen Teiles der Prüfung wird der Kandidat meist über ein "philosophisches Werk von klassischer Bedeutung" geprüft, im pädagogischen Teil wird der Nachweis eines Überblicks über die Epochen der abendländischen Bildungsgeschichte und die gründliche Beschäftigung "mit einer pädagogischen Persönlichkeit oder einer pädagogischen Bewegung"[238] gefordert. Die Prüfung wird in Form einer vierstündigen Klausur und einer halbstündigen mündlichen Prüfung abgelegt.[239] Für das wissenschaftliche Beifach ist eine Prüfung vor dem Wissenschaftlichen Prüfungsamt abzulegen, für deren Procedere die Nebenfachanforderungen gelten.

Vorbereitungsdienst und Zweites Staatsexamen

Nach Bestehen der gesamten Prüfung für das künstlerische Lehramt wird der Studienreferendar in der Regel in einer zweijährigen Vorbereitungszeit ausgebildet. In dieser Zeit soll er mit dem Leben der Schule, seiner praktischen Arbeit als Lehrer, "mit der Unterrichtspraxis und der Methodik seiner Unterrichtsfächer vertraut gemacht werden. Vorträge, Übungen und Arbeitsgemeinschaften sollen der theoretischen Ausbildung dienen"[240]. Die Berufsausbildung wird mit der Ablegung der Pädagogischen Prüfung (Assessorprüfung)[241], die aus einer schriftlichen Hausarbeit, der Unterrichtsprüfung und einer mündlichen Prüfung besteht, abgeschlossen. Im Fach Musik wird der Referendar systematisch mit der Vermittlung von musikalischen Formen vertraut gemacht. Darüber hinaus wird innerhalb des Referendariats mit der "Umstellung der Instrumentaltechnik auf die Erfordernisse der

---

[236] Staatliche Hochschule für Musik Köln: a.a.O., S. 7.

[237] Mies, Paul: (1950a) a.a.O., S. 36.

[238] Neuordnung der Wissenschaftlichen Prüfung für das Lehramt an Höheren Schulen im Lande Nordrhein-Westfalen, RdErl. des Kultusministers vom 8. 12. 1948, in: Abl. KM NW, 1. Jg., Düsseldorf 1948, S. 25.

[239] Vgl. ebenda.; Ausbildungs- und Prüfungsordnung für das Lehramt an Höheren Schulen, RdErl. des Kultusministers vom 29. 5. 1962, in: Abl. KM NW, 14. Jg., Düsseldorf 1962, S. 116.

[240] Ebenda, S. 120.

[241] Staatliche Hochschule für Musik Köln: a.a.O., S. 5.

Schule"[242] begonnen. Darunter versteht man "1. Auswendigspielen und -singen einer Folge von unterrichtlich wichtigen Stücken aus allen Zeiten, Stilgruppen und Formen, ... 2. Improvisieren von Formen, Rhythmen, ja sogar Stilarten! ... 3. Das souveräne Beherrschen der Liedbegleitung in allen Formen und Stilarten mit eigenen Vor- und Nachspielen, Fertigkeit im Transponieren von Liedern und Chorsätzen ist fast in jeder Unterrichtsstunde nötig ... 4. Die Umstellung der Singtechnik auf die Schule. Ein Repertoire geeigneter Lieder und Sololieder muß immer greifbar sein"[243].

Der akute Musiklehrermangel zu Beginn der 50er Jahre führt dazu, die Vorbereitungszeit von Schulmusikern auf ein Jahr zu reduzieren. Der entsprechende Erlaß hebt hervor, daß sich die Schulmusikstudierenden durch "Sonderbegabung" und "frühzeitige Berufsbesinnung und -erprobung" auszeichnen.

"Deshalb ist die Ausbildung der dort Studierenden im Hinblick auf die besonderen Erfordernisse des Schulmusikunterrichts durch alle Semester hindurch auch weitestgehend und in vorbildlicher Weise eine praktisch-pädagogische und nimmt durch laufende Unterrichtsbesuche und zahlreiche Lehrproben in hohem Maße die Aufgaben des ersten Ausbildungsjahres vorweg."[244]

Die Folge ist aber ein vermeintlicher Niveauverfall in den Assessorenprüfungen, da offenbar notwendige Ausbildungszeiten fehlen.[245] Unter Bezugnahme auf §20 (1) 3 des Landesbeamtengesetzes Nordrhein-Westfalen vom 15. 6. 1954, der für die Laufbahn des Höheren Dienstes im Erziehungswesen einen Vorbereitungsdienst von zwei Jahren fordert, wird der verkürzte Referendardienst vier Jahre später wieder auf zwei Jahre angehoben.[246]

6. 3. 4 Kritik an der Ausbildung der Musiklehrer an Höheren Schulen

Die Ausbildung des Musikstudienrates gerät rasch nach Wiederaufnahme des Hochschulbetriebes in Köln ins Kreuzfeuer der Kritik. Eine zentrale Rolle spielt

---

[242] Heer, Josef: Die pädagogische Ausbildung der Schulmusiker, in: MiU, H. 6, 1949, S. 92.
[243] Ebenda.
[244] Verkürzung des Vorbereitungsdienstes für Bewerber um das Künstlerische Lehramt an höheren Schulen in der Fachrichtung Musikerziehung, RdErl. des Kultusministers vom 25. 11. 1952, in: Abl. KM NW, 5. Jg., Düsseldorf 1953, S. 6.
[245] Vgl. Professor Wilhelm Maler an Kultusministerin Christine Teusch, Detmold 12. 1. 1954, HStAD NW 60-364, Bl. 29.
[246] Vgl. Ausbildung der Studierenden für das Künstlerische Lehramt an Höheren Schulen im Lande Nordrhein-Westfalen und Dauer des Vorbereitungsdienstes für Studienreferendare, die die Künstlerische Prüfung im Lande Nordrhein-Westfalen abgelegt haben, RdErl. des Kultusministers vom 21. 12. 1956, in: Abl. KM NW, 9. Jg., Düsseldorf 1957, S. 13.

dabei Friedrich Blume, unter dessen Federführung die *Gesellschaft für Musikforschung* eine Entschließung (1947) sowie eine Denkschrift (1951) zu diesem Thema verfaßt. Darüber hinaus tritt Blume 1949 mit einem Offenen Brief an die Öffentlichkeit.[247] Den Ausgangspunkt seiner Kritik bildet die Feststellung, daß sich das Schulmusikwesen in einem "rapiden Verfall"[248] befinde, der während des Dritten Reiches begonnen habe und sich nach 1945 fortsetze. Diese Entwicklung berge die Gefahr in sich, einen irreparablen Schaden an der musikalischen Kultur Deutschlands anzurichten. Vor allem Teil I der Denkschrift von 1951 enthält eine umfassende Zustandsbeschreibung und geht detailliert auf den Zusammenhang zwischen musikalischer Jugenderziehung und allgemeinem Musikwesen ein. Blume macht für den Verfall der Schulmusik die Ausbildung des Musikstudienrates verantwortlich und fordert, selbige an die Universität zu verlagern, da nur dort "die primär pädagogische Gesinnung, ohne alle Liebäugelei mit einem erträumten Künstlerdasein"[249] vermittelt werde. Er vertritt die Meinung, daß die bestehende Ausbildung auf einer Fehlkonstruktion beruhe, da sie zu einem Teil an einer Musikhochschule und zum anderen Teil für das Studium des wissenschaftlichen Beifaches an einer Universität absolviert wird.[250] Gerade das wissenschaftliche Beifach, so Blume, werde meist als "lästiges Anhängsel empfunden"[251]. Das Ergebnis sei ein Musikstudienrat, der kein "echter Lehrer", sondern ein "verkannter Künstler"[252] sei. Dies führe wiederum dazu, daß der Musikstudienrat innerhalb des Schulkollegiums wenig Akzeptanz findet, da ihn seine Ausbildung nicht "in die Lage versetzt, sein Fach mit gleichem Gewicht wie der Lehrer der Geschichte oder des Lateinischen ... zu vertreten"[253]. Ein weiteres Problem der Ausbildung sieht Blume in der Konzentration der Schulmusikausbildung auf die Musikhochschule

---

[247] In seinem Offenen Brief an die Schriftleitung der Zeitschrift *Das Musikleben* weist Blume darauf hin, daß er bereits 1937 in dieser Sache beim damaligen preußischen Kultusminister vorstellig wurde, die Angelegenheit aber durch den 1939 beginnenden Krieg verschleppt wurde. Bereits im November 1945 versucht Blume erneut durch eine Denkschrift eine Neuordnung der Ausbildung in Schleswig-Holstein zu bewirken.
Vgl. Blume, Friedrich: Schulmusik am Rande des Verderbens, Teil 2, in: Das Musikleben, H. 7/8, 1949, S. 194f.

[248] Denkschrift betr. die Ausbildung der Musiklehrer an Höheren Lehranstalten, HStAD NW 60-722, Bl. 24. (Vgl. Dokument 7 im Anhang)

[249] Ebenda, Bl. 25.

[250] Moser verteidigt hingegen Kestenbergs Ansatz, da diese von Blume so bezeichnete "Fehlkonstruktion" nur eine von fünf Möglichkeiten in Preußen war, eine Fakultas in Musik zu erwerben.
Vgl. Moser, Hans Joachim: Der Schulmusiker-Nachwuchs und seine Ausbildung, in: MiU, H. 9, 1949, S. 176.

[251] Denkschrift betr. die Ausbildung der Musiklehrer an Höheren Lehranstalten, HStAD NW 60-722, Bl. 25. (Vgl. Dokument 7 im Anhang)

[252] Ebenda.

[253] Blume, Friedrich: (1949) a.a.O., S. 192.

Köln innerhalb der britischen Besatzungszone, nachdem frühere Ausbildungsstätten infolge des Krieges verlorengegangen seien. Um dem drohenden Verfall der Schulmusik entgegenzuwirken, schlägt er vor, das Studium des Faches Musik als Nebenfach oder als Zusatzfach in Kombination mit einem wissenschaftlichen Hauptfach zu ermöglichen. Blume hält dafür Studenten für geeignet, "die eine gründliche musikalische Vorbildung besitzen und Anlage und guten Willen haben, diese Gabe auch für ein Lehramt sachgemäss zu entwickeln und auszuwerten"[254]. Darüber hinaus solle "fortgeschrittenen Studenten der Musikwissenschaft"[255] nach entsprechender Eignungsprüfung der Quereinstieg in die Musiklehrerausbildung ermöglicht werden.

Der Kern der Schriften zielt nicht auf eine Demontage des Musikstudienrates Kestenbergscher Prägung, der künstlerisch, wissenschaftlich und pädagogisch ausgebildet wird[256], sondern versucht vielmehr, die Gunst der historischen Situation zu nutzen, um eine Kompetenzerweiterung der Musikwissenschaftlichen Institute an Universitäten zu erwirken. Zwar weist die Denkschrift von 1951 den Verdacht der Vorteilnahme für die durch die *Gesellschaft für Musikforschung* vertretenen Berufe vehement von sich und stellt eine "nationale, pädagogische und kulturelle Pflicht"[257] in den Vordergrund; die Kompetenzerweiterung läßt sich jedoch nachweisen, da die Reformvorschläge vorsehen, die "oberste Leitung des gesamten Studiums der ME [Musikerziehung; d. Verf.] ... in die Hand des örtlichen Direktors des Musikwissenschaftlichen Seminars der Universität zu legen"[258].

Die vielfältigen Reaktionen auf die Schriften stimmen dahingehend überein, daß sich der Musikstudienrat, wie er von Kestenberg konzipiert wurde, in der Praxis bewährt habe. Paul Mies, Leiter des Instituts für Schulmusik an der Musikhochschule Köln, nennt in seiner heftigen Reaktion die Argumente der Göttinger Entschließung von 1947 "fadenscheinig und oberflächlich"[259] und stellt in Frage, ob die Universität, die die wissenschaftliche Ausbildung pflegt, bessere Pädagogen ausbilden könne als eine Musikhochschule, die auch Instrumentalpädagogen ausbilde. Den Vorwurf, die Hochschule bilde unbefriedigte Künstler aus, weist Mies

---

[254] Denkschrift betr. die Ausbildung der Musiklehrer an Höheren Lehranstalten, HStAD NW 60-722, Bl. 26. (Vgl. Dokument 7 im Anhang)
[255] Ebenda, Bl. 27^v.
[256] Als positive Beispiele werden dabei die Musikerziehungsinstitute Königsberg und Breslau, die unmittelbar an die Universität angegliedert waren, angeführt. Vgl. Ebenda, Bl. 25.
[257] Blume, Friedrich: Denkschrift zur Schulmusikerziehung, in: MiU, H. 6, 1951, S. 174.
[258] Denkschrift betr. die Ausbildung der Musiklehrer an Höheren Lehranstalten, HStAD NW 60-722, Bl. 25. (Vgl. Dokument 7 im Anhang)
[259] Mies, Paul: Zur Denkschrift der Gesellschaft für Musikforschung, HStAD NW 60-722, Bl. 31.

als unbeweisbar zurück. Lemacher nimmt 1949 zu diesem Thema ebenfalls Stellung und weist nach, daß 74% der examinierten Schulmusikstudenten der Jahrgänge 1925-33 der Kölner Musikhochschule 1948 bereits wieder im Schuldienst stehen und angesichts dieser Zahlen der Vorwurf des unbefriedigten Künstlers gegenstandslos sei.[260]

Außerdem wird die Einführung eines Neben- oder Zusatzfaches Musik, das wegen des komplexen Anforderungsprofils des Musikunterrichts in pädagogischer, praktischer und wissenschaftlicher Hinsicht zeitlich nicht disponibel erscheint, allgemein abgelehnt. Differenzen gibt es bei der Frage nach dem geeigneten Ausbildungsinstitut. Der VDS tritt für den Verbleib der Ausbildung an der Hochschule ein[261], Moser spricht sich dagegen aus studientechnischen Gründen für die Universität aus[262]. Heinrich Lemacher sieht gerade in der von Blume als Fehlkonstruktion bezeichneten Ausbildung die Möglichkeit, durch "ein Hand-in-Hand-Arbeiten beider Hochschultypen"[263] ein ideale Ausbildung zu erreichen. Oberborbeck ergänzt diesen Aspekt durch die Forderung, das Doppelstudium organisatorisch durch eine "Arbeitsplanung der Direktoren der an der Ausbildung beteiligten Institute"[264] zu verbessern. Umstritten ist der von der Kölner Musikhochschule eingeführte numerus clausus, der von den Hochschulvertretern damit begründet wird, das Verhältnis von Stellenangebot und ausgebildeten Musiklehrern zu steuern.

"Vorsorglich wurde zum Zwecke einer planmäßigen Regelung von Angebot und Nachfrage an Musiklehrkräften der Versuch gemacht, durch einen numerus clausus die Zahl der Studierenden mit den Anstellungsmöglichkeiten in Einklang zu bringen; es wäre sonst nämlich ein Überangebot für die nächsten Jahre zu erwarten."[265]

Im Jahr 1952 bewirkt ein Bericht der *Kommission Musikerziehung der Gesellschaft für Musikforschung*, verantwortet u.a. von Moser und Oberborbeck, durch seinen moderaten Tonfall eine Beruhigung der Diskussion. Durch die Empfehlung, Musik auf jeden Fall als Hauptfach beizubehalten und die Ausbildung in einer geschlossenen Schulmusikabteilung anzubieten, die entweder an "einer Universität

---

[260] Vgl. Lemacher, Heinrich: (1948) a.a.O., S. 108 f.
[261] Vgl. Verband Deutscher Schulmusikerzieher: Zur Frage der Ausbildung des Schulmusikers, in: MiU, H. 7/8, 1951, S. 234.
[262] Vgl. Moser, Hans Joachim: (1949) a.a.O., S. 177.
[263] Lemacher, Heinrich: (1948) a.a.O., S. 108.
[264] Oberborbeck, Felix: (1952a) a.a.O., S. 627.
[265] Lemacher, Heinrich: (1948) a.a.O., S. 109.

(unter eigenem Leiter) oder einer Musikhochschule"[266] oder als selbständige Hochschule möglich ist, rückt der Bericht in wesentlichen Punkten von den Forderungen Blumes ab.
Mitte der 60er Jahre entfacht erneut die Diskussion über die Schulmusikerausbildung. Aufgrund des enormen Nachwuchsmangels – in Nordrhein-Westfalen sind im Landesteil Westfalen lediglich 20% und im Landesteil Rheinland nur 60-65% der Planstellen mit Musikstudienräten besetzt[267] – denken Teile des VDS und des Philologenverbandes über die Steigerung der Attraktivität des Berufsbildes nach. Die Forderungen fokussieren in den Vorschlägen, die Ausbildung an die Universität zu verlagern, den numerus clausus abzuschaffen[268], die Anforderungen in der Aufnahmeprüfung und im Ersten Staatsexamen zu lockern, "eine Liberalisierung des Studiums und die völlige Angleichung des Studienganges für Musikerziehung an den anderer Fächer"[269] vorzunehmen. Nach längeren Verhandlungen[270] mit dem Kultusministerium, bei denen verschiedene Modelle diskutiert wer-

---

[266] Oberborbeck, Felix u.a.: Schulmusik – Bericht der Kommission Musikerziehung der Gesellschaft für Musikforschung, in: MiU, H. 7/8, 1952, S. 208. (= 1952b)

[267] Vgl. Erster Vorsitzender des VDS Landesverband Nordrhein-Westfalen Helmut Trott an den Kultusminister des Landes Nordrhein-Westfalen Fritz Holthoff, Neuss 20. 1. 1967, HStAD RW 271-29, o.Bl.

[268] Vgl. Kraus, Egon: Musik in Schule und Lehrerbildung – Gedanken zu den Statistischen Erhebungen des Deutschen Musikrates, in: MiU (Ausg. B), H. 1, 1963, S. 5 f. (= 1963a)

[269] Philologen-Verband Nordrhein-Westfalen: Der Bericht 03/66, HStAD RW 271-30, o.Bl. (Vgl. Dokument 8 im Anhang)

[270] Die Übernahme der Staatlichen Hochschule für Musik Köln durch das Land Nordrhein-Westfalen am 1. Januar 1967 macht eine Neufassung des Status des Schulmusikinstitutes der Kölner Musikhochschule notwendig. Da neben Köln auch die Detmolder Hochschule über eine Schulmusikausbildung verfügt, wird diese Übernahme zum Anlaß genommen, für beide Institute eine einheitliche Regelung zu finden. Dabei vertritt der damalige Direktor der Detmolder Hochschule Stephanie die Auffassung, daß die "Schulmusikstudierenden keine geschlossene Gruppe bilden, sie sind vielmehr – wie alle anderen Studierenden – Studierende der Hochschule, keinesfalls aber Studierende einer Abteilung oder gar eines Instituts innerhalb der Hochschule." Dieser integrativen Auffassung steht die Position des Leiters des Kölner Schulmusikinstituts, Norbert Schneider, gegenüber, der die Meinung vertritt, daß die Schulmusikausbildung in einem eigenständigen Institut durchgeführt werden muß, da diese andere Voraussetzungen (z. B. allgemeine Hochschulreife) als die anderen Studiengänge einer Musikhochschule fordert, zum anderen sich das Studium durch die Vielfalt der Fächer und seiner Struktur von den übrigen rein künstlerischen Studiengängen unterscheidet.
Nach Schneiders Meinung gilt das Schulmusikstudium an der Musikhochschule Köln und Detmold nach § 3 Absatz 2 des Lehrerausbildungsgesetzes vom 9. Juni 1965 als ein wissenschaftliches Studium. Damit hat die Ausbildung wissenschaftlichen Rang und infolgedessen, so Schneider, sollen die Schulmusikinstitute den Status eines Universitätsinstituts erhalten. Dies hat zur Folge, daß die Schulmusikinstitute der beiden Hochschulen den Abteilungen I (wissenschaftliche Hochschulen) des Kultusministeriums unterstellt werden, und nicht wie bisher Ab-

den, wird die Sache dahingehend entschieden, daß die Schulmusikinstitute als selbständige Institute den Musikhochschulen unter alleiniger Verantwortung des Institutsleiters, mit eigenem Etat und Stellenplan angegliedert werden.[271]

6.4 Zusammenfassung

Die Musiklehrerausbildung für die verschiedenen Schultypen nimmt sich nach 1945 in Bezug auf Inhalte, Binnenstruktur und Dauer sehr unterschiedlich aus. Die Ausbildung des Musikstudienrates für das Gymnasium ist gekennzeichnet durch inhaltliche Kontinuität. Die Prüfungsordnung von 1946 stellt eine, gemäß den Potsdamer Beschlüssen vom 8. August 1945, entnazifizierte und entmilitarisierte Fassung der Prüfungsordnung von 1940 dar. Ideologisch bedingte Formulierungen, z.B. "...im Geiste der nationalsozialistischen Weltanschauung ..."[272] oder "eine Erklärung über die arische Abstammung"[273], "Einsatz für die NSDAP, ihrer Gliederungen und angeschlossenen Verbänden (die SA, SS, HJ, HSDStB usw.)"[274] werden entfernt, alle fachlichen und künstlerischen Anforderungen werden hingegen beibehalten, die in weiten Teilen bis Mitte der 70er Jahre fortbestehen.[275] Somit hat sich die Gymnasiallehrerausbildung seit der Reform von 1922 inhaltlich nicht verändert. Ein Hauptgrund liegt in der mehr oder minder bestehenden bildungspolitischen Randstellung des Gymnasiums bis 1965, da es nur von 12 % der Schüler in

---

teilung V (künstlerische Hochschulen). Schneider stellt dabei drei mögliche Alternativen einander gegenüber, wobei er sich anfangs für die dritte Lösung stark macht, am Ende jedoch sieht, daß diese nicht durchzusetzen ist, und deshalb für Vorschlag eins plädiert.
1. Die Schulmusikinstitute als selbständige Institute im Rahmen der Hochschulen;
2. Selbständige Schulmusikinstitute innerhalb der Universitäten;
3. Bildung einer Hochschule für Musikerziehung, die Musikerzieher aller Schulgattungen ausbilden soll.
Sitz der Hochschule wäre Köln mit einer Abteilung in Detmold.
Vgl. Denkschrift zum Status der Institute (bzw. Abt.) für Schulmusik an der Staatlichen Musikhochschule Köln und Detmold, Köln 5. 1. 1966, HStAD RW 271-29, o.Bl.
Schneiders schwankende Argumentation und sein taktisches Verhalten gegenüber dem Ministerium in dieser Frage machte ein gemeinsames Vorgehen der beiden Institute Köln und Detmold nicht möglich, was bei seinem Kollegen in Detmold, Friedrich Eberth, für Verärgerung sorgte.
Vgl. Friedrich Eberth an den Landesvorsitzenden des VDS Oberstudienrat Trott, Detmold 19. 2. 1967, HStAD RW 271-29, o.Bl.

[271] Vgl. ebenda.
[272] Günther, Ulrich: (²1992) a.a.O., S. 292.
[273] Ebenda, S. 294.
[274] Ebenda.
[275] Vgl. Ott, Thomas: a.a.O., S. 484.

der BRD besucht wird.[276] In Nordrhein-Westfalen kommt hinzu, daß ab 1946 nur ein Ausbildungsinstitut in Köln und ab 1955 ein zusätzliches in Detmold besteht und somit durch die kleine Anzahl an Dozenten und infolgedessen der geringen personellen Fluktuation die Innovationskraft der einzelnen Institute sehr gering ist. Somit hat sich die Musikstudienratausbildung nicht auf Grund der pädagogischen Qualität des Ausbildungskonzeptes, sondern wegen ihrer bildungspolitischen Randstellung als einzige Ausbildungsform zu einer Institution entwickelt, die ein halbes Jahrhundert Bestand hat.[277]

Im Zuge der Etablierung der Realschule in der Nachkriegszeit vollzieht sich ebenso eine Konstituierung der Fachlehrerausbildung Musik. Zunächst besteht die Realschullehrerausbildung in der Hauptsache als reine Weiterbildungsmaßnahme für Volksschullehrer mit abgeschlossener 2. Lehramtsprüfung. Die Inhalte orientieren sich an den methodischen, künstlerischen und fachlichen Möglichkeiten der Volksschullehrer. Gegen Ende der 50er Jahre ändert sich die Ausbildungssituation dahingehend, daß das Ministerium institutionelle Veränderungen vornimmt, indem es die Realschullehrerausbildung im Fach Musik an die Institute für Schulmusik der beiden Musikhochschulen in Nordrhein-Westfalen verlegt. Diese scheinbar formale Entscheidung führt aber zugleich zu einer inhaltlichen Neukonzeption der Ausbildung, die sich von nun an nicht mehr an der Volksschullehrerausbildung orientiert, sondern an der Musikstudienratausbildung. Die künstlerische Ausbildung wird unter Beibehaltung des schulpraktischen Bereichs verstärkt. Somit kommt es nicht zu einer inhaltlichen Neukonzeption gegenüber dem Musikstudienrat, sondern vielmehr zu einer simplifizierten Version des selbigen mit sechssemestriger Ausbildungszeit.

Aufgrund der Dominanz der Volksschule innerhalb des Schulsystems – ca. 80% aller Schüler erhalten ihre Schulbildung zwischen 1945 und 1965 durch diese Schulform – ist dieser Bereich ständigen macht- und bildungspolitisch motivierten Veränderungen unterworfen.

"Nirgendwo wirkte sich ein stark betonter Kulturföderalismus so partikularisierend aus wie in der Lehrerbildung."[278]

Der Wiederaufbau der Pädagogischen Akademien in Nordrhein-Westfalen wird von einer Pädagogengeneration getragen, die ihre eigene Formung in diesen früheren Akademien erhalten hat. Somit wird zu Beginn dem Fach Musik jene bevorzugte Stellung eingeräumt, die sie im Studienplan der preußischen Akademien be-

---

[276] Vgl. Günther, Ulrich: Musikerziehung im Dritten Reich – Ursachen und Folgen, in: Schmidt, Hans-Christian (Hrsg.): Handbuch der Musikpädagogik, Bd. 1, Kassel u.a. 1986, S. 162.
[277] Vgl. Ott, Thomas: a.a.O., S. 483 f.
[278] Heer, Josef: (1961) a.a.O., S. 22.

saß.[279] Es wird am Konzept des musikunterrichtenden Klassenlehrers festgehalten, die Ausbildung dahingehend ausgerichtet, den Absolventen pädagogisch und fachlich für den Einsatz in allen Fächern auf allen Schulstufen vorzubereiten. Mit einem "Studium generale in pädagogischem Gewand"[280] versucht man den angehenden Lehrer nach dem Vorbild der Bildnerhochschule zu prägen und das nötige fachliche Rüstzeug zu vermitteln. Die starke stoffliche Belastung der Studenten und der wachsende Anachronismus eines Allroundpädagogen in einer sich immer stärker differenzierenden Welt lassen sehr rasch Rufe nach einer Reform der Ausbildung laut werden. Mit der Prüfungsordnung von 1957 geht eine qualitativ einigermaßen vertretbare musikalische Grundausbildung aller Studierenden verloren, obwohl am Prinzip des Klassenlehrers festgehalten wird. Dennoch ist diese Prüfungsordnung ein entscheidender Schritt in Richtung Fachlehrerausbildung, da bereits entsprechende Öffnungsklauseln vorhanden sind. Ungeachtet dieser ministeriellen Vorgaben lösen sich die Musikdozenten der Pädagogischen Akademien, seit 1955 offiziell zu einer Arbeitsgemeinschaft zusammengeschlossen[281], erst sehr langsam von dem Gedanken einer obligatorischen musikalischen Grundausbildung. Die Denkschrift von 1957[282] und die Entschließung von 1959[283] zeigen noch das Festhalten an dem Ideengut des musischen Konzeptes innerhalb der Volksschule, dessen Voraussetzung eine Lehrerbildung ist, in der für alle Studenten eine gründliche musikalische Ausbildung verpflichtend ist und die Ausbildung zum Fachlehrer abgelehnt wird.

Mit der neuen Rahmenstudienordnung von 1958, der zunehmenden wissenschaftlichen Ausrichtung der Pädagogischen Akademien, unterstützt durch die Verlängerung der Studienzeit von vier auf sechs Semester, schrumpft die obligatorische musikalische Grundausbildung aller Studenten zu einem Torso zusammen,

---

[279] Vgl. Speer, Gotthard: (1985) a.a.O., S. 237.

[280] Warner, Theodor: Didaktik und Methodik des Musikunterrichts, in: Sydow, Kurt (Hrsg.): Musik in Volksschule und Lehrerbildung, in: Musikalische Zeitfragen, Bd. 11, Kassel/Basel 1961, S. 60.

[281] Die Entstehungsgeschichte der *AG der Musikdozenten an Pädagogischen Akademien, Pädagogischen Hochschulen und Pädagogischen Instituten* – so der offizielle Name – ist in Walter Gieselers Schrift "Gegen die Vergesslichkeit" beschrieben.
Vgl. Gieseler, Walter: Gegen die Vergesslichkeit – Zur Geschichte und Vorgeschichte der Bundesfachgruppe Musikpädagogik, in: MPZ Quellen-Schriften, Bd. 20, Frankfurt am Main 1989.

[282] Arbeitsgemeinschaft der Musikdozenten an Pädagogischen Akademien, Hochschulen und Instituten: Denkschrift: 'Musikerziehung in Volksschule und Lehrerbildung', in: Kraus, Egon (Hrsg.): Musik als Lebenshilfe – Vorträge zur Zweiten Bundesschulmusikwoche Hamburg 1957, Hamburg 1958, S. 252 ff.

[283] Deutscher Musikrat: a.a.O., S. 292 f.

der im sogenannten T-Schein groteske Formen annimmt. Die unterschiedliche musiktheoretische Vorbildung und die weit auseinanderklaffenden instrumentaltechnischen Fertigkeiten der Studenten, die "von 'blutigen Anfängern', die gerade ein Kinderlied vortragen, bis zu fortgeschrittenen Musikanten, die etwa eine Gambensonate von Buxtehude, eine Konzertetüde von Liszt oder die Posaunensonate von Hindemith anzubieten haben"[284] reichen, lassen bei den Musikdozenten mit der Zeit die Einsicht wachsen, daß eine einheitliche musikalische Grundausbildung nicht mehr gewährleistet werden kann. Aufgrund dieser Erkenntnis, begleitet durch die anhaltende Kritik am musischen Konzept innerhalb der fachdidaktischen Diskussion, rücken die Musikdozenten immer mehr von dem alten Ausbildungskonzept ab. Dies spiegelt sich beispielsweise 1960 in den beiden Beiträgen von Theodor Warner und Felix Messerschmid anläßlich der Kölner Tagung *Musikerziehung in Volksschule und Lehrerbildung*. Theodor Warner differenziert die fachlichen Anforderungen bei Wahl- und Pflichtfachstudierenden[285], Felix Messerschmid äußert Zweifel an der Fähigkeit des Allroundlehrers, die notwendigen "berufsbildenden Ziele" der Volksschule in einer arbeitsteiligen Welt leisten zu können[286]. Drei Jahre später stellt Antholz im Rahmen einer Konferenz der nordrheinwestfälischen Musikdozenten angesichts der Ausbildungssituation an den Hochschulen nüchtern fest, daß die "Forderung an den Lehrer, er müsse in allen Fächern unterrichten können", unerfüllbar sei. "In einem Grundkurs läßt sich bei den Voraussetzungen der Studenten bestenfalls das Niveau eines Grundschulabgängers erreichen."[287] Und 1964 schreibt wiederum Antholz, daß der "dilettierende Einheitslehrer für alle Fächer in der Mittel- und insbesondere in der Oberstufe, der 'auch Musik gibt', ... weder sachlich noch persönlich zu verantworten" sei, "weder vor dem Studenten und dem Hochschulstudium noch vor der Jugend und der Schule."[288]

Das Ergebnis der Umorientierung bezüglich der Musikausbildung innerhalb der Lehrerbildung fokussiert in der "Forderung nach Ausbildung eines musikalischen Klassenlehrers (Th. Warner) in den Grundschulklassen und dem musikpädagogisch als Wahlfachlehrer ausgebildeten '*Neigungslehrer*' (G. Speer)."[289]

---

[284] Antholz, Heinz: (1964) a.a.O., S. 194.
[285] Warner, Theodor: (1961) a.a.O., S. 65 ff.
[286] Vgl. Messerschmid, Felix: Schule und Musik, in: Sydow, Kurt (Hrsg.): Musik in Volksschule und Lehrerbildung, in: Musikalische Zeitfragen, Bd. 11, Kassel/Basel 1961, S. 19 ff.
[287] Protokoll über die Konferenz der Fachschaft 'Musikerziehung' der Pädagogischen Hochschulen von Nordrhein-Westfalen am 29. 10. 1963 in der Pädagogischen Hochschule zu Neuss, HStAD NW 143-180, Bl. 43.
[288] Antholz, Heinz: (1964) a.a.O., S. 196.
[289] Speer, Gotthard: (1985) a.a.O., S. 240.

7 Außerschulische Musikpädagogik

7.1 Außerschulische musikalische Jugendarbeit

7.1.1 Organisation

Der Totalitätsanspruch des NSDAP führte während des Dritten Reiches dazu, daß nahezu alle sozialen, kulturellen und gesellschaftlichen Vereinigungen gleichgeschaltet und der Aufsicht der Partei oder des Staates unterstellt wurden. Damit gelang es der Parteiführung auf, alle gesellschaftlichen Kräfte Einfluß zu nehmen, darüber hinaus die einzelnen Vereinigungen straff zu organisieren und für die Belange der NS-Ideologie dienstbar zu machen. Auch im Bereich der Jugendarbeit forderte die HJ die Gleichschaltung aller konkurrierenden Jugendgruppen. Innerhalb der außerschulischen Musikarbeit wurden Ausbildungsinstitute, Fachzeitschriften und Liederblätter von der HJ für ihre Zwecke verändert.[1] Nach der Kapitulation im Mai 1945 entsteht mit dem Verbot aller nationalsozialistischen Organisationen durch die alliierten Militärregierungen und aufgrund der katastrophalen wirtschaftlichen und sozialen Situation der deutschen Bevölkerung für die Jugendlichen ein gesellschaftliches und ideologisches Vakuum. Um dem "moralischen Verfall"[2] und der Verwahrlosung der Jugend Einhalt zu gebieten, beginnt die britische Militärregierung im Frühjahr 1946, nachdem der Wiederaufbau des Schulwesens in Gang gekommen ist, mit der gezielten Förderung der außerschulischen Jugendarbeit. Verschiedene Erziehungs-Kontroll-Anweisungen regeln den organisatorischen und inhaltlichen Aufbau der Jugendpflege. Im Gegensatz zum Dritten Reich wird auf die Selbstverwaltung der einzelnen Jugendgruppen Wert gelegt[3] und eine verstärkte Förderung der Mädchen innerhalb der Jugendarbeit angeregt[4]. Die Arbeit der Jugendgruppen soll dazu anregen, "wachgerufene Interessen [der Jugendlichen; d. Verf.] weiter zu entwickeln"[5] oder neue Interessen zu wecken.

---

[1] Vgl. Günther, Ulrich: Die Schulmusikerziehung von der Kestenberg-Reform bis zum Ende des Dritten Reiches, in: Forum Musikpädagogik, Bd. 5, Augsburg ²1992, S. 46 ff.

[2] Dagerman, Stig: Deutschland, Herbst 1946, in: Enzensberger, Hans Magnus (Hrsg.): Europa in Trümmern – Augenzeugenberichte aus den Jahren 1944-1948, in: Die andere Bibliothek, Frankfurt am Main 1990, S. 199.

[3] Militärregierung für Deutschland – Britische Kontrollzone: Erziehungskontrollverordnung Nr. 56, Jugendbetätigung – Der Zweck der Jugendklubs in Deutschland – Die Auswahl und Ausbildung der Kluborganisation und ihrer Helfer, Düsseldorf 23. 3. 1946, HStAD NW 53-379, Bl. 65.

[4] Vgl. ebenda, Bl. 63.

[5] Ebenda, Bl. 64.

Dabei soll jede Einseitigkeit vermieden werden, um die Mannigfaltigkeit der Betätigungen zu gewährleisten. Musische Elemente spielen dabei eine große Rolle. "Spiele, Theaterstücke, Musik, Kunst, Aussprachabende [sic!] über Gegenstände aller Art usw. sollen herangezogen werden, ebenso kommen Liebhabereien, Basteleien aller Art in Frage."[6]
Gerade die neu gegründeten Sing- und Spielkreise erfüllen aufgrund ihrer umfassenden Aufgabenstellung die Anforderungen der britischen Verordnungen. Die Gründung von Singkreisen erfolgt meist auf Initiative eines engagierten Leiters im privaten Rahmen.[7] Dabei werden häufig Inhalte und Aufgaben aus der Jugendmusikbewegung der 20er und 30er Jahre übernommen, ohne über deren Entwicklung im Dritten Reich oder die gesellschaftliche Wirklichkeit nach 1945 zu reflektieren. Besonders in der charakterbildenden Funktion der Musik wird ein Beitrag zur "sittlichen Erziehung und Gesundung der Jugend"[8] gesehen. Man hofft, in Anlehnung an die Jugendmusikbewegung aus der "heilenden Kraft des Künstlerlebens ... neue Wege für die Charakter- und Lebensformung"[9] zu finden. Zusätzlich erlebe der Jugendliche, so Kraus, "in einem neuen Sinne den gemeinschaftsbildenden Charakter der Musik, vor allem die formende Kraft des Liedes, das vorläufig im Mittelpunkt der Arbeit steht"[10]. Gerade dieser Aspekt ist den Initiatoren besonders wichtig, da sie der durch die Erfahrungen im Dritten Reich "in ihren Hoffnungen enttäuschten und um ihre Ideale betrogenen Jugend"[11] neue Perspektiven aufzeigen wollen. Da die schulische Musikerziehung, so Kraus, dieses nicht leiste, müsse gerade die Arbeit der außerschulischen Sing- und Spielgemeinschaften dieses Defizit beseitigen.

Die Zahl der in Nordrhein-Westfalen aktiven Singkreise wird Ende 1948 auf über 100 beziffert.[12] Um der Gefahr entgegenzutreten, innerhalb der Jugendmu-

---

[6] Ebenda, Bl. 65.
[7] Vgl. Kraus, Egon: Warum Jugendmusikarbeit heute? in: Arbeitsgemeinschaft der Singkreise im Regierungsbezirk Köln: Rundbrief Nr. 1, Köln im August 1947, HStAD NW 60-348, Bl. 53.
[8] Kraus, Egon: Die Jugendmusikarbeit im Lande Nordrhein-Westfalen, HStAD NW 60-864, Bl. 8. (Vgl. Dokument 9 im Anhang)
[9] Kraus, Egon: Warum Jugendmusikarbeit heute? in: Arbeitsgemeinschaft der Singkreise im Regierungsbezirk Köln: Rundbrief Nr. 1, Köln im August 1947, HStAD NW 60-348, Bl. 53.
[10] Ebenda.
[11] Kraus, Egon: Die Jugendmusikarbeit im Lande Nordrhein-Westfalen, HStAD NW 60-864, Bl. 8. (Vgl. Dokument 9 im Anhang)
[12] "Im Land Nordrhein-Westfalen arbeiten heute bereits wieder über 100 Singkreise mit teilweise geringem Material und auch unterschiedlichem Niveau." Aus: Prof. Dr. Mersmann an den Kultusminister des Landes Nordrhein-Westfalen, Düsseldorf 10. 12. 1948, HStAD NW 60-736, Bl. 7.

sikarbeit durch Zersplitterung der Aktivitäten die Kräfte zu verschleißen und das Gemeinsame und Verbindende zu übersehen, schließen sich während der 2. Kölner Singwoche vom 24. Juli-1. August 1947 in Radevormwald unter Federführung von Egon Kraus die verschiedenen Singkreise und Musiziergruppen im Regierungsbezirk Köln zu einer Arbeitsgemeinschaft zusammen[13], die die Aufgabe hat, die einzelnen Singkreise in organisatorischen und wirtschaftlichen Fragen zu unterstützen. Nach und nach bilden sich auch in anderen Gebieten Nordrhein-Westfalens vergleichbare Arbeitsgemeinschaften.[14] Über die organisatorische Hilfeleistung hinaus bemühen sich die Arbeitsgemeinschaften um die Ausbildung von Jugend-Singleitern und Instrumentalgruppenleitern, fördern die Musikpflege in Kindergarten, Schule, Hort, Berufsschule, Jugendgruppen und Familie durch Offenes Singen, Jugendmusiktreffen und musikpädagogische Wochen. Der Schwerpunkt der Arbeit liegt zunächst in der Liedpflege, dem "Spiel auf Blockflöten, Gamben, Fideln, Psalter, Scheitholz"[15] sowie Orff'schen Instrumenten. Darüber hinaus bieten manche Arbeitsgemeinschaften auch Wochenendlehrgänge im Instrumentenbau an.

Kraus bemüht sich um eine Koordination der lokalen Sing- und Spielkreise auf Landesebene. Dabei plädiert er in Anlehnung an das von Jöde in Hamburg geleitete Amt für Schul- und Jugendmusik für die Schaffung eines Zentralamtes für Schul- und Jugendmusik des Landes Nordrhein-Westfalen, in dem alle schul- und jugendmusikalischen Arbeiten koordiniert werden sollen. Zusätzlich solle das Amt zur Beratung und Fortbildung der in der musikalischen Jugendarbeit aktiven Personen dienen und mit eigenen Veranstaltungen an die Öffentlichkeit treten.[16] Während diese Pläne nicht realisiert werden, gelingt es, im Laufe der im Januar 1948 auf Schloß Berge bei Buer stattfindenden ersten Landestagung für Jugendmusikarbeit in Nordrhein-Westfalen[17], die Landesarbeitsgemeinschaft (LAG) Jugendmu-

---

Während Mersmann von über 100 Singkreisen in ganz Nordrhein-Westfalen spricht, berichtet Egon Kraus in seiner 1948 entstandenen Schrift *Die Jugendmusikarbeit im Lande Nordrhein-Westfalen* von über 100 Singkreisen allein im Regierungsbezirk Köln.
Vgl. Kraus, Egon: Die Jugendmusikarbeit im Lande Nordrhein-Westfalen, HStAD NW 60-864, Bl. 10. (Vgl. Dokument 9 im Anhang)

[13] Vgl. ebenda, Bl. 9^v.

[14] Bezirksarbeitsgemeinschaften existieren 1951 in Köln, Düsseldorf, Aachen, Arnsberg, Münster und Detmold.
Vgl. Speh, Sigrun: Jugend + Musik in Nordrhein-Westfalen 1948-1988, in: Resonanzen 1988 – 18. Rundbrief der Landesarbeitsgemeinschaft Musik Nordrhein-Westfalen e.V., Remscheid 1988, S. 26.

[15] Ebenda.

[16] Vgl. Kraus, Egon: Schule und Jugendmusikpflege im Lande Nordrhein-Westfalen, Köln ??, HStAD NW 26-62, Bl. 92 f. (Vgl. Dokument 10 im Anhang)

[17] Vgl. Egon Kraus an Oberregierungsrat Corsten im Sozialministerium des Landes Nordrhein-Westfalen, Köln 13. 7. 1949, HStAD NW 41-562, Bl. 3.

Außerschulische Musikpädagogik

sik[18] zu konstituieren.[19] Den Vorsitz übernimmt Egon Kraus. Somit ist bereits drei Jahre nach Kriegsende der organisatorische Zusammenschluß wesentlicher Gruppierungen der außerschulischen Musikerziehung in Nordrhein-Westfalen vollzogen.

Als erstes konzipiert die LAG Jugendmusik ein Liederbuch, das speziell für die seit 1945 im Bereich der Jugendpflege durchgeführten ein- bis zweiwöchigen Jugenderholungslager ausgerichtet ist. Kraus beziffert aufgrund des großen Mangels an Liedmaterial den Bedarf an einem solchen Buch mit weit über eine Million Stück.[20] Als Verlag schlägt Kraus dem Sozialministerium, in dessen Auftrag die LAG Jugendmusik das Liederbuch unter dem Titel *Gefährte des Sommers* 1948 herausgibt[21], den Möseler-Verlag (vormals Georg-Kallmeyer-Verlag) in Wolfenbüttel vor, der sich schon seit 1918 intensiv um die Belange der Jugendmusikbewegung gekümmert und sich zu einem "entscheidenden Mitträger der [Jugendmusik-; d. Verf.] Bewegung"[22] entwickelt hat.[23]

Weitere Schwerpunkte der Arbeit der LAG Jugendmusik liegen in der Beratung der verschiedenen in der musikalischen Jugendarbeit tätigen Gruppen auf lokaler und regionaler Ebene, die sich in Form eines schriftlichen und mündlichen Erfahrungs- und Gedankenaustausches vollzieht. In den folgenden Jahren entwickelt sich die LAG Jugendmusik von einem "freien Zusammenschluß von Persönlichkeiten, die sich in den Jugendorganisationen und im freien Raum der Jugendpflege

---

[18] In einigen Dokumenten ist bis 1949 noch von der *Landesarbeitsgemeinschaft für Singen und Musik* die Rede. Danach setzt sich der Name *Landesarbeitsgemeinschaft Jugendmusik* durch.

[19] Vgl. Tetzner, Bruno: Zur Entwicklung der kulturellen außerschulischen Jugendbildung in Nordrhein-Westfalen, in: Noll, Günther (Hrsg.): Musikpädagogik im Rheinland – Beiträge zu ihrer Geschichte im 20. Jahrhundert, in: Beiträge zur rheinischen Musikgeschichte, Bd. 155, Kassel 1996, S. 214.

[20] Vgl. Brief Kraus an Oberregierungsrat Corsten im Sozialministerium des Landes Nordrhein-Westfalen, Köln 14. 3. 1948, HStAD NW 41-571, Bl. 4.

[21] Egon Kraus an Oberregierungsrat Corsten im Sozialministerium des Landes Nordrhein-Westfalen, Köln 13. 5. 1948, HStAD NW 41-571, Bl. 24.

[22] Jöde, Fritz: Vom Wesen und Werden der Jugendmusik, in: Bausteine für Musikerziehung und Musikpflege, Bd. 10, Mainz 1954, S. 55.

[23] Eine Aktennotiz zeigt, daß die finanziellen Schwierigkeiten infolge der Währungsreform für den Verlag nahezu das wirtschaftliche Ende bedeuteten. Dabei spielte das Liederbuch *Gefährten des Sommers* eine wichtige Rolle, da die hohe Gesamtauflage den Verlag in Zahlungsschwierigkeiten brachte. Durch Änderung der Bezahlungsmodalitäten mit dem Sozialministeriums des Landes Nordrhein-Westfalen gelang es dem Verlag, finanzielle Liquidität zu erhalten. "Auf diese Weise gelang es, den durch die große Gesamtauflage gefährdeten und für die Jugendpflege so wichtigen Verlag über Wasser zu halten." Vgl. Vermerk des Oberregierungsrates Corsten zur Planung und Bezahlung des Liederbuches 'Gefährten des Sommers', Brauweiler 1.6. 1950, HStAD NW 41-571, Bl. 141ᵛ.

für die Förderung der Jugendmusik im Lande Nordrhein-Westfalen einsetzen"[24] zur wichtigsten Organisation auf Landesebene, in der "die Vertreter aller maßgeblichen Jugendorganisationen und hervorragende Einzelpersonen des Landes vereinigt"[25] sind. Ein Vermerk des Sozialministeriums aus dem Jahr 1954 bezeichnet die LAG Jugendmusik als "eine der aktivsten Gruppen auf dem Gebiet der kulturellen Jugendpflege"[26].

Diese Entwicklung geht mit einer Veränderung der Aufgaben einher. Durch finanzielle Zuwendungen aus dem Sozialministerium des Landes Nordrhein-Westfalen im Rahmen des Bundesjugendplanes[27] wird die LAG Jugendmusik Mitte 1950 in die Lage versetzt, ihre Aktivitäten über den Erfahrungsaustausch hinaus zu erweitern und selbst Fortbildungsveranstaltungen durchführen zu können.[28] Für diese Tätigkeit gibt sich die LAG während eines Jahrestreffens 1951 erste Richtlinien.

"In den Arbeitstagungen und Lehrgängen auf Landesbasis wird neues Musikgut erarbeitet und werden neue Arbeitstechniken vermittelt. Auf der Jahrestagung der Landesarbeitsgemeinschaft werden vor allem organisatorische Fragen geklärt und neue Wege der Jugendmusikarbeit, vor allem auch neue Forschungsergebnisse zur Diskussion gestellt."[29]

Darüber hinaus strafft Kraus die Organisation, institutionalisiert einen Vorstand, dem ein erweiterter Vorstand angeschlossen ist, und richtet ab 1952 eine Geschäftsstelle der LAG in seiner Wohnung in Köln ein.[30] Mit der Schaffung von acht verschiedenen Referaten[31] soll die Beratungsfunktion der LAG Jugendmusik

---

[24] Landesarbeitsgemeinschaft Jugendmusik Nordrhein-Westfalen an den Sozialminister des Landes Nordrhein-Westfalen, Köln 28. 5. 1952, HStAD NW 41-572, Bl. 103.

[25] Bruno Tetzner an den Minister für Arbeit, Soziales und Wiederaufbau des Landes Nordrhein-Westfalen, Remscheid 30. 1. 1954, HStAD NW 41-573, Bl. 24.

[26] Minister für Arbeit, Soziales und Wiederaufbau des Landes Nordrhein-Westfalen: Vermerk, Düsseldorf 12. 5. 1954, HStAD NW 41-573, Bl. 86.

[27] Vgl. Chaussy, Ulrich: Jugend, in: Benz, Wolfgang (Hrsg.): Die Geschichte der Bundesrepublik Deutschland, Bd. 3 – Gesellschaft, Frankfurt am Main 1989, S. 217.

[28] Die erste Fortbildungsveranstaltung war eine Musikwoche, die vom 31. 10-6. 11. 1950 in Bad Godesberg stattfand.
Vgl. Speh, Sigrun: a.a.O., S. 21.

[29] Kraus, Egon: Bericht über das Jahrestreffen der Landesarbeitsgemeinschaft Jugendmusik in Nordrhein-Westfalen vom 27.-29.10.1951 im Jugendhof Vlotho, Köln 1. 11. 1951, HStAD NW 41-572, Bl. 63.

[30] Vgl. Speh, Sigrun: a.a.O., S. 11.

[31] Referat Singleitung: Fritz Schieri; Referat Instrumentalpflege: Dr. Martin Wolschke; Referat Intrumentenbau: Dr. Heinrich M. Sambeth; Referat Musikliteratur: Dr. Josef Heer; Referat Stimmpflege: Josef Kemper; Referat Jugendmusikschule: Dr. Wilhelm Twittenhoff; Referat Rhythmische Erziehung: Ruth Gottschalk; Referat Presse: vorläufig bei Geschäftsstelle der LAG.

gestärkt werden. Zugleich sollen die Referatsleiter auch die Bildung eines Studienkreises anregen, der durch regelmäßigen Erfahrungsaustausch in Form von Arbeitstagungen und Wochenendkursen "vor allem neue Wege der Jugendmusikarbeit"[32] erarbeiten sollen. Man erhofft sich dadurch auch eine vermehrte Bereitstellung von weiteren finanziellen Mitteln für die Jugendarbeit aus mehreren Landesministerien. Im Laufe der folgenden Jahre werden einzelne Referate, z.B. die Referate für Singleitung und Stimmpflege, zusammengelegt, andere, wie die für Blechbläser und Blechblasinstrumente, Jugendtanz, Europäische Volksmusik, Familienmusizieren, Jazz und Technische Mittler/Tontechnik treten hinzu. Obwohl die Straffung der Organisation und die Ausdehnung des Tätigkeitsfeldes der LAG nicht bei allen Mitgliedern Zustimmung findet[33], weitet diese, unterstützt durch eine sehr wohlwollende Mittelvergabe im Sozialministerium, ihre Tätigkeit in den kommenden Jahren aus. Dabei werden die Aufgaben so verteilt, daß "die fachliche Vorbereitung und Forschung in der Landesarbeitsgemeinschaft, die praktische Arbeit in den Verbänden und Jugendgruppen von den Mitarbeitern auf Kreisebene geleistet"[34] wird. Parallel dazu bemüht sich die LAG, "die Zusammenarbeit der einzelnen Erziehergruppen noch viel enger [zu] gestalten"[35]. Diese Aufgabe wird durch die häufig bestehende Personalunion der Vertreter der musikalischen Jugendverbände und der Mitglieder der LAG Jugendmusik erleichtert.[36]

Die LAG Jugendmusik tritt mit ihrer Arbeit verstärkt an die Öffentlichkeit. Einen ersten Höhepunkt stellen dabei die *Festlichen Tage – Junge Musik* in Wanne-Eickel dar, "an denen 1.600 Jugendliche"[37] mitwirken. Sie stellen den Versuch dar, "einmal alle Organisationen und Verbände, denen an einer Erneuerung unserer Musikerziehung und Musikpflege gelegen ist, in einer gemeinsamen Aufgabe zusammenzuführen"[38]. Dabei wird bewußt der Industriestandort Wanne-Eickel als Veranstaltungsort gewählt, um durch Konzerte in Schachtanlagen die von der mu-

---

Vgl. Kraus, Egon: Bericht über das Jahrestreffen der Landesarbeitsgemeinschaft in Nordrhein-Westfalen vom 27.-29. 10. 1951 im Jugendhof Vlotho, Köln 1. 11. 1951, HStAD NW 41-572, Bl. 76ᵛ f.

[32] Landesarbeitsgemeinschaft Jugendmusik Nordrhein-Westfalen an den Sozialminister des Landes Nordrhein-Westfalen, Köln 28. 5. 1952, HStAD NW 41-572, Bl. 104.

[33] Vgl. Landesstelle Nordrhein-Westfalen des Bundes der Deutschen Katholischen Jugend an das Sozialministerium des Landes Nordrhein-Westfalen, Altenberg 22. 1. 1952, HStAD NW 41-572, Bl. 81.

[34] Speh, Sigrun: a.a.O., S. 21.

[35] Kraus, Egon: Bericht über die Arbeitstagung 'Jugend und Musik' vom 10.-12. 2.1951 in Köln, Köln 1. 3.1951, HStAD NW 41-572, Bl. 29.

[36] Vgl. Landesarbeitsgemeinschaft Jugendmusik Nordrhein-Westfalen an den Sozialminister des Landes Nordrhein-Westfalen, Köln 28. 5. 1952, HStAD NW 41-572, Bl. 104.

[37] Pohl, Wolfgang: Junge Musik – Kritik zu Festliche Tage – Junge Musik in Wanne-Eickel in der Zeitung *Die Welt*, abgedruckt in: JM, H. 4, 1952, S. 144.

[38] Twittenhoff, Wilhelm: Rückblick, in: JM, H. 4, 1952, S. 141.

sischen Erziehung beklagte Trennung von Arbeits- und Freizeitwelt zu überwinden. Obwohl diese Bemühungen scheitern[39], führt der öffentliche Erfolg zu weiteren Großveranstaltungen dieser Art in Passau (1954), Münster (1957) und Berlin (1962), wobei mit der Zeit neben Musik auch Tanz und Laienspiel in die Programme integriert werden.

Als am 17. Oktober 1953 Egon Kraus als Vorsitzender der LAG von Bruno Tetzner abgelöst wird, vollzieht sich auch ein inhaltlicher Wandel. Während Kraus den Schwerpunkt seiner Arbeit auf das Singen legte, löst sich Tetzner vom Primat des Singens und rückt das Instrumentalspiel in den Mittelpunkt des Interesses. Gründe hierfür liegen in der Tatsache, daß durch "Singleiterschulungen, Offenes Singen, Chorwochen und nicht zuletzt durch eine Fülle neuer und guter Kompositionen ... die Vokalmusik derart führend geworden [ist], daß eine Förderung der Singbewegung durch die LAG kaum noch erforderlich ist"[40].

Tetzner legt zu Beginn seiner Tätigkeit neben der Förderung des Jugendmusikschulwesens in Nordrhein-Westfalen und der Ausbildung von Spielkreisleitern den Schwerpunkt auf die Entwicklung und den Bau von jugendgemäßen Instrumenten (z.B. Barockoboen, Krummhörnern, Schalmeien, Dulzianen).[41] Durch diese Entscheidung will er der Tatsache Rechnung tragen, daß das Singen beim Musizieren Jugendlicher gegenüber dem Gebrauch von Musikinstrumenten zurücktritt.

"Die Tatsache, daß der Jugendliche sich in bemerkenswerter Weise mehr und mehr dem Instrument widmet, stellte die Landesarbeitsgemeinschaft vor eine neue Aufgabe: Die Entwicklung und Vervollständigung eines jugendgemäßen Instrumentariums!"[42]

Mit dem neuen Instrumentarium soll durch die einfache Handhabung rasch das Musizieren in Gruppen ermöglicht werden. Neben der Entwicklung der Instrumente durch professionelle Instrumentenbauer (Ventilposaunen, Sopran-, Alt-, Tenor- und Baßtrompeten – alle in C-Stimmung) werden auch Instrumente selber gebaut (Bambusflöten, Quintfidteln, Xylophone, Glockenspiele). Komponisten werden aufgefordert, für diese neuen Instrumente Spielmusiken zu schreiben. Zu diesem Zweck wird im Januar 1956 ein Komponistentreffen veranstalten, bei dem die neuen Instrumente vorgestellt werden und Spielkreise für Klangexperimente zur Verfügung stehen.[43] Dieses jugend- oder kindgemäße Instrumentarium findet jedoch nicht bei allen Verantwortlichen ungeteilte Zustimmung, da auch die Auffas-

---

[39] Vgl. ebenda, S. 140.

[40] Bruno Tetzner an den Minister für Arbeit, Soziales und Wiederaufbau des Landes Nordrhein-Westfalen, Remscheid 29. 5. 1954, HStAD NW 41-573, Bl. 100.

[41] Landesarbeitsgemeinschaft Jugendmusik Nordrhein-Westfalen an das Sozialministerium des Landes Nordrhein-Westfalen, Remscheid 5. 12. 1953, HStAD NW 41-573, Bl. 19 ff.

[42] Tetzner, Bruno: Die Landesarbeitsgemeinschaft Jugendmusik Nordrhein-Westfalen, ihr Werden und Wirken, in: JM, H. 3, 1956, S. 99.

[43] Speh, Sigrun: a.a.O., S. 65.

sung vertreten wird, daß in der Zeit, in der das Spielen auf einem Jugendinstrument erlernt werde, auch das Spielen auf einem traditionellen Instrument, das vielseitiger einsetzbar sei, erlernt werden könne.[44] Zur selben Zeit öffnet sich auch die LAG gegenüber den Belangen der technischen Entwicklung und führt ab 1959 regelmäßige Einführungslehrgänge zur Förderung der Arbeit mit dem Tonband durch. Die latent vorhandene Ablehnung gegenüber Technischen Mittlern soll so sukzessive abgebaut werden.

Ab 1958 öffnet sich die LAG auch dem Jazz. Auf Tagungen wird das Thema zunächst in Vorträgen und Diskussionen behandelt. Eine 1962 durchgeführte Untersuchung über die Tätigkeit von Jazzamateuren zeigt, daß in Nordrhein-Westfalen ca. 500 aktive Jazzformationen bestehen. Dabei stellt sich jedoch heraus, daß die technischen Fähigkeiten und theoretischen Kenntnisse der Spieler teilweise sehr gering sind. Um diese Verhältnisse zu verbessern, führt die LAG in den folgenden Jahren immer mehr Jazzkurse für Amateure durch, die sehr praxisorientiert sind.[45] Die Öffnung zum Jazz und in den folgenden Jahren auch zu anderen populären Musikformen vollzieht die außerschulische Musikpädagogik viel früher als die schulische Musikpädagogik. Damit spiegelt sich in der Arbeit der LAG ein sich abzeichnender Bewußtseinswandel, der die Musikpädagogik nicht mehr primär in den Dienst einer Charakterbildung des Jugendlichen stellt, sondern die "Freude an der Musik, die Freude vor allem am eigenen Tun und Mittun"[46] ins Zentrum der Laienmusik rückt.

Diese Entwicklung zeigt sich auch in der Namensänderung der LAG Jugendmusik in Landesarbeitsgemeinschaft Musik. Mit dem Ablegen des Wortes Jugendmusik will man Grenzen abbauen, sich neuen Bereichen der jugendlichen Musikkultur öffnen und darüber hinaus auch der an diesem Begriff festgemachten Kritik Rechnung tragen.

Neben eigenen Fortbildungsveranstaltungen wird auch mit Institutionen zusammengearbeitet, die für die außerschulische Musikpflege Fortbildungsveranstaltungen anbieten. So werden am Institut für Schul- und Volksmusik in Detmold neben der Lehrerausbildung auch "7-14tägige Lehrgänge zur Förderung der Musikpflege in Schule und Volk eingerichtet"[47]. Neben Fortbildungsmaßnahmen für Volksschullehrer sind auch achttägige Ferienkurse für Kindergärtnerinnen vorge-

---

[44] Vgl. Probst, Werner: Zur Geschichte der Musikschule Leverkusen, in: Noll, Günther (Hrsg.): Musikpädagogik im Rheinland – Beiträge zu ihrer Geschichte im 20. Jahrhundert, in: Beiträge zur rheinischen Musikgeschichte, Bd. 155, Kassel 1996, S. 132.
[45] Speh, Sigrun: a.a.O., S. 147 ff.
[46] Twittenhoff, Wilhelm: Vom Wandel der Jugend- und Volksmusik, in: Kontakte, H. 1, 1959, S. 7.
[47] Institut für Schul- und Volksmusik in Detmold, RdErl. des Kultusministers vom 24. 12. 1949, in: Abl. KM NW, 2. Jg., Düsseldorf 1950, S. 55.

sehen, um deren musikalische Erziehungsarbeit mit Kleinkindern zu vertiefen.[48] Der Kontakt zu diesem Institut wird durch die Übernahme seiner Leitung durch Josef Heer im Jahr 1950 verstärkt, der zugleich in der LAG sehr aktiv ist. Jedoch liegt der Schwerpunkt der Institutsarbeit in Detmold weiterhin in der Fort- und Weiterbildung von Lehrern und wirkt sich somit nur indirekt auf die allgemeine Musikpflege positiv aus. Führende Vertreter der LAG bemühen sich um die Errichtung neuer Ausbildungsseminare, die speziell für die musikalische Fortbildung von Laien eingerichtet werden.

7.1.2 Ausbildungs- und Fortbildungsstätten

Seminar für Volks- und Jugendmusik in Köln

Im Dezember 1948[49] reicht Kraus eine *Denkschrift über die Notwendigkeit der Errichtung eines Seminars für Soziale Musikpflege*[50] beim Kultusministerium des Landes Nordrhein-Westfalen ein, in der er zum einen die gesellschaftspolitische Notwendigkeit einer "Musikpflege und Musikerziehung für alle"[51] darlegt, zum anderen eine mögliche Organisation dieses Seminars vorstellt. Kraus sieht in der charakterbildenden Eigenschaft der Musik die Möglichkeit, die "geistige und seelische Katastrophe"[52] der unmittelbaren Nachkriegszeit zu überwinden. Zugleich sieht er in der Hinwendung zur Jugend die Möglichkeit einer umfassenden gesellschaftlichen Erneuerung.

"Mit der singenden Jugend wollen wir unserem Volke helfen, den Weg in eine glücklicherer Zukunft zu finden."[53]

Um dieses Ziel zu erreichen, müßten sich nach Kraus alle Kräfte, die an der Erziehung der Jugend beteiligt sind, in den Dienst der musischen Erziehung stellen, und jeder an seinem Platz für "die gemeinsame Aufgabe, für ein singendes und

---

[48] Vgl. Lehrerfortbildung an der Norddeutschen Musik-Akademie in Detmold, o.J., HStAD NW 60-370, Bl. 161ᵛ.

[49] Dieses Datum wird in einem Aktenvermerk des Kultusministeriums angegeben. Vgl. Abteilung III K 3 des Kultusministers des Landes Nordrhein-Westfalen: Aktenvermerk, Düsseldorf 8.3.1951, HStAD NW 60-736, Bl. 19.

[50] Kraus, Egon: Denkschrift über die Notwendigkeit der Errichtung eines Seminars für Soziale Musikpflege, o.J., HStAD NW 60-736, Bl. 1 ff. (Vgl. Dokument 11 im Anhang)

[51] Ebenda, Bl. 2. (Unterstreichungen im Original)

[52] Ebenda, Bl. 1.

[53] Kraus, Egon: Schule und Jugendpflege im Lande Nordrhein-Westfalen, o.J., HStAD NW 26-62, Bl. 88. (Vgl. Dokument 10 im Anhang)

musizierendes Volk zu sorgen"[54], einen Beitrag leisten. Dazu bedürfe es einer Fortbildungs- und Ausbildungsstelle für Jugendleiter.

Bereits kurz nach Eingang der Denkschrift kommt es noch im Dezember 1948 zu ersten Gesprächen im Kultusministerium, und bereits im Januar 1949 wird Mersmann beauftragt, das "Institut im Rahmen der Hochschule [Staatliche Hochschule für Musik Köln; d. Verf.] aufzubauen"[55], das den Namen *Seminar für Volks- und Jugendmusikpflege* trägt. Die Arbeit beginnt im Sommersemester 1949 (15. Mai) mit freien Lehrgängen in Form von Abendkursen mit je 2 Wochenstunden. Das Lehrangebot ist auf die speziellen Zielgruppen Volksschullehrer, Kindergärtnerinnen, Hortnerinnen, Heim- und Jugendleiter, Singkreis- und Chorleiter zugeschnitten. Die Themen der Kurse im ersten Semester lauten: *Gebrauch der Singfibel, Grundfragen der Musikerziehung, Musik des kleinen Kindes* und *Musikalische Handwerkslehre*.[56] Es werden zusätzlich Tagungen und Kurse in Zusammenarbeit mit der LAG veranstaltet. Zum Wintersemester 1950/51 wird neben den Abendkursen und Wochenendkursen ein viersemestriger Lehrgang in das Seminarprogramm aufgenommen. Dieser Lehrgang richtet sich an "Lehrer aller Schulgattungen, an Chorleiter, Kirchenmusiker, Singkreisleiter, Jugendleiter, Privatmusiklehrer und alle, die gewillt sind, am Aufbau einer gesunden und vom Musischen her bestimmten Kultur mitzuarbeiten"[57]. Ziel der Ausbildung ist die Befähigung zum Aufbau und zur Leitung von musischen Gemeinschaften, die Förderung und Stärkung der Schul- und Hausmusik und die Befähigung zum Lehrer und Leiter an Musikschulen.[58]

Die Teilnahme an dem Lehrgang ist vom Bestehen einer Aufnahmeprüfung abhängig, in der unter anderem der "Nachweis eines guten und bildungsfähigen Gehörs, einer natürlichen Sing- und Sprechstimme, Kenntnisse der allgemeinen Musiklehre, Beherrschung der technischen Grundlagen eines oder mehrerer Instru-

---

[54] Kraus, Egon: Denkschrift über die Notwendigkeit der Errichtung eines Seminars für Soziale Musikpflege, o.J., HStAD NW 60-736, Bl. 1. (Vgl. Dokument 11 im Anhang)

[55] Aktenvermerk des Kultusministers des Landes Nordrhein-Westfalen, Abteilung III K 3, Düsseldorf 08. 03. 1951, HStAD NW 60-736, S. 19.

[56] Vgl. Bericht des Seminar für Volks- und Jugendmusikpflege an der Staatlichen Hochschule für Musik Köln, Köln 1. 4. 1950, HStAD NW 60-736, Bl. 14.

[57] Staatliche Hochschule für Musik Köln: Seminar für Volks- und Jugendmusik, o.J., HStAD NW 60-736, Bl. 16.

[58] Kraus hat schon 1948 in seiner Denkschrift die Einrichtung eines viersemestrigen Lehrganges für Volks- und Jugendmusikschulleiter angeregt, zugleich auch einen zweisemestrigen Lehrgang für Chor- und Singkreisleiter und einen einsemestrigen Lehrgang für Kindergärtnerinnen, Hortnerinnen, Heimleiterinnen und Jugendleiterinnen. Jedoch kann er sich mit diesen Vorschlägen nicht durchsetzen. Während die Ausbildung der Kindergärtnerinnen u.a. durch Abendkurse erfolgt, wird die Ausbildung der Chor- und Singkreisleiter in die viersemestrige Ausbildung integriert.
Vgl. Kraus, Egon: Denkschrift über die Notwendigkeit der Errichtung eines Seminars für Soziale Musikpflege, o.J., HStAD NW 60-736, Bl. 4. (Vgl. Dokument 11 im Anhang)

mente (auch volkstümlicher Instrumente)"[59] erbracht werden muß. Inhaltlich orientiert sich die Ausbildung, abgesehen von einigen Modifikationen, an den Anforderungen, die Jöde in seiner Konzeption der Musikschule für Jugend- und Volk aufgestellt hat. Sie umfaßt Rhythmische Erziehung, Musikgeschichte, Musiklehre und Gehörbildung, Volksliedspiel- und kunde, Methodik des Musikunterrichts, Geschichte der Musikerziehung, Stimmbildung und Sprecherziehung, Sing- und Instrumentalkreisleitung, Feier- und Freizeitgestaltung und Unterricht in mindestens zwei Instrumenten.[60] Am Ende des sehr praxisorientierten Lehrgangs müssen eine schriftliche Hausarbeit verfaßt und neben den Prüfungen in den einzelnen Fächern auch Lehrproben abgehalten werden.[61] Der Ausbildungsplan zeigt abgesehen von der obligatorischen weltanschaulichen Schulung vielfache Übereinstimmungen mit den 1936 eingeführten einjährigen, und ab 1938 zweijährigen *Lehrgängen für Volks- und Jugendmusikleiter* der Reichjugendführung, die für den musikpädagogischen Nachwuchs der HJ bestimmt waren.[62]

Durch den Erlaß des Kultusministers des Landes Nordrhein-Westfalen[63] vom 28. April 1952 wird dem Seminar die Genehmigung zur Realschullehrerausbildung erteilt. Dabei handelt es sich um einen viersemestrigen berufsbegleitenden Lehrgang für Volksschullehrer mit abschließender Staatlicher Lehramtsprüfung. Zwei Jahre später wird der Ausbildungszweig *Elementare Musikerziehung* aufgrund der großen Nachfrage nach Lehrkräften dieses Faches an Jugend- und Volksmusikschulen eingerichtet. Voraussetzung für die Teilnahme an dieser Ausbildung ist das Bestehen einer Aufnahmeprüfung, jedoch nicht der Nachweis pädagogischer Berufserfahrung. Durch diese Erweiterung des Lehrangebotes wird das Seminar zu einer wichtigen Stütze in der Ausbildung von Lehrern für das Musikschulwesen.

Musische Bildungsstätte Remscheid

Bereits kurz nach Kriegsende kristallisiert sich innerhalb der musikalischen Jugendarbeit das Interesse heraus, ein Musikheim zu gründen. Als Vorbild dient das 1942 geschlossene Musikheim in Frankfurt an der Oder unter Leitung von Georg Götsch. 1949 erfolgt in der Zeitschrift *Hausmusik* ein Aufruf zur Neugründung der

---

[59] Staatliche Hochschule für Musik Köln: Seminar für Volks- und Jugendmusik, o.J., HStAD NW 60-736, Bl. 16.
[60] Vgl. ebenda.
[61] Vgl. Seminar für Volks- und Jugendmusik an der Staatlichen Hochschule für Musik Köln: Bericht über die Prüfungen für Jugendmusikerzieher in den Jahren 1953/1954, Köln 27. 7. 1954, HStAD NW 60-736, Bl. 31 ff.
[62] Vgl. Günther, Ulrich: (²1992) a.a.O., S. 62 f.
[63] Vgl. Realschullehrerausbildung im Rahmen der Staatlichen Musikhochschule Köln, RdErl. des Kultusministers vom 28. 4. 1952, in: Abl. KM NW, 4. Jg., Düsseldorf 1952, S. 83.

Gesellschaft der Freunde des Musikheims, die ein Jahr später während der *Kasseler Chorwoche* erfolgt.
"Man sah vor, zunächst die 'Gesellschaft der Freunde' neu zu begründen und sie entsprechend den Vorstellungen Götschs zur 'Bauhütte' zu erweitern, die schließlich zur Errichtung der 'Musischen Akademie' führen sollte."[64]
Parallel dazu schickt Götsch 1949 seine *Denkschrift zur Errichtung einer Musischen Akademie*[65], in der er seine Erfahrungen, die er bei der Leitung des Musikheims während der nationalsozialistischen Herrschaft gesammelt hat, zu einem neuen Konzept einer Musischen Akademie verarbeitet, an den hessischen Kultusminister. Er sieht diese nicht nur als "Stätte der L e h r e und Ü b u n g , sondern auch der F o r s c h u n g , E r p r o b u n g und B e g e g n u n g"[66]. Götsch weist dabei der Forschung die Aufgabe zu, eine über die bisherigen Ansätze hinausreichende Theorie der musischen Bildung zu entwickeln.[67] Während das alte Musikheim fast ausschließlich der Lehrerfortbildung diente, soll sich die Musische Akademie darüber hinaus durch Ferienkurse dem interessierten Laien öffnen und Angehörige sozialer Berufe über Möglichkeiten des musischen Tuns informieren.[68]

Auch in Nordrhein-Westfalen wird über die Gründung einer Musischen Akademie nachgedacht. Während einer Besprechung im Detmolder Institut für Schul- und Volksmusik wird Anfang 1952 angeregt, über die Weiterentwicklung des Instituts zu einer musischen Erziehungsstätte nachzudenken.[69] In der Folgezeit entwirft Regierungsdirektor Sünkel von der Provinzialregierung in Detmold ein *Memorandum über die Einrichtung eines Instituts für musische Erziehung*[70]. Sünkel ist der Überzeugung, daß die gesellschaftlichen, wirtschaftlichen und sozialen Veränderungen seit Beginn des 20. Jahrhunderts eine kulturelle und geistige Fehlentwicklung verursachen.

---

[64] Hodek, Johannes: Musikalisch-pädagogische Bewegung zwischen Demokratie und Faschismus – Zur Konkretisierung der Faschismus-Kritik Th. W. Adornos, Weinheim/Basel 1977, S. 231.
[65] Götsch, Georg: Denkschrift zur Errichtung einer Musischen Akademie, in: Götsch, Georg: Musische Bildung – Zeugnisse eines Weges, Bd. 3 – Aufgabe, Wolfenbüttel 1956, S. 99 ff. (= 1956a)
[66] Ebenda, S. 104.
[67] Hier zeigt sich ein Widerspruch in den Aussagen von Götsch, der an anderer Stelle schreibt, daß eine Theoriebildung des Musischen nicht möglich sei. Vgl. Kapitel 2. 1.
[68] Vgl. Götsch, Georg: (1956a) a.a.O., S. 105 f.
[69] Vgl. Aktenvermerk über die Besprechung betr. das Institut für Volks- und Schulmusik in Detmold, Düsseldorf 29. 1. 1952, HStAD NW 60-389, Bl. 57ᵛ.
[70] Regierungsdirektor Sünkel: Memorandum über die Einrichtung eines Instituts für musische Erziehung, o.J., HStAD NW 60-400, Bl. 2 ff. (Vgl. Dokument 12 im Anhang)

"Der gehetzte Mensch unserer Tage findet keine rechte Musse mehr, er kommt nicht zu besinnlichem Nachdenken; er verliert damit die Verbindung zu den tragenden Lebenskräften."[71]

Es bedarf nach seiner Meinung einer Rückbesinnung auf die Möglichkeiten der musischen Erziehung, die "den Tendenzen zur Vermassung und oberflächlichen Lebenstechnik mit Erfolg"[72] widerstehe. Die Errichtung eines musischen Institutes, das Lehrgänge für Pädagogen anbiete, sich der Forschung auf diesem Gebiet annehme und durch den Charakter seines Aufbaus und der Organisation das Element der Ganzheit der verschiedenen Aufgabengebiete Sprache, Musik, Gestaltendes Werken und Rhythmische Gymnastik verkörpere, leiste dabei entscheidende Hilfe.

"Ein Institut für musische Ausbildung von Lehrern wird in seinen äußeren Einrichtungen (Werkstatt, Gymnastik- und Musikraum) wie in seiner Lehr- und Arbeitsweise dem gerecht werden müssen, wobei nicht zu vergessen ist, dass dieses Gebiet noch Neuland ist und der erhellenden Forschung bedarf."[73]

Sünkel beschränkt die Arbeit des Instituts auf die Fortbildung von Lehrern, die zusätzlich zu der wissenschaftlichen und pädagogischen Ausbildung in zwei- oder vierwöchigen Kursen angeboten werden soll. Am 6. Mai 1952 beantragt der Regierungspräsident Detmold die Errichtung eines solchen Institutes.[74] Die Überlegung, dieses in Verbindung mit der Nordwestdeutschen Musikakademie in Detmold zu errichten, wird innerhalb des Kultusministeriums negativ beurteilt. Statt dessen zeigt ein Vermerk, daß die Meinung vertreten wird, es sei sinnvoller, ein solches Institut als separate Einrichtung des Landes Nordrhein-Westfalen zu etablieren.[75]

Neben diesen Bestrebungen führt der 1953 veröffentlichte Aufruf der AGMM *Zur Notlage der Musikerziehung und Musikpflege* zu einem verstärkten öffentlichen Interesse an der musischen Arbeit innerhalb der Jugendpflege. Auch auf Bundesebene zeigt der Beschluß des Kuratoriums für Jugendfragen beim Bundesminister des Innern im März 1954, dem musischen Bereich innerhalb der Jugendpflege entsprechende Entfaltungsmöglichkeiten zu schaffen, daß das Bewußtsein für die Notwendigkeit einer musischen Erziehung innerhalb der Öffentlichkeit wächst.[76] Im Zuge dieser Entwicklung schließen sich die führenden Vertreter von Verbänden und Arbeitsgemeinschaften kultureller Jugendpflege[77] am 29. April

---

[71] Ebenda, Bl. 2.
[72] Ebenda.
[73] Ebenda, Bl. 3.
[74] Vgl. Regierungspräsident Detmold an Kultusminister des Landes Nordrhein-Westfalen, Detmold 6. 5. 1952, HStAD NW 60-400, Bl. 1.
[75] Vgl. Kultusminister des Landes Nordrhein-Westfalen: Vermerk, Düsseldorf 4. 11. 1952, HStAD NW 60-400, Bl. 16.
[76] Vgl. Speh, Sigrun: a.a.O., S. 121.
[77] Mitglieder der Arbeitsgemeinschaft waren: Arbeitskreis für Haus- und Jugendmusik e.V.; Arbeitskreis für Tanz im Bundesgebiet; Katholischer Arbeitskreis für Laienspiel; Werkgemein-

1955 in Bonn zu einem *Arbeitsausschuß zur Förderung von Musik, Spiel und Tanz in der Jugend* zusammen, dessen Hauptanliegen es ist, "Grundlagen für die Errichtung Musischer Bildungsstätten ... zu erarbeiten"[78]. Der Plan sieht die Errichtung mehrerer musischer Bildungsstätten innerhalb der Bundesrepublik Deutschland vor. Ihre Aufgabengebiete sollen in der Laienausbildung, in der Fortbildung für soziale und pädagogische Berufe und in der Berufsausbildung für Tätigkeiten in der Jugendarbeit liegen.[79] Zunächst besteht die Wahl zwischen den beiden Standorten Marburg und Remscheid. Obwohl sich die hessische Landesregierung "an dem Projekt brennend interessiert"[80] zeigt, fällt die Entscheidung, nachdem am 25. Juni 1956 ein Trägerverein *Musische Bildungsstätte Remscheid e.V.* unter Vorsitz von Egon Kraus gegründet worden ist[81], letztendlich für Remscheid. Ausschlaggebend sind hierfür die finanziellen Probleme des Landes Hessen bei der Realisierung des Projektes in Marburg. Nachdem die Stadt Remscheid für den Bau der Bildungsstätte drei Grundstücke zur Verfügung gestellt hat, findet bereits am 16. März 1957 die Grundsteinlegung statt, und am 20. September 1958 wird die Musische Bildungsstätte Remscheid feierlich eröffnet. Allgemein dient sie "als Modell und Erfahrungsquelle"[82] für die Errichtung anderer Bildungsstätten. Die Arbeit der Bildungsstätte soll sich in der Hauptsache auf die Ausrichtung von Vier-Wochen- und 14-Tage-Kursen mit dem Ziel einer "allgemein musische[n] Orientierung für alle im jugendpflegerischen Bereich Tätigen"[83] erstrecken, egal ob es sich um Berufsfortbildung oder um Laienbildung handelt. Hiermit soll die Ausbildungslücke geschlossen werden, die sich durch die Spezialisierung des Seminars für Volks- und Jugendmusik in Köln und des Instituts für Schul- und Volksmusik in Detmold auf die professionelle Lehrerausbildung ergeben hat.

---

schaft Lied und Musik; Musikalische Jugend Deutschlands e.V.; Mittelstelle für Werk und Feier in der Jugendkammer der Evangelischen Kirche Deutschlands; Pro Musica; Arbeitsgemeinschaft für Musikerziehung und Musikpflege; Arbeitsgemeinschaft für evangelische Jugendmusik; Bundesarbeitsgemeinschaft für Laienspiel und Laientheater; Arbeitskreis Junge Musik e.V.; Verband der Jugend- und Volksmusikschulen e.V.
Quelle: Arbeitsausschuß zur Förderung von Musik, Spiel und Tanz in der Jugend, Bonn/Hamburg 6. 11. 1955, HStAD NW 125-145, Bl. 12.

[78] Ebenda, Bl. 4.
[79] Ebenda, Bl. 7.
[80] Auszug aus dem Aktenvermerk des Sekretariats der Ständigen Konferenz der Kultusminister der Länder in der Bundesrepublik Deutschland vom 12. 12. 1955, HStAD NW 125-145, Bl. 2.
[81] Arbeitsausschuß zur Förderung von Musik, Spiel und Tanz in der Jugend: Einladung zur konstituierenden Versammlung des Trägervereins, Hamburg 14. 6. 1956, HStAD NW 125-145, Bl. 36.
[82] Hessischer Minister für Erziehung und Volksbildung an die Ständige Konferenz der Kultusminister, Wiesbaden 14. 4. 1956, HStAD NW 125-145, Bl. 72.
[83] Kraus, Egon: Musische Bildungsstätte Remscheid – Planung eines vierwöchigen Grundkurses (abgedruckt in 'deutsche jugend', Oktober 1957), HStAD NW 125-146, Bl. 94.

"Die Form der Unterweisung sieht 'Vorlesungen' und 'Übungen' vor; gemeint sind damit nicht überkommene akademische Formen. Gerade das Musische verlangt eine besondere, ganz vom Persönlichen her geformte Unterrichtsweise, die Entwicklung neuer Unterrichtsformen, in denen Gespräch und teamwork einen hervorragenden Platz einnehmen werden."[84]

Während das Frankfurter Musikheim für die Fortbildung von Lehrern im öffentlichen Schuldienst konzipiert war, die für die Kursdauer unter Beibehaltung ihrer Bezüge beurlaubt waren, ist die Remscheider Bildungsstätte für "die haupt- und nebenamtlichen Führungskräfte der a u ß e r s c h u l i s c h e n Jugendarbeit erbaut"[85]. Im Frankfurter Musikheim stand die Musik im Zentrum der Arbeit, während in Remscheid die Musik nur eine von sieben anderen Sparten, u.a. Laienspiel, Tanz, Rhythmik und Werken, darstellt.[86] Die Jugendsozialarbeiter, Jugendpfleger und Jugendgruppenleiter werden in einem speziellen musischen Bereich, z.B. Tanz ausgebildet und erhalten darüber hinaus noch einen Gesamtüberblick über die anderen musischen Gebiete. Inhalte der Ausbildung im Bereich Musik sind musikalische Volkskunde, entwicklungspsychologische Unterweisungen, musikalisches Rezeptionsverhalten Jugendlicher, Erarbeitung eines Liedschatzes, Elementare Musiklehre und handwerkliche Grundlagen der Singkreis- und Spielkreisleitung.[87] Es zeigt sich, daß es sich dabei um dieselben Inhalte handelt, die bereits Ende der 40er Jahre von den Vertretern der Jugendmusikbewegung gefordert wurden. Die verdeutlicht die inhaltliche Stagnation der Bewegung, die – ohne die Kritik der 50er Jahre zu verarbeiten – nach wie vor an alten Inhalten festhält.

7. 2 Entwicklung der Jugendmusikschulen nach 1945

Zwischen der Entwicklung der außerschulischen musikalischen Jugendarbeit und dem Wiederaufbau des Jugendmusikschulwesens in Nordrhein-Westfalen gibt es in der Nachkriegszeit zahlreiche inhaltliche, institutionelle und personelle Verbindungen. Dabei kann das Musikschulwesen in Nordrhein-Westfalen bereits auf eine eigenständige Tradition zurückblicken. Bereits 1913 gründeten Edmund Joseph Müller und Albert Apel in Düren eine Musikschule.[88] Neben der Instrumentalerzie-

---

[84] Ebenda, Bl. 94v.
[85] Twittenhoff, Wilhelm: Die musische Bildungsstätte Remscheid, in: Fellerer, Karl Gustav (Hrsg.): Musik im Raume Remscheid, in: Beiträge zur rheinischen Musikgeschichte, H. 44, Köln 1960, S. 38.
[86] Vgl. Just, Herbert: Von Frankfurt/Oder nach Remscheid, in: Kontakte, H. 6, 1958, S. 276-279.
[87] Vgl. Kraus, Egon: Musische Bildungsstätte Remscheid – Planung eines vierwöchigen Grundkurses (abgedruckt in 'deutsche jugend', Oktober 1957), HStAD NW 125-146, Bl. 93 f.
[88] Vgl. Lemacher, Heinrich: Der Kölner Musikerzieher Edmund Joseph Müller, in: Kölnische Rundschau, Beilage *Alt-Köln*, Köln 3. 2. 1950, S. 36.

hung wurde dabei besonders auf eine allgemeine musikalische Unterweisung Wert gelegt.
"Über das rein Handwerkliche und die Beherrschung eines Instrumentes hinaus sollen die Schüler zu wirklichem Kunstverständnis erzogen werden. Anders als im Privatunterricht erfolgt der Unterricht in Klassen – nach Ansicht der Gründer spornt das gemeinsame Lernen zum Wetteifern an, abgesehen von dem praktischen Nutzen des wesentlich niedrigeren Honorars für den einzelnen Schüler."[89]

Helms weist zurecht darauf hin, daß bereits Apel und Müller das Konzept des Gruppenunterrichtes im Rahmen einer Musikschule praktizierten, bevor Jöde "1924 – wohl auf Anregung Kestenbergs – die Gründung von 'Musikschulen für Jugend und Volk' vorschlug"[90], in denen der musikalische Gruppenunterricht in Zentrum stand. Dennoch evozierte Jöde mit seiner Konzeption, die er in seiner Schrift *Musikschule für Jugend und Volk – ein Gebot der Stunde*[91] mit der ihm "eigenen Emphase"[92] darstellte und mit der Unterstützung durch das Preußische Ministerium für Wissenschaft, Kunst und Volksbildung die Gründung mehrerer Jugend- bzw. Volksmusikschulen[93] im heutigen Nordrhein-Westfalen.

Inhaltlich orientierte sich Jödes Konzept an den Ideen der Jugendmusikbewegung und stellte nicht wie bei Müller und Apel das Erlernen instrumentaltechnischer Fähigkeiten in den Mittelpunkt des Gruppenunterrichtes, sondern gemeinsames Singen und Musizieren. Nach Jödes Vorstellung sollte der Musikunterricht der Jugendmusikschule weit über die im Rahmen der Schulmusik vermittelten Inhalte hinausgehen und eine umfassende Musikerziehung gewährleisten. Dabei stellt sein "Konzept einer Befähigung zum gemeinschaftlichen Musizieren in Chören und Spielkreisen, mit leicht erlernbaren Instrumenten (Fidel/Blockflöte) und einfach zu spielender/zu singender Musik"[94] eine Gegenreakti-

---

[89] Zit. nach Radzibor, Hildegard von: Untersuchungen zur Musikgeschichte der Stadt Düren, in: Beiträge zur rheinischen Musikgeschichte, H. 79, Köln 1969, S. 215.

[90] Helms, Siegmund: Musikpädagogik zwischen den Weltkriegen – Edmund Joseph Müller, in: Bedeutende Musikpädagogen, Bd. 2, Wolfenbüttel/Zürich 1988, S. 18.

[91] Jöde, Fritz: Musikschulen für Jugend und Volk – Ein Gebot der Stunde, Wolfenbüttel 1924.

[92] Abel-Struth, Sigrid: Musikschulen, in: Blume, Friedrich (Hrsg.): MGG, Bd. 16, Kassel u.a. 1976, Sp. 1326.

[93] Inhaltlich und methodisch unterscheiden sich Jugendmusikschulen kaum von Volksmusikschulen. Nur bezüglich der Organisation (so sind Volksmusikschulen meist an örtliche Volkshochschulen angeschlossen) und der Struktur der Schülerschaft (Volksmusikschulen beschränken sich nicht nur auf Kinder und Jugendliche) sind Unterschiede auszumachen. So werden in Veröffentlichungen aus der damaligen Zeit die beiden Begriffe nicht klar voneinander abgegrenzt, sondern zum Teil synonym verwendet.

[94] Wucher, Diethard: Zur Geschichte der Musikschule im Rheinland (bzw. in Nordrhein-Westfalen), in: Noll, Günther (Hrsg.): Musikpädagogik im Rheinland – Beiträge zu ihrer Ge-

on auf die individuelle Instrumentalausbildung der Privatmusiklehrer und Konservatorien innerhalb der bürgerlichen Schichten des 19. Jhs. dar. Gerade in den Jugendmusikschulen sollten vorzugsweise musikbegabte Kinder aus sozial schwächeren Schichten der Gesellschaft unterrichtet werden.[95]

"Mit großer Entschiedenheit wird der isolierte und nur am Instrument orientierte Musikunterricht abgelehnt und statt dessen ein Unterricht verlangt, der sowohl vom Hören bestimmte Musikunterweisung (Musiklehre) als auch die gemeinsame Musikausübung enthält, als deren unentbehrliches Kernstück von Anfang an das Singen zu gelten hat."[96]

Durch die Arbeit der Musikschulen erhoffte sich Jöde die "Wiederbelebung einer tätigen Anteilnahme an der Musik in allen Schichten unseres Volkes ..."[97] Die Idee der Jugend- und Volksmusikschulen wurde nach 1933 im Rahmen der nationalsozialistischen Kulturpolitik für die politische Indoktrination aufgegriffen und fand "bald stärkste Förderung seitens der staatlichen und kommunalen Stellen"[98]. Aufgrund der 1938 zwischen dem REM und der Reichsjugendführung verabschiedeten *Vereinbarung über die Errichtung von Musikschulen für Jugend und Volk* kam es zu einer Vielzahl von Musikschul-Neugründungen, die staatlichen subventioniert und organisatorisch mit den Jugendorganisationen der NSDAP verknüpft waren. Den ideologischen Vorstellungen des REM kam zum einen der Primat des Singens und zum anderen die gemeinschaftsbildende Funktion der Musik als Zentrum der Musikarbeit innerhalb der Konzeption von Jödes Typus der Jugendmusikschule sehr entgegen. Das REM strebte eine starke Verzahnung der HJ-Musikarbeit mit den Musikschulen an, um somit die inhaltlich schwer zu kontrollierende Schulmusik auszumanövrieren, während Jöde die Musikschule gerade als Ergänzung der Schulmusik angesehen hatte.[99]

Aufgrund dieser Verknüpfung des Musikschulwesens mit den Staats- und Parteiorganen werden alle Musikschulen nach der Kapitulation zunächst geschlossen. Im Sommer 1945 erlaubt die britische Militärregierung nur denjenigen Musikschulen die Wiederaufnahme der Arbeit, deren Leiter politisch nicht belastet sind.[100]

---

schichte im 20. Jahrhundert, in: Beiträge zur rheinischen Musikgeschichte, Bd. 155, Kassel 1996, S. 139.

[95] Vgl. Jöde, Fritz: Jugendmusikschule als Ausgangspunkt, in: Hemming, Dorothea (Hrsg.): Dokumente zur Geschichte der Musikschule (1902-1976), in: Materialien und Dokumente aus der Musikpädagogik, Bd. 3, Regensburg 1977, S. 39.

[96] Twittenhoff, Wilhelm: Die Jugendmusikschule, in: Fischer, Hans (Hrsg.): Handbuch der Musikerziehung, Berlin 1954, S. 104 f. (= 1954b)

[97] Jöde, Fritz: Musikschulen für Jugend und Volk – Ein Gebot der Stunde, Wolfenbüttel ²1928, S. 26.

[98] Twittenhoff, Wilhelm: (1954b) a.a.O., S. 108.

[99] Vgl. Günther, Ulrich: (²1992) a.a.O., S. 61.

[100] Vgl. Probst, Werner: a.a.O., S. 129.

Während des Wiederaufbaus der Jugendmusikschulen in Nordrhein-Westfalen formen sich zwei unterschiedliche Profile heraus. So gibt es Musikschulen (z.B. Leverkusen), die über den Gruppenunterricht in Blockflöte, Gitarre und anderen Jugendinstrumenten auch instrumentalen Einzelunterricht in allen Fächern anbieten. Dabei gibt es im Hinblick auf das Klavier immer wieder Streit mit dem Berufsverband der Privatmusikerzieher. Andere Jugendmusikschulen (z.B. Krefeld) identifizieren sich mit dem Ideengut der Jugendmusikbewegung[101] und orientieren sich ganz an dem pädagogischen Leitbild der Musischen Erziehung. Dabei stellen Singen, Rhythmische Erziehung und elementares Musizieren das Zentrum der Arbeit dar. Im allgemeinen hängt das pädagogische Profil der einzelnen Musikschulen ganz von der Person des Leiters und seiner künstlerisch-musikalischen Ausbildung ab.

Wichtige Impulse für den Aufbau des Jugendmusikschulwesens nach 1950 gibt Wilhelm Twittenhoff mit seiner Schrift *Neue Musikschulen – Eine Forderung unserer Zeit*[102]. Schon der Titel, angelehnt an Jödes Schrift *Musikschulen für Jugend und Volk – Ein Gebot der Stunde* (1924), impliziert die programmatische Forderung der Jugendmusikbewegung, durch ein dichtes Netz von Musikschulen das außerschulische Jugend- und Laienmusizieren zu aktivieren. Didaktisch orientiert sich Twittenhoff ebenfalls an dem Modell der Jugendmusikschule der 20er Jahre. So bildet das Singen den Mittelpunkt aller Arbeit und "ist zugleich Ausgangspunkt einer lebendigen Musiklehre mit dem Ziel des Vom-Blatt-Singens. Stimmbildung und Vermittlung eines wertvollen Liedschatzes ergänzen die Aufgaben ..."[103] Neben rhythmischer Erziehung bildet die frühzeitige Unterweisung im Blockflötenspiel eine wichtige Voraussetzung für das elementare Musizieren in Gruppen. Ebenso geeignet für das kindliche Musizieren ist nach Twittenhoffs Meinung das Instrumentarium, das Orff für sein Schulwerk entwickelt hat oder die Fidel, die je nach Neigung sogar selbstgebaut werden könne. Dies alles diene der elementaren Musikerziehung, die sich aber zugleich "über das Fachliche hinaus in den Dienst der Gesamterziehung des Kindes"[104] stellen müsse. Das Neue, wie es der Titel der Schrift vorgibt, sieht Twittenhoff nicht in den didaktischen Inhalten, sondern in der Neugliederung der Ausbildungsinstitutionen, die sich in "einer organischen Verbindung der verschiedenen überkommenen Schultypen"[105] manifestiert. Twittenhoff stellt sich diese Neugliederung in Form eines *pyramidenartigen Auf-*

---

[101] Vgl. Waldmann, Guido: Zur Geschichte der Musikschulen in Deutschland, in: Müller-Bech, Werner/Stumme, Wolfgang (Hrsg.): Die Musikschule, Bd. 1 – Situation - Meinungen - Aspekte, in: Bausteine für Musikerziehung und Musikpflege, Bd. 23, Mainz u.a., S. 170.
[102] Twittenhoff, Wilhelm: Neue Musikschulen – Eine Forderung unserer Zeit, in: Bausteine für Musikerziehung und Musikpflege, Bd. 1, Mainz 1950. (= 1950b)
[103] Ebenda, S. 39.
[104] Ebenda, S. 41.
[105] Ebenda, S. 36.

haus vor, bei dem die Jugendmusikschule die Basis bildet. Ihr folgt die städtische Musikschule, und über dieser stehen die Konservatorien und Musikhochschulen.[106] Neu ist diese Vorstellung nicht, da bereits in den Jahren 1938/39-45 das steirische Musikschulwerk unter Leitung von Oberborbeck nach demselben Prinzip aufgebaut wurde.[107]

Um weitere Gründungen von Jugendmusikschulen in Nordrhein-Westfalen zu initiieren, werden 1951 von der Arbeitsgemeinschaft für die Jugendmusikschulen *Richtlinien für die Einrichtung von Musikschulen (Jugend- und Volksmusikschulen)* erarbeitet, die für die organisatorischen und inhaltlichen Fragen gegenüber Behörden und kommunalen Organen Hilfestellungen bieten sollen.[108] Diese Arbeitsgemeinschaft, die sich hauptsächlich aus Mitgliedern des Arbeitskreises für Hausmusik und der Musikantengilde zusammensetzt, bildet die Vorläuferorganisation des *Verbandes der Jugend- und Volksmusikschulen e.V.*[109], der am 7. September 1952 auf der Jugendburg Oberwerries bei Hamm in Westfalen gegründet wird. Dieser institutionelle Zusammenhang erklärt die starke personelle Verzahnung der Anfänge der Jugendmusikschulen und ihrer Organisation in Nordrhein-Westfalen mit Teilen der Jugendmusikbewegung innerhalb der Nachkriegszeit. Zugleich wird der Einfluß der führenden Verbände der Jugendmusikbewegung innerhalb des Verbandes der Jugend- und Volksmusikschulen e.V. dadurch gesichert, daß sie als Mitglieder dem Verband beitreten.

"Unmittelbar nach der Gründung erwarben zahlreiche Verbände die Mitgliedschaft, so u.a. die Musikantengilde, der Arbeitskreis für Hausmusik, Pro Musica, der Werkkreis für Lied und Musik Sitz Altenberg, ..."[110]

---

[106] Ebenda, S. 38.

[107] Vgl. Heyden, Reinhold: Das Steirische Musikschulwerk, in: Hemming, Dorothea (Hrsg.): a.a.O., S. 143.

[108] Vgl. Twittenhoff, Wilhelm: Arbeitsgemeinschaft Nr. 6 – Jugendmusik und Musikschulen, ebenda, S. 178.

[109] Die Zahl der Schulen, die bei der Gründung des Verbandes beteiligt waren, schwankt innerhalb der Literatur. Während Twittenhoff in einer Rückschau auf die Ereignisse von 1952 von ca. 13 Schulen spricht (Twittenhoff: 1972, S. 117), sprechen Willi Träder, Hans-Joachim Vetter und Diethard Wucher im Geleitwort zu Dorothea Hemmings *Dokumente zur Geschichte der Musikschule* von 12 Schulen. (Hemming: 1977, S. 6). Diethard Wucher gibt hingegen in seiner revidierten, zweiten Auflage von 'Die Musikschule' wieder 13 Schulen an. (Wucher: 1994, S. 666) Vgl. Hemming, Dorothea (Hrsg.): a.a.O.
Vgl. Twittenhoff, Wilhelm: Die Musikschule – eine Bildungseinrichtung in der modernen Welt, in: Twittenhoff, Wilhelm: Musikalische Bildung – Gedanken aus zwanzig Jahren, in: Bausteine für Musikerziehung und Musikpflege, Bd. 20, Mainz u.a. 1972. (= 1972a)
Vgl. Wucher, Diethard (Hrsg.): Die Musikschule, Bd. 2 – Dokumentation und Materialien, in: Bausteine für Musikerziehung, Bd. 24, Mainz u.a. ²1994.

[110] Kemper, Josef: Gründung des 'Verbandes der Jugend- und Volksmusikschulen e.V.', in: JM, H. 6, 1952, S. 205.

Daraus erklärt sich die Tatsache, daß auch in den Jahren nach der Verbandsgründung der Schwerpunkt in der Ausbildung der Singstimme, in der Arbeit am Lied und beim gemeinsamen Musizieren liegt.[111] Zugleich wird die seit dem Dritten Reich bestehende enge Verbindung der Musikschularbeit mit der außerschulischen musikalischen Jugendarbeit vorgeführt und gefestigt. Darüber bemühen sich die Jugend- und Volksmusikschulen, Jugendliche ohne häuslich-bürgerliche Tradition für die Musikbetätigung zu gewinnen. Auch die didaktisch-methodischen Ausführungen in der 1956 publizierten Schrift *Die Jugendmusikschule*[112], die eine Aktualisierung und Erweiterung der programmatischen Veröffentlichung von 1950 darstellt, vertiefen lediglich die Überlegungen hinsichtlich der elementaren Musikerziehung und des Singens.

Durch die stetig steigende Mitgliederzahl des Verbandes[113] werden auch die didaktischen Vorstellungen differenzierter, da nicht mehr alle Musikschulleiter aus dem Umfeld der Jugendmusikbewegung stammen und meist aufgrund ihres eigenen künstlerischen Hochschulstudiums neue Akzente in Richtung eines leistungsorientierten Instrumentalunterrichts geben. Je nach Standort der Schule lassen sich dabei zwei verschieden Typen grob unterscheiden. Während Jugendmusikschulen in Großstädten sich mehr um die musikalische Breitenarbeit bemühen, liegt das Schwergewicht der Arbeit bei Musikschulen in Mittel- und Kleinstädten "auf dem 'Oberbau', dem Einzel- und Gruppenunterricht im Instrumentalspiel"[114]. Dennoch legen die *Richtlinien für die Mitgliedschaft zum Verband der Jugend- und Volksmusikschulen* aus dem Jahr 1957 fest, daß "der instrumentale Unterricht auf jeder Stufe durch gemeinsames Singen und Musizieren ergänzt wird"[115]. Die Forderung nach systematischen Lehr- und Strukturplänen für die Arbeit der Musikschulen gegen Ende der 50er Jahre zeigt den Willen zur inhaltlichen Veränderung und organisatorischen Vereinheitlichung der Arbeit aller Musikschulen des Verbandes. Auch wenn man noch zu Beginn der 60er Jahre am Vorrang der elementaren Musikerziehung festhält, so zeigt doch die Hauptarbeitstagung des Verbandes im Januar 1961 in Remscheid einen beginnenden inhaltlichen Wandel. Dabei wird "die

---

[111] Vgl. Waldmann, Guido: a.a.O., S. 172.
[112] Twittenhoff, Wilhelm/Scherber, Paul Friedrich (Hrsg.): Die Jugendmusikschule (Neue Musikschulen II) – Idee und Wirklichkeit in: Bausteine für Musikerziehung und Musikpflege, Bd. 12, Mainz 1956. (= 1956a)
[113] 1960 sind 41 Jugend- und Volksmusikschulen aus dem Land Nordrhein-Westfalen Verbandsmitglieder.
Vgl. Liste der Jugend- und Volksmusikschulen – Stand 15. Mai 1960, in: Hemming, Dorothea (Hrsg.): a.a.O., S. 224 f.
[114] Twittenhoff, Wilhelm: Typen der Jugendmusikschulen, in: Twittenhoff, Wilhelm/Scherber, Paul Friedrich (Hrsg.): Die Jugendmusikschule (Neue Musikschule II) – Idee und Wirklichkeit, in: Bausteine für Musikerziehung und Musikpflege, Bd. 12, Mainz 1956, S. 21 f. (= 1956c)
[115] Richtlinien für die Mitgliedschaft zum Verband der Jugend- und Volksmusikschulen, in: Hemming, Dorothea (Hrsg.): a.a.O., S. 218.

Mahnung laut, nicht zu lange im Elementaren zu verharren ..."[116] Zugleich wird darin aufgefordert, trotz der Pflege des alten und neuen Instrumentariums der Jugendmusikbewegung die Ausbildung an traditionellen Instrumenten innerhalb der Jugendmusikschulen nicht zu vernachlässigen. Damit zeichnet sich zum einen der sich vollziehende inhaltliche Wandel der Jugendmusikschulen von dem aus der Jugendbewegung stammenden Primat des Singens und eines instrumentalen Gruppenunterrichts zu einer vorrangigen Behandlung der Instrumentalausbildung in Form von Einzelunterricht ab, zum anderen wird die Instrumentalausbildung nicht ausschließlich in den Dienst des gemeinschaftlichen Musizierens gestellt, sondern erhält neben dem Ensemblespiel eine eigenständige Bedeutung.[117] Die Umbenennung des Verbandes in *Verband deutscher Musikschulen e.V.* im Jahr 1966 zeigt das endgültige Ablösen von den Ideen der Jugendmusikbewegung. Obwohl die musikalische Grundausbildung und die musikalische Laienbildung nach wie vor im Zentrum der Arbeit stehen, sieht sich die Musikschule im wachsenden Maße auch als vorbereitende Institution im Rahmen einer professionellen Instrumentalausbildung, die durch die berufliche Ausbildung und Qualifikation an Staatlichen Musikhochschulen abgeschlossen wird. Diese inhaltliche Neuorientierung wird durch das Ablegen des Reizwortes 'Jugendmusik', das seit Adornos Kritik zu kontroversen Diskussionen geführt hat, deutlich gemacht.[118] Auch die Öffnung des Ausbildungsangebots der Musikschule für erwachsene Schüler wird durch den neuen Namen anschaulicher. Dieser Wandel ist mit der Verabschiedung des "Strukturplanes für Musikschulen" durch die Mitgliederversammlung des Verbandes deutscher Musikschulen 1969 endgültig abgeschlossen.

"Musikschulen sind Bildungseinrichtungen für Kinder, Jugendliche und Erwachsene. Ihre Aufgaben sind die musikalische Grundausbildung, die Heranbildung des Nachwuchses für Laien- und Liebhabermusizieren, die Begabtenfindung und Begabtenförderung sowie die evtl. Vorbereitung auf ein Berufsstudium."[119]

Waldmann stellt zurecht fest, daß damit die Musikschulen Aufgaben der alten Konservatorien übernommen und diese zugleich mit Gedanken, die aus der Jugendmusikbewegung stammen und sich in der ursprünglichen Form der Jugendmusikschule manifestieren, zu einer neuen Einheit verschmolzen haben. So wurden Inhalte, die eng mit dem Gedankengut der Jugendmusikbewegung verbunden waren, fallen gelassen, z.B. der Primat des Singens und Betonung des Gruppenmusi-

---

[116] Vetter, Hans-Joachim: Hauptarbeitstagung des Verbandes der Jugend- und Volksmusikschulen, ebenda, S. 228.
[117] Vgl. Abel-Struth, Sigrid: (1976) a.a.O., Sp. 1328.
[118] Vgl. Probst, Werner: a.a.O., S. 133.
[119] Verband deutscher Musikschulen: Strukturplan für Musikschulen, in: Wucher, Diethard (Hrsg.): Die Musikschule, Bd. 2 – Dokumentation – Materialien, in: Bausteine für Musikerziehung und Musikpflege, Bd. 24, Mainz u.a. 1974, S. 12.

zierens, zugleich wurden aber auch neue Methoden und neue Ausbildungsformen aus dieser Zeit in die neue Musikschule integriert.[120]

Die Erweiterung des Ausbildungsangebotes der Musikschulen und ihre ständig wachsende Zahl von Neugründungen drängt das instrumentale Privatmusikerzieherwesen zurück. Zugleich berührt die Arbeit der Musikschulen auch den Musikunterricht in den allgemeinbildenden Schulen, zumal hier aufgrund desselben pädagogischen Leitbildes, der musischen Erziehung, inhaltliche Übereinstimmung in Zielen und Methoden herrscht. Zu Beginn der 50er Jahre versteht sich die Arbeit der Jugendmusikschulen als notwendige "Ergänzung und Hilfe des Schulunterrichts"[121].

"Die Arbeit der Jugendmusikschulen wäre in dem Moment zu einem hohen Prozentsatz überflüssig, wo der Musikunterricht in den Volksschulen den Forderungen der Richtlinien entspräche."[122]

Dennoch heben sich die Jugendmusikschulen durch ihre instrumentaltechnische Unterweisung von der Aufgabe einer primären Einführung in das Problemfeld Musik, das den allgemeinbildenden Schulen zukommt, ab. Jedoch beginnt sich Mitte der 50er Jahre das Selbstverständnis der Musikschulen zu wandeln. Die Musikschulen emanzipieren sich und versuchen, zu gleichberechtigten Partner zu werden. Als eines der ersten Zeichen in diesem Prozeß kann Stummes Hinweis auf die Notwendigkeit einer "fruchtbare[n] Wechselwirkung zwischen den Institutionen"[123] betrachtet werden. Ihren Teil der Partnerschaft sehen die Jugend- und Volksmusikschulen in der musikalischen Qualifizierung einzelner Schüler, die ihm Rahmen des schulischen Musikunterrichts als Leistungsträger beim Singen oder instrumentalen Musizieren Mitschüler unterstützen und führen können. Im allgemeinen übernimmt die Jugendmusikschule ohnehin die instrumentale Ausbildung der Schüler, die in schulischen Spielkreisen oder Schulorchestern musizieren. Stumme empfiehlt sogar, die Schulfeiern durch Ensembles der Jugendmusikschulen gestalten zu lassen.

"Kleinere Spielgruppen der Jugendmusikschule (Blockflötenquartett, Orff-Spielkreise u.a.) stellen sich in den Dienst von Schulveranstaltungen oder bilden den Stamm des Schulorchesters. Spielgruppen der Jugendmusikschule

---

[120] Vgl. Waldmann, Guido: a.a.O., S. 178 f.
[121] Twittenhoff, Wilhelm: Die Jugendmusikschule – Ergänzung und Hilfe des Schulunterrichts, in: Kraus, Egon (Hrsg.): Musik als Lebenshilfe – Vorträge der zweiten Bundesschulmusikwoche Hamburg 1957, Hamburg 1958, S. 148.
[122] Twittenhoff, Wilhelm: Diesmal: 'Junge Musik-Bewegung', in: JM, H. 4, 1954, S. 130. (= 1954c)
[123] Stumme, Wolfgang: Jugendmusikschule und allgemeinbildende Schulen, in: Twittenhoff, Wilhelm/Scherber, Paul Friedrich (Hrsg.): Die Jugendmusikschule (Neue Musikschulen II) – Idee und Wirklichkeit in: Bausteine für Musikerziehung und Musikpflege, Bd. 12, Mainz 1956, S. 23.

übernehmen auch den musikalischen Teil bei Laienspiel und Sportvorführungen."[124]

Im Gegenzug erwarten die Jugendmusikschulen von der allgemeinbildenden Schule aktive Unterstützung bei der Werbung für den Instrumentalunterricht und bei der Bereitstellung von Räumlichkeiten. Darüber hinaus sollen sich Schulmusiker an der Arbeit der Jugendmusikschule durch Singkreis- und Instrumentalkreisleitung aktiv beteiligen.[125] Mit diesem Konzept vollzieht sich eine enge Verzahnung von Schulmusik und Jugendmusikschulwesen, die sich für die Privatmusikerziehung negativ auswirkt. Die seit dem Dritten Reich bestehende Distanz zwischen Schulmusik und Musikschulwesen wird allmählich abgebaut. Dieser Klärungsprozeß, der die originären Aufgaben der einzelnen Institutionen gegeneinander abzugrenzen versucht, erstreckt sich bis in die 70er Jahre. Danach muß der schulische Musikunterricht mit seinen Inhalten seinem "Erziehungsauftrag für alle Heranwachsenden einer bestimmten Altersstufe"[126] gerecht werden, während sich die Musikschule als eine Art *Angebotsschule* versteht, die "in einem bestimmten Bereich ein freies Angebot, das die Jugendlichen annehmen oder auch ignorieren können"[127], unterrichtet.

Während die allgemeinbildende Schule aufgrund ihrer gesamterzieherischen Aufgabenstellung die musikalische Grundausbildung leistet, soll die Musikschule auf "der schulischen Grundausbildung aufbauen, der weiteren und vertieften Förderung interessierter Kinder und Jugendlicher dienen und sich der Bagabtenauslese und Begabtenförderung annehmen"[128].

7. 3   Privatmusikerziehung

7. 3. 1   Ausbildung

Neben der musikalischen Jugendarbeit durch Sing- und Instrumentalkreise und der Arbeit der Musikschulen nimmt auch die Privatmusikerziehung einen wichtigen Platz innerhalb der außerschulischen Musikerziehung ein. Obwohl diese musikpädagogische Arbeit im Laufe der Jahre an Bedeutung verliert, so ist aufgrund der Tradition durch Konservatorien und Hochschulen die Ausbildung in diesem Be-

---

[124] Ebenda, S. 24.

[125] Vgl. ebenda, S. 23.

[126] Gundlach, Willi: Musikschule und allgemeinbildende Schule – Ein Beitrag zur Diskussion zwischen den Institutionen, in: Müller-Bech, Werner/Stumme, Wolfgang (Hrsg.): Die Musikschule, Bd. 1 – Situation - Meinungen - Aspekte, in: Bausteine für Musikerziehung und Musikpflege, Bd. 23, Mainz u.a. 1973, S. 120.

[127] Ebenda.

[128] Mayer-Rosa, Eugen: Zur Neuordnung des Musikschulwesens, in: MiU (Ausg. B), H. 9, 1964, S. 277.

Außerschulische Musikpädagogik

reich am besten geregelt. Dafür gelten nach der Kapitulation im Mai 1945 "nach wie vor die Bestimmungen des Preußischen Erlasses von 1925"[129]. Dieser Erlaß über die *Staatliche Musiklehrerprüfung* vom 2. Mai 1925 ist das Ergebnis einer langjährigen Entwicklung, die über eine Reihe von vorbereitenden Regelungen dazu geführt hat, zum ersten Mal Qualitätsstandards des Privatmusikerziehungswesens administrativ in Form von Prüfungsvorschriften zu verankern. Mit diesen Professionalisierungstendenzen wurde die Hoffnung verbunden, die wirtschaftliche Situation des Berufsstandes zu verbessern. Als Neuerungen müssen neben der Forderung nach instrumentaltechnischer Qualitätssicherung vor allem die theoretischen und praktischen pädagogischen Unterweisungen der Studenten gesehen werden, die neben der allgemeinen Musikerziehung auch eine spezifische methodische Fachausbildung für das jeweilige Instrument bewirken sollen.

"Systematische Ausbildung an Hochschulen mit Staatsexamen und ein behördlicherseits geschützter Titel ('Privatmusiklehrer') waren wesentliche Merkmale einer in Analogie zu den Schulmusik-Erlassen versuchten Aufwertung des Instrumentallehrer-Berufes."[130]

Die bestehenden Bestimmungen von 1925 werden durch den Erlaß des Kultusministers vom 27. Juni 1949, abgesehen von inzwischen "eingetretenen staats-, verwaltungsrechtlichen und schulischen Veränderungen"[131], als rechtsgültig für die Nachkriegszeit bestätigt. Der Erlaß sieht vor, die Privatmusiklehrer in Seminaren auszubilden, die als selbständige Abteilungen den Hochschulen, Akademien und anderen musikalischen Ausbildungsinstituten angegliedert sind. Die Aufnahme in das Seminar wird durch eine Aufnahmeprüfung geregelt, in der die Bewerber neben einer ausgeprägten musikalischen Begabung und instrumentalen Fähigkeiten im jeweiligen Hauptfach auch Kenntnisse in allgemeiner Musiklehre und eine bereits geschulte Hörfähigkeit nachweisen müssen.[132] Das Studium ist so angelegt, daß die Studenten ihren Instrumentalunterricht nicht unbedingt an dem Ausbildungsinstitut erhalten müssen, an dem Sie das Privatmusiklehrerseminar besuchen. Sie können sich auch als externe Studenten durch das Seminar auf die Prüfung vorbereiten lassen. Die Ausbildungszeit beträgt in der Regel zwei Jahre, die nach Bedarf um ein oder zwei Vorsemester erweitert werden kann, wenn während der Aufnahmeprüfung Mängel festgestellt werden.[133] Ab 1960 wird das dritte Ausbil-

---

[129] Brief Kultusminister des Landes Nordrhein-Westfalen an das Italienische Konsulat in Bad Salzuflen, Düsseldorf 23. 07. 1948, HStAD NW 60-348, Bl. 56.
[130] Roske, Michael: Umrisse einer Sozialgeschichte der Instrumentalpädagogik, in: Richter, Christoph (Hrsg.): Handbuch der Musikpädagogik, Bd. 2, Kassel u.a., S. 186.
[131] Privatunterricht in Musik, RdErl. des Kultusministers vom 27. 6. 1949, in: Abl. KM NW, 1. Jg., Düsseldorf 1949, S. 80.
[132] Vgl. ebenda, S. 84.
[133] Vgl. ebenda, S. 84.

dungsjahr für alle Studenten obligatorisch.[134] Neben der Ausbildung im instrumentalen Hauptfach und Nebenfach gibt es weitere verpflichtende Nebenfächer wie Musikerziehung, Musiktheorie, Gehörbildung und Musikgeschichte. Der Akzent des Seminars liegt neben der grundlegenden Schulung auf musiktheoretischem Gebiet auf einer umfassenden musikzieherischen Ausbildung. Dabei wird neben allgemeinen "theoretischen Unterweisungen in Methodik, Pädagogik und Unterrichtspsychologie"[135] ebenso auch eine spezielle methodische Fachausbildung für das jeweilige Hauptfach durchgeführt. Der Student soll durch die Ausbildung in die Lage versetzt werden, "die produktiven Kräfte des Kindes im Musikunterricht anzuregen und zu entwickeln, ... die schöpferischen Keime, die zum musikalischen Erleben drängen, im Unterricht"[136] zu verwerten. Um die Studenten schon während der Ausbildung auf die Praxis vorzubereiten, verfügen manche Ausbildungsinstitute über eine sogenannte Übungsschule, in denen mit Kindern praktische Lehrerfahrungen gesammelt werden können, die anschließend innerhalb des Seminars kritisch reflektiert werden.[137]

Die schwierige wirtschaftliche Situation im Bereich der Privatmusikerziehung führt sehr rasch zu einer Erweiterung des Ausbildungsangebotes, um den Studenten die Möglichkeit zu geben, ihre spätere Existenz auf mehrere Säulen stellen zu können.[138] Einen Schwerpunkt bildet dabei zunächst das Fach Dirigieren, das neben Musikgeschichte, Musikpsychologie, Instrumentation, Musikästhetik u.a.[139] als prüfungsrelevantes Zusatzfach gewählt werden kann.[140] Die Ausbildung im Fach Dirigieren, meist auf Chorleitung beschränkt, umfaßt Schlagtechnik und Probentechnik, chorische Stimmbildung und Unterricht im Partiturspiel. Sie soll den späteren Privatmusikerzieher in die Lage versetzen, als Chorleiter aktiv zu sein. Die Öffentlichkeitswirkung dieser Arbeit soll sich dann zugleich auf seine Tätigkeit als Privatmusikerzieher positiv auswirken.[141]

---

[134] Vgl. Privatunterricht in Musik; hier: Änderung der Ordnung für die Privatmusiklehrerprüfung (PMP) und der Ausführungsbestimmungen zur Ordnung für die Privatmusiklehrerprüfung, RdErl. des Kultusministers vom 24. 6. 1960, in: Abl. KM NW, 12. Jg., Düsseldorf 1960, S. 98.

[135] Schneider, Albert: Privatmusiklehrer-Seminar, in: Bericht der Staatlichen Hochschule für Musik Köln und der Rheinischen Musikschule der Stadt Köln über die Jahre 1953-1956, Köln 1957, S. 38. (= 1957b)

[136] Privatunterricht in Musik, RdErl. des Kultusministers vom 27. 6. 1949, in: Abl. KM NW, 1. Jg., Düsseldorf 1949, S. 81.

[137] Vgl. Schneider, Albert: (1957b) a.a.O., S. 38.

[138] Vgl. Ewens, Franz Josef: Chorleitung – ein Arbeitsgebiet des Privatmusiklehrers, in: MiU, H. 12, 1952, S. 340. (= 1952a)

[139] Vgl. Privatunterricht in Musik, RdErl. des Kultusministers vom 27. 6. 1949, in: Abl. KM NW, 1. Jg., Düsseldorf 1949, S. 80.

[140] Die neue Prüfungsordnung von 1962 ermöglicht, Dirigieren als zweites Hauptfach zu wählen.

[141] Vgl. Ewens, Franz Josef: (1952a) a.a.O., S. 343.

Ebenso führt auch die Forderung, die Privatmusikerziehung solle sich den Belangen der Jugendmusikarbeit öffnen[142], zu einer weiteren Modifikation des Ausbildungsangebotes. So wird dem Wunsch nach Ausbildung im Bereich der elementaren Musikerziehung, die die Bereiche "Blockflötenspiel, Orff'sches Instrumentarium und ähnliche elementare Instrumente (Fideln, Scheitholz, Tischharfe, Psalterium usw.), Rhythmische Gymnastik, Bewegungsspiele und Stegreifspiele, Singleitung und Stimmbildung"[143] umfassen soll, dadurch Rechnung getragen, daß innerhalb der bestehenden Übungsschule neben der Arbeit im Bereich der instrumentalen Hauptfächer auch mit Kindergruppen der Gruppenunterricht in Blockflöte und die Arbeit mit dem Orff'schen Schulwerk geübt wird.[144] Schon 1949 stellt Stoverock fest, daß der Gruppenunterricht "aus dem neuzeitlichen Privatmusikunterricht nicht mehr fortzudenken"[145] sei, und Waldmann fordert 1953, dieser Tatsache innerhalb der Ausbildung durch die Einführung einer Gruppenlehrprobe im Rahmen des Examens Rechnung zu tragen. Ebenso regt er an, die Privatmusiklehrerausbildung durch ein Zusatzfach für Lehrer und Leiter an Jugendmusikschulen zu ergänzen, um dadurch die Studenten auf Leitung von Spiel- und Singkreisen vorzubereiten.[146] Diese Möglichkeit wird durch die Änderung der Prüfungsordnung von 1960 geschaffen, nach der das Hauptfach Jugend- und Volksmusik belegt werden kann.[147] Der inhaltliche Schwerpunkt in diesem Fach geht weit über die Forderungen Waldmanns hinaus. So liegt neben der Schulung im Bereich der Ensembleleitung ein weiterer Schwerpunkt des Faches im Bereich der elementaren Musikerziehung, z.B. "Improvisation mit Stabspielen und anderen elementaren Instrumenten"[148] und in der Volksmusikkunde. Folgende Inhalte stehen im Zentrum der Ausbildung:

"Das Lied im Brauchtum des Jahres; Volksmusik und Volkslied (Merkmale, Herkunft, Verbreitung und Überlieferung, Form und Inhalt, Stil- und Textfragen); Kenntnis wichtiger Sammlungen und praktischer Ausgaben; das neue Lied, ... Improvisieren mit Stabspielen und anderen elementaren Instrumenten ... Eingehende Kenntnis der Sing- und Spielmusik, der Formen volkstümlicher Musikpflege und der Fest- und Feiergestaltung."[149]

---

[142] Vgl. Kraus, Egon: Die gemeinsame Aufgabe der Schul- und Privatmusikerziehung, in: MiU, H. 2, 1950, S. 39. (= 1950a)

[143] Werdin, Eberhard: Der Lehrer für die Jugendmusikschule, in: MiU, H. 12, 1955, S. 353.

[144] Vgl. Schneider, Albert: (1957b) a.a.O., S. 38.

[145] Stoverock, Dietrich: Betrachtungen zur Privatmusiklehrerprüfung, in: MiU, H. 2, 1949, S. 12.

[146] Vgl. Waldmann, Guido: a.a.O., S. 178.

[147] Vgl. Privatunterricht in Musik; hier: Änderung der Ordnung für die Privatmusiklehrerprüfung (PMP) und der Ausführungsbestimmungen zur Ordnung für die Privatmusiklehrerprüfung, RdErl. des Kultusministers vom 24. 6. 1960, in: Abl. KM NW, 12. Jg., Düsseldorf 1960, S. 98.

[148] Ebenda.

[149] Ebenda, S. 98 f.

Inhaltlich zeigt sich eine Korrespondenz zwischen dem Fach Jugend- und Volksmusikerziehung und Teilen aus den Richtlinien für das Fach Musik in der Volksschule von 1951. Stoverock plädiert bereits 1949 für die Zulassung der Volksinstrumente Blockflöte, Gitarre und Akkordeon als Zusatzfächer in Kombination mit Klavier oder einem Streichinstrument im Rahmen der Ausbildung. Damit könne, so Stoverock, in der Praxis ein "Hinführen von den 'Volksinstrumenten' zu den 'Kunstinstrumenten' leicht möglich"[150] sein und damit ein gewisses Niveau des Unterrichts gewährleistet werden. Tatsächlich jedoch werden ab 1962 die verschiedenen Volksinstrumente Blockflöte, Zither, Harmonika und Concertina als instrumentale Hauptfächer zugelassen.[151]

Die Ausbildung schließt mit der staatlichen Privatmusiklehrerprüfung – seit 1962 staatliche Musiklehrerprüfung[152] – ab, die vor einer staatlichen Kommission abgelegt wird. Der Aufbau der Prüfung zeigt noch deutlich die Handschrift der 20er Jahre, in denen die Musiklehrerausbildung keinen selbstverständlichen Bestandteil der Hochschulausbildung darstellte. Durch die Konzentration aller Fachprüfungen auf das Ende des Studiums bestand auch für externe Studenten die Möglichkeit, sich dieser Abschlußprüfung zu unterziehen.[153] Stoverock sieht darin auch ein qualitatives Moment. Nach seiner Meinung bietet diese Konzentration aller Prüfungsfächer erst die Möglichkeit, den künftigen Privatmusikerzieher richtig zu beurteilen, "wenn man ihn in seinen künstlerischen und pädagogischen Leistungen unmittelbar nebeneinander sieht"[154]. Die Prüfung umfaßt dabei Lehrproben, Klausurarbeiten, mündliche und praktische Prüfungen und erfolgt im "künstlerischen Hauptfach (Instrumente oder Gesang), dem pädagogischen Hauptfach (Lehrprobe) und den Nebenfächern (Gehörbildung, Musiktheorie, Musikgeschichte, Musikerziehung)"[155]. Dennoch zeigt ein Bericht des Kultusministeriums, daß trotz dieser detaillierten Prüfungsanforderungen aufgrund der großen Anzahl an Privatmusiklehrerseminaren innerhalb Nordrhein-Westfalens und wegen ihres unterschiedlichen Niveaus eine einheitliche Durchführung der Prüfung nicht möglich ist.

---

[150] Stoverock, Dietrich: (1949) a.a.O., S. 13.
[151] Vgl. Ordnung der Staatlichen Prüfung für Musiklehrer, RdErl. des Kultusministers vom 27. 7. 1962, in: Abl. KM NW, 14. Jg. Düsseldorf 1962, S. 174.
[152] Vgl. ebenda, S. 173.
[153] Vgl. Vetter, Hans-Joachim: Zur Musiklehrer- und Musikschullehrerausbildung, in: Müller-Bech, Werner/Stumme, Wolfgang (Hrsg.): Die Musikschule, Bd. 1 – Situation - Meinungen - Aspekte, in: Bausteine für Musikerziehung und Musikpflege, Bd. 23, Mainz u.a., S. 145.
[154] Stoverock, Dietrich: (1949) a.a.O., S. 12.
[155] Privatunterricht in Musik, RdErl. des Kultusministers vom 27. 6. 1949, in: Abl. KM NW, 1. Jg., Düsseldorf 1949, S. 83.

"Die Leistungen der PMP liegen auf ständig absinkendem Niveau und müssen unnachsichtlich [sic!] gesteigert werden."[156]
Während die alte Prüfungsordnung von 1949 noch zwei Lehrproben im Hauptfach fordert, die jeweils mindestens eine halbe Stunde dauern müssen, schreibt die Änderung der Prüfungsordnung aus dem Jahr 1960 bereits drei Lehrproben vor.[157] Diese neue Regelung wird 1962 in die *Ordnung der Staatlichen Prüfung für Musiklehrer*[158] übernommen. Zu den bereits bestehenden Anfänger- und Fortgeschrittenen-Lehrproben kommt bei der neuen Regelung noch eine Gruppenlehrprobe hinzu. Damit wird der pädagogischen Seite innerhalb der Prüfung etwas mehr Gewicht verschafft. Dennoch bleibt "das relativ geringe Gewicht des pädagogischen Teils der Prüfung"[159] weiterhin ein Hauptkritikpunkt an der bestehenden Prüfungspraxis. Vor allem die Erhöhung der Klausurzeiten wirkt sich dabei kontraproduktiv aus. Nach der alten Prüfungsordnung von 1949 dauert die Klausur im Hauptfach (methodisch-didaktische Fragestellung zum Hauptinstrument) und in Musiktheorie jeweils zwei Stunden, im Fach Musikgeschichte oder Musikerziehung eine Stunde. Zusätzlich ist im Fach Gehörbildung ein einstündiges Musikdiktat in Form einer Klausur Bestandteil der Abschlußprüfung. Diese Anforderungen werden durch die neue Regelung von 1962 deutlich erhöht. So beträgt die Dauer der Klausur im Hauptfach nun fünf Stunden und der im Nebenfach Musikgeschichte oder Musikerziehung drei Stunden.[160] Die Zeiten der praktischen Prüfung mit 45 Minuten für das instrumentale Hauptfach und 15 Minuten für das Nebenfach bleiben konstant. Für Prüflinge, "die die Prüfung für das künstlerische Lehramt an höheren Schulen (künstlerische Prüfung für die Fachrichtung Musik) oder die Prüfung zur Erlangung der Lehrbefähigung an Mittelschulen (Realschulen) für das Fach Musik bestanden haben"[161], besteht seit 1960 die Möglichkeit, eine verkürzte Prüfung abzulegen, die sich nur auf das instrumentale Hauptfach, die Klausurarbeit für das Hauptfach und die Lehrproben beschränkt.

---

[156] Kultusministerium des Landes Nordrhein-Westfalen: Bericht über eine Besprechung am 6. 7. 1951 im Kultusministerium, Düsseldorf 6. 8. 1951, HStAD NW 60-355, Bl. 17^v.
[157] Vgl. Privatunterricht in Musik; hier: Änderung der Ordnung für die Privatmusiklehrerprüfung (PMP) und der Ausführungsbestimmungen zur Ordnung für die Privatmusiklehrerprüfung, RdErl. des Kultusministers vom 24. 6. 1960, in: Abl. KM NW, 12. Jg., Düsseldorf 1960, S. 98.
[158] Ordnung der Staatlichen Prüfung für Musiklehrer, RdErl. des Kultusministers vom 27. 7. 1962, in: Abl. KM NW, 14. Jg. Düsseldorf 1962, S. 174.
[159] Vetter, Hans-Joachim: a.a.O., S. 145.
[160] Ordnung der Staatlichen Prüfung für Musiklehrer, RdErl. des Kultusministers vom 27. 7. 1962, in: Abl. KM NW, 14. Jg. Düsseldorf 1962, S. 174.
[161] Privatunterricht in Musik; hier: Änderung der Ordnung für die Privatmusiklehrerprüfung (PMP) und der Ausführungsbestimmungen zur Ordnung für die Privatmusiklehrerprüfung, RdErl. des Kultusministers vom 24. 6. 1960, in: Abl. KM NW, 12. Jg., Düsseldorf 1960, S. 98.

7.3.2 Berufliche Situation

Ein zentrales Problem des Privatmusiklehrerwesens stellte bereits zu Beginn des 20 Jhs. der fehlende Berufsschutz dar. Danach konnte jeder, der sich dazu berufen fühlte, Privatmusikunterricht erteilen, unabhängig davon, ob er eine professionelle musikalische Ausbildung absolviert hatte oder nicht. Der Ministerialerlaß vom 2. Mai 1925 beendete diese unklaren Verhältnisse und regelte neben der Ausbildung auch das Privatmusikerziehungswesen selbst. Danach durfte ohne Unterrichtserlaubnisschein keine private Musikschule eröffnet oder Privatmusikunterricht erteilt werden.[162] Mit dieser Regelung sollten die großen Differenzen im Niveau des Unterrichts nivelliert werden, da gewisse handwerkliche und pädagogische Fähigkeiten Voraussetzung waren, um in Besitz des Unterrichtserlaubnisscheines zu gelangen. Die Ausstellung des Unterrichtserlaubnisscheines erfolgte durch die staatlichen Musikfachberater, meist Schulmusiker, die für diese Aufgabe vom Kultusministerium berufen wurden. Während des Dritten Reiches erhielt der Privatmusikerzieher durch die Eingliederung seines Berufstandes in die Fachschaft Musikerziehung der Reichsmusikkammer erstmalig einen Berufsschutz, der sich durch festgelegte Ferienzeiten, Kündigungsfristen, Mindesthonorare und andere soziale Sicherungen auszeichnete.[163]

Durch den Zusammenbruch des Dritten Reiches verliert der Privatmusiklehrerstand seine ihm zugestandenen sozialen Privilegien, jedoch bleibt die Notwendigkeit einer Lizenz in Form eines Unterrichtserlaubnisscheines für die Ausübung des Berufs durch die weitere Gültigkeit des Erlasses von 1925 bestehen. Dennoch bricht der angestrebte Berufsschutz in der direkten Nachkriegszeit zusammen.

"Wie wir aus allen Kreisen des Verbandes [VDTM, d. Verf.] erfahren, hat die 'Schwarzarbeit' auf dem Gebiete der Musikerziehung einen erschreckenden Umfang angenommen, dem nur durch strengste Maßnahmen der Regierung gesteuert werden kann."[164] [sic!]

Mit dem erneuerten Runderlaß des Kultusministeriums des Landes Nordrhein-Westfalen vom Juni 1949, der im wesentlichen die Regelung von 1925 bestätigt[165], wird versucht, der Negativentwicklung Einhalt zu gebieten. Jedoch kann auch ein erneuter Erlaß aus dem Frühjahr 1950 die Not der Privatmusikerzieher und die damit verbundene Krise des Privatmusikunterrichts nicht entschärfen, obwohl das

---

[162] Vgl. Ewens, Franz Josef: 25 Jahre seit dem Erlaß zur Bekämpfung der Schwarzarbeit, in: MiU, H. 4, 1950, S. 108. (= 1950a)
[163] Vgl. Roske, Michael: a.a.O., S. 189.
[164] Holtschneider, Carl: Grundsätze für die Neuregelung des Musikunterrichts, in: MiU, H. 10, 1949, S. 228.
[165] Vgl. Privatunterricht in Musik, RdErl. des Kultusministers vom 27. 6. 1949, in: Abl. KM NW, 1. Jg., Düsseldorf 1949, S. 80.

Kultusministerium darin nochmals dazu auffordert, die Genehmigung zur Erteilung von Privatmusikunterricht bei "vollbesoldete[n] Musiklehrer[n] (-lehrerinnen) an höheren Schule nur ausnahmsweise" zu erteilen, "und zwar höchstens bis zu 4 Stunden wöchentlich"[166]. Tatsächlich bedeutet die in § 12 GG gewährte Gewerbefreiheit in letzter Konsequenz, "daß im Prinzip, jedenfalls über kurz oder lang, der Privatmusikunterricht ohne Schutz dasteht"[167]. Somit ist der ehemals bestehende Berufsschutz auf dem Gebiet des Privatmusikwesens untergraben. In Anbetracht dieser Situation resümiert Ewens im Mai 1950 anläßlich des 25-jährigen Bestehens des Erlasses vom Mai 1925:

"Wir stehen wieder da ... wo Kestenberg 1925 anfing."[168]

Während Hessen aus den gesetzlichen Rahmenbedingungen die Konsequenz zieht und die Erteilung von Privatunterricht nicht mehr von einem Unterrichtserlaubnisschein abhängig macht[169], bleibt in Nordrhein-Westfalen zunächst die Regelung nach dem Kestenberg-Erlaß von 1925 bestehen, obwohl er weiter desavouiert wird. So führt das Oberverwaltungsgericht Münster in einem Urteil aus, daß der Kestenberg-Erlaß auf dem *Allgemeinen Landrecht für die Preußischen Staaten* von 1794 sowie auf der Kabinettsorder von 1834 bzw. den Instruktionen des Staatsministeriums von 1839 beruhe. Das Ergebnis dieser juristischen Auseinandersetzung ist, daß auf Grund der gesetzlichen Situation die Unterrichtserlaubnis erteilt werden muß, wenn der Nachweis der sittlichen Tüchtigkeit erbracht werden kann.

"Wir stellen zusammenfassend fest: ein Schutz für den Privatmusiklehrer gibt es in Nordrhein-Westfalen nicht mehr. Der U-Schein [Unterrichtserlaubnisschein; d. Verf.] hat lediglich die Bedeutung eines Nachweises der sittlich einwandfreien Führung und ist nicht an den Nachweis fachlicher Befähigung gebunden."[170]

Obwohl immer wieder die Forderung nach raschem gesetzlichem Handeln erhoben wird, um die haltlosen Zustände in Bezug auf die Qualität des Unterrichts innerhalb der Privatmusikerziehung zu beseitigen, führen auch die weiteren Erlasse zu keiner grundsätzlichen Veränderung der Situation, so daß jeder Bürger das Recht hat, "Schüler anzunehmen, auch wenn er sich nie mit Musikunterricht beschäftigt hat und die Instrumente, in denen er unterrichtet, nur mangelhaft spielen

---

[166] Schulkollegium Münster an die Herren Leiter (Frauen Leiterinnen) sämtlicher höheren Schulen unseres Amtsbereiches, Münster 3. 4. 1950, HStAD NW 53-488, Bl. 43.

[167] Ewens, Franz Josef: Gewerbe-Freiheit im Musikunterricht?, in: MiU, H. 6, 1950, S. 164. (= 1950b)

[168] Ewens, Franz Josef: (1950a) a.a.O., S. 110.

[169] Vgl. Ebel, Arnold: Jugenderziehung und Gewerbefreiheit, in: MiU, H. 10, 1950, S. 274.

[170] Ewens, Franz Josef: Das Ende des Unterrichtserlaubnisscheines?, in: MiU, H. 3, 1952, S. 78. (= 1952b)

kann"[171]. Damit sind die Bemühungen in der Nachkriegszeit, innerhalb des Bereiches der Privatmusikerziehung durch administrative Verordnungen qualitativen Unterricht zu gewährleisten, gescheitert. Der Niedergang des Privatmusikwesens liegt jedoch nicht allein im fehlenden Berufsschutz begründet, sondern resultiert auch aus einer allgemeinen Veränderung des Erziehungswesens. Eine zentrale Rolle spielen dabei die Jugend- und Volksmusikschulen, die zunehmend zur Konkurrenz des Privatmusikwesens werden. Schon 1927 führte die wachsende Angst vor drohender Konkurrenz der Jugend- und Volksmusikschulen zu einer Vereinbarung zwischen Vertretern der Volksmusikschulen und dem RDTM, "wonach der Instrumentalunterricht in den Volksmusikschulen nur so weit zugelassen war, 'wie er im Dienste einer Jugendmusikbewegung als einer Singbewegung nötig ist.' Klavierunterricht wurde ganz ausgeschlossen"[172]. Während des Dritten Reiches führte die nationalsozialistische Bildungspolitik zu einer weiteren Stärkung der Jugend- und Volksmusikschulen. Für die politische Durchdringung der Jugendlichen mit nationalsozialistischem Gedankengut bot das Primat der Gemeinschaftserziehung bei den Jugend- und Volksmusikschulen nahezu die ideale Plattform, während sich die individuell orientierte Instrumentalausbildung im Privatmusikbereich für die Belange der politischen Indoktrination kontraproduktiv auswirkte. Zusätzlich führten die Einflüsse der Jugendmusikbewegung zu einer Veränderung innerhalb des Instrumentalunterrichts, die sich durch eine Abkehr der rein musikalisch-künstlerisch orientierten Arbeit hin zur Pflege neuer reformpädagogisch intendierter musikalischer Inhalte und Formen auszeichnete.[173] Diese Veränderungen des allgemeinen Unterrichtsgeschehens in der Nachkriegszeit werden von der Privatmusikerziehung nur sehr schleppend aufgegriffen.[174] Eine besondere Rolle spielt dabei der Gruppenunterricht auf dem Gebiet der elementaren Musikerziehung, der, abgesehen von seinem ökonomischen Vorteil für die Eltern durch die Verwendung von kindgerechtem Instrumentarium die individuelle musikalische Entwicklung der Kinder fördert und zugleich die Möglichkeit zum gemeinschaftlichen Musizieren gibt. Dieses Interesse an "Gemeinschafts- und Gruppenmusizieren auf verhältnismäßig elementarem technischem Niveau"[175] besteht bei vielen Jugendlichen. Darüber hinaus fordert Alt die Privatmusikerziehung auf, sich den Belangen der musikalischen Laienbildung zu öffnen, indem sie sich von der "Konservatoriumspädagogik

---

[171] Musikfachberater Göhre an Regierungspräsidenten von Münster, Münster 23. 3. 1959, HStAD NW 256-984, o. Bl.

[172] Twittenhoff, Wilhelm: (1954b) a.a.O., S. 113.

[173] Vgl. Twittenhoff, Wilhelm: Jugendmusikschule und Privatmusikerzieher, in: MiU, H. 1, 1952, S. 4 f. (= 1952a)

[174] Vgl. Liertz, Gisela: Jugendmusikschule und Privatmusikerzieher, in: MiU, H. 12, 1955, S. 356.

[175] Erpf, Hermann: Sorge und Fürsorge um den Privatmusikunterricht, in MiU, H. 12, 1954, S. 348.

des vorigen Jahrhunderts"[176] abwenden und im "Klavierunterricht das Improvisieren von Volksliedbegleitungen in einfachster kadenzierender Form zu einer Selbstverständlichkeit" werden solle, damit der Schüler "jederzeit tätig in den musikalischen Alltag mit eingreifen"[177] könne.

"Es steht für uns [Vertreter der Jugend- und Volksmusikschulen, d. Verf.] außer Zweifel, daß ein Wandel aller soziologischer Voraussetzungen auch die Formen unserer Musikpflege und Musikerziehung beeinflussen muß. ... Man mißverstehe uns nicht; wir stellen nicht die Notwendigkeit des Privatmusiklehrerstandes in Frage! Aber wir glauben, daß ihm neue Aufgaben zugefallen sind, deren Erfüllung oder Nichterfüllung ausschlaggebend für seine Existenz sind."[178]

Zunächst sucht man eine Abgrenzung der Interessen darin, daß sich die Jugend- und Volksmusikschulen auf den Bereich der elementaren Musikerziehung im Rahmen von Gemeinschaftsunterricht beschränken, "was dem Privatmusikerzieher – eben in seiner privaten und begrenzten Praxis – nicht möglich ist"[179]. Darin sieht man eine wichtige Grundlage für den nachfolgenden Einzel-Instrumentalunterricht, der durch die Privatmusikerzieher gegeben wird.[180] In dieser Zusammenarbeit wird eine Förderung für den Privatmusiklehrerstand gesehen.[181] Die Jugendmusikschule beschränkt sich in den kommenden Jahren jedoch nicht nur auf die elementare Musikarbeit, sondern entwickelt sich zu einer kompletten Schule weiter, "die auch den instrumentalen Einzel- und Gruppenunterricht einbezieht und deren Sing- und Spielkreise Jugendliche wie Erwachsene erfaßt [sic!]"[182]. Mit dieser Entwicklung nimmt das Musikschulwesen immer mehr Leistungen der Privatmusiklehrerschaft in ihr Ausbildungsangebot auf, bietet aber zugleich durch die Expansion auf dem Gebiet des Instrumentalunterrichts Privatmusikerziehern Arbeitsmöglichkeiten.

7. 4 Zusammenfassung

Mit dem Verbot aller nationalsozialistischen Organisationen durch die alliierten Besatzungsmächte bricht endgültig die staatlich geregelte musikalische Jugendar-

---

[176] Alt, Michael: Musikalische Laienbildung im Privatmusikunterricht, in: MiU, H. 3, 1950, S. 66.
[177] Ebenda, S. 68.
[178] Twittenhoff, Wilhelm: Jugend- und Volksmusikschulen – Eine Lebensfrage heutiger Musikerziehung, in: JM, H. 1, 1953, S. 11. (= 1953b)
[179] Scherber, Paul Friedrich: Jugendmusikschule und Privatmusikunterricht, in: Twittenhoff, Wilhelm/Scherber, Paul Friedrich (Hrsg.): Die Jugendmusikschule (Neue Musikschulen II) – Idee und Wirklichkeit in: Bausteine für Musikerziehung und Musikpflege, Bd. 12, Mainz 1956, S. 26.
[180] Vgl. Erpf, Hermann: a.a.O., S. 348.
[181] Vgl. Twittenhoff, Wilhelm: (1954b) a.a.O., S. 115.
[182] Twittenhoff, Wilhelm: (1952a) a.a.O., S. 6.

beit innerhalb der HJ und in den Musikschulen für Jugend und Volk zusammen. Der nachfolgende Wiederaufbau von Sing- und Spielkreisen ist zunächst geprägt durch das individuelle Engagement einzelner Personen, die Jugendliche motivieren, solchen Kreisen beizutreten. Das pädagogische Leitbild dieser musikalischen Gemeinschaften stellt dabei die Musische Erziehung dar. In Rückbesinnung auf die Tradition der Jugendmusikbewegung der 20er Jahre wird Musik als Mittel für die "Charakter- und Lebensformung"[183] der Jugendlichen gesehen, mit deren Hilfe die bestehende Orientierungslosigkeit in der Nachkriegszeit überwunden werden soll. Um den Erfahrungsaustausch zwischen den Sing- und Spielkreisen anzuregen, werden zunächst auf lokaler Ebene und 1948 auf Landesebene Arbeitsgemeinschaften gegründet. Dabei entwickelt sich die Landesarbeitsgemeinschaft Jugendmusik in den ersten Jahren ihres Bestehens zu einer der maßgeblichen Organisationen im Bereich der kulturellen Jugendarbeit. In Zusammenarbeit mit staatlichen Stellen werden Fortbildungsmöglichkeiten für alle im Bereich der musikalischen Jugendarbeit Tätigen angeboten. Darüber hinaus gelingt es sogar durch Zusammenarbeit verschiedener Institutionen das *Seminar für Volks- und Jugendmusikpflege* und die *Musischen Bildungsstätte Remscheid* als eigenständige Fortbildungsstätten zu gründen.

Bereits zu Beginn der 50er Jahre vollzieht sich innerhalb der außerschulischen Musikarbeit ein Wandel, der sich durch ein Abwenden vom pädagogischen Leitbild der Musischen Erziehung dokumentiert. Zum einen wird die dominante Stellung des Singens durch eine verstärkte Hinwendung zur Instrumentalmusikpflege ersetzt. Dem wachsenden Interesse vieler Jugendlicher, sich lieber durch Instrumentalspiel als durch Singen musikalisch zu betätigen, will man durch die Entwicklung jugendgemäßer Instrumente entgegenkommen. Zum anderen rückt man immer mehr davon ab, in der Musikerziehung eine ethische Aufgabe zu sehen, sondern beschränkt sich darauf, im Zeitalter wachsenden Musikkonsums die musikalische Eigenbetätigung zu fördern und unter diesem Primat die Frage nach der erzieherischen Qualität im Sinne einer charakterbildenden Funktion des Musiziergutes zurückzustellen. Infolge dieser Öffnung nehmen im Bereich der außerschulischen Musikarbeit Formen der Popularmusik innerhalb der Fortbildungsmaßnahmen der LAG Jugendmusik zu einem Zeitpunkt breiten Raum ein, zu dem der Einsatz dieser Musikformen innerhalb der schulischen Musikerziehung noch abgelehnt wird.

Der Wiederaufbau des Musikschulwesens nach dem Zweiten Weltkrieg knüpft inhaltlich an das Modell der Jugendmusikschule der 20er Jahre an. Abel-Struth vertritt die Auffassung, daß auf institutioneller Ebene nach 1945 ein Neuanfang vollzogen wird.[184] Während im Dritten Reich "die Jugendmusikschulen letztend-

---

[183] Kraus, Egon: Warum Jugendmusikarbeit heute?, in: Arbeitsgemeinschaft der Singkreise im Regierungsbezirk Köln: Rundbrief Nr. 1, Köln im August 1947, HStAD NW 60-348, Bl. 53.
[184] Vgl. Abel-Struth, Sigrid: (1976) a.a.O., Sp. 1328.

lich als Mittel der politischen Menschenführung galten"[185], besteht nach 1945 der politische Einfluß nicht mehr. Jedoch werden Strukturen, z.B. die starke institutionelle Verknüpfung des Musikschulwesens mit der außerschulischen musikalischen Jugendarbeit aus der Zeit des Dritten Reiches übernommen, so daß von einem Neuanfang kaum zu reden ist. Auch Twittenhoffs Idee der Neuen Musikschule stellt die Fortschreibung eines Modells aus dem Dritten Reich dar. Jedoch vollzieht sich Mitte der 50er Jahre ein didaktischer Wandel, mit dem der Schwerpunkt der Arbeit innerhalb der Jugendmusikschule von der elementaren Musikerziehung durch Singen und Instrumentalausbildung, die vorrangig dem Gemeinschaftsmusizieren dient, auf eine Ausbildung in traditionellen Instrumenten verlagert wird. Somit werden die Instrumentalausbildung und das Ensemblespiel gleichrangig behandelt, zugleich aber auch der Schwerpunkt der Privatmusikerziehung in das Ausbildungsangebot der Musikschulen aufgenommen. Die Musikschule behält die elementare Musikausbildung bei, die jedoch auf die spätere Instrumentalausbildung ausgerichtet wird.[186] Aufgrund der Tatsache, daß die Musikschule durch die kommunale Förderung einer ganz neuen sozialen Schicht eine Musikerziehung ermöglicht, stellt die wachsende Anzahl neuer Musikschulen zunächst keine direkte Konkurrenz für das instrumentale Privatmusikerzieherwesen dar. Zugleich drängt die steigende Präsenz der Musikschulen in der Öffentlichkeit das Privatmusikwesen in den Hintergrund und führt somit zu einer wirtschaftlichen Schwächung. Die Expansion des Musikschulwesens bietet zugleich vermehrt Privatmusikerziehern die Möglichkeit, hier beruflich neu Fuß zu fassen. Diese Entwicklung zeigt sich auch im Ausbildungsangebot der Seminare für Privatmusikerziehung, die sich, wenn auch nur zögernd[187], an den Belangen des Musikschulwesens orientieren.

---

[185] Günther, Ulrich: (²1992) a.a.O., S. 62.
[186] Vgl. Gundlach, Willi: a.a.O., S. 122 f.
[187] Vgl. Wucher, Diethard: a.a.O., S. 141.

8 Schlußbetrachtung

Die schulische und außerschulische Musikpädagogik der Nachkriegszeit ist vom pädagogischen Leitbild der Musischen Erziehung geprägt. Damit wird ein musikpädagogisches Konzept weitergeführt, das schon während des Dritten Reiches praktiziert wurde und sich dort "in Übereinstimmung mit der politischen Macht befand"[1]. Aber auch die nordrhein-westfälische Bildungspolitik der Nachkriegszeit sieht in der Musischen Erziehung eine wichtige Stütze in ihrem Bemühen, durch eine Rückbindung an christlich-humanistische Werte den Neuaufbau einer demokratischen Gesellschaft zu gestalten. Während im Dritten Reich die gemeinschaftsbildende und emotionalisierende Wirkung der Musischen Erziehung für die politische Indoktrination mißbraucht wurde, steht in der Nachkriegszeit vor allem der charakterformende und veredelnde Aspekt der Musischen Erziehung im Zentrum des pädagogischen Interesses. Dabei wird in der Musischen Erziehung ein notwendiges Gegengewicht zur gesellschaftlichen Wirklichkeit gesehen, deren negativer Zustand als Folge der gesellschaftlichen Entwicklung während des Dritten Reiches und des Krieges verstanden wird.

Der Wiederaufbau des Schulwesens im Allgemeinen sowie der schulische Musikunterricht im Besonderen sind durch zahlreiche Mangelerscheinungen geprägt. Zunächst ist es die infolge der Kriegszerstörungen und der Fremdnutzung von öffentlichen Gebäuden durch die alliierten Besatzungstruppen bestehende Schulraumnot, die sich auf den schulischen Musikunterricht negativ auswirkt. Hinzu kommt das Fehlen von Lehrmitteln, Instrumenten und Technischen Mittlern, das die musikpädagogische Arbeit an Schulen beeinträchtigt. Darüber hinaus besteht ein Mangel an jungen, qualifizierten Musiklehrern in allen Schulgattungen. Während die materiellen Mängel zum großen Teil gegen Ende der Nachkriegszeit behoben sind, bleibt der Mangel an qualifizierten Lehrkräften für das Fach Musik über Jahre hinweg bis zum heutigen Tag bestehen.[2] Hierfür sind verschiedene Gründe verantwortlich. Im Bereich der gymnasialen Lehrerbildung wird nach 1945 das Kestenbergsche Ausbildungsmodell, an dem auch während des Dritten Reiches in seiner Struktur festgehalten wurde, weitergeführt. Trotz dieser Kontinuität gelingt es jedoch nicht, innerhalb einer Lehrergeneration genügend Junglehrer auszubilden, um alle freiwerdenden Stellen zu besetzen. Hauptgründe dafür liegen in der geringen Zahl an Ausbildungsinstituten, den strengen Aufnahmebedingungen und

---

[1] Günther, Ulrich: Musikerziehung im Dritten Reich – Ursachen und Folgen, in: Schmidt, Hans-Christian (Hrsg.): Handbuch der Musikpädagogik, Bd. 1, Kassel/Basel/London 1986, S. 166.
[2] Schliess, Gero: Umfassende Versäumnisse – Abbau und innere Schwäche: Zur Situation der Schulmusik, in: FAZ, Nr. 284, 1994, S. 38.

dem numerus clausus. Dennoch orientiert sich auch die Ausbildung der Musiklehrer für Realschulen an diesem Ausbildungskonzept. Die Folge ist ebenfalls ein großer Mangel an qualifizierten Musiklehrern, der durch die schnell steigende Anzahl von neugegründeten Realschulen noch verstärkt wird. Um in beiden Schulformen dennoch Musikunterricht erteilen zu können, werden musikinteressierte Lehrer mit anderen Fächerkombinationen sowie Musikwissenschaftler, Volksschullehrer mit Wahlfach Musik und Privatmusikerzieher fachfremd für den Musikunterricht eingesetzt. Dies wirkt sich vielfach negativ auf die Qualität des Musikunterrichts aus.

Innerhalb des Volksschulwesens liegt der Grund mangelnder Unterrichtsqualität weniger in der fehlenden Zahl ausgebildeter Lehrer als vielmehr in der mangelhaften Qualität der Ausbildung selbst. Nach dem Krieg werden zunächst die institutionellen und inhaltlichen Veränderungen der Ausbildung von Volksschullehrern während des Dritten Reiches rückgängig gemacht und es wird der Zustand während der Weimarer Republik (z.B. Abitur als Studienvoraussetzung) wiederhergestellt. Jedoch beginnt bereits zu Beginn der 50er Jahre neben der Abschaffung einer musikalischen Eignungsprüfung im Rahmen des Zulassungsverfahrens auch ein systematischer Abbau der obligatorischen Musikveranstaltungen während des Studiums, so daß gegen Ende der 50er Jahre für die Mehrzahl der Studenten faktisch keine Musikausbildung an den Pädagogischen Akademien beziehungsweise Pädagogischen Hochschulen stattfindet und nur ein geringer Teil, der sich für Musik als Wahlfach entscheidet, eine qualifizierte Musikausbildung erhält. Im schulischen Bereich wird aus dieser Entwicklung keinerlei Konsequenz gezogen und am traditionellen Klassenlehrerprinzip festgehalten, mit der Folge, daß alle Lehrer, ob mit oder ohne Wahlfach Musik, in allen Klassenstufen der Volksschule das Fach Musik unterrichten müssen. Aufgrund der mangelnden Ausbildung greifen die meisten Lehrer auf die Inhalte ihres eigenen Musikunterrichts, meist während des Dritten Reiches, zurück. Dies führt zu einer Restauration der Inhalte der Musischen Erziehung während der Nachkriegszeit. Zugleich fördert die mangelhafte Ausbildung die Übernahme unreflektierter Elemente der Musischen Erziehung und führt damit zu einer Stabilisierung derselben. Dies ist einer der Gründe dafür, warum gerade die Musische Erziehung innerhalb der Volksschule große Verbreitung findet, während der Musikunterricht der Höheren Schule sich aufgrund der künstlerisch orientierten Ausbildung der Musikstudienräte meist musikalisch-künstlerisch versteht. Der Mangel an qualifizierten Lehrkräften in allen Schulgattungen bedeutet das Scheitern eines der Ziele der Musikpädagogik der Nachkriegszeit, die von Kestenberg begonnene äußere Reform der Schulmusik in der Nachkriegszeit zur

Vollendung zu führen.[3] Der Zustand der Musikpädagogik der Nachkriegszeit wirkt sich kontraproduktiv gegenüber Kestenbergs Reformvorhaben aus, durch die Qualifizierung der Lehrerschaft die musikalische Bildung der Bevölkerung voranzutreiben.

Im Zentrum der außerschulischen und schulischen Musikpädagogik stehen Lied und Singen. Bereits zu Beginn des Schulbetriebes im Herbst 1945 wird die Notwendigkeit des Musikunterrichtes damit begründet, durch Singen den Schülern Freude zu bereiten und damit gleichzeitig von der äußeren Not abzulenken.[4] Gleichzeitig soll der Musikunterricht durch die Konfrontation mit "guter Musik", meist in Form von Volksliedern, zur Veredelung des Charakters der Jugendlichen beitragen, in der Hoffnung, die Jugendlichen gegenüber neuerlichen faschistischen und totalitären Bestrebungen zu schützen. Innerhalb der Volksschule spielen Lied und Singen eine besondere Rolle. Dies wird in der direkten Nachkriegszeit besonders dadurch deutlich, daß der alte Terminus *Gesang* an die Stelle der Bezeichnung *Musikunterricht* tritt.[5] Durch die Pflege von Volks- und Heimatliedern soll die Verbindung zu Brauchtumspflege und Heimat geschaffen werden. Auch die Volksschullehrerausbildung ist auf den Bereich Lied und Singen beschränkt und bietet mit diesem begrenzten Ausbildungsangebot keine möglichen inhaltlichen Alternativen für die spätere schulische Arbeit. Oft haben die schriftlichen Abschlußarbeiten im Fach Musik einen heimatbezogenen Inhalt und fördern damit die Verbindung von Volksschule und Volkstümlichkeit. Damit wird eine Tradition fortgeschrieben, die innerhalb des Dritten Reiches politisch und ideologisch besonders gefördert wurde.

Während im Dritten Reich dem Volkslied und dem ideologischen Lied der nationalsozialistischen Bewegung innerhalb des Unterrichtes besondere Beachtung geschenkt wurde und besonders die obligatorischen Kernlieder nicht gemieden werden konnten, gewinnt innerhalb der Nachkriegszeit wieder das Kirchenlied neben dem Volkslied an Bedeutung. Diese Entwicklung steht im Einklang mit der christlich-humanistischen Bildungspolitik der direkten Nachkriegszeit in Nordrhein-Westfalen, auf die die beiden Kirchen bereits während der Besatzungszeit entscheidenden Einfluß gewinnen. Zusammen mit den bürgerlich-konservativen

---

[3] Vgl. Kraus, Egon: Musik in Schule und Lehrerbildung – Gedanken zu den Statistischen Erhebungen des Deutschen Musikrates, in: MiU (Ausg. B), H. 1, 54. Jg., Mainz 1963, S. 1 ff. (= 1963a)

[4] Vgl. Oberpräsident der Nord-Rheinprovinz an die Leiter und Leiterinnen der höheren Schulen, Düsseldorf 27. 8. 1945, HStAD RWN 12-90, Bl. 13.

[5] Vgl. Kultusministerium des Landes Nordrhein-Westfalen an Land Education Department, Düsseldorf 10. 1. 1948, HStAD NW 19-66, Bl. 105. (Vgl. Dokument 2 im Anhang)

Schlußbetrachtung

Wortführern gelingt es, innerhalb der Bildungspolitik christlich-humanistische Ideale zu verankern. Die Stellung des Kirchenliedes innerhalb des Musikunterrichts ist dafür ein äußeres Zeichen. Andererseits finden sich innerhalb der Liedvorschläge in den Richtlinien und in den Liederbüchern der Nachkriegszeit, selbst in den "entnazifizierten" Liederlisten der britischen Militärregierung, ehemalige Kern- und HJ-Lieder wieder, wodurch die Kontinuität von Lied und Singen im Musikunterricht vor und nach 1945 deutlich wird. Und schließlich ist eine wachsende Popularität ausländischer Volkslieder festzustellen.

Lied und Singen bilden innerhalb der Realschule und der Höheren Schule die Grundlage für die Werkbetrachtung. Dabei bietet zum einen das Lied selbst durch seine elementaren Strukturen Anschauungsmaterial für die Werkbetrachtung, zum anderen ermöglicht das Singen einen besonderen Zugang zum jeweiligen Werk. Auch innerhalb der außerschulischen Musikpädagogik stehen Lied und Singen, ganz in der Tradition der Jugendmusikbewegung, im Zentrum der Arbeit. So halten die Jugendmusikschulen bis Anfang der 60er Jahre neben dem Gruppenunterricht am Primat des Singens fest und führen damit einen zentralen Gedanken der Arbeit der Jödeschen Musikschulen und der Musikschulen für Jugend und Volk aus der Zeit des Nationalsozialismus weiter.

Trotz der dominanten Stellung von Lied und Singen in der schulischen und außerschulischen Musikpädagogik stellt sich die seit der Jugendmusikbewegung bestehende und nach dem Ende des Zweiten Weltkrieges wieder aufgegriffene Hoffnung, mit Hilfe der Musischen Erziehung zu einem singenden Volk zu werden, als Utopie heraus.[6] Ein wesentlicher Grund hierfür liegt in der Weltfremdheit der pädagogischen Vorstellungen, die bei allen Bemühungen, die gesellschaftliche Wirklichkeit zu verändern, den realen Bezug zu dieser selbst verloren haben. Aufgrund der Diskrepanz zur Erziehungwirklichkeit scheitert auch die Musische Erziehung innerhalb der Nachkriegszeit. Somit werden auch ihre positiven Ansätze, wie z.B. die heil- und sozialpädagogische Ansätze Seidenfadens für eine nachfolgende Generation diskreditiert.

Im Gegensatz zur schulischen Musikpädagogik reagiert die außerschulische Musikpädagogik sehr viel flexibler auf die sich verändernden Interessen der Jugendlichen. Deren verstärktes Interesse am instrumentalen Musizieren führt deshalb Mitte der 50er Jahre zu einer Schwerpunktverlagerung. Durch ein erweitertes Angebot auf instrumentalem Gebiet versucht man den Jugendlichen entgegenzukommen und wendet sich von der dominanten Stellung des Singens ab. In den

---

[6] Vgl. Wolters, Gottfried: Das Eindringen ausländischer Lieder, in: Wiora, Walter (Hrsg.): Das Volkslied heute, in: Musikalische Zeitfragen, Bd. 7, Kassel/Basel 1959, S. 40.

folgenden Jahren führt diese Entwicklung auch zu einer Öffnung gegenüber verschiedenen Musikformen aus dem Bereich der Popularmusik. Innerhalb der musikalischen Laienarbeit geschieht dies durch musikpraktische Angebote, während der Bereich der schulischen Musikpädagogik, das Musikschulwesen und die Privatmusikerziehung dieser Entwicklung hinterherhinken.

Die Gemeinschaftserziehung bildet einen weiteren Schwerpunkt in der Musikpädagogik der Nachkriegszeit. In der unmittelbaren Nachkriegszeit sieht man in den neugegründeten Singkreisen kleine, überschaubare Gemeinschaften, die Schutz vor der drohenden Vermassung der Gesellschaft und zugleich Geborgenheit in einer Zeit sozialer, wirtschaftlicher und politischer Unwägbarkeiten bieten sollen. Die britische Militärregierung und die Bildungspolitik der nordrhein-westfälischen Landesregierung sehen in diesen kleinen Gemeinschaften Keimzellen, die positiv auf das ganze öffentliche Gemeinschaftsleben im Land Nordrhein-Westfalen ausstrahlen können.[7] Auch die Jugendmusikschulen sehen seit Jöde einen besonderen Schwerpunkt ihrer Arbeit in der Gemeinschaftserziehung. So erfolgt die Elementarerziehung in Gruppen. Gemeinsames Singen und Musizieren in Sing- und Spielkreisen und instrumentaler Gruppenunterricht sollen der Gemeinschaftserziehung dienen. Erst zu Beginn der 60er Jahre erhält der instrumentale Einzelunterricht eine gleichrangige Position neben der Gemeinschaftserziehung, die im Zusammenhang mit instrumentalen Spielkreisen oder verschiedenen Formen von Orchestern beibehalten wird. Im Bereich der schulischen Musikpädagogik stellt das gemeinsame Singen von Liedern einen wesentlichen Beitrag zur Gemeinschaftserziehung dar. Diese beschränkt sich nicht nur auf den Klassenunterricht, sondern wird auf spezielle Veranstaltungen, z.B. Offenes Singen mit Lehrer- und Elternschaft ausgeweitet. Solche Veranstaltungen bedürfen nach den bildungspolitischen Vorstellungen der nordrhein-westfälischen Landesregierung der Förderung. Auch die Schulfeier, die während des Nationalsozialismus zur ideologischen Ausrichtung der Schüler-, Lehrer- und Elternschaft mißbraucht wurde, stellt nach 1945 ein wichtiges Element des schulischen Gemeinschaftslebens dar. Höhepunkte bilden dabei die Chor- und Orchesterkonzerte oder die Aufführungen musikalischer Jugendspiele, die die Schülerschaft über die Klassengemeinschaft hinaus zusammenführen. In den Volksschulen wird angeregt, die musikalische Arbeit der Schule über das Singen hinaus auf die instrumentale Gruppenausbildung in den Fächern Blockflöte und Violine zu erweitern und damit das musische Leben der Schule zu bereichern. Diese Aufgaben werden jedoch zunehmend durch die neugegründeten Jugendmusikschulen übernommen, so daß sich die Idee der schulischen Jugendmusikgemeinde nicht durchsetzt. Auch innerhalb der Lehrerausbildung, hier vor allem im Bereich der Volksschullehrerausbildung, hat die Gemein-

---

[7] Vgl. Teusch, Christine: Rede zum 25jährigen Jubiläum der Staatlichen Hochschule für Musik Köln 1950, Köln 14. 5. 1950, HAStK Acc. 2/744, Bl. 2.

schaftserziehung besonderes Gewicht. So soll die Gemeinschaft der Studenten so gestaltet werden, daß sie gleichsam ein idealisiertes Abbild der späteren Schulgemeinschaft darstellt. Nach dem Studium soll die Arbeitsgemeinschaft für Lehrerfortbildung gemeinschaftserzieherische Aufgaben erfüllen.

Der seit den Richtlinien der 20er Jahre bestehende Primat des Tuns findet in der dominanten Stellung des Singens in der Schule seinen Niederschlag. Danach spielen in allen Schulformen theoretische Auseinandersetzung mit Musik und musikalischen Fragen eine Nebenrolle. Auch bei der musikalischen Werkbetrachtung innerhalb der Realschule und der Höheren Schule steht das eigene Tun im Vordergrund, weswegen aufgrund unterschiedlicher Schwierigkeitsgrade nur eine beschränkte Anzahl von Kunstwerken für die schulische Rezeption in Frage kommt. Auch innerhalb der Lehrerschaft herrscht die Meinung vor, daß nur Kunstwerke behandelt werden sollen, die der Lehrer selbst instrumental darbieten kann, damit musikalisches Erlebnis gewährleistet sei. Zwar kann somit auf den Einsatz von Technischen Mittler verzichtet werden, zugleich beschränkt man sich auf das Spiel von Klavierauszügen und verhindert die Präsentation komplexer klanglicher Erscheinungen, ganz zu schweigen von instrumentaltechnisch schwierigen Werken oder avancierter Neuer Musik.

Die Betonung des eigenen Tuns stellt eine Reaktion auf die Entwicklungen der Schule im Allgemeinen und der Höheren Schule im Besonderen dar, in der das Gewicht der intellektuellen Fächer immer mehr zunimmt und das Schulwesen zunehmend durch Leistungsorientierung bestimmt wird. Der Musikunterricht und die anderen musischen Fächer bilden dabei einen Gegenpol. Besonders deutlich wird dieser Aspekt in der Weigerung, die geforderte wissenschaftspropädeutische Funktion der gymnasialen Oberstufe innerhalb des Musikunterrichts umzusetzen und in der latent vorhandenen Abneigung der Mehrheit der Musiklehrerschaft gegenüber intellektuellen Elementen innerhalb der schulischen Musikpädagogik.

Innerhalb der Musischen Erziehung steigert sich diese Haltung zu einer antiintellektuellen Grundeinstellung, deren Polarisierung zwischen Tun und Denken eine notwendige theoretische Grundlegung der Musischen Erziehung verhindert und somit zur Förderung der traditionell starken irrationalen Komponente der Musischen Erziehung in der Nachkriegszeit beiträgt. Als Folge der fehlenden Theoriebildung bilden sich unter dem Begriff Musische Erziehung unterschiedliche inhaltliche Schwerpunkte aus, deren Indifferenzen trotz wachsender Kritik den "nebulösen Charakter" der Musischen Erziehung verstärken.

Die personelle Kontinuität innerhalb der Musikpädagogik bewirkt eine inhaltliche Kontinuität des pädagogischen Leitbildes der Musischen Erziehung. Die meisten Musiklehrer führen in der Nachkriegszeit das weiter, was sie vor 1945 bereits unterrichtet haben. Dies geschieht nicht aus nationalsozialistischer Überzeugung, sondern aus Mangel an Alternativen und der fehlenden Reflexion über das pädagogische Leitbild der Musischen Erziehung in und nach den Jahren des Nationalsozialismus. Zugleich wird deutlich, daß Veränderungen der Musikpädagogik mehr vom Wechsel einer Lehrergeneration als von theoretischen Bestrebungen in der Musikpädagogik selbst abhängig sind.

Die Vorstellung innerhalb der Musikpädagogik der Nachkriegszeit, nach 1945 dort angesetzt zu haben, wo sie vor 1933 stehengeblieben war, ist durch die Untersuchung widerlegt worden. U. Günther hat für die Zeit des Dritten Reiches gezeigt, daß die Machtergreifung Hitlers im Bereich der Musikpädagogik keinen Einschnitt bedeutete, sondern eine Fortsetzung und Intensivierung der musikpädagogischen Impulse der Weimarer Republik.[8] Auch die Zeit nach 1945 bedeutet keinen Neuanfang im Sinne einer neuen musikpädagogischen Konzeption.

---

[8] Vgl. Günther, Ulrich: Die Schulmusikerziehung von der Kestenberg-Reform bis zum Ende des Dritten Reiches, in: Forum Musikpädagogik, Bd. 5, Augsburg ²1992, S. 203.

9 Verzeichnis der Gesprächspartner

Prof. Hans Elmar Bach
Studiendirektor Joachim Bergmann
Prof. Bernhard Binkowski
Prof. Dr. Walter Gieseler
Prof. Dr. Ernst Heinen
Bernd Hoffmann
Prof. Dr. Friedrich Klausmeier
Carl Lorenz
Dr. Walter Peters
Ltd. Regierungsschuldirektor i.R. Karl Rüdiger
Prof. Fritz Schieri
Prof. Gotthard Speer
Dr. Carla Twittenhoff
Prof. Hans-Joachim Vetter
Dr. Heinz Wyndorps

10 Quellen- und Literaturverzeichnis

10.1 Archivalien

Nordrhein-Westfälisches Hauptstaatsarchiv, Düsseldorf (HStAD)

Ministerialakten

NW 19	Kultusministerium, Höhere Schulen
NW 20	Kultusministerium, Volksschullehrerausbildung
NW 26	Kultusministerium, Pädagogische Akademien
NW 41	Ministerium für Arbeit, Gesundheit und Soziales, Jugendwohlfahrt
NW 53	Staatskanzlei
NW 60	Kultusministerium, Kunst- und Kulturpflege
NW 125	Kultusministerium, Kunst- und Kulturpflege, Erwachsenenbildung
NW 143	Kultusministerium, Pädagogische Akademien
NW 256	Kultusministerium, Kunst und Kultur
NW 383	Kultusministerium, Schulgesetzgebung, Bildungsplan
NW 417	Ministerium für Wissenschaft und Forschung, Hochschulen

Verbandsakten

RW 271	Verband der Musikerzieher an den Schulen Nordrhein-Westfalens

Nachlässe

RWN 12	NL Josef Schnippenkötter
RWN 46	NL Bernhard Bergmann
RWN 48	NL Wilhelm Hamacher

Historisches Archiv der Stadt Köln (HAStK)

Acc. 2	Büro des Oberbürgermeisters der Stadt Köln
Acc. 109	Dezernat 7 II (Kultur) der Stadtverwaltung Köln
Ce 21	Verwaltungsberichte der Stadt Köln

Archiv des Landtages (AdL)

Kurzprotokolle des Kulturauschusses
Landtagsdrucksachen, Vierte Wahlperiode und Sechste Wahlperiode

10.2 Zeitschriften und Zeitungen

Aus Politik und Zeitgeschichte, Bonn
Das Musikleben, Mainz
Die Deutsche Schule, Berlin/Hannover/Darmstadt/Dortmund
Die Musik, Berlin
Die Sammlung, Göttingen
Frankfurter Allgemeine Zeitung, Frankfurt
Frankfurter Hefte, Frankfurt
Gaesdoncker Blätter, Gaesdonck
Hausmusik, Kassel/Basel
Junge Musik, Mainz/Wolfenbüttel
Kölnische Rundschau, Köln
Kontakte, Wolfenbüttel
Musica, Kassel/Basel
Musik im Unterricht, Mainz
Musik in der Schule, Berlin
Musik und Bildung, Mainz
Musikhochschule Köln Journal, Köln
Neue Sammlung, Göttingen
Pädagogik, Hamburg
Pädagogische Blätter, Berlin
Pädagogische Rundschau, Köln
PZ/Wir in Europa ... – Politische Zeitung, Bonn
Vierteljahrsschrift für wissenschaftliche Pädagogik, Münster
Vierteljahreshefte für Zeitgeschichte, Stuttgart
Westermanns Pädagogische Beiträge, Braunschweig
Zeitschrift für Musik, Regensburg
Zeitschrift für Musiktheorie, Stuttgart
Zeitschrift für Pädagogik, Weinheim

10.3 Amtliche Publikationen und Periodika

Amtsblatt des Kultusministeriums Land Nordrhein-Westfalen, August Bagel Verlag, Düsseldorf.

Amtliches Schulblatt für den Regierungsbezirk Düsseldorf, August Bagel Verlag, Düsseldorf.

Amtliches Schulblatt für den Regierungsbezirk Köln, Verlag Greven & Bechthold, Köln.

Gesetz- und Verordnungsblatt für das Land Nordrhein-Westfalen – Ausgabe A, August Bagel Verlag, Düsseldorf.

Mitteilungsblatt der Nord-Rheinprovinz, Verlag Neue Rheinische Zeitung, Düsseldorf.

Neugestaltung der Höheren Schule nach der Saarbrücker Rahmenvereinbarung, in: Die Schule in Nordrhein-Westfalen, H. 5, Aloys Henn Verlag, Ratingen 1963.

Richtlinien für den Unterricht in der Höheren Schule – Teile s und t – Kunst und Musik, in: Die Schule in Nordrhein-Westfalen, H. 8., Aloys Henn Verlag, Ratingen 1964.

Richtlinien für Musik- und Kunsterziehung an Gymnasien im Lande Nordrhein-Westfalen (1952), August Bagel Verlag, Düsseldorf, Neudruck 1954.

Statistisches Jahrbuch für die Bundesrepublik Deutschland 1952, Verlag W. Kohlhammer, Stuttgart/Köln 1952.

Statistisches Jahrbuch für die Bundesrepublik Deutschland 1967, Verlag W. Kohlhammer, Stuttgart/Mainz 1967.

Verhandlungen des Deutschen Bundestages, 5. Wahlperiode, Stenographische Berichte, Bd. 60, Bonn 1965.

10.4 Quellensammlungen

ANWEILER, OSKAR/FUCHS, HANS-JÜRGEN/DORNER, MARTINA/PETERMANN, EBERHARD (HRSG.): Bildungspolitik in Deutschland 1945-1990 – Ein historisch-vergleichender Quellenband, Bundeszentrale für politische Bildung, Bonn 1992.

BÖHM, WINFRIED/TENORTH, HEINZ-ELMAR (HRSG.): Deutsche Pädagogische Zeitgeschichte 1960-1973 – Von der Diskussion um den Rahmenplan zum Bildungsgesamtplan, in: PÄDAGOGISCHE ZEITGESCHICHTE – Quellensammlung für ein erziehungswissenschaftliches Grundstudium, Aloys Henn Verlag, Ratingen/Kastellaun 1977.

BOHNENKAMP, HANS/DIRKS, WALTER/KNAB, DORIS (HRSG.): Empfehlungen und Gutachten des Deutschen Ausschusses für das Erziehungs- und Bildungswesen 1953-1965 – Gesamtausgabe, Ernst Klett Verlag, Stuttgart 1966.

Bucher, Peter (Hrsg.): Nachkriegsdeutschland 1945-1949, in: QUELLEN ZUM POLITISCHEN DENKEN DER DEUTSCHEN IM 19. UND 20. JAHRHUNDERT – Freiherr vom Stein-Gedächtnisausgabe Bd. 10, Wissenschaftliche Buchgesellschaft, Darmstadt 1990.

FLECHTHEIM, OSSIP K. (HRSG.): Dokumente zur parteipolitischen Entwicklung in Deutschland seit 1945, Bd. 2/1, Dokumenten-Verlag Dr. Herbert Wendler & Co., Berlin 1963.

FROESE, LEONHARD (HRSG.): Bildungspolitik und Bildungsreform – Amtliche Texte und Dokumente zur Bildungspolitik im Deutschland der Besatzungszonen, der Bundesrepublik Deutschland und der Deutschen Demokratischen Republik, Wilhelm Goldmann Verlag, München 1969.

HEINEN, ERNST/LÜCKERATH, CARL AUGUST (HRSG.): Akademische Lehrerbildung in Köln – Eine Quellensammlung zur Geschichte der Pädagogischen Akademie Köln, der Pädagogischen Hochschule Köln und der Pädagogischen Hochschule Rheinland, Abteilung Köln, in: SCHRIFTEN ZUR RHEINISCHEN GESCHICHTE, H. 5, Verlag der Buchhandlung Gondrom Köln, 1985.

HEISE, WALTER/HOPF, HELMUTH/SEGLER, HELMUT (HRSG.): Quellentexte zur Musikpädagogik, Gustav Bosse Verlag, Regensburg 1973.

HELMS, SIEGMUND (HRSG.): Musikpädagogik – Spiegel der Kulturpädagogik – Ausgewählte Texte aus der Musikalischen Jugend/Neue Musikzeitung 1965-1985, Gustav Bosse Verlag, Regensburg 1987.

HEMMING, DOROTHEA (HRSG.): Dokumente zur Geschichte der Musikschule (1902-1976), in: MATERIALIEN UND DOKUMENTE AUS DER MUSIKPÄDAGOGIK, Bd. 3, Gustav Bosse Verlag, Regensburg 1977.

KANZ, HEINRICH (HRSG.): Deutsche Pädagogische Zeitgeschichte 1945-1959 – Von der Bildungspolitik der Alliierten bis zum Rahmenplan des Deutschen Ausschusses, in: PÄDAGOGISCHE ZEITGESCHICHTE – Quellensammlung für ein erziehungswissenschaftliches Grundstudium, Aloys Henn Verlag, Ratingen/Kastellaun 1975.

KANZ, HEINRICH (HRSG.): Deutsche Erziehungsgeschichte 1945-1985 in Quellen und Dokumenten – Pädagogische Chancen der Pluralen Demokratie, in: EUROPÄISCHE HOCHSCHULSCHRIFTEN, Reihe 11 – Pädagogik, Bd. 290, Verlag Peter Lang, Frankfurt am Main/Bern/New York 1987.

Quellen- und Literaturverzeichnis

KLEIN, AUGUST (HRSG.): Prüfungsordnung und Studienordnung an den Pädagogischen Akademien des Landes Nordrhein-Westfalen mit erläuternden Erlassen, Aloys Henn Verlag, Ratingen ³1962.

KLUGE, NORBERT (HRSG.): Vom Geist musischer Erziehung – Grundlegende und kritische Beiträge zu einem Erziehungsprinzip, in: WEGE DER FORSCHUNG, Bd. 303, Wissenschaftliche Buchgesellschaft, Darmstadt 1973.

KREIKAMP, HANS-DIETER (HRSG.): Quellen zur staatlichen Neuordnung Deutschlands 1945-1949, in: QUELLEN ZUM POLITISCHEN DENKEN DER DEUTSCHEN IM 19. UND 20. JAHRHUNDERT – Freiherr vom Stein-Gedächtnisausgabe Bd. 35, Wissenschaftliche Buchgesellschaft, Darmstadt 1994.

MASKUS, RUDI (HRSG.): Zur Geschichte der Mittel- und Realschule, in: KLINKHARDTS PÄDAGOGISCHE QUELLENTEXTE, Verlag Julius Klinkhardt, Bad Heilbrunn 1966.

MICHAEL, BERTHOLD/SCHEPP, HEINZ-HERMANN (HRSG.): Die Schule in Staat und Gesellschaft – Dokumente zur deutschen Schulgeschichte im 19. und 20. Jahrhundert, in: QUELLENSAMMLUNG ZUR KULTURGESCHICHTE, Bd. 22, Muster-Schmidt Verlag, Göttingen 1993.

NOLTE, ECKHARD: Lehrpläne und Richtlinien für den schulischen Musikunterricht in Deutschland vom Beginn des 19. Jahrhunderts bis in die Gegenwart – eine Dokumentation, in: MUSIKPÄDAGOGIK – FORSCHUNG UND LEHRE, Bd. 3, Verlag B. Schott's Söhne, Mainz 1975.

NOLTE, ECKHARD: Die neuen Curricula, Lehrpläne und Richtlinien für den Musikunterricht an den allgemeinbildenden Schulen in der Bundesrepublik Deutschland und West Berlin – Einführung und Dokumentation, Teil 1 – Primarstufe, in: MUSIKPÄDAGOGIK – FORSCHUNG UND LEHRE, Bd. 16, Verlag B. Schott's Söhne, Mainz/London/New York/Tokio 1982.

NOLTE, ECKHARD: Die neuen Curricula, Lehrpläne und Richtlinien für den Musikunterricht an den allgemeinbildenden Schulen in der Bundesrepublik Deutschland und West Berlin, Teil 2 – Sekundarstufe I, Bd. 2: Einführung und Dokumentation für Hessen, Niedersachsen und Nordrhein-Westfalen, in: MUSIKPÄDAGOGIK – FORSCHUNG UND LEHRE, Bd. 17/2, Verlag B. Schott's Söhne, Mainz/London/New York/Paris/Tokio 1991.

ROSSMEISSL, DIETER (HRSG.): Demokratie von außen – Amerikanische Militärregierung in Nürnberg 1945-1949, Deutscher Taschenbuch Verlag, München 1988.

RUHL, KLAUS-JÖRG (HRSG.): Neubeginn und Restauration – Dokumente zur Vorgeschichte der Bundesrepublik Deutschland 1945-1949, Deutscher Taschenbuch Verlag, München 1982.

RUHL, KLAUS-JÖRG (HRSG.): Frauen in der Nachkriegszeit 1945-1963, Deutscher Taschenbuch Verlag, München 1988.

SCHÄFKE, WERNER VON (HRSG.): Das Neue Köln 1945-1995 – Eine Ausstellung des Kölnischen Stadtmuseums in der Josef-Haubrich-Kunsthalle Köln, Köln 1994.

WUCHER, DIETHARD (HRSG.): Die Musikschule, Bd. 2 – Dokumentation und Materialien, in: BAUSTEINE FÜR MUSIKERZIEHUNG, Bd. 24, Verlag B. Schott's Söhne, Mainz/London/New York 1974.

WUCHER, DIETHARD (HRSG.): Die Musikschule, Bd. 2 – Dokumentation und Materialien, in: BAUSTEINE FÜR MUSIKERZIEHUNG, Bd. 24, Verlag B. Schott's Söhne, Mainz/London/Madrid/New York/Paris/Tokyo/Toronto ²1994.

VOLLNHALS, CLEMENS (HRSG.): Entnazifizierung – Politische Säuberung und Rehabilitierung in den vier Besatzungszonen 1945-1949, Deutscher Taschenbuch Verlag, München 1991.

10.5 Monographien, Aufsätze und Unterrichtsmaterialien

ABEL-STRUTH, SIGRID: Die fruchtbare Fehde: Hie Schule – hie Funk, in: MiU (Ausg. B), H. 5, 1957, S 132-135. (= 1957a)

ABEL-STRUTH, SIGRID: Volkslied contra Schlager, in: MiU (Ausg. B), H. 11, 1957, S. 318-320. (= 1957b)

ABEL-STRUTH, SIGRID: Materialien zur Entwicklung der Musikpädagogik als Wissenschaft – Zum Stand der deutschen Musikpädagogik und seiner Vorgeschichte, in: MUSIKPÄDAGOGIK – FORSCHUNG UND LEHRE, Bd. 1, Verlag B. Schott's Söhne, Mainz 1970.

ABEL-STRUTH, SIGRID: Die didaktische Kategorie des 'Neuen' als Problem musikpädagogischen Geschichtsbewußtseins, in: ABEL-STRUTH, SIGRID (HRSG.): Aktualität und Geschichtsbewußtsein in der Musikpädagogik, in: MUSIKPÄDAGOGIK – FORSCHUNG UND LEHRE, Bd. 9, Verlag B. Schott's Söhne, Mainz 1973, S. 101-113.

ABEL-STRUTH, SIGRID: Musikschulen, in: BLUME, FRIEDRICH (HRSG.): MGG, Bd. 16, Bärenreiter-Verlag, Kassel/Basel/London 1976, Sp. 1324-1342.

ABEL-STRUTH, SIGRID: Ziele des Musik-Lernens, Teil 1 – Beitrag zur Entwicklung ihrer Theorie, in: MUSIKPÄDAGOGIK – FORSCHUNG UND LEHRE, Bd. 12, Verlag B. Schott's Söhne, Mainz/London/New York/Tokyo 1978.

ABEL-STRUTH, SIGRID: Ziele des Musik-Lernens, Teil 2 – Dokumentation, in: MUSIKPÄDAGOGIK – FORSCHUNG UND LEHRE, Bd. 13, Verlag B. Schott's Söhne, Mainz/London/New York/Tokyo 1979.

ABEL-STRUTH, SIGRID: Grundriß der Musikpädagogik, Verlag B. Schott's Söhne, Mainz/London/New York/Tokyo 1985.

ABRAHAM, LARS ULRICH: Lied und Liederbuch in der Schule, in: FRANKFURTER HEFTE, H. 6, 1963, S. 411-420.

ABRAHAM, LARS ULRICH: Erich Dofleins Briefe an Theodor W. Adorno als musikpädagogische Zeitdokumente, in: ABRAHAM, LARS ULRICH (HRSG.): Erich Doflein – Festschrift zum 70. Geburtstag, Verlag B. Schott's Söhne, Mainz 1972, S. 108-120.

ADORNO, THEODOR W.: Thesen gegen die 'musikpädagogische Musik', in: JM, H. 4, 1954, S. 111-113.

ADORNO, THEODOR W.: Zur Musikpädagogik, in: JM, H. 8, 1957, S. 218-229.

ADORNO, THEODOR W.: Musik und Tradition, in: MUSICA, H. 1, 1961, S. 1-10.

ADORNO, THEODOR W.: Kritik des Musikanten, in: ADORNO, THEODOR W.: Dissonanzen – Musik in der verwalteten Welt, Verlag Vandenhoeck & Ruprecht, Göttingen ^{7}1991, S. 62-101.

ADORNO, THEODOR W.: Vorrede zur dritten Ausgabe, ebenda, S. 5-8.

ADORNO, THEODOR W.: Zur Musikpädagogik, ebenda, S. 102-119.

ALF, JULIUS: Das Schulkonzert in der musischen Erziehung – Düsseldorfer Erfahrungen, in: MiU, H. 7/8, 1952, S. 193-199.

ALT, MICHAEL: Musikalische Laienbildung im Privatmusikunterricht, in: MiU, H. 3, 1950, S. 65-69.

ANTHOLZ, HEINZ: Musisches Leben in einem Mädchengymnasium, in: MiU (Ausg. B), H. 3, 1959, S. 80-83.

ANTHOLZ, HEINZ: Die Problematik pädagogischer Musik und die Einheit von Lehrwert und Kunstwert bei Bartók, in: MiU (Ausg. B), H. 10, 1963, S. 305-313.

ANTHOLZ, HEINZ: Was können künftige Lehrer musikalisch? Untersuchung an einer Pädagogischen Hochschule als Beitrag zur Problematik der Musikerziehung in der Lehrerbildung, in: MiU (Ausg. B), H. 6, 1964, S. 192-197.

ANTHOLZ, HEINZ: Der didaktische Stellenwert des Volksliedes – heute, in: MiU (Ausg. B), H. 7/8, 1965, S. 244-246.

ANTHOLZ, HEINZ: Zur musikdidaktischen Problematik des Volksliedes in der Volksschule, in: PR, H. 8, 1966, S. 734-744.

ANTHOLZ, HEINZ: Unterricht in Musik – Ein historischer und systematischer Aufriß seiner Didaktik, in: DIDAKTIK – SCHRIFTENREIHE FÜR DEN UNTERRICHT AN DER GRUND- UND HAUPTSCHULE, Pädagogischer Verlag Schwann, Düsseldorf 1970.

ANTHOLZ, HEINZ: Musiklehren und Musiklernen – Vorlesungen und Abhandlungen zur Musikpädagogik aus drei Jahrzehnten, Verlag B. Schott's Söhne, Mainz/London/Madrid/New York/Paris/Tokyo/Toronto 1992.

ANTHOLZ, HEINZ: Zur (Musik-)Erziehung im Dritten Reich – Erinnerungen, Erfahrungen und Erkenntnisse eines Betroffenen, in: FORUM MUSIKPÄDAGOGIK, Bd. 8, Verlag Bernd Wißner, Augsburg 1993.

ANTHOLZ, HEINZ: Von der Bildnerhochschule zur Wissenschaftlichen Hochschule – Zur Entwicklung der Musiklehrerausbildung in Nordrhein-Westfalen, in: NOLL, GÜNTHER (HRSG.): Musikpädagogik im Rheinland – Beiträge zu ihrer Geschichte im 20. Jahrhundert, in: BEITRÄGE ZUR RHEINISCHEN MUSIKGESCHICHTE, Bd. 155, Verlag Merseburger Berlin, Kassel 1996, S. 28-60.

ANTZ, JOSEPH: Neue Lehrerbildung im Land Nordrhein-Westfalen, in: PR, H. 4/5, 1947, S. 194-196. (= 1947a)

ANTZ, JOSEPH: Vom Wesen der Pädagogischen Akademie und ihren besonderen Aufgaben in dieser Zeit, in: PR, H. 4/5, 1947, S. 152-158. (= 1947b)

ARBEITSGEMEINSCHAFT DER MUSIKDOZENTEN AN PÄDAGOGISCHEN AKADEMIEN, HOCHSCHULEN UND INSTITUTEN: Denkschrift: 'Musikerziehung in Volksschule und Lehrerbildung', in: KRAUS, EGON (HRSG.): Musik als Lebenshilfe – Vorträge zur Zweiten Bundesschulmusikwoche Hamburg 1957, Musikverlag Hans Sikorski, Hamburg 1958, S. 252-259.

BACH, HANS ELMAR: Geschichte des Musikgymnasiums in Köln, in: NOLL, GÜNTHER (HRSG.): Musikpädagogik im Rheinland – Beiträge zu ihrer Geschichte im 20. Jahrhundert, in: BEITRÄGE ZUR RHEINISCHEN MUSIKGESCHICHTE, Bd. 155, Kassel 1996, S. 242-256.

BARTNING, OTTO: Ganzheit des Menschen – ein Begriff oder nur ein Wort?, in: MESSERSCHMID, FELIX/HAAG, ERICH/BARTNING, OTTO (HRSG.): Musische Bildung – Wesen und Grenzen, Werkbund Verlag, Würzburg 1954, S. 79-87.

BECHER, HUBERT: Bildungsbestrebungen der Gegenwart, Götz Schwippert Verlag, Bonn 1947.

BECKER, CARL HEINRICH: Die Pädagogische Akademie im Aufbau unseres nationalen Bildungswesens, Verlag Quelle & Meyer, Leipzig 1926.

BECKER, WINFRIED: Politischer Katholizismus und Widerstand, in: STEINBACH, PETER/TUCHEL, JOHANNES (HRSG.): Widerstand gegen den Nationalsozialismus, Bundeszentrale für polische Bildung, Schriftenreihe, Bd. 323, Bonn 1994, S. 235-245.

BECKMANN, PAUL: Aus der Geschichte des Gymnasiums Essen-Werden, in: 80 JAHRE GYMNASIUM ESSEN-WERDEN, o.J, S. 15-26.

BEREKOVEN, HANNS: Musikerziehung in der Mittelschule, in: MiU (Ausg. B), H. 10, 1957, S. 277-280.

BEREKOVEN, HANNS: Musikerziehung in der Grundschule aus neuer Sicht, in: FISCHER, HANS (HRSG.): Musikerziehung in der Grundschule, Rembrandt-Verlag, Berlin 1958, S. 13-22.

BERENDT, HANS: Das Bildungsziel der höheren Schulen – Rede bei der Wiedereröffnung der höheren Schulen in Bonn am 21. Oktober 1945, in: BILDUNGSFRAGEN DER GEGENWART, H. 2, Ferd. Dümmlers Verlag, Bonn 1945.

BERENDT, JOACHIM ERNST: Was man als Lehrer vom Jazz wissen sollte, in: MiU, H. 4, 1954, S. 96-99.

BERICHT der Staatlichen Hochschule für Musik Köln und der Rheinischen Musikschule der Stadt Köln über die Jahre 1950-1953, Köln 1953.

BERICHT der Staatlichen Hochschule für Musik Köln und der Rheinischen Musikschule der Stadt Köln über die Jahre 1953-1956, Köln 1957.

BERNHARD, ARMIN: Erziehungsreform zwischen Opposition und Innovation – Der Bund Entschiedener Schulreformer. Zur kritischen Bewertung einer pädagogischen Tradition 1919-1933, in: NEUE SAMMLUNG, H. 4, 1993, S. 557-574.

BERNHARD, ARMIN/EIERDANZ, JÜRGEN (HRSG.): Der Bund der entschiedenen Schulreformer – Eine verdrängte Tradition demokratischer Pädagogik und Bildungspolitik, in: SOZIALHISTORISCHE UNTERSUCHUNGEN ZUR REFORMPÄDAGOGIK UND ERWACHSENENBILDUNG, Bd. 10, Frankfurt am Main 1990.

BINKOWSKI, BERNHARD: Neue Chormusik in unseren Schulen, in: MiU (Ausg. B), H. 1, 1965, S. 7-13.

BINKOWSKI, BERNHARD: Musikerzieher an Höheren Schulen, in: MiU (Ausg. B), H. 2, 1968, S. 49-50.

BIRD, GEOFFREY: Wiedereröffnung der Universität Göttingen, in: HEINEMANN, MANFRED (HRSG.): Umerziehung und Wiederaufbau – Die Bildungspolitik der Besatzungsmächte in Deutschland und Österreich, Verlag Klett-Cotta, Stuttgart 1981, S. 167-171.

BLUME, FRIEDRICH: Schulmusik am Rande des Verderbens, Teil 1, in: DAS MUSIKLEBEN, H. 5/6, 1949, S. 136-140, Teil 2, in: DAS MUSIKLEBEN, H. 7/8, 1949, S. 191-195.

BLUME, FRIEDRICH: Denkschrift zur Schulmusikerziehung, in: MiU, H. 6, 1951, S. 174-177.

BÖHME, GÜNTHER/TENORTH, HEINZ-ELMAR: Einführung in die Historische Pädagogik, Wissenschaftliche Buchgesellschaft, Darmstadt 1990.

BOHNE, GERHARD: Grundlagen der Erziehung – Die Pädagogik in der Verantwortung vor Gott, Bd. 1 – Die Wahrheit über den Menschen und die Erziehung, Im Furche-Verlag, Hamburg 1951.

BOHNE, GERHARD: Grundlagen der Erziehung – Die Pädagogik in der Verantwortung vor Gott, Bd.2 – Aufgabe und Weg der Erziehung, Im Furche-Verlag, Hamburg 1953.

BORRIS, SIEGFRIED: Musiktheorie in der Schule, in: FISCHER, HANS (HRSG.): Handbuch der Musikerziehung, Rembrandt-Verlag, Berlin 1954, S. 195-232.

BORRIS, SIEGFRIED: Neue Aufgaben der Hörerziehung, in: MIU (Ausg. B), H. 11, 1962, S. 318-322.

BRAUN, GERHARD: Die Schulmusikerziehung in Preußen von den Falkschen Bestimmungen bis zur Kestenberg-Reform, Bärenreiter-Verlag, Kassel/Basel 1957.

BROCK, HELLA: Musiktheater in der Schule – Eine Dramaturgie der Schuloper, in: MUSIKWISSENSCHAFTLICHE EINZELDARSTELLUNGEN, H. 1, VEB Breitkopf & Härtel Musikverlag, Leipzig 1960.

BUCHHAAS, DOROTHEE: Gesetzgebung im Wiederaufbau – Schulgesetz in Nordrhein-Westfalen und Betriebsverfassungsgesetz – Eine vergleichende Untersuchung zum Einfluß von Parteien, Kirchen und Verbänden in Land und Bund 1945-1952, in: BEITRÄGE ZUR GESCHICHTE DES PARLAMENTARISMUS UND DER POLITISCHEN PARTEIEN, Bd. 79, Droste Verlag, Düsseldorf 1985.

BUNGENSTAB, KARL-ERNST: Umerziehung zur Demokratie? Re-education-Politik im Bildungswesen der US-Zone 1945-1949, Bertelsmann Universitätsverlag, Düsseldorf 1970.

BURSCHKA, MANFRED H.: Re-education und Jugendöffentlichkeit – Orientierung und Selbstverständnis deutscher Nachkriegsjugend in der Jugendpresse 1945-1948 – Ein Beitrag zur politischen Kultur der Nachkriegszeit, Diss. phil., Göttingen 1987, mschr.

CHAUSSY, ULRICH: Jugend, in: BENZ, WOLFGANG (HRSG.): Die Geschichte der Bundesrepublik Deutschland, Bd. 3 – Gesellschaft, Fischer Taschenbuch Verlag, Frankfurt am Main 1989, S. 207-244.

DAGERMAN, STIG: Deutschland, Herbst 1946, in: ENZENSBERGER, HANS MAGNUS (HRSG.): Europa in Trümmern – Augenzeugenberichte aus den Jahren 1944-1948, in: DIE ANDERE BIBLIOTHEK, Eichborn Verlag, Frankfurt am Main 1990, S. 196-239.

DAVIES, EDITH SIEMS: Der britische Beitrag zum Wiederaufbau des deutschen Schulwesens von 1945 bis 1950, in: HEINEMANN, MANFRED (HRSG.): Umerziehung und Wiederaufbau – Die Bildungspolitik der Besatzungsmächte in Deutschland und Österreich, in: VERÖFFENTLICHUNGEN DER HISTORISCHEN KOMMISSION DER DEUTSCHEN GESELLSCHAFT FÜR ERZIEHUNGSWISSENSCHAFT, Bd. 5, Verlag Klett-Cotta, Stuttgart 1981, S. 140-152.

DAVIS, KATHLEEN SOUTHWELL: Das Schulbuchwesen als Spiegel der Bildungspolitik von 1945 bis 1950, in: HEINEMANN, MANFRED (HRSG.): Umerziehung und Wiederaufbau – Die Bildungspolitik der Besatzungsmächte in Deutschland und Österreich, in: VERÖFFENTLICHUNGEN DER HISTORISCHEN KOMMISSION DER DEUTSCHEN GESELLSCHAFT FÜR ERZIEHUNGSWISSENSCHAFT, Bd. 5, Verlag Klett-Cotta, Stuttgart 1981, S. 153-166.

DENT, HAROLD COLLETT: Das Englische Erziehungsgesetz 1944, in: PR, H. 2, 1949, S. 60-63.

DEUTSCHER MUSIKRAT: Musikerziehung in der Lehrerbildung – Entschließung und Denkschrift 1959, in: KRAUS, EGON (HRSG.): Musik in der Reifezeit – Vorträge der Dritten Bundesschulmusikwoche München 1959, Verlag B. Schott's Söhne, Mainz 1959, S. 292-293.

DOFLEIN, ERICH: Zu Adornos Schriften über Musikpädagogik, in: ZFMTH, H. 1, 1973, S. 16-27.

DORN, WALTER L.: Inspektionsreisen in der US-Zone – Notizen, Denkschriften und Erinnerungen aus dem Nachlaß übersetzt und herausgegeben von Lutz Niethammer, in: SCHRIFTENREIHE DER VIERTELJAHRSHEFTE FÜR ZEITGESCHICHTE, Nr. 26, Deutsche Verlags-Anstalt, Stuttgart 1973.

EBEL, ARNOLD: Jugenderziehung und Gewerbefreiheit, in: MiU, H. 10, 1950, S. 273-277.

EBERTH, FRIEDRICH: Singen mit der Jugend, in: MiU, H. 10, 1954, S. 287-288.

EBERTH, FRIEDRICH: Die Musikerziehung in der Real- und Mittelschule, in: MiU (Ausg. B), H. 5, 1963, S. 145-147.

ECKART-BÄCKER, URSULA: Die 'Schulmusik' und ihr Weg zur Professionalisierung – Historisch-systematische Studie zur Entwicklung der Schulmusik im Zusammenhang mit der Hochschule für Musik in Köln, in: NOLL, GÜNTHER (HRSG.): Musikpädagogik im Rheinland – Beiträge zu ihrer Geschichte im 20. Jahrhundert, in: BEITRÄGE ZUR RHEINISCHEN MUSIKGESCHICHTE, Bd. 155, Verlag Merseburger Berlin, Kassel 1996, S. 11-27.

EHMANN, WILHELM: Entromantisierung der Singbewegung, in: HAUSMUSIK, H. 1, 1949, S. 5-9.

EHMANN, WILHELM: Erbe und Auftrag musikalischer Erneuerung, Bärenreiter-Verlag, Kassel/Basel 1950.

EHRENFORTH, KARL HEINRICH: Zur Neugewichtung der historischen und anthropologischen Perspektiven der Musikerziehung, in: SCHMIDT, HANS-CHRISTIAN (HRSG.): Handbuch der Musikpädagogik, Bd. 1, Bärenreiter-Verlag, Kassel/Basel/London 1986, S. 267-296.

EICH, KLAUS-PETER: Schulpolitik in Nordrhein-Westfalen 1945-1954, in: DÜSSELDORFER SCHRIFTEN ZUR NEUEREN LANDESGESCHICHTE UND ZUR GESCHICHTE NORDRHEIN-WESTFALENS, Bd. 20, Patmos-Schwann Verlag, Düsseldorf 1987.

EIERDANZ, JÜRGEN/KREMER, ARMIN: Der Bund Entschiedener Schulreformer – Eine soziale Bewegung der Weimarer Republik?, in: BERNHARD, ARMIN/EIERDANZ, JÜRGEN (HRSG.): Der Bund der Entschiedenen Schulreformer – Eine verdrängte Tradition demokratischer Pädagogik und Bildungspolitik, in: SOZIALHISTORISCHE UNTERSUCHUNGEN ZUR REFORMPÄDAGOGIK UND ERWACHSENENBILDUNG, Bd. 10, dipa-Verlag, Frankfurt am Main 1990, S. 28-66.

ENGELBRECHT, JÖRG: Landesgeschichte Nordrhein-Westfalen, Verlag Eugen Ulmer, Stuttgart 1994.

ERB, JÖRG: 'Erbe und Auftrag' – Ein Brief über Fragen, die uns alle angehen, in: HAUSMUSIK, H. 5, 1951, S. 145-150.

ERPF, HERMANN: Sorge und Fürsorge um den Privatmusikunterricht, in: MiU, H. 12, 1954, S. 346-349.

EWENS, FRANZ JOSEF: 25 Jahre seit dem Erlaß zur Bekämpfung der Schwarzarbeit, in: MiU, H. 4, 1950, S. 108-110. (= 1950a)

EWENS, FRANZ JOSEF: Gewerbe-Freiheit im Musikunterricht?, in: MiU, H. 6, 1950, S. 164-167. (= 1950b)

EWENS, FRANZ JOSEF: Chorleitung – ein Arbeitsgebiet des Privatmusiklehrers, in: MiU, H. 12, 1952, S. 340-344. (= 1952a)

EWENS, FRANZ JOSEF: Das Ende des Unterrichtserlaubnisscheines?, in: MiU, H. 3, 1952, S. 77-78. (= 1952b)

FELLERER, KARL GUSTAV: Musikerziehung und Musikleben, in: MiU, H. 2, 1954, S. 33-36.

FELLERER, KARL GUSTAV: Geschichte der Musikhochschule Köln, Teil 2, in: Musikhochschule Köln Journal, Nr. 1, 2. Jg., Köln Sommersemster 1983, S. 11-12.

FELLERER, KARL GUSTAV: Geschichte der Musikhochschule Köln, Teil 4, in: Musikhochschule Köln Journal, Nr. 1, 3. Jg., Köln Sommersemster 1984, S. 6-7.

FENNIGER, JOSEF: Der Musikunterricht an den allgemeinbildenden Schulen Bayerns in der Zeit nach dem Zweiten Weltkrieg bis zur Curriculumreform 1970, Diss. phil. München 1993, mschr.

FEUDEL, ELFRIEDE: Musik und Körper, in: MIU, H. 3/4, 1949, S. 32-34.

FINKEL, KLAUS: Musikpädagogik heute, Tendenzen und Aspekte – Ein Repertorium und Repetitorium zur gegenwärtigen Situation der Musikerziehung, Karl Heinrich Möseler Verlag, Wolfenbüttel/Zürich 1971.

FISCHER, HANS: Zur Werkbetrachtung in der Schule, in: FISCHER, HANS (HRSG.): Handbuch der Musikerziehung, Rembrandt-Verlag, Berlin 1954, S. 407-417.

FOSCHEPOTH, JOSEF/STEININGER, ROLF (HRSG.): Britische Deutschland- und Besatzungspolitik 1945-1949 – Eine Veröffentlichung des Deutschen Historischen Instituts London, in: SAMMLUNG SCHÖNINGH ZUR GESCHICHTE UND GEGENWART, Verlag Ferdinand Schöningh, Paderborn 1985.

FUNK-HENNIGS, ERIKA: Musikpädagogische Reflexionen auf die Musikpolitik des Dritten Reiches nach 1945, in: KRAEMER, RUDOLF-DIETER (HRSG.): Musikpädagogik – Unterricht – Forschung – Ausbildung, Verlag B. Schott's Söhne, Mainz/London/Madrid/New York/Paris/Tokyo/Toronto 1991, S. 294–313.

GERHARD, WOLFGANG: Die bildungspolitische Diskussion in der FDP von 1945–1951, Diss. phil. Marburg 1971, mschr.

GERICKE, HERMANN PETER: Jazz und Schlager als Grundlage einer neuzeitlichen Schulmusikerziehung?, in: HAUSMUSIK, H. 2, 1957, S. 33–36.

GERSTENMAIER, EUGEN: Freiheit – wozu? in: BUNDESGESCHÄFTSTELLE DER CHRISTLICH DEMOKRATISCHEN UNION DEUTSCHLANDS, BONN (HRSG.): Erziehung – Bildung – Ausbildung, Bonn 1961.

GIESELER, WALTER: Praktische Ratschläge für die Behandlung des Jazz in der Schule, in: MIU, H. 4, 1954, S. 100-102.

GIESELER, WALTER: Jazz und abendländische Musik, in: MIU (Ausg. B), H. 4, 1961, S. 114-118.

GIESELER, WALTER: Orientierung am musikalischen Kunstwerk oder: Musik als Erstfall – Adornos Thesen gegen 'musikpädagogische Musik' – Eine Diskussion mit weitreichenden Folgen, in: SCHMIDT, HANS-CHRISTIAN (HRSG.): Handbuch der Musikpädagogik, Bd. 1, Bärenreiter-Verlag, Kassel/Basel/London 1986, S. 174-214.

GIESELER, WALTER: Gegen die Vergesslichkeit – Zur Geschichte und Vorgeschichte der Bundesfachgruppe Musikpädagogik, in: MPZ QUELLEN-SCHRIFTEN, Bd. 20, Frankfurt am Main 1989.

GLASER, HERMANN: Die Kulturgeschichte der Bundesrepublik Deutschland, Bd. 1 – Zwischen Kapitulation und Währungsreform 1945-1948, Fischer Taschenbuch Verlag, Frankfurt 1990.

GÖRSCHEN, ROSELINDE-MARIE VON: Rhythmische Musikerziehung – Einwände und Erfahrungen, in: MIU, H. 3, 1953, S. 73-75.

GÖTSCH, GEORG: Musische Bildung – Zeugnisse eines Weges, Bd. 1 – Besinnung, Karl Heinrich Möseler Verlag, Wolfenbüttel 1949.

GÖTSCH, GEORG: Musische Bildung – Zeugnisse eines Weges, Bd. 2 – Bericht, Karl Heinrich Möseler Verlag, Wolfenbüttel 1953.

GÖTSCH, GEORG: Bücher statt Begegnungen?, in: JM, H. 1, 1955, S. 4-8.

GÖTSCH, GEORG: Denkschrift zur Errichtung einer Musischen Akademie, in: GÖTSCH, GEORG: Musische Bildung – Zeugnisse eines Weges, Bd. 3 – Aufgabe, Karl Heinrich Möseler Verlag, Wolfenbüttel 1956, S. 99-108. (= 1956a)

GÖTSCH, GEORG: Musische Bildung – Zeugnisse eines Weges, Bd. 3 – Aufgabe, Karl Heinrich Möseler Verlag, Wolfenbüttel 1956. (= 1956b)

GRAMS, WOLFGANG: Kontinuität und Diskontinuität der bildungspolitischen und pädagogischen Planungen aus Widerstand und Exil im Bildungswesen der BRD und DDR – Eine vergleichende Studie, in: EUROPÄISCHE HOCHSCHULSCHRIFTEN, Reihe 11 – Pädagogik, Bd. 456, Verlag Peter Lang, Frankfurt am Main/Bern/New York/Paris 1990.

GROOTHOFF, HANS-HERMANN: Musische Erziehung: Entstehung und Untergang einer reformpädagogischen Bewegung (1920-1933 und 1945-1970), in: KAISER, HERMANN J./NOLTE, ECKHARD/ROSKE, MICHAEL (HRSG.): Vom pädagogischen Umgang mit Musik, Verlag B. Schott's Söhne, Mainz/London/Madrid/New York/Paris/Tokyo/Toronto 1993, S. 51-62.

GRUHN, WILFRIED: Geschichte der Musikerziehung – Eine Kultur- und Sozialgeschichte vom Gesangsunterricht der Aufklärungspädagogik zu ästhetisch-kultureller Bildung, Wolke Verlag, Hofheim 1993.

GÜNTHER, ULRICH: Die Sprache in der Musikerziehung, in: WPB, H. 11, 1965, S. 498-507.

GÜNTHER, ULRICH: Musikerziehung im Dritten Reich – Ursachen, Folgen, Folgerungen, in: MUB, H. 11, 1983, S. 11-17.

GÜNTHER, ULRICH: Musikerziehung im Dritten Reich – Ursachen und Folgen, in: SCHMIDT, HANS-CHRISTIAN (HRSG.): Handbuch der Musikpädagogik, Bd. 1, Bärenreiter-Verlag, Kassel/Basel/London 1986, S. 85-173.

GÜNTHER, ULRICH: 65 Jahre Musiklehrerausbildung im Spiegel ihrer Prüfungsordnungen – am Beispiel Preußens, des Deutschen Reiches und Niedersachsens, Teil 1, in: ZFMP, H. 45, 1988, S. 22-29, Teil 2, in: ZFMP, H. 46, 1988, S. 23-32, Teil 3, in: ZFMP, H. 47, 1988, S. 26-35.

GÜNTHER, ULRICH: Die Schulmusikerziehung von der Kestenberg-Reform bis zum Ende des Dritten Reiches, in: FORUM MUSIKPÄDAGOGIK, Bd. 5, Verlag Bernd Wißner, Augsburg ²1992.

GÜNTHER, ULRICH: Adorno und die Folgen – Schlaglichter auf die musikpädagogische Szene der Gegenwart, in: KAISER, HERMANN J./NOLTE, ECKHARD/ROSKE, MICHAEL (HRSG.): Vom pädagogischen Umgang mit Musik, Verlag B. Schott's Söhne, Mainz/London/Madrid/New York/Paris/Tokyo/Toronto 1993, S. 63-74.

GÜNTHER, ULRICH: Opportunisten? – Zur Biographie führender Musikpädagogen in Zeiten politischer Umbrüche, in: MIDS, H. 4, 1994, S. 187-201.

GUNDLACH, WILLI: Musikschule und allgemeinbildende Schule – Ein Beitrag zur Diskussion zwischen den Institutionen, in: MÜLLER-BECH, WERNER/STUMME, WOLFGANG (HRSG.): Die Musikschule, Bd. 1 – Situation – Meinungen – Aspekte, in: BAUSTEINE FÜR MUSIKERZIEHUNG UND MUSIKPFLEGE, Bd. 23, Verlag B. Schott's Söhne, Mainz/London/New York 1973, S. 120-127.

GURLITT, WILIBALD: Musikwissenschaftliche Forschung und Lehre in pädagogischer Sicht, in: BRENNECKE, WILFRIED/KAHL, WILLI/STEGLICH, RUDOLF (HRSG.): Bericht über den Internationalen Musikwissenschaftlichen Kongreß Bamberg 1953, Kassel/Basel 1954, S. 33-37.

HAASE, OTTO: Gesittung und Erziehung in England, in: PR, H. 1, 1948, S. 3-7.

HAASE, OTTO: Musisches Leben, in: PÄDAGOGISCHE BÜCHEREI, Bd. 19, Hermann Schroedel Verlag, Hannover/Darmstadt, ^{2}1951.

HAASE, OTTO: Das Musische und die politische Erziehung, in: PB, H. 1/2, 1953, S. 6-10.

HAASE, OTTO: Entgegnung, in: WPB, H. 11, 1959, S. 464-466.

HALBRITTER, MARIA: Schulreformpolitik in der britischen Zone von 1945 bis 1949, in: STUDIEN UND DOKUMENTATION ZUR DEUTSCHEN BILDUNGSGESCHICHTE, Bd. 13, Beltz Verlag, Weinheim/Basel 1979.

HAMANN, BRUNO: Geschichte des Schulwesens – Werden und Wandel der Schule im ideen- und sozialgeschichtlichen Zusammenhang, Verlag Julius Klinkhardt, Bad Heilbrunn, 1986.

HAMMEL, HEIDE: Eberhard Preußner – Anwalt der Musikerziehung und Menschenbildung, in: BEDEUTENDE MUSIKPÄDAGOGEN, Bd. 3, Karl Heinrich Möseler Verlag, Wolfenbüttel 1993.

HAMMELRATH, WILLI: Vom Musischen in der Erziehung, in: PR, H. 6, 1950, S. 385-391.

HARS, RUDOLF: Die Bildungsreformpolitik der Christlich-Demokratischen Union in den Jahren 1945 bis 1954 – Ein Beitrag zum Problem des Konservatismus in der deutschen Bildungspolitik, in: STUDIEN ZUR BILDUNGSREFORM Bd. 1, Verlag Peter Lang, Frankfurt am Main/Bern 1981.

HEER, JOSEF: Die pädagogische Ausbildung der Schulmusiker, in: MIU, H.6, 1949, S. 90-93.

HEER, JOSEF: Musikerziehung – heute – Zwei Vorträge zur Schulmusik, in: ZFM, H. 2, 1951, S. 58-70.

HEER, JOSEF: Zu den neuen Richtlinien für Musikerziehung an den Volksschulen in Nordrhein-Westfalen, in: PR, H. 3, 1951/52, S. 97-106.

HEER, JOSEF: Musikerziehung an den mittleren Schulen, in: FISCHER, HANS (HRSG.): Handbuch der Musikerziehung, Rembrandt-Verlag, Berlin 1954, S. 233-256.

HEER, JOSEPH: Musikerziehung in Volksschule und Lehrerbildung, in: SYDOW, KURT (HRSG.): Musik in Volksschule und Lehrerbildung, in: MUSIKALISCHE ZEITFRAGEN, Bd. 11, Bärenreiter-Verlag, Kassel/Basel 1961, S. 22-31.

HEER, JOSEF: Das neue Schulmusikbuch, in: HEER, JOSEF: Führung zur Musik – Beiträge zu musikpädagogischen und musikwissenschaftlichen Fragen, Aloys Henn Verlag, Ratingen 1966, S. 350-356. (= 1966a)

HEER, JOSEF: Die musikalische Ausbildung der Volksschullehrer, ebenda, S. 159-176. (= 1966b)

HEER, JOSEF: Die Musikerziehung in der Lehrerausbildung, ebenda, S. 123-135. (= 1966c)

HEGE-WILMSCHEN, INGRID: Die Entwicklung des Schulwesens in Köln 1945-1949, in: PAHL-RUGENSTEIN HOCHSCHULSCHRIFTEN GESELLSCHAFTS- UND NATURWISSENSCHAFTEN 178, Perspektiven der Pädagogik, Bd. 6, Pahl-Rugenstein Verlag, Köln 1984.

HEINEN, ERNST: Erziehungswissenschaftliche Fakultät, in: MEUTEN, ERICH (HRSG.): Die neue Universität – Daten und Fakten, in: KÖLNER UNIVERSITÄTSGESCHICHTE, Bd. 3, Böhlau Verlag, Köln/Wien 1988, S. 223-249.

HEINEN, ERNST: Aspekte der Geschichte der Erziehungswissenschaftlichen Fakultät der Universität zu Köln, in: LÜCKERATH, CARL AUGUST (HRSG.): Von den Generalstudien zur spezialisierten Universität – Vier Kolloquiumsvorträge zur deutschen Bildungs- und Wissenschaftsgeschichte, Köln 1990, S. 73-94.

HEISE, WALTER: Musiktechnik als Mittel und Gegenstand des Unterrichts, in: VALENTIN, ERICH/HOPF, HELMUTH (HRSG.): Neues Handbuch der Schulmusik, Gustav Bosse-Verlag, Regensburg 1975, S. 143-155.

HELMS, SIEGMUND: Musikpädagogik und Musikgeschichte, in: ALTENBURG, DETLEF (HRSG.): Ars musica – musica scientia – Festschrift Heinrich Hüschen, Gitarre + Laute Verlagsgesellschaft, Köln 1980, S. 240-245.

HELMS, SIEGMUND: Musikpädagogik zwischen den Weltkriegen – Edmund Joseph Müller, in: BEDEUTENDE MUSIKPÄDAGOGEN, Bd. 2, Karl Heinrich Möseler Verlag, Wolfenbüttel/Zürich 1988.

HELMS, SIEGMUND: Vom Gesanglehrer zum Musiklehrer – Zur Professionalisierung des Musiklehrers an allgemeinbildenden Schulen der Bundesrepublik Deutschland oder: Musiklehrer und Allgemeinbildung, in: SCHWEIZERISCHER MUSIKPÄDAGOGISCHER VERBAND SMPV (HRSG.): 'Ist Allgemeinbildung im Musikerberuf unverzichtbar?', o.J., S. 68-85.

HEUMANN, GÜNTER: Die Entwicklung des allgemeinbildenden Schulwesens in Nordrhein-Westfalen (1945/46-1958) – Ein erziehungsgeschichtlicher Beitrag, in: STUDIEN ZUR PÄDAGOGIK, ANDRAGOGIK UND GERONTAGOGIK, Bd. 5, Verlag Peter Lang, Frankfurt am Main/Bern/New York/Paris 1989.

HIMMELSTEIN, KLAUS: Kreuz statt Führerbild – Zur Volksschulentwicklung in Nordrhein-Westfalen 1945-1950, in: STUDIEN ZUR BILDUNGSREFORM, Bd. 13, Verlag Peter Lang, Frankfurt am Main/Bern/New York 1986.

HODEK, JOHANNES: Musikalisch-pädagogische Bewegung zwischen Demokratie und Faschismus – Zur Konkretisierung der Faschismus-Kritik Th. W. Adornos, Beltz Verlag, Weinheim/Basel 1977.

HÖCKNER, HILMAR: Grundprobleme des Schülermusizierens aufgezeigt am Entwicklungsgang einer praktischen Schulorchesterarbeit, in: FISCHER, HANS (HRSG.): Handbuch der Musikerziehung, Rembrandt-Verlag, Berlin 1954, S. 375-400.

HOFFMANN, ALFRED: Die bildungspolitischen Vorstellungen der CDU und SPD – Eine pädagogische Analyse ihrer Entwicklung von 1945-1965, Diss. phil. Erlangen-Nürnberg 1968, mschr.

HOFFMANN, BERND: From Mozart to No Art – Zur Ideologisierung von Bearbeitungen, in: FUCHS, INGRID (HRSG.): Internationaler Musikwissenschaftlicher Kongreß zum Mozartjahr 1991 in Baden bei Wien – Bericht, Verlag Hans Schneider, Tutzing 1993, S. 395-404.

HOLTMEYER, GERT: Schulmusik und Musiklehrer an der höheren Schule – Ein Beitrag zur Geschichte des Musikpädagogen in Preußen, in: FORUM MUSIKPÄDAGOGIK, Bd. 9, Verlag Bernd Wißner, Augsburg 1994.

HOLTSCHNEIDER, CARL: Grundsätze für die Neuregelung des Musikunterrichts, in: MIU, H. 10, 1949, S. 227-228.

JACOBS, HEINRICH: Die Bildung des Gehörs ist das wichtigste, in: MIU, H. 2, 1955, S. 35-37.

JAKOBY, RICHARD: Professor Hanns Berekoven (Oberhausen) 70 Jahre alt, in: MIU (Ausg. B), H. 10, 1963, S. 329.

JÖDE, FRITZ: Musikschulen für Jugend und Volk – Ein Gebot der Stunde, Julius Zwisslers Verlag (Inh. Georg Kallmeyer), Wolfenbüttel 1924.

JÖDE, FRITZ: Musikschulen für Jugend und Volk – Ein Gebot der Stunde, Georg Kallmeyer Verlag, Wolfenbüttel/Berlin ²1928.

JÖDE, FRITZ: Vom Wesen und Werden der Jugendmusik, in: BAUSTEINE FÜR MUSIKERZIEHUNG UND MUSIKPFLEGE, Bd. 10, Verlag B. Schott's Söhne, Mainz 1954.

JUNG, UTE: Walter Braunfels (1882-1954), Gustav Bosse Verlag, Regensburg, 1980.

JUST, HERBERT: Von Frankfurt/Oder nach Remscheid, in: KONTAKTE, H. 6, 1958, S. 276-279.

KAISER, HERMANN J.: Musikerziehung/Musikpädagogik, in: HELMS, SIEGMUND/SCHNEIDER, REINHARD/WEBER, RUDOLF (HRSG.): Kompendium der Musikpädagogik, Gustav Bosse Verlag, Kassel 1995, S. 9-41.

KAMLAH, WILHELM: Die Singbewegung und die musische Bildung, in: DIE SAMMLUNG, H. 12, 1955, S. 606-613.

KAPPERT, THEO: Das Musikgymnasium Köln, in: LINDLAR, HEINRICH (HRSG.): 130 Jahre Rheinische Musikschule Köln – Erbe und Auftrag 1975, Köln 1975, S. 64-68.

KELLER, WILHELM: Der Erzieher als Unterdrücker oder Befreier persönlicher Musikalität?, in: MIU, H. 1, 1955, S. 1-4.

KELLER, WILHELM: Progressive Musikpädagogik? Kritische Stellungnahme zu einer Rundfunkdiskussion mit Th. W. Adorno, in: MIU (Ausg. B), H. 1, 1959, S. 9-13.

KEMMELMEYER, KARL JÜRGEN: Musikpädagogik – Ein Rückblick, in: LUGERT, WULF DIETER/SCHÜTZ, VOLKER (HRSG.): Aspekte gegenwärtiger Musikpädagogik – Ein Fach im Umbruch, J. B. Metzlersche Verlagsbuchhandlung, Stuttgart 1991, S. 78-86.

KEMNITZ, HELMUT: Musische Schule, in: FISCHER, HANS (HRSG.): Handbuch der Musikerziehung, Rembrandt-Verlag, Berlin 1954, S. 77-86.

KEMPER, JOSEF: Gründung des 'Verbandes der Jugend- und Volksmusikschulen e.V.', in: JM, H. 6, 1952, S. 204-205.

KEMPER, MARTIN: Josef Heer, in: KÄMPER, DIETRICH (HRSG.): Rheinische Musiker, 6. Folge, in: BEITRÄGE ZUR RHEINISCHEN MUSIKGESCHICHTE, H. 80, Arno-Volk-Verlag, Köln 1969, S. 76-78.

KERBS, DIETHART: Historische Kunstpädagogik – Quellenlage, Forschungsstand, Dokumentation, in: BEITRÄGE ZUR SOZIALGESCHICHTE DER ÄSTHETISCHEN ERZIEHUNG, Bd. 1, DuMont Buchverlag, Köln 1976.

KESTENBERG, LEO: Musikerziehung und Musikpflege, Verlag Quelle & Meyer, Leipzig 1921.

KLAUSMEIER, FRIEDRICH: Jugend und Musik im technischen Zeitalter – Eine repräsentative Befragung in einer westdeutschen Großstadt, H. Bouvier & Co. Verlag, Bonn 1963.

KLINKHAMMER, RUDOLF/WEYER, REINHOLD: Musiklehrerausbildung in der Bundesrepublik Deutschland im Spannungsfeld zwischen Wissenschaft und Kunst, Gustav Bosse Verlag, Regensburg 1977.

KNOLLE, NIELS: Populäre Musik als Problem des Musikunterrichts, in: BEHNE, KLAUS-ERNST (HRSG.): Musikpädagogische Forschung, Bd. 1, Einzeluntersuchungen, Laaber-Verlag, Laaber 1980, S. 257-283.

KOLNEDER, WALTER: Musisches Gymnasium in neuer Form, in: MIU (Ausg. B), H. 11, 1964, S. 341-344.

KRANEMANN, NIELS: Anmerkungen zum Musikunterricht am Musischen Gymnasium Gaesdonck, in: GAESDONCKER BLÄTTER, H. 23, 1970, S. 8-14.

KRAUS, EGON: Neue Musik in der Schule, Teil 1, in: MIU, H. 7, 1949, S. 118-120, Teil 2, in: MIU, H. 8, 1949, S. 151-154. (= 1949a)

KRAUS, EGON: Welche Musik braucht unsere Jugend?, in: MIU, H. 3/4, 1949, S. 26-28. (= 1949b)

KRAUS, EGON: Die gemeinsame Aufgabe der Schul- und Privatmusikerziehung, in: MIU, H. 2, 1950, S. 37-40. (= 1950a)

KRAUS, EGON: Die neuen Stundentafeln für den Musikunterricht, in: MIU, H. 6, 1950, S. 161-164. (= 1950b)

KRAUS, EGON: Vorwort, in: KOCH, OTTO (HRSG.): Fredeburger Schriftenreihe – Musik in der deutschen Bildung, Aloys Henn Verlag, Ratingen 1950. S. 5-6. (= 1950c)

KRAUS, EGON: Ausbildung und Fortbildung des Schulmusikers, in: MIU, H. 4, 1951, S. 97-99. (= 1951a)

KRAUS, EGON: Der Musiklehrer als Erzieher, in: MIU, H. 2, 1951, S. 33-36. (= 1951b)

KRAUS, EGON: Stellungnahme zu Norbert Schneiders Ausführungen über die Ausbildung des Schulmusikers, in: MIU, H. 7/8, 1951, S. 210-212. (= 1951c)

KRAUS, EGON/OBERBORBECK, FELIX (HRSG.): Musik in der Schule, Bd. 3-5, Karl Heinrich Möseler Verlag, Wolfenbüttel 1951-1953. (= 1951d)

KRAUS, EGON/OBERBORBECK, FELIX (HRSG.): Musik in der Schule, Singfibel, Karl Heinrich Möseler Verlag, Wolfenbüttel 1951. (= 1951e)

KRAUS, EGON: Neue Richtlinien und Lehrpläne für die Musikerziehung in der Schule, in: MIU, H. 12, 1952, S. 357.

KRAUS, EGON: Audio-visuelle Hilfsmittel im Musikunterricht – Ein Gespräch zwischen Egon Kraus und Alfons Walter, in: MIU, H. 4, 1954, S. 102-103. (= 1954a)

KRAUS, EGON: Musikerziehung in der höheren Schule, in: FISCHER, HANS (HRSG.): Handbuch der Musikerziehung, Rembrandt-Verlag, Berlin 1954, S. 257-290. (= 1954b)

KRAUS, EGON: Reform der Schulmusikerziehung, in: KRAUS, EGON (HRSG.): Musikerziehung in der Schule – Vorträge der ersten Bundesschulmusikwoche Mainz 1955, Verlag B. Schott's Söhne, Mainz 1956, S. 20-39.

KRAUS, EGON: Wege der Erneuerung der Schulmusikerziehung seit 1900, Diss. phil. Innsbruck 1957, mschr.

KRAUS, EGON: Musikalische Werkbetrachtung in der Schule, in: MIU (Ausg. B), H. 3, 1958, S. 69-71.

KRAUS, EGON: Musische Erziehung in der pädagogischen Situation der Gegenwart, in: MIU (Ausg. B), H. 5, 1959, S. 137-143.

KRAUS, EGON: Musik als integrierender Bestandteil grundlegender Menschenbildung – Gedanken zur Saarbrücker Rahmenvereinbarung der Kultusminister, in: MIU (Ausg. B), H. 1, 1961, S. 1-3.

KRAUS, EGON: Didaktische und methodische Gestaltung der Oberstufe der Gymnasien, in: MIU (Ausg. B), H. 1, 1962, S. 8-11. (= 1962a)

KRAUS, EGON: Musik in der Bildung unserer Zeit, in: MIU, H. 2, 1962, S. 33-37. (= 1962b)

KRAUS, EGON: Musik in Schule und Lehrerbildung – Gedanken zu den Statistischen Erhebungen des Deutschen Musikrates, in: MIU (Ausg. B), H. 1, 1963, S. 1-9. (= 1963a)

KRAUS, EGON: Quantität und Qualität – Breitenarbeit und Begabtenförderung in der deutschen Musikerziehung, in: KRAUS, EGON (HRSG.): Quantität und Qualität in der deutschen Musikerziehung – Vorträge der fünften Bundesschulmusikwoche Stuttgart 1963, Verlag B. Schott's Söhne, Mainz 1963, S. 13-28. (= 1963b)

KRAUS, EGON: Das deutsche Schulliederbuch seit 1900, in: MIU (Ausg. B), H. 5, 1965, S. 151-156.

KRAUS, EGON: Empfehlungen, in: KRAUS, EGON (HRSG.): Der Einfluß der Technischen Mittler auf die Musikerziehung unserer Zeit – Vorträge der siebten Bundesschulmusikwoche Hannover 1968, Verlag B. Schott's Söhne, Mainz 1968, S. 318-324. (= 1968a)

KRAUS, EGON: Geleitwort zur 7. Bundesschulmusikwoche, ebenda, S. 7-13. (= 1968b)

LAAFF, ERNST: Musik in der Schule, in: DAS MUSIKLEBEN, H. 10, 1948, S. 226-232.

LAAFF, ERNST: Sprech-Erziehung, in: MIU (Ausg. B), H. 6, 1958, S. 161-164.

LEHBERGER, REINER: "Alles hängt in der Luft ..." – Neuanfang und Schulwirklichkeit nach 1945, in: PÄDAGOGIK, H. 12, 1996, S. 46-50.

LEMACHER, HEINRICH: Schulmusik der Gegenwart, in: DAS MUSIKLEBEN, H. 4, 1948, S. 108-109.

LEMACHER, HEINRICH: Der Kölner Musikerzieher Edmund Joseph Müller, in: KÖLNISCHE RUNDSCHAU, Beilage *Alt-Köln*, Köln 3. 2. 1950, S. 36.

LEMACHER, HEINRICH: Das Musikseminar der Kölner Musikhochschule, in: WIORA, WALTER (HRSG.): Musikerkenntnis und Musikerziehung – Dankesgaben für Hans Mersmann zu seinem 65. Geburtstag, Bärenreiter-Verlag, Kassel/Basel 1957, S. 91-93.

LEMMERMANN, HEINZ: Musikunterricht – Hinweise, Bemerkungen, Erfahrungen, Anregungen, in: DIDAKTISCHE GRUNDRISSE, Verlag Julius Klinkhardt, Bad Heilbrunn ^{3}1984.

LIERTZ, GISELA: Jugendmusikschule und Privatmusikerzieher, in: MIU, H. 12, 1955, S. 355-356.

LINDE, LAURENZ VAN DER: Zur Einrichtung des musischen Gymnasialzweiges in Gaesdonck zu Ostern 1965, in: GAESDONCKER BLÄTTER, H. 18, 1965, S. 3-4.

LUSERKE, MARTIN: Akademiekurse für musische Elementarbildung? – Vorschlag eines Gesprächs am Runden Tisch, in: DIE SAMMLUNG, H. 1, 1952, S. 41-45.

MAACK, RUDOLF: Vom Zusammenhang der musischen Fächer in der Schule, in: KOCH, OTTO (HRSG.): Fredeburger Schriftenreihe – Musik in der deutschen Bildung, Aloys Henn Verlag, Ratingen 1950, S. 15-24.

MAIWALD, RENATE: Der Begriff des Musischen und seine Verwendung in der Pädagogik – Zur Aktualisierung der pädagogischen Dimension des Musischen unter Berücksichtigung der historischen Determination, in: PÄDAGOGIK IN DER BLAUEN EULE, Bd. 6, Verlag Die Blaue Eule, Essen 1991.

MANNZMANN, ANNELIESE (HRSG.): Geschichte der Unterrichtsfächer I, Kösel Verlag, München 1983.

MARBACH, GERTRUD: Musikerzieher und Schulfunk, in: MIU (Ausg. B), H. 11, 1964, S. 386-388.

MARKERT, MARGRET: Re-education auf Deutsch – Bildungsgänge Wilhelmsburger Abiturienten aus den Jahren 1947 bis 1952, in: PÄDAGOGIK, H. 10, 1996, S. 52-55.

MASKUS, RUDI: Die Entwicklung der Mittel- und Realschulen seit 1945 und die gegenwärtige Konzeption, in: Die Deutsche Schule, H. 4, 1969, S. 207-215.

MATTHEWES, ERNST: Musik als Lebenshilfe, in: KRAUS, EGON (HRSG.): Musik als Lebenshilfe – Vorträge der zweiten Bundesschulmusikwoche Hamburg 1957, Musikverlag Hans Sikorski, Hamburg 1958, S. 53-59.

MAYER-ROSA, EUGEN: Zur Neuordnung des Musikschulwesens, in: MIU (Ausg. B), H. 9, 1964, S. 274-278.

MERSMANN, HANS: Das Musikseminar, in: MUSIKPÄDAGOGISCHE BIBLIOTHEK, H. 11, Verlag Quelle & Meyer, Leipzig 1931.

MERSMANN, HANS: Standort und Ausblick, in: FESTSCHRIFT ZUR FEIER DER GRÜNDUNG DES KÖLNER KONSERVATORIUMS IM JAHRE 1850 UND DER STAATLICHEN HOCHSCHULE FÜR MUSIK IM JAHRE 1925, Köln 1950, S. 46-50.

MERSMANN, HANS: Musikhören, Verlag Hans F. Menk, Frankfurt am Main ²1952.

MESSERSCHMID, FELIX: Alte Wahrheit und neue Ordnung – Grundfragen der Erziehung und Bildung, in: DER DEUTSCHENSPIEGEL – Schriften zur Erkenntnis und Erneuerung, Bd. 11, Deutsche Verlags-Anstalt, Stuttgart 1946.

MESSERSCHMID, FELIX: Musische Erziehung heute, in: PR, H. 4, 1949/50, S. 166-169.

MESSERSCHMID, FELIX: Musische Bildung, in: MESSERSCHMID, FELIX/HAAG, ERICH/BARTNING, OTTO: Musische Bildung – Wesen und Grenzen, Werkbund-Verlag, Würzburg 1954, S. 11-55.

MESSERSCHMID, FELIX: Musik, Musikerziehung und politische Bildung, in: KRAUS, EGON (HRSG.): Musik und Musikerziehung in der Reifezeit – Vorträge der dritten Bundesschulmusikwoche München 1959, Verlag B. Schott's Söhne, Mainz 1959, S. 61-69.

MESSERSCHMID, FELIX: Schule und Musik, in: SYDOW, KURT (HRSG.): Musik in Volksschule und Lehrerbildung, in: MUSIKALISCHE ZEITFRAGEN, Bd. 11, Bärenreiter-Verlag, Kassel/Basel 1961, S. 11-21.

MESSERSCHMID, FELIX: Politische und Musische Bildung, in: ZFP, 3. Beiheft – Das Problem der Didaktik, 1963, S. 5-18.

MIES, PAUL: Musik im Unterricht der höheren Lehranstalten, Bd. 1, Musikverlag P. J. Tonger, Köln 1925.

MIES, PAUL: Der Sinn der Musikgeschichte, in: DIE MUSIK, H. 1, 1930, S. 14-18.

MIES, PAUL: Das Institut für Schulmusik an der Staatlichen Hochschule für Musik Köln, in: FESTSCHRIFT ZUR FEIER DER GRÜNDUNG DES KÖLNER KONSERVATORIUMS IM JAHRE 1850 UND DER STAATLICHEN HOCHSCHULE FÜR MUSIK IM JAHRE 1925, Köln 1950, S. 35-36. (= 1950a)

MIES, PAUL: Musikunterricht an höheren Schulen, in: MIU, H. 1, 1950, S. 11-15. (= 1950b)

MIES, PAUL: Musikgeschichte in der höheren Schule, in: MiU, H. 6, 1953, S. 161-165.

MOSER, HANS JOACHIM: Der Schulmusiker-Nachwuchs und seine Ausbildung, in: MiU, H. 9, 1949, S. 176-179.

MOSER, HANS JOACHIM: Der Weg der deutschen Schulmusik in der ersten Hälfte des 20. Jahrhunderts, in: KRAUS, EGON (HRSG.): Musikerziehung in der Schule – Vorträge der ersten Bundesschulmusikwoche Mainz 1955, Verlag B. Schott's Söhne Mainz 1956, S. 11-20.

MÜNNICH, RICHARD: Ziel des Schulmusikunterrichts, in: FISCHER, HANS (HRSG.): Handbuch der Musikerziehung, Rembrandt-Verlag, Berlin 1954, S. 67-76.

NEUNER, INGRID: Der Bund Entschiedener Schulreformer 1919-1933 – Programmatik und Realisation, in: WÜRZBURGER ARBEITEN ZUR ERZIEHUNGSWISSENSCHAFT, Verlag Julius Klinkhardt, Bad Heilbrunn 1980.

NITSCHE, PAUL: Stimmbildung und Stimmpflege in der Schule, in: FISCHER, HANS (HRSG.): Handbuch der Musikerziehung, Rembrandt-Verlag, Berlin 1954, S. 327-350.

NITSCHE, PAUL: Der Schulmusikerzieher als Stimmbildner, in: MiU (Ausg. B), H. 4, 1956, S. 110-111.

NITSCHE, PAUL: Schulmusik und Chorgesang, in: MiU (Ausg. B), H. 12, 1965, S. 400-406.

NOLL, GÜNTHER: Bibliographie zur Geschichte der Musikpädagogik, in: ABEL-STRUTH, SIGRID (HRSG.): Aktualität und Geschichtsbewußtsein in der Musikpädagogik, in: MUSIKPÄDAGOGIK – FORSCHUNG UND LEHRE, Bd. 9, Verlag B. Schott's Söhne, Mainz 1973, S. 114-152.

NOLL, GÜNTHER (HRSG.): Musikpädagogik im Rheinland – Beiträge zu ihrer Geschichte im 20. Jahrhundert, in: BEITRÄGE ZUR RHEINISCHEN MUSIKGESCHICHTE, Bd. 155, Verlag Merseburger Berlin, Kassel 1996.

OBERBORBECK, FELIX: Der Musikstudienrat – Versuche einer Diagnose seiner Stellung in der höheren Schule, in: ZFM, H. 11, 1952, S. 622-628. (= 1952a)

OBERBORBECK, FELIX/MOSER, HANS JOACHIM/LAAFF, ERNST: Schulmusik – Bericht der Kommission Musikerziehung der Gesellschaft für Musikforschung, in: MiU, H. 7/8, 1952, S. 207-209. (= 1952b)

OBERBORBECK, FELIX: Chorerziehung, in: FISCHER, HANS (HRSG.): Handbuch der Musikerziehung, Rembrandt-Verlag, Berlin 1954, S. 351-373. (= 1954a)

OBERBORBECK, FELIX: Der Lehrer als Musikerzieher – Musik in Schule und Lehrerbildung, in: ZFM, H. 12, 1954, S. 721-725. (= 1954b)

OBERBORBECK, FELIX: Grundzüge rheinischer Musikerziehung der vergangenen fünfzig Jahre, in: KAHL, WILLI U.A. (HRSG.): Studien zur Musikgeschichte des Rheinlandes – Festschrift zum 80. Geburtstag von Ludwig Schiedermair, in: BEITRÄGE ZUR RHEINISCHEN MUSIKGESCHICHTE, H. 20, Arno Volk-Verlag, Köln 1956, S. 77-96.

OBERBORBECK, FELIX: Musik in der Lehrerbildung, in: MiU (Ausg. B), H. 10, 1958, S. 278-279.

OBERBORBECK, FELIX: Musik in der Volksschule, in: MiU (Ausg. B), H 2, 1959, S. 44-45.

OBERBORBECK, FELIX: Geschichte der Schulmusik in Deutschland 1810-1960 (unter Stichwort 'Musikerziehung'), in: BLUME, FRIEDRICH (HRSG.): MGG, Bd. 9, Bärenreiter-Verlag, Kassel/Basel/London/New York 1961, Sp. 1120-1130. (= 1961a)

OBERBORBECK, FELIX: Zur Organisation in der Lehrerbildung, in: SYDOW, KURT: Musik in Volksschule und Lehrerbildung, in: MUSIKALISCHE ZEITFRAGEN, Bd. 11, Bärenreiter-Verlag, Kassel/Basel 1961, S. 88-90. (= 1961b)

OTT, THOMAS: Probleme der Musiklehrerausbildung damals und heute, in: SCHMIDT, HANS-CHRISTIAN (HRSG.): Handbuch der Musikpädagogik, Bd. 1, Bärenreiter-Verlag, Kassel/Basel/London 1986, S. 461-501.

OTTO, GUNTER: Die Theorie der musischen Bildung und ihr Verhältnis zur Realität, in: WPB, H. 11, 1959, S. 457-464.

OTTO, HANS: Volksgesang und Volksschule – Eine Didaktik, Bd. 1 – Grundbesinnung – Der Volksgesang als Ziel der Musikerziehung, Hermann Moeck Verlag, Celle 1957.

OTTO, HANS: Volksgesang und Volksschule – Eine Didaktik, Bd. 2 – Der Unterricht – Gesänge und Lieder in didaktischer Ordnung, Hermann Moeck Verlag, Celle 1959.

OTTWEILER, OTTWILM: Die Volksschule im Nationalsozialismus, Beltz Verlag, Weinheim/Basel 1979.

OVERESCH, MANFRED: Das besetzte Deutschland 1945-1947 – Eine Tageschronik der Politik, Wirtschaft, Kultur, Weltbild Verlag, Augsburg 1992.

PAKSCHIES, GÜNTER: Umerziehung in der Britischen Zone – Untersuchungen zur britischen Re-education-Politik 1945-1949 unter besonderer Berücksichtigung des allgemeinbildenden Schulwesens, Diss. phil. Göttingen 1977, in: STUDIEN UND DOKUMENTATIONEN ZUR DEUTSCHEN BILDUNGSGESCHICHTE, Bd. 9, Sonderdruck, Frankfurt am Main 1978.

PAKSCHIES, GÜNTER: Re-education und die Vorbereitung der britischen Bildungspolitik in Deutschland während des Zweiten Weltkrieges, in: HEINEMANN, MANFRED (HRSG.): Umerziehung und Wiederaufbau – Die Bildungspolitik der Besatzungsmächte in Deutschland und Österreich, Verlag Klett-Cotta, Stuttgart 1981, S. 103-113.

PAPE, HEINRICH: Musische Bildung – ein Auftrag ohne Erfüllung, in: MiU (Ausg. B), H. 11, 1962, S. 309-314.

PAUL, HEINZ OTTO: Musikerziehung und Musikunterricht in Geschichte und Gegenwart, Universitäts- und Schulbuchverlag, Saarbrücken 1973.

PETERS, WALTER: Lehrerausbildung in Nordrhein-Westfalen 1955-1980 – Von der Pädagogischen Akademie über die Pädagogische Hochschule zum Aufbruch in die Universität, in: STUDIEN ZUR PÄDAGOGIK, ANDRAGOGIK UND GERONTAGOGIK, Bd. 32, Verlag Peter Lang, Frankfurt am Main/Berlin/Bern/New York/Paris/Wien 1996.

PFAFF, HERBERT: Saarbrücker Rahmenvereinbarung – "Die Zukunft der Musik entscheidet sich in der Schule", in: MiU (Ausg. B), H. 12, 1960, S. 367-369.

PFANNENSTIEL, EKKEHART: Lied und Erziehung, Karl Heinrich Möseler Verlag, Wolfenbüttel 1953.

PHLEPS, THOMAS: "Es geht eine helle Flöte ..." – Einiges zur Aufarbeitung der Vergangenheit in der Musikpädagogik heute, in: MUB, H. 6, 1995, S. 64-74.

PFAUTZ, HERMANN: 'Musikpädagogische Musik', in: HAUSMUSIK, H. 4, 1952, S. 102-104.

PINGEL, FALK: Wissenschaft, Bildung und Demokratie – der gescheiterte Versuch einer Universitätsreform, in: FOSCHEPOTH, JOSEF/STEINIGER, ROLF (HRSG.): Britische Deutschland- und Besatzungspolitik 1945-1949, Verlag Ferdinand Schöningh, Paderborn 1985, S. 183-209.

PÖGGELER, FRANZ: Musische Erziehung, ihre Geschichte, ihr Wirken, ihre Grenze, in: VFWP, H. 3, 1952, S. 205-230.

POHL, WOLFGANG: Junge Musik – Kritik zu Festliche Tage – Junge Musik in Wanne Eickel in der Zeitung *Die Welt*, abgedruckt in: JM, H. 4, 1952, S. 144.

PROBST, WERNER: Zur Geschichte der Musikschule Leverkusen, in: NOLL, GÜNTHER (HRSG.): Musikpädagogik im Rheinland – Beiträge zu ihrer Geschichte im 20. Jahrhundert, in: BEITRÄGE ZUR RHEINISCHEN MUSIKGESCHICHTE, Bd. 155, Verlag Merseburger Berlin, Kassel 1996, S. 124-136.

RABSCH, EDGAR (HRSG.): Musik – Ein Schulwerk für die Musikerziehung, Ausgabe A, Teil 1 – Musik zum Anfang – Eine Musikfibel, Verlag Moritz Diesterweg, Frankfurt am Main/Berlin/Bonn, ^{5}1961.

RADZIBOR, HILDEGARD VON: Untersuchungen zur Musikgeschichte der Stadt Düren, in: BEITRÄGE ZUR RHEINISCHEN MUSIKGESCHICHTE, H. 79, Arno Volk-Verlag, Köln 1969.

REBLE, ALBERT: Geschichte der Pädagogik, Verlag Klett-Cotta, Stuttgart ^{18}1995.

REHBERG, KARL: Erleben und Verstehen – Der pädagogisch-psychologische Gedankenkreis Eduard Sprangers und das Problem der musikalischen Werkbetrachtung, in: MPZ QUELLEN-SCHRIFTEN, Bd. 21, bibliographisch überarbeitet, ergänzt und mit einer Einführung versehen von Ursula Eckart-Bäcker, Zentralstelle für musikpädagogische Dokumentation der Hochschule für Musik Köln, Köln o.J.

REUSCH, ULRICH: Versuche zur Neuordnung des Berufsbeamtentums, in: FOSCHEPOTH, JOSEF/STEININGER, ROLF (HRSG.): Britische Deutschland- und Besatzungspolitik 1945-1949, Verlag Ferdinand Schöningh, Paderborn 1985, S. 171-181.

RIBHEGGE, WILHELM: 'Preußen im Westen' – Großbritannien, die Gründung des Landes Nordrhein-Westfalen 1946 und die Wiedergeburt der Demokratie in Deutschland, in: AUS POLITIK UND ZEITGESCHICHTE B 28/95, S. 34-46.

RIEMER, OTTO: Einführung in die Geschichte der Musikerziehung, in: TASCHENBÜCHER ZUR MUSIKWISSENSCHAFT, Bd. 4, Heinrichshofen's Verlag, Wilhelmshaven 1970.

RITZEL, WOLFGANG: Philosophie und Pädagogik im 20. Jahrhundert, Wissenschaftliche Buchgesellschaft, Damrstadt 1980.

RÖHRICH, LUTZ: Vorwort, in: BREDNICH, ROLF WILHELM/RÖHRICH, LUTZ/SUPPAN, WOLFGANG (HRSG.): Handbuch des Volksliedes, Bd. 1, Wilhelm Fink Verlag, München 1973, S. 7-18.

ROHWER, JENS: Junge-Musik-Bewegung im Feuer der Kritik, in: JM, H. 4, 1953, S. 107-111.

ROMBACH, HEINRICH (HRSG.): Lexikon der Pädagogik, Bd. 2, Herder Verlag, Freiburg/Basel/Wien ^{4}1965.

ROSKE, MICHAEL: Umrisse einer Sozialgeschichte der Instrumentalpädagogik, in: RICHTER, CHRISTOPH (HRSG.): Handbuch der Musikpädagogik, Bd. 2, Bärenreiter-Verlag, Kassel/Basel/London 1993, S. 158-196.

RUBARTH, HERMANN: Die gegenwärtige Situation der Schulmusik – Zur Diskussion über die Ziele im Unterricht, in: MiU, H. 1, 1952, S. 2-4.

RÜDIGER, KARL: Zur Richtlinienentwicklung im Fach Musik am Gymnasium in Nordrhein-Westfalen, in: NOLL, GÜNTHER (HRSG.): Musikpädagogik im Rheinland – Beiträge zu ihrer Geschichte im 20. Jahrhundert, in: BEITRÄGE ZUR RHEINISCHEN MUSIKGESCHICHTE, Verlag Merseburger Berlin, Kassel 1996, S. 97-114.

RUPIEPER, HERMANN-JOSEF: Die Wurzeln der westdeutschen Nachkriegsdemokratie – Der amerikanische Beitrag, Westdeutscher Verlag, Opladen 1993.

RUPPERT, JOHANN PETER: Seelische Grundlagen der sozialen Erziehung, Bd. 2, Die Schule als Sozialgebilde und Lebensform (Eine Sozialpsychologie im Raum der Schule), Beltz Verlag, Weinheim/Berlin 1954.

RUTT, THEODOR: Josef Heer, in: HEER, JOSEF: Führung zur Musik – Beiträge zu musikpädagogischen und musikwissenschaftlichen Fragen, Aloys Henn Verlag, Ratingen 1966, S. 357-367.

SAMBETH, HEINRICH M.: Die schriftliche Darstellung der Liedgestalt, in: WIORA, WALTER (HRSG.): Das Volkslied heute, in: MUSIKALISCHE ZEITFRAGEN, Bd. 7, Bärenreiter-Verlag, Kassel/Basel 1959, S. 49-51.

SAUERBIER, HILDEGARD: Musische Erziehung, in: ZFM, H. 11, 1951, S. 573-576.

SCHAFFRATH, HELMUT/FUNK-HENNINGS, ERIKA/OTT, THOMAS/PAPE, WINFRIED: Studie zur Situation des Musikunterrichts und der Musiklehrer an allgemeinbildenden Schulen der Bundesrepublik Deutschland und West-Berlins, in: MUSIKPÄDAGOGIK – FORSCHUNG UND LEHRE, Bd. 20, Mainz/London/New York/Tokyo 1982.

SCHERBER, PAUL FRIEDRICH: Jugendmusikschule und Privatmusikunterricht, in: TWITTENHOFF, WILHELM/SCHERBER, PAUL FRIEDRICH (HRSG.): Die Jugendmusikschule (Neue Musikschulen II) – Idee und Wirklichkeit in: BAUSTEINE FÜR MUSIKERZIEHUNG UND MUSIKPFLEGE, Bd. 12, Verlag B. Schott's Söhne, Mainz 1956, S. 25-27.

SCHLIESS, GERO: Umfassende Versäumnisse – Abbau und innere Schwäche: Zur Situation der Schulmusik, in: FAZ, Nr. 248, 1994, S. 38.

SCHMIDT, HUGO WOLFRAM/WEBER, ALOYS (HRSG.): Die Garbe – Aus der Ernte deutscher Volkslieder, Musikverlag P. J. Tonger, Köln 1943.

SCHMIDT, WOLFGANG: Musikpädagogische Fortbildung, in: PR, H. 5, 1947, S. 289-290.

SCHMÜCKER, ELSE: Bemerkungen über musische Bildung in der Schule, in: PR, H. 2, 1949, S. 49-54.

SCHMÜCKER, ELSE: Schule und Musisches Leben, in: BEITRÄGE ZUR MUSIKERZIEHUNG, Bd. 1, Verlag Merseburger Berlin, Darmstadt 1952.

SCHMÜCKER, ELSE: Lebensart, in: ROMBACH, HEINRICH (HRSG.): Lexikon der Pädagogik, Bd. 3, Herder Verlag, Freiburg/Basel/Wien ⁴1965, Sp. 197-200.

SCHNEIDER, ALBERT: Musikhochschule und Kulturleben, in: FESTSCHRIFT ZUR FEIER DER GRÜNDUNG DES KÖLNER KONSERVATORIUMS IM JAHRE 1850 UND DER STAATLICHEN HOCHSCHULE FÜR MUSIK IM JAHRE 1925, Köln 1950, S. 51-54.

SCHNEIDER, ALBERT: Ein neuer Studienplan am Kölner Institut für Schulmusik, in: ZFM, H. 5, 1955, S. 302-303.

SCHNEIDER, ALBERT: Die Kölner Musikhochschule nach dem Zweiten Weltkrieg, in: WIORA, WALTER (HRSG.): Musikerkenntnis und Musikerziehung – Dankesgaben für Hans Mersmann zu seinem 65. Geburtstag, Bärenreiter-Verlag, Kassel/Basel 1957, S. 123-128. (= 1957a)

SCHNEIDER, ALBERT: Privatmusiklehrer-Seminar, in: BERICHT der Staatlichen Hochschule für Musik Köln und der Rheinischen Musikschule der Stadt Köln über die Jahre 1953-1956, Köln 1957, S. 38. (= 1957b)

SCHNEIDER, NORBERT: Die Ausbildung des Schulmusikers, in: MIU, H. 7/8, 1951, S. 207-210.

SCHNEIDER, NORBERT: Untersuchungen zum Wertproblem im Bereich der Musik, aufgezeigt am Beispiel: Volkslied und Schlager, in: KRAUS, EGON (HRSG.): Musikerziehung in der Schule – Vorträge der ersten Bundesschulmusikwoche Mainz 1955, Verlag B. Schott's Söhne, Mainz 1956, S. 243-254.

SCHNEIDER, NORBERT: Die Situation der Musikerziehung an höheren Schulen, in MiU (Ausg. B), H. 3, 1957, S. 65-68. (= 1957a)

SCHNEIDER, NORBERT: Schulmusik, in: BERICHT der Staatlichen Hochschule für Musik Köln und der Rheinischen Musikschule der Stadt Köln über die Jahre 1953-1956, Köln 1957, S. 37. (= 1957b)

SCHNEIDER, NORBERT: Zur Situation der Musikerziehung an Höheren Schulen, in: WIORA, WALTER (HRSG.): Musikerkenntnis und Musikerziehung – Dankesgaben für Hans Mersmann zu seinem 65. Geburtstag, Bärenreiter-Verlag, Kassel/Basel 1957, S. 131-134. (= 1957c)

SCHNIPPENKÖTTER, JOSEF: Rede zu der Wiedereröffnung der höheren Schulen in der Nord-Rheinprovinz, Ferd. Dümmlers Verlag, Bonn 1945.

SCHOCH, RUDOLF: Musikerziehung an der Volksschule, in: MiU, H. 6, 1954, S. 170-173.

SCHOLTZ, HARALD/STRANZ, ELMAR: Nationalsozialistische Einflußnahmen auf die Lehrerbildung, in: HEINEMANN, MANFRED (HRSG.): Erziehung und Schulung im Dritten Reich, Teil 2 – Hochschule, Erwachsenenbildung, in: VERÖFFENTLICHUNGEN DER HISTORISCHEN KOMMISSION DER DEUTSCHEN GESELLSCHAFT FÜR ERZIEHUNGSWISSENSCHAFTEN, Bd. 4/2, Verlag Klett-Cotta, Stuttgart 1980, S. 110-124.

SCHULZ-KÖHN, DIETRICH/GIESELER, WALTER: Jazz in der Schule, in: BEITRÄGE ZUR SCHULMUSIK, H. 6, Karl Heinrich Möseler Verlag, Wolfenbüttel 1959.

SCHWEIZER, WILHELM: Die Musikerziehung im Bildungsplan der Höheren Schulen, in: KRAUS, EGON (HRSG.): Musik und Musikerziehung in der Reifezeit – Vorträge der dritten Bundesschulmusikwoche in München 1959, Verlag B. Schott's Söhne, Mainz 1959, S. 189-196.

SEGLER, HELMUT: Das 'Volkslied' im Musikunterricht, in: BREDNICH, ROLF WILHELM/RÖHRICH, LUTZ/SUPPAN, WOLFGANG (HRSG.): Handbuch des Volksliedes, Bd. 2, Wilhelm Fink Verlag, München 1975, S. 681-709.

SEGLER, HELMUT/ABRAHAM, LARS ULRICH: Musik als Schulfach, in: SCHRIFTENREIHE DER PÄDAGOGISCHEN HOCHSCHULE BRAUNSCHWEIG, H. 13, Verlag Waisenhaus, Braunschweig 1966.

SEIDENFADEN, FRITZ: Die musische Erziehung in der Gegenwart und ihre geschichtlichen Quellen und Voraussetzungen, Diss. phil. Münster, 1958, mschr.

SEIDENFADEN, FRITZ: Über Sinn und Grenzen der Selbsttätigkeit, in: WPB, H. 12, 1960, S. 474-477.

SEIDENFADEN, FRITZ: Wesenszüge musischer Erziehung in geschichtlicher Sicht, in: WPB, H. 4, 1960, 123-128.

SEIDENFADEN, FRITZ: Musische Erziehung, Heilpädagogik und Psychotherapie, in: NEUE SAMMLUNG, H. 1, 1961, S. 38-52. (= 1961a)

SEIDENFADEN, FRITZ: Recht und Grenzen des Musischen in der Schule, in: KONTAKTE, H. 4, 1961, S. 157-161. (= 1961b)

SEIDENFADEN, FRITZ: Die musische Erziehung in der Gegenwart und ihrer geschichtlichen Quellen und Voraussetzungen, in: BEITRÄGE ZUR ERZIEHUNGSWISSENSCHAFT, Aloys Henn Verlag, Ratingen 1966.

SOWA, GEORG: Zur Problematik der Musikdidaktik an der Volksschule, in: MiU (Ausg. B), H. 2, 1964, S. 52-54.

SOWA, GEORG: Traum und Wirklichkeit der neuhumanistischen musikalischen Bildungskonzeption, in: KRAUS, EGON (HRSG.): Forschung in der Musikerziehung 1974, Verlag B. Schott's Söhne, Mainz 1974, S. 106-120.

SPEER, GOTTHARD: Grundbildung und Wahlfreiheit – Zur Problematik der gegenwärtigen musikalischen Lehrerbildung, in: KRAUS, EGON (HRSG.): Quantität und Qualität in der deutschen Musikerziehung – Vorträge der fünften Bundesschulmusikwoche Stuttgart 1963, Verlag B. Schott's Söhne, Mainz 1963, S. 167-175.

SPEER, GOTTHARD: Erlebte Musikpädagogik. Von der Pädagogischen Akademie Köln bis zur Erziehungswissenschaftlichen Fakultät der Universität zu Köln, in: KLINKHAMMER, RUDOLF (HRSG.): Schnittpunkte Mensch Musik – Beiträge zur Erkenntnis und Vermittlung von Musik, Gustav Bosse Verlag, Regensburg 1985, S. 237-244.

SPEH, SIGRUN: Jugend + Musik in Nordrhein-Westfalen 1948-1988, in: RESONANZEN 1988-18. RUNDBRIEF DER LANDESARBEITSGEMEINSCHAFT MUSIK NORDRHEIN-WESTFALEN E.V., Remscheid 1988.

STAATLICHE HOCHSCHULE FÜR MUSIK KÖLN (HRSG.): Gliederung der Hochschule – Anlage 2, Institut für Schulmusik, Köln 1960.

STEININGER, ROLF: Deutsche Geschichte seit 1945 – Darstellung und Dokumentation in vier Bänden, Band 1, Fischer Taschenbuch Verlag, Frankfurt am Main 1996.

STOFFELS, HERMANN: Richtlinientagung für Musikerziehung in Nordrhein-Westfalen, in: MiU (Ausg.B), H. 11, 1960, S. 334-335.

STOVEROCK, DIETRICH: Betrachtungen zur Privatmusiklehrerprüfung, in: MiU, H. 2, 1949, S. 11-14.

STOVEROCK, DIETRICH: Die Ausbildung des Musikerziehers für die Höhere Schule, in: ZFM, H. 2, 1951, S. 79-82.

STOVEROCK, DIETRICH: Die Ausbildung von Musikerziehern an Mittelschulen, in: MiU (Ausg. B), H. 12, 1957, S. 353-356.

STOVEROCK, DIETRICH: Singt und Spielt – Musikbuch für die Schulen, 3. Bd. A, Verlag Velhagen & Klesing, Berlin/Bielefeld/Hannover, ³1959.

STUMME, WOLFGANG: Jugendmusikschule und allgemeinbildende Schulen, in: TWITTENHOFF, WILHELM/SCHERBER, PAUL FRIEDRICH (HRSG.): Die Jugendmusikschule (Neue Musikschulen II) – Idee und Wirklichkeit in: BAUSTEINE FÜR MUSIKERZIEHUNG UND MUSIKPFLEGE, Bd. 12, Verlag B. Schott's Söhne, Mainz 1956, S. 23-25.

STUTTE, WILLY: Jazz in der Schulmusikpraxis, ein Kapitel moderner Musikkunde, in: MiU (Ausg. B), H. 7/8, 1959, S. 235-238.

SYDOW, ALEXANDER: Das Lied in der Schule, in: FISCHER, HANS (HRSG.): Handbuch der Musikerziehung, Rembrandt-Verlag, Berlin 1954, S. 291-326. (= 1954a)

SYDOW, KURT: 'Musische Erziehung zwischen Kult und Kunst' zu dem Buch gleichen Titels von Theodor Warner, in: JM, H. 6, 1954, S. 190-192. (= 1954b)

SYDOW, ALEXANDER: Jazz und Schule – Ein Beitrag zur grundsätzlichen Haltung des Musikerziehers, in: MiU, H. 1, 1956, S. 10-13.

SYDOW, ALEXANDER: Das Lied – Ursprung, Wesen und Wandel, Verlag Vandenhoeck & Ruprecht, Göttingen 1962.

SYDOW, KURT: Circulus vitiosus? – Der musikalische Bildungsstand von Bewerbern für den Lehrerberuf, in: MUSICA, H. 2, 1952, S. 54-59.

SZIBORSKY, LUCIA: Adornos Musikphilosophie – Genese – Konstitution – Pädagogische Perspektiven, Wilhelm Fink Verlag, München 1979.

TAUSCHER, HILDEGARD: Die rhythmisch-musikalische Entwicklung in der Schule, in: MiU (Ausg. B), H. 9, 1960, S. 249-252.

TETZNER, BRUNO: Die Landesarbeitsgemeinschaft Jugendmusik Nordrhein-Westfalen, ihr Werden und Wirken, in: JM, H. 3, 1956, S. 98-99.

TETZNER, BRUNO: Zur Entwicklung der kulturellen außerschulischen Jugendbildung in Nordrhein-Westfalen, in: NOLL, GÜNTHER (HRSG.): Musikpädagogik im Rheinland – Beiträge zu ihrer Geschichte im 20. Jahrhundert, in: BEITRÄGE ZUR RHEINISCHEN MUSIKGESCHICHTE, Bd. 155, Verlag Merseburger Berlin, Kassel 1996, S. 211-226.

TEUSCHER, HANS: Von der Schuloper zum musikalischen Spiel, in: MiU, H. 9, 1953, S. 248-251.

THIEL, JÖRN: Technik und Muse I, in: JM, H. 3, 1956, S. 86-89.

THIEL, JÖRN: Muse und Technik in der Diskussion 1957, in: JM, H. 8, 1957, S. 243-245.

THIEL, JÖRN: Technische Mittler und Pädagogik in Musik, Spiel und Tanz, in: MiU (Ausg. B), H. 10, 1960, S. 290-294.

THOMAS, KURT: Die erzieherische Wirkung des Chorsingens, in: MiU, H. 11, 1953, S. 316-317.

THOMAS, WERNER: Musikpädagogik zwischen Tradition und Progressivität, in: ZFMP, H. 9, 1979, S. 15-24.

TRÄDER, WILLI: Neues Liedgut und neue Chormusik für die Schule, in: MiU (Ausg. B), H. 10, 1963, S. 313-316.

TWITTENHOFF, WILHELM: Jugend und Jazz, Teil 2, in: MiU, H. 4, 1950, S. 101-105. (= 1950a)

TWITTENHOFF, WILHELM: Neue Musikschulen – Eine Forderung unserer Zeit, in: BAUSTEINE FÜR MUSIKERZIEHUNG UND MUSIKPFLEGE, Bd. 1, Verlag B. Schott's Söhne, Mainz 1950. (= 1950b)

TWITTENHOFF, WILHELM: Die Erneuerung der Musikkultur durch musische Erziehung, in: ZFM, H. 9, 1951, S. 454-458. (= 1951a)

TWITTENHOFF, WILHELM: Schafft Jugendmusikschulen!, in: HAUSMUSIK, H. 3, 1951, S. 69-76. (= 1951b)

TWITTENHOFF, WILHELM: Jugendmusikschule und Privatmusikerzieher, in: MiU, H. 1, 1952, S. 4-8. (= 1952a)

TWITTENHOFF, WILHELM: Rückblick, in: JM, H. 4, 1952, S. 140-141. (= 1952b)

TWITTENHOFF, WILHELM: Jugend und Jazz – Ein Beitrag zur Klärung, in: BAUSTEINE FÜR MUSIKERZIEHUNG UND MUSIKPFLEGE, Bd. 8, Verlag B. Schott's Söhne, Mainz 1953. (= 1953a)

TWITTENHOFF, WILHELM: Jugend- und Volksmusikschulen – Eine Lebensfrage heutiger Musikerziehung, in: JM, H. 1, 1953, S. 10-14. (= 1953b)

TWITTENHOFF, WILHELM: Bericht über 7. Arbeitstagung des Instituts für Neue Musik und Musikerziehung vom 7. bis 12. Juni in Darmstadt, in: JM, H. 4, 1954, S. 118-120. (= 1954a)

TWITTENHOFF, WILHELM: Die Jugendmusikschule, in: FISCHER, HANS (HRSG.): Handbuch der Musikerziehung, Rembrandt-Verlag, Berlin 1954, S. 101-122. (= 1954b)

TWITTENHOFF, WILHELM: Diesmal: 'Junge Musik-Bewegung', in: JM, H. 4, 1954, S. 128-130. (= 1954c)

TWITTENHOFF, WILHELM/SCHERBER, PAUL FRIEDRICH (HRSG.): Die Jugendmusikschule (Neue Musikschule II) – Idee und Wirklichkeit, in: BAUSTEINE FÜR MUSIKERZIEHUNG UND MUSIKPFLEGE, Bd. 12, Verlag B. Schott's Söhne, Mainz 1956. (= 1956a)

TWITTENHOFF, WILHELM: Technik und Muse II, in: JM, H. 3, 1956, S. 89-92. (= 1956b)

TWITTENHOFF, WILHELM: Typen der Jugendmusikschulen, in: TWITTENHOFF, WILHELM/SCHERBER, PAUL FRIEDRICH (HRSG.): Die Jugendmusikschule (Neue Musikschule II) – Idee und Wirklichkeit, in: BAUSTEINE FÜR MUSIKERZIEHUNG UND MUSIKPFLEGE, Bd. 12, Verlag B. Schott's Söhne, Mainz 1956, S. 21-23. (= 1956c)

TWITTENHOFF, WILHELM: Dissonanzen – Zur gleichnamigen Schrift von Theodor W. Adorno, in: JM, H. 1, 1957, S. 10-15.

TWITTENHOFF, WILHELM: Die Jugendmusikschule – Ergänzung und Hilfe des Schulunterrichts, in: KRAUS, EGON (HRSG.): Musik als Lebenshilfe – Vorträge der zweiten Bundesschulmusikwoche Hamburg 1957, Musikverlag Hans Sikorski, Hamburg 1958, S. 146-156.

TWITTENHOFF, WILHELM: Vom Wandel der Jugend- und Volksmusik, in: KONTAKTE, H. 1, 1959, S. 3-9.

TWITTENHOFF, WILHELM: Die musische Bildungsstätte Remscheid, in: FELLERER, KARL GUSTAV (HRSG.): Musik im Raume Remscheid, in: BEITRÄGE ZUR RHEINISCHEN MUSIKGESCHICHTE, H. 44, Arno Volk-Verlag, Köln 1960, S. 37-40.

TWITTENHOFF, WILHELM: Die Musikschule – eine Bildungseinrichtung in der modernen Welt, in: TWITTENHOFF, WILHELM: Musikalische Bildung – Gedanken aus zwanzig Jahren, in: BAUSTEINE FÜR MUSIKERZIEHUNG UND MUSIKPFLEGE, Bd. 20, Verlag B. Schott's Söhne, Mainz/London/New York 1972, S. 115-123. (= 1972a)

TWITTENHOFF, WILHELM: Musikalische Bildung – Gedanken aus zwanzig Jahren, in: BAUSTEINE FÜR MUSIKERZIEHUNG UND MUSIKPFLEGE, Bd. 20, Verlag B. Schott's Söhne, Mainz/London/New York 1972. (= 1972b)

UHDE, JÜRGEN: Werkbetrachtung, in: MiU (Ausg. B), H. 10, 1957, S. 280-285.

VERBAND DEUTSCHER SCHULMUSIKER: Denkschrift 'Zur gegenwärtigen Lage der Musikerziehung', in: MiU, H. 1, 1949, S. 3-4.

VERBAND DEUTSCHER SCHULMUSIKER – LANDESVERBAND NRW: Pressemitteilung "Richtlinien für den Musikunterricht", in: MiU, H. 4, 1950, S. 125.

VERBAND DEUTSCHER SCHULMUSIKER: Zur Frage der Ausbildung des Schulmusikers, in: MiU, H. 7/8, 1951, S. 234.

VETTER, HANS-JOACHIM: Zur Musiklehrer- und Musikschullehrerausbildung, in: MÜLLER-BECH, WERNER/STUMME, WOLFGANG (HRSG.): Die Musikschule, Bd. 1 – Situation – Meinungen –

Aspekte, in: BAUSTEINE FÜR MUSIKERZIEHUNG UND MUSIKPFLEGE, Bd. 23, Mainz/London/New York 1973, S. 138-146.

VOGELSANG, HEINZ: Die Schulkollegien nach dem Schulverwaltungsgesetz von Nordrhein-Westfalen und ihre Fortentwicklung aus den früheren Provinzial-Schulkollegien, Diss. jur. Köln 1963, mschr.

WALDMANN, GUIDO: Zur Geschichte der Musikschulen in Deutschland, in: MÜLLER-BECH, WERNER/STUMME, WOLFGANG (HRSG.): Die Musikschule, Bd. 1 – Situation – Meinungen – Aspekte, in: BAUSTEINE FÜR MUSIKERZIEHUNG UND MUSIKPFLEGE, Bd. 23, Verlag B. Schott's Söhne, Mainz/London/New York 1973, S. 168-180.

WARNER, THEODOR: Kreislauf des Nichts, in: MiU, H. 12, 1951, S. 349-350.

WARNER, THEODOR: Musische Erziehung zwischen Kult und Kunst, Verlag Merseburger Berlin, Darmstadt 1954.

WARNER, THEODOR: Zur Funktion der Kritik, in: JM, H. 2, 1955, S. 52-54.

WARNER, THEODOR: Didaktik und Methodik des Musikunterrichts, in: SYDOW, KURT (HRSG.): Musik in Volksschule und Lehrerbildung, in: MUSIKALISCHE ZEITFRAGEN, Bd. 11, Bärenreiter-Verlag, Kassel/Basel 1961, S. 57-68.

WARNER, THEODOR: Neue Musik im Unterricht, in: BEITRÄGE ZUR SCHULMUSIK, Bd. 16, Karl Heinrich Möseler Verlag, Wolfenbüttel/Zürich 1964.

WEIGELE, KLAUS KONRAD: Die Staatliche Hochschule für Musik in Köln – Studien zur Nachkriegsgeschichte 1945-1960 (Erster Teil), in: ARBEITSGEMEINSCHAFT FÜR RHEINISCHE MUSIKGESCHICHTE E.V. (HRSG.): Mitteilungen Nr. 83, Köln 1996, S. 15-35.

WENIGER, ERICH: Die Epoche der Umerziehung 1945-1949, Teil I, in: WPB, H. 10, 1959, S. 403-410, Teil II, in: WPB, H. 12, S. 517-525, Teil III, in: WPB, H. 1, 1960, S. 9-13, Teil IV, in: WPB, H. 2, S. 74-79.

WERDIN, EBERHARD: Der Lehrer für die Jugendmusikschule, in: MiU, H. 12, 1955, S. 352-353.

WERDIN, EBERHARD: Das musikalische Jugendspiel – Betrachtungen und Erfahrungen, in: MiU (Ausg. B), H. 9, 1963, S. 271-275.

WIETUSCH, BERND: Die Zielbestimmung der Musikpädagogik bei Theodor W. Adorno – Darstellung und kritische Reflexion der Kritik an der musikpädagogischen Position Adornos. Ein Beitrag zur Adorno-Rezeption in der Musikpädagogik, in: PERSPEKTIVEN ZUR MUSIKPÄDAGOGIK UND MUSIKWISSENSCHAFT, Bd. 7, Gustav Bosse Verlag, Regensburg 1981.

WIORA, WALTER: Der Untergang des Volkslieds und sein zweites Dasein, in: WIORA, WALTER (HRSG.): Das Volkslied heute, in: MUSIKALISCHE ZEITFRAGEN, Bd. 7, Bärenreiter-Verlag, Kassel/Basel, 1959, S. 9-25.

WIßMANN, FRIEDRICH: SPD – Bildungspolitik und das Prinzip Chancengleichheit, Verlag Peter Behrens, Bad Zwischenahn 1976.

WOLLENWEBER, HORST (HRSG.): Das gegliederte Schulwesen in der Bundesrepublik Deutschland, Ferdinand Schöningh, Paderborn 1980.

WOLTERS, GOTTFRIED: Das Eindringen ausländischer Lieder, in: WIORA, WALTER: (HRSG.): Das Volkslied heute, in: MUSIKALISCHE ZEITFRAGEN, Bd. 7, Bärenreiter-Verlag, Kassel/Basel 1959, S. 35-40.

WUCHER, DIETHARD: Zur Geschichte der Musikschule im Rheinland (bzw. in Nordrhein-Westfalen), in: NOLL, GÜNTHER (HRSG.): Musikpädagogik im Rheinland – Beiträge zu ihrer Geschichte im 20. Jahrhundert, in: BEITRÄGE ZUR RHEINISCHEN MUSIKGESCHICHTE, Bd. 155, Verlag Merseburger Berlin, Kassel 1996, S. 137-143.

WUERMELING, HENRIC L.: Die weiße Liste – Umbruch der politischen Kultur in Deutschland 1945 – Darstellung und Dokumente in vier Bänden, Band 1, Ullstein Verlag, Berlin/Frankfurt am Main/Wien 1981.

WYNDORPS, HEINZ: Der Neuaufbau der Lehrerbildung in Nordrhein-Westfalen 1945-1954, in: EUROPÄISCHE HOCHSCHULSCHRIFTEN, Reihe 3, Geschichte und ihre Hilfswissenschaften, Bd. 204, Verlag Peter Lang, Frankfurt am Main/Bern/New York 1983.

ZAHN, ROBERT VON: "Erziehung durch die Musik, nicht zur Musik" – Walter Braunfels und die Staatliche Hochschule für Musik Köln, in: OHNESORG, FRANZ XAVER (HRSG.): Zeitlos zeitgemäß, Köln 1992, S. 29-41.

ZAHN, ROBERT VON: "Als ob sich eine lang aufgestaute Musizierlust plötzlich Bahn bräche" – Der Wiederbeginn des Musiklebens in Köln 1945/46, in: MÖLICH, GEORG /WUNSCH, STEFAN (HRSG.): Köln nach dem Krieg – Facetten einer Stadtgeschichte, in: KÖLNER SCHRIFTEN ZU GESCHICHTE UND KULTUR, Bd. 24, Janus Verlagsgesellschaft, Köln 1995, S. 223-239.

ZIMMERSCHIED, DIETER: Blick zurück im Zorn? – Studenten erinnern sich an ihren schulischen Musikunterricht, in: MUB, H. 10, 1970, S. 428-433.

ZINKE, FRANZ: Das Problem der Vermassung und die Schulerziehung, in: PR, H. 11/12, 1947, S. 309-314.

ZWEI ERLASSE zur Neuordnung des Schulwesens in der Nord-Rheinprovinz, in: PR, H. 1/2, 1947, S. 68-70.

ZYMEK, BERND: Historische Voraussetzungen und strukturelle Gemeinsamkeiten der Schulentwicklung in Ost- und Westdeutschland nach dem zweiten Weltkrieg, in: ZFP, H.6, 1992, S. 941-962.

Anhang 279

Dokument 1

Verfasser:	Egon Kraus, Alexander Sydow, Heinrich Pape, Friedel Hollern
Titel:	Entschließung von Radevormwald
Fundort:	Nordrhein-Westfälisches Hauptstaatsarchiv Düsseldorf
Bestand:	NW 60-348, Bl. 49-50
Typisierung:	zwei Seiten, maschinengeschrieben, vervielfältigt (microverfilmt)
Datum:	31. Juli 1947

Entschliessung

Die in Radevormwald zur Singwoche für Jugendmusikarbeit an höheren Schulen versammelten Musikstudienräte und Assessoren sind einmütig der Überzeugung, dass dem Musikunterricht nach dem allgemein anerkannten Erziehungsideal unserer Zeit eine besondere Bedeutung zukommt:

1. Der Musikunterricht formt in hervorragendem Masse die Kräfte des Gemüts, der Seele und des Willens, ohne dabei einer geistigen Disziplin zu entbehren. Für den etwa im Goetheschen Sinne harmonisch zu formenden jungen Menschen bildet er eine notwendige Ergänzung zu jenen zahlreichen Fächern, die vorwiegend geistig-intellektuell begründet sind.
2. Auf Grund seiner ethischen Zielsetzung trägt der Musikunterricht wesentlich dazu bei, Menschen zu erziehen, die sich – fern aller politischen Demagogie – der wahren Gemeinschaft des Volkes und der Völker persönlich verantwortlich fühlen und bereit sind, sich in den Dienst der grossen schöpferischen Aufgaben der Menschheit zu stellen.
3. Heute gilt es mehr denn je, das deutsche und ausserdeutsche Musikgut als steten Besitz gegen alle zersetzenden Kräfte des Materialismus und des missverstandenen Fortschritts zu erhalten und zu mehren. Es geht um die Wiederaufrichtung des inneren Menschen. Dazu bedarf es nicht nur einer öffentlichen und privaten Musikpflege, sondern vor allem eines Musikunterrichtes, der für jeden Jugendlichen verbindlich ist.
4. Schliesslich kann die Musik, ohne einer sprachlich-begrifflichen Vermittlung zu bedürfen, eine Brücke des Verstehens zwischen den Völkern schlagen. Die trägt dazu bei, die Kulturgüter einander zu nähern und sie sich ihrer gemeinsamen Sendung bewusst werden zu lassen.

Es wird daher nötig sein, den Musikunterricht seiner Bedeutung entsprechend mit einer hinreichenden Anzahl verbindlicher Stunden für alle Stufen in den Gesamtplan einzuordnen. Dabei darf er seinem Wesen nach weder als Neben- noch als technisches Fach gelten, sondern steht durchaus gleichberechtigt neben den übrigen kulturkundlichen Fächern.

gez. Egon Kraus, Studienrat für Musik und Englisch am humanistischen Gymnasium Kreuzgasse, Köln (Nordrhein-Westfalen)

gez. Alexander Sydow, Studienrat für Musik und Deutsch am Gymnasium Ernestinum, Celle (Land Niedersachsen)

gez. Heinrich Pape, Studienrat und Dozent für Musik und Sprecherziehung an der Pädagogischen Akademie Paderborn (Nordrhein-Westfalen)

gez. Friedel Hollern, Studienrätin für Musik und Französisch an der Oberschule für Jungen und Mädchen in Lokstedt, Hamburg (Hamburg)

Dokument 2

Verfasser:	Kultusministerium Land Nordrhein-Westfalen
Titel:	Organisation des Schulwesens
Fundort:	Nordrhein-Westfälisches Hauptstaatsarchiv Düsseldorf
Bestand:	NW 19-66, Bl. 105-113
Typisierung:	Zehn Seiten, maschinengeschrieben, Durchschlag mit handschriftlichen Eintragungen
Datum:	10. Januar 1948

I. Organisation des Volksschulwesens

A. Stundentafel für die Grundschule der Volksschule
(1.-4. Schuljahr)

Fach	Schuljahr				
		1.	2.	3.	4.
Religion	G E S A M T U N T E R R I C H T		4	4	4
Heimatkunde bezw. heimat-kundl. Anschauungsunterricht					
Deutsche Sprache			}9	}10	}11 (10)
Schreiben			2	2	2
Rechnen			4	4	4
Zeichnen			-	2 (1)	2
Gesang			1	2 (1)	2
Turnen			2	2	3 (2)
Nadelarbeit			-	(2)	(2)
SUMME		**18**	**22**	**26**	**28**

Die obige Stundentafel ist für vollausgebaute Schulen berechnet, in denen jeder Jahrgang eine eigene Klasse bildet. In Schulen mit geringerer Klassenzahl müssen die Stundenzahlen den Verhältnissen angepasst werden. Die eingeklammerten Ziffern gelten für Mädchen. Die Stundentafel ist mit den "Richtlinien zur Aufstellung von Lehrplänen für die Grundschule" (M.E. vom 16.3.1921) in Kraft gesetzt. Sie bildet im allgemeinen noch heute die Grundlage für die Aufstellung von Lehr- und Stundenplänen, soweit nicht durch die gegenwärtigen Zeit- und Raumverhältnisse Abänderungen und Kürzungen bedingt sind.

Anhang

B.) Stundentafel für die vier oberen Jahrgänge der Volksschule

Fach	Knaben				Mädchen			
	5.	6.	7.	8.	5.	6.	7.	8.
			Schuljahr				Schuljahr	
Religion	4	4	4	4	4	4	4	4
Deutsch	8	7	6-7	6-7	7-8	7	6-7	6-7
Geschichte und Staatsbürgerkunde	2	2	2	3	2	2	2	3
Erdkunde	2	2	2	2	2	2	2	2
Naturkunde	2	3-4	4	3	2	2-3	3	3
Rechnen Raumlehre	4-5	5-6	5-6	5-6	3-4	4	4	3
Zeichnen	2	2	2	2	2	2	2	2
Gesang	2	2	2	2	2	2	2	2
Turnen	2-3	3	3	3	2	3	3	3
Werkunterricht	(2)	(2)	(2)	(2)	-	-	-	-
Nadelarbeit	-	-	-	-	2	2-3	2-3	2-3
Summe	**28-30**	**30-32**	**30-32**	**30-32**	**28-30**	**30-32**	**30-32**	**30-32**

Bem.: Wo für die Mädchen Hauswirtschaftsunterricht eingeführt ist, sind zwei der dafür anzusetzenden 4 Wochenstunden durch Kürzungen bei anderen Unterrichtsfächern einzubringen.

In Knabenschulen darf auch bei Erteilung von Werkunterricht die Wochenstundenzahl im 5. Schuljahr nicht über 30, in den folgenden nicht über 32 steigen.
Die obige Stundentafel ist mit den "Richtlinien zur Aufstellung von Lehrplänen für die Oberstufe" (M.E. vom 15.10.1922) in Kraft gesetzt. Sie bildet auch im allgemeinen noch heute die Grundlage für die Aufstellung von Lehr- und Stundenplänen, soweit nicht durch die gegenwärtigen Zeit- und Raumverhältnisse Abänderungen und Kürzungen bedingt sind.

II. Organisation des Mittelschulwesens

Stundentafel für Knaben-Mittelschulen

Fach	Zahl der Stunden in Klasse						
	I	II	III	IV	V	VI	Zus.
Religion	2	2	2	2	2	2	12
Deutsch	}6	5	5	5	5	5	31
Geschichte		2	2	2	2	3	11
Erdkunde	2	2	2	2	2	2	12
Erste Fremdsprache	6	4-5	4-5	3-5	3-5	3-5	23-31
Zweite Fremdsprache	-	-	(3-5)	(3-5)	(3-5)	(3-5)	12-20
Rechnen (m. Buchf.) und Raumlehre	4	4-5	4-5	5-6	5-6	5-6	27-32
Naturkunde	2	2-3	2-3	3-4	3-4	3-4	15-20
Zeichnen	2	2	2	2	2	2	12
Werkunterricht	(2)	(2)	(2)	(2)	(2)	(2)	(12)
Gartenbau	-	-	-	(1-2)	(1-2)	(1-2)	(3-6)
Musik	2	2	2	1	1	1	9
Leibesübungen	3	3	3	3	3	3	18
Kurzschrift	-	-	-	(1)	(1)	-	(2)
Höchststundenzahl (verbindl. Unterricht)	29	30	30	32	32	32	185

Die Stundenzahl der mit einer Klammer } zusammengefassten Fächer dürfen in anderer Weise auf sie verteilt werden. Die Stunden des unverbindlichen Unterrichts sind durch Klammer () gekennzeichnet.

Der Unterricht wird allgemein nach dieser Stundentafel erteilt, soweit die zeitbedingten Verhältnisse es gestatten.

Anhang 283

II. Organisation des Mittelschulwesens

Stundentafel für Mädchen-Mittelschule

Fach	Zahl der Stunden in Klasse						
	I	II	III	IV	V	VI	Zus.
Religion	2	2	2	2	2	2	12
Deutsch	}6	5	5	5	5	5	31
Geschichte		2	2	2	2	2	10
Erdkunde	2	2	2	2	2	2	12
Erste Fremdsprache	6	4-5	4-5	3-5	3-5	3-5	23-31
Zweite Fremdsprache	-	-	(3-5)	(3-5)	(3-5)	(3-5)	12-20
Rechnen (m. Buchf.) und Raumlehre	3	3-4	3-4	4-5	4-5	4-5	21-26
Naturkunde	2	2	2-3	2-3	2-3	2-3	12-16
Zeichnen	2	2	2	2	2	2	12
Werkunterricht	-	-	-	(1)	(1)	(1)	(3)
Gartenbau	-	-	-	(1-2)	(1-2)	(1-2)	(3-6)
Nadelarbeit	2	2	2	2	2	2	12
Hauswirtschaft	-	-	-	-	(3-4)	(3-4)	(6-8)
Musik	2	2	2	2	2	2	12
Leibesübungen	3	3	3	3	3	3	18
Kurzschrift	-	-	-	(1)	(1)	-	(2)
Höchststundenzahl (verbindl. Unterricht)	30	32	31	31	31	31	184

Die Stundenzahl der mit einer Klammer { zusammengefassten Fächer dürfen in anderer Weise auf sie verteilt werden. Die Stunden des unverbindlichen Unterrichts sind durch Klammer ( ) gekennzeichnet.

Der Unterricht wird allgemein nach dieser Stundentafel erteilt, soweit die zeitbedingten Verhältnisse es gestatten.

III. Organisation des höheren Schulwesens

A   Gegenwärtiger Stand.

1. Es bestehen drei Schultypen für Jungen:

    1.) humanistisches neusprachliches Gymnasium
    2.) neusprachliches Gymnasium
    3.) mathematisch-naturwissenschaftliches Gymnasium

    und zwar jeweils in grundständiger (Beginn nach dem 4. Grundschuljahr) und in Aufbauform (Beginn nach dem 7. Volksschuljahr). Sämtliche Typen führen zur Hochschulreife

2. Für Mädchen besteht das grundständige Lyzeum (Beginn nach dem 4. Grundschuljahr), an das sich nach drei Jahren die Studienanstalt oder nach 6 Jahren die Frauenoberschule anschließt. Zur Hochschulreife führt nur die Studienanstalt.

3. Unterrichtsfächer, Stundenzahl und deren Verteilung auf die verschiedenen Klassenstufen ergeben sich aus den nachfolgenden Studentafeln der einzelnen Schularten. Es handelt sich in allen Fällen um Pflichtunterricht.

B   Reformplan

1. Das Lyzeum soll aus dem Bereich der höheren Schulen herausgenommen werden und als "Realschule für Mädchen" in das mittlere Schulwesen eingeordnet werden.

2. Sowohl für Jungen wie für Mädchen sind Gymnasien altsprachlicher, neusprachlicher und mathematisch-naturwissenschaftlicher Form vorgesehen, und zwar jeweils in grundständiger und in Aufbauform. Die Aufbauformen sollen besonders gefördert werden. Die Gymnasien führen unmittelbar zur Hochschulreife.

3. Die Stundentafeln liegen noch nicht im einzelnen fest. Jedoch soll die Gesamtstundenzahl der Oberklassen von 36 Wochenstunden auf etwa 30 Wochenstunden herabgesetzt werden. An allen Gymnasien ist gleichmässiger Unterricht in den <u>Kernfächern</u> (Deutsch, Geschichte, Erdkunde, Religion). Verschieden sind für die drei Typen je nach ihrer besonderen Fachrichtung die <u>charakteristischen</u> Fächer (Mathematik, Naturwissenschaft für das mathematisch-naturwissenschaftliche, Latein, Griechisch für das altsprachliche Gymnasium). Kernfächer und charakteristische Fächer sind Pflichtfächer. Dafür sind (Oberstufe) insgesamt etwa 25 Wochenstunden angesetzt. Die restlichen 4 Wochenstunden bleiben Arbeitsgemeinschaften vorbehalten, deren Auswahl in die freie Entscheidung der Schüler gelegt ist.

Anhang   285

~~Übergangs~~-Stundentafel für humanistische Gymnasien

Klasse	VI	V	IV	UIII	OIII	UII	OII	UI	OI	Summe
Reiligion	2	2	2	2	2	2	2	2	2	18
Deutsch	5	5	4	4	4	4	4	4	4	38
Geschichte	-	1	3	3	3	3	3	3	3	22
Erdkunde	2	2	2	1	1	1	1	1	1	12
Lateinisch	8	8	8	6	6	6	6	6	6	60
Griechisch	-	-	-	6	6	6	6	6	6	36
Englisch	-	-	3	3	3	3	3	3	3	21
Mathematik	4	4	4	3	3	3	3	3	3	30
Natur-wissenschaft	2	2	2	2	2	2	3	3	3	21
Zeichnen	2	2	2	1	1	1	1	1	1	12
Schreiben	1	1	-	-	-	-	-	-	-	2
Musik Chor u. Orchester	2 ----	2 ----	1 ----	1 ----	1 ----	1 --1-	1 ----	1 ----	1 ----	18
Leibesübung	3	3	3	2	2	2	2	2	2	21
Summe	35	32	35	35	35	35	36	36	36	311

~~Übergangs~~-Stundentafel für ~~Oberschulen in Umwandlung zu~~ naturwissenschaftlichen Gymnasien

Klasse	VI	V	IV	UIII	OIII	UII	OII	UI	OI	Summe
Religion	2	2	2	2	2	2	2	2	2	18
Deutsch	5	5	4	4	4	4	4	4	4	38
Philosophie	-	-	-	-	-	-	2	2	2	6
Geschichte	-	1	3	3	3	3	3	3	3	22
Erdkunde	2	2	2	2	2	2	1	1	1	15
Lateinisch	8	8	8	6	6	6	4	4	4	54
Griechisch	-	-	-	-	-	-	-	-	-	-
Englisch	-	-	3	4	4	4	4	4	4	27
Mathematik	4	4	4	4	4	4	5	5	5	39
Natur-wissenschaft	2	2	2	5	5	5	5	5	5	36
Zeichnen	2	2	2	1	1	1	1	1	1	15
geometr. Zeichnen	-	-	-	-	-	-	1	1	1	
Schreiben	1	1	-	-	-	-	-	-	-	2
Musik	2	2	2	1	1	1	1	1	1	18
Chor u. Orch.	-	-	-	1	1	1	1	1	1	
Leibesübgn.	3	3	3	2	2	2	2	2	2	21
Summe	**31**	**32**	**35**	**35**	**35**	**35**	**36**	**36**	**36**	**311**

Anhang

~~Übergangs~~-Stundentafel für Studienanstalt (Neusprachliches Mädchengymnasium)

Klasse	VI	V	IV	UIII	OIII	UII	OII	UI	OI	Summe
Religion	2	2	2	2	2	2	2	2	2	18
Deutsch	5	5	4	4	4	4	4	4	4	38
Geschichte	1	21	2	3	3	3	3	3	3	23
Erdkunde	2	2	2	1	1	1	1	1	1	12
Lateinisch	-	-	-	6	6	6	6	6	6	36
Französisch	-	-	4	4	4	4	4	4	4	28
Englisch	5	5	4	4	4	4	3	3	3	35
Mathematik	4	4	4	3	3	3	3	3	3	30
Natur-wissenschaft	2	2	2	2	2	2	3	3	3	21
Zeichnen	2	2	2	2	2	2	2	2	2	18
Musik Chor	2	2	2	1 ----	1 ----	1 ----	1 --1- (wah	1 ---- lfre	1 ---- i)	12 (13)
Leibesübgn.	3	2	2	2	2	2	2	2	2	19
Nadelarbeit	2	2	2	-	-	-	-	-	-	6
Summe	30	30	32	34 (35)	34 (35)	34 (35)	34 (35)	34 (35)	34 (35)	296 (297)

~~Übergangs~~-Stundentafel für Lyzeum

Klasse	VI	V	IV	UIII	OIII	UII	OII	UI	OI	Summe
Religion	2	2	2	2	2	2	-	-	-	12
Deutsch	5	5	4	4	4	4	-	-	-	26
Geschichte	1	2	2	2	2	3	-	-	-	12
Erdkunde	2	2	2	2	2	2	-	-	-	12
Lateinisch	-	-	-	-	-	-	-	-	-	-
Französisch	-	-	4	4	4	4	-	-	-	16
Englisch	5	5	4	4	4	4	-	-	-	26
Mathematik	4	4	4	3	3	3	-	-	-	21
Natur-wissenschaft	2	2	2	3	3	3}				15
Zeichnen	2	2	2	2	2	2	-	-	-	12
Musik	2	2	2	2	2	2	-	-	-	12
Leibesübgn.	3	2	2	2	2	2	-	-	-	13
Nadelarbeit	2	2	2	2	2	2	-	-	-	12
Summe	**30**	**30**	**32**	**32**	**32**	**33**	-	-	-	**189**

Anhang 289

Dokument 3

Verfasser:	Oberpräsidium der Nord-Rheinprovinz
Titel:	Übergangslehrpläne für die Höhere Schule
Fundort:	Anlage 8 in *Wege der Erneuerung der Schulmusikerziehung seit 1900* von Egon Kraus (Diss. phil. 1957)
Bestand:	S. 145-147
Typisierung:	drei Seiten, maschinengeschrieben, vervielfältigt
Datum:	Oktober 1945

Übergangslehrpläne für die höheren Schulen in der Nordrheinprovinz herausgegeben von der Kulturabteilung der Nordrheinprovinz im Oktober 1945

Musik

Grundsätzliche Bemerkungen

Der Unterricht auf der Unterstufe und unter den gegebenen Verhältnissen auch auf der Mittelstufe hat neben dem Liedgesang eine einigermassen sichere Grundlage im Musikalisch-Technischen zu schaffen.
Sprecherziehung und Stimmbildung verlangen nach der langen Unterbrechung des Unterrichts und durch die Entartung des Gesangs unter der Jugendführung ausserhalb der Schule erhöhte Bedeutung. Neben diese Aufgaben tritt die Einführung in das Verständnis musikalischer Kunstwerke.
Dabei ist zu beachten: Wichtiger als jede Erörterung theoretischer, ästhetischer und kulturgeschichtlicher Probleme ist es, die Jugend selbst zu freudigem Musizieren zu führen, sei es im Gesang (Chor) oder Spiel (Orchester). "Jugend lebt im Tun und nicht im Betrachten." Daraus erwächst die Forderung, die Schüler zur Erlernung eines Instrumentes anzuhalten und zu begeistern und so dem gemeinschaftlichen Musizieren in Haus und Gesellschaft zu dienen.

Zeitgenössisches Liedgut hat, soweit es politischer Propaganda und Verhetzung diente und im Widerspruch zum wahren Geist guter deutscher Überlieferung steht, keine Daseinsberechtigung im Leben der Schule und des Volkes.

Hier muss die Arbeit des Musikerziehers einsetzen. Er steht vor der schweren, aber auch erhebenden Aufgabe, die irregeleitete deutsche Jugend zu dem Urquell deutscher Musik, zu unserem Volkslied zurück – und zum Verständnis und vor allem zur Ehrfurcht vor den musikalischen Schöpfungen unserer deutschen Meister hinzuführen. Auf der Oberstufe ist dann aufzuzeigen, inwieweit die abendländische Kultur das künstlerische Schaffen der Deutschen angeregt und befruchtet hat.

Lehraufgaben
1. Bis Ostern 1946

VI.
Einstimmiger, wenn möglich schon zweistimmiger Gesang.
Kanon, Tanz-, Spiel-, Scherzlied.
Das Lied der Heimat, der Arbeit, der Stände, des Tages- und Jahreskreises, vor allem auch des in den vergangenen Jahren verpönten und ausgemerzten Liedes religiösen Inhaltes (Weihnachtslied usw.) Ausgezeichnete Unterrichtswerke (u.a. Volksliederbuch für die Jugend, Leipzig, C.F. Peters. Jöde, "Musikant" und "Spielmann") liegen für diese Aufgabe wohl noch aus der Zeit vor 1933 vor.
Erarbeitung der Dur-Tonart. C-dur-Leiter. Einführung in den punktierten Rhythmus. Noten- und Pausenwerte bis zum 1/8. Erfindungsübungen.
Sprecherziehung und Stimmbildung.
Vorspielen kleinerer Instrumentalformen.

V.
Für diese Klassenstufe gilt für den Übergang das gleiche Lehrziel wie in VI. Wünschenswert in der Elementarlehre wäre die Erweiterung des Tonartenkreises bis F-dur und G-dur.

IV.
Pflege des Volksliedes (ein- und mehrstimmig). Kanon. Konsonanz und Dissonanz. Rhythmische Übungen. Musikdiktat. Erfindungsübungen. Die Synkope. Neben C-dur, G-dur und F-dur. Stimmbildung.

U III.
Volkslieder (ein- und mehrstimmig). Kanon. Balladen und Kunstlieder, z.B. Loewe, Prinz Eugen, Erlkönig; Schubert, Erlkönig; Brahms, Der Schmied.
Stimmbildung.

O III.
Volkslieder (ein- und mehrstimmig, wenn möglich mit Instrumenten). Kanon. F-Schlüssel. Weber, Freischütz. Stimmbildung.

U II.
Volkslieder. Beethoven-Sinfonie (Eroica). Zusammensetzung des Orchesters. Die Partitur. Stimmbildung.

2. Ab Ostern 1946
Folgende Lehraufgaben treten hinzu:
VI.
Erweiterung der Tonartenkreise auf F-dur und G-dur. Musikdiktat.

V.
Neben dem homophonen auch polyphoner zweistimmiger Liedgesang (z.B. leichte Bicinien von Praetorius, Othmayr). Gelegentlich ein kleines Lied mit Klavierbegleitung z.B. Mozart, Komm lieber Mai; Brahms, Sandmännchen.
B-dur, Es-dur; D-dur, A-dur. Moll-Leiter. Die Synkope.

IV.
Wiederholung des in VI und V erarbeiteten Lehrstoffes. Balladen (z.B. Loewe, Heinrich der Vogler). Lieder mit Klavierbegleitung (z.B. Schubert, Das Wandern; Brahms, Schwesterlein; Reger, Klein Marie). Musikdiktat.

U III.
Die Liedform. Einfache polyphone Instrumentalstücke. Eine Invention von Bach. Leichte Variationswerke. Musikdiktat.

O III.
Das Deutsche Lied (z.B. Schubert, Der Tod und das Mädchen; Brahms, Auf dem Kirchhof; Wolf, Denk es, o Seele). Kompliziertere Lied- und Rondoform. Die Stellung der Musik im katholischen und protestantischen Gottesdienst. Ausschnitte aus dem Leben grosser Meister. Briefe und persönliche Aufzeichnungen. Musikdiktat.

U II.
Haydn, Schöpfung oder Jahreszeiten. Eine Sonate von Haydn, Mozart und Beethoven. Beethoven, Egmont-Ouvertüre. Der Stimmapparat des Menschen und seine Hygiene. Musikdiktat. Ausschnitte aus dem Leben grosser Musiker. – Briefe und persönliche Aufzeichnungen.

O II.
Pflege des Volksliedes (auch des historischen Volksliedes). Seine Bedeutung für die ältere Polyphonie. Entwicklung des europäischen Tonsystems. Die gleichschwebende temperierte Stimmung. Entstehung des Musikdramas. Richard Wagner, Meistersinger. Beethoven, Seine tragischen Schöpfungen (etwa op. 2,1; Sinfonie c-moll); seine lyrischen Werke (etwa Frühlingssonate; Pastoralsinfonie). Erklärung der Werke aus ihrer Struktur. In Zusammenhang dazu auch Hinweis auf sein Leben. Heiligenstädter Testament.
Stimmbildung.

Anhang 291

U I.
Pflege des Volksliedes. Das Deutsche Lied("Ich"-Lied) in seinen Anfängen und seinen Höhepunkten. Schubert, Schumann, Mendelssohn, Wolf als Vertoner von Gedichten Goethes, Heines, Eichendorffs und Mörikes. Bachs Schöpfungen, Ausdruck der Synthese germanischen Wesens mit dem Christentum. Seine Stellung in der Geistesgeschichte. Matthäus-Passion. Die Fuge. (Wohltemperiertes Klavier. Kunst der Fuge). Händel als Darsteller des Heroischen. (Julius Cäsar. Messias). Stimmbildung.

O I.
Pflege des Volksliedes. Mozart als Dramatiker (Don Giovanni) und Symphoniker (Sinfonie g-moll). Absolute Musik (Brahms, Bruckner). Programmusik (Berlioz, Liszt, Strauß). Da der Aufbau für diese Stufe zunächst fehlt, Eingehen auf die Bedeutung Bachs und Beethovens für die deutsche Musik. (Siehe Lehraufgabe für OII und OI). Gelegentliche Auswertung des musikalischen Schrifttums E.T.A. Hoffmanns, Schumanns, Wagners und Nietzsches. Stimmbildung

Chor- und Orchester (Sing- und Spielschar)
Nach der langen Unterbrechung des Unterrichts wird es geraume Zeit dauern, bis wir (im Zusammenwirken mit der Spielschar) zu einer ordentlichen Chorleistung, etwa zur Aufführung einer Bachkantate gelangen. Es heisst, sich zunächst mit einfachen Aufgaben bescheiden. Kanon-Singen, nicht schwieriger mehrstimmiger (unter Umständen auch improvisierter) Volksliedgesang.
Von IV ab kann eine der zwei Stunden für den Chor beansprucht werden. Klassenzusammenlegungen von mehr als 50 Schülern sind nicht statthaft.

Dokument 4

Verfasser:	N.N.
Titel:	Erklärung der Lehrer in der britischen Besatzungszone
Fundort:	Nordrhein-Westfälisches Hauptstaatsarchiv Düsseldorf
Bestand:	NW 53-381, Bl. 59
Typisierung:	eine Seite, maschinengeschrieben, Abschrift aus der Ruhr-Zeitung Nr. 15, S. 3 (microverfilmt)
Datum:	15. August 1945

In der britischen Zone müssen die Lehrer vor Beginn ihrer Tätigkeit eine Erklärung unterschreiben, die folgenden Wortlaut enthält:

"Der Lehrer verpflichtet sich, nichts zu lehren, was geeignet wäre:
erstens: den Militarismus zu verherrlichen,
zweitens: die nationalsozialistische Weltanschauung zu rechtfertigen oder neu zu beleben und die nationalsozialistischen Führer reinzuwaschen,
drittens: eine Politik ungleicher Behandlung verschiedener Rassen und Religionsbekenntnisse zu fördern,
viertens: eine feindselige Haltung gegenüber den "Vereinten Nationen" hervorzurufen oder die Beziehungen zwischen den "Vereinten Nationen" zu stören,
fünftens: der Kriegsvorbereitung zu dienen, sei es auf den Gebieten der Wissenschaft, Wirtschaft oder Industrieproduktion, oder durch die Förderung des Studiums militärischer Geographie.
Für Leibesübung und Turnunterricht wird der Grundsatz aufgestellt, daß sie nicht in halbmilitärische Ausbildung ausarten dürfen."

Anhang

Dokument 5

Verfasser:	Hauptquartier der britischen Militärregierung in der Nord-Rheinprovinz
Titel:	Liste der für den Unterricht zugelassenen Lieder
Fundort:	Nordrhein-Westfälisches Hauptstaatsarchiv Düsseldorf
Bestand:	NW 53-488, Bl. 397-399^v
Typisierung:	sechs Seiten, maschinengeschrieben, vervielfältigt, (microverfilmt); teilweise sehr schlecht zu lesen. Stellen, die unlesbar sind, wurden nach Ermessen ergänzt und mit einem [?] gekennzeichnet. Gebräuchliche Textalternativen wurden in [ ] gesetzt.
Datum:	ohne Datierung

Approved Songs

A

A, a, a, der Winter
Abend wird es wieder
Ach, du mein' liebes Jesulein
Ach, lieber Herre Jesu Christ
Ade zur guten Nacht
Alle Birken grünen
Alles still in süsser Ruh
Alle Vögel sind schon da
All mein Gedanken
Als der Mond schien helle
Als ich einmal spazieren
Am Weihnachtsbaum die Lichter
Auf, auf, ihr Buben
Auf, auf, ihr Wandersleut
Auf deinen Höhn, du
Auf der Lüneburger Heide
Auf der Wiese, liebe Liese
Auf, du junger Wandersmann
Auf, auf, ihr Kinder, auf
Auf unsrer Wiese gehet was
Aus der Jugendzeit

A, B, C, die Katze lief in' Schnee
Ach, du klarblauer Himmel
Ach, Jungfer, will ich ihr
Ach, wie ist's möglich
Aennchen von Tharau
Alles schweiget, Nachtigallen
Alle unsre Tauben
Alle Wiesen sind grün
Als der Großvater die Großmutter
Als ich einmal reiste
Am Brunnen vor dem Tore
An der Saale hellem Strande
Auf, auf, ihr Hirten
Auf, auf, zum fröhlichen Jagen
Auf dem Berge, da wehet der Wind
Auf, der Tag erwacht
Auf dieser Welt hab ich
Auf einem Baum ein Kuckuck
Auf, lasst uns singen
Aurikelchen, Aurikelchen

B

Bald gras' ich am Neckar
Bänder am Fahrtenrock
Bim, bam, bim, bam
Bin i net a Pürschle [Bürschle]
Blau ist der Himmel
Boca [Bona] nox
Brüder in Zechen und Gruben
Buks von Halberstadt

Bald prangt, den Morgen zu
Bei der stillen Mondeshelle
Bim, bam, Glocken läuten
Bin i net a schöner Russbuttenbu
Blonde und braune Buben
Brüderchen, komm tanz mit [mir]
Brüder reicht die Hand

C

C-A-F-F-E-E, trink nicht

Christkindlein, Christkindlein

D

Da droben auf jenem Berge
Danz, Lieschen, danz
Das Königlein schauet wohl
Das Lieben bringt gross' Freud'

Da lieg' ich nun des Nachts
Das Alte ist vergangen
Das Leben welkt wie Gras
Das Schiff streicht durch die Wellen

Das Tal ruht still
Da unten im Tal läufts Wasser
Dein Herz und mein Herz
Der Besen, der Besen, was macht man
Der Frühling ist gekommen
Der Herr ist mein getreuer Hirt
Der Jäger in dem grünen Wald
Der Jäger längs dem Weiher [ging]
Der Kuckuck und der Esel
Der Lenz beginnt, die Blumen
Der Mai, der Mai, der lustige Mai
Der Mai ist auf dem Wege
Der Mond ist aufgegangen
Der müde Tag will ruhen
Der Sandmann ist da
Der Tag hat seinen Schmuck
Der Vogel singt
Der Winter ist gekommen
Des Morgens in der Frühe
Des Sonntags wenn die Sonn'
Die Abendglocken läuten
Die bange Nacht ist nun heran
Die Binschgauer wollten
Die Finken und die[?] schlagen
Die güldene Sonne bringt
Die Himmel rühmen des Ewigen
Die Luft ist blau, das Tal
Die Rosen blühten, als ich schied
Die Sonn' erwacht
Die Tiroler sind lustig
Dona nobis pacem
Dort auf jenem Berglein
Dort niedn in jenem Holze
Drauss' ist alles so prächtig
Drei Laub auf einer Linden
Drei süsse kleine Dirnen
Du Bäumchen, Schüttle
Durch Feld und Buchen hallen

Das Wandern ist des Müllers
De Dirns van Finkwarder
Der Bauer hat ein Taubenhaus
Der Frühling kehrt wieder
Der Frühling naht mit Brausen
Der Himmel grau
Der Jäger aus Kurpfalz
Der Kuckuck in den Zweigen
Der Kuckuck und der Piedewitt
Der Lenz ist angekommen
Der Maien ist gekommen
Der Mai ist gekommen
Der Morgen hat geschlagen
Der Nachtigall reizende Lieder
Der Schäfer trägt Sorgen
Der Tod reit[et]
Der Winter ist dahin
Der Winter ist vergangen
Des Morgens in der schönen Zeit
Dideldum, dideldum, der Schnee
Die Arbeit ist schwer
Die beste Zeit im Jahr
Die Blümelein[,] sie schlafen
Die Gedanken sind frei
Die helle Sonn' leuchtet jetzt herfür
Die Leih--- [?]hauen eine
Die Luft hat mich gezwungen
Dieser Kuckuck, der mich neckt
Die Sonne scheint nicht mehr
Die Vögel wollten Hochzeit halten
Dornröschen war ein schönes Kind
Dort auf jenem hohen Berg
Dor weer enmol en lütje Burdeern
Drei Gäns' im Haberstroh
Drei Lilien, drei Lilien
Drunten im Unterland
Du lieblicher Stern

E

Een, twee, dree, veer, fief, sosa, sebn
Eia, popeia, was raschelt
Ein Bauer[n]mädchen ging zur Stadt
Ein grosser Herr ist angelangt
Ein Mädchen geht spazieren
Ein Männlein steht im Walde
Ein Ränzlein auf dem Rücken
Ein Vogel ruft im Walde
Eisenbahn von nah und fern
Ei, was bin i für e lustiger Buo
Ei, wie scheint der Mond so hell
Erde, die uns dies gebracht
Erstanden ist der Heilig Christ
Es bliess ein Jäger
Es Burebuebli mahn i net
Es dröhnet der Marsch
Es fing ein Knäblein Vögelein
Es geht eine helle Flöte
Es haben sich siebenundsiebzig Schneider
Es ist bestimmt in Gottes Rat
Es ist ein Schnitter, heisst
Es kam ein Herr zum Schlössli
Es klappert die Mühle am
Es kommen sechs Propheten
Es kommt ein Schiff geladen
Es murmeln die Wellen

Ehre, Ehre, sei Gott in der Höhe
Eija, slap Söting
Ein Bursch und Mägdlein
Ein Jäger längs dem Weiher
Einmal an einem Morgen früh
Ein neues Licht
Ein Schäfermädchen weidete
Ein Veilchen auf der Wiese
Ei, so wickeln wir
Ei, was blüht so heimlich
Ei, wie so töricht ist
Erde schafft das Neue
Erwacht, ihr Schläfer drinnen
Es blühen die Rosen
Es, es, es und es, ist
Es fiel ein Reif in der
Es freit ein wilder Wassermann
Es gingen drei Jäger wohl
Es hat sich halt eröffnet
Es ist ein Ros' entsprungen
Es ist ein Schuß gefallen
Es kamen grüne Vögelein
Es klappert die Mühle bei Tag
Es kommt ein lustiger
Es liess sich ein Bauer
Es regnet auf der Brücke

Anhang

Es regnet, es regnet, tropf, tropf
Es schaukeln die Winde
Es steht ein Lind
Es tönen die Lieder
Es war einmal ein Vögelein
Es waren sieben Mücklein
Es welken alle Blätter
Es wollt ein Jägerlein jagen
Es wollte sich einschleichen

Es ritten drei Reiter
Es scheinen die Sternlein
Es tanzt ein [Bi-Ba]Butzemann
Es trieb ein Schäfer seine Herde
Es war einmal im Dezember
Es waren zwei Königskinder
Es wollt ein Fuhrmann fahren
Es wollt ein Schneider wandern

F

Feinsliebchen, du sollst mir
Fiedelhänschen, geig einmal
Fort, fort, fort und fort, an einem
Frau Schwalbe, ist 'ne Schwätzerin
Freu dich, Erd und Sternenzelt
Fröhliche Weihnacht überall
Früh, früh, früh, des Morgensfrüh

Feldeinwärts flog ein Vöglein
Fort, fort, der alte Wintersmann
Fort mit den Grillen
Freiheit, die ich meine
Freu dich des Lebens
Froh zu sein, bedarf es wenig
Frühmorgens zieh ich aus

G

Gah von mi, gah von mi, ick mag
Geh' aus, mein Herz, und suche
Gen Himmel aufgefahren
Gestern lief der Peter weg
Glück auf, der Steiger kommt
Goldne, goldne Brücke
Gretel, kiek ins ut de Luk
Grosse Uhren gehen
Grün, grün, grün sind alle
Grüss Gott, du schöner Maien
Guten Abend, gut Nacht
Guten Morgen, sollt ich sagen

Gar fröhlich zu singen
Geh' in den Kreis, du meine
Gestern Abend ging ich aus
Ging ein Weiblein Nüsse schütteln
Glück und Segen aller-wegen
Gretel, Gretel, liebes Gretlein
Grosser Gott, wir loben
Grossmutter will tanzen
Grüss dich Gott, schöne Frau Sonne
Guten Abend euch allen hier
Guten Morgen, guten Morgen
Gut Nacht mein feines Lieb

H

Hab mein Wage voll gelade
Ha! Ha! Ha! ... unsern Jubel
Hannchen, mein Mannchen
Hänschen wollte jagen gehn
Häschen in der Grube
Hebe deine Augen auf
Heilige Nacht, du kehrest
Heililo, der Sommertag
Heini, Heini, ach ist Heini
Herauf, herauf, nun du
Herr, deine Güte reicht
Herr Heinrich sitzt am Vogelberg
Heute will ich schlafen gehn
Hier ist grün, das ist
Himmelsau [Himmels Au], licht und blau
Hohe Nacht der klaren Sterne
Hopsa, Schwabenliesel
Horch, es singt der Glockenton
Horch, wer reitet so
Höret die Drescher
Hör, Lieschen, was ich sagen
Hopp, hopp, hopp, Pferdchen
Hotte, hotte, Reiterpferd

Habt acht auf eure Füss'chen
Hahaha, Freud und Bruder
Hänschen klein, ging allein
Hans Spielmann, der hat
Häschen sass im grünen Gras
Heidel, Budeidel, in guter
Heil'ge Nacht, o giesse du
Heim, heim, heim
Heissa! lustig im sonnigen
Heraus aus dem Lager
Herr Frühling gib jetzt
Heute wollen wir das Ranzelein
Heut' noch sind wir hier
Hier liggt een Appel, dor liggt een Beer
Hinaus in Sonnenschein
Holl op de Bruegg
Horch, die Wellen tragen
Horch, was kommt von
Horch, wie schallt's dorten
Höret, was ich euch will sagen
Hört, ihr Herrn, und lasst euch sagen
Hopp, Mariannchen
Husch, husch! Ich schlupfe aus

I

Ich armes, welsches Teufel
Ich fahr' dahin
Ich geh' durch einen grasgrünen Wald
Ich hab die Nacht geträumet

Ich bin hinausgegangen
Ich fahr, ich fahr mit der Post
Ich ging im Walde so für mich hin
Ich hab mir mein Kindlein

Ich habe Lust, im weiten Feld
Ich kenn' zwei kleine Fensterlein
Ich sah meinen Herren
Ich trag ein goldnes Ringelein
Ich war mol in dem Dorfe
Ich will euch erzählen
Ick un min Lisbeth
Ihr Kinder, kommt herein
Im Frühtau zu Berge
Im Keller, im Keller
Im Maien, im Maien
Im Schlehendorn, da sitz
Im Sommer, im Sommer da ist
Im Wald und auf der Heide
In die Welt zieh'n
Inmitten der Nacht
Innsbruck, ich muß dich lassen
Ist wieder eins aus

Ich hört' ein Vöglein singen
Ich nahm die Brille
Ich seh' dich
Ich und mein armes Weibelchen
Ich weiss nicht, was soll es
Ick und min junges Wif
Ich fahr, i fahr
Ihr Kinderlein kommet
Im grünen, im Walde
Im Keller soll es dunkel
Im Märzen der Bauer
Im schönsten Wiesengrunde
Im Tal, da liegt der Nebel
In der Wiegen seh ich liegen
In einem kühlen Grunde
In meinem kleinen Apfel
In stiller Nacht

J

Ja, der Bergsche Fuhrmann
Jan Hinnerck
Jetzt fängt das schöne Frühjahr an
Jetzt gang i' ans Brünnele
Jetzt danzt Hannemann
Joseph, lieber Joseph mein
Juchheissa, juchhei

Jagen, Hetzen und Federspiel
Jetze, mein Püppelein
Jetzt fahr'n wir übern See
Jetzt geht es in die Welt
Jetzund reis' ich weg von hier
Juchhei! Blümelein!

K

Kätzchen, ihr [in] der Weide
Kein schöner Land
Kindlein mein, schlaf doch ein
Kling, klang, Glöckchen
Köln am Rhein, du schönes
Kommet, ihr Hirten
Kommt ein Reitersmann
Komm, o komm, Geselle mein
Kommt ein Vogel geflogen
Kommt nur her, wir wollns
Knurre, schnurre, knurre
Konzert ist heute angesagt
Kuckuck und Kiwitz

Kein Feuer, keine Kohle
Kimmt a Vogerln geflogen
Klein Häslein wollt spazieren
Klopf, klopf! Wer klopft?
Komm doch und folge mir
Komm, lieber Mai
Komm, mein Mädel, zum Tanz
Komm, wir gehen nach Bethlehem
Kommt, ihr Gespielen
Kommt zum frohen Rundgesang
Kräht der Hahn früh am Tag
Kuckuck, Kuckuck, ruft's aus
Kumm wi wullt na'n Mannschin gahn

L

Lang war die Nacht
Lasset die Tön' erklingen
Lasst uns froh und munter sein
Lasst uns wieder fröhlich singen
Lat uns singen
Lave, lave, litt, litt, litt
Lebt wohl, ihr grünen Wiesen
Leise, leise rauschen
Leise rieselt der Schnee
Letzte Rose, ewig mags du
Lieber Nachbar, ach borgt
Lieblich ergrünen so Auen
Lustiger Matrosensang
Lustig ist's Zigeunerleben
Luettje Burbeern

Lasset im Winde
Lasst uns auf die Weise
Lasst uns singen, dass es hallt
Laterne, Laterne
Laub liegt auf dem Rasen
Lebe wohl, ade
Leise, leise, fromme Weise
Leise, Peterle, leise
Leise zieht durch mein Gemüt
Lieb Aennchen von der Mühle
Liebe Schwester tanz mit mir
Lobe den Herrn
Lustig ist's Matrosenleben
Lütt, Anna, Susanna
Lusut [?] Matten ,de Haas

M

Macht hoch die Tür
Mädel, willst du mit mir ziehen
Mäuschen, laß dich nicht erwischen
Maiglöckchen läutet in dem Tal
Mauskätzchen, wo bleibst

Mädel, flink auf den Kranz
Mandelbäumchen, Mandelbäumchen
Mäuschen, poltert tripp
Maria die wollt nach Bethlehem
Meine Mühle, die braucht

Anhang

Mein Herz ist im Hochland
Mein Schatz, der ist auf Wanderschaft
Mein Vater war ein Wandersmann
Meister Jakob
Mir ist ein rot Goldringelein
Mit Gott, so wollen wir loben und ehrn
Mit meinem Mädelchen
Möcht wissen, wo der Kerl
Morgen muß ich fort von hier
Morgen will mein Schatz abreisen
Muss i denn, muss i denn

Mein Mützchen schön schwarz
Mein Schatz liebt einen andern
Mein Wagen hat vier Räder
Mild grüßt der Sterne
Mit dem Pfeil, dem Bogen
Mit meinem Gott geh ich
Mit uns springet
Morgen, Kinder, wird's was geben
Morgens früh um sechse
Morgen wollen wir Hafer
Muss wandern, muss wandern

N
Nach grüner Farb
Nachtigall, ich hör' dich singen
Nicht lange mehr ist Winter
Nun bricht aus allen Zweigen
Nun fangen die Weiden
Nun lasst um die Masten [?]
Nun ruhen alle Wälder
Nun sei uns willkommen
Nun will der Lenz aus
Nun wollen wir singen das

Nachtigall, Nachtigall, wie sangst
Nacht ist warm und stille
Nun ade, du mein lieb Heimatland
Nun danket alle Gott
Nun ist die schöne Frühlingszeit
Nun leb wohl, du kleine Gasse
Nun reibet euch die Äuglein
Nun singet und seid froh
Nun wollen wir aber singen

O
O Bur, wat kost din Hei
O Freude über Freud
O heiliger Geist
O Jesulein zart
O sanfter süsser Hauch
O Täler weit, o Höhen
Över de stillen Straten
O wie so schön und gut

O du fröhliche, o du selige
O heiliges Kind wir grüssen
O Jesulein süss
O sanfter süsser Hauch (Kanon)
O s ..... Winter
O Tannenbaum
O wie schön[?] die hellen Lieder

P
Prinz Eugen

Puthuehner. en, was tust [?]

R
Rasch stehen wir vom Lager
Ringel, Ringen, Reihe
Rasche, rasche, rasche, der Hase
Rosenstock, Holderbusch [Holderblüt]
Ruprecht, Ruprecht, guter Gast

Ringel, Rangel, Rosen
Ringlein, Ringlein, du musst
Rosel, pflück dir Kranzelkraut
Rote Kirschen ess ich gern

S
Sah ein Knab' ein Röslein (2 st.)
Schäferle sag, wo willst
Schlafe, mein Prinzchen
Schlaf, Herzenssöhnchen
Schlaf Kindchen, balde
Schlaget eine Nachtigall
Schneeglöckchen ist wieder munter
Schneewittchen hinter den Bergen
Schnick, schnack, Dudelsack
Schon glänzt des Mondes Licht
Schwesterlein, Schwesterlein, wann gehn
Seid fröhlich im Grünen
So geht es in Schnutzleputz' Hausel
So gelte dann wieder
So scheiden wir mit Sang
Spannenlanger Hansel
Steh fest, du Haus
Sterben ist eine schwere Buß'
Stille, stille, kein Geräusch
Summ, summ, summ, Bienchen
Suse Musekaetten

Sah ein Knab' ein Röslein (3 st.)
Schäfer sag, wo tust du
Schlafe, schlafe, holder, süsser Knabe
Schlaf in guter Ruh'
Schlaf mein kleines Mäuschen
Schmied, Schmied, Schmied
Schneeglöckchen, Weissröckchen
Schneider, den mag ich nit
Schöner Frühling, komm auch
Schönster Herr Jesu
Seht, seht wie die Sonne dort
Sitz a schön's Vögerl
So geht's auf unsere Weise
Sonne und Regen
So treiben wir den Winter aus
Spring Kreisel! Spring!
Stehn zwei Stern' am hohen Himmel
Stille Nacht, heilige Nacht
Still, still, still, weil's Kindlein
Suse, klein Suse
Süsser die Glocken nie klingen

T

Tannenbäumchen
Tanz, Kindchen, tanz
Tanzt das Volk im Kreise
Trara! Der Sommertag ist da
Trara, so blasen
Turner zieh'n

Tanzen und Springen
Tanz, tanz, Quiselchen
Trara! Das tönt wie Jagdgesang
Trara! Die Post ist da
Tuck, tuck, tuck, mein

U

Übers Jahr mein Schatz
Und als die Schneider Jahrestag hatt'n
Und de B... Strum op de
Und wenn du meinst, ich lieb'
Unser Bruder Hansel
Unser liebe Fraue vom
Uns wird ein Kindlein heut

Über uns die klare Nacht
Und das die Gänse barfuss
Und mit den Händen geht es klapp
Und wiederum die reine Luft
Unser Hans hat Hosen an
Unsre liebe Frau, die wollt

V

Veile, Rose, Blümelein
Verstohlen geht der Mond auf
Vögel singen, Blumen blühen
Vom Himmel hoch, o Engel
Von meinem Bergli muss ...

Verschneit liegt rings die ganze Welt
Vögelein im Tannenwald
Vöglein im hohen Baum
Von Berg zu Tal das Waldhorn

W

Wach auf, du Handwerksgesell
Wacht auf, wacht auf
Wann und wo
Ward ein Blümchen
Was glänzt dort vom Walde
Was haben wir Gänse
Was machen denn die Maurer
Was macht der Fuhrmann
Was streicht der Kater
Was wünschen wir dem Herrn
Wem Gott will rechte Gunst erweisen
Wenn alles wieder sich belebet
Wenn der Lenz beginnt und das Eis
Wenn des Frühlings Zauberfinger
Wenn die Futterglocke läutet
Wenn die Nachtigallen schlagen
Wenn ich ein Vöglein wär
Wenn ich weiss, was du weisst
Wenn mich das Glück
Wenn wir marschieren
Wer bekümmert sich drum [?]
Wer geht mit, juchhe!
Wer hat die schönsten Schäfchen
Wer klopfet an
Wer recht in Freuden wandern
Wer tanzen will, der steh nicht
Wer will mit uns nach Island
Widewidewenne
Wie blüht es im Tale
Wie hat es Gott so schön
Wie ist doch die Erde so
Wie lieblich schallt
Wie mir deine Freuden winken
Wie reiten denn die Herrn
Wie schön ist's im grünen Wald
Wie sie so sanft ruhn
Wilde Vögel, Wandervögel
Will ich in mein Gärtchen gehn
Winter ade
Wir bringen mit Gesang
Wir kommen all und gratulieren

Wachet auf im Namen Jesu Christ
Wald, Wald, grüngoldiges Zelt
Wenn wir schreiten Seit' an Seit'
War ich ein Kälblein
Was kann schöner sein
Was klopft und pickt am
Was macht denn der Hausherr
Was soll das bedeuten
Was trägt die Gans auf ihrem Schnabel
Weiss mir ein schönes Rehlein
Wenn alle Brünnlein fliessen
Wenn der Durfteich Grützbrei
Wenn der Lenz beginnt, wenn der Schnee
Wenn die Arbeitszeit zu Ende
Wenn die Kinder artig
Wenn die Bettelleute tanzen
Wenn ich morgens früh aufsteh
Wenn mein Kind nicht essen
Wenn wir fahren auf der See
Wen soll ich nach Rosen
Wer die Gans gestohlen hat
Wer hat dich, du schöner Wald
Wer ist denn draussen
Wer Musicam verachten tut
Wer sitzt auf unsrer Mauer
Wer will fleißige Handwerker
Widele, wedele
Wide, wide, wid, mein Hahn
Wie früh ist auf St. Martine
Wie herrlich ist's
Wie lachen die Himmel
Wie lustig ist's
Wie oft sind wir geschritten
Wie schön blüht uns der Maien
Wie schön leuchtet der Morgenstern
Wie sind mir meine Stiefel
Will ich einmal recht lustig
Willkommen im Grünen
Wir Bergleute hauen fein
Wir danken dir, Herr Jesu Christ
Wir rufen von Stralsund

Anhang

Wir sind in eurem Garten
Wir sind zwei Musikanten
Wir wolln den Zaun binden
Wir ziehen über die Strassen
Wohlan, die Zeit ist kommen
Wohlauf nun in die schöne Welt
Wollt ihr wissen, wie's die Kleinen
Wo wirst du denn den Winter

Z
Zehn kleine Negerlein
Zick, zuck, zuck   Muehlen
Zum Reigen herbei

Wir sind jung, die Welt
Wir wollen zu Land ausfahren
Wir wollen einmal spazieren
Wir ziehen über taufrische Höhn
Wohlauf, ihr Musikanten
Wollt ihr wissen, wie der Bauer
Wollt ihr wissen, wollt ihr wissen

Zieh hin in Frieden
Zum Knäblein sprach
Zwischen Berg und tiefen

Dokument 6

Verfasser:	Hauptquartier der britischen Militärregierung in der Nord-Rheinprovinz
Titel:	Brief an Oberpräsident der Nord-Rheinprovinz
	Betrifft: Genehmigte Lieder
Fundort:	Nordrhein-Westfälisches Hauptstaatsarchiv Düsseldorf
Bestand:	NW 53-461, Bl. 247
Typisierung:	eine Seite, maschinengeschrieben, vervielfältigt, (microverfilmt)
Datum:	6. Juli 1946

1. Von der Kontrollkommission ist die Nachricht eingegangen, dass die nachstehend erwähnten Titel irrtümlicherweise in dem Verzeichnis der genehmigten Lieder aufgenommen waren.
2. Sie wollen diese Titel sofort als nicht[1] genehmigt von der Liste streichen.

p. 1.	Der Himmel grau
	Der Tod reitet
p. 2.	Erde schafft das Neue
	Es dröhnt der Marsch
p. 3.	Es geht eine helle Flöte
	Hohe Nacht der klaren Sterne
	Ich habe Lust im weiten Feld
p. 4.	Lang war die Nacht
	Lasset im Winde
	Prinz Eugen
	So gelte denn wieder
p. 6.	Was glänzt dort im Walde
	Wir ziehen über die Strassen

---

[1] Das Wort "nicht" ist im Originaldokument noch zusätzlich handschriftlich unterstrichen.

Anhang 301

Dokument 7

Verfasser:	Gesellschaft für Musikforschung
Titel:	Denkschrift betr. die Ausbildung der Musiklehrer an Höheren Lehranstalten
Fundort:	Nordrhein-Westfälisches Hauptstaatsarchiv Düsseldorf
Bestand:	NW 60-348, Bl. 60-64
Typisierung:	sechs Seiten, maschinengeschrieben (Abschrift), vervielfältigt,(microverfilmt)
Datum:	Juli 1947

D e n k s c h r i f t

betr. die Ausbildung der Musiklehrer an Höheren Lehranstalten

Die "Entschliessung des Musikwissenschaftlichen Kongresses und der Versammlung der Gesellschaft für Musikforschung in Göttingen (10.-11. April 1947) betr. die Ausbildung der Musiklehrer an Höheren Schulen", die der Nordwestdeutschen Hochschulkonferenz und den Länderregierungen der britischen Zone zugeleitet worden ist, hat bereits auf die Missstände hingewiesen, die hinsichtlich der Ausbildung von Anwärtern für das musikalische Lehramt (Musikstudienräten) an Höheren Lehranstalten bestehen. Dabei wurde mit Nachdruck hervorgehoben, dass eine Neuregelung dieses Studiums erforderlich sei. Der gegenwärtige, völlig unbefriedigende Zustand legt eine beschleunigte Reform nahe. Die bei dem eben bezeichneten Kongress versammelten Vertreter der deutschen Musikwissenschaft, ferner die anwesenden Schulmusiker, Kirchenmusiker sowie die Angehörigen anderer musikalischer Berufe halten sich verpflichtet darauf hinzuweisen, dass der rapide Verfall des Schulmusikwesens, der während des "Dritten Reiches" eingetreten ist, zu einem völligen Zusammenbruch dieses Unterrichtszweiges zu führen droht, und dass ein solcher Zusammenhang einen unheilbaren Schaden an der musikalischen Kultur des deutschen Volkes bedeuten würde. Sie haben es daher übernommen, alle verantwortlichen Stellen mit der vorliegenden Denkschrift auf die drohende Gefahr aufmerksam zu machen und ihnen konkrete Vorschläge zur Behebung der Mißstände zu unterbreiten.

I. Bisheriger Zustand.

Die Ausbildung der Musikstudienräte hat bis zur Katastrophe des Jahres 1945 auf einer Fehlkonstruktion beruht, indem diese Ausbildung einer Hochschule für Musikerziehung bzw. der Schulmusikabteilung einer Musikhochschule übertragen und das wissenschaftliche Nebenfach als Anhang zu diesem Studium an eine Universität verwiesen worden war. Was beim wissenschaftlichen (philologischen oder naturwissenschaftlichen) Staatsexamen ohne weiteres garantiert ist; die organische Verbindung der 3 Studienfächer an einer Ausbildungsstätte, ist hier in Frage gestellt. Ein organischer Zusammenschluss des wissenschaftlichen Nebenfaches mit der Musikausbildung ist nie auch nur erstrebt worden. Ein weiterer Mangel der derzeitigen Musiklehrerausbildung ist darin zu erblicken, dass die früheren Ausbildungsstätten mit der einzigen Ausnahme der Musikhochschule Köln sämtlich weggefallen sind. Das gesamte

Schulmusikstudium in der britischen Zone konzentriert sich daher auf diese eine Ausbildungsstätte, was zur Folge hat, dass in einer der am stärksten bombengeschädigten Städte eine Fülle von Studierenden zusammengeschlossen ist, die hier unter äusserst erschwerten Lebens- und Arbeitsbedingungen ihr Studium absolvieren müssen. Beides ist auf die Dauer untragbar: weder die Zentralisierung der Ausbildung noch deren Verlegung in eine im höchsten Masse geschädigten Großstadt.

Anfechtbar an dem derzeitigen Zustand der Schulmusikausbildung sind aber nicht nur diese Mißstände. Es bestehen vielmehr schwere Bedenken angesichts der Tatsache, dass die Heranbildung der Musikstudienräte überhaupt einer Musikhochschule in oberster Instanz anvertraut ist. Wenn innerhalb der beiden letzten Jahrzehnte auf dem Gebiet des Schulmusikwesens schlechte Erfahrungen gemacht wurden, so sind diese grösstenteils auf die Tatsache zurückzuführen, dass die Studierenden der Musikerziehung an einer rein künstlerischen Hochschule nach Maßstäben ausgebildet wurden, die ihrem künftigen Beruf unangemessen waren. Das bedeutet: die tiefste und eigentliche Ursache des Versagens von Lehrkräften, die nach dem bisherigen Plan ausgebildet sind, liegt in der Anlage des Studiums, dass statt tüchtigen Lehrern unbefriedigte Künstler heranbildete. Der Musikstudienrat war oft kein echter Lehrer und wollte es auch nicht sein, sondern fühlte sich als verkannter Künstler. Nach einer an Zeitdauer und Anspruchshöhe weit überspitzten Musikausbildung, bei der die nebenfachliche Ausbildung in einem wissenschaftlichen Fach als lästige Anhängsel empfunden und demgemäss behandelt wurden, hatte er in der Schule kaum Gelegenheit, zu ausreichender Praktischer Betätigung seines Könnens, da seine Interessen während des Studiums in gesteigerten Masse auf solistische Virtuosität (als Sänger und Instrumentalist) oder auf kompositorische Entfaltung entwickelt werden. Lediglich in den beiden, aus der Zeit vor 1933 stammenden und zugleich einzigen, unmittelbar der Universität angeschlossenen Musikerziehungsinstituten in Königsberg und Breslau stand die echte Musikerziehung als Ausbildungsziel im Vordergrund. Im allgemeinen verfehlte jedoch die bisherige Musiklehrerausbildung ihren eigentlichen Zweck: wirkliche Musikerzieher heranzuziehen, die ihren schulischen Aufgaben gerecht zu werden vermögen. Dieses Ziel aber muss die künftige Ausbildung der Musikstudienräte unter allen Umständen bestimmen, wenn der Musikunterricht an der Schule zum Nutzen der Schüler und damit der Gesamtheit sein soll. Die Ausbildung der Musikstudienräte gehört daher genau so, wie die der Studienräte für alle anderen Fächer, die an der Schule gelehrt werden, auf die Universität. Nur hier kann die primär pädagogische Gesinnung, ohne alle Liebäugelei mit einem erträumten Künstlerdasein anerzogen, nur hier die organische Verknüpfung zwischen der Ausbildung in der Musik und einem wissenschaftlichen Fach erzielt werden, ohne die der Musiklehrer an der Höheren Schule niemals eine wirkliche Lehrerpersönlichkeit sein wird.

II. Reformvorschlag.

Um die Grundvoraussetzung für eine erspriessliche Ausbildung der Musiklehrer an Höheren Lehranstalten zu schaffen, wir daher der Antrag gestellt, das Fach der Musikerziehung (ME) künftighin an die Universität zu verlegen und nicht in erster Linie damit die Musikhochschule zu beauftragen. Dabei sind folgende Gesichtspunkte zu berücksichtigen:

Anhang

1) Das Fach ME muss an allen Universitäten eingeführt werden, zumindest an denjenigen, an denen ein Musikwissenschaftliches Seminar besteht und die Musikwissenschaft planmässig vertreten ist. Die oberste Leitung des gesamten Studiums der ME ist in die Hand des örtlichen Direktors des Musikwissenschaftlichen Seminars der Universität zu legen.

2) Wie schon in der "Entschliessung" hervorgehoben wurde, soll das Studium der ME in folgenden Formen betrieben werden können:

    a)   als <u>Hauptfach</u> mit einem wissenschaftlichen Nebenfach
    b)   als <u>Nebenfach</u> mit einem wissenschaftlichen Hauptfach
    c)   als Zusatzfach zu einem Vollstudium wissenschaftlicher Fächer

Die Kombination unter a) bedarf keiner besonderen Begründung; es handelt sich hier um die bisherige Studienform, die im allgemeinen in Betracht kommen wird, da diejenigen, die das Fach ME wählen, in erster Linie das künstlerische Lehramt in hauptfachlicher Eigenschaft im Auge haben. Da dieses Fach einen grösseren Ausbildungsstoff umfasst und weiter gespannte Fähigkeiten als ein wissenschaftliches Fach bedingt, ist es motiviert, dass mit ihm nur <u>ein Nebenfach</u> kombiniert wird. Ein Novum hingegen ist die Kombination unter b), wo ME auch als Nebenfach in Erscheinung tritt. Und zwar soll bei dieser Kombination ME als Nebenfach nur mit <u>einem</u> wissenschaftlichen Hauptfach verbunden werden, da ME auch als Nebenfach immer noch weit über das Maß eines wissenschaftlichen Nebenfaches hinausreicht. Diese Kombination leitet ihre Berechtigung aus zwei Gründen her. Zunächst ist zu sagen, dass bei der gegenwärtigen Überflutung der Höheren Schulen in allen grösseren und kleineren Städten der Bedarf an zusätzlichen Musiklehrkräften (zu den vorhandenen hauptfachlichen Musikstudienräten) ausserordentlich ist und dass, wenn dieser nicht befriedigt wird, die Schulen für den Überschussbedarf entweder alle möglichen, nicht fachgemäss ausgebildeten Kräfte (Privatmusiklehrer oder gar Dilettanten innerhalb der wissenschaftlichen Lehrkräfte der Schule) heranziehen oder aber den Musikunterricht mangels vorhandener Lehrer überhaupt auf ein Mindestmaß beschränken und somit auf ein bedeutendes volkserzieherisches Bildungsmittel und -gut verzichten. Hier wäre ein "Nebenfach-Studienrat" aber wohl am Platze. Aber auch in anderer Hinsicht wäre die Kombination mit ME als Nebenfach lebhaft zu begrüssen. Es gab von jeher zahlreiche Studierende, die eine gründliche musikalische Vorbildung besitzen und Anlage und guten Willen haben, diese Gabe auch für ein Lehramt sachgemäss zu entwickeln und auszuwerten. Aus dem einen oder anderen Grunde wählen sie jedoch ein wissenschaftliches Hauptfach, das sie mit ME im Nebenfach verbinden wollen. Besteht (wie bisher) keine Möglichkeit dafür, so werden derartige Studierende, die im Rahmen der schulmusikalischen Praxis höchst willkommen wären, wieder von der Musik abgedrängt, was gewiss nicht in einem recht verstandenen allgemeinen musikpolitischen Interesse und einer auf die musischen Kräfte sich stützende Erneuerung des deutschen Volkes ist.

Bei der unter c) genannten Kombination würde es sich nur um eine Wiedereinführung handeln, da das Fach "Musikwissenschaft" bis 1937/38 als Zusatzfach im Staatsexamen Geltung hatte. ME käme hier als Ergänzung zum vollwissenschaftlichen Staatsexamen (Zwei Hauptfächer und ein Nebenfach) in Betracht, so wie auch andere wissenschaftliche Fächer zu einem solchen Examen ergänzend bzw. als Zusatz hinzutreten können. Es ist nicht einzusehen, warum gerade die Musik dabei zurücktreten soll, zumal die erstrebte musisch kulturgeschichtliche Vertiefung des Schulunterrichts (Deutsch, Geschichte, aber auch in den sprachlichen Fächern) von der musikalischen und musikgeschichtlichen Seite die stärksten Anregungen empfangen kann.

III. Praktische Durchführung

Bei der Realisierung des Studiums der ME ist in erster Linie darauf Rücksicht zu nehmen, dass das Fach einen wissenschaftlichen und einen praktischen Zweig hat. Da nur der wissenschaftliche Zweig ohne weiteres an der Universität gelehrt werden kann, ist zunächst dafür Sorge zu tragen, dass Ausbildungsmöglichkeiten für den praktischen Teil des Faches geschaffen werden. Es braucht sich hier um keine einheitliche, für alle Universitäten in gleicher Weise verbindliche Lösung zu handeln. Vielmehr kann diese Frage der praktischen Ausbildung je nach den örtlichen Verhältnissen auf individuelle Weise gelöst werden. Im wesentlichen werden zwei Formen der praktischen Ausbildung in Betracht kommen:

a) In Universitätsstädten, die eine qualifizierte (Städt. oder staatl.) Musikschule besitzen, wird in diesem Rahmen eine Abteilung für Schulmusik, d.h. ein Seminar für ME einzurichten sein, dass die noch näher zu formulierenden praktischen Aufgaben der Schulmusikausbildung übernimmt. Entscheidend ist dabei, dass diese Ausbildung im Auftrag der Universität, d.h. auf Anordnung der betr. Landesregierung erfolgt und unter Leitung und Aufsicht des Direktors der Musikwissenschaft an der Universität steht. Das in dieser Schulmusikabteilung zu leistende Studium und die hier abgelegte Prüfung werden von der Landesregierung als staatlich anerkannt und [mit] dem wissenschaftlichen Staatsexamen koordiniert.

b) In Universitätsstädten, die keine leistungsfähige Musiklehranstalt besitzen, wird dem Musikwissenschaftlichen Seminar der Universität ein Seminar für ME anzugliedern sein, dem die praktische Ausbildung der Musikstudienräte obliegt. Die Fachkräfte dieses praktischen Seminars für den Instrumental- und Gesangunterricht werden sich aus geeigneten und fähigen örtlichen Privatmusiklehrern zusammensetzen, die den Rang von "beauftragten Dozenten" oder "mit der Abhaltung von Kursen beauftragte Lehrkräfte" erhalten, wie das bereits in dem Hochschulinstitut für ME in Königsberg und Breslau der Fall gewesen ist. Auch der akad. Musikdirektor wäre bei der Ausbildung zu beteiligen. Die finanziellen Bedürfnisse dieses Seminars für ME, das in Personalunion von dem Direktor des Musikwissenschaftlichen Seminars mitgeleitet wird, fallen im übrigen nicht ins Gewicht und wären gesondert zu erörtern.

Der wissenschaftliche Zweig der Ausbildung in ME innerhalb der Universität umfasst folgende Spezialfächer:
1) Allgemeine Musikgeschichte
2) Musikalische Analyse und Werkbetrachtung

Anhang

3) Formenlehre
4) Musikästhetische und musikpsychologische Grundfragen
5) Instrumenten- und Notationskunde
6) Geschichte der Gesangskunst und ihre Methoden
7) Geschichte der Musiktheorie
8) Fragen der musikalischen Aufführungspraxis
9) Musikalische Volks- und Völkerkunde

Der praktische, speziell musikerzieherische Zweig, der in einer Abteilung für Schulmusik (Seminar für ME) zu unterrichten wäre, umfasst folgende Fächer:

1) Ein Instrumentalhauptfach nach Wahl (Studierende, die nicht Klavier als Hauptinstrument haben, sind noch zu Klavier als einem Nebeninstrument verpflichtet)
2) Solo- und Chorgesang
3) Orchester- und Kammermusikspiel
4) Chor- und Orchesterleitung
5) Gehörbildung, Musikdiktat, Elementarmusiklehre
6) Harmonielehre, Modulation, Generalbaßspiel, Kontrapunkt
7) Pädagogik, Methodik und Didaktik des Schulmusikunterrichts

Um von vornherein eine Auslese an qualifizierten Bewerbern zu treffen und die Zahl der Studierenden zugleich auf die Nachfrage an Lehrkräften abzustimmen, ist eine <u>Aufnahmeprüfung</u> in praktischer Hinsicht ins Auge zu fassen. In dieser musikalischen Eignungsprüfung werden folgende Leistungen erwartet:

a) Vortrag eines mittelschweren Instrumentalstückes, Vomblattspiel eines leichten Werkes
b) <u>Gesang:</u> Vortrag eines einfachen Kunstliedes zum Nachweis der Gesundheit und Bildungsfähigkeit der Stimme
c) <u>Gehörbildung und Musiklehre:</u> Schriftlicher und mündlicher Nachweis ausreichender Gehörbegabung und Elementarvorkenntnisse.

Fortgeschrittene Studierende der Musikwissenschaft können nach Ablegung einer entsprechenden Eignungsprüfung in den praktischen Fächern in ein höheres Semester eintreten. Musikbegabten Absolventen der Hochschulen für Lehrerbildung ist der Zugang zu der Schulmusikausbildung zu eröffnen; auch ihnen soll die gleiche Möglichkeit gegeben werden, wenn sie sich durch entsprechende Leistungen ausweisen können.

IV. Studienplan

Abschliesslich folge hier der Entwurf eines Studienplanes für ME als Haupt (H)-, Neben (N)- und Zusatzfach (Z), der auf ein Studium von 8 Semestern berechnet ist.

1. und 2. Semester	Zahl der Wochenstunden		
	H	N	Z
Gesang	2	1	1
Instrument im Hauptfach	1	1	1
Instrument im Nebenfach (s.o.)	1	1	
Kammermusik und Orchester	2		
Chorgesang	2		
Musikal. Elementarlehre (Gehörbildung) Musikdiktat, rhythm. Erziehung	2	2	2
Einführung in die Musikerziehung (Histor. und system.)	2	2	
Musikwiss. Vorlesungen	3	3	3
Musikwiss. Übungen	2		
Summe	**17**	**12 [sic!]**	**7**

3. und 4. Semester	H	N	Z
Gesang	2	1	1
Instrument im Hauptfach	1	1	1
Instrument im Nebenfach	1	1	
Kammermusik und Orchester	2	2	
Chorgesang	2		
Harmonielehre, Generalbaßspiel, Modulation, Transponieren, Partiturspiel	2	2	2
Allgemeine Lehre des Schulmusikunterrichts	2	2	
Musikwiss. Vorlesungen	3	3	3
Musikwissensch. Übungen	2		
Summe	**17**	**12**	**7**

5. und 6. Semester	H	N	Z
Gesang	1	1	1
Instrument im Hauptfach	1	1	1
Instrument im Nebenfach	1	1	
Orchesterleitung	2	1	
Spezielle ME und Methodenlehre	2	2	
Lehre vom Kontrapunkt, Spiel an alten Schlüsseln, Improvisation (vornehmlich als Liedbegleitung)	2		
Lied und Volkslied in der Schule (Prakt. Literaturkunde)	2	2	
Musikwiss. Vorlesungen	3	3	3
Musikwissensch. Übungen	2	2	2
Summe	**18[sic!]**	**14 [sic!]**	**7**

7. und 8. Semester	H	N	Z
Gesang	1	1	1
Instrument im Hauptfach	1	1	1
Instrument im Nebenfach	1	1	
Chor- und Orchesterleitung	2	2	2
Kanon, Fuge, Instrumentation, Praktische ME	2	1	
(Lehrplanstudium, Programm- und Feiergestaltung, didaktische Erklärung musikalischer Meisterwerke, Lehrversuche in Schulen)	2	2	
Musikwiss. Vorlesungen	3	3	3
Musikwiss. Übungen	2	2	2
Summe	**14**	**13**	**9**

Anhang 307

Dokument 8

Verfasser:	K. Sicht, Philologen-Verband Nordrhein-Westfalen
Titel:	Der Bericht; Nachwuchssorgen: Schulmusik
Fundort:	Nordrhein-Westfälisches Hauptstaatsarchiv Düsseldorf
Bestand:	RW 271-30. ohne Blatzählung
Typisierung:	vier Seiten (Auszug), maschinengeschrieben, vervielfältigt
Datum:	März 1966

III. NACHWUCHSSORGEN: SCHULMUSIK

Zur Behebung des Nachwuchsmangels an Schulmusikern schlägt der Bildungsausschuß folgende Änderungen vor:

a) Übernahme der Abteilung für Schulmusik an die Universitäten
b) Fortfall oder Modifizierung der Prüfung zur Feststellung der Begabungshöhe während des Studiums
c) Neugestaltung (Liberalisierung) des Studienganges
d) Freie Fachwahl
e) Ablegung von Zwischenprüfungen zum Erwerb von Seminarscheinen

Neu zu ordnen wäre auch Studiendauer und Stellung des zweiten wissenschaftlichen Faches.

Begründung

Die nachfolgenden Erläuterungen zu dem Antrag auf Überführung der Schulmusikinstitute von der Hochschule für Musik an die Universitäten berücksichtigen Anregungen, die der Verband deutscher Schulmusikerzieher durch den Arbeitskreis "Höhere Schule" (Leiter OStR Dr. Rubarth, Wuppertal-Elberfeld), "Realschule" (Leiter RSchl Eicke, Düsseldorf) und den Referaten "Hochschule" (Prof. Dr. Eberth, Detmold) und "Forschung in der Musikerziehung" (Prof. Dr. Alt, Dortmund) erarbeitete.

Die Zahl der Studierenden an den Instituten für Schulmusik geht ständig zurück. Die Musikhochschulen klagen über den Ausbildungsstand der in die Institute neu aufgenommenen Studenten. Immer mehr Stellen für Schulmusikerzieher an den Schulen unseres Landes bleiben offen; im Landesteil Westfalen ist nur annähernd ein Viertel aller Planstellen mit vollexaminierten Schulmusikerziehern besetzt.

Gründe für den Nachwuchsmangel im Fache Musikerziehung an den Höheren Schulen

Den Abiturienten sind die Kürzungen des Faches Musik in den Stundentafeln bekannt (Fortfall in OIII, Epochenunterricht, Wahlmöglichkeit zwischen Kunst und Musik in UI/OI). Chor- und Orchesterstunden sind nicht verbindlich in den Stundenplan eingebaut, sie finden z.T. in Nachmittagsstunden oder in Spätstunden (nach der 6. Unterrichtsstunde) statt. Der Schulmusikerzieher muß in eigener intensiver Werbung die Schüler für diese zusätzlichen Aufgaben gewinnen, was besonders für den Fall gilt, wenn der Schulleiter die musischen Fächer nicht aus interessierter Teilnahme fördert.

Vielen Abiturienten sind auch Äußerungen ihrer Schulmusikerzieher nur zu bekannt, in denen diese von dem ständigen Ringen um Anerkennung ihres Faches im Lehrerkollegium berichten.

In den letzten Jahren sind immer mehr Aushilfslehrer im Fach an den weiterführenden Schulen eingesetzt worden. So sehr das Fach in unseren Tagen auf diese Lehrkräfte angewiesen ist, so sehr schmälert der Einsatz dieser Aushilfslehrer – ohne wissenschaftliches Fach und ohne Referendarausbildung – die Bedeutung des Faches und läßt es für den angehenden Studenten nicht anziehend genug erscheinen. Sowohl dem Privatmusikerzieher als auch dem Jugendmusikerzieher, die vor allem zur Deckung des Bedarfs eingesetzt werden, fehlt die umfassende Ausbildung des Schulmusikerziehers, die das Fach Musik nicht nur als musisch-technisches Fach, sondern auch als ein Fach ausweist, das in seinen Anforderungen, aber auch in seiner Aufgabenstellung den geisteswissenschaftlichen Fächern gleichwertig gegenübersteht.

Der Abiturient muß sich bei seiner Meldung zum Schulmusikstudium einer <u>Aufnahmeprüfung</u> unterziehen, die bereits größere Anforderungen stellt. Eine vergleichbare Aufnahmeprüfung wird von dem Studenten an der Universität für kein Fach verlangt; für diesen ist das Abitur auch für das spezielle Fachstudium Nachweis seiner Studierfähigkeit. Die Forderung einer Aufnahmeprüfung für die Institute für Schulmusik halten nach unseren Erfahrungen mehr als in früheren Jahren selbst befähigte Abiturienten von der Aufnahme des Studiums ab.

Nimmt der Student das Schulmusikstudium auf, so findet er, der in der Regel das zweite Fach nur mit der sogenannten Beifachfakultas erwirbt, an der Universität bei den Dozenten in seiner Eigenschaft als angehender Schulmusiker nur selten Anerkennung, es sei denn, er weist in dem zweiten Studienfach ausgezeichnete Leistungen auf, die für ihn aber aus vielen bekannten Gründen nur schwer zu erringen sind. Umgekehrt erfährt er aber auch bei vielen Dozenten der Musikhochschule erst Anerkennung, wenn er in den künstlerischen Ausbildungsfächern Leistungen aufweist, die denen der Studenten mit rein künstlerischer Fachrichtung mindestens entsprechen.

Der Student der Musikerziehung muß in der Regel zwischen der Musikhochschule und der Universität hin- und herfahren, ein oft großer Zeitverlust, oder er muß das Studium des zweiten Faches an das Musikstudium anhängen und kommt dann zu einer sehr hohen Semesterzahl, zumal das Schulmusikstudium an sich schon teurer wird als das anderer philologischer Fächer. Die Ausbildungsinstitute versuchen zwar, Dozenten aus dem Bereich der Pädagogik der Philosophie oder den Bereichen der meistgewählten zweiten Fächer zu Vorlesungen und Übungen an den Hochschulen für Musik zu gewinnen. Der Student der Musikerziehung hat in diesen Fällen nicht die Möglichkeit der freien Lehrerwahl, da das Angebot der Thematik nach, aber auch der Person des Vortragenden nach begrenzt ist.

Anhang

Vorschläge zur Behebung des Nachwuchsmangels im Fache Musikerziehung an den Höheren Schulen

Eine Überführung der Schulmusikabteilungen von der Abteilung V in die Abteilung I (wissenschaftliche Hochschulen) im Kultusministerium und ihre weitere organisatorische Belassung bei den Musikhochschulen scheint unserer Ansicht nach das Studium der Musikerziehung nicht anziehender für den Schüler und Abiturienten zu machen.

Wir sind vielmehr der Auffassung, daß eine wesentliche Anregung zum Studium der Musikerziehung nur durch eine Überführung der Schulmusikinstitute an die entsprechenden Universitäten erfolgen kann, wobei zugleich die Möglichkeit eines Nebenfachstudiums "Musikerziehung" erwogen werden sollte. Die Angliederung der Schulmusikabteilungen könnte eine enge Verbindung mit den musikwissenschaftlichen Instituten bringen, aber auch ein selbständiges Institut Musikerziehung an der Universität wäre durchaus denkbar. Eine derartige Lösung würde den Studenten die Wege zwischen zwei verschiedenen Ausbildungsstätten ersparen und damit eine Verkürzung des Studiums ermöglichen und die Kosten verringern. Auch ein vollständiges Studium des zweiten Faches wäre nun möglich.

Neben der räumlichen Trennung der Ausbildungsstätten sind es vor allem die starr gestalteten Studienpläne der Institute für Schulmusik an den Hochschulen, die ein durchgängiges Studium des wissenschaftlichen Faches behindern, weil sie keine Rücksicht auf die Termine der Universitätsvorlesungen nehmen. Dem Studenten der Schulmusikerziehung sollte die freie Dozentenwahl in den künstlerischen Fächern möglich sein.

Die Anlage des Studiums muß mehr als bisher der speziellen Begabung und den besonderen Interessen des Studenten entgegenkommen. Eine neue flexiblere Studienordnung sollte den Abschluß einzelner Fächer oder ganzer Fächergruppen bereits während des Studiums gestatten, so daß eine erhebliche Kürzung der künstlerischen Prüfung, die sich heute an einer unserer Musikhochschulen noch über fünf Tage erstreckt, möglich wäre.

Zusammenfassend folgt aus der Begründung:

Zu wenig Abiturienten erwählen zur Zeit den Beruf des Musikerziehers an Höheren Schulen. Der Philologen-Verband ist besorgt, weil den Schulkollegien schon jetzt – vor allem im Landesteil Westfalen – die Besetzung der offenen Stellen Schwierigkeiten bereitet und die Studienplätze an den bestehenden Schulmusikinstituten nicht besetzt sind.

Durch die Verlegung der Schulmusikabteilungen von den Hochschulen für Musik an die Universitäten, durch eine Liberalisierung der Studiums und die völlige Angleichung des Studienganges für Musikerziehung an den anderer Fächer könnte der Beruf des Musikerziehers an Höheren Schulen erstrebenswerter gemacht werden.

Für den Bildungsausschuß
K. Sicht

Dokument 9

Verfasser:	Egon Kraus
Titel:	Die Jugendmusikarbeit im Lande Nordrhein-Westfalen
Fundort:	Nordrhein-Westfälisches Hauptstaatsarchiv Düsseldorf
Bestand:	NW 60-864, Bl. 8-11
Typisierung:	sieben Seiten, maschinengeschrieben, vervielfältigt,(microverfilmt)
Datum:	ohne Datierung; als Anlage zum 1. Rundbrief der Arbeitsgemeinschaft der Musikreferenten der deutschen Kultus- und Sozialministerien im Oktober 1948 verschickt. Das Referat wurde laut Tagungsprogramm am 10.6.1948 in Hamburg gehalten.

Die Jugendmusikarbeit im Lande Nordrhein-Westfalen

Viele Kräfte sind bereits am Werk, der Jugend zu helfen, ihre äußere und innere Not zu überwinden. Trotz ernstlichen Bemühens gelingt es nicht immer, das tiefe Misstrauen der in ihren Hoffnungen enttäuschten und um ihrer Ideale betrogenen Jugend zu beseitigen. Unsere Erfahrung in der Jugendmusikarbeit hat gelehrt, dass nicht durch Vermittlung von Erkenntnissen, nicht durch Änderung von Meinungen, sondern durch das Vorbild einer echten Gesinnung, durch Auslösen von Erlebnissen, die in die Tiefe wirken, junge Menschen heute gewonnen und geformt werden können.

Durch Erschliessung der musischen Kräfte können wir einen wesentlichen Beitrag zur sittlichen Erziehung und Gesundung der Jugend leisten. Im Mittelpunkt aller musischen Erziehung steht die Musik, die vor allem geeignet ist, unmittelbar, ohne Umweg über Begriffe und Worte zum Herzen des jungen Menschen zu sprechen und seine Seele zu formen. Die Verknüpfung der Musik mit der seelischen Verfassung des Menschen ist so eng, dass es eine Erziehung ohne Musik nicht geben kann, ebenso wenig eine soziale Fürsorge, wenn sie sich nicht bloss mit der körperlichen Not befassen will. Musik und musikalisches Erleben, eng verbunden mit den erzieherischen Kräften, die uns aus Volkstanz, Laienspiel, Puppenspiel und bildender Kunst erwachsen, sind in einem tieferen Sinne geeignet, unsere Wirklichkeit zu gestalten und die geistige und seelische Katastrophe zu überwinden. Nirgendwo können die musischen Kräfte zwangloser und natürlicher erschlossen werden, als in der ausserschulischen Jugendarbeit, beim Wandern, beim Heimabend, beim Ferienlager, wo jede schulisch-lehrhafte Absicht zurücktritt.

Seit dem ersten Weltkrieg hat eine junge deutsche Musikbewegung zurückgefunden zum Ursprung der Musik, zu Volkslied und Volkstanz, wie sie ebenso vorgestossen ist in die Bereiche der hohen Kunst. Es war ein langer, mühevoller Weg der Selbsterziehung, des inneren Wachsens und Reifens; mancher Umweg wurde dabei beschritten, manche Abwehrstellung bezogen, die – wie sich später herausstellte – unnötig und einseitig war. Manche Haltepunkte auf diesem Wege lassen sich heute deutlich nach Musizierformen und Musiziergut kennzeichnen: die Zeit

Anhang

der ersten Wandervögel, die alles sangen, was ihre Stimmung untermalen konnte, die Hinwendung zum alten Volkslied nach dem Erscheinen des Zupfgeigenhansl, die Bevorzugung eines polyphonen Satzes und einer ausgeschriebenen Lautenbegleitung, die Zeit der Kritik am Volksliedsingen und das Ringen um neue Wege zur Kunstmusik. Hilmar Höckner hat bereits darauf hingewiesen, dass die jeweils überwundene musikalische Haltung und Gesinnung in einer entsprechenden Altersschicht weiterlebte. Damit stossen wir auf eine charakteristische Erscheinung des heutigen Jugendmusiklebens: wir erleben in unseren Tagen die Überraschung, dass die von der Jugendbewegung zurückgelegten Entwicklungsstufen in einem bunten Nebeneinander bestehen: Jugendgruppen, die klampfend und singend über die Strasse ziehen mit einer besonderen Vorliebe für das Klotz- und Radaulied; Wandervögel, die eine bewusste Volksliedpflege treiben; Jugendgruppen, die in einer gewissen Überheblichkeit nur das alte Lied pflegen; Singkreise, die alte und neue Volkslieder in einfachen und kunstreichen homophonen und polyphonen Sätzen pflegen, schließlich vereinzelt sogar Sing- und Spielkreise, die bereist Zugang zur Kunstmusik gefunden haben. Diese Vielfalt der Erscheinungen auf dem Gebiete der Jugendmusikbewegung unserer Tage zeigt uns besser als alle andern Überlegungen die Notwendigkeit, die Jugendmusik p f l e g e als dringliche Aufgabe zu betrachten.

Die Zeit nach dem Umbruch 1945 ist gekennzeichnet durch das Zerschlagen aller bestehender Einrichtungen und Bindungen. Der Umbruch hat aber nicht nur tiefgehende Wandlungen im äusseren Leben, sondern auch im Wesen des Menschen selbst gebracht. Wir können daher nicht erwarten, dass die Musik davon verschont bleibt. So ist denn auch die Entwicklung in der Jugendmusikarbeit von 1945 bis heute durch eine allgemeine innere Unsicherheit charakterisiert. Es galt zunächst einmal, unseren eigenen Seelenhaushalt in Ordnung zu bringen; erst dann konnten wir uns umschauen nach neuen Bindungen, Gemeinschaften, nach einer neuen Ordnung. Wir stehen noch mitten drin in diesem Prozess des Umformens und Suchens. Eine Besinnung auf das Erbe der musikalischen Jugendbewegung wird uns dabei viel helfen können. Das Aktions-Reaktionsprinzip muss überwunden werden. Es hat keinen Sinn, dort etwa anzufangen, wo wir 1933 stehengeblieben sind. Es hat auch keinen Sinn, längst abgeschlossene Entwicklungen bewusst neu heraufzubeschwören. Wichtig scheint aber, dass wir uns immer wieder fragen: was können wir aus dem geschichtlichen Ablauf der Jugendmusikbewegung für unsere heutige Arbeit lernen?

Es gibt heute keine einheitlich ausgerichtete Jugend, sondern viele Jugendgruppen, deren Stellung zur Kunst, zur Lebens- und Weltanschauung verschieden ist. Einige dieser Gruppen, die durch unsere Lehrgangsarbeit und Singwochen mit uns in Berührung gekommen sind, sollen im folgenden charakterisiert werden:

Diese jungen Menschen haben ein starkes Verlangen nach einem ständigen Umgang mit Musik. Dieses Verlangen hat in unserer Notzeit wieder eine besonders innige Pflege des Liedes bewirkt. Von der Vermassung des öffentlichen Musiklebens abgestossen, suchen diese jungen Menschen wieder den kleinen Kreis, die Singgemeinde, die Musikantengruppe. Hier erleben sie in einem neuen Sinne den gemeinschaftsbildenden Charakter der Musik, vor allem die formende Kraft des Liedes, das vorläufig im Mittelpunkt dieser Arbeit steht. Wie beglückend ist die Arbeit mit diesen jungen Menschen, die trotz aller äusseren Schwierigkeiten sich zum gemeinsamen Dienst an der Musik zusammenfinden, für die diese Musiziergemeinschaften ein Stück Heimat bedeuten. Aus Musikbetrieb wird hier endlich wieder einmal wirkliches musikalisches Leben. Neuschöpfungen und Bearbeitungen, meist für einen bestimmten Kreis geschrieben, gehen handschriftlich von einer Gruppe zur anderen und erweisen sich erstaunlich lebenskräftig, obwohl kein Verlag und keine Organisation dahintersteht. Auf Singwochen, die überall im Lande stattfinden, treffen sich Gleichgesinnte, tauschen Erfahrungen aus und überlegen neue Wege aus der gemeinsamen Not. Die Frage der äußeren Organisation ist dabei von untergeordneter Bedeutung; oft handelt es sich um locker gefügte Freundeskreise, die sich zuweilen um eine besonders begabte Erzieherpersönlichkeit bilden. Es wäre töricht, diese neuen Ansätze als Nachahmung der ehemaligen Jugendbewegung deuten zu wollen. Manches Gemeinsame ist aufzuweisen, aber es ist heute eine andere Generation, ihre Not hat andere Ursachen, die Überwindung dieser Not wird eigene Wege erfordern, auch wenn zuweilen aus denselben Quellen geschöpft wird.

Es ist bezeichnend, dass öffentliche Erziehungseinrichtungen bisher kaum irgendwo einen massgeblichen Einfluss auf diese neue musische Lebenshaltung genommen haben. Die Schule ist amusisch wie unsere ganze Zeit. Selbst die humanistische Bildung krankt heute an einer beschränkten Einseitigkeit. Welch kümmerliche Rolle spielt die Musik im Leben des jetzigen humanistischen Gymnasiums. Man liest zwar die antiken Schriftsteller, man weiss um den Einfluss, den die Musik im alten Griechenland auf die gesamte Erziehung von Jugend und Volk gehabt hat, man behandelt vielleicht auch im Unterricht die Ethoslehre, d.h. die ethische nicht aesthetische Wertung der Musik (wie es Platon in seiner "Politeia" ausführt), aber man hat weder die Absicht, noch den Willen, noch die Kraft, mit diesen Dingen in der Praxis des Schulalltags ernst zu machen. Man gestattet der Musik nur eine Randstellung, die auch äußerlich durch die erneute Hintanstellung des Faches Musik auf den Zeugnisformularen zum Ausdruck kommt. Die Schule, die sich als wieder einmal erstaunlich lebensfremd erweist und nur rückwärts schaut, um die Tradition zu wahren, muss weit ihre Tore öffnen, um das Neue hineinzulassen. Das wird am ehesten gelingen, wenn sie Musik nicht als technisches Fach, sondern als Lebensmacht und formende Kraft die ganze Erziehungsarbeit durchdringen läßt, wenn sie sich endlich wieder zu einer richtig verstandenen musischen Erziehung bekennt. Sonst wird sie wieder die Überraschung erleben, dass die Jugend, weil sie sich nicht angesprochen fühlt, ausserhalb der Schule, im Jugendbund, Verwirklichung ihrer Wünsche sucht und findet.

Es ist bei der Vielgestaltigkeit des Erlebens unserer Jugend und bei der verschiedenen Einstellung zu weltanschaulichen und politischen Fragen selbstverständlich, dass sich auch bei der Jugendmusikarbeit unserer Tage verschiedene Gruppen mit verschiedenen Zielsetzungen gebildet haben. Äusserlich unterscheiden wir konfessionell gebundene Singkreise (die der katholischen und evangelischen Jugend), politisch gebundene Singkreise (am häufigsten die der "Freien Falken") und sogenannte "gemischte" Singkreise, die sich von allen Bindungen freihalten und vorläufig auch keinem Verband angeschlossen sind. Hoffen wir, dass auch in den konfessionell und politisch gebundenen Singkreisen die Musik nie zu einer Tendenzkunst wird, sondern zu einem starken Bindemittel, das hilft, über alles Trennende hinwegzukommen.

Wir müssen uns von dem Gedanken freimachen, dass Jugendmusikarbeit nur vom Fachmusiker allein geleistet werden kann. Jeder Erzieher und Seelsorger, jeder Jugendführer und Jugendpfleger kann durch seine Arbeit zu einer rechten Musikpflege beitragen. Was nützen uns Musikhochschulen, Konservatorien, grosse Orchesterkonzerte und Opernaufführungen, wenn der Unterbau, die musikalische Jugenderziehung, fehlt? Auch die volkstümlichen Formen

Anhang 313

der Kunst können nicht im Verborgenen von selbst wachsen. Jedes Kulturgut muss erarbeitet, gepflegt und gefördert werden. Die Erziehung der Jugend zur Musik und durch Musik steht gerade in unserer Notzeit als dringliche Aufgabe vor uns. Diese Erziehungspflicht erstreckt sich nicht nur auf besondere Begabte oder bevorzugte Glieder einzelner Schichten, sondern auf alle. Die Forderung einer rechten Musikpflege und Musikerziehung für alle ist das Gebot der Stunde. Es gilt eine viel breitere Basis als bisher für diese Arbeit zu finden. Die Arbeit einzelner Musikerzieher, die nach dem Zusammenbruch bis jetzt ihre ganze Kraft für den Zweck der Jugendmusikarbeit in Lehrgängen und Singwochen einsetzten, muss von den massgeblichen Stellen aller Behörden unterstützt werden. Es müssen Kräfte freigemacht werden, die sich ganz dieser Erziehungsarbeit widmen können. Geeignete Berater für Jugendmusikarbeit müssen der Regierung, auch den zuständigen Ministerien beratend zur Seite stehen. Wir kranken immer noch – oder jetzt schon wieder – an der Übersteigerung der Mittel für Konzert und Oper, an der Vernachlässigung der Volksmusik. Die musikalische Armut in allen Volksschichten, vor allem aber in den Großstädten ist grenzenlos. Wo bleiben die Volksmusikschulen, die Singschulen? Wo bleibt die Begabtenförderung auch in den ärmsten Schichten unseres Volkes auf musikalischem Gebiet?

Es ist bezeichnend, dass nicht von fachmusikalischer Seite, sondern aus Kreisen der Jugendpflege die Möglichkeit einer breiten Grundlage für die Jugendmusikarbeit im Lande Nordrhein-Westfalen geschaffen wurde. Die Regierung hat in achttägigen Lehrgängen die Möglichkeit geschaffen, dass sich die Jugend verschiedener religiöser Bekenntnisse und politischer Richtungen trifft und bei ernster Arbeit und frohem Spiel die Notwendigkeit erkennt, alles Trennende zu überwinden und in gemeinsamer Arbeit und gegenseitiger Achtung und Hilfsbereitschaft am Neubau des Menschenbildes der Volks- und Völkergemeinschaft mitzuschaffen. In diesen Lehrgängen wurden viele Kräfte, namentlich unter der Lehrerschaft, neu gewonnen, die fähig und bereit sind, am Neuaufbau der Jugendarbeit mitzuhelfen.

Der Impuls zu einer neuen Jugendmusikarbeit im Lande Nordrhein-Westfalen ging von der Jugendpflege in Köln aus. Auf den ersten beiden Kölner Singwochen wurden die Kräfte gesammelt, die in den Kreisen und Gemeinden des Regierungsbezirks den Aufbau der Jugendmusikarbeit übernehmen sollten. Eine Mitte 1947 gegründete A r b e i t s g e m e i n s c h a f t d e r S i n g k r e i s e i m R e g i e r u n g s b e z i r k K ö l n führte zu einem fruchtbaren Zusammenschluss gleichgesinnter Kräfte. Ziel der Arbeitsgemeinschaft ist, der Jugend den Weg zum vertieften Erlebnis und Verständnis der Musik zu ebnen. In enger Verbindung zum musikalischen Volkstum will sie die Jugend durch vermehrte musikalische Eigenbetätigung zur sittlichen Gesundung und darüber hinaus zum Ideal einer wahrhaft musischen Lebenshaltung führen helfen. Die Arbeitsgemeinschaft will organisatorische, wirtschaftliche und arbeitstechnische Voraussetzungen schaffen, damit die Arbeit der Singkreise zur rechten und vielseitigen Auswertung kommt. Die aus den Singkreisen für den Ort, die Stadt, den Kreis oder Regierungsbezirk gewählte Leitung gilt in dem entsprechenden Ausschuss für Jugendpflege als der von den Jugendverbänden und Bünden beauftragte Fachausschuss der Jugend in Fragen der Jugendmusikarbeit. Die Arbeitsgemeinschaft ist massgeblich bei der Auswahl der Teilnehmer für Lehrgänge und Singwochen seitens der Regierung, des Landes oder der Zone beteiligt. Sie unterbreitet Vorschläge für Inhalt, Gestaltung sowie Referenten der Lehrgänge, Sing- und Instrumentalwochen. Sie unterstützt die Singkreise in der Gewinnung von Kräften, welche über das notwendige fachliche Wissen verfügen und in Aussprachen, Vorträgen, Sing- und Musizierstunden, Kursen, Lehrgängen und Wochenendsingen ihre Arbeit vertiefen und fruchtbar machen. Die Arbeitsgemeinschaft unterstützt die Singkreise in der Beschaffung von Arbeitsräumen und Tagungsstätten, sowie in der Beschaffung von Instrumenten und Noten. Ein Rundbrief ist Bindeglied zwischen den Singkreisen.

Die Leitung der Arbeitsgemeinschaft versucht, in jedem Ort eine geeignete Persönlichkeit zu finden, die die sangesfreudigen Kräfte sammelt, interessiert und fördert. Ziel ist die Bildung eines Singkreises oder einer Singgruppe, die sich für die Lied- und Musikpflege der gesamten Jugend verantwortlich fühlt. Der Leiter der Arbeitsgemeinschaft betreibt in Zusammenarbeit mit dem Ausschussmitglied des Kreises und dem Kreisjugendpfleger möglichst unauffällig und unaufdringlich die erforderliche Planung und Durchorganisierung der Jugendmusikarbeit. Dazu gehört auch die Begabtenförderung in Zusammenhang mit der Arbeit eines Instrumentalkreises. Musikalisch begabten Kindern und Jugendlichen, namentlich auf dem Lande, soll die Möglichkeit des Privatmusikunterrichts verschafft werden, evtl. durch die Bereitstellung eines Wanderlehrers, dessen Besoldung mit Hilfe der Regierung geregelt wird. Die bereits fortgeschrittenen Instrumentalisten eines Ortes oder eines grösseren Bezirks werden zu einem Spielkreis zusammengefasst. Die Arbeit des vergangenen Jahres hat gezeigt, dass durch die Bildung der Sing- und Spielkreise eine viel systematischere Erfassung und Ausbildung, namentlich in den Kleinstädten und auf dem Lande, möglich ist. In Orten, in denen bisher mehrere Singkreise der einzelnen Jugendverbände bestanden, wurde der Weg der Zusammenarbeit über eine "Singgemeinde der Jugend" mit Erfolg beschritten.

Die Frage der richtigen Auswahl des Singleiters ist von besonderer Wichtigkeit für unsere Arbeit. Oft, namentlich an kleinen Orten, ist der Lehrer der geeignete Mann, falls er die rechte Einstellung zur Jugend hat. In größeren Orten und Städten wird häufig ein Fachmusiker seine Mitarbeit anbieten, sei es der Schulmusiker, um dadurch eine rechte Verbindung zum ausserschulischen Musizieren zu bekommen, sei es der Privatmusiklehrer, falls er sich von der oft vorhandenen merkantilen Einstellung zum Musizieren freimachen kann. In manchen Fällen wird auch ein gut vorgebildeter Laie geeignet sein, vor allem, wenn er sich auf Singwochen und Lehrgängen das nötige musikalische Rüstzeug geholt hat. Auch bei unsern Singkreisen muss die Gewähr für eine saubere musikalische-handwerkliche Arbeit gegeben sein. Mit Begeisterung und Gesinnung allein können wir nichts leisten, so sehr sie als Grundlage unserer Arbeit notwendig und erwünscht sind. In den über 100 Singkreisen im Regierungsbezirk Köln finden sich als Leiter Schulmusiker, Lehrer, Privatmusiklehrer, Musikstudenten und einige Laien. Sie alle haben an einer oder mehreren Singwochen teilgenommen und treffen sich in regelmäßigen Abständen zu einem Wochenendsingen im Jugendhof Steinbach.

Einen wichtigen Raum muss bei der Besprechung der praktischen Arbeitsmöglichkeiten die Frage der Auswahl und Bereitstellung geeigneter Literatur für unsere Singkreise einnehmen. Die Not auf diesem Gebiet hat unsere Arbeit vor allem auf dem Lande in der ersten Zeit stark gehemmt. Mit Hilfe der Regierung haben wir schließlich 14 verschiedene Liedblätter in je 2000 Exemplaren, dazu ein Weihnachtsliedertextblatt an unsere Singkreise verteilen können. Eine Durchsicht dieser Liedblätter zeigt, dass wir nicht in den luftleeren Raum oder über die Köpfe hinweg arbeiten, sondern für die praktischen Bedürfnisse unserer Singkreise, deren Zusammensetzung uns ja weitgehend

Anhang

bekannt ist. Die Dreistimmigkeit überwiegt. Der Grundsatz der vielseitigen Brauchbarkeit und Auswertung bestimmt auch die Satztechnik. Meist sind die dreistimmigen Sätze für gleiche und gemischte Stimmbesetzung ausführbar. Die dritte Stimme ist im Umfang so gehalten, dass sie auch von unseren jungen Männerstimmen, die ja meist keine ausgesprochenen Bass- und Tenorstimmen sind, bewältigt werden kann. Bei der Liedauswahl sind nicht formale und aesthetische Erwägungen ausschlaggebend, sondern die Frage, ob das Lied Gefährte unseres Lebens sein kann. Auch unsere erste grössere Veröffentlichung, das Liederheft "Gefährten des Sommers" (Verlag Karl Heinrich Möseler, vorm. Kallmeyer – Wolfenbüttel), zeigt unser Bemühen, in erster Linie die Voraussetzungen für einen allgemeinen Jugend- und Volksgesang zu schaffen.

Es hat sich herausgestellt, dass die äusseren Schwierigkeiten zumal die Kräfte der meist von jungen Menschen geleiteten Singkreise übersteigen. Daher ist es notwendig, die Unterstützung aller in Frage kommenden Behörden, auch der Kirche und der Schule, zu sichern. Die Schwierigkeiten beginnen meist schon bei der Bereitstellung eines Proberaumes. Das Nächstliegende, den Musiksaal einer Schule oder das Pfarrheim zu benutzen, scheitert oft an der Herrschaft von St. Bürokratius. Vor allem zur Förderung der freien Singkreise ist es dringend erforderlich, dass die Regierung in allen Orten ein Jugendheim schafft, das abwechselnd von den einzelnen Singkreisen benutzt werden kann.

Zu den Voraussetzungen für eine erspriessliche Jugendmusikarbeit gehört auch die Wiedereinrichtung von Volks- und Jugendmusikbüchereien und Notenleihausgaben. Sie sollten nicht nur in Großstädten, sondern zumindest in jeder Kreisstadt bestehen.

In jeden grösseren Ort, in jede Kleinstadt zumindest, gehört eine Jugendmusikschule, die der Mittelpunkt der gesamten Jugendmusikarbeit eines Kreises sein müsste. Beispiele in einigen kleineren Städten unseres Landes haben gezeigt, dass solche Jugendmusikschulen auch bei geringen Zuschüssen ausgezeichnete Arbeit leisten können. Auch in der Grosstadt ist die Einrichtung einer Musikschule für Jugend und Volk jetzt notwendiger denn je; sie würde eine fühlbare Lücke schliessen im Ring der jetzt vorhandenen Musikerziehungseinrichtungen.

Zahlreiche Berichte über das Wirken unserer Singkreise auch in der Öffentlichkeit liegen bereits vor, Berichte, die vor allem deshalb erfreulich sind, weil aus ihnen allen die Verantwortung der Jugend für soziale Aufgaben spricht. (Volksliedsingen in Krankenhäusern, in Flüchtlingslagern und Bunkern) Welche grossen Aufgaben auch in der Geschmacksbildung und der Feiergestaltung der Bevölkerung in Stadt und Land unseren Singkreisen gestellt sind, zeigt deutlich der Veranstaltungsplan einer Gemeinde von 25 000 Einwohnern in der Nähe von Köln. Im Jahre 1947 fanden dort 349 Tanzveranstaltungen statt, 10 Varieté-Vorstellungen, 26 Bunte Abende, 19 "Konzerte" mit anschließendem Tanz usw.

Der vorbildliche Aufbau der Jugendmusikarbeit im Reg.Bez. Köln hat die Landesregierung veranlasst, einen Zusammenschluß der Jugendmusikkreise auf Landesebene herbeizuführen (Arbeitsgemeinschaft der Singkreise im Land Nordrhein-Westfalen). Der Kölner Plan wurde den Jugendpflegern der verschiedenen Regierungsbezirke unterbreitet, organisatorische Hilfe und Material bereitgestellt. Der Erfolg der Arbeit im Lande wird davon abhängen, ob es gelingt, die erforderlichen Jugendmusikleiter für die Arbeit der Sing- und Spielkreise zu finden. Es hat sich als notwendig erwiesen, eine besondere Ausbildungsmöglichkeit für Jugendmusikleiter zu schaffen, die in der Lage sind, die gesamte Jugendmusikpflege einer Gemeinde zu übernehmen. Das für diese, beim augenblicklichen Stand der Jugendmusikarbeit besonders wichtige Tätigkeit nötige fachliche Wissen und Können sollen in einem langfristigen Lehrgang in einem S e m i n a r   f ü r   J u g e n d m u s i k p f l e g e vermittelt werden. Für die Teilnahme an diesem Lehrgang sollen vor allem junge Lehrer gewonnen werden. Voraussetzung für die Zulassung zum Lehrgang ist der Nachweis einer ausreichenden musikalischen Vorbildung und bei Lehrern die bestandene zweite Lehrerprüfung.

Die Jugendmusikarbeit im Lande Nordrhein-Westfalen hat in den letzten beiden Jahren aus kleinsten Anfängen heraus eine immer grössere Ausdehnung gewonnen und schon zu ganz bestimmten Arbeitsformen geführt, die überall im Lande zur Diskussion gestellt wurden, um praktische Wege zu neuen Formen der zukünftigen Arbeit zu gewinnen.

In dem musikalischen Tun eines Teiles unserer Jugend, in der Sehnsucht so vieler junger Menschen nach ernster Musik und musikalischer Betätigung liegt die Gewissheit für den Beginn einer neuen Musikgesinnung.

Egon Kraus

Anhang 317

Dokument 10

Verfasser:	Egon Kraus
Titel:	Schule und Jugendmusikpflege im Lande Nordrhein-Westfalen
Fundort:	Nordrhein-Westfälisches Hauptstaatsarchiv Düsseldorf
Bestand:	NW 26-62, Bl. 88-92
Typisierung:	fünf Seiten, maschinengeschrieben, vervielfältigt
Datum:	27. Juni 1948

Schule und Jugendmusikpflege im Lande Nordrhein-Westfalen

Die Jugendmusikerziehung hat nicht nur die Aufgabe, den jungen Menschen auf seinen zukünftigen Beruf vorzubereiten, sondern sie soll auch seine seelischen Anlagen möglichst vielseitig erschliessen und harmonisch entwickeln. Unter den, für diesen Zweck geeigneten Bildungsstoffen sind vor allem die musischen Fächer dazu berufen, die intellektuellen Kräfte nach der Seite des Gemüts, des Schauens und Erlebens und der Gesinnungsbildung zu ergänzen.

Durch Erschliessung der musischen Kräfte können wir einen wesentlichen Beitrag zur sittlichen Erziehung und Gesundung der Jugend leisten. Im Mittelpunkt aller musischen Erziehung steht die Musik, die vor allem geeignet ist, unmittelbar, ohne Umweg über Begriffe und Worte zum Herzen des jungen Menschen zu sprechen und seine Seele zu formen. Musik und musikalisches Erleben, eng verbunden mit den erziehlichen Kräften, die uns aus Volkstanz, Laienspiel, Puppenspiel und bildenden Kunst erwachsen, sind in einem tieferen Sinne geeignet, unsere Wirklichkeit zu gestalten und die geistige und seelische Katastrophe zu überwinden.

Schule und Jugendpflege haben heute wie in allen Zeiten die gemeinsame Aufgabe, für ein singendes und musizierendes Volk zu sorgen. Mit der singenden Jugend wollen wir unserem Volke helfen, den Weg in eine glücklichere Zukunft zu finden.

Die Erziehung der Jugend zur Musik und durch Musik steht gerade in unserer Notzeit als dringliche Aufgabe vor uns. Die musikalische Armut in allen Volksschichten auf dem Lande, vor allem aber in den Grosstädten, ist grenzenlos. Schul- und Jugendmusikpflege darf sich nicht nur an eine bestimmte Jugend wenden, sie kennt kein Klassensystem der Musikpflege, sie hat von der ganzen Jugend auszugehen.

Musik und musikalisches Erleben sucht keine Podiumsbezogenheit, sondern echte Lebensverbundenheit. Es muss für unsere Jugend wieder eine Lebensbedürfnis sein, Tag, Jahr und Leben mit Gesang und Musik zu begleiten.

Musik ist nicht ein Fach (erst recht nicht ein technisches Fach), sondern eine Lebensmacht; sie muss als formende Kraft die gesamte Erziehungsarbeit durchdringen.

Aus unserer überfachlichen Schau ergibt sich, dass die Jugendmusikarbeit nicht von Fachmusiker allein geleistet werden kann. Jeder Erzieher kann durch seine Arbeit zu einer rechten Musikpflege beitragen.

Eine überfachliche Einstellung bedeutet nicht, dass wir das Technische gering achten. Es hat sich herausgestellt, dass bei aller Jugendarbeit in unseren Tagen das notwendige fachliche Rüstzeug fehlt. Es besteht überall ein grosser Mangel an Kräften, die praktisch mit den wichtigsten Fragen vertraut sind, die für den Aufbau der Jugendarbeit aller Interessengebiete erforderlich sind. Auf dem Gebiete der Jugendmusikpflege macht sich vor allem der Ausfall des für diese Arbeit bisher fachlich und menschlich besonders geeigneten und berufenen Lehrers bemerkbar. Es erfüllt uns die grosse Sorge, ob die jetzt im Amte befindlichen Lehrer so im Dienste der Schul- und Jugendmusik tätig sind, wie es notwendig ist. Hinzu kommt die Sorge um die fachliche Eignung des heutigen Lehrernachwuchses. Es ist kein Geheimnis, dass die jetzt ausgebildeten Lehrer bei weitem in musikalischer Hinsicht nicht mehr das Können der ehemaligen Seminaristen erreichen. Noch schlimmer steht es um die musikpädagogische Eignung der Schulhelfer, die im allgemeinen nicht einmal mit den primitivsten Aufgaben einer Liedpflege vertraut sind. Es hat nie eine Zeit gegeben, in der die jugendmusikalische Arbeit des Lehrers notwendiger war als heute. Die Grundforderung eines allgemeinen Jugend- und Volksgesanges wird auf Jahrzehnte unerfüllt bleiben, wenn nicht sofort in der Ausbildung der zukünftigen Lehrer und in der Fortbildung der schon im Amte befindlichen Lehrer und Schulhelfer Vorsorge für die menschliche und fachliche Bereitschaft für diese volkserzieherische Aufgabe getroffen wird.

<u>Vorschläge für Sofortmaßnahmen auf dem Gebiete der Schul- und Jugendmusikpflege</u>

<u>1. Lehrerbildung</u>
Jeder Student der Pädagogischen Akademie muss vom ersten Semester an mit den Grundaufgaben der Schul- und Jugendmusikarbeit vertraut gemacht werden. Dazu gehören vor allem eine eingehende Kenntnis des alten und neuen Volksliedes. Da das deutsche Liedgut sich ständig erneuert, ist die <u>offene Pflege des Liedes</u> in einem regelmäßigen <u>Volksliedsingen</u> (Semester- oder gruppenweise; Gruppen von 30-40 Teilnehmern) und in <u>Offenen Singstunden</u> (alle Studenten zusammen) die dringlichste Aufgabe. Während die Offene Singstunde vor allem die Kenntnis des Liedgutes erlebnismässig vermittelt, sollen im Volksliedsingen <u>alle</u> Studenten (nicht nur diejenigen mit dem Wahlfach Musik) mit den Grundlagen einer rechten Lied<u>p</u>flege in Schule, Jugend und Volk vertraut gemacht werden. (Einfache Formen der Dirigiertechnik, Stimmpflege usw.) Darüber hinaus müssen die Studenten mit dem Wahlfach Musik eingehend in den Aufgaben unterwiesen werden, die für den Aufbau und die Leitung von Sing- und Spielkreisen in Schule und Jugend notwendig sind. Diese Studenten müssen bei ihrem Abgang von der Akademie mindestens fähig sein, eine kleine Sing- und Instrumentalgruppe selbständig zu führen.

<u>2. Ausbildung der Schulhelfer</u>
Ziel der Ausbildung müsste sein, den Schulhelfern in einem ein- bis zweijährigen Lehrgang das Können der ehemaligen Seminaristen zu vermitteln. Für die Übergangszeit wird ein dreimonatlicher Kurs (Arbeitsgemeinschaft für Musik) empfohlen. In wöchentlich 4-5 Stunden soll eine Unterweisung in der Musikelementarlehre erfolgen, das

Anhang 319

nötige Liedgut vermittelt und eine methodische Anweisung für die Liedpflege in Schule und Jugendgemeinschaft (Unterweisung und Lehrprobe) gegeben werden. Für die an diesem Kurs teilnehmenden Schulhelfer ist 1 Tag in der Woche unterrichtsfrei.

In den Grosstädten sind die Schulhelfer nach Stadtbezirken zusammenzufassen, in ländlichen Gegenden nach Kreisen. Zweckmässig sollen nicht mehr als 20 Schulhelfer an einem Lehrgang teilnehmen. Ein <u>Sing- und Spielkreis der Schulhelfer</u> müsste nach beendetem Lehrgang auf freiwilliger Grundlage die musikpädagogische Unterweisung weiterführen.

Mit der Durchführung der hier geschilderten Ausbildungsaufgaben sollen menschlich und fachlich geeignete Lehrer an Volks- und Höheren Schulen (Schulmusiker) beauftragt werden, die über besondere Erfahrungen auf dem Gebiet der musikalischen Jugendarbeit und Schulmusikerziehung verfügen.

3. <u>Lehrerfortbildung</u>
Teilnahmepflichtig sind alle Lehrer, die sich in ihrer Ausbildung zwischen der 1. und 2. Lehrerprüfung befinden. Die Kurse der Lehrerfortbildung können aber auch noch nach der 2. Lehrerprüfung weiter besucht werden. Für den Aufbau der Lehrerfortbildung auf musikalischem Gebiet werden folgende Kurse und Lehrgänge vorgeschlagen:
<u>Kurse in der Elementarlehre</u> (einschliesslich Gehörbildung)
<u>Singfibelkurs</u> (etwa Einführung in Tonika Do)
<u>Sing- und Spielkreis für Junglehrer</u>
(in der alten Form der Handwerkschule wird hier das erarbeitet und methodisch besprochen, was unmittelbar darauf von den Teilnehmern in der Schule durchgenommen wird.)
<u>Lehrgänge für Alte und Neue Musik</u>
(Hier werden die besonders Begabten zusammengefasst und durch Dirigierübung, Stimmpflege, methodische Unterweisung und Literaturberatung gefördert.)
<u>Offene Singstunden</u>
(monatlich einmal für die gesamte Lehrerschaft; in dieser Veranstaltung werden neue Lieder erarbeitet und musikpädagogische Neuerscheinungen besprochen.)
<u>Einzelvorträge</u> über allgemein interessierende Themen
(Musische Lebensgestaltung, Musik und Sprache, Musik und Bewegung, Vom Volkslied, Europäisches Volkslied usw.)
<u>Musikpädagogische Lehrgänge</u> im Jugendhof Steinbach
(diese sollen die Lehrer aller Schulgattungen für die besonderen musikalischen Aufgaben auch für die schulentlassene Jugend aufschliessen.)

Zur Planung und Durchführung der oben geschilderten musikpädagogischen Aufgaben innerhalb der Lehrerausbildung und Lehrerfortbildung wird für das Land Nordrhein-Westfalen die Bildung eines

<u>Zentralamtes für Schul- und Jugendmusik</u>

vorgeschlagen, das die behördliche Dienststelle zur Zusammenfassung und Ausrichtung aller schul- und jugendmusikalischen Arbeit darstellen soll. Für dieses Amt werden benötigt: 1 hauptamtlicher Leiter, 1 hauptamtlicher Mitarbeiter (zugleich Stellvertreter), 1 Schreibkraft. Die Zahl der nebenamtlichen Mitarbeiter für die einzelnen Aufgabengebiete hängt von der Zahl der jeweils eingerichteten Kurse und Lehrgänge ab.

Das Amt benötigt ferner einen Büroraum, 2 Lehrräume (Hörsäle) eventuell noch einen Werkraum zur Vervielfältigung von Noten, Rundbriefen, Liedblättern usw.

Der Sitz des Zentralamtes würde zweckmäßig in Köln sein, da hier Einrichtungen der Pädagogischen Akademie, der Universität und der Musikhochschule gegebenenfalls mitbenutzt werden können.

Leiter und Mitarbeiter des Amtes versehen Innen- und Aussendienst in ihren drei Hauptaufgabengebieten: a) Unterweisung, b) Veranstaltung, c) Beratung. Ziel des Amtes ist, in jedem Regierungsbezirk einen geeigneten Mitarbeiter zu finden, der in seinem Bezirk und in den Kreisen Arbeitsgemeinschaften einrichtet und betreut. Die Leiter der Arbeitsgemeinschaften erhalten eine einheitliche Ausrichtung, Anregung und Hilfe für ihre Arbeit in einer Arbeitsgemeinschaft der Gruppenleiter, die 14-tägig vom Leiter des Zentralamtes gehalten wird. Die Leiter der Arbeitsgemeinschaften in den Bezirken und Kreisen werden gleichzeitig mit der Ausbildung und Fortbildung der Schulhelfer und Junglehrer beauftragt. Ihre Tätigkeit wird honoriert.

Egon Kraus

Anhang

Dokument 11

Verfasser:	Egon Kraus
Titel:	Denkschrift über die Notwendigkeit der Errichtung eines *Seminars für Soziale Musikpflege*
Fundort:	Nordrhein-Westfälisches Hauptstaatsarchiv Düsseldorf
Bestand:	NW 60-736, Bl. 1-6
Typisierung:	sechs Seiten, maschinengeschrieben, vervielfältigt, (microverfilmt)
Datum:	ohne Datierung; jedoch gibt ein Aktenvermerk des Kultusministeriums das Datum Dezember 1948 an

Denkschrift
über die Notwendigkeit der Errichtung eines
Seminars für Soziale Musikpflege
verfasst und überreicht von Studienrat Egon Kraus, Köln

Vorbemerkung

Die Jugenderziehung hat nicht nur die Aufgabe, den jungen Menschen auf seinen zukünftigen Beruf vorzubereiten, sondern sie soll auch seine seelischen Anlagen möglichst vielseitig erschliessen und harmonisch entwickeln. Unter den, für diesen Zweck geeigneten Bildungsstoffen sind vor allem die musischen Fächer dazu berufen, die intellektuellen Kräfte nach der Seite des Gemüts, des Schauens und Erlebens und der Gesinnungsbildung zu ergänzen.

Durch Erschliessung der musischen Kräfte können wir einen wesentlichen Beitrag zur sittlichen Erziehung und Gesundung der Jugend leisten. Im Mittelpunkt aller musischen Erziehung steht die Musik, die vor allem geeignet ist, unmittelbar, ohne Umweg über Begriffe und Worte zum Herzen des jungen Menschen zu sprechen und seine Seele zu formen. Musik und musikalisches Erleben, eng verbunden mit den erziehlichen Kräften, die uns aus Volkstanz, Laienspiel und Puppenspiel erwachsen, sind in einem tieferen Sinne geeignet, unsere Wirklichkeit zu gestalten und die geistige und seelische Katastrophe zu überwinden.

Schule und Jugendmusikpflege haben heute wie in allen Zeiten die gemeinsame Aufgabe, für ein singendes und musizierendes Volk zu sorgen. Mit der singenden Jugend wollen wir unserem Volke helfen, den Weg in eine glücklichere Zukunft zu finden.

Musik ist nicht ein Fach, sondern eine Lebensmacht; sie muss, als formende Kraft die gesamte Erziehungsarbeit durchdringen.

Aus dieser überfachlichen Schau ergibt sich, dass Jugendmusikarbeit nicht vom Fachmusiker allein geleistet werden kann. Jeder Erzieher kann durch seine Arbeit zu einer rechten Musikpflege beitragen.

Eine überfachliche Einstellung bedeutet nicht, dass das Technische gering zu achten sei. Es hat sich herausgestellt, dass bei aller Jugendarbeit in unseren Tagen das notwendige fachliche Rüstzeug fehlt. Es besteht überall ein grosser Mangel an Kräften, die mit den wichtigsten Fragen vertraut sind, die für den Aufbau der Jugendarbeit aller Interessengebiete erforderlich sind. Auf dem Gebiete der Jugendmusikpflege macht sich vor allem der Ausfall des für diese Arbeit bisher fachlich und menschlich besonders geeigneten und berufenen Lehrers bemerkbar. Es hat nie eine Zeit gegeben, in der die jugendmusikalische Arbeit des Lehrers notwendiger war als heute. Die Grundforderung eines allgemeinen Jugend- und Volksgesanges wird auf Jahrzehnte unerfüllt bleiben, wenn nicht sofort in der Ausbildung der zukünftigen Lehrer und in der Fortbildung der schon im Amte befindlichen Lehrer und Schulhelfer Vorsorge für die menschliche und fachliche Bereitschaft für diese volkserzieherische Aufgabe getroffen wird.

Die Regierung in Köln hat in 8-tägigen Lehrgängen die Möglichkeit geschaffen, dass sich Menschen verschiedener religiöser Bekenntnisse und politischer Richtungen treffen und bei ernster Arbeit und bei frohem Spiel die Notwendigkeit erkennen, alles Trennende zu überwinden und in gemeinsamer Arbeit und gegenseitiger Achtung und Hilfsbereitschaft am Neubau des Menschenbildes der Volks- und Völkergemeinschaft mitzuschaffen. In diesen Lehrgängen wurden viele Kräfte, namentlich unter der Lehrerschaft gewonnen, die fähig und bereit sind, am Neuaufbau der Jugendarbeit mitzuhelfen. Neugeschaffene Arbeitsgemeinschaften, innerhalb der verschiedenen Interessengebiete (Sing- und Spielkreise, Volkstanz, Laienspiel, Puppenspiel) haben zu einem fruchtbaren Zusammenschluss gleichgesinnter Kräfte geführt. Diese Arbeit soll auch in Zukunft fortgeführt werden.

Daneben hat es sich aber als notwendig erwiesen, eine besondere langfristige Ausbildungsmöglichkeit zu schaffen für Jugendleiter, die sich vor allem für die kulturelle Jugendpflege, insbesondere die Jugendmusikpflege in den Gemeinden einsetzen sollen. Das für diese Tätigkeit nötige fachliche Wissen und Können soll ihnen in einem Seminar für soziale Musikpflege vermittelt werden.

Die Erziehung der Jugend zur Musik und durch Musik steht gerade in unserer Notzeit als dringliche Aufgabe vor uns. Die musikalische Armut in allen Volksschichten auf dem Lande, vor allem aber in den Grosstädten ist grenzenlos. Was nützen uns Musikhochschulen, Konservatorien, grosse Orchesterkonzerte und Opernaufführungen, wenn der Unterbau, die musikalische Jugenderziehung fehlt? Auch die volkstümlichen Formen der Kunst können nicht im Verborgenen von selbst wachsen. Jedes Kulturgut muss erarbeitet, gepflegt und gefördert werden. Schul- und Jugendmusikpflege darf sich nicht nur an eine bestimmte Jugend wenden, sie kennt kein Klassensystem der Musikpflege, sie hat von der ganzen Jugend auszugehen. Die Forderung einer rechten Musikpflege und Musikerziehung für alle ist das Gebot der Stunde. Wenn eine musikerzieherische Durchdringung des gesamten Volkes, eine Erziehung durch Musik auf breitester Grundlage angestrebt werden soll, dann müssen Erzieher und Erziehungseinrichtungen geschaffen werden, die ganz für diese Volksbildungsarbeit zur Verfügung stehen. In jeden grösseren Ort, in jede Kreisstadt zumindest gehört eine Volks- und Jugendmusikschule, die der Mittelpunkt der gesamten ausser-

Anhang 323

schulischen Musikarbeit eines Kreises sein müsste. Volks- und Jugendmusikschulen gibt es bereits seit 1925! Beispiele in einigen kleineren Städten unseres Landes haben gezeigt, dass solche Schulen auch mit geringen Zuschüssen ausgezeichnete Arbeit leisten können. Auch in der Grosstadt ist die Errichtung einer Volks- und Jugendmusikschule jetzt notwendiger denn je; sie würde eine fühlbare Lücke schliessen im Ring der heute vorhandenen Musikerziehungseinrichtungen. Solche gemeindlichen Schulungsmöglichkeiten für Laien würden vor allem den sozialen Belangen jener Schichten entgegenkommen, die bisher von jeder musischen Erziehung ausgeschlossen blieben. Ziel dieser Einrichtungen muss die systematische Erfassung und Ausbildung aller geeigneten Kräfte zum Aufbau einer breiten musikalischen Volkskultur sein.

Diese musikalische Breitenarbeit hat zur Voraussetzung, dass erst einmal der Lehrerstand geschaffen wird, der wirkliche musikalische Volksbildungsarbeit durchführen kann. Die Ausbildung eines solchen Volks- und Jugendmusikleiters wird sich wesentlich von derjenigen des heutigen Privatmusiklehrers unterscheiden müssen. Als Ausbildungsstätte wird ein Seminar für soziale Musikpflege an der Staatlichen Hochschule für Musik in Köln vorgeschlagen.

Der zukünftige Volks- und Jugendmusikleiter bedeutet keine Gefahr für den heute schon schwer um seine Existenz ringenden Privatmusiklehrer. Durch die Volks- und Jugendmusikschulen und durch die Arbeit des ehrenamtlichen Jugendmusikpflegers in den kleineren Gemeinden wird auch der Privatmusiklehrer ein neues reiches Betätigungsfeld erhalten (Gruppenunterricht in der Volks- und Jugendmusikschule, Wanderlehrer in ländlichen Gebieten).

Um endlich die dringend erforderliche einheitliche Ausrichtung im Aufbau der gesamten Musikerziehung zu gewährleisten, wird das Seminar für soziale Musikpflege sich auch um die musikalische Fortbildung jener Berufe kümmern müssen, die erzieherisch verantwortlich sind für die Musikpflege des kleinen Kindes (Kindergärtnerinnen, Hortnerinnen, Heimleiterinnen).

S e m i n a r   f ü r   s o z i a l e   M u s i k p f l e g e
(Entwurf)

Das Seminar für soziale Musikpflege stellt für das Land Nordrhein-Westfalen die einzige Ausbildungsstätte für Volks- und Jugendmusikleiter dar; es übernimmt gleichzeitig die Ausbildung von Chorleitern und Singleitern aller Art und die musikalische Fortbildung von Kindergärtnerinnen (Hortnerinnen, Heimleiterinnen, Jugendleiterinnen). Das Seminar für soziale Musikpflege wird gemeinsam vom Kultusministerium und vom Sozialministerium des Landes Nordrhein-Westfalen errichtet. Die Absolventen stehen der Jugendpflege und der Erwachsenenbildung zur Verfügung.

Die im Seminar für soziale Musikpflege ausgebildeten Volks- und Jugendmusikleiter sollen als Lehrer und Leiter von städtischen (bezw. Kreis-) Musikschulen den Städten und Kreisen zur Verfügung stehen.

Die Chor- und Singleiter sollen als Mitarbeiter in allen grösseren und kleineren Orten den Aufbau und die Leitung bezw. Betreuung von Jugendgruppen verschiedener Interessengebiete (Singkreis, Instrumentalgruppe, Volkstanzkreis, Laienspielgruppe) übernehmen.

Die Kindergärtnerinnen, Hortnerinnen und Heimleiterinnen sollen in ihrem Wirkungsbereich (in Kindergärten und Heimen) die musikalische Führung übernehmen.

Das für die verschiedenen Arbeitsgebiete notwendige fachliche Rüstzeug soll vermittelt werden:
1. In einem 4-semestrigen Lehrgang für Volks- und Jugendmusikleiter
2. In einem 2-semestrigen Lehrgang für Chorleiter und Singleiter aller Art
3. In einem 1-semestrigen Lehrgang für Kindergärtnerinnen, Hortnerinnen, Heimleiterinnen und Jugendleiterinnen.

Ausserdem steht das Seminar für soziale Musikpflege und seine Dozenten für kurzfristige Lehrgänge und Arbeitsgemeinschaften zur Verfügung (Singwochen, Instrumentalwochen, Offene Singstunden, Arbeitsgemeinschaften und Singkreise für die verschiedenen Erziehergruppen).

Voraussetzung für die Zulassung zu den langfristigen Lehrgängen des Seminars ist der Nachweis einer ausreichenden Vorbildung, vor allem auf musikalischem Gebiet. Die Bewerber müssen das 19. Lebensjahr vollendet haben.

Die Kurse für Chor- und Singleiter aller Art sind vor allem für die gesamte Lehrerschaft, insbesondere für Junglehrer gedacht (einschliesslich der Privatmusiklehrer, die bereits ihren Beruf ausüben und den Wunsch haben, als Leiter von Sing- und Spielkreisen innerhalb der Laienmusikpflege ihrer Arbeit eine grössere Breitenwirkung zu geben). Die kurzfristigen Lehrgänge stehen den Angehörigen aller Berufe offen.

Nach der Abschlussprüfung, der möglichst ein fachlicher Einsatz in einem kurzfristigen Lehrgang vorauszugehen hat, wird den Teilnehmern an langfristigen Lehrgängen, der sich bewährt hat, das Zeugnis ausgestellt, dass er für das gewählte Aufgabengebiet geeignet ist.

Dem Seminar für soziale Musikpflege werden Übungsgruppen von Kindern und Jugendlichen angeschlossen, die für die praktische Ausbildung der Studenten zur Verfügung stehen.

<u>Gliederung des Seminars</u>

I <u>Lehrgänge für Volks- und Jugendmusikschulleiter 4 Semester</u>
Ziel der Ausbildung: Befähigung, als Lehrer und Leiter der städtischen (bezw. Kreis-) Musikschule zu wirken.

II <u>Lehrgänge für Chor- und Singleiter aller Art 2 Semester</u>
Ziel der Ausbildung: Befähigung zur haupt- und nebenamtlichen Leitung von Männerchören, gemischten Chören, Sing- und Spielkreisen.

III <u>Lehrgänge für Kindergärtnerinnen, Hortnerinnen, Heim- und Jugendleiterinnen 1 Semester</u>
Ziel der Ausbildung: Befähigung zur Übernahme der Musikarbeit in Kindergärten und Heimen.

IV <u>Kurzfristige Lehrgänge</u> für Kindergärtnerinnen und verwandte Berufe, Lehrer, Singleiter Jugendgruppenleiter usw.

Anhang

Ausbildungsplan

1. Stimmbildung und Sprecherziehung
2. Instrumentalunterricht in einem Kulturinstrument
3. Instrumentalunterricht in einem Volksinstrument (Blockflöte, Laute, Fiedel, Gambe)
4. Volksliedpflege und Volksliedkunde
5. Theorie (Gehörbildung, Musiklehre, Musikkunde, Formenlehre)
6. Feier- und Freizeitgestaltung (volkstümliche Musikpflege in Zusammenhang mit Volkstanz, Laienspiel, Puppenspiel)
7. Gemeinschaftsmusizieren, Führung von Musikergruppen
8. Wahlfreie Arbeitsgemeinschaften für Volkstanz, Laienspiel, Puppenspiel
9. Praktische Anleitung zum Aufbau und zur Führung von Jugendgruppen der verschiedenen genannten Interessengebiete.
10. Referate und Vorträge aus dem Gesamtbereich der musischen Erziehung, der Sozialpädagogik und der Politik.

Für Kindergärtnerinnen tritt zu diesem Ausbildungsplan eine besondere Berücksichtigung der Musik des kleinen Kindes (Kinderlied, Tanz- und Liederspiele usw.)

Leitung und Lehrkräfte

Zur Durchführung des Ausbildungsplanes werden 1 Seminarleiter und 2 Lehrkräfte benötigt. Weitere nebenamtliche Kräfte (z.B. für den Instrumentalunterricht) werden nach Bedarf stundenweise verpflichtet.

Dokument 12

Verfasser:	Regierungsdirektor Sünkel
Titel:	Memorandum über die Einrichtung eines Instituts für musische Erziehung
Fundort:	Nordrhein-Westfälisches Hauptstaatsarchiv Düsseldorf
Bestand:	NW 60-400, Bl. 2-4
Typisierung:	drei Seiten, maschinengeschrieben, vervielfältigt,(microverfilmt)
Datum:	genaue Datierung unbekannt; entstanden zwischen 29. 1. 1952 und 6. 5. 1952

Memorandum

über die Einrichtung eines Institutes für musische Erziehung

Es wird vorgeschlagen, auf der Ebene des Landes ein Institut zu begründen, das sich der Pflege und Förderung der musischen Erziehung in den Schulen des Landes annimmt.

Dieser Vorschlag entspringt der Überzeugung, dass unser kulturelles und geistiges Leben eine gefährliche Fehlentwicklung zu nehmen droht, der mit tiefgreifenden Mitteln entgegengewirkt werden muss.

In unserer Zeit herrscht der Intellekt, die Mechanisierung, Normung, Vermassung und Entseelung. Der gehetzte Mensch unserer Tage findet keine rechte Muse mehr, er kommt nicht zu besinnlichem Nachdenken; er verliert die Verbindung zu den tragenden Lebenskräften.

Demgegenüber steht die Einsicht, dass auf diesem Boden rechte Bildung und wahre menschliche Leistung nicht gedeihen kann, und vor uns erhebt sich die Aufgabe, dem drohenden "Verlust der Mitte" zu begegnen.

Um eine Gesundung einzuleiten, bedarf es in unserer gesamten Erziehung der stärkeren Pflege der musischen Bildung. Das ist nicht neu: Es kann als einmütige Überzeugung aller Einsichtigen vorausgesetzt werden, dass mit der Frage nach der Stellung des Musischen im Erziehungs- und Bildungsprozess der Kern der pädagogischen Erneuerungsbestrebungen unserer Tage berührt wird.

Es geht um die Erweckung und Entwicklung aller Anlagen und Kräfte, die den Menschen fähig machen, den Tendenzen zur Vermassung und oberflächlichen Lebenstechnik mit Erfolg zu widerstehen.

Die Frage, ob bei dem heutigen Zustand in unseren Schulen der musischen Erziehung der Raum gegeben wird, der ihrer Bedeutung entspricht, ist zu verneinen. Es wird zwar in allen allgemeinbildenden Schulen musiziert, gezeichnet, gebastelt und Sport getrieben. Aber diese Zweige der Bildung stehen immer noch am Rande und erscheinen als sogenannte "technische Fächer", als Anhängsel, statt in ihrer Bedeutung für die Menschenbildung der Mitte des pädagogischen Strebens nahezurücken.

Die Fächer stehen zudem ohne Verbindung nebeneinander, was kein Wunder ist, da alle ihre Lehrer an fachlichen Sonderinstituten ausgebildet wurden.

Nur eine Minderzahl der Pädagogen ist heute für diese Aufgabe gerüstet; den anderen muss geholfen werden, sich für diese Seite der Bildung vorzubereiten. Die dafür notwendigen Kenntnisse und Erkenntnisse können nicht "erlesen" oder "erdacht" werden. Der einzige Zugang zu echter Bildung, insbesondere in diesem Bereich, ist die eigenständige ausübende und gestaltende Arbeit. Es muß zunächst ein Gefühl für die Möglichkeiten musischen <u>Tuns</u> gewonnen werden. Erst wenn dies erfahren und zum inneren Besitz geworden ist, kann die klärende, sichtende und schliesslich aufbauende Arbeit des Geistes einsetzen.

Ein Institut für musische Ausbildung von Lehrern wird in seinen äusseren Einrichtungen (Werkstatt, Gymnastik- und Musikraum) wie in seiner Lehr- und Arbeitsweise dem gerecht werden müssen, wobei nicht zu vergessen ist, dass dieses Gebiet noch Neuland ist und der erhellenden Forschung bedarf.

Anhang

Das Institut wird vor allem die Zweige pflegen, von denen eine besondere musische Bildungskraft ausstrahlt. Es sind dies:
Sprache und Dichtung,
Musik,
Gestaltendes Werken und Zeichnen,
Rhythmische Gymnastik.

Die Bereiche sollen in gleichlaufenden Kursen nebeneinander gepflegt werden, so dass in engster Berührung und ständiger Wechselwirkung die musische Erziehung als einheitliches Ganzes ergriffen und erprobt wird.
Als Lehrende am Institut kommen nur solche Persönlichkeiten in Betracht, welche die Ganzheit des Aufgabenbereiches erkennen und über ein hervorragendes Fachwissen und Können verfügen. Sie müssen ihrer Leistung und ihrer Sonderstellung entsprechend so besoldet werden, dass sie nicht an einen schematischen Ablauf ihres Alltagsdienstes gebunden sind, vielmehr Kraft und Muse behalten für eigene schöpferische Tätigkeit und Forschung auf dem bisher wenig beackerten Boden der gesamt-musischen Erziehung.

Es wird empfohlen, die Ausbildung als Zusatz zu der wissenschaftlichen und pädagogischen Lehrerausbildung zu betreiben. Sie muss interessierten Lehrern aller Schularten und Fachrichtungen offenstehen. Gedacht ist an 2-4 wöchige Kurse für je 10-12 Teilnehmer für jedes Gebiet. Die Lehrer sind dazu grosszügig und ggfs. mit finanzieller Unterstützung zu beurlauben.

Daneben sollte das Institut von Zeit zu Zeit durch Kongresse für musische Erziehung werbend in die breite Öffentlichkeit treten.
Es ist wünschenswert, das geplante Institut an einen Ort zu bringen, der verkehrstechnisch günstig liegt, über vielseitige kulturelle Einrichtungen verfügt und sich in landschaftlich reizvoller Umgebung befindet, die zu erholsamer und entspannender körperlicher Bewegung einlädt. Um ihrer Aufgabe ganz gerecht werden zu können, braucht die Schule neben den Werk- und Lehrstätten ein eigenes Heim, in dem die Teilnehmer zu günstigen Bedingungen Unterkunft und Verpflegung finden.
Der Idee des Instituts entsprechend soll das Heim als Ort menschlicher Begegnung wohnlich und anheimelnd sein, so dass es zu dem Geiste der Arbeit passt, die von Lust und Liebe zu einem idealen Ziel getragen sein muss.
Das Institut bedarf eines festen Personenkreises als Stammpersonal. Dazu gehören in erster Linie Institutsleiter und Lehrende, ausserdem Büropersonal für den der Sache nach umfangreichen Schriftwechsel, schliesslich eine Wirtschafterin für Küche und Haushalt.
Der rechtliche und finanzielle Träger des Instituts soll das Land Nordrhein-Westfalen sein.

S ü n k e l
Regierungsdirektor

LEBENSLAUF

Name	Weigele
Vorname	Klaus Konrad
geboren	14. Oktober 1965
in	Weingarten, Kreis Ravensburg
Familienstand	verheiratet
Eltern:	Josef Weigele; Wohnungswirt
	Maria Weigele, geb. Betzler; Hausfrau

August 1972	Einschulung in die Grundschule des Bildungszentrums St. Konrad in Ravensburg
August 1976	Wechsel auf das Gymnasium des Bildungszentrums St. Konrad in Ravensburg
April 1985	Gründung der Musik- und Kabarettgruppe Tango Five
Juni 1985	Abitur
Oktober 1985 - Dez. 1986	Grundwehrdienst
April 1987 - September 1992	Studium des "Künstlerischen Lehramtes an Gymnasien im Fach Musik" an der Staatlichen Hochschule für Musik und Darstellende Kunst Stuttgart
April 1987 - September 1992	Stipendium der Musikpflegestiftung Professor Karl Erb
April 1989 - Juni 1990	Zusatzstudium "Szenisches Musizieren"
Oktober 1990 - November 1992	Studium im Fach Geschichte an der Universität Stuttgart
Oktober 1991	Verleihung des oberschwäbischen Kleinkunstpreises
Juni - November 1992	Erstes Staatsexamen in Musik und Geschichte
August 1992	Verleihung des baden-württembergischen Kleinkunstpreises
November 1992 - 31. Juni 1994	Freiberufliche, künstlerische Tätigkeit mit Schwerpunkt Tango Five
April 1993 - Juni 1997	Aufbaustudiengang Promotion an der Staatlichen Hochschule für Musik Köln
Juli 1994 - Juni 1997	Graduiertenstipendium der Konrad-Adenauer-Stiftung e.V. für die Promotion im Fach Musikpädagogik an der Musikhochschule Köln mit den Nebenfächern Musikwissenschaften und Geschichte
September 1997	Beginn Referendariat
Oktober 1997	Rigorosum

Rottweil, den 1. 1. 1998   Klaus Konrad Weigele